INSTITUTES

DE

L'EMPEREUR JUSTINIEN,

TRADUITES EN FRANÇAIS,

AVEC LE TEXTE EN REGARD ;

Suivies

D'UN CHOIX DE TEXTES JURIDIQUES

RELATIFS

A L'HISTOIRE EXTERNE DU DROIT ROMAIN

ET AU DROIT PRIVÉ ANTÉJUSTINIEN ;

RECUEIL PUBLIÉ

Par M. BLONDEAU,

PROFESSEUR DE DROIT ROMAIN, ET DOYEN DE LA FACULTÉ DE DROIT DE PARIS.

....

TOME PREMIER

....

PARIS,

VIDECOQ, LIBRAIRE-ÉDITEUR,
Place du Panthéon, n° 6, et rue des Grès, n° 2.

JOUBERT, LIBRAIRE,   FANJAT, LIBRAIRE,
rue des Grès, 14.   rue Mr-Leprince, 27.

1838.

INSTITUTES

DE

L'EMPEREUR JUSTINIEN,

SUIVIES

DES PRINCIPAUX TEXTES JURIDIQUES

RELATIFS

À L'HISTOIRE EXTERNE DU DROIT ROMAIN ET AU DROIT PRIVÉ ANTÉJUSTINIEN.

PARIS. — Imprimerie de Rignoux et C°, rue des Francs-Bourgeois-St-Michel, 8.

INSTITUTES

DE

L'EMPEREUR JUSTINIEN,

TRADUITES EN FRANÇAIS

AVEC LE TEXTE EN REGARD ;

SUIVIES

D'UN CHOIX DE TEXTES JURIDIQUES,

RELATIFS

A L'HISTOIRE EXTERNE DU DROIT ROMAIN ET AU DROIT PRIVÉ ANTÉJUSTINIEN.

RECUEIL PUBLIÉ

Par M. BLONDEAU,

PROFESSEUR DE DROIT ROMAIN, DOYEN DE LA FACULTÉ DE DROIT DE PARIS.

TOME PREMIER.

PARIS.

LIBRAIRIE DE JURISPRUDENCE DE VIDECOQ,

PLACE DU PANTHÉON, 6,

JOUBERT, LIBRAIRE,
RUE DES GRÉS, 14.

FANJAT, LIBRAIRE,
RUE MONSIEUR LE PRINCE, 27.

1838.

TABLEAU GÉNÉRAL

DES DOCUMENTS CONTENUS DANS CE RECUEIL.

PREMIÈRE DIVISION.

INSTITUTES DE JUSTINIEN,

TRADUITES EN FRANÇAIS AVEC LE TEXTE EN REGARD,

ET SUIVIES DE PLUSIEURS APPENDICES.

SECONDE DIVISION.

JURIS PRIVATI ANTEJUSTINIANEI DOCUMENTA,

PRÆPOSITIS QUIBUSDAM AD HISTORIAM JURIS ROMANI EXTERNAM INSERVIENTIBUS.

TABULA materias omnium documentorum et, quantum ex rubricis apparet, ordinem in plurifarii argumenti documentis servatum, exhibens.

PARS PRIMA.

DOCUMENTA HISTORICA.

AVERTISSEMENT

SUR LE SYSTÈME SUIVI DANS CETTE TRADUCTION ET DANS CETTE NOUVELLE ÉDITION DES INSTITUTES.

I. Le texte latin est, en général, celui de Cujas; il a été collationné avec soin sur ceux de Beck et de Schrader; plusieurs leçons ont été améliorées.

II. Comme dans l'ancien *Juris civilis Ecloga*, ou a distingué par des caractères plus petits les parties du texte qui retracent les innovations introduites dans le Droit romain, postérieurement au siècle des grands jurisconsultes. — Les caractères italiques employés dans le courant du texte latin indiquent les interpolations de Justinien.

III. Dans la traduction, on s'est attaché beaucoup plus à la pensée qu'à la lettre. — Quand la traduction littérale eût été trop obscure, ou n'eût présenté qu'une idée incomplète, on a cru devoir obvier à cet inconvénient en intercalant dans le texte français des mots, et même quelquefois des membres de phrases entiers. (Voy., par ex., § 3, *de Div. stipul.*; § 1, *de Success. subl.*; § 2 *de Bon. possess.*)

IV. Quoique la langue française soit, avec raison, la seule employée pour les examens, les professeurs sont dans l'usage de se servir de la langue latine pour les mots techniques : on a eu soin, en conséquence, de reproduire ces mots dans le texte français, en les plaçant entre parenthèses.

V. Toutes les fois que cela a paru utile et possible, on a intercalé dans la traduction des *intitulés* d'un caractère particulier. Ces intitulés présentent le double avantage de graver dans la mémoire des élèves les divisions principales du Droit, sujet sur lequel il est rare qu'ils répondent d'une manière satisfaisante, et de faciliter l'étude en mettant de l'ordre dans les titres d'une grande étendue. (Voyez pour exemples les titres *de Rer. divis.* (pag. 71); *de Testam. ordin.* (pag. 113); *de Actionibus* (pag. 303).

VI. Les notes placées au bas des pages sont de deux espèces : les unes présentent les principales variantes; les autres contiennent des résumés succincts des institutions les plus importantes de l'ancien Droit, que les Institutes ont passées sous silence. Quoique ces institutions, et les théories qui s'y rattachaient, fussent tombées en désuétude, ou même formellement abrogées du temps de Justinien, il est indispensable de les bien connaître : en effet, d'une part, ce sont elles précisément qui constituent le Droit romain proprement dit, à l'époque où ce Droit n'avait point encore perdu son type original et national; d'autre part, celui qui n'en aurait pas au moins une idée, aurait bien de la peine à saisir le véritable sens, soit des innovations de Justinien, soit des doctrines qu'il a empruntées à l'ancien Droit.

b

TABLEAU DES MATIÈRES

APPENDICES.

D. JUSTINIANI

INSTITUTIONUM

LIBRI QUATUOR.

LES QUATRE LIVRES

DES INSTITUTES

DE L'EMPEREUR JUSTINIEN.

INSTITUTIONUM D. JUSTINIANI

PROOEMIUM.

IN NOMINE DOMINI-NOSTRI JESU CHRISTI.

Imperator Cæsar Flavius Justinianus, Alemannicus, Gothicus, Francicus, Germanicus, Anticus, Alanicus, Vandalicus, Africanus, pius, felix, inclytus, victor ac triumphator, semper Augustus, cupidæ legum Juventuti.

IMPERATORIAM majestatem non solum armis decoratam, sed etiam legibus oportet esse armatam, ut utrumque tempus et bellorum et pacis recte possit gubernari; et princeps romanus victor existat non solum in hostilibus præliis, sed etiam per legitimos tramites calumniantium iniquitates expellens: et fiat tam juris religiosissimus, quam victis hostibus triumphator.

1. Quorum utramque viam cum summis vigiliis summaque providentia annuente Deo perfecimus. Et bellicos quidem sudores nostros barbaricæ gentes sub juga nostra deductæ cognoscunt, et tam Africa quam aliæ numerosæ provinciæ, post tanta temporum spatia nostris victoriis a cœlesti numine præstitis iterum ditioni romanæ nostroque additæ imperio, protestantur. Omnes vero populi legibus jam a nobis promulgatis vel compositis reguntur.

2. Et quum sacratissimas constitutiones antea confusas in luculentam ereximus consonantiam, tunc nostram extendimus curam ad immensa veteris prudentiæ volumina; et opus desperatum, quasi per medium profundum euntes, cœlesti favore jam adimplevimus.

3. Quumque hoc, Deo propitio, peractum est, — Triboniano viro magnifico, magistro et exquæstore sacri palatii nostri, nec non Theophilo et Dorotheo, viris illustribus, antecessoribus nostris (quorum omnium solertiam et legum scientiam et circa nostras jussiones fidem jam ex multis rerum argumentis accepimus), convocatis, — mandavimus specialiter ut nostra auctoritate nostrisque suasionibus Institutiones componerent, ut liceat vobis prima legum cunabula non ab antiquis fabulis discere, sed ab imperiali splendore appetere; et tam aures quam animæ vestræ nihil inutile, nihilque perperam positum, sed quod in ipsis rerum obtinet argumentis, accipiant. Et quod priore tempore vix post quadrien-

INSTITUTES DE L'EMPEREUR JUSTINIEN

PRÉAMBULE.

AU NOM DE NOTRE SEIGNEUR JÉSUS-CHRIST.

L'Empereur César Flavius Justinien, vainqueur des Allemands, des Goths, des Francs des Germains, des Antes, des Alains, des Vandales, des Africains, pieux, heureux, illustre, victorieux et triomphateur, toujours Auguste, à la jeunesse désireuse de connaître le droit, salut.

Pour que l'État soit également bien gouverné en temps de paix comme en temps de guerre, la Majesté impériale doit s'appuyer non seulement sur les armes, mais aussi sur les lois : par les unes il restera vainqueur des ennemis du dehors, par les autres il déjouera les manœuvres de l'iniquité, méritant ainsi tout à la fois le titre d'ami de la justice et celui de triomphateur.

1. Avec beaucoup de soins et de fatigue et par la faveur toute puissante de Dieu, nous avons accompli cette double tâche. Les nations barbares, domptées par nos armes, connaissent notre vertu guerrière : l'Afrique et tant d'autres provinces, soustraites si long-temps à la domination romaine, et recouvrées par les succès que la divine Providence a accordés à nos armes, en sont l'éclatant témoignage. D'un autre côté, soit en coordonnant les lois anciennes, soit en publiant des lois nouvelles, nous avons fait jouir tous les peuples soumis à notre empire de bienfaits d'une législation uniforme.

2. Après avoir mis dans une parfaite harmonie les constitutions impériales, autrefois si confuses, nous avons dirigé nos travaux sur les monuments innombrables de l'ancienne jurisprudence ; et, à travers cet océan de difficultés, nous sommes arrivés, par la faveur céleste, à un but qu'on désespérait d'atteindre.

3. Après cet heureux succès, dont nous sommes redevables à Dieu, nous avons appelé auprès de nous Tribonien, personnage illustre, maître et ex-questeur de notre palais impérial, ainsi que les illustres professeurs Dorothée et Théophile, qui tous trois nous ont déjà donné tant de preuves de leurs vastes connaissances en jurisprudence, et de leur fidélité à exécuter nos ordres ; nous les avons chargés de rédiger, conformément à nos instructions, et sous notre autorité, des Institutes de Droit, afin que, au lieu de chercher dans des ouvrages surannés les premiers éléments de la science, vous puissiez les recevoir directement de notre Majesté impériale ; de manière que vos oreilles, comme vos esprits, ne soient plus frappées de principes erronés ou tombés en désuétude, mais seulement des choses qui présentent une utilité actuelle et journalière. Et, tandis qu'auparavant les plus studieux se trou-

nium prioribus contingebat, ut tunc constitutiones imperatorias legerent, hoc vos a primordio ingrediamini : digni tanto honore tantaque reperti felicitate, ut et initium vobis et finis legum eruditionis a voce principali procedat.

4. Igitur post libros quinquaginta Digestorum seu Pandectarum, in quibus omne jus antiquum collatum est, quos per eundem virum excelsum Tribonianum nec non cæteros viros illustres et facundissimos confecimus, in hos quatuor libros easdem Institutiones partiri jussimus, ut sint totius legitimæ scientiæ prima elementa.

5. In quibus breviter expositum est et quod antea obtinebat, et quod postea desuetudine inumbratum, imperiali remedio illuminatum est.

6. Quas ex omnibus antiquorum Institutionibus, et præcipue ex commentariis Gaii nostri tam Institutionum quam Rerum Quotidianarum, aliisque multis commentariis compositas, quum tres prædicti viri prudentes nobis obtulerunt, et legimus, et recognovimus, et plenissimum nostrarum constitutionum robur eis accommodavimus.

7. Summa itaque ope et alacri studio has leges nostras accipite ; et vosmetipsos sic eruditos ostendite, ut spes vos pulcherrima foveat, toto legitimo opere perfecto, posse etiam nostram rempublicam in partibus ejus vobis credendis gubernari.

D. CP. XI Kalend. Decembris, D. JUSTINIANO PP. A. III Cons.

vaient à peine, après quatre ans, en état de lire les constitutions impériales, vous y serez initiés dès vos premiers pas dans l'étude du droit ; heureux et glorieux de recevoir de la bouche même du prince vos premières et vos dernières leçons.

4. En conséquence, après avoir achevé, par les soins de Tribonien et de ses illustres collaborateurs, les cinquante livres du Digeste ou Pandectes, ouvrage exclusivement composé de matériaux appartenant à l'ancien Droit, nous avons fait diviser en quatre livres ces Institutes destinées à offrir les premiers éléments de la science complète des lois.

5. Dans ces Institutes, on trouvera en abrégé les parties de l'ancien droit qui sont encore en vigueur, et celles qui, obscurcies par le temps, ont été éclairées d'un nouveau jour par les constitutions impériales.

6. Ces Institutes, puisées dans tous les livres élémentaires des anciens, mais principalement dans les Institutes et le Recueil des choses journalières, composés par notre Gaius, ainsi que dans une foule d'autres ouvrages, nous ayant été présentées par les trois habiles jurisconsultes déjà nommés plus haut, nous les avons lues et mûrement examinées et leur avons accordé la même autorité qu'à nos constitutions elles-mêmes.

7. Recevez donc avec empressement ces lois que nous avons composées pour vous ; et travaillez à devenir si habiles, que vous puissiez concevoir la noble espérance d'être en état, après avoir terminé vos études, de participer au gouvernement de notre empire, dans les emplois qui vous seront confiés.

Donné à Constantinople, le XI des Calendes de Décembre, *sous le troisième Consulat de l'empereur Justinien, toujours Auguste.* (*22 Novembre 533.*).

LIBER PRIMUS.

Tit. I. *De Justitia et Jure.*

Justitia est constans et perpetua voluntas jus suum cuique tribuendi. (Ulpian., L. 10, D. *h. t.*)

1. Jurisprudentia est divinarum atque humanarum rerum notitia, justi atque injusti scientia. (Ulpian., L. 10, D. *h. t.*)

2. His igitur generaliter cognitis, et incipientibus nobis exponere jura populi romani, ita videntur posse tradi commodissime, si primo levi ac simplici via, post deinde diligentissima atque exactissima interpretatione singula tradantur. Alioquin, si statim ab initio rudem adhuc et infirmum animum studiosi multitudine aut varietate rerum oneraverimus, duorum alterum, aut desertorem studiorum efficiemus, aut cum magno labore, sæpe etiam cum diffidentia quæ plerumque juvenes avertit, serius ad id perducemus, ad quod leviore via ductus sine magno labore et sine ulla diffidentia maturius perduci potuisset.

3. Juris præcepta sunt hæc: honeste vivere, alterum non lædere, suum cuique tribuere. (Ulpian., L. 10, D. *h. t.*)

4. Hujus studii duæ sunt positiones, publicum et privatum. Publicum jus est, quod ad statum rei romanæ spectat; privatum, quod ad singulorum utilitatem. Dicendum est igitur de jure privato, quod tripertitum est; collectum est enim ex naturalibus præceptis, aut gentium, aut civilibus. (Ulpian., L. 1, § 2, D. *h. t.*)

Tit. II. *De Jure naturali, gentium et civili.*

Jus naturale est, quod natura omnia animalia docuit. Nam jus istud non humani generis proprium est, sed omnium animalium quæ in cœlo, quæ in terra, quæ in mari nascuntur. Hinc descendit maris atque feminæ conjunctio, quam nos matrimonium appellamus; hinc liberorum procreatio, hinc educatio. Videmus et enim cætera quoque animalia istius juris peritia censeri. (Ulpian., L. 1, § 3, D. *de Just. et jur.*)

1. Jus autem civile vel gentium ita dividitur. Omnes populi qui legibus et moribus reguntur, partim suo proprio, partim communi omnium hominum jure utuntur. Nam quod quisque populus ipse

LIVRE PREMIER.

TITRE I. *De la justice et du droit.*

La justice est la volonté ferme et persévérante de rendre à chacun ce qui lui est dû.

1. La Jurisprudence est la connaissance des choses divines et humaines; la science du juste et de l'injuste.

2. Après ces définitions générales, passons à l'exposition des lois du peuple romain. — Pour que nos explications soient plus facilement comprises, il nous semble que la méthode la plus avantageuse est de donner d'abord de chaque chose une idée simple et facile, sauf à entrer ensuite dans des explications plus étendues et plus exactes. Autrement, si, dès les premiers pas, nous surchargions d'une multitude de détails l'esprit encore faible et inculte des étudiants, il arriverait l'une de ces deux choses : ou bien ils abandonneraient une étude trop difficile; ou bien, ils n'arriveraient que tard, à force de travail et en luttant contre le découragement auquel les jeunes gens se laissent trop souvent aller, à un but que, par une méthode plus simple, ils auraient pu atteindre en beaucoup moins de temps et sans grands efforts.

3. Les préceptes du Droit sont ceux-ci : vivre en honnête homme ; ne léser personne ; rendre à chacun ce qui lui appartient.

4. Cette étude a deux objets : le droit public et le droit privé. Le droit public concerne le gouvernement de l'empire; le droit privé règle les rapports qui intéressent les particuliers. — Nous n'avons à nous occuper que du droit privé, lequel a une origine tripartite, car il se compose de préceptes tirés du droit naturel, du droit des gens et du droit civil.

TITRE II. *Du Droit naturel, du Droit des gens et du Droit civil.*

Le droit naturel est celui que la nature enseigne à tous les animaux. Ce droit n'est point particulier aux hommes ; il est commun à tous les êtres animés qui vivent dans l'air, sur la terre ou dans les eaux. De là vient l'union du mâle et de la femelle, union que nous appelons *mariage* ; de là vient encore la procréation et l'éducation des enfants. Nous voyons en effet que les animaux agissent comme s'ils connaissaient ce droit.

1. Voici comment on distingue le droit civil du droit des gens. Tous les peuples qui se gouvernent par des lois et des coutumes, se servent en partie d'un droit qui leur est propre, en partie d'un droit qui leur est commun avec tous

sibi jus constituit, id ipsius civitatis proprium est, vocaturque jus civile, quasi jus proprium ipsius civitatis. Quod vero naturalis ratio inter omnes homines constituit, id apud omnes (*populos*) peræque custoditur, vocaturque jus gentium, quasi quo jure omnes gentes utuntur. Et populus itaque romanus partim suo proprio, partim communi omnium hominum jure utitur. Quæ singula qualia sint, suis locis proponemus. (Gaius, *Comm.* I, § 1; L. 9, D., *de Just. et jur.*)

2. Sed jus quidem civile ex unaquaque civitate appellatur, veluti Atheniensium : nam si quis velit Solonis vel Draconis leges appellare jus civile Atheniensium, non erraverit. Sic enim et jus, quo populus romanus utitur, jus civile Romanorum appellamus; vel jus Quiritium, quo Quirites utuntur: Romani enim a Romulo, Quirites a Quirino, appellantur. Sed quoties non addimus nomen cujus sit civitatis, nostrum jus significamus: sicuti quum poetam dicimus, nec addimus nomen, subauditur apud Græcos egregius Homerus, apud nos Virgilius. Jus autem gentium omni humano generi commune est; nam, usu exigente et humanis necessitatibus, gentes humanæ (*jura*) quædam sibi constituerunt. — Bella etenim orta sunt, et captivitates secutæ et servitutes quæ sunt naturali juri contrariæ. Jure enim naturali ab initio omnes homines liberi nascebantur. Et ex hoc jure gentium omnes pene contractus introducti sunt, ut emptio venditio, locatio conductio, societas, depositum, mutuum et alii innumerabiles. (Hermogen., L. 5, D., *de Just. et jur.*)

3. Constat autem jus nostrum aut ex scripto, aut ex non scripto : ut apud Græcos τῶν νόμων οἱ μὲν ἔγγραφοι, οἱ δὲ ἄγραφοι [1] (Ulpian., L. 6, § 1, D., *de Just. et jur.*). Scriptum (*autem*) jus est lex, plebiscita, senatusconsulta, principum placita, magistratuum edicta, responsa prudentium. (Gaius, *Comm.* I, § 2 ; Papin., L. 7, D., *de Just. et jur.*)

4. Lex est quod populus romanus, senatorio magistratu interrogante, veluti Consule, constituebat. Plebiscitum est quod plebs, plebeio magistratu interrogante, veluti Tribuno, constituebat. Plebs autem a populo eo differt, quo species a genere: nam appellatione populi universi cives significantur, connumeratis etiam patriciis et senatoribus; plebis autem appellatione, sine patriciis et senatoribus, cæteri cives significantur. Sed et plebiscita, lata lege Hortensia, non minus valere quam leges cœperunt. (Gaius, *Comm.* I, § 3; L. 238, D., *de Verb. signif.*; Pompon., L. 2, § 8 et 12, D., *de Orig. jur.*)

5. Senatusconsultum est quod senatus jubet atque constituit. Gaius, *Comm.* I, § 4): Nam quum auctus esset populus Romanus in eum modum, ut difficile esset in unum eum convocari legis sanciendæ causa, æquum visum est senatum vice populi consuli. (Pompon., L. 2, § 9 et 12, D., *de Orig. jur.*)

---

[1] Legum aliæ scriptæ, aliæ non scriptæ.

les hommes. Le droit que chaque nation a établi lui devient particulier, et on l'appelle droit civil, c'est-à-dire, droit propre à la cité. Au contraire, le droit que les simples lumières de la raison ont fait établir chez tous les hommes, et qui est également observé chez tous les peuples, est appelé droit des gens, c'est-à-dire, droit dont l'usage est commun à toutes les nations. Le peuple romain se sert en partie d'un droit qui lui est propre, en partie d'un droit qui lui est commun avec tous les hommes. Nous aurons soin de faire remarquer cette distinction toutes les fois que l'occasion s'en présentera.

2. Le droit civil prend le nom du peuple à qui il est propre; par exemple, le droit civil des Athéniens : aussi peut-on avec raison appeler les lois de Solon et de Dracon le droit civil des Athéniens. Pareillement, le droit suivi par le peuple romain est appelé droit des Romains ou droit des Quirites : le nom de Romain vient de Romulus, celui de Quirites de Quirinus. Mais quand nous disons le droit civil, sans ajouter le nom du peuple à qui il est particulier, c'est notre droit que nous désignons : c'est ainsi qu'en disant simplement le *poète*, les Grecs désignent le divin Homère et les Romains, Virgile. Le droit des gens est commun à tous les hommes, parce que partout l'usage et les besoins de la vie les ont obligés à établir certaines règles. Les guerres ont amené la captivité et l'esclavage qui sont contraires au droit naturel ; car dans le principe et d'après le droit naturel, tous les hommes naissaient libres. C'est aussi du droit des gens que viennent presque tous les contrats : la vente, le louage, la société, le dépôt, le mutuum et d'autres innombrables.

3. Notre droit est en partie écrit, en partie non écrit; de même que chez les Grecs, il y a *des lois écrites et des lois non écrites*. Les lois, les plébiscites, les sénatusconsultes, les ordonnances des princes, les édits des magistrats, les réponses des jurisconsultes composent le droit écrit.

4. La loi est ce que le peuple romain établissait sur la proposition d'un magistrat sénateur, par exemple, d'un Consul. Le plébiscite est ce que la *plèbe* établissait sur la proposition d'un magistrat plébéien, c'est-à-dire, d'un Tribun. La *plèbe* diffère du peuple comme l'espèce diffère du genre : le mot peuple désigne l'universalité des citoyens, en y comprenant les sénateurs et les patriciens ; le mot *plèbe* désigne les citoyens autres que les sénateurs et les patriciens. Au reste, depuis la loi Hortensia, les plébiscites ont la même force que les lois proprement dites.

6.

5. Le sénatusconsulte est ce que le sénat ordonne et établit : le peuple romain s'étant accru à ce point qu'il était difficile de le réunir pour sanctionner les lois, il parut convenable de consulter le sénat au lieu du peuple.

6. Sed et quod principi placuit, legis habet vigorem ; quum lege Regia, quæ de ejus imperio lata est , populus ei et in eum omne imperium suum et potestatem concessit. Quodcunque ergo Imperator per epistolam constituit, vel cognoscens decrevit, vel edicto præcepit, legem esse constat. Hæ sunt quæ constitutiones appellantur. Plane ex his quædam sunt personales , quæ nec ad exemplum trahuntur, quoniam non hoc princeps vult. Nam quod alicui ob meritum indulsit , vel si cui pœnam irrogavit, vel si cui sine exemplo subvenit, personam non transgreditur. (Ulpian., L. I, D. *de Constit. princ.* ; Gaius, *Comm.*, I, § 5 ; Pompon., L. 2, § 11 et 12, **D.** *de Orig. jur.*) Aliæ autem quum generales sint, omnes procul dubio tenent.

7. Prætorum quoque edicta non modicam obtinent juris auctoritatem. Hoc etiam jus honorarium solemus appellare, quod qui honores gerunt , id est magistratus auctoritatem huic juri dederunt. Proponebant et Ædiles curules edictum de quibusdam causis, quod edictum juris honorarii portio est. (Pompon., L. 2, § 10, 12, 21, 52, D. *de Orig. jur.; Gaius, Comm.*, I, § 6.)

8. Responsa prudentium sunt sententiæ et opiniones eorum quibus permissum erat jura condere (Gaius, *Comm.*, I, § 7). Nam antiquitus institutum erat , ut essent qui jura publice interpretarentur, quibus a Cæsare jus respondendi datum est, qui Jurisconsulti appellabantur. (Pompon., L. 2, § 47, D. *de Orig. jur.*) Quorum omnium sententiæ et opiniones eam auctoritatem tenebant , ut judici recedere a responso eorum non liceret , ut est constitutum. (Gaius, *Comm.*, I, § 7.)

9. Ex non scripto jus venit, quod usus comprobavit. Nam diuturni mores consensu utentium comprobati legem imitantur. (Julian. , L. 32, pr. et § 1 ; Ulpian., L. 33 ; Hermogen., L. 35, D. *de Legib.*)

10. Et non ineleganter in duas species jus civile distributum esse videtur. Nam origo ejus ab institutis duarum civitatum, Atheniensium scilicet et Lacedæmoniorum , fluxisse videtur. In his enim civitatibus ita agi solitum erat , ut Lacedæmonii quidem magis ea quæ pro legibus observarent, memoriæ mandarent; Athenienses vero, ea quæ in legibus scripta comprehendissent, custodirent.

11. Sed naturalia quidem jura quæ apud omnes gentes peræque servantur, divina quadam providentia constituta , semper firma atque immutabilia permanent. (Gaius, L. 8, D. *de Capit. min.; *Pompon., L. 8, D. *de Reg. jur.*) Ea vero quæ ipsa sibi quæque civitas constituit; sæpe mutari solent, vel tacito consensu populi, vel alia postea lege lata. (Julian., L. 32, § 1, D. *de Legib.*)

6. La volonté du prince a aussi force de loi ; car, par la loi Regia, qui établit la souveraineté de l'Empereur, le peuple (*romain*) a remis toute sa puissance et toute son autorité entre les mains du prince. En conséquence il est constant qu'on doit considérer comme loi tout ce que l'Empereur établit par un rescrit, ou décide en connaissance de cause, ou ordonne par un édit : c'est là ce que nous appelons *constitutions*. Il y a en outre certaines constitutions purement personnelles, qui ne valent que pour le cas pour lequel elles ont été faites ; car telle est la volonté du prince qui les a rendues. En effet, la faveur qu'il accorde à quelqu'un en raison de ses services, la peine qu'il inflige, ou les moyens extraordinaires par lesquels il vient au secours d'un individu, ne tirent point à conséquence pour l'avenir, et s'arrêtent à la personne qui en a été l'objet. Quant aux autres constitutions, elles sont générales et sont par conséquent, sans le moindre doute, obligatoires pour tous.

7. Les édits des Préteurs jouissent aussi, en droit, d'une grande autorité : ils sont appelés droit honoraire, parce qu'ils tirent toute leur force de l'autorité de ceux qui gèrent les *honneurs*, c'est-à-dire, des magistrats. Les Édiles curules publiaient aussi sur certaines matières des édits qui forment une partie du droit honoraire.

8. Les réponses des jurisconsultes sont les opinions et les décisions de ceux qui ont été investis du pouvoir de déterminer les principes du droit : déjà anciennement il y avait des personnes chargées d'interpréter publiquement le droit ; et c'était à ceux à qui César avait confié cette mission, que l'on donnait par excellence le nom de Jurisconsultes. Leurs décisions, quand elles étaient rendues à l'unanimité, jouissaient d'une si grande autorité, qu'il n'était pas permis au juge de s'en écarter.

9. Le droit non écrit est celui qui n'a d'autre fondement que l'usage : car les coutumes pratiquées chaque jour et approuvées par le consentement de ceux qui s'en servent, imitent la loi.

10. C'est donc avec raison que l'on a divisé le droit civil en deux espèces. Cette division semble venir des institutions différentes de deux villes, Lacédémone et Athènes : les Lacédémoniens étaient dans l'usage de confier à la mémoire la règle qui leur tenait lieu de lois ; les Athéniens, au contraire, obéissaient principalement à des lois rédigées par écrit.

11. Le droit naturel, qui est observé par toutes les nations, étant en quelque sorte l'œuvre de la divinité elle-même, n'est sujet à aucun changement ; mais les lois particulières que chaque cité s'est données, changent souvent, soit par le consentement tacite du peuple, soit par l'effet de quelque loi nouvelle.

Tit. III. *De Jure personarum.*

Omne autem jus quo utimur, vel ad personas pertinet, vel ad res, vel ad actiones. Et prius de personis videamus (Gaius, *Comm.*, I, § 8 et L. 1, D. *de Stat. hom.*) : nam parum est jus nosse, si personæ quarum causa constitutum est, ignorentur[1] (*Hermogen.*, L. 2, D. *cod.*). Summa itaque divisio de jure personarum hæc est, quod omnes homines aut liberi sunt, aut servi. (Gaius, *Comm.*, I, § 9 , et L.3, D. *cod.*)

1. Et libertas quidem (ex qua etiam liberi vocantur) est naturalis facultas ejus quod cuique facere libet, nisi si quid vi aut jure prohibetur. (Florent., L. 4, D. *de Stat. hom.*)

2. Servitus autem est constitutio juris gentium, qua quis dominio alieno contra naturam subjicitur. (Florent.,L. 4, § 1, D. *de Stat. hom.*)

3. Servi autem ex eo appellati sunt, quod imperatores captivos vendere, ac per hoc servare nec occidere solent : qui etiam mancipia dicta sunt, eo quod ab hostibus manu capiuntur. (Florent. L. 4, § 2 et 3, D. *de Stat. hom.*)

4. Servi autem aut nascuntur, aut fiunt. Nascuntur ex ancillis nostris: fiunt aut jure gentium, id est ex captivitate, aut jure civili, quum liber homo, major viginti annis, ad pretium participandum esse venundari passus est. (Martian., L. 5, § 1, D. *de Stat. hom.*)

5. In servorum conditione nulla est differentia, in liberis multæ differentiæ sunt; aut enim sunt ingenui, aut libertini. (Martian., L. 5, D. *cod.*)

Tit. IV. *De Ingenuis.*

Ingenuus est is qui statim ut natus est, liber est : sive ex duobus ingenuis matrimonio editus est, sive ex libertinis duobus, sive ex altero libertino et altero ingenuo. Sed etsi quis ex matre nascitur libera, patre servo, ingenuus nihilominus nascitur : quemadmodum qui ex matre libera et incerto patre natus est, quoniam vulgo conceptus est. (Gordian., L. 11, C. *de Oper. libert.* ; Diocl. et Max. L. 9, C. *de Ing. man.*) Sufficit autem liberam fuisse matrem eo tempore quo nascitur, licet ancilla conceperit. Et contrario si libera conceperit, deinde ancilla facta pariat, placuit eum qui nascitur liberum nasci ; quia non debet calamitas matris ei nocere, qui in ventre est. Ex his illud quæsitum est, si ancilla prægnans manu-

---

TITRE III. Du Droit des personnes.

Tout notre droit se rapporte ou aux personnes, ou aux choses, ou aux actions. — Occupons-nous d'abord des personnes ; car il servirait peu de connaître le droit, si l'on ne connaissait les personnes pour lesquelles il a été établi. — Voici la principale division relativement au droit des personnes : tous les hommes sont ou libres ou esclaves.

PREMIÈRE DIVISION. Hommes libres. — Esclaves.

1. La liberté (d'où vient le mot de *libres*) est la faculté naturelle de faire tout ce qui nous plaît, pourvu que nous n'en soyons empêchés ni par la force, ni par le droit.

2. L'esclavage est une institution du droit des gens, mais contraire à la nature, qui fait d'un homme la propriété d'un autre homme.

3. La dénomination de *servi* donnée aux esclaves vient de l'usage où sont les généraux de conserver (*servare*), et de faire vendre les prisonniers de guerre, au lieu de les tuer. On les appelle aussi *mancipia* (des mots *manu capta*), parce qu'ils ont été pris avec la *main* aux ennemis.

4. On est esclave par naissance, ou on le devient par un fait postérieur. — Est esclave par naissance celui qui naît d'une mère esclave. — Un homme libre peut devenir esclave, soit par le droit des gens, soit par le droit civil : devient esclave, par le droit des gens, celui qui est fait prisonnier à la guerre ; devient esclave, par le droit civil, (par exemple) le majeur de vingt ans qui se laisse vendre comme esclave, dans le but de partager le prix de la fraude.

5. La condition de tous les esclaves est la même. Il y a au contraire de nombreuses différences entre les hommes libres ; et, notamment, les uns sont INGÉNUS, les autres AFFRANCHIS †.

TITRE IV. Des Ingénus.

L'ingénu est celui qui a été libre dès l'instant de sa naissance : peu importe qu'il soit né du mariage de deux ingénus, ou de celui de deux affranchis, ou de celui d'un ingénu et d'un affranchi. — Celui qui naît d'une femme libre est ingénu, lors même que le père serait esclave. — Il en est de même (à plus forte raison) de celui qui est né d'une mère libre et d'un père inconnu ; car on ne peut savoir quel est son père. — Au reste, il suffit que la mère ait été libre à l'instant de la naissance ; et peu importe qu'elle soit esclave au moment de la conception. Si au contraire une femme, libre lors de la conception, se trouve esclave à l'époque de l'accouchement, on a préféré décider que l'enfant naissait libre : on n'a pas voulu que le malheur de la mère nuisît à l'enfant qu'elle porte dans son sein. — On a demandé quel serait le sort d'un enfant dont la mère, esclave aux deux époques extrêmes de la

---

† Il n'est peut-être aucun état ancien, et il n'est certainement aucun état moderne dans lequel le droit ait consacré autant de causes d'inégalité entre les sujets d'un même gouvernement, qu'il y en avait à Rome vers la fin de la république et le commencement de l'empire. En effet, si nous recherchons quels élémens composaient, à cette époque, la société romaine, nous trouvons : au haut de l'échelle sociale le *Citoyen romain* ; immédiatement au-dessous, les diverses classes de *Latins* ; plus bas, les *Pérégrins* proprement dits ; à un degré très inférieur les *Dédilices*, véritables parias du monde romain ; enfin, tout-à-fait au dernier échelon, les *esclaves*, dans lesquels le droit, complice de l'insolence des maîtres, voyait plutôt des *choses* que des *hommes*. — Les lois Ælia Sentia et Junia Norbana avaient transporté la plupart de ces distinctions parmi les affranchis lesquels furent dès lors rangés en trois classes : les *Citoyens romains*, les *Latins-juniens* et les *Dédi-*

missa sit, deinde ancilla postea facta peperit, liberum an servum pariat? Et Marcellus probat liberum nasci. Sufficit enim ei qui in ventre est, liberam matrem vel medio tempore habuisse : quod verum est. (Martian., L. 5, § 2 et 3, D., *de Stat. hom.*; Paul., *Rec. sentent.* II, 24, § 1, 2 et 3.)

1. Quum autem ingenuus aliquis natus sit, non officit illi in servitute fuisse; et postea manumissum esse. Sæpissime enim constitutum est, natalibus non officere manumissionem. (Paul.; *Rec. sentent.* V, 1, § 2; Ulpian., L. 21, § 1, D., *de Captiv.*; Gordian., L. 2, C., *de Ingen. manum.*)

Tit. V. *De Libertinis.*

Libertini sunt, qui ex justa servitute manumissi sunt (Gaius, *Comm.* I, § 6; L. 6, D., *de Stat. hom.*). Manumissio autem est datio libertatis; nam quamdiu quis in servitute est, manui et potestati suppositus est; manumissus liberatur potestate. Quæ res a jure gentium originem sumpsit : utpote quum, jure naturali, omnes liberi nascerentur, nec esset nota manumissio, quum servitus esset incognita. Sed postea quam jure gentium servitus invasit, secutum est beneficium manumissionis; et quum uno naturali nomine homines appellarentur, jure gentium tria genera esse cœperunt : liberi, et his contrarium servi, et tertium genus libertini, qui desierant esse servi. (Ulpian., L. 4, D., *de Just. et jur.*)

1. Multis autem modis manumissio procedit : aut enim *ex sacris constitutionibus in sacrosanctis ecclesiis*, aut vindicta, aut inter amicos, aut per epistolam, aut per testamentum, aut per aliam quamlibet ultimam voluntatem. (Ulpian., *Fragm.*, I, § 6, 7, 8, 9 et 10; Constant., L. 1, et 2, C., *de His qui in eccles.*)

Sed et aliis multis modis libertas servo competere potest, qui tam ex veteribus quam ex nostris constitutionibus introducti sunt. (Justinian., L. unic. C. *de Lat. libert. toll.*)

2. Servi autem a dominis semper manumitti solent : adeo ut vel in transitu manumittantur, veluti quum Prætor, aut Præses, aut Proconsul in balneum vel in theatrum eant. (Gaius, *Comm.* I, § 20; et L. 7, D., *de Manum vind.*; Ulpian., L. 8, D., *eod.*)

3. Libertinorum autem status tripertitus antea fuerat. Nam qui manumittebantur, modo majorem et justam libertatem consequebantur, et fiebant cives romani; modo minorem, et latini ex lege Junia Norbana fiebant; modo inferiorem, et fiebant ex lege Ælia Sentia dedititiorum numero. (Ulpian., *Fragm.*, I, § 5 et seq.; Gaius, *Comm.* I, § 12, 13, 16 et 17.)

_____

tices. — Par une constitution de l'an de J.-C. 211, Antonin Caracalla, dans un but purement fiscal, accorda le titre de citoyens romains à tous les ingénus sujets de l'empire; depuis, Justinien adopta la même mesure à l'égard des diverses classes d'affranchis : ainsi, sous ce dernier empereur, tous les hommes libres sont citoyens romains; et il ne reste plus entre eux d'autre différence que celle qui résulte de la qualité d'*ingénu* ou d'*affranchi*. — Dans les Novelles, il fit même disparaître cette dernière distinction en accordant aux affranchis les privilèges de l'ingénuité. (Voyez ci-après page 21, note 2.)

conception et de l'accouchement, aurait été libre dans le temps intermédiaire? Marcellus [1] décide que l'enfant naîtra libre ; il suffit donc à l'enfant que la mère ait été libre à un instant quelconque de la gestation ; ce qui est vrai.

4. Celui qui est né ingénu ne perd pas cette qualité, lorsque, étant tombé dans une servitude (*apparente*), il est ensuite affranchi par son maître : les constitutions ont en effet bien souvent décidé que la manumission ne peut préjudicier aux droits qu'on tient de sa naissance.

TITRE V. *Des Affranchis.*

Les affranchis sont ceux qui ont été libérés par manumission d'une servitude légitime. La manumission est le don de la liberté : en effet, celui qui est esclave est soumis à la main et au pouvoir de son maître, mais il est libéré par la manumission (*de manu mittere*). Cette institution tire son origine du droit des gens : en effet, d'après le droit naturel, tous les hommes naissaient libres et l'esclavage étant inconnu, l'affranchissement ne pouvait exister. Mais le droit des gens ayant introduit la servitude, la bienfaisante institution de l'affranchissement vint à la suite : et tandis que d'après le droit naturel, toutes les créatures humaines étant égales en droit, étaient toutes comprises sous la dénomination commune d'hommes, le droit des gens les distingua en trois espèces : les libres auxquels on oppose les esclaves, et les affranchis qui ont cessé d'être esclaves.

1. L'affranchissement s'opère de plusieurs manières : soit *dans les églises en vertu des constitutions impériales;* soit par la vindicte, soit en présence d'amis, soit par lettre, soit par testament ou tout autre acte de dernière volonté.

La liberté peut encore être conférée à un esclave de plusieurs autres manières qui ont été introduites tant par les anciennes constitutions que par le nôtres.

2. L'usage veut que les esclaves puissent être affranchis en tout temps et en tout lieu : par exemple, quand le Préteur, le Président ou le Proconsul passent pour se rendre au bain ou au spectacle.

3. Il y avait autrefois trois espèces d'affranchis. Les uns acquéraient la liberté la plus complète, la liberté civile par excellence, et devenaient citoyens romains ; les autres n'obtenaient qu'une liberté moins étendue, et devenaient Latins d'après la loi Junia Norbana ; quelques-uns n'avaient que la liberté la moins avantageuse et étaient rangés au nombre des déditices par la loi Ælia Sentia.

---

[1] Quelques éditions portent *Martianus.*

Sed dediliorum quidem pessima conditio jam ex multis temporibus in desuetudinem abiit, Latinorum vero nomen non frequentatur. Ideoque nostra pietas omnia augere et in meliorem statum reducere desiderans, duabus constitutionibus hoc emendavit et in pristinum statum perduxit : quia et a primis urbis Romæ cunabulis una atque simplex libertas competebat, id est, ea quam habebat manumissor ; nisi quod scilicet libertinus sit qui manumittitur, licet manumissor ingenuus sit. Et dedititios quidem per constitutionem nostram expulimus, quam promulgavimus inter nostras decisiones, per quas, suggerente nobis Triboniano, viro excelso, quæstore, antiqui juris altercationes placavimus ; Latinos autem Junianos, et omnem quæ circa eos fuerat observantiam, alia constitutione per ejusdem quæstoris suggestionem correximus, quæ inter imperiales radiat sanctiones. Et omnes libertos nullo nec ætatis manumissi, nec domini [1] manumissoris, nec in manumissionis modo discrimine habito, sicuti antea observabatur, civitate romana donavimus : multis modis additis, per quos possit libertas servis cum civitate romana, quæ sola est in præsenti, præstari. (Justinian., L. unio., C. de Dedit. libert. toll.; L. de Lat. libert. toll. [2])

TIT. VI. *Qui et quibus ex causis manumittere non possunt.*

Non tamen cuicunque volenti manumittere licet. Nam is, qui in fraudem creditorum manumittit, nihil agit, quia lex Ælia Sentia impedit libertatem. (Gaius, *Comm.*, I, § 36 et 37; Ulpian., *Fragm.*, I, § 15.)

1. Licet autem domino qui solvendo non est, in testamento servum suum cum libertate hæredem instituere, ut liber fiat hæresque ei solus et necessarius; si modo ei nemo alius ex eo testamento hæres exstiterit, aut quia nemo hæres scriptus sit, aut quia is qui scriptus est, qualibet ex causa hæres non exstiterit. Idque eadem lege Ælia Sentia provisum est, et recte (Ulpian., *Fragm.*, I, § 14; Paul., L. 57; Julian., L. 42, D. *de Hæred. instit.*) : valde enim prospiciendum erat, ut egentes homines quibus alius hæres exstiturus non esset, vel servum suum necessarium hæredem haberent, qui satisfacturus esset creditoribus ; aut hoc eo non faciente, creditores res hæreditarias servi nomine vendant, ne injuria defunctus adficiatur.

2. Idemque juris est, et si sine libertate servus hæres institutus est. Quod nostra constitutio non solum in domino qui solvendo non est, sed generaliter constituit nova humanitatis ratione , ut ex ipsa scriptura institutionis etiam libertas ei competere videatur : quam non est verisimile, cum quem hæredem sibi elegit, si prætermiserit libertatis dationem, servum remanere voluisse, et neminem sibi hæredem fore. (Justinian., L. 5, C. *de Necess. serv. hæred.*)

3. In fraudem autem creditorum manumittere videtur, qui vel jam eo tempore quo manumittit, solvendo non est; vel datis liber-

---

[1] Legendum DOMINI. (Conf. Gaius, *Comm.* I, § 17, et Ulpian. , *Fragm.*, I, § 16.)

[2] Si quis manumittens servum aut ancillam suam, cives denuntiaverit romanos, non enim aliter licet.... qui libertatem acceperit, habebit et aureorum annulorum et regenerationis jus. (*Nov.* LXXVIII, cap. 1.)

Illud vero adjicimus, ut nihil neque post hanc legem nostram lædantur patronatus jura. (*Ibid. cap.* 2.)

Mais déjà depuis long-temps l'usage avait fait tomber en oubli les Dédilices dont la condition était si mauvaise, et l'on ne trouvait même qu'un petit nombre d'affranchis Latins; en conséquence, notre humanité désirant améliorer et compléter toutes les parties de la législation, nous avons promulgué deux constitutions qui ramènent cette partie du droit à sa simplicité primitive. — En effet, dans les premiers temps de Rome, tous les affranchis acquéraient une seule et même liberté, celle dont jouissait l'affranchissant : il y avait seulement cette différence, que celui qui recevait la liberté n'était qu'un simple *affranchi*, quoique le maître fût *ingénu*.—Nous avons supprimé les Dédilices par une constitution qui fait partie des décisions que nous avons rendues, sur l'avis de notre questeur l'illustre Tribonien, pour mettre fin aux discussions de l'ancien droit. D'après les conseils du même personnage, et par une constitution qui figure parmi les ordonnances impériales, nous avons fait disparaître aussi les Latins et tout ce qui se rapportait à cette classe d'affranchis. Voulant donc rétablir dans cette matière la simplicité première, nous avons accordé le titre de Citoyens romains à tous les affranchis, sans avoir aucunement égard ni à l'âge de l'affranchi, ni au genre de propriété du maître, ni au mode d'affranchissement. Nous avons en outre ajouté plusieurs manières de donner aux esclaves la liberté et les droits de cité romaine qui aujourd'hui n'en sauraient être séparés.

TITRE VI. *Quelles personnes ne peuvent affranchir, et par quels motifs.*

Le droit d'affranchir n'appartient pas à tous les maîtres indistinctement. Et d'abord, celui qui affranchit en fraude de ses créanciers fait un acte nul, parce que (*dans ce cas*) la loi Ælia Sentia empêche la liberté.

1. Il est cependant permis à un maître insolvable d'instituer dans son testament son esclave pour héritier, en lui donnant la liberté; de façon que cet esclave devienne libre, et, en même temps, héritier unique et nécessaire de son maître. Mais pour que cela puisse avoir lieu, il faut qu'aucun autre ne soit héritier en vertu de ce testament, soit parce que personne n'a été institué, soit parce que, pour des causes quelconques, l'institué n'est point héritier. C'est là une disposition très-sage de la loi Ælia Sentia : il importait en effet que les hommes pauvres, dont personne ne voudrait être héritier, pussent en mourant se faire de leur esclave un héritier nécessaire; car, ou cet héritier satisfera les créanciers; ou, s'il ne le fait pas, ceux-ci feront vendre les biens de la succession sous le nom de l'esclave; ce qui épargnera un affront à la mémoire du défunt.

2. Il en est de même quand on institue pour héritier un esclave, sans dire qu'on lui donne la liberté : et notre constitution n'est pas seulement applicable au cas où le maître est insolvable; mais, par un motif d'humanité, elle dispose en général que, pour tout esclave, l'institution d'héritier emportera avec elle le don de la liberté : il n'est pas vraisemblable, en effet, qu'en omettant d'affranchir celui qu'il institue, le testateur ait voulu que l'héritier qu'il s'est choisi demeurât esclave; puisque, s'il en était ainsi, il n'aurait aucun héritier.

3. Est réputé affranchir en fraude de ses créanciers, celui qui est déjà insolvable au moment de l'affranchissement, ou qui doit le devenir par

---

1 Il faut lire *dominii*; en lisant *domini* on traduirait : *sans avoir égard ni à l'âge de l'affranchi ou du maître, ni au mode d'affranchissement.*

2. Les affranchis ou affranchies (outre le titre de Citoyens romains que leur confère de droit la manumission) auront de plus la qualité d'ingénus, et pourront porter l'anneau d'or; Le tout sans préjudicier en rien aux droits du patron et de sa famille.

tatibus desiturus est solvendo esse (Gaius, L. 10, D., *Qui et a quib.*).
Prævaluisse tamen videtur, nisi animum quoque fraudandi manumissor habuerit, non impediri libertatem; quamvis bona ejus creditoribus non sufficiant (Julian., L. 15, D., *Quæ in fraud.*; Gaius, L. 57, D., *de Man. test.*). Sæpe enim de facultatibus suis amplius quam in his est, sperant homines (Gaius, L. 10). Itaque tunc intelligimus impediri libertatem, quum utroque modo fraudantur creditores, id est, et consilio manumittentis, et ipsa re, eo quod ejus bona non sunt suffectura creditoribus (Alex., L. 1, C., *Qui manum, non poss.*).

4. Eadem lege Ælia Sentia domino minori viginti annis non aliter manumittere permittitur, quam si vindicta, apud consilium justa causa manumissionis approbata, fuerint manumissi (Gaius, *Comm.* I, § 35 *et* 58; Ulpian., *Fragm.*, I, § 13; L. 9, § 1, D., *de Auct. tut*)

5. Justæ autem manumissionis causæ hæ sunt: veluti si quis patrem, aut matrem, aut filium filiamve, aut fratrem sororemve naturales, aut pædagogum, aut nutricem educatoremve, aut alumnum alumnamve, aut collactaneum manumittat, aut servum procuratoris habendi gratia, aut ancillam matrimonii causa (Gaius, *Comm.* I, § 19 *et* 39); dum tamen intra sex menses uxor ducatur, nisi justa causa impediat; et qui manumittitur, procuratoris habendi gratia, non minor decem et septem annis manumittatur (Ulpian., L. 11, 12 *et* 13, D., de Manum. vind.).

6. Semel autem causa approbata, sive vera sit sive falsa, non retractatur (Martian., L. 9, § 1, D., *de Manum. vind.*).

7. Quum ergo certus modus manumittendi minoribus viginti annis dominis per legem Æliam Sentiam constitutus erat, eveniebat, ut qui quatuordecim annos ætatis expleverat, licet testamentum facere, et in eo sibi hæredem instituere, legataque relinquere posset, tamen si adhuc minor esset viginti annis, libertatem servo dare non posset (Gaius, *Comm.* 1, § 40).

Quod non erat ferendum, si is, cui totorum bonorum in testamento dispositio data erat, uni servo dare libertatem non permittebatur. Quare non similiter et, quemadmodum alias res, ita et servos suos in ultima voluntate disponere quemadmodum voluerit, permittimus, ut et libertatem eis possit præstare? Sed quum libertas inæstimabilis est, et propter hoc ante vicesimum ætatis annum antiquitas libertatem servo dare prohibebat, ideo nos mediam quodammodo viam eligentes, non aliter minori viginti annis libertatem in testamento dare servo suo concedimus, nisi septimum et decimum annum impleverit, et octavum decimum annum tetigerit. Quum enim antiquitas hujusmodi ætati et pro aliis pos-

la liberté qu'il donne à ses esclaves. Mais l'insuffisance des biens n'annule les affranchissements qu'autant que l'affranchissant a eu l'intention de frustrer ses créanciers : telle est du moins l'opinion qui a prévalu : il arrive souvent en effet que les hommes se croient plus riches qu'ils ne le sont réellement. En conséquence, pour que l'affranchissement reste sans effet, il faut que la fraude réunisse les deux caractères suivants : intention frauduleuse dans celui qui affranchit, et préjudice réel résultant de l'insuffisance des biens du débiteur.

4. D'après la même loi Ælia Sentia, le maître âgé de moins de vingt ans ne peut affranchir que par la vindicte et pour une cause approuvée par le conseil.

5. Voici quelles sont les causes légitimes de manumission : chacun peut affranchir son père ou sa mère, son fils ou sa fille, son frère ou sa sœur naturels, son précepteur, sa nourrice ou celui qui l'a élevé, son nourrisson, son frère ou sa sœur de lait, ou un esclave pour en faire son procureur, et alors il faut que l'esclave ait au moins dix-sept ans, ou une esclave pour en faire son épouse, à la condition de réaliser le mariage dans les six mois si aucun empêchement légitime ne s'y oppose.

6. L'approbation une fois obtenue est irrévocable, que le motif allégué soit vrai ou faux.

7. La loi Ælia Sentia ayant établi pour les maîtres, mineurs de vingt ans, un mode particulier de manumission, il en résultait que celui qui avait quatorze ans accomplis, quoiqu'il pût instituer un héritier et laisser des legs, ne pouvait cependant, s'il était mineur de vingt ans, donner la liberté à un esclave.

Nous ne pouvions admettre un tel résultat : car pourquoi celui à qui on permet de disposer de tous ses biens, par acte de dernière volonté, ne pourrait-il pas, par la même voie, donner la liberté à un seul esclave ? Toutefois, comme la liberté est une chose inestimable, et que pour cette raison les anciens défendaient au maître, mineur de vingt ans, d'affranchir ses esclaves ; nous croyons devoir adopter, en quelque sorte un terme moyen, et nous ne permettons au mineur de vingt ans, de donner par testament la liberté à ses esclaves qu'autant qu'il aura accompli sa dix-septième année et atteint la dix-huitième [1]. En effet, puisque le droit ancien permettait aux hommes de cet âge de postuler pour

---

[1] Nous ordonnons qu'à partir du jour même où il leur est permis de tester, les mineurs auront aussi la faculté d'affranchir par testament.

tulare concessit, cur non etiam sui judicii stabilitas ita eos adjuvare credatur, ut et ad libertates dandas servis suis possint pervenire?

Tit. VII. *De Lege Fusia Caninia Sublata.*

Lege Fúsia Caninia certus modus constitutus erat in servis testamento manumittendis. (Gaius, *Comm.*, I, § 42; Ulpian., *Fragm.*, I, § 24; Paul., *Rec. sentent.* IV, 14.)

Quam quasi libertates impedientem et quodammodo invidam, tollendam esse censuimus; quum satis fuerat inhumanum, vivos quidem licentiam habere totam suam familiam libertate donare, nisi alia causa impediat libertatem, morientibus autem hujusmodi licentiam adimere. (Justinian., L. unic. C. de Leg. Fus. Can. toll.)

Tit. VIII. *De Iis qui sui vel alieni juris sunt.*

Sequitur de jure personarum alia divisio. Nam quædam personæ sui juris sunt, quædam alieno juri subjectæ (Gaius, *Comm.*, I, § 48; L. 1, D. *h. t.*). Rursus earum quæ alieno juri subjectæ sunt, aliæ in potestate parentum, aliæ in potestate dominorum sunt (Gaius, *Comm.*, I, § 49). Videamus itaque de iis quæ alieno juri subjectæ sunt; nam si cognoverimus quæ istæ personæ sunt, simul intelligemus, quæ sui juris sunt. — Ac prius dispiciamus de iis qui in potestate dominorum sunt. (Gaius, *Comm.*, I, § 50 et 51.)

1. In potestate itaque dominorum sunt servi. Quæ quidem potestas juris gentium est; nam apud omnes peræque gentes animadvertere possumus, dominis in servos vitæ necisque potestatem fuisse; et quodcunque per servum acquiritur, id domino acquiritur. (Gaius, *Comm.*, I, § 52; L. 1, § 1, D. *h. t.*)

2. Sed hoc tempore nullis hominibus qui sub imperio nostro sunt, licet sine causa legibus cognita in servos suos supra, modum sævire. Nam ex constitutione divi Pii Antonini, qui sine causa servum suum occiderit, non minus puniri jubetur, quam qui alienum servum occiderit. Sed et major asperitas dominorum ejusdem principis constitutione coercetur. Nam consultus a quibusdam præsidibus provinciarum de iis servis qui ad ædem sacram vel ad statuas principum confugiunt, præcepit ut, si intolerabilis videatur

autrui, pourquoi ne leur croirait-on pas assez de solidité dans le jugement pour donner la liberté à leurs esclaves?

TITRE VII. De l'abrogation de la loi Fusia Caninia.

La loi Fusia Caninia avait restreint, dans certaines limites, le nombre des esclaves qu'on pouvait affranchir par testament[1].

Nous avons cru devoir abroger cette loi comme mettant, sans raison, des obstacles aux affranchissements. En effet, puisque le maître pouvait, de son vivant, donner la liberté à tous ses esclaves (quand d'ailleurs il n'existait pas quelque autre empêchement), n'était-il pas bien inhumain de refuser la même faculté à ceux qui, en mourant, désiraient affranchir leurs esclaves par testament?

DEUXIÈME DIVISION : personnes sui juris; — personnes alieni juris.

TITRE VII. De ceux qui ne dépendent de personne (sui juris) et de ceux qui sont soumis à la puissance d'autrui (alieni juris, alieno juri subjecti).

Nous passons maintenant à une autre division des personnes : les unes ne dépendent de personne et sont dites *sui juris* ; les autres sont soumises à la puissance d'autrui, et sont appelées *alieni juris*.—Les personnes *alieni juris* se subdivisent à leur tour en deux classes : les unes sont soumises à la puissance (*paternelle*) de leurs ascendants ; les autres à la puissance (*dominicale*) de leurs maîtres[2].—Voyons donc celles qui sont soumises à la puissance d'autrui ; car, une fois que nous saurons les distinguer, nous connaîtrons par là-même celles qui ne dépendent de personne. — Et d'abord, occupons-nous de celles qui sont soumises à la puissance d'un maître.

1. Sont en puissance de maître, les esclaves. — Cette puissance est du droit des gens ; car on observe que, chez presque toutes les nations, les maîtres ont sur leurs esclaves le droit de vie et de mort ; et que tout ce que l'esclave acquiert, il l'acquiert pour son maître.

2. Mais aujourd'hui il n'est plus permis à aucun de nos sujets de sévir outre mesure, sans une cause légale, contre ses esclaves. Car, d'après une constitution de l'Empereur Antonin, le maître qui tue son esclave, sans une cause légitime, est puni des mêmes peines que s'il avait tué l'esclave d'autrui. La constitution de ce prince réprime en outre la trop grande dureté des maîtres envers leurs esclaves. En effet, consulté par quelques Présidents de provinces, au sujet des esclaves qui se réfugient dans les temples ou près des statues de l'empereur, il ordonna que le maître qui

---

[1] De 2 à 10, la moitié ; de 10 à 30, le tiers ; de 30 à 100, le quart ; de 100 à 500, le cinquième ; mais jamais plus de 100.

[2] Dans le droit des Pandectes, aux deux classes de personnes *alieni juris*, considérées par Justinien, il fallait en ajouter deux autres, savoir : 1° les personnes de l'un et de l'autre sexe soumises au MANCIPIUM ; 2° les femmes soumises à la MANUS.—Le *mancipium* avait avec la puissance dominicale des ressemblances nombreuses. Il s'établissait sur les fils de famille vendus (*mancipés*) par le père de famille. Toutefois ces enfants n'étaient point esclaves proprement dits, mais seulement considérés comme tels (*servorum loco*) ; ils différaient essentiellement des esclaves, en ce que le maître ne devait se permettre à leur égard aucun traitement injurieux , et pouvait même presque toujours être obligé à les affranchir (Gaius, *Comm.* I, § 49, 116,... 123, 132.... 142; II, § 86, 90, 96, 160; III, § 114, 104; IV, § 79, 80).—La *manus* diffère des trois autres puissances (*puissance dominicale, puissance paternelle, mancipium*), en ce que les femmes seules pouvaient y être soumises. La *manus* était établie le plus souvent au profit du mari ; mais elle pouvait aussi appartenir à un autre homme. De même que le *mancipium* produisait des effets analo

sævitia dominorum, cogantur servos suos bonis conditionibus vendere, ut pretium dominis daretur; et recte : expedit enim reipublicæ, ne sua re quis male utatur (Gaius, *Comm.* I, § 53; Ulpian.,
L. 2, D., *h. t.*).Cujus rescripti, ad Ælium Martianum emissi, verba
sunt hæc : Dominorum quidem potestatem in servos suos illibatam
» esse oportet, nec cuiquam hominum jus suum detrahi; sed do-
» minorum interest ne auxilium, contra sævitiam, vel famem, vel
» intolerabilem injuriam, denegetur iis qui juste deprecantur.
» Ideoque cognosce de querelis eorum, qui ex familia Julii Sabini
» ad statuam confugerunt; et, si vel durius habitos quam æquum
» est, vel infami injuria affectos cognoveris, veniri jube, ita ut in
» potestatem domini non revertantur. Qui Sabinus, si meæ constitu-
» tioni fraudem fecerit, sciet me admissum severius executurum. »
(Ulpian., L. 2, D., *h. t.*).

Tit. IX. *De Patria potestate.*

In potestate nostra sunt liberi nostri, quos ex justis nuptiis pro-
creaverimus. (Gaius, *Comm.* I, § 55; L. 3, D., *de his qui sui;*
Ulpian., *Fragm.*, V, § 1.)

1. Nuptiæ autem, sive matrimonium, est viri et mulieris conjunctio individuam vitæ consuetudinem continens. (Modest , L. 1,
D., *de Rit. nupt.*)

2. Jus autem potestatis, quod in liberos habemus, proprium est
civium romanorum : nulli enim alii sunt homines, qui talem in
liberos habeant potestatem, qualem nos habemus. (Gaius, *Comm.* I,
§ 55; L. 3, D., *de his qui sui.*)

3. Qui igitur ex te et uxore tua nascitur, in tua potestate est. Item
qui ex filio tuo et uxore ejus nascitur, id est nepos tuus et neptis,
æque in tua sunt potestate, et pronepos et proneptis et deinceps
cæteri (Ulpian., L. 4, D. , *de his qui sui.*). Qui tamen ex filia tua
nascitur, in tua potestate non est, sed in patris ejus. (Gaius, L. 196,
§ 1, D., *de Verb. signif.*)

Tit. X. *De Nuptiis.*

Justas autem nuptias inter se cives romani contrahunt, qui secundum præcepta legum coeunt, masculi quidem puberes, feminæ
autem viripotentes, sive patres-familias sint, sive filii-familias : dum
tamen, si filii-familias sint, consensum habeant parentum quorum
in potestate sunt(Ulpian., *Fragm.*, V, §2, 4 et 6; Paul., *Rec. sentent.*,
I, 19, § 2). Nam hoc fieri debere et civilis et naturalis ratio sua-

---

gues à ceux de la puissance dominicale (*servorum loco*,) de même la *manus* produisait
des effets tout à fait analogues à la puissance paternelle : la femme était *filiæ loco*
(Gaius, *Comm.* I, § 49, 108..... 115, 136, 142; II, § 90, 96, 130; III, § 14, 82, 84,
114; IV, § 80).

serait reconnu traiter ses esclaves avec une dureté insupportable, fût contraint de les vendre, mais à de bonnes conditions et en recevant un prix : et cette ordonnance est juste; car il importe à l'état que personne ne fasse un mauvais usage de ce qui lui appartient. Voici les termes de ce rescrit adressé à Ælius Martianus : « Il faut sans doute que la puissance des
» maîtres sur leurs esclaves demeure intacte, et que personne ne soit dé-
» pouillé de ses droits; mais il est de l'intérêt des maîtres eux-mêmes,
» qu'on ne refuse pas aux esclaves la protection qu'ils réclament juste-
» ment quand le maître est envers eux d'une cruauté excessive, qu'il leur
» refuse des aliments ou les soumet à des traitements intolérables. Prenez
» donc connaissance des plaintes des esclaves de Julius Sabinus qui se
» sont réfugiés près de notre statue, et si vous reconnaissez qu'il les traite
» trop durement ou d'une manière infâme, vous les ferez vendre de ma-
» nière à ce qu'ils ne retombent plus au pouvoir de leur maître. Si Sa-
» binus cherchait à éluder notre constitution, qu'il sache que nous sommes
» disposés à user de moyens plus sévères. »

TITRE IX. De la Puissance paternelle.

Nous avons sous notre puissance les enfants que nous avons procréés en légitime mariage.

1. Les noces (ou le mariage) sont l'union de l'homme et de la femme emportant communauté indivisible d'existence.

2. La puissance que nous avons sur nos enfants est un droit propre aux citoyens romains : chez aucun peuple, en effet, les parents n'ont sur leurs enfants une puissance telle que celle que nous avons sur les nôtres.

3. En conséquence, vous avez sous votre puissance non seulement l'enfant qui naît de vous et de votre épouse, mais encore celui qui naît de votre fils et de son épouse, c'est-à-dire votre petit-fils et votre petite-fille, et votre arrière-petit-fils et votre arrière-petite-fille, et ainsi des autres (qui descendent de vous par mâles) : en effet, les enfants qui naissent de votre fille ne sont pas sous votre puissance, mais bien sous celle de leur père.

TITRE X. Du Mariage.

Il y a mariage légitime quand un citoyen romain et une citoyenne romaine s'unissent entre eux conformément aux lois. Les garçons doivent être pubères et les filles nubiles, qu'ils soient pères de famille ou fils de famille. Mais s'ils sont fils de famille, il faut qu'ils aient le consentement des ascendants sous la puissance desquels ils se trouvent placés ; car la nature et la loi exigent également que le consentement du père

det : in tantum, ut jussum parentis præcedere debeat. (Paul., L. 2, de Rit. nupt. ; L. 11, D., de Stat. hom.) Unde quæsitum est, an furiosi filia nubere, an furiosi filius uxorem ducere possit ?¿

Quumque super filio variabatur, nostra processit decisio qua permissum est, ad exemplum filiæ furiosi, filium quoque furiosi posse, et sine patris interventu, matrimonium sibi copulare, secundum datum ex nostra constitutione modum. (Justinian., L. 25, C. h. t.)

1. Ergo non omnes nobis uxores ducere licet, nam quarumdam nuptiis abstinendum est. Inter eas enim personas quæ parentum liberorumve locum inter se obtinent, contrahi nuptiæ non possunt; veluti inter patrem et filiam, vel avum et neptem, vel matrem et filium, vel aviam et nepotem, et usque ad infinitum. Et si tales personæ inter se coierint, nefarias atque incestas nuptias contraxisse dicuntur. Et hæc adeo ita sunt, ut quamvis per adoptionem parentum liberorumve loco sibi esse cœperint, non possint inter se matrimonio jungi : in tantum, ut etiam dissoluta adoptione idem juris maneat. Itaque eam, quæ tibi per adoptionem filia vel neptis esse cœperit, non poteris uxorem ducere, quamvis eam emancipaveris. (Gaius, Comm., § 58 et 59 ; L. 53 et 55, D., de Rit. nupt.; Ulpian., Fragm., 1, § 6 ; Paul., Rec. sentent., II, 19, § 3 et 4.)

2. Inter eas quoque personas, quæ ex transverso gradu cognationis junguntur, est quædam similis observatio, sed non tanta. Sane enim inter fratrem sororemque nuptiæ prohibitæ sunt, sive ab eodem patre eademque matre nati fuerint, sive ex alterutro eorum. Sed si qua per adoptionem soror tibi esse cœperit, quandiu quidem constat adoptio, sane inter te et eam nuptiæ consistere non possunt ; quum vero per emancipationem adoptio sit dissoluta, poteris eam uxorem ducere. Sed et si tu emancipatus fueris, nihil est impedimento nuptiis (Gaius, Comm., I, § 60 et 61; L. 17, D., de Rit. nupt.; Scævol. L. 54; cod.; Paul., Rec. sentent. II, 19, § 4). Et ideo constat : si quis generum adoptare velit, debere eum ante filiam suam emancipare ; et si quis velit nurum adoptare, debere eum ante filium emancipare. (Gaius, L. 17, § 1.)

3. Fratris vero vel sororis filiam uxorem ducere non licet. Sed nec neptem fratris vel sororis quis uxorem ducere potest, quamvis quarto gradu sint (Paul., Rec. sentent., II, 19, § 3; L. 39, D., de Ritu nupt.; Gaius, Comm., I, § 62; Ulpian., Fragm. V, § 6.). Cujus enim filiam uxorem ducere non licet, neque ejus neptem permittitur.— Ejus vero mulieris quam pater tuus adoptavit, filiam non videris impediri uxorem ducere, quia neque naturali neque civili jure tibi conjungitur. (Ulpian., L. 12, § 4, D. de Rit. nupt.)

précède le mariage. A cette occasion on a demandé si le fils ou la fille
d'un fou pouvait se marier?

Comme on n'était pas d'accord à l'égard du fils, nous avons décidé qu'à
l'exemple de la fille du fou, le fils pourrait aussi contracter mariage sans le
consentement de son père ; en se conformant toutefois aux dispositions de notre
constitution.

1. Il ne nous est pas permis d'épouser toute femme indistinctement; car
il est certains mariages dont nous devons nous abstenir. Le mariage est
prohibé entre les personnes qui descendent l'une de l'autre, par exemple
entre le père et la fille, l'aïeul et la petite-fille, la mère et le fils, l'aïeule
et le petit-fils, et ainsi à l'infini. Si ces personnes se mariaient entre elles,
leur union serait réputée criminelle et incestueuse. Cette prohibition est
telle, qu'elle s'étend à ceux qui n'ont la qualité d'ascendants et de
descendants que par adoption; ils ne peuvent contracter mariage entre eux
même après que l'adoption est dissoute : ainsi vous ne pouvez épouser votre
fille ou votre petite-fille adoptive, lors même que vous l'auriez émancipée.

2. A l'égard des personnes qui ne sont unies que par une parenté collatérale, il y a aussi des empêchements, mais moins étendus. Le mariage est
défendu entre le frère et la sœur, soit qu'ils aient le même père et la
même mère, soit qu'ils n'aient de commun que l'un des deux. Vous ne
pouvez pas non plus épouser celle qui n'est votre sœur que par adoption,
tant que l'adoption existe, mais une fois l'adoption dissoute par émancipation, vous pourrez la prendre pour épouse; il en est de même si c'est
vous qui avez été émancipé, car il n'y a plus alors d'obstacle au mariage.
Si donc quelqu'un veut adopter son gendre, il doit préalablement émanciper sa fille, et par la même raison émanciper son fils, s'il veut adopter
sa bru.

3. Il n'est pas non plus permis d'épouser la fille de son frère ou de sa
sœur, ni même leur petite-fille quoiqu'elle se trouve au quatrième degré :
en effet nous ne pouvons pas épouser la petite-fille de celui ou de celle dont
nous ne pourrions épouser la fille. Mais il ne vous est pas défendu
d'épouser la fille de la femme que votre père a adoptée, parce qu'il n'y a
de parenté entre vous ni d'après le droit naturel ni d'après le droit civil.

4. Duorum autem fratrum vel sororum liberi , vel fratris et sororis, jungi possunt. (Ulpian., *Fragm.*, V, § 6 ; Paul., L. 3, D., *de Rit. nupt.*; Arc. et Hon., L. 11, C., *de Nupt.*)

5. Item amitam, licet adoptivam, ducere uxorem non licet ; item nec materteram , quia parentum loco habentur. Qua ratione verum est magnam quoque amitam et materteram magnam prohiberi uxorem ducere. (Gaius , *Comm.*, I , § 62 ; L. 17, § 2, D., *de Ritu nupt.*; Ulpian., *Fragm.*, V, § 6; Paul., *Rec. sentent.*, II, 19, § 5.)

6. Affinitatis quoque veneratione quarumdam nuptiis abstinendum est, ut ecce : privignam aut nurum uxorem ducere non licet ; quia utræque filiæ loco sunt (Ulpian., *Fragm.*, V, § 6; Paul., *Rec. sentent.*, II, 19, § 5; L. 14, § 4, D. *de Ritu nupt.*; Modest., L. 4, § 7, *de Grad.*). Quod ita scilicet accipi debet, si fuit nurus aut privigna tua. Nam si adhuc nurus tua est, id est, si adhuc nupta est filio tuo, alia ratione uxorem eam ducere non possis, quia eadem duobus nupta esse non potest. Item si adhuc privigna tua est , id est, si mater ejus tibi nupta est, ideo eam uxorem ducere non poteris, quia duas uxores eodem tempore habere non licet. (Gaius , *Comm.*, I , § 63.)

7. Socrum quoque et novercam prohibitum est uxorem ducere, quia matris loco sunt [1]; quod et ipsum dissoluta demum affinitate procedit (Ulpian., *Fragm.*, V, § 6; Paul. , *Rec. sentent.*, II, 19, § 5; L. 14, § 4, D. *de Ritu nup.*; Modest., L. 4 , § 7, *de Grad.*). Alioquin, si adhuc noverca est , id est, si adhuc patri tuo nupta est , communi jure impeditur tibi nubere, quia eadem duobus nupta esse non potest. Item si adhuc socrus est , id est, si adhuc filia ejus tibi nupta est , ideo impediuntur nuptiæ, quia duas uxores habere non possis. (Gaius, *Comm.*, I, § 63 ; Paul., *Rec. sentent.* , II, 20.)

8. Mariti tamen filius ex alia uxore , et uxoris filia ex alio marito , vel contra , matrimonium recte contrahunt, licet habeant fratrem sororemve ex matrimonio postea contracto natos. (Papinian., L. 54 , § 2, D. *de Rit. nupt.*)

9. Si uxor tua post divortium ex alio filiam procreaverit, hæc non est quidem privigna tua. Sed Julianus hujusmodi nuptiis abstineri debere ait; nam nec sponsam filii nurum esse, nec patris

---

[1] Etsi licitum veteres crediderunt, nuptiis fratris solutis, ducere fratris uxorem; licitum etiam, post mortem mulieris aut divortium, contrahere cum ejusdem sorore conjugium, abstineant hujusmodi nuptiis universi, nec æstiment posse legitimos liberos ex hoc consortio procreari : nam spurios esse convenit, qui nascuntur. (Constantin. et Const., L. 2, *Cod. Theod., de Incest. Nupt.*)

Tanquam incestum commiserit, habeatur qui, post prioris conjugis amissionem, sororem ejus in matrimonium proprium crediderit sortiendam ; pari ac simili ratione etiam, si qua, post interitum mariti, in germani ejus nuptias crediderit aspirandum. (Honor. et Theod., L. 4, eod.; L. 5, eod.)

4. Les enfants de deux frères ou de deux sœurs peuvent se marier entre eux.

5. On ne peut épouser sa tante paternelle même adoptive, ni sa tante maternelle, parce qu'elles sont considérées comme ascendantes. Par la même raison, le mariage est prohibé avec la grand'tante paternelle ou maternelle.

6. Le respect dû à l'alliance empêche aussi certains mariages : on ne peut, par exemple, épouser la fille de sa femme ou sa bru, parce que l'une et l'autre ont rang de filles. Ce qui doit s'entendre du cas où elles ont cessé d'être l'une votre bru, l'autre votre belle-fille : car si elle est encore votre bru, c'est-à-dire, si son mariage avec votre fils dure encore, il y a une autre raison qui vous empêche de l'épouser, savoir que la même femme ne peut avoir deux maris; pareillement si votre belle-fille l'est encore, c'est-à-dire, si votre mariage avec sa mère subsiste encore, vous ne pouvez pas l'épouser, mais moins à cause de l'alliance que parce qu'un homme ne peut avoir deux épouses à la fois.

7. Il est également défendu d'épouser la mère de sa femme et la se-conde femme de son père, parce qu'elles ont rang d'ascendantes. Mais cet empêchement ne se présente qu'après la dissolution de l'alliance, car si l'une est encore votre marâtre, c'est-à-dire, si votre père l'a actuelle-ment pour femme, le droit commun lui défend de vous épouser, parce que la même femme ne peut avoir deux maris; pareillement si l'autre est en-core votre belle-mère, c'est-à-dire, si votre mariage avec sa fille dure encore, le mariage est impossible, parce que vous ne pouvez avoir deux femmes en même temps.

8. Cependant si un homme et une femme, ayant chacun des enfants d'un premier lit, viennent à se marier, les enfants que le mari a eus de sa première femme pourront contracter mariage avec ceux que la femme a eus de son premier mari, quoiqu'ils aient un frère ou une sœur nés du nouveau mariage.

9. La fille que votre femme a eue, depuis qu'elle a divorcé d'avec vous, n'est point votre belle-fille : et cependant, Julien pense que vous ne pou-vez pas l'épouser. Pareillement la fiancée de votre fils n'est pas votre bru,

---

1 Bien que les anciens aient pensé qu'après la dissolution du mariage on pouvait épou-ser sa belle-sœur (soit la femme de son frère mort, soit la sœur de la femme dont on est veuf ou dont on a divorcé), nous voulons cependant qu'on s'abstienne de contracter une telle union ; et que personne ne s'imagine que les enfants provenant de ce commerce puis-sent être légitimes ; car il est juste que dans ce cas ils soient bâtards.

Quiconque aura contracté mariage avec la sœur de la femme dont il est veuf sera réputé incestueux. Sera, par la même raison, réputée incestueuse, la femme qui, après la mort de son mari, en aurait épousé le frère.

sponsam novercam esse, rectius tamen et jure facturos eos qui hujusmodi nuptiis abstinuerint. (Ulpian., L. 12, § 1, 2 et 3, D. *de Rit. nupt.*)

10. Illud certum est, serviles quoque cognationes impedimento nuptiis esse, si forte pater et filia, aut frater et soror manumissi fuerint. (Paul., L. 14, § 2, D. *de Rit. nupt.*)

11. Sunt et aliæ personæ, quæ propter diversas rationes nuptias contrahere prohibentur, quas in libris Digestorum seu Pandectarum ex veteri jure collectorum enumerari permisimus [1].

12. Si adversus ea quæ diximus, aliqui coierint, nec vir, nec uxor, nec nuptiæ, nec matrimonium, nec dos intelligitur. Itaque ii, qui ex eo coïtu nascuntur, in potestate patris non sunt; sed tales sunt (quantum ad patriam potestatem pertinet), quales sunt ii quos mater vulgo concepit; nam nec hi patrem habere intelliguntur, quum his etiam pater incertus est. Unde solent spurii appellari, vel a græca voce quasi σποράδην concepti, vel quasi sine patre filii (Gaius, *Comm.*, I, § 64; Ulpian., *Fragm.*, V; § 7 et 8; IV, § 2; L. 1, D. *Unde vir et uxor*; Modest., L. 23, D. *de Stat. hom.*). Sequitur ergo, ut, et dissoluto tali coïtu, nec dotis exactioni locus sit. (Paul., L. 52, D. *de Rit. nupt.*)

Qui autem prohibitas nuptias contrahunt, et alias pœnas patiuntur, quæ sacris constitutionibus continentur. (Valent., L. 4, C. 1, *de Incest. nupt.*; Arcad., L. 6, *cod.*)

13. Aliquando autem evenit ut liberi qui, statim ut nati sunt, in potestate parentum non fiant, postea autem redigantur in potestatem parentum. (Gaius, *Comm.*, I, § 65; Ulpian., *Fragm.* VII, § 4)

Qualis est is qui, dum naturalis fuerat, postea curiæ datus potestati patris subjicitur (Theod. et Valent., L., 3, C. *de Natural. liber.*). Nec non is qui a muliere libera [2] procreatus, cujus matrimonium minime legibus interdictum fuerat, sed ad quam pater consuetudinem habuerat, postea ex nostra constitutione

---

[1] Tutor vel curator adultam (uxorem) ducere non potest, nisi a patre desponsa destinatave testamentove nominata, conditionem nuptiarum secuta fuerit. (*Paul.*, L. 36, D. *de Rit. nupt.*)

Si quis officium in aliqua provincia administrat, inde oriundam vel ibi domicilium habentem uxorem ducere non potest. (*Paul.*, L. 38, D. *cod.*)

Lege Julia,.... prohibetur senator libertinam ducere, eamve cujus pater materve artem ludicram fecerit; item libertinus senatoris filiam ducere. (*Paul.*, L. 44, pr. et § 1, D. *cod.*)

[2] Si cui etiam ex serviente muliere procreentur filii, et voluerit ille postea mulierem manumittere et dotalia conficere documenta, mox cum ipsa dotis inscriptione et filiis competet libertatis simul et suorum jus. (*Nov.* LXXVIII, cap. 4.)

ni la fiancée de votre père, votre marâtre, et néanmoins il est plus conforme
à l'honnêteté et au droit de s'abstenir de pareils mariages.

10. Il est certain que la parenté par les esclaves (cognation servile) est
aussi un empêchement au mariage : si donc un père et sa fille, un frère et
sa sœur ont été affranchis, ils ne peuvent contracter mariage entre eux.

11. Il y a encore d'autres personnes entre lesquelles le mariage est
prohibé pour différentes raisons : ces prohibitions sont rapportées dans la
compilation de l'ancien droit que nous avons publiée sous le titre de Digeste
ou de Pandectes[1].

12. Si des personnes se marient contrairement aux règles que nous venons d'exposer, elles n'auront point entre elles la qualité de mari et d'é-
pouse, et il n'y aura ni noces, ni mariage, ni dot. En conséquence, les
enfants qui naîtront de pareilles unions ne seront point soumis à la puissance de leur père, et seront assimilés (du moins en ce qui touche la puissance paternelle) aux enfants conçus par une femme qui a commerce avec
tout le monde (*vulgo concepti*) : or, ces derniers, n'ayant aucun père
certain, sont réputés n'en avoir aucun. C'est pour cela qu'on a coutume de
les appeler *spurii* (bâtards) du mot grec σποράδην; ce qui signifie : enfants
conçus sans père certain, enfants sans père. Une autre conséquence, c'est
qu'à la dissolution d'une union pareille il n'y aura pas lieu à la répétition
de la dot.

Ceux qui contractent un mariage prohibé, sont en outre passibles de diverses
peines établies par les constitutions.

13. Il arrive, néanmoins, quelquefois que les enfants, qui, lors de leur
naissance, ne se sont point trouvés soumis à la puissance de leur père,
y tombent par la suite.

Cela arrive notamment quand un enfant naturel est offert à la curie, car il
tombe par là sous la puissance de son père. Il en est de même de l'enfant qu'un
homme a eu de son commerce avec une femme libre ² qui n'était point son épouse,
mais qu'il aurait pu épouser sans empêchement : en effet, si dans la suite ces deux

---

¹ Le tuteur, ou le curateur, ne peut épouser sa pupille, à moins que le père de la jeune
fille ne les ait fiancés lui-même, ou n'ait manifesté dans un testament la volonté de les unir.
Celui qui exerce une charge en province ne peut épouser la femme qui en est originaire
ou qui y a son domicile.
La loi Julia... prohibe le mariage entre un sénateur et une affranchie ou une fille de co-
médien, et de même entre un affranchi et la fille d'un sénateur.
² Si un maître affranchit une esclave dont il a eu des enfants, et lui constitue une dot,
le contrat dotal rend les enfants libres et légitimes.

dotalibus instrumentis compositis [1] in potestate patris efficitur (Justinian.; L. 10, C. *de Natural. liber.*). Quodsi alii liberi ex eodem matrimonio fuerint procreati [2], similiter nostra constitutio præbuit. (**L. 11,** *Codeod.*)

Tit. XI. *De Adoptionibus.*

Non solum autem naturales liberi, (secundum ea quæ diximus, in potestate nostra sunt; verum etiam si quos adoptamus. (Gaius, *Comm.*, I, § 97; Ulpian., *Fragm.*, VIII, § 1; Modest., L. 1, D. *h. t.*)

1. Adoptio autem duobus modis fit, aut principali rescripto, aut imperio magistratus. Imperatoris auctoritate adoptare quis potest eos easve qui quæve sui juris sunt; quæ species adoptionis dicitur adrogatio. Imperio magistratus adoptare licet eos easve qui quæve in potestate parentum sunt, sive primum gradum liberorum obtineant, qualis est filius, filia; sive inferiorem, qualis est nepos, neptis, pronepos, proneptis. (Gaius, *Comm.*, I, § 99; L. 2, D. *h. t.*; Modest., L. I, § 1, D. *h. t.*; Ulpian., *Fragm.*, VIII, § 2, 3 et 4).

2. Sed hodie ex nostra constitutione, quum filius familias a patre naturali extraneæ personæ in adoptionem datur, jura potestatis patris naturalis minime dissolvuntur, nec quidquam ad patrem adoptivum transit, nec in potestate ejus est, licet ab intestato jura successionis ei a nobis tributa sint. Si vero pater naturalis non extraneo, sed avo filii sui materno; vel, si ipse pater naturalis fuerit emancipatus, etiam avo paterno vel proavo simili modo paterno vel materno filium suum dederit in adoptionem: in hoc casu, quia concurrunt in unam personam et naturalia et adoptionis jura, manet stabile jus patris adoptivi, et naturali vinculo copulatum, et legitimo adoptionis nodo constrictum, ut et in familia et in potestate hujusmodi patris adoptivi sit. (Justinian., L. 10, C. *de Adopt.*)

3. Quum autem impubes per principale rescriptum adrogatur, causa cognita adrogatio permittitur, et exquiritur causa adrogationis an honesta sit expediatque pupillo; et cum quibusdam conditionibus adrogatio fit (Gaius, *Comm.*, I, § 102) : id est, ut caveat adrogator personæ publicæ, *hoc est tabulario*, si intra pubertatem pupillus decesserit, restituturum se bona illis qui, si adoptio facta non esset, ad successionem ejus venturi essent (Marcell., L. 18, D. *h. t.*). Item non aliter emancipare eum potest adrogator, nisi causa cognita dignus emancipatione fuerit et tunc sua bona ei reddat. (Paul., L. 13, D. *Si quid in fraud.*) Sed etsi decedens pater eum exhæredaverit, vel vivus sine justa causa eum emancipaverit, jubetur quartam partem ei bonorum suorum relinquere, videlicet

---

[1] Si quis non habens filios legitimos, naturales autem tantummodo, ipsos quidem suos facere voluerit; mulierem vero non habet penitus, aut quæ non sine delicto sit, aut quæ non appareat; habeat autem secundum quamdam legem ad matrimonium præpeditam.... sit licentia patri matrem in priori statu relinquenti.... offerre Imperatori precem hoc ipsum dicentem quia vult naturales suos filios restituere legitimorum juri ut sub potestate ejus consistant, et hoc facto exinde filios frui tali solatio., *Nov.* LXXIV, *cap.* 1 et 2.)

[2] *Vulgo*, quod ET ALIIS LIBERIS, QUI ex eodem matrimonio POSTEA fuerint procreati, etc. (Conf. L. 11, *in fin.*, C. *de Natural. liber.*)

personnes dressent un acte dotal [1], l'enfant tombera sous la puissance de son père. Notre constitution accorde la même faveur si d'autres enfants viennent à naître du même mariage [2].

Titre XI. *Des Adoptions.*

Outre les enfants naturels (que nous avons eus d'un légitime mariage ou que nous avons légitimés) conformément à ce qui a été dit ci-dessus, nous avons encore sous notre puissance ceux que nous adoptons.

1. L'adoption se fait de deux manières, ou par rescrit du prince ou par l'autorité du magistrat. On adopte par rescrit du prince ceux ou celles qui ne sont point sous la puissance d'autrui : et cette espèce d'adoption se nomme adrogation. Nous adoptons par l'autorité du magistrat ceux ou celles qui sont en la puissance paternelle de leurs ascendants, qu'ils soient au premier degré, comme le fils et la fille, ou à un degré inférieur, comme le petit-fils, la petite-fille, l'arrière-petit-fils, l'arrière-petite-fille.

2. Mais aujourd'hui, d'après notre constitution, lorsqu'un fils de famille est donné en adoption par son père naturel à un étranger, les droits du père naturel ne sont nullement éteints et ne passent point au père adoptif. L'adopté n'est point soumis à la puissance de l'adoptant, quoique nous lui ayons accordé le droit de lui succéder *ab intestat*. Mais si un père naturel donne son fils en adoption, non à un étranger, mais à l'aïeul maternel de son fils; ou si le père naturel, après avoir été lui-même émancipé, donne son fils en adoption à l'aïeul ou au bi-aïeul paternel ou maternel de son fils : dans ce cas, comme les droits du sang et ceux de l'adoption se trouvent réunis dans la même personne, nous voulons que l'adoption continue à produire tous ses anciens effets, et que l'adopté passe dans la famille et sous la puissance du père adoptif.

3. L'adrogation d'un impubère, par rescrit du prince, ne peut avoir lieu qu'en connaissance de cause : on doit rechercher si le motif de l'adrogation est honnête et si le pupille peut en retirer quelque avantage. Cette adrogation est en outre soumise à certaines conditions particulières. D'abord l'adrogeant doit prendre, envers une personne publique, (c'est-à-dire, un *tabellion*) et pour le cas où l'adrogé viendrait à mourir impubère, l'engagement de rendre tous les biens qu'il aura reçus de l'impubère à ceux qui, sans l'adrogation, auraient succédé au pupille. En second lieu, l'adrogeant ne peut émanciper l'adrogé qu'en prouvant que celui-ci est digne de l'émancipation et en lui rendant, en outre, tous les biens qu'il en a reçus. Enfin, si, sans cause légitime, l'adrogeant de son vivant émancipe l'adrogé, ou s'il le déshérite en mourant, il est tenu de lui laisser tout ce

---

1 Un père, sans enfants légitimes, pourra légitimer ses enfants naturels, même dans le cas où le décès, la fuite, les crimes de la mère ou une loi... s'opposeraient au mariage. Il lui suffira pour cela... d'adresser une requête à l'Empereur en exposant son intention de légitimer ses enfants et de les soumettre à sa puissance paternelle. Alors un rescrit fera jouir les enfants du bienfait de la légitimation.

2 La variante donne le même sens.

præter bona quæ ad patrem adoptivum transtulit, et quorum commodum ei postea acquisivit. (Ulpian., L. 22, D. *h. t.*; Diocl. et Max., 2, C. *h. t.*)

4. Minorem natu non posse majorem adoptare, placet. Adoptio enim naturam imitatur, et pro monstro est ut major sit filius quam pater (Ulpian., *Fragm.*, XV, § 3; Javolen.,'16, L.,|D. *h. t.*). Debet itaque is, qui sibi filium per adoptionem vel adrogationem facit, plena pubertate, id est, decem et octo 'annis præcedere. (Modest., L. 40, § 1, D., *h. t.*; Gaius, *Comm.*, § 106.)

5. Licet autem et in locum nepotis vel pronepotis, vel in locum neptis vel proneptis, vel deinceps, adoptare, quamvis filium quis non habeat. (Ulpian., *Fragm.*, VIII, § 7; Paul., L. 37; Pompon., L. 43, D. *h. t.*)

6. Et tam filium alienum quis in locum nepotis adoptare potest, quam nepotem in locum filii. (Ulpian., L. 12 et 41, D. *h. t.*)

7. Sed si quis nepotis loco adoptet, vel quasi ex eo filio quem habet jam adoptatum, vel quasi ex illo quem naturalem in sua potestate habet : in eo casu et filius consentire debet, ne ei invito suus hæres agnascatur (Paul., L. 6 et 11, D. *h. t.*). Sed ex contrario, si avus ex filio nepotem det in adoptionem, non est necesse filium consentire.

8. In plurimis autem causis assimilatur is, qui adoptatus vel adrogatus est, ei qui ex legitimo matrimonio natus est (Procul., L. 44, D. *h. t.*). Et ideo si quis per Imperatorem, sive apud Prætorem, vel apud Præsidem provinciæ *non extraneum* adoptaverit, potest eundem alii in adoptionem dare. (Gaius, *Comm.*, I, § 105·)

9. Sed et illud utriusque adoptionis commune est, quod et ii qui generare non possunt, quales sunt spadones, adoptare possunt. (Gaius,'*Comm.*, I, § 103; Ulpian., *Fragm.*, VIII, §.6.). Castrati autem non possunt. (Ulpian., L. 39, § 1, D. *de Jure dot.*)

10. Feminæ quoque adoptare non possunt, quia nec naturales liberos in sua potestate habent. (Gaius, *Comm.*, I, § 104; Ulpian., *Fragm.*, VIII, § 9.) Sed ex indulgentia principis ad solatium liberorum amissorum adoptare possunt. (Diocl. et Max., L. 5, C., *h. t.*)

11. Illud proprium est adoptionis illius quæ per sacrum oraculum fit : quod is qui liberos in potestate habet, si se adrogandum dederit, non solum ipse potestati adrogatoris subjicitur, sed etiam liberi ejus in ejusdem fiunt potestate, tanquam nepotes (Gaius, *Comm.*, § 107; L. 2, § 2, D. *h. t.*; Ulpian., *Fragm.*, VIII, § 8). Sic enim et divus Augustus non ante Tiberium adoptavit, quam is Germanicum adoptavit : ut protinus, adoptione facta, incipiat Germanicus Augusti nepos esse.

qu'il en a reçu et tout ce qu'il a acquis par lui, et en outre, le quart de ses propres biens.

4. On ne peut adopter un plus âgé que soi. Car l'adoption imite la nature; et ce serait chose monstrueuse de voir un fils plus âgé que son père. Ainsi il faut que celui qui prend un fils en adoption ou en adrogation ait l'âge de puberté accompli, c'est-à-dire qu'il ait dix-huit ans de plus que celui qu'il adopte.

5. Néanmoins, quoiqu'on n'ait pas de fils, on peut adopter de manière à ce que l'adopté ait le rang de petit-fils ou de petite-fille, d'arrière-petit-fils ou d'arrière-petite-fille, ou même un degré plus éloigné.

6. De même on peut adopter le fils d'un autre comme petit-fils, ou le petit-fils d'un autre comme fils.

7. Mais quand quelqu'un adopte un petit-fils, comme né d'un fils qu'il a déjà pris en adoption, ou de celui que la nature a mis sous sa puissance, il faut que le fils y consente pour ne pas lui donner un héritier sien malgré lui. Il n'en est pas de même lorsque l'aïeul donne en adoption son petit-fils; le consentement du fils n'est pas nécessaire.

8. Sous plusieurs rapports l'adopté ou l'adrogé est assimilé à celui qui est né d'un légitime mariage. Par conséquent, nous pouvons donner en adoption à un autre celui que nous avons adopté en vertu d'un rescrit du Prince, ou par l'autorité du Préteur ou du Président de la province (*pourvu que l'adopté ne soit pas étranger*).

9. Néanmoins l'une et l'autre adoption ont cela de commun, que ceux qui ne peuvent engendrer (comme les impuissants) peuvent cependant adopter; mais les castrats ne le peuvent pas.

10. Les femmes ne peuvent adopter, parce qu'elles n'ont personne sous leur puissance, pas même leurs enfants naturels. Cependant, pour les consoler de la perte de leurs enfants, le prince peut leur accorder cette faveur.

11. L'adoption qui se fait en vertu d'un rescrit du prince a cela de particulier, que lorsque celui qui a des enfants sous sa puissance se donne en adrogation, l'adrogeant acquiert la puissance paternelle non seulement sur l'adrogé, mais sur les enfants et petits-enfants de celui-ci. C'est ainsi que l'empereur Auguste n'adopta Tibère qu'après que celui-ci eut lui-même adopté Germanicus, afin que, par l'adoption, Germanicus devînt à l'instant son petit-fils.

12. Apud Catonem bene scriptum refert antiquitas, servos, si a domino adoptati sint, ex hoc ipso posse liberari.

Unde et nos eruditi in nostra constitutione, etiam cum servum quem dominus actis intervenientibus filium suum nominaverit, liberum esse constituimus, licet hoc ad jus filii accipiendum non sufficiat. (Justinian., L. unic. § 10, C. *de Lat. libert. toll.*)

Tit. XII. *Quibus modis jus patriæ potestatis solvitur.*

Videamus nunc quibus modis ii, qui alieno juri sunt subjecti, eo jure liberantur. Et quidem servi quemadmodum potestate liberantur, ex iis intelligere possumus quæ de servis manumittendis superius exposuimus. Hi vero qui in potestate parentum sunt, mortuo eo sui juris fiunt. Sed hoc distinctionem recipit. Nam mortuo patre, sane omnimodo filii filiæve sui juris efficiuntur; mortuo vero avo, non omnimodo nepotes neptesque sui juris fiunt, sed ita, si post mortem avi in potestatem patris sui recasuri non sunt. Itaque, si moriente avo pater eorum vivit et in potestate patris sui est, tunc post obitum avi in potestate patris sui fiunt. Si vero is, quo tempore avus moritur, aut jam mortuus est aut exiit de potestate patris, tunc ii, quia in potestatem ejus cadere non possunt, sui juris fiunt. (Gaius, *Comm.*, I, § 124, 126, 127; Ulpian., *Fragm.*, X, § 2; L. 5, D. *de His qui sui.*)

1. Quum autem is qui ob aliquod maleficium in insulam deportatur, civitatem amittit, sequitur ut, qui eo modo ex numero civium romanorum tollitur, perinde ac si eo mortuo desinant liberi in potestate ejus esse [1]. Pari ratione, et si is qui in potestate parentis sit, in insulam deportatus fuerit, desinit in potestate parentis esse. (Gaius, *Comm.*, I, § 128; Ulpian., *Fragm.*, X, § 3; L. 6, D. *de Interd. et releg.*).Sed si ex indulgentia principali restituti fuerint, per omnia pristinum statum recipiunt [2].

2. Relegati autem patres in insulam, in potestate sua liberos retinent (Martian. L. 4, D. *de Interd. et rel.*). Et ex contrario, liberi relegati in potestate parentum remanent.

3. Pœnæ servus effectus filios in potestate habere desinit. Servi autem pœnæ efficiuntur, qui in metallum damnantur [3], et qui bestiis subjiciuntur.(Martian., L. 17; Gaius, L. 29, et Ulpian., L. 8, 88. D. *de Pœn.*)

---

[1] Sequitur ut, QUIA, etc....., PROINDE ac mortuo eo, etc. (Gaius, *Comm.*, I, § 128.)

[2] Restituti fuerint per omnia, pristinum statum recipiunt. (Paul. , *Rec. sentent.*, IV, 8, § 2 ; Constant., *L.* 1, *Cod. Theod.*; Anton., L. 1, Diocl. et Max., L. 9, C. *de Sent. pass.*)

[3] Si ex decreto judiciali in metallum aliquis dari jussus esset, erat quidem servitus ex supplicio illata : separabatur vero matrimonium, supplicio possidente damnatum, sibique servientem. Nos autem hoc remittimus. Maneat igitur matrimonium hoc nihil ex tali decreto læsum, ut pote inter liberas personas consistens. (*Nov.* XXII, *cap.* 8.)

12. Au témoignage des anciens, Caton décidait que les esclaves qui avaient été adoptés par leurs maîtres devenaient libres de plein droit.

Instruits de cette décision et voulant l'imiter, nous avons rendu une constitution qui déclare libre l'esclave à qui son maître aura donné, dans un acte, le nom de fils ; sans que cependant il acquière par là les droits de fils.

TITRE XII. *De quelles manières se dissout la puissance paternelle.*

Voyons maintenant de quelles manières les individus soumis à la puissance d'autrui peuvent en être libérés. Et d'abord relativement aux esclaves, ce que nous avons exposé ci-dessus à l'égard de l'affranchissement suffit pour faire connaître comment ils sortent de la puissance de leurs maîtres. Quant aux enfants, ils deviennent indépendants (*sui juris*) à la mort de l'ascendant sous la puissance duquel ils se trouvaient ; toutefois il faut admettre ici une distinction : à la mort de leur père, les fils ou les filles deviennent dans tous les cas *sui juris ;* mais après la mort de leur aïeul, les petits-fils et les petites-filles ne deviennent *sui juris* qu'autant qu'ils ne doivent pas retomber sous la puissance de leur père ; si donc, à la mort de l'aïeul, leur père vit encore, et qu'il soit lui-même sous la puissance paternelle, ces petits-fils et petites-filles tombent de la puissance de leur aïeul sous la puissance de leur père. Mais si, lors de la mort de l'aïeul, le père de ces petits-fils et petites-filles n'existait déjà plus, ou s'il était sorti de la puissance paternelle par émancipation, alors ceux-ci, ne pouvant plus retomber sous la puissance de leur père, deviennent *sui juris.*

1. Celui qui, pour quelque crime, est déporté dans une île, perd le droit de cité ; il est retranché du nombre des citoyens romains, et par conséquent ses enfants cessent d'être sous sa puissance, de même que s'il était mort[1]. Par la même raison le fils de famille qui est déporté dans une île, sort de la puissance de son père. Mais quand, par une grâce particulière du prince, les déportés sont réintégrés dans leurs droits, ils reprennent complètement leur premier état [2].

2. Mais la simple rélégation dans une île ne fait point perdre au père sa puissance sur ses enfants, et réciproquement les enfants rélégués restent sous la puissance paternelle.

3. L'esclave de la peine cesse d'avoir ses enfants sous sa puissance : on appelle esclaves de la peine ceux qui ont été condamnés aux mines [3], ou exposés aux bêtes.

---

[1] Le texte de Gaius reproduit la même phrase presque mot pour mot.

[2] *Si les déportés sont réintégrés complètement dans leurs droits, ils reprennent leur premier état.* Le déplacement de la virgule et le sens que l'on peut attacher alors à *per omnia* ne laissent pas d'avoir quelque importance.

[3] La condamnation aux mines entraînait l'esclavage, et par suite la dissolution du mariage, le condamné était l'esclave de la peine ; mais nous nous départons en sa faveur de la rigueur de la loi. Nous lui conservons la liberté, et sa condamnation judiciaire ne saurait plus par conséquent dissoudre le mariage.

4. Filius-familias, si militaverit, vel si senato, vel consul fuerit factus, manet in potestate patris; militia enim vel consularis dignitas de patris potestate filium non liberat. (Ulpian., L. 3, D. *de Adopt.*; Alex., L. 3, C., *de Castr. pecul.*)

Sed ex constitutione nostra summa patriciatus dignitas[1], illico imperialibus codicillis præstitis, filium a patria potestate liberat. Qui enim patiatur patrem quidem posse per emanc'pationis modum suæ potestatis nexibus filium relaxare, imperatoriam autem celsitudinem non valere eum quem sibi patrem elegit, ab aliena eximere potestate?(Justinian., L. 5, C. *de Consul.*)

5. Si ab hostibus captus fuerit parens, quamvis hostium fiat[2], tamen pendet jus liberorum propter jus postliminii; quia hi qui ab hostibus capti sunt, si reversi fuerint, omnia pristina jura recipiunt. Idcirco reversus etiam liberos habebit in potestate; quia postliminium fingit eum qui captus est, semper in civitate fuisse. Si vero ibi decesserit, exinde ex quo captus est pater, filius sui juris fuisse videtur. Ipse quoque filius neposve si ab hostibus captus fuerit, similiter dicimus propter jus postliminii, jus quoque potestatis parentis in suspenso esse (Gaius, *Comm.*, I, § 129; Ulpian., *Fragm.*, X, § 4; Paul., *Rec. sentent.*, II, 25, § 1; Tryph., L. 12, § 1 et 6, D. *de Captiv.*). Dictum est autem postliminium a LIMINE et POST. Unde eum qui ab hostibus captus in fines nostros postea pervenit, post-liminio reversum recte dicimus; nam limina sicut in domibus finem quemdam faciunt, sic et imperii finem limen esse veteres voluerunt. Hinc et limes dictus est, quasi finis quidam et terminus; ab eo post-liminium dictum, quia eodem limine revertebatur, quo amissus fuerat (Paul., L. 19, § 3, *cod.*). Sed et qui captus victis hostibus recuperatur, postliminio rediisse existimatur. (Florent., L. 26, *cod.*)

6. Præterea emancipatione quoque desinunt liberi in potestate parentum esse. Sed emancipatio antea quidem vel per antiquam legis observationem procedebat, quæ per imaginarias venditiones et intercedentes manumissiones celebrabatur (Gaius, *Comm.*, I, § 119, 132, 134; Ulpian., *Fragm.*, X, § 1; Paul., *Rec. sentent.*, II, 25, § 2 et seq.).

---

[1] Sancimus ut omnis talis dignitas quæ eos liberet a curia, hoc valeat et ut potestate eos liberet patrum atque avorum. Non volumus eum qui ita suæ potestatis sit, perdere aliquod legitimorum jus, et filii eorum post mortem avorum sub eorum recidant potesta, tem, ac si contigisset eos morte parentum et non ex præsenti lege suæ potestatis fieri. (*Nov.* LXXXVII, *cap.* 1 et 2.)

[2] *Vulgo :* « quamvis ETRANVS hostium fiat, » et ita Gaius, 1 *Comm.*, § 129.

4. Le fils de famille, quoique militaire, sénateur ou consul, demeure sous la puissance de son père; car ni le service militaire ni la dignité consulaire ne libèrent un fils de la puissance paternelle.

Mais, d'après notre constitution, la dignité éminente de patrice [1] libère le fils de la puissance paternelle; serait-il, en effet, supportable qu'un père pût, au moyen de l'émancipation, dégager son fils de sa puissance, et que l'empereur, avec la suprématie que lui donne la pourpre, n'eût pas le pouvoir d'enlever à la puissance d'un autre, celui qu'il a daigné se choisir pour père.

5. Quoique le père de famille, qui est fait prisonnier par les ennemis, devienne leur esclave [2], néanmoins l'état des enfants n'est qu'en suspens à cause du droit de *postliminium*; car ceux qui ont été pris par l'ennemi, retrouvent, en revenant dans leur patrie, tous les droits qu'ils avaient avant leur captivité : ainsi, à leur retour, leurs enfants se retrouvent sous leur puissance, parce que le *postliminium* est une fiction qui suppose que celui qui a été pris n'a jamais cessé d'être dans la cité. Mais si le père meurt chez l'ennemi, le fils est réputé *sui juris* du jour où son père a été pris. Nous devons en dire autant du fils ou du petit-fils faits prisonniers : leur état est en suspens à cause du droit de *postliminium*. Ce mot *postliminium* est composé de *post* (après, au-delà) et *limen* (seuil) : on dit avec raison du citoyen qui, après avoir été pris, rentre sur le territoire de l'empire, qu'il revient d'au-delà du seuil (*postliminio reversum*); car, de même que le *seuil* est en quelque sorte la frontière de la maison, de même les anciens se sont servis du mot *seuil* pour désigner les *frontières* de l'empire. C'est aussi de là que le mot *limes* est employé pour désigner la limite, l'extrémité d'une chose; *postliminium* indique donc qu'on rentre dans les limites hors desquelles on avait été perdu. Le prisonnier repris sur les ennemis vaincus est aussi réputé de retour par *postliminium*.

6. Les enfants sortent encore de la puissance paternelle par émancipation. L'émancipation s'opérait précédemment, soit au moyen des antiques solennités de la loi, qui se composaient de plusieurs ventes successives, suivies d'autant d'affranchissements,

---

1 Nous ordonnons que toute dignité qui libère de la curie, libère aussi de la puissance paternelle. Néanmoins un fils de famille devenu ainsi *sui juris* conservera tous ses droits, et ses enfants après la mort de l'aïeul retomberont sous sa puissance, comme si c'était la mort de l'aïeul et non notre loi qui l'eût fait *sui juris*.

a La variante donne le mot *servus*.

Vel ex imperiali rescripto. (Anast., L. 5, C., *de Emancip. liber.*)

Nostra autem providentia et hoc in melius per constitutionem reformavit, ut, fictione pristina explosa, recta via apud competentes judices vel magistratus parentes intrent, et sic filios suos vel filias, vel nepotes vel neptes, ac deinceps, sua manu dimitterent. (Justinian., L. 6, C., *eod.*)

Et tunc ex edicto Prætoris in hujus filii vel filiæ vel nepotis vel neptis bonis, qui vel quæ a parente manumissus vel manumissa fuerit, eadem jura præstantur parenti, quæ tribuuntur patrono in bonis liberti (Ulpian., L. 1, D. *Si a parent. quis.*). Et præterea si impubes sit filius vel filia vel cæteri, ipse parens ex manumissione tutelam ejus nanciscitur. (Ulpian., L. 3, § 10, D. *de Legit. tut.*)

7. Admonendi autem sumus, liberum arbitrium esse ei qui filium et ex eo nepotem vel neptem in potestate habebit, filium quidem de potestate dimittere, nepotem vero vel neptem retinere; et e converso filium quidem in potestate retinere, nepotem vero vel neptem manumittere, vel omnes sui juris efficere. Eadem et de pronepote et pronepte dicta esse intelligantur. (Gaius, L. 28, D. *de Adopt.*)

8. Sed et si pater filium, quem in potestate habet, *avo vel proavo naturali, secundum nostras constitutiones super his habitas*, in adoptionem dederit : *id est, si hoc ipsum actis intervenientibus apud competentem judicem manifestaverit*, præsente eo qui adoptatur et non contradicente, nec non eo præsente qui adoptat; solvitur jus potestatis patris naturalis : transit autem in *hujusmodi* parentem adoptivum, *in cujus persona et adoptionem esse plenissimam antea diximus.* (Justinian., L. 11, C., *de Adopt.*; Ulpian., L. 25, D. *de Adopt.*)

9. Illud autem scire oportet, quod, si nurus tua ex filio tuo conceperit, et filium postea emancipaveris vel in adoptionem dederis prægnante nuru tua, nihilominus quod ex ea nascitur, in potestate tua nascitur; quod, si post emancipationem vel adoptionem conceptus fuerit, patris sui emancipati vel avi adoptivi potestati subjicitur (Gaius, *Comm.*, I, § 89 et 135; Ulpian., *Fragm.* V, § 10 et L. 7, § 1 et 2, D. *de Senat.*); et quod neque naturales liberi neque adoptivi ullo pene modo possunt cogere parentes de potestate sua eos dimittere. (Gaius, *Comm.*, I, § 137; Martian., L. 31 et 33, D. *de Adopt.*)

Tit. XIII. *De Tutelis.*

Transeamus nunc ad aliam divisionem personarum : nam ex his personis quæ in potestate non sunt, quædam vel in tutela sunt vel in curatione, quædam neutro jure tenentur. Videamus ergo de his quæ in tutela vel in curatione sunt : ita enim intelligemus cæteras personas quæ neutro jure tenentur.—Ac prius dispiciamus de his quæ in tutela sunt. (Gaius, *Comm.*, I, § 142, 143.)

Emancipation Anastasienne.

Soit encore par rescrit du Prince,

Emancipation Justinienne.

Mais désirant améliorer aussi cette partie du droit, nous avons rendu une cons-titution qui, repoussant toute fiction, autorise le père à opérer directement l'é-mancipation de ses enfants, en se présentant devant les magistrats compétents.

Et alors, d'après l'édit du Préteur, le père de famille a sur les biens de son fils et de sa fille, de son petit-fils ou de sa petite-fille, ou des autres des-cendants qu'il a affranchis de cette manière, les mêmes droits qui sont ac-cordés à un patron sur les biens de ses affranchis. — Et, par exemple, si ces enfants émancipés sont encore impubères, cette émancipation procure au père de famille leur tutelle légitime [1].

7. Il est bon d'observer qu'un père de famille qui a, sous sa puissance, un fils, et de ce fils un petit-fils ou une petite-fille, peut émanciper son fils, en retenant sous sa puissance son petit-fils ou sa petite-fille ; pareille-ment, il peut retenir son fils sous sa puissance, et émanciper son petit-fils ou sa petite-fille ; ou enfin on les affranchit tous ensemble. Il en est de même à l'égard de ses arrière-petits-fils ou arrière-petites-filles.

8. Lorsqu'un père de famille, qui a son fils sous sa puissance, le donne en adoption *à son aïeul ou à son bisaïeul naturel, conformément à nos constitutions, c'est-à-dire, en manifestant cette intention devant le juge et par un acte*, en présence et du consentement tant de celui qui est donné en adoption que de l'adoptant ; alors le droit de puissance du père naturel s'éteint *et passe à l'ascendant qui adopte ; car, à l'égard de celui-ci*, comme nous l'avons dit précédemment, l'adoption con-serve toute sa force.

9. Il faut observer que si, dans le moment où votre bru est enceinte, vous émancipez votre fils ou le donnez en adoption, l'enfant qui naîtra de votre bru n'en sera pas moins sous votre puissance. Mais si l'enfant n'a été conçu qu'après l'émancipation, ou après la dation en adoption, il ne sera pas sous votre puissance, mais bien sous celle de son père émancipé ou sous celle de l'aïeul adoptif. — Au reste, les enfants soit naturels soit adoptifs n'ont, pour ainsi dire, aucun moyen d'obliger leurs ascendants à les émanciper.

TROISIÈME DIVISION. Capables.— Incapables.
TITRE XIII. *Des Tutelles.*

Passons maintenant à une autre division des personnes.—Parmi les per-sonnes qui ne se trouvent pas sous la puissance d'autrui, les unes sont en tutelle ou en curatelle (*incapables*), les autres ne sont soumises ni à l'une ni à l'autre de ces autorités (*capables*).—Examinons donc quelles personnes sont en tutelle ou en curatelle ; et d'après cela, nous distinguerons facilement celles qui n'y sont pas. — Commençons par celles qui sont sou-mises à la tutelle.

---

(1). Au temps de Gaius, il était important de distinguer l'émancipation faite *sans fiducie* de l'émancipation faite *avec fiducie*. Dans le premier cas, l'enfant émancipé avait pour patron l'étranger, qui, dans les formalités de l'émancipation, avait joué le rôle d'acheteur et d'affranchisseur (*extraneus manumissor*); dans le second, il avait pour patron l'ascen-dant émancipateur lui-même.

(2). Cette troisième division, qui occupe la fin du premier livre, n'est point géné-rale comme les deux précédentes : elle n'est qu'une subdivision des citoyens romains *sui juris*.

1. Est autem tutela (ut Servius definivit) vis ac potestas in capite
libero, ad tuendum eum qui propter ætatem se defendere nequit,
jure civili data ac permissa. (Paul., L. 1, pr., D,, h. t.)

2. Tutores autem sunt, qui eam vim ac potestatem habent, ex qua
re ipsa nomen ceperunt. Itaque appellantur tutores, quasi tuitores
atque defensores, sicut æditui dicuntur qui ædes tuentur. (Paul.,
L. 1, § 1, D., h. t.)

3. Permissum est itaque parentibus liberis impuberibus, quos
in potestate habent, testamento tutores dare; et hoc in filios filias-
que procedit omnimodo. Nepotibus tamen neptibusque ita demum parentes possunt testamento tutores dare, si post mortem
eorum in patris sui potestatem non sint recasuri. Itaque si filius
tuus mortis tuæ tempore in potestate tua sit, nepotes ex eo non pote-
runt testamento tuo tutorem habere, quamvis in potestate tua fuerint: scilicet, quia, mortuo te, in potestatem patris sui recasuri sunt.
(Gaius, Comm. I, § 144, 146; L. 1, pr. et § 2, D, de Test. tut.; Ulpian., Fragm., XI, § 14 et 15.)

4. Quum autem in compluribus aliis causis posthumi pro jam natis
habentur, et in hac causa placuit non minus posthumis quam jam
natis testamento tutores dari posse: si modo in ea causa sint ut, si
vivis parentibus nascerentur, sui et in potestate eorum fierent.
(Gaius, Comm. I, § 147; et L. 1, § 1, D., de Test. tut.)

5. Sed si emancipato filio tutor a patre testamento datus fuerit,
confirmandus est ex sententia Præsidis omnimodo, id est, sine inquisitione. (Modest., L. I, § 1 et 2, D., de Confirm. tut.)

TIT. XIV. *Qui testamento tutores dari possunt.*

Dari autem potest tutor non solum pater-familias, sed etiam
filius-familias. (Ulpian., Fragm., XI, § 16; L. 7, D. de Tut.)

1. Sed et servus proprius testamento cum libertate recte tutor dari
potest. Sed sciendum est eum, et sine libertate, tutorem datum, tacite libertatem directam accepisse videri, et per hoc recte tutorem
esse (Paul., L. 32, § 2, D., de Test. tut.). Plane si per errorem quasi
liber tutor datus sit, aliud dicendum est. Servus autem alienus pure
inutiliter testamento datur tutor; sed ita QUUM LIBER ERIT, utiliter
datur (Ulpian., L. 22; et L. 10, § 4, D., eod.). Proprius autem servus
inutiliter eo modo tutor datur. (Celsus, L. 21, D., de Condit. instituit.)

2. Furiosus vel minor viginti quinque annis tutor testamento datus, tunc tutor erit, quum compos mentis aut major viginti quinque
annis factus fuerit. (Paul., L. 11, D., de Tut., et L. 32, § 2, D., de
Test. tut.)

3. Ad certum tempus, seu ex certo tempore, vel sub conditione,

1. La tutelle est (suivant la définition de Servius) la puissance ou l'autorité que le droit civil accorde ou permet d'accorder à un homme libre, pour protéger celui qui, à cause de la faiblesse de son âge, ne peut se défendre lui-même.

2. Les tuteurs tirent leur nom de la nature même de l'autorité dont ils sont revêtus. En effet, on les appelle tuteurs (*tutores*), c'est-à-dire, protecteurs (*tuitores; tueri*) et défenseurs ; de même qu'on appelle *ædituí*, ceux qui sont chargés de la conservation des édifices (*ædes*).

3. Il est permis aux ascendants de donner par testament des tuteurs aux enfants impubères qu'ils ont sous leur puissance ; et cela a lieu tant pour les fils que pour les filles. Quant aux petits-fils et petites-filles, l'aïeul ne peut leur donner de tuteur que dans le cas où ceux-ci ne doivent pas, après sa mort, retomber sous la puissance de leur père. Si donc, au temps de votre mort, votre fils est sous votre puissance, ses enfants, qui sont vos petits-fils, ne pourront avoir de tuteurs par votre testament, quoiqu'ils se trouvent sous votre puissance ; par la raison qu'à votre mort, ils doivent retomber sous la puissance de leur père.

4. Comme dans plusieurs circonstances les posthumes sont considérés comme déjà nés, on a décidé qu'un père pouvait donner par testament des tuteurs aussi bien aux enfants posthumes, qu'aux enfants déjà nés ; pourvu toutefois que ces posthumes, dans le cas où ils seraient nés du vivant de leur ascendant, se fussent trouvés soumis à sa puissance immédiate.

5. Le tuteur qui a été donné par un testateur à son fils émancipé, doit être confirmé par le magistrat, dans tous les cas, c'est-à-dire sans enquête.

TITRE XIV. *De Ceux qui peuvent être nommés tuteurs par testament.*

On peut nommer tuteur, par testament, non-seulement un père de famille, mais aussi un fils de famille.

1. On peut aussi par testament donner son propre esclave pour tuteur en lui accordant la liberté. Au reste, lors même que le testateur aurait nommé son esclave tuteur sans lui conférer la liberté, cet esclave serait réputé tacitement affranchi, et par conséquent valablement nommé tuteur. Il en serait autrement si c'était par erreur et parce qu'il le croyait libre, que le testateur l'eût nommé tuteur. La nomination pure et simple de l'esclave d'autrui est de nul effet ; mais si le testateur avait ajouté cette condition, *lorsqu'il sera libre*, elle serait valable. Cependant, si un maître nommait tuteur de cette manière son propre esclave, la nomination serait de nul effet.

2. Si un fou ou un mineur de vingt-cinq ans est nommé tuteur par testament, ils ne seront tuteurs, savoir, le premier qu'après avoir recouvré son bon sens, et le second que lorsqu'il aura atteint l'âge de majorité.

3. Le testateur peut, sans le moindre doute, nommer un tuteur pour un

vel ante hæredis institutionem, posse dari tutorem non dubitatur. (Gaius, *Comm.*, II, § 231; Ulpian. , L. 8, § 2, D. *de Test. tut.*)

4. Certæ autem rei vel causæ tutor dari non potest, quia personæ non causæ vel rei datur. (Ulpian., L. 12, § 2; Martian., L. 14, D. *de Test. tut.*)

5. Si quis filiabus suis vel filiis tutores dederit, etiam posthumæ vel posthumo dedisse videtur; quia filii vel filiæ appellatione et posthumus et posthuma continentur (Ulpian., L. 5, D. *de Test. tut.*). Quod si nepotes sint, an appellatione filiorum et ipsis tutores dati sint? Dicendum est ut ipsis quoque dati videantur, si modo LIBEROS dixit : cæterum, si FILIOS, non continebuntur : aliter enim filii, aliter nepotes appellantur. Plane si posthumis dederit , tam filii posthumi quam cæteri liberi continebuntur. (Ulpian., L. 6, *ead.*)

Tit. XV. *De Legitima agnatorum tutela.*

Quibus autem testamento tutor datus non sit , his ex lege duodecim tabularum agnati sunt tutores, qui vocantur legitimi. (Gaius, *Comm.*, I, § 155; Ulpian., *Fragm.*, XI, § 3; L. 1, D. *de Legitim. tut.*)

1. Sunt autem agnati , cognati per virilis sexus cognationem conjuncti, quasi a patre cognati : veluti frater eodem patre natus, fratris filius neposve ex eo ; item patruus et patrui filius, neposve ex eo. At qui per feminini sexus personas cognatione junguntur, non sunt agnati , sed alias naturali jure cognati. Itaque amitæ tuæ filius non est tibi agnatus , sed cognatus (et invicem scilicet tu illi eodem jure conjungeris), quia qui nascuntur, patris non matris familiam sequuntur. (Gaius, *Comm.*, I, § 156; L. 7, D. *de Legit. tut.*; L. 196, § 1, D. *de Verb. signif.*)

2. Quod autem lex ab intestato vocat ad tutelam agnatos , non hanc habet significationem, si omnino non fecerit testamentum is qui poterat tutores dare ; sed si , quantum ad tutelam pertinet, intestatus decesserit (Paul., L. 6, D. *de Leg. tut.*) : quod tunc quoque accidere intelligitur, quum is qui datus est tutor, vivo testatore decesserit.

3. Sed agnationis quidem jus omnibus modis capitis deminutione *(plerumque)* perimitur ; nam agnatio juris est nomen. Cognationis vero jus non omnibus modis commutatur, quia civilis ratio civilia quidem jura corrumpere potest , naturalia vero non utique. (Gaius, *Comm.*, I , § 158 , 163; L. 8 , D. *de Cap. min.*; Ulpian., *Fragm.*, XI , § 9.)

Tit. XVI. *De Capitis deminutione.*

Est autem capitis deminutio prioris status commutatio ; eaque tribus modis accidit. Nam aut maxima est capitis deminutio, aut

certain temps, ou pour ne commencer à l'être que dans un certain temps, ou sous condition , ou avant l'institution d'héritier.

4. Mais on ne peut nommer un tuteur pour une chose ou pour une affaire déterminées, parce que le tuteur est donné à la personne du pupille et non à ses biens ou à ses affaires.

5. Si un testateur a donné des tuteurs à ses filles ou à ses fils, il est censé en avoir aussi donné à ses posthumes, parce que les posthumes sont compris sous la dénomination de fils ou de filles. Mais en donnant des tuteurs à ses fils, le testateur est-il censé en avoir donné aussi à ses petits-fils? On doit le décider affirmativement, si toutefois il s'est servi du mot *liberi*, enfants. Il en est autrement s'il a employé celui de *filii*, fils; car les mots *filii*, fils, et *nepotes*, petits-fils, ont des significations différentes. Mais si le testateur a donné un tuteur à ses posthumes, tous ses enfants nés ou à naître, à quelque degré qu'ils soient, seront compris dans cette disposition.

TITRE XV. *De la Tutelle légitime des agnats.*

Ceux qui n'ont point reçu de tuteur par testament , sont placés, par la loi des douze tables, sous la tutelle de leurs agnats, lesquels portent le nom de tuteurs légitimes.

1. On appelle *agnats* les cognats (*parents*) par mâles, les cognats par le père : tels sont les frères nés du même père , le fils du frère et ses enfants , l'oncle paternel, son fils et les enfants de ce fils. Quant à ceux qui sont parents par les femmes, ils ne sont point agnats, mais seulement cognats , c'est-à-dire unis par les liens de la parenté naturelle. Ainsi le fils de votre tante paternelle est votre cognat, mais non votre agnat; et il en est de même de vous par rapport à lui, parce que les enfants suivent la famille de leur père et non celle de leur mère.

2. Quand on dit que la loi des douze tables appelle *ab intestat* les agnats à la tutelle , ce mot *ab intestat* ne doit pas s'entendre du cas où le défunt qui pouvait nommer des tuteurs , n'aura fait aucun testament , mais bien du cas où le testateur est mort intestat relativement à la tutelle. Il faut aussi y comprendre le cas où le tuteur nommé par le testament serait mort du vivant du testateur.

3. Le droit d'agnation s'éteint *ordinairement* par toute diminution de tête ; car l'agnation est un lien purement civil; au contraire , il n'y a que certaines diminutions de tête qui détruisent la cognation : cette différence vient de ce que le droit civil, qui peut toujours détruire les droits civils, n'a pas la même puissance sur les droits naturels.

TITRE XVI. *De la Diminution de tête.*

La diminution de tête est le changement d'un premier état : cela arrive

minor quam quidam mediam vocant , aut minima. (Gaius, *Comm.*, I, § 160; L. 1, D. *de Capit. minut.*; Paul., L. 11 , *cod.* ; Ulpian., *Fragm.*, XI, § 10.)

1. Maxima capitis deminutio est, quum aliquis simul et civitatem et libertatem amittit (Gaius, *Comm.*, I, § 160; Ulpian., *Fragm.* XI, § 11; Paul, L. 11, D. *de Cap. min.*): quod accidit in his qui servi pœnæ efficiuntur atrocitate sententiæ, vel libertis ut ingratis erga patronos condemnatis , vel qui se ad pretium participandum venundari passi sunt. (Ulpian., L. 6, § 6, D. *de Injust. rupt.*; Modest., L. 6, § 1, D. *de Agnosc. et alend. liber.*)

2. Minor sive media capitis deminutio est, quum civitas quidem amittitur , libertas vero retinetur : quod accidit ei cui aqua et igni interdictum fuerit (Gaius, *Comm.*, I, § 161; Paul., L. 11, D. *de Cap. min.*), vel ei qui in insulam deportatus est. (Ulpian., *Fragm.*, XI, § 12; L. 2, § 1, D. *de Pœn.*)

3. Minima capitis deminutio est, quum et civitas et libertas retinetur, sed status hominis commutatur (Gaius, *Comm.*, I, § 162; Ulpian., *Fragm.*, XI, § 13; Paul., L. 11, D. *de Cap. min.*): quod accidit in his qui, quum sui juris fuerunt, cœperunt alieno juri subjecti esse (Ulpian., L. 2, § 2, *cod.*), vel contra [1].

4. Servus autem manumissus capite non minuitur, quia nullum caput habuit. (Paul., L. 3, § 1, D. *de Cap. min.*)

5. Quibus autem dignitas magis quam status permutatur, capite non minuuntur; et ideo senatu motum capite non minui constat. (Modest., L. 3, D. *de Senat.*)

6. Quod autem dictum est manere cognationis jus et post capitis deminutionem, hoc ita est, si minima capitis deminutio interveniat; manet enim cognatio (Pompon., L. 5, D. *Unde cogn.*). Nam si maxima capitis deminutio incurrat, jus quoque cognationis perit, ut puta servitute alicujus cognati ; et ne quidem si manumissus fuerit , recipit cognationem. Sed etsi in insulam quis deportatus sit, cognatio solvitur. (Ulpian., L. 1, § 4 *et* 8, *ad SC. Tertull.*; Modest., L. 7, *Unde cogn.*)

7. Quum autem ad agnatos tutela pertineat , non simul ad omnes pertinet, sed ad eos tantum qui proximiore gradu sunt ; vel si plures ejusdem gradus sint, ad omnes. [Veluti si plures fratres sunt qui unum gradum obtinent, ideoque pariter ad tutelam vocantur[2].] (Gaius, *Comm.*, I, § 164; et L. 9, D. *de Leg. tut.*)

---

[1] *Vulgo* : « vel contra, VELUTI si filius-familias a patre emancipatus fuerit, est capite minutus. »

[2] Hæc glossemata esse, cum contextu demum conglutinata, non dubitandum.

de trois manières; car on distingue la grande, la moindre (que quelques-uns appellent moyenne) et la petite diminution de tête.

1. Il y a grande diminution de tête, quand on perd à la fois la cité et la liberté. C'est ce qui arrive à ceux qu'une condamnation rigoureuse a rendus esclaves de la peine; aux affranchis condamnés pour cause d'ingratitude envers leurs patrons; et à ceux qui se sont laissés vendre comme esclaves pour partager le prix.

2. Il y a moyenne diminution de tête quand on perd les droits de cité, mais en conservant la liberté. C'est ce qui arrive à celui à qui on a interdit l'eau et le feu ou qui a été déporté dans une île.

3. Il y a petite diminution de tête, lorsqu'on conserve la cité et la liberté, et que cependant l'état de la personne reçoit quelque modification. C'est ce qui arrive à ceux qui, après avoir été *sui juris*, tombent sous la puissance d'autrui; et réciproquement [1].

4. L'esclave que l'on affranchit n'éprouve aucune diminution de tête, parce qu'il ne comptait pas pour une tête.

5. On ne regarde pas non plus comme diminués de tête, ceux qui perdent une dignité plutôt qu'ils n'éprouvent un changement dans leur état civil : aussi est-il constant que celui qui est exclu du sénat n'est point diminué de tête.

6. Ce que nous avons dit précédemment, que le droit de cognation subsistait encore après la diminution de tête, n'est vrai que pour la petite diminution de tête, qui en effet laisse la cognation intacte. Mais s'il intervient une grande diminution de tête, si par exemple un cognat est réduit en esclavage, la cognation elle-même périt, et l'affranchissement ne peut la faire renaître. Pareillement la déportation dans une île rompt les liens de cognation.

7. La tutelle déférée aux agnats ne leur appartient pas à tous en même temps; elle n'est dévolue qu'aux agnats les plus proches; s'il y en a plusieurs du même degré, ils sont tous tuteurs. [C'est notamment ce qui arrive quand plusieurs agnats sont frères, car tous occupent le même degré [2].]

---

1 Par exemple, le fils de famille qui a été émancipé par son père, éprouve la petite diminution de tête.

2 Nul doute que cette parenthèse ne soit une glose qui a fini par s'incorporer au texte.

Tit. XVII. *De Legitima patronorum tutela.*

Ex eadem lege duodecim tabularum, libertorum et libertarum tutela ad patronos liberosque eorum pertinet , quæ et ipsa legitima tutela vocatur: non quia nominatim in ea lege de hac tutela caveatur, sed quia perinde accepta est per interpretationem, atque si verbis legis introducta esset. Eo enim ipso quod hæreditates libertorum libertarumque , si intestati decessissent, jusserat lex ad patronos liberosve eorum pertinere , crediderunt veteres voluisse legem etiam tutelas ad eos pertinere: quum et agnatos quos ad hæreditatem lex vocat, eosdem et tutores esse jussit (Gaius, *Comm.*, I, § 165; Ulpian., *Fragm.*, XI, § 4; L. 3, D. *de Leg. tut.*); quia plerumque ubi successionis est emolumentum, ibi et tutelæ onus esse debet. Ideo autem diximus PLERUMQUE , quia si a femina impubes manumittatur, ipsa ad hæreditatem vocatur , quum alius sit tutor. (Quint. Muc., L. 73, D. *de Reg. jur.;* Ulpian.; L. 1, § 1 , D. *de Leg. tut.*)

Tit. XVIII. *De Legitima parentum tutela.*

Exemplo patronorum recepta est et alia tutela , quæ et ipsa legitima vocatur. Nam si quis filium aut filiam, nepotem aut neptem ex filio, et deinceps impuberes emancipaverit, legitimus eorum tutor erit. (Gaius , *Comm.*, I, § 175 ; Ulpian., *Fragm.*, XI, § 5 et L. 5 , § 10, D. *de Leg. tut.*)

Tit. XIX. *De Fiduciaria tutela.*

Est et alia tutela quæ fiduciaria appellatur; nam si parens filium vel filiam, nepotem vel neptem, vel deinceps impuberes manumiserit, legitimam nanciscitur eorum tutelam (Ulpian., L. 3, § 10, D. *de Legit. tut.*). Quo defuncto, si liberi virilis sexus ei exstant, fiduciarii tutores filiorum suorum, vel fratris vel sororis et cæterorum efficiuntur(Modest., L. 4, *eod.*). Atqui patrono legitimo tutore mortuo, liberi quoque ejus legitimi sunt tutores! Quoniam filius quidem defuncti, si non esset a vivo patre emancipatus, post obitum ejus sui juris efficeretur, nec in fratrum potestatem recideret, ideoque nec in tutelam; libertus autem, si servus mansisset, utique eodem jure apud liberos domini post mortem ejus futurus esset. (Gaius, *Comm.*, I, § 175.)

Ita tamen hi ad tutelam vocantur, si perfectæ ætatis sint : quod nostra constitutio generaliter in omnibus tutelis et curationibus observari præcepit. (Justinian., L. 5, C. *de Leg. tut.*)

TITRE XVII. *De la Tutelle légitime des patrons.*

La même loi des douze tables défère aux patrons et à leurs enfants la tutelle des affranchis de l'un et de l'autre sexe. Cette tutelle s'appelle aussi légitime, non que la loi des douze tables en parle expressément, mais parce que cette tutelle a été introduite par interprétation de la loi, comme si la loi l'eût expressément établie. En effet, par cela seul que la loi des douze tables avait ordonné que la succession des affranchis de l'un et de l'autre sexe qui mourraient intestats, appartiendrait aux patrons et à leurs enfants, les anciens ont pensé que la loi avait également voulu que la tutelle de ces affranchis leur fût déférée; en effet les agnats, que cette loi appelle à la succession, sont également appelés à la tutelle; en vertu de ce principe que là où se trouve l'émolument de la succession doit se trouver le plus souvent le fardeau de la tutelle. Nous disons *le plus souvent*, car lorsqu'un impubère est affranchi par une femme, la patronne est bien, il est vrai, appelée à l'hérédité, mais c'est un autre qui est tuteur.

TITRE XVIII. *De la Tutelle légitime des ascendants.*

A l'exemple de la tutelle légitime des patrons, on a introduit une autre tutelle qui s'appelle aussi légitime. Celui qui émancipe son fils ou sa fille, son petit-fils ou sa petite-fille, et ainsi de suite, en est le tuteur légitime.

TITRE XIX. *De la Tutelle fiduciaire.*

Il y a encore une autre espèce de tutelle qu'on appelle fiduciaire. Lorsqu'un père ou aïeul a émancipé son fils ou sa fille, son petit-fils ou sa petite-fille impubères, et ainsi de suite, il est appelé à la tutelle légitime de ses enfants; ce père venant à mourir, les enfants mâles qui lui survivent sont tuteurs fiduciaires de leur frère ou sœur ou des autres enfants émancipés. Mais, dira-t-on, lorsque le patron tuteur légitime de son affranchi vient à mourir, ses enfants lui succèdent dans la tutelle légitime; pourquoi donc les enfants de l'ascendant émancipateur tuteur légitime, ne sont-ils pas eux aussi tuteurs légitimes ? Cela tient à ce que le fils du défunt, s'il n'eût pas été émancipé, deviendrait *sui juris*, à la mort de son père, et ne tomberait pas sous la puissance de ses frères, d'où la conséquence qu'il ne doit pas tomber sous leur tutelle; au contraire, l'affranchi, s'il fût resté esclave, aurait, après la mort de son maître, appartenu aux enfants de celui-ci.

Cependant, les frères dont il s'agit ici ne sont appelés à la tutelle de leur frère, qu'autant qu'ils se trouveront avoir l'âge légitime : règle qui, d'après notre constitution, doit être observée dans toute espèce de tutelles et de curatelles.

Tit. XX. *De Atiliano tutore, et eo qui ex lege Julia et Titia dabatur.*

Si cui nullus omnino tutor fuerat, ei dabatur in urbe quidem Roma a Prætore urbano et majore parte Tribunorum plebis tutor ex lege Atilia, in provinciis vero a Præsidibus provinciarum ex lege Julia et Titia. (Gaius, *Comm.*, I, § 185; Ulpian., *Fragm.*, XI, § 18.)

1. Sed et si testamento tutor sub conditione aut die certo datus fuerat, quandiu conditio aut dies pendebat, ex iisdem legibus tutor dari poterat. Item si pure datus fuerat, quandiu ex testamento nemo hæres existat, tandiu ex iisdem legibus tutor petendus erat : qui desinebat esse tutor, si conditio existeret, aut dies veniret, aut hæres existeret.(Gaius, *Comm.*, I, § 186; Ulpian., *L.* 11, D. *de Test. tut.*; L. 15, § 5 et 5, D. *de Tutel.*)

2. Ab hostibus quoque tutore capto, ex his legibus tutor petebatur; qui desinebat esse tutor, si is qui captus erat, in civitatem reversus fuerat; nam reversus recipiebat tutelam jure postliminii. (Gaius, *Comm.*, I, § 187; Ulpian., *L.* 15, D. *de Tutel.*; Papinian., *L.* 9, D. *de Tut. et rat.*)

3. Sed ex his legibus tutores pupillis desierunt dari, posteaquam primo consules pupillis utriusque sexus tutores ex inquisitione dare cœperunt (Modest., *L.* 1, § 1, D., *de Confirm. tut.*), deinde Prætores ex constitutionibus. Nam supradictis legibus, neque de cautione a tutoribus exigenda rem salvam pupillis fore, neque de compellendis tutoribus ad tutelæ administrationem quidquam cavebatur.

4. Sed hoc jure utimur, ut Romæ quidem Præfectus urbi vel Prætor secundum suam jurisdictionem (Tryphon., *L.* 45, § 3, D. *de Excus. tut. vel cur.*), in provinciis autem Præsides ex inquisitione tutores crearent; vel magistratus jussu Præsidum, si non sint magnæ pupilli facultates.(Ulpian., *L.* 1 et 3, D. *de Tut. et cur.*; *L.* 45, § 6, D. *de Admin. et peric. tut. et curat.*)

5. Nos autem per constitutionem nostram, et hujusmodi difficultates hominum resecantes, nec expectata jussione Præsidum disposuimus, si facultas pupilli vel adulti usque ad quingentos solidos valeat, defensores civitatum una cum ejusdem civitatis religiosissimo antistite, vel alias¹ publicas personas, id est, magistratus vel juridicum Alexandrinæ civitatis, tutores vel curatores creare, legitima cautela secundum ejusdem constitutionis normam præstanda, videlicet eorum periculo qui eam accipiunt.(Justinian., *L.* 30, C., *de Episc. aud.*)

6. Impuberes autem in tutela esse naturali juri conveniens est, ut is, qui perfectæ ætatis non sit, alterius tutela regatur. (Gaius, *Comm.*, I, § 189.)

7. Quum igitur pupillorum pupillarumque tutores negotia gerunt,

---

¹ Locus male habitus. Legendum fortasse : ...*defensores civitatum (una cum ejusdem civitatis religiosissimo antistite,vel apud alias publicas personas), vel magistratus*, etc.

TITRE XX. *Du tuteur Atilien, et de celui qui est donné conformément à la loi Julia et Titia.*

Lorsqu'un pupille n'avait point de tuteur, il lui en était donné, savoir : à Rome, par le Préteur urbain et par la majorité des Tribuns du peuple, conformément à la disposition de la loi Atilia ; dans les provinces par le Président, conformément à la disposition de la loi Julia et Titia.

1. Dans le cas même où il y avait un tuteur nommé par testament, mais sous condition, ou pour ne commencer à gérer que dans un certain temps, en attendant l'événement de la condition ou du terme fixé, le magistrat pouvait nommer un tuteur en vertu de ces lois. Il en était de même dans le cas où le tuteur avait été nommé purement et simplement, tant qu'il ne se présentait pas d'héritier pour recueillir la succession en vertu du testament. Mais dans ces divers cas, le tuteur nommé par le magistrat, cessait de l'être à l'événement de la condition ; à l'échéance du terme, ou lorsque l'héritier testamentaire acceptait la succession.

2. C'est encore en vertu de ces lois que, lorsque le tuteur était fait prisonnier de guerre, on en demandait un autre dont les fonctions finissaient quand le premier tuteur était de retour dans sa patrie : car alors il reprenait la tutelle par droit de postliminium.

3. Mais on cessa de donner des tuteurs en vertu de ces lois, lorsque les Consuls commencèrent, mais après enquête préalable, à donner des tuteurs aux pupilles de l'un ou de l'autre sexe, et lorsque les constitutions eurent étendu ce droit aux Préteurs. En effet, les lois précitées ne contenaient aucune disposition sur la caution à exiger du tuteur pour assurer la conservation des biens du pupille, ni sur les moyens de forcer les tuteurs à gérer la tutelle.

4. D'après le droit aujourd'hui en vigueur, les tuteurs sont donnés à Rome par le Préfet de la ville et par le Préteur, chacun suivant sa juridiction ; et dans les provinces, par les Présidents, après enquête, ou par les magistrats municipaux sur l'ordre des Présidents, lorsque la fortune du pupille n'est pas considérable.

5. Quant à nous, voulant trancher toutes les difficultés que ces distinctions pouvaient faire naître, nous avons rendu une constitution d'après laquelle, lorsque la fortune des pupilles n'excédera pas cinq cents solides, les tuteurs pourront être nommés, sans attendre l'ordre du Président, par les Défenseurs des cités conjointement avec l'Évêque, et par les autres fonctionnaires publics[1], tels que les Magistrats municipaux ou le Juge d'Alexandrie : mais à la charge par ces magistrats d'exiger une caution de la solvabilité de laquelle ils demeureront garants conformément à notre constitution.

6. Il est conforme au droit naturel que les impubères soient en tutelle, car celui qui n'est pas d'âge à se diriger lui-même, doit être gouverné par un autre.

7. Les tuteurs étant chargés de gérer les affaires de pupilles, sont tenus,

---

[1] Ce passage a subi diverses altérations. Le sens de la variante, fixé par la parenthèse, serait comme l'entendent ceux qui lisent *aliis publicis personis... par les défenseurs des cités, tels que les magistrats municipaux ou le juge d'Alexandrie conjointement avec l'évêque ou autres personnes publiques; mais à la charge*, etc.

4

post pubertatem tutelæ judicio rationes reddunt. (Gaius, *Comm.*, I, § 191; Ulpian., *Fragm.*, XI, § 25.)

Tit. XXI. *De Auctoritate tutorum.*

Auctoritas autem tutoris in quibusdam causis necessaria pupillis est, in quibusdam non est necessaria. Ut ecce, si quid dari sibi stipulentur, non est necessaria tutoris auctoritas ; quod si aliis pupilli promittant, necessaria est (Gaius, *Comm.*, III, § 107, et L. 9, D. *h. t.*). Namque placuit meliorem quidem suam conditionem licere eis facere, etiam sine tutoris auctoritate; deteriorem vero, non aliter quam tutore auctore. (Gaius, *Comm.*, II, § 83; et L. 28, D. *de Pact.*) Unde in his causis ex quibus obligationes mutuæ nascuntur, ut in emptionibus, venditionibus, locationibus conductionibus, mandatis, depositis, si tutoris auctoritas non interveniat, ipsi quidem qui cum his contrahunt, obligantur ; at invicem pupilli non obligantur. (Ulpian., L. 13, § 20, D. *de Action. empt. et vend.*)

1. Neque tamen hæreditatem adire, neque bonorum possessionem petere, neque hæreditatem ex fideicommisso suscipere aliter possunt, nisi tutoris auctoritate, quamvis illis lucrosa sit ; nec ullum damnum habeat. (Gaius, L. 9, § 3 et 4; *Idem*, L. 11, D. *h. t.*)

2. Tutor autem statim in ipso negotio præsens debet auctor fieri, si hoc pupillo prodesse existimaverit. Post tempus vero, aut per epistolam interposita auctoritas nihil agit. (Gaius, L. 9, § 5, D. *h. t.*)

3. Si inter tutorem pupillumque judicium agendum sit, quia ipse tutor in rem suam auctor esse non potest, non prætorius tutor, ut olim, constituitur (Gaius, *Comm.*, I, § 184; Ulpian., *Fragm.*, XI, § 24). sed curator[1] in locum ejus datur : quo interveniente, judicium peragitur, et eo peracto curator esse desinit. (Ulpian., L. 2, § 2 *et seq.*; Paul., L. 4, D. *de Tutel.*; Anton., L. 1, C. *de in Litem dand. tut. vel. cur.*)

Tit. XXII. *Quibus modis tutela finitur.*

Pupilli pupillæque, quum puberes esse coperint, tutela liberantur. Pubertatem autem veteres quidem non solum ex annis, sed etiam ex habitu corporis in masculis æstimari volebant. (Gaius, *Comm.*, I, § 196; Ulpian., *Fragm.*, XI, § 28.)

Nostra autem majestas dignum esse castitate nostrorum temporum bene putavit, quod in feminis et antiquis impudicum est visum esse, id est, inspectionem habitudinis corporis, hoc etiam in masculos extendere. Et ideo sancta con-

---

[1] Si quis jam gerendis obligatum sibi effectum habeat minorem, conjungi tutorem alterum aut curatorem, ut custodiat ille ne fiat ulla ista igilitas. (*Nov.* LXXII, cap. 2.)

à la fin de la tutelle, de rendre compte de leur administration : ils y sont contraints par l'action de la tutelle.

Titre XXI. *De l'Autorisation des Tuteurs.*

L'autorisation des tuteurs est nécessaire aux pupilles dans certains cas, dans d'autres, elle ne l'est pas. Par exemple, les pupilles n'ont pas besoin de l'autorisation de leurs tuteurs, quand ils se font promettre qu'on leur donnera quelque chose; mais, pour promettre à d'autres, ils doivent être autorisés. Car on a décidé que les pupilles pourraient rendre leur condition meilleure, sans être autorisés de leurs tuteurs; mais qu'ils ne pourraient la rendre pire sans autorisation. Il suit de là que dans les contrats où il y a obligation de part et d'autre, comme dans la vente, le louage, le mandat, le dépôt, si les tuteurs n'interviennent pas pour autoriser leurs pupilles, ceux qui contractent avec eux sont obligés, mais les pupilles ne le sont pas.

1. Cependant les pupilles ne peuvent, sans l'autorisation de leurs tuteurs, faire adition d'hérédité, demander une possession de biens, réclamer la délivrance d'une hérédité fideicommissaire, lors même que ces successions seraient avantageuses et ne présenteraient aucun risque.

2. Le tuteur, qui juge utile d'autoriser le pupille, doit être présent à l'acte et accorder son autorisation au moment même où l'affaire se passe: l'autorisation donnée après l'affaire, ou par lettre, n'a aucune valeur.

3. Quand il y a lieu à procès entre le pupille et son tuteur, ce dernier ne peut autoriser dans une affaire qui lui est personnelle: mais on ne fera pas nommer, comme autrefois, un tuteur par le Préteur; on nommera seulement un curateur à la diligence duquel l'instance sera poursuivie et qui cessera ses fonctions dès que le procès sera terminé [1].

Titre XXII. *De quelles manières finit la Tutelle.*

Les pupilles de l'un et de l'autre sexe sont libérés de la tutelle lorsqu'ils ont atteint la puberté. Les anciens voulaient qu'on estimât la puberté, dans les mâles, non-seulement par le nombre des années, mais encore par l'inspection du corps.

Nous avons cru plus digne de la pureté des mœurs de notre temps, de supprimer, par rapport aux mâles, l'inspection du corps, que les anciens eux-mêmes avaient jugée indécente par rapport aux filles. En conséquence, nous avons or-

---

[1] Nous ordonnons qu'à un tuteur ou curateur qui, pendant son administration, serait devenu créancier du mineur, on adjoigne un autre tuteur ou curateur pour empêcher toute malversation.

stitutione promulgata, pubertatem in masculis post quartum decimum annum completum illico initium accipere disposuimus, antiquitatis normam in femininis personis bene positam suo ordine relinquentes, ut post duodecimum annum completum viripotentes esse credantur. (Justinian., L. 3, C. *Quand. Tut. vel Curat. esse desin.*)

1. Item finitur tutela, si adrogati sint adhuc impuberes, vel deportati; item si in servitutem pupillus redigatur (*ut ingratus a patrono*), vel ab hostibus fuerit captus. (Ulpian., L. 14, *pr.* § 1 et 2, D. *de Tutel.*)

2. Sed et si usque ad certam conditionem datus sit testamento, æque evenit ut desinat esse tutor existente conditione. (Ulpian., L. 14, *pr.* et § 5, D. *de Tutel.*)

3. Simili modo finitur tutela morte vel pupillorum vel tutorum. (Paul., L. 4, D. *de Tut.*, *et ration. distr.*)

4. Sed et capitis deminutione tutoris, per quam libertas vel civitas ejus amittitur, omnis tutela perit. Minima autem capitis deminutione tutoris, veluti si se in adoptionem dederit, legitima tantum tutela perit, cæteræ non pereunt (Paul., L. 7, D. *de Cap. min.*; Ulpian., L. 5, § 5, D. *de Legit. tut.*). Sed pupilli et pupillæ capitis deminutio, licet minima sit, omnes tutelas tollit. (Ulpian., L. 14, D. *de Tutel.*)

5. Præterea qui ad certum tempus testamento dantur tutores, finito eo, deponunt tutelam. (Ulpian., L. 14, § 3, D. *de Tutel.*)

6. Desinunt autem tutores esse, qui vel removentur a tutela ob id quod suspecti visi sunt, vel ex justa causa sese excusant et onus administrandæ tutelæ deponunt, secundum ea quæ inferius proponemus. Ulpian., *Fragm.*, XI, § 23; L. 14, § 4, D. *de Tut.*; L. 11, § 1 et 2; D. *de Test. tut.*)

Tit. XXIII. *De Curationibus.*

Masculi puberes et feminæ viripotentes usque ad vicesimum quintum annum completum curatores accipiunt; qui, licet puberes sint, adhuc tamen ejus ætatis sunt ut sua negotia tueri non possint. (Ulpian., *Fragm.*, XII, § 4; Gaius, *Comm.*, I, § 197.)

1. Dantur autem curatores ab hisdem magistratibus, a quibus et tutores. — Sed curator testamento non datur, sed datus confirmatur decreto Prætoris vel Præsidis. (Modest., L. 1, § 3; Nerat., L. 2, § 1, D. *de Confirm. tut.*)

2. Item inviti adolescentes curatores non accipiunt, præterquam in litem (Paul., L. 43, D. *de Procur.*; Ulpian., L. 3, § 2, D. *de Tutel.*; Anton., L. 1, C. *Qui pet. tut.*); curator enim et ad certam causam dari potest.

donné, par une de nos constitutions, que la puberté commencerait pour les mâles à l'âge de quatorze ans accomplis ; conservant, à l'égard des filles, le terme qui avait été sagement fixé par les anciens, c'est-à-dire, douze ans révolus.

1. La tutelle finit encore quand les pupilles sont adrogés, déportés, réduits en esclavage pour cause d'ingratitude envers leurs patrons, ou pris par les ennemis.

2. Celui que le testateur n'a nommé tuteur que jusqu'à l'événement d'une certaine condition, cesse d'être tuteur quand cette condition vient à se réaliser.

3. La tutelle finit aussi par la mort des tuteurs ou des pupilles.

4. Toute espèce de tutelle finit quand le tuteur subit l'une de ces diminutions de têtes qui font perdre la liberté ou les droits de cité. Quant à la petite diminution de tête, par exemple si le tuteur se donne en adrogation, elle fait cesser seulement la tutelle légitime, mais non les autres. Mais toute diminution de tête du pupille, fût-ce la plus petite, fait toujours cesser la tutelle quelle qu'elle soit.

5. Ceux qui ont été nommés dans un testament tuteurs pour un temps déterminé, cessent d'être tuteurs lorsque ce temps est expiré.

6. Cessent encore d'être tuteurs, ceux qui sont destitués comme suspects, ou excusés pour de justes raisons, comme nous le dirons plus bas.

TITRE XXIII. Des Curateurs.

Les personnes de l'un et de l'autre sexe qui ont atteint l'âge de puberté, reçoivent des curateurs jusqu'à l'âge de vingt-cinq ans ; parce que, bien qu'elles soient pubères, elles sont cependant d'un âge à ne pouvoir conduire elles-mêmes leurs affaires.

1. Les curateurs sont donnés par les mêmes magistrats qui nomment les tuteurs. On ne nomme point de curateur par testament ; toutefois celui qui est ainsi nommé, est confirmé par décret du Préteur ou du Président.

2. On ne force pas les mineurs à recevoir des curateurs, si ce n'est en cas de procès : car on peut donner un curateur pour une affaire déterminée.

3. Furiosi quoque et prodigi, licet majores viginti quinque annis sint, tamen in curatione sunt agnatorum ex lege duodecim tabularum (Ulpian., *Fragm.*, XII, § 2.). Sed solent Romæ Præfectus urbi vel Prætor, et in provinciis Præsides ex inquisitione eis curatores dare. (Gaius, L. 13, D. *de Curat. fur.*; Ulpian., L. 1, *cod.*; L. 8, § 3, *de Tut. et cur.*)

4. Sed et mente captis, et surdis, et mutis, et qui perpetuo morbo laborant, quia rebus suis superesse non possunt, curatores dandi sunt. (Ulpian., L. 12, *de Tut. et cur.*; Paul., L. 2, D. *de Curat. fur.*)

5. Interdum autem et pupilli curatores accipiunt : ut puta si legitimus tutor non sit idoneus, quoniam habenti tutorem tutor dari non potest (Modest., L. 9, D. *de Susp. tut.*; Tryphon., L. 27, D. *de Test. tut.*). Item si testamento datus tutor, vel a Prætore vel Præside, idoneus non sit ad administrationem, nec tamen fraudulenter negotia administret, solet ei curator adjungi (Pompon., L. 13, D. *de Tut.*). Item in locum tutorum qui non in perpetuum, sed ad tempus, a tutela excusantur, solent curatores dari. (Paul., L. 15 et 16, D. *de Tut. et cur.*)

6. Quodsi tutor adversa valetudine vel alia necessitate impeditur quominus negotia pupilli administrare possit, et pupillus vel absit vel infans sit, quem velit actorem periculo ipsius tutoris Prætor vel qui provinciæ præerit, decreto constituet. (Paul., L. 24, D. *de Admin. et per. tut. vel curat.*; Pompon., L. 13, § 1, D. *de Tutel.*)

Tit. XXIV. *De Satisdatione tutorum vel curatorum.*

Ne tamen pupillorum pupillarumve et eorum qui quæve in curatione sunt, negotia a curatoribus tutoribusve consumantur vel deminuantur, curat Prætor ut et tutores et curatores eo nomine satisdent. Sed hoc non est perpetuum; nam tutores testamento dati satisdare non coguntur, quia fides eorum et diligentia ab ipso testatore probata est (Gaius, *Comm.*, I, § 199 et 200; Ulpian., L. 17, D. *de Test. tut.*). Item ex inquisitione tutores vel curatores dati satisdatione non onerantur, quia idonei electi sunt. (Gaius, *Comm.*, I, § 200; Papinian., L. 13 *in fin.* D. *de Tut. et Cur.*; Ulpian., L. 8, D. *de Cur. fur.*)

1. Sed et, si ex testamento vel inquisitione duo pluresve dati fuerint, potest unus offerre satis de indemnitate pupilli vel adolescentis; et contutori vel concuratori præferri, ut solus administret; vel ut contutor satis offerens præponatur ei, et ipse solus administret. Itaque per se non potest petere satis a contutore vel concuratore suo ; sed offerre debet, ut electionem det contutori vel concuratori suo,

3. Les fous et les interdits, quoique majeurs de vingt-cinq ans, sont placés sous la curatelle de leurs agnats, en vertu de la loi des douze tables. —Mais, le plus souvent, les curateurs des fous et des prodigues sont nommés, après enquête préalable, savoir, à Rome, par le Préfet de la ville ou les Préteurs, et, dans les provinces, par les Présidents.

4. On doit aussi donner des curateurs à ceux qui sont en démence, aux sourds et aux muets, et à ceux que travaille une maladie perpétuelle; car toutes ces personnes sont hors d'état de conduire elles-mêmes leurs affaires.

5. Quelquefois même, on donne des curateurs aux pupilles : par exemple, lorsque le tuteur légitime n'est pas capable d'administrer, car on ne donne jamais un tuteur à celui qui en a déjà un.—Pareillement, quand le tuteur nommé par testament, ou donné par le Préteur ou le Président, n'est point en état d'administrer, sans néanmoins s'être rendu coupable d'aucune fraude dans son administration, l'usage est de lui adjoindre un curateur.— On donne encore des curateurs aux pupilles pour tenir la place des tuteurs qui ne sont excusés que pour un temps.

6. Si le tuteur se trouve, par maladie, ou autre cas de force majeure, dans l'impossibilité de gérer la tutelle, et que le pupille soit absent ou enfant, le Préteur ou le Président de la province constituera par décret un agent du choix du tuteur et administrant aux risques de celui-ci.

Titre XXIV. *De la Satisdation[1] des tuteurs et des curateurs.*

Dans la crainte que les biens de ceux qui sont en tutelle ou en curatelle ne soient dissipés ou diminués, le Préteur a soin d'exiger que les tuteurs et curateurs donnent caution à cet égard. — Cela n'a cependant pas toujours lieu. En effet, les tuteurs, donnés par testament, ne sont pas obligés de donner caution; parce que le choix du testateur est une garantie suffisante de leur fidélité et de leur zèle. Les tuteurs et les curateurs, donnés par le magistrat après enquête, ne sont pas non plus tenus de donner caution, parce que la manière dont ils ont été choisis garantit leur capacité et leur probité.

1. Mais, lorsqu'il y a deux ou plusieurs tuteurs ou curateurs nommés par testament ou sur enquête, il peut arriver que ces tuteurs, quoique dispensés de donner caution, soient néanmoins conduits à l'offrir. En effet, celui d'entre eux qui veut gérer seul ne peut pas directement forcer son co-tuteur ou co-curateur à donner caution; mais, en offrant lui-même de donner cette caution, il place le co-tuteur ou le co-curateur dans l'alternative ou de recevoir la caution qui est offerte, ou de la donner

---

(1) Les mots *cavere* et *satisdare* se traduisent également en français par l'expression *donner caution* : cependant, ces mots sont loin d'être synonymes. — *Cavere, cautio*, indiquent une garantie en général, soit qu'elle résulte de l'adjonction d'un répondant (*fidéjusseur*), de la promesse ou du serment du débiteur lui-même, ou enfin d'un gage ou d'une hypothèque.— *Satisdare, satisdatio* s'appliquent au contraire exclusivement à la garantie qui résulte de l'adjonction d'un fidéjusseur.

utrum velit satis accipere an satisdare (Ulpian., L. 17, D., de Test.
tut.; Modest., L. 7, D., Rem pupil. salv.). Quodsi nemo eorum satis offerat, si quidem adscriptum fuerit a testatore quis gerat, ille gerere
debet. Quodsi non fuerit adscriptum, quem major pars elegerit
ipse gerere debet, ut edicto Prætoris cavetur. Sin autem ipsi tutores dissenserint circa eligendum eum vel eos qui gerere debent,
Prætor partes suas interponere debet (Ulpian., L. 3, § 1, et 7, D., de
Admin. et per. tut. vel curat.). Idem et in pluribus ex inquisitione
datis probandum est, id est, ut major pars eligere possit per quem
administratio fieret. (Ulpian., L. 19, § 1, D., de Test. tut.)

2. Sciendum autem est, non solum tutores vel curatores pupillis
vel adultis cæterisque personis ex administratione rerum teneri, sed
etiam in eos, qui satisdationem accipiunt, subsidiariam actionem
esse, quæ ultimum eis præsidium possit afferre. Subsidiaria autem
actio in eos datur, qui aut omnino a tutoribus vel curatoribus
satisdari non curaverint, aut non idonee passi essent caveri
(Ulpian., L. 1, pr., § 11 et 12, D., de Magistr. conv.; Alex., L. 2,
C., eod.). Quæ quidem tam ex prudentium responsis quam ex constitutionibus imperialibus etiam in hæredes eorum extendit. (Ulpian., L. 4 et 6, cod.)

3. Quibus constitutionibus et illud exprimitur ut, nisi caveant
tutores vel curatores, pignoribus captis coerceantur.(Ulpian., L. 1,
D., de Admin. et per. tut. vel curat.; Alex. L. 3, C., de Susp. tut.)

4. Neque autem Præfectus urbi, neque Prætor, neque Præses
provinciæ, neque quis alius, cui tutores dandi jus est, hac actione
tenebitur (Ulpian., L. 1, § 1, D., de Magistr. conv.); sed hi tantummodo qui satisdationem exigere solent.

Tit. XXV. De Excusationibus tutorum vel curatorum.

Excusantur autem tutores vel curatores variis ex causis : plerumque autem propter liberos, sive in potestate sint, sive emancipati.
Si enim tres liberos superstites Romæ quis habeat, vel in Italia quatuor, vel in provinciis quinque, a tutela vel cura potest excusari,
exemplo cæterorum munerum: nam et tutelam vel curam placuit
publicum munus esse. Sed adoptivi liberi non prosunt : in adoptionem autem dati, naturali patri prosunt. Item nepotes ex filio
prosunt, ut in locum patris succedant; ex filia non prosunt. Filii
autem superstites tantum ad tutelæ vel curæ muneris excusationem
prosunt; defuncti non prosunt (Modest., L. 2, § 2, 3, 4 et 7, D., h. t.;
Ulpian., L. 2, § 2, D., de Vacat. et excus. muner.; Sever. et Anton., L. 1,
C., Qui num. liberorum se exc.; Anton., L. 2, C., eod.). Sed si in bello amissi sunt, quæsitum est an prosint? Et constat eos solos prodesse, qui in

lui-même. Dans le cas où aucun des cotuteurs n'offrirait de donner caution, celui-là gèrera que le testateur aura désigné. Si le testateur n'a désigné personne, l'administration appartiendra à celui qui aura été choisi par la majorité des tuteurs, suivant la disposition de l'édit du Préteur. Si les tuteurs ne peuvent s'entendre sur le choix de celui qui devra gérer, le Préteur interviendra. Pareillement, quand plusieurs tuteurs ou curateurs ont été donnés par le magistrat après enquête, les tuteurs choisiront, à la pluralité des voix, celui d'entre eux qui devra gérer.

2. Il importe de savoir qu'outre le recours qu'ils ont contre leurs tuteurs et curateurs pour leur faire rendre compte de leur administration, les pupilles, les adolescents et autres ont encore, contre ceux qui ont reçu les cautions, une action subsidiaire qui leur offre une dernière ressource. Cette action subsidiaire est donnée contre ceux ou qui n'ont point du tout exigé de caution des tuteurs ou des curateurs, ou qui ont souffert qu'on en donnât d'insuffisantes; elle est même accordée contre les héritiers des magistrats, d'après les décisions des Jurisconsultes et les constitutions impériales.

3. Ces mêmes constitutions portent que, dans le cas où les tuteurs et curateurs refuseraient de donner caution, on pourrait les y contraindre en saisissant leurs biens pour gage.

4. Cette action subsidiaire n'est donnée ni contre le Préfet de la ville, ni contre le Préteur ou le Président de la province, ni contre tout autre magistrat qui a droit de donner des tuteurs; elle n'a lieu que contre les magistrats chargés de recevoir les cautions.

TITRE XXV. *Des Excuses des tuteurs et des curateurs.*

Les tuteurs et les curateurs peuvent être excusés pour différentes causes. Le plus souvent l'excuse est fondée sur le nombre d'enfants soit en puissance, soit émancipés : car celui qui a à Rome trois enfants vivants, ou quatre en Italie, ou cinq dans les provinces, peut être excusé de la tutelle et de la curatelle, ainsi que des autres charges publiques, au nombre desquelles on a jugé à propos de placer la tutelle. Les enfants adoptifs ne comptent pas au père adoptif, mais bien au père naturel. Les petits-enfants comptent pour le fils dont ils tiennent la place; les enfants des filles ne comptent pas à l'aïeul maternel. Il n'y a que les enfants vivants qui excusent de la tutelle ou de la curatelle; les enfants morts ne sont pas comptés. A cette occasion, on a demandé s'il fallait tenir compte des enfants morts à la guerre? et il est constant qu'on ne doit avoir égard qu'à ceux qui périssent les armes à la main : car ceux qui

acie amittuntur ; hi enim qui pro republica ceciderunt, in perpetuum per gloriam vivere intelliguntur. (Ulpian., L. 18, D. *h. t.*)

1. Item divus Marcus in semestribus rescripsit, eum qui res fisci
administrat, a tutela vel cura quandiu administrat, excusari posse.
(Alex., L. 10, C. *h. t.*)

2. Item qui reipublicæ causa absunt, a tutela et cura excusantur. Sed et si fuerint tutores vel curatores, deinde reipublicæ causa
abesse cœperint, a tutela et cura excusantur, quatenus reipublicæ
causa absunt, et interea curator loco eorum datur. Qui si reversi
fuerint, recipiunt onus tutelæ, nec anni habent vocationem,
ut Papinianus libro quinto responsorum rescripsit; nam hoc spatium habent ad novas tutelas vocati. (Modest , L. 10, *pr. et* § 2, D.
h. t. ; Paul., L. 15 et 16, D. *de Tut. et curat. dat.*)

3. Et qui potestatem habent aliquam, se excusare possunt, ut divus Marcus rescripsit; sed cœptam tutelam deserere non possunt.
(Callistr., L. 17, § 5, D. *h. t.*; Ulpian., L. 3, D. *de Jurisd.*)

4. Item propter litem, quam cum pupillo vel adulto tutor vel
curator habet, excusare nemo se potest, nisi forte de omnibus bonis
vel hæreditate controversia sit [1]. (Martian., L. 21; Julian., L. 20 ;
D. *h. t.*)

5. Item tria onera tutelæ non affectatæ, vel curæ, præstant vacationem, quandiu administrantur : ut tamen plurium pupillorum tutela, vel cura eorundem bonorum, veluti fratrum, pro una computatur. (Ulpian., L. 3, D. *h. t.* et Modest., L. 15, § 15; L. 2, § 9, D. *cod.*)

6. Sed et propter paupertatem excusationem tribui, tam divi
fratres quam per se divus Marcus rescripsit, si quis imparem se
oneri injuncto possit docere. (Ulpian., L. 7, D. *h. t.*)

7. Item propter adversam valetudinem, propter quam nec suis
quidem negotiis interesse potest, excusatio locum habet. (Modest.,
L. 10, § 8, D. *h. t.*)

8. Similiter eum, qui litteras nesciret, excusandum esse divus Pius
rescripsit : quamvis et imperiti litterarum possunt ad administrationem negotiorum sufficere. (Modest., L. 6, § 10, D. *h. t.*)

9. Item si propter inimicitias aliquem testamento tutorem pater
dederit, hoc ipsum præstat ei excusationem (Modest., L. 6, § 17,
D. *h. t.*) : sicut per contrarium non excusantur, qui se tutelam ad-
ministraturos patri pupillorum promiserunt. (Modest., L. 15, § 1,
h. t.)

---

[1] Volumus, si quis obligatam habuerit minorem aut ejus res, aut etiam obligatus existat, hunc non omnino ad curationem ejus, vel si a legibus vocetur, accedere. (*Nov.* LXXII,
cap. 1.)

meurent en combattant pour la république, sont immortalisés par la gloire, et alors réputés vivants.

1. L'empereur Marc-Aurèle, dans ses semestres, a aussi décidé que les administrateurs du fisc peuvent être excusés de la tutelle et de la curatelle, tant qu'ils sont en charge.

2. Ceux qui sont absents pour le service de la république, sont aussi excusés de la tutelle et de la curatelle. S'ils étaient déjà tuteurs ou curateurs quand ils ont dû s'absenter pour un service public, ils ne sont excusés que pour tout le temps de leur absence, et en attendant on met un curateur à leur place. A leur retour, ils reprennent la charge de la tutelle, et ils ne jouissent pas de la vacance d'une année. Papinien, au livre cinq de ses réponses, l'a décidé ainsi; en effet, ce bénéfice n'est accordé que relativement aux nouvelles tutelles auxquelles ils pourraient être appelés à leur retour.

3. Ceux qui exercent quelque magistrature peuvent aussi s'excuser, conformément au rescrit de Marc-Aurèle; mais ils ne peuvent quitter la tutelle dont ils se sont chargés.

4. Un tuteur ou un curateur ne peut s'excuser, sous le prétexte qu'il a un procès contre le pupille ou le mineur : à moins, toutefois, que ce procès ne porte sur tous les biens du pupille ou sur une hérédité [1].

5. Trois tutelles ou trois curatelles qu'on n'a pas recherchées, sont, tant qu'elles durent, une cause d'excuse; mais la tutelle de plusieurs pupilles, par exemple, de plusieurs frères, ne compte que pour une; (quand les patrimoines ne sont pas distincts); il en faut dire autant de la curatelle.

6. Les empereurs Marc-Aurèle et Vérus, et Marc-Aurèle depuis qu'il a gouverné seul, ont décidé que la pauvreté était une excuse valable pour celui qui peut prouver que son indigence fait de la tutelle un fardeau au-dessus de ses forces.

7. La maladie qui met quelqu'un hors d'état de suivre ses propres affaires, est aussi une cause d'excuse.

8. Antonin-le-Pieux a décidé qu'il faut excuser ceux qui ne savent ni lire ni écrire; quoique des personnes illettrées soient d'ailleurs souvent très-capables d'administrer.

9. Si c'est par inimitié que le testateur a déféré à quelqu'un la tutelle de ses enfants, cette circonstance est à elle seule une cause suffisante d'excuse. A l'inverse, on n'admet pas l'excuse de ceux qui ont promis au père de se charger de la tutelle de ses enfants.

---

[1] Nous ordonnons que tout créancier ou débiteur du mineur ne pourra être admis à la curatelle lors même qu'elle lui serait déférée par la loi.

10. Non esse autem admittendam excusationem ejus qui hoc solo utitur, quod ignotus patri pupillorum sit, divi fratres rescripserunt. (Modest., L. 15, § 14, D. *h. t.*)

11. Inimicitiæ, quas quis cum patre pupillorum vel adultorum exercuit, si capitales fuerunt, nec reconciliatio intervenit, a tutela vel cura solent excusare. (Paul., *Rec. sentent.*, II, 27, § 1; Modest., L. 6, § 17, D. *h. t.*)

12. Item qui status controversiam a pupillorum patre passus est, excusatur a tutela. (Modest., L. 6, § 18, D. *h. t.*)

13. Item major septuaginta annis a tutela vel cura excusare se potest (Modest., L. 2, D. *h. t.*). Minores autem viginti et quinque annis olim quidem excusabantur. (Modest., L. 10, § 7, D. *h. t.*; Ulpian., *Fragm.* XI, § 20.)

A nostra autem constitutione prohibentur ad tutelam vel curam adspirare, adeo ut nec excusationis opus fiat. Qua constitutione cavetur ut nec pupillus ad legitimam tutelam vocetur, nec adultus : quum erat incivile, eos qui alieno auxilio in rebus suis administrandis egere noscuntur, et sub aliis reguntur, aliorum tutelam vel curam subire. (Justinian., L. 5, C. *de Legit. tut.*)

14. Idem et in milite observandum est, ut nec volens ad tutelæ onus admittatur. (Philippus, L. 4, C. *Qui dar. tut. vel curat. poss.*)

15. Item Romæ grammatici, rhetores et medici, et qui in patria sua id exercent et intra numerum sunt, a tutela vel cura habent vacationem. (Modest., L. 6, § 1, 2, 4 et 9, D. *h. t.*)

16. Qui autem vult se excusare, si plures habeat excusationes et de quibusdam non probaverit, aliis uti intra tempora non prohibetur (Martian., L. 21, § 1, D. *h. t.*). Qui autem excusare se volunt, non appellant; sed intra dies quinquaginta continuos ex quo cognoverunt, excusare se debent (cujuscunque generis sint, id est, qualitercunque dati fuerint tutores), si intra centesimum lapidem sunt ab eo loco ubi tutores dati sunt. Si vero ultra centesimum habitant, dinumeratione facta viginti millium diurnorum et amplius triginta dierum : quod tamen, ut Scævola dicebat, sic debet computari ne minus sint quam quinquaginta dies. (Modest., L. 13, pr., § 1, 2 et 9, D. *h. t.*)

17. Datus autem tutor ad universum patrimonium datus esse creditur. (Martian., L. 21, § 2, D. *h. t.*)

18. Qui tutelam alicujus gessit, invitus curator ejusdem fieri non compellitur (Paul., *Rec. sentent.*, II, 27, § 2; Alex., L. 5, C. *h. t.*; Diocl. et Max., L. 20, C. *eod.*): in tantum ut, licet pater-familias qu testamento tutorem dedit, adjecerit se eundem curatorem dare, tamen invitum cum curam suscipere non cogendum divi Severus et Antoninus rescripserunt. (Papinian., L. 101, § 2, D. *de Condit.*)

10. Les divins frères ont décidé qu'on ne devait pas admettre l'excuse de celui qui allègue, pour toute raison, qu'il était inconnu au père des pupilles.

11. Les inimitiés capitales qu'on aurait eues contre le père des pupilles, et qui n'ont point été suivies de réconciliation, servent d'excuse tant pour la tutelle que pour la curatelle.

· 12. On excuse encore de la tutelle celui à qui le père des pupilles a contesté son état.

13. Les personnes qui ont accompli leur soixante-dixième année, trouvent dans leur âge une cause d'excuse. Il en était ainsi autrefois des mineurs de vingt-cinq ans.

Mais notre constitution a converti cette dernière excuse en prohibition ; elle défend d'appeler à la tutelle légitime, soit les pupilles, soit les adultes : n'était-il pas en effet contraire à toute raison que ceux qui pour leurs propres affaires ont besoin de défenseurs, fussent chargés de défendre les autres.

14. Pareillement, un militaire ne pourra pas être chargé d'une tutelle, quand même il y consentirait.

15. On excuse à Rome les grammairiens, les rhéteurs et les médecins ; on excuse aussi ceux qui exercent ces professions dans leur patrie et qui sont dans le nombre fixé par la loi.

16. Celui qui veut s'excuser, et qui, ayant plusieurs raisons d'excuse, en a choisi quelques-unes qu'il n'a pas pu prouver, peut proposer les autres, s'il est encore dans les délais. Quand on veut s'excuser, il ne faut point appeler de la décision qui défère la tutelle ; mais tous les tuteurs, de quelque espèce qu'ils soient, et qui sont dans un rayon de cent milles du lieu où ils ont été nommés tuteurs, ont pour s'excuser un délai de cinquante jours à compter du moment où ils ont eu connaissance de leur nomination. Ceux qui demeurent au-delà de cent milles du lieu où ils ont été nommés tuteurs, jouissent d'un délai fixe de trente jours, augmenté d'un jour par vingt milles : de manière cependant, comme le disait Scévola, que le délai qu'on lui accorde soit au moins de cinquante jours.

17. Le tuteur est toujours censé donné pour tout le patrimoine du pupille.

18. Nul n'est contraint de gérer la curatelle de celui dont il a été le tuteur. Cela est si vrai, que, si un testateur, après avoir nommé quelqu'un tuteur, ajoute qu'il le nomme aussi pour curateur, on ne peut pas le forcer à se charger de la curatelle malgré lui : les empereurs Sévère et Antonin l'ont ainsi décidé.

19. Iidem rescripserunt, maritum uxori suæ curatorem datum excusare se posse, licet se immisceat. (Papin., L. 14, D. *de Cur. fur.*; Alex., L. 2, C. *Qui dar. tut.*)

20. Si quis autem falsis allegationibus excusationem tutelæ meruit, non est liberatus onere tutelæ. (Alex., L. 1, C. *Si tut. vel cur. fals. alleg. excus. sit.*)

Tit. XXVI. *De Suspectis tutoribus vel curatoribus.*

Sciendum est suspecti crimen ex lege duodecim tabularum descendere. (Ulpian., L. 1, § 2, D. *h. t.*)

1. Datum est autem jus removendi tutores suspectos Romæ Prætori; et in provinciis, Præsidibus earum et Legato Proconsulis. (Ulpian., L. 1, § 3 et 4, D. *h. t.*)

2. Ostendimus, qui possunt de suspecto cognoscere; nunc videamus, qui suspecti fieri possunt. Et quidem omnes tutores possunt, sive testamentarii sint sive non, sed alterius generis tutores. Quare etsi legitimus sit tutor, accusari poterit (Alex., L. 4, C. *h. t.*). Quid si patronus? Adhuc idem erit dicendum : dummodo meminerimus famæ patroni parcendum, licet ut suspectus remotus fuerit. (Ulpian., L. 1, § 5, D. *h. t.*)

3. Consequens est ut videamus, qui possunt suspectos postulare. Et sciendum est quasi publicam esse hanc actionem, hoc est, omnibus patere. Quinimo et mulieres admittuntur ex rescripto divorum Severi et Antonini, sed eæ solæ quæ pietatis necessitudine ductæ ad hoc procedunt, ut puta mater : nutrix quoque et avia possunt; potest et soror. Sed et si qua alia mulier fuerit, cujus Prætor perpensam pietatem intellexerit non sexus verecundiam egredientis, sed pietate productam non continere injuriam pupillorum, admittet eam ad accusationem. (Ulpian., L. 1, § 6 et 7, D. *h. t.*)

4. Impuberes non possunt tutores suos suspectos postulare; puberes autem curatores suos ex consilio necessariorum suspectos possunt arguere : et ita divi Severus et Antoninus rescripserunt. (Ulpian., L. 7, D. *h. t.*)

5. Suspectus autem est, qui non ex fide tutelam gerit, licet solvendo sit, ut Julianus quoque rescripsit. (Ulpian., L. 5, D. *h. t.*) Sed et antequam incipiat tutelam gerere tutor, posse eum quasi suspectum removeri idem Julianus rescripsit; et secundum eum constitutum est. (Ulpian., L. 4, § 4, D. *h. t.*)

6. Suspectus autem remotus, si quidem ob dolum, famosus est; si ob culpam, non æque. (Diocl. et Max., L. 9, C. *h. t.*)

19. Ces mêmes empereurs ont également décidé qu'un mari nommé pour curateur de sa femme, pourrait s'excuser même après s'être immiscé dans l'administration.

20. Celui qui s'est fait excuser de la tutelle sur un faux exposé, n'est pas libéré des obligations qui en résultent.

TITRE XXVI. *Des Tuteurs et des Curateurs suspects.*

Il est bon de savoir que le droit d'accuser les tuteurs et les curateurs comme suspects, découle de la loi des douze tables.

1. Le droit de destituer les tuteurs suspects est accordé à Rome au Préteur, et dans les provinces aux Présidents et aux Lieutenants des Proconsuls.

2. Nous venons de montrer les magistrats qui peuvent connaître en matière d'accusation de tuteurs ou curateurs suspects. Voyons maintenant quels sont les tuteurs qu'on peut accuser comme tels. On peut accuser comme suspects toutes sortes de tuteurs testamentaires, ou autres; et aussi par conséquent les tuteurs légitimes. Que faudrait-il cependant décider s'il s'agissait d'un patron? Il en serait encore de même; mais dans le cas même où on le renvoie comme suspect, il faut ménager sa réputation.

3. Voyons maintenant quelles personnes peuvent accuser les tuteurs suspects. Il faut savoir que cette accusation est quasi-publique, c'est-à-dire, ouverte à tout le monde. Les femmes elles-mêmes peuvent l'intenter, suivant un rescrit des empereurs Sévère et Antonin : on ne reçoit cependant que celles qui se portent à cette accusation par une raison d'affection ou de parenté, comme la mère, la nourrice et l'aïeule; on y admet aussi la sœur. Le Préteur pourrait cependant permettre cette accusation à toute autre femme qui lui paraîtrait poussée par l'affection, et qui, sans sortir de la pudeur du sexe, serait indignée du tort qu'on ferait à des pupilles.

4. Les impubères ne peuvent point accuser eux-mêmes leurs tuteurs comme suspects; les mineurs peuvent le faire à l'égard de leurs curateurs avec le conseil de leurs proches : ainsi l'ont décidé les empereurs Sévère et Antonin.

5. On regarde comme suspect, un tuteur qui ne gère pas fidèlement, quoique d'ailleurs il soit solvable. Julien le décide ainsi. Un tuteur peut même être renvoyé comme suspect avant d'avoir commencé à gérer la tutelle; telle est l'opinion du même Julien, laquelle a été confirmée par les constitutions des princes.

6. Destitué pour dol, le tuteur encourt l'infamie, mais non quand c'est pour simple négligence.

7. Si quis autem suspectus postulatur, quoad cognitio finiatur; interdicitur ei administratio, ut Papiniano visum est. (Ulpian., L. 14, § 1, D. *de Solut.*; Gordian., L. 7, C. *h. t.*)

8. Sed si suspecti cognitio suscepta fuerit, posteaque tutor vel curator decesserit, extinguitur suspecti cognitio. (Papin., L. 11, D. *h. t.* et Anton., L. 1, C. *h. t.*)

9. Si quis tutor copiam sui non faciat, ut alimenta pupillo decernantur, cavetur epistola divorum Severi et Antonini, ut in possessionem bonorum ejus pupillus mittatur; et quæ mora deteriora futura sunt, dato curatore distrahi jubentur (Ulpian., L. 7, § 2, D. *h. t.*). Ergo ut suspectus removeri poterit, qui non præstat alimenta. (Ulpian., L. 3, § 14, D. *h. t.*)

10. Sed si quis præsens negat propter inopiam alimenta non posse decerni, si hoc per mendacium dicat, remittendum eum esse ad Præfectum urbi puniendum placuit: sicut ille remittitur, qui, data pecunia, ministerium tutelæ redemit. (Ulpian., L. 3, § 15, D. *h. t.*)

11. Libertus quoque, si fraudulenter tutelam filiorum vel nepotum patroni gessisse probetur, ad Præfectum urbi remittitur puniendus. (Ulpian., L. 2, D. *h. t.*)

12. Novissime sciendum est, eos qui fraudulenter tutelam vel curam administrant, etiam si satis offerant, removendos a tutela; (Ulpian., L. 5, D. *h. t.*) quia satisdatio tutoris propositum malevolum non mutat, sed diutius grassandi in re familiari facultatem præstat (Callistr., L. 6, D. *h. t.*). Suspectum enim eum putamus, qui moribus talis est ut suspectus sit. Enimvero tutor vel curator, quamvis pauper est, fidelis tamen et diligens, removendus non est quasi suspectus. (Ulpian., L. 8, D. *h. t.*)

7. Lorsqu'un tuteur est poursuivi comme suspect, il faut, d'après Papinien, lui interdire toute administration pendant la durée du procès.

8. La mort du tuteur, dont on demande la destitution comme suspect, éteint toutes les procédures commencées.

9. Lorsqu'un tuteur ne se présente pas (*copiam sui non faciat*), pour faire régler les aliments du pupille, un rescrit de Sévère et d'Antonin porte que le pupille sera envoyé en possession des biens de son tuteur, et qu'on nommera un curateur pour faire vendre les objets que le temps pourrait détériorer. — On peut donc destituer comme suspect le tuteur qui refuse des aliments à son pupille.

10. Le tuteur qui se présente et qui soutient faussement que les biens du pupille ne suffisent pas pour lui fournir des aliments, doit être conduit devant le Préfet de la ville qui lui infligera les peines méritées. — On agit de même à l'égard de celui qui, à prix d'argent, se serait fait nommer tuteur (par exemple, en gagnant les officiers du magistrat).

11. L'affranchi, qui est convaincu d'avoir géré frauduleusement la tutelle des enfants ou petits-enfants de son patron, doit aussi être renvoyé devant le Préfet de la ville pour être puni.

12. Enfin, il faut savoir que ceux, qui gèrent frauduleusement, ne peuvent éviter la destitution en offrant caution : en effet, la caution ne change rien à la mauvaise volonté du tuteur, mais lui fournit le moyen de dilapider plus long-temps la fortune du pupille. — On regarde encore comme suspect le tuteur que ses mœurs rendent tel ; aussi ne faudrait-il pas écarter comme suspect le tuteur ou le curateur pauvre, mais fidèle et diligent.

5

LIBER SECUNDUS.

Tit. I. *De Divisione rerum et qualitate* [1].

Superiore libro de jure personarum exposuimus : modo videamus de rebus; quæ vel in nostro patrimonio [2] vel extra patrimonium nostrum habentur (Gaius, *Comm.* II, § 1.). Quædam enim naturali jure communia sunt omnium, quædam publica, quædam universitatis, quædam nullius, pleraque singulorum, quæ variis ex causis cuique acquiruntur, sicut ex subjectis apparebit. (Martian., L. 2, D., *de Divis. rer.*)

1. Et quidem naturali jure communia sunt omnium hæc : aër, aqua profluens, et mare, et per hoc littora maris. Nemo igitur ad littus maris accedere prohibetur, dum tamen villis et monumentis et ædificiis abstineat; quia non sunt juris gentium, sicut et mare. (Martian., L. 2, § 1 et L. 4. D., *de Divis. rer.*)

2. Flumina autem omnia et portus publica sunt (Martian., L. 4, § 1, D., *de Divis. rer.*). Ideoque jus piscandi omnibus commune est in portu fluminibusque.

3. Est autem littus maris, quatenus hibernus fluctus maximus excurrit. (Celsus, L. 96, D., *de Verb. signif.*)

4. Riparum quoque usus publicus est juris gentium, sicut ipsius fluminis. Itaque navem ad eas applicare, funes arboribus ibi natis religare, onus aliquod in his reponere cuilibet liberum est, sicut per ipsum flumen navigare. Sed proprietas earum illorum est, quorum prædiis hærent; qua de causa arbores quoque in iisdem natæ eorumdem sunt. (Gaius, L. 5, D., *de Divis. rer.*)

5. Littorum quoque usus publicus juris gentium est, sicut ipsius maris; et ob id quibuslibet liberum est casam ibi imponere, in quam se recipiant, sicut retia siccare et ex mari deducere (Nerat., L. 14, D., *de Acquir. rer. dom.*; Gaius, L. 5, § 1, D., *de Divis. rer.*). Proprietas autem eorum potest intelligi nullius esse, sed ejusdem juris esse cujus et mare, et quæ subjacent mari, terra vel arena. (Martian., L. 2 et 4, D., *cod.*)

6. Universitatis sunt, non singulorum, veluti quæ in civitatibus

---

[1] Cet intitulé n'est pas exact, car la division des choses n'occupe que les dix premiers paragraphes : le rest du titre est consacré à l'exposition des manières d'acquérir du droit des gens.

[2] Dans le droit en vigueur au temps des jurisconsultes, les choses *in patrimonio* se subdivisaient en deux classes, savoir : les choses MANCIPI et les choses NEC MANCIPI. — Les

LIVRE DEUXIÈME.

TITRE I. *De la division des choses.*

SECTION I. DE LA DIVISION DES CHOSES.

Nous avons exposé, dans le premier livre, le droit des personnes; nous avons maintenant à parler des choses. Les choses sont ou dans notre patrimoine ou hors de notre patrimoine. En effet, il est des choses qui, d'après le droit naturel, sont communes à tous; d'autres sont publiques; d'autres appartiennent à une corporation; il en est qui n'appartiennent à personne; la plupart appartiennent à des particuliers qui les ont acquises de différentes manières, comme on le verra plus bas.

1. Les choses communes à tous, d'après le droit naturel, sont l'air, l'eau courante, la mer, et par suite les rivages de la mer. En conséquence, l'accès des rivages de la mer n'est refusé à personne, à la condition de respecter les métairies, monuments ou édifices qui y sont construits, parce que ces choses ne sont pas du droit des gens, comme la mer.

2. Tous les fleuves et les ports sont publics. Ainsi le droit de pêcher dans les fleuves et les ports est commun à tous.

3. Le rivage de la mer est tout ce qui est couvert par les eaux, dans les plus hautes marées d'hiver.

4. D'après le droit des gens, l'usage des rives d'un fleuve est public comme celui du fleuve même. Ainsi il est permis à chacun d'y faire aborder ses vaisseaux, d'attacher ses cordages aux arbres qui s'y trouvent, d'y décharger ses fardeaux, comme de naviguer sur le fleuve. Mais la propriété des rives appartient à ceux qui ont des héritages contigus, et qui sont, par la même raison, propriétaires des arbres qui croissent sur les rives.

5. L'usage des rivages de la mer est, d'après le droit des gens, public comme l'usage de la mer. Aussi est-il permis à chacun d'y bâtir une cabane pour s'y retirer, d'y faire sécher ses filets et de les retirer de la mer. On peut dire que la propriété de ces rivages n'appartient à personne, et qu'ils sont soumis au même droit que la mer elle-même, et la terre et le sable qui sont au fond de la mer.

6. On doit considérer comme appartenant à une corporation, et non à

choses *mancipi* comprenaient, 1° les immeubles situés en Italie; 2° les servitudes rurales des fonds italiens, 3° les esclaves (en tout pays); 4° les bêtes de somme. — Tout le reste était *nec mancipi*. — Dans l'ancien droit, cette distinction jouait un rôle très-important, car elle se liait, d'une manière intime, à la division de la propriété en domaine *ex jure quiritium* et *in bonis*, ainsi qu'à la division des manières d'acquérir en *modes du droit civil* et *modes du droit des gens*. Mais toutes ces distinctions, dont plusieurs avaient pour cause l'ancienne supériorité du sol italien sur le sol provincial, tombèrent en désuétude sous les empereurs de Constantinople; Justinien n'eut plus qu'à en effacer les derniers vestiges (Ulpian. *Fragm.* XIX, § 1, et seq.; Gaius, *Comm.* I, § 120, 121, 192; II, § 15, 16, 17, 18, 19, 31, 41, 43, 47, 80, 81, 82, 83, 85, 20§.)

1 Dans l'origine, les Romains ne connaissaient qu'une seule espèce de propriété (*mancipium, Ex jure Quiritium*). Plus tard, on en distingua deux, savoir: 1° la propriété qu'u-

sunt, ut theatra, stadia et similia, si qua alia sunt communia civitatum. (Martian., L. 6, § 1, D. *de Divis. rer.*)

7. Nullius autem sunt res sacræ et religiosæ et sanciæ : quod enim
divini juris est, id nullius in bonis est. (Gaius, *Comm.*, II, § 9, et
L. 1, D., *de Divis rer.*; Martian., L. 6, § 2, *cod.*)

8. Sacræ res sunt, quæ rite et per pontifices Deo consecratæ sunt,
veluti ædes sacræ et donaria quæ rite ad ministerium Dei dedicata
sunt. (Ulpian., L. 9, D., *de Divis. rer.*; Martian., L. 6, § 3, *cod.*;
Gaius, *Comm.* II, § 4.)

Quæ etiam per nostram constitutionem alienari et obligari prohibuimus, excepta causa redemptionis captivorum. (Justinian. L. 21, C., *de sacros. eccl.*;
Nov. cxx, c. 10)

Si quis vero auctoritate sua quasi sacrum sibi constituerit, sacrum
non est, sed profanum. Locus autem in quo ædes sacræ sunt ædi-
ficatæ, etiam diruto ædificio, sacer adhuc manet, ut et Papinianus rescripsit. (Martian., L. 6, § 3, D., *de Divis. rer.*; Papinian. L. 73, D.,
de Contrahenda empt.)

9. Religiosum locum unusquisque sua voluntate facit, dum mortuum infert in locum suum. In communem autem locum purum,
invito socio, inferre non licet ; in commune vero sepulcrum etiam
invitis cœteris licet inferre. Item si alienus ususfructus est, proprieta-
rium placet, nisi consentiente usufructuario, locum religiosum non
facere. In alienum locum, concedente domino, licet inferre; et licet
postea ratum habuerit quam illatus est mortuus, tamen religiosus
fit locus. (Martian., L. 6, § 4, D., *de Divis. rer.*; Gaius, *Comm.* II,
§ 6, Ulpian., L. 6, § 6, D., *Comm. divid.*; L. 2, § 7, D., *de Relig.*)

10. Sanctæ quoque res, veluti muri et portæ, quodammodo divini juris sunt, et ideo nullius in bonis sunt (Gaius, *Comm.* II, § 8
et 9; L. 1, D., *de Divis. rer.*). Ideo autem muros sanctos dicimus,
quia pœna capitis constituta sit in eos qui aliquid in muros delique-
rint. Ideo et legum eas partes, quibus pœnas constituimus adversus
eos qui contra leges fecerint, sanctiones vocamus. (Martian., L. 8 ;
Ulpian., L. 9, § 3; Pompon., L. 11, *cod.*)

11. Singulorum autem hominum multis modis res fiunt : quarundam enim rerum dominium nanciscimur jure naturali quod,
sicut diximus, appellatur jus gentium; quarundam jure civili. Commodius est itaque a vetustiore jure incipere : palam est autem vetus-
tius esse jus naturale, quod cum ipso genere humano rerum natura

maine proprement dite, EX JURE QUIRITIUM, la seule qui fût reconnue par le droit civil ;
2° Une espèce de propriété du droit des gens, désignée par l'expression IN BONIS. — Ces
deux propriétés étaient tellement distinctes qu'elles pouvaient appartenir, sur une même
chose, à deux personnes différentes. — Il y eut d'abord entre ces deux propriétés des différences très-marquées, qui peu à peu allèrent s'effaçant, et disparurent complétement sous
Justinien (Gaius, *Comm.* II. § 40, 41, 42, 43, 96, 222; I, § 17, 54; III, 167; IV, 36,
45, 86; Ulpian. *Fragm.* I, § 16, 17; XXIV, § 7, 11). — D'un autre côté les particuliers

des particuliers, les choses qui appartiennent en commun aux cités; tels sont, par exemple, les théâtres, les stades et autres objets semblables.

7. N'appartiennent à personne (*nullius, divini juris*) les choses sacrées, religieuses et saintes, parce que ce qui est de droit divin n'est à personne.

8. Les choses sacrées sont celles qui sont solennellement consacrées à Dieu par les pontifes; tels sont les temples consacrés au culte divin.

Notre constitution en défend l'aliénation, si ce n'est pour le rachat des captifs.

Nul ne peut, de son autorité privée, imprimer à une chose le caractère sacré : la chose qu'un particulier voudrait rendre sacrée resterait profane. —Le lieu, sur lequel est bâti un temple, reste sacré, même après la destruction de l'édifice, comme l'a fort bien écrit Papinien.

9. Chacun, au contraire, peut, de son autorité privée, rendre un lieu religieux, en enterrant un mort sur son terrain.—On ne peut, sans le consentement de son copropriétaire, enterrer un mort dans un terrain commun, *pur*, c'est-à-dire non religieux; mais on peut enterrer un mort dans un sépulcre commun, même contre le gré des autres propriétaires. —Si l'usufruit appartient à l'un et la propriété à l'autre, le nu-propriétaire ne peut enterrer un mort dans le terrain sujet à l'usufruit, que du consentement de l'usufruitier.—On peut enterrer sur l'héritage d'autrui, du consentement du propriétaire. Le lieu devient religieux, lors même que le propriétaire ne ratifierait qu'après l'inhumation.

10. Les choses saintes, comme les murs et les portes des villes, sont en quelque sorte de droit divin, et par cette raison n'appartiennent à personne. Nous appelons saints les murs d'une ville, parce qu'il y a une peine capitale établie par les lois contre ceux qui y porteraient atteinte. — On appelle aussi sanction la partie des lois qui établit des peines contre les contrevenants.

SECTION II. MANIÈRES D'ACQUÉRIR LA PROPRIÉTÉ.

11. Les choses peuvent appartenir aux particuliers de plusieurs manières. Il y en a dont nous acquérons la propriété par le droit naturel (lequel, comme nous l'avons déjà dit, s'appelle aussi droit des gens); d'autres dont nous acquérons la propriété par le droit civil. — Pour plus de facilité, nous commencerons par le droit le plus ancien; or, il est évident que

---

ne pouvaient avoir de propriété proprement dite sur les fonds provinciaux; mais seulement une sorte d'usufruit et de possession (Gaius, *Comm.* II, § 7, 21, 27, 31, 43, 63).

En résumé, et en prenant le mot propriété dans le sens le plus large, on pouvait, au temps de Gaius, en distinguer de quatre espèces : 1° l'*ex jure quiritium plenum*, ou réunion de l'*ex jure quiritium* et de l'*in bonis*; 2° l'*ex jure quiritium nudum*, quand l'*in bonis* repose sur une autre tête; 3° l'*in bonis*; 4° l'espèce de propriété de fait sur les fonds provinciaux. — (Voyez les notes sous les § 11 et 40 *h. t.*)

† Dans les notes placées au bas des pages 70 et 71, nous avons déjà annoncé que la division des manières d'acquérir en MODES DU DROIT CIVIL et MODES DU DROIT DES GENS, se liait, d'une manière intime, à° avec la division des choses en *res mancipi* et *res nec mancipi*, et avec celle de la propriété en *domaine quiritaire* et *in bonis*. — Cette liaison ressort des trois propositions suivantes, que nous donnons ici comme offrant le résumé de l'ancien droit sur cette matière. Iª PROPOSITION. Pour acquérir le *domaine quiritaire* sur une chose *mancipi*, il faut employer un mode du droit civil. IIª PROPOSITION. Pour acquérir le *domaine quiritaire* sur une chose *nec mancipi*, il suffit d'employer un mode du droit des gens. IIIª PROPOSITION. Enfin, celui qui, pour acquérir

prodidit (Gaius, L. 1, D., do Acquir. rer, dom.; et Comm. II, § 65.)
Civilia enim jura tunc esse cœperunt, quum et civitates condi et magistratus creari et leges scribi cœperunt.

12. Feræ igitur bestiæ et volucres et pisces, id est, omnia animalia quæ in terra, mari, cœlo nascuntur, simul atque ab aliquo capta
fuerint, jure gentium statim illius esse incipiunt : quod enim ante
nullius est, id naturali ratione occupanti conceditur. Nec interest,
feras bestias et volucres utrum in suo fundo quisque capiat, an in
alieno. Plane, qui in alienum fundum ingreditur venandi aut au-
cupandi gratia, potest a domino, si is providerit, prohiberi ne ingrediatur (Gaius, L. 1, § 1; L. 3, pr. et § 1, D. de Acquir. rer. dom.; et
Comm. II, § 66.). Quidquid autem eorum ceperis, eo usque tuum esse
intelligitur, donec tua custodia coercetur. Quum vero evaserit custodiam tuam, et in naturalem libertatem se receperit, tuum esse
desinit, et rursus occupantis fit. Naturalem autem libertatem recipere intelligitur, quum vel oculos tuos effugerit, vel ita sit in conspectu tuo, ut difficilis sit ejus persecutio. (Gaius, L. 3, § 2; L. 5, D.,
cod.; et Comm. II, § 67.)

13. Illud quæsitum est an, si fera bestia ita vulnerata sit ut capi
possit, statim tua esse intelligatur. Quibusdam placuit statim esse
tuam, et eo usque tuam videri donec eam persequaris ; quodsi de-
sieris persequi, desinere tuam esse, et rursus fieri occupantis. Alii
non aliter putaverunt tuam esse, quam si eam ceperis. Sed poste-
riorem sententiam nos confirmamus, quia multa accidere possunt
ut eam non capias. (Gaius, L. 5, § 1, D., de Acquir. rer. dom.)

14. Apium quoque natura fera est. Itaque quæ in arbore tua con-
sederint, antequam a te alveo includantur, non magis tuæ intelliguntur esse, quam volucres quæ in arbore t a nidum fecerint : ideoque si alius eas incluserit, is earum dominus erit (Gaius, L. 5,
§ 2, D., de Acquir. rer. dom.). Favos quoque si quos eæ effecerint, quilibet eximere potest. Plane, integra re, si provideris ingredientem
fundum tuum, poteris eum jure prohibere ne ingrediatur (Gaius,
L. 5, § 3, D. cod.). Examen quoque quod ex alveo tuo evolaverit, eousque intelligitur esse tuum, donec in conspectu tuo est, nec difficilis
ejus est persecutio : alioquin occupantis fit. (Gaius, L. 5, § 4, D., cod.)

---

une chose mancipi, n'emploie qu'un simple mode du droit des gens, n'obtient pas que la
chose le domaine ex jure Quiritium, mais seulement l'in bonis : l'ex jure Quiritium
continuant à reposer sur la tête de l'aliénant (Gaius, Comm. II, § 40, 41, 42, 43, 19,
21, 65).—D'après cela, on doit s'étonner que Justinien ait conservé dans le § 11 h. t. une
division qui, de son temps, ne pouvait offrir aucune utilité.
   Les modes d'acquérir du droit civil étaient nombreux, voici les principaux : 1° la
MANCIPATIO (Ulpian., Fragm. XIX, § 3, 4, 5 et 6; Gaius, Comm. I, § 119, 120, 121,
122, 134; II, 65, 22, 23, 25, 19, 31); — 2° la CESSIO IN JURE (Ulpian., Fragm. XIX,
§ 9, 10, 11, 12, 13 et 14; Gaius, Comm. II, § 24, 25, 26, 29; 30, 31, 32, 33, 34, 35,
36, 37); — 3° l'USUCAPION (Ulpian., Fragm. XIX, § 8; Gaius, Comm. II, 41, 61, 20;
Instit. lib. II, tit. VI); — 4° l'ADJUDICATION (Ulpian., Fragm. XIX, § 16; Gaius,

le droit naturel, qui a pris naissance avec l'humanité, est plus ancien que le droit civil, qui n'a commencé à exister qu'à l'époque où les cités furent fondées, les magistrats institués et les lois promulguées.

1° Occupation.

12. Les bêtes fauves, les oiseaux et les poissons, c'est-à-dire tous les animaux qui naissent sur la terre, dans la mer et dans l'air, deviennent à l'instant, d'après le droit des gens, la propriété de celui qui s'en empare : il est naturel, en effet, que ce qui n'appartient à personne soit acquis au premier occupant. — Et peu importe que l'on prenne ces bêtes fauves ou ces oiseaux, sur son propre fonds ou sur le fonds d'autrui. Mais il est bien entendu que le propriétaire peut interdire l'accès de son fonds à celui qu'il prévoit vouloir y entrer pour chasser. — L'animal sauvage que vous avez pris est réputé vous appartenir, tant que vous le tenez en votre pouvoir ; mais s'il s'échappe et recouvre sa liberté naturelle, il cesse de vous appartenir et peut être acquis de nouveau par le premier occupant. L'animal est réputé avoir recouvré sa liberté naturelle, dès qu'il est hors de votre vue, ou même, si étant encore en vue, sa poursuite est difficile.

13. On a demandé si l'animal que vous avez blessé, de manière à pouvoir le prendre, devient à l'instant même votre propriété ? Quelques auteurs l'ont ainsi pensé : ils ajoutaient que l'animal devait être réputé vous appartenir tant que vous le poursuiviez ; mais que, si vous en abandonniez la poursuite, il cessait de vous appartenir, et pouvait être acquis au premier occupant. — D'autres ont pensé que l'animal ne vous appartenait qu'autant que vous l'auriez pris. — Nous adoptons cette dernière opinion, parce que bien des accidents peuvent vous empêcher de prendre l'animal que vous avez blessé.

14. Les abeilles sont aussi de leur nature rangées dans la classe des animaux sauvages. C'est pourquoi, si des abeilles s'arrêtent sur votre arbre, tant que vous ne les aurez pas enfermées dans vos ruches, elles ne sont pas plus à vous que les oiseaux qui auraient fait leur nid sur votre arbre : si donc un autre s'en empare, ce sera lui qui en acquerra la propriété. — Chacun peut aussi se saisir des rayons de miel qu'elles auraient faits : sauf, bien entendu, le droit que vous avez d'interdire l'entrée de votre fonds à ceux qui voudraient y pénétrer pour s'emparer, soit de l'essaim, soit du miel. — L'essaim, qui serait sorti de votre ruche, ne cesse point de vous appartenir tant que vous pouvez le suivre des yeux, et que la poursuite n'en est pas difficile : autrement, il appartiendra au premier occupant.

Comm. II, § 219; III, § 182; IV, § 39, 42, 44)); — 5° la Loi (papia poppœa) (Ulpian., Fragm. XIX, § 17); — 6° l'hérédité ; — 7° les legs ; — 8° l'adrogation (Gaius, Comm. II, § 98 ; Instit. lib. III, tit. X); — 9° la conventio in manum (Gaius, ibid); — 10° le cas du sénatus-consulte claudien (Gaius, Comm. I, § 84, 91, 91; Ulpian., Fragm. XI, § 1; Paul. Rec. sentent. II, 21; § 1, Instit. de succes. subl.); — 11° l'ENTTIO BONORUM (Gaius, Comm. III, § 77 et seq.; pr. Instit. de success. subl.).

Les modes d'acquérir du droit des gens sont : 1° l'occupation (§ 12, 13, 14, 15, 16, 17, 18, 29 Instit. 29, Instit. h. t.); 2° différents événements communément confondus par les interprètes (et aussi par le Code civil) sous le nom banal d'accession ; mais qui, en réalité, présentent des physionomies très-diverses : d'ailleurs plusieurs de ces événements ne sont pas évidemment des manières d'acquérir la propriété (§ 19, 20, 21, 22, 23, Instit. h. t.); — 3° la tradition (Ulpian., Fragm. XIX, § 7; Gaius, Comm. II, § 19, 23, 41 ; § 40, 48, Instit. h. t.)

15. Pavonum et columbarum fera natura est : nec ad rem pertinet, quod ex consuetudine avolare et revolare solent; nam et apes
idem faciunt, quarum constat feram esse naturam. Cervos quoque
ita quidam mansuetos habent, ut in silvas ire et redire soleant; quorum et ipsorum feram esse naturam nemo negat. In iis autem animalibus, quæ ex consuetudine abire et redire solent, talis regula com-
probata est, ut eousque tua esse intelligantur, donec animum revertendi habeant; nam si revertendi animum habere desierint, etiam tua
esse desinunt, et fiunt occupantium. Revertendi autem animum videntur desinere habere tunc, quum revertendi consuetudinem dese-
ruerint. (Gaius, L. 5, § 5, D., *de Acquir. rer. dom.*; et *Comm.* II ; § 68)

16. Gallinarum autem et anserum non est fera natura : idque ex
eo possumus intelligere, quod aliæ sunt gallinæ quas feras vocamus,
item alii anseres quos feros appellamus. Ideoque si anseres tui aut
gallinæ tuæ, aliquo casu turbati turbatæve evolaverint, licet cons-
pectum tuum effugerint, quocunque tamen loco sint, tui tuæve
esse intelliguntur; et qui lucrandi animo ea animalia retinet, furtum
committere intelligitur. (Gaius, L. 5, § 6, D., *de Acquir. rer. dom.*

17. Item ea quæ ex hostibus capimus, jure gentium statim nostra fiunt : adeo quidem ut et liberi homines in servitutem nostram
deducantur. Qui tamen, si evaserint nostram potestatem et ad suos
versi fuerint, pristinum statum recipiunt. (Gaius, L. 5, § 7; L. 6,
D., *de Acquir. rer. dom.*; et *Comm.* II, § 69.)

18. Item lapilli et gemmæ et cætera quæ in littore inveniuntur, jure
naturali statim inventoris fiunt. (Florent., L. 3, D., *de Divis. rer.*)

19. Item ea, quæ ex animalibus dominio tuo subjectis nata sunt eodem jure tibi acquiruntur. (Florent. L. 6, D., *de Ac. rer. dom.*

20. Præterea, quod per alluvionem agro tuo flumen adjecit, jure
gentium tibi acquiritur. Est autem alluvio incrementum latens. Per
alluvionem autem id videtur adjici, quod ita paulatim adjicitur, ut
intelligere non possis quantum quoquo momento temporis adjiciatur. (Gaius, L. 7, § 1, D., *de Acquir. rer. dom.*; *Comm.* II, § 70.)

21. Quodsi vis fluminis partem aliquam ex tuo prædio detra-
xerit, et vicini prædio appulerit, palam est eam tuam permanere.
Plane si, longiore tempore fundo vicini tui hæserit, arboresque quas
secum traxerit, in eum fundum radices egerint, ex eo tempore
videntur vicini fundo acquisitæ esse. (Gaius, L. 7, § 2, D., *de Acquir.*
rer. dom.; et *Comm.* II, § 71.)

22. Insula quæ in mari nata est, quod raro accidit, occupantis
fit; nullius enim esse creditur. At in flumine nata, quod frequenter
accidit, si quidem mediam partem fluminis tenet, communis est
eorum qui ab utraque parte fluminis prope ripam prædia possident, pro modo latitudinis cujusque fundi, quæ latitudo prope ripam sit. Quodsi alteri parti proximior sit, eorum est tantum qui

15. Les paons et les pigeons sont aussi sauvages de leur nature. En vain dirait-on que ces animaux ont l'habitude d'aller et de revenir : car les abeilles ont aussi cette habitude, et cependant il est bien certain qu'elles doivent être mises au nombre des animaux sauvages. — Pareillement, quelques personnes ont des cerfs tellement apprivoisés qu'ils vont dans la forêt et en reviennent ; et, cependant, personne ne doute que les cerfs ne soient des animaux sauvages. — Voici la règle reçue à l'égard des animaux qui ont la coutume d'aller et de venir : ils vous appartiennent tant qu'ils conservent l'esprit de retour ; quand ils le perdent, ils cessent de vous appartenir, et le premier venu peut s'en emparer. On dit que ces animaux n'ont plus l'esprit de retour quand ils ont perdu l'habitude de revenir.

16. Les poules et les oies ne sont point des animaux sauvages : ce qui le prouve, c'est que les poules et les oies, qu'on appelle sauvages, constituent une espèce toute différente. Si donc vos poules ou vos oies effarouchées par une cause quelconque, s'envolent, elles ne cessent pas pour cela de vous appartenir en quelque lieu qu'elles soient, et lors même qu'elles seraient hors de votre vue : en conséquence, celui qui retiendrait ces animaux, dans l'intention d'en faire son profit, commettrait un vol.

17. Le butin fait sur les ennemis nous appartient par le droit des gens ; tellement que les hommes libres que nous faisons prisonniers deviennent nos esclaves ; mais quand ils s'échappent et retournent chez eux, ils recouvrent leur premier état. [1]

18. Les pierres précieuses, les diamants et autres objets semblables, trouvés sur le bord de la mer, appartiennent à l'inventeur, d'après le droit naturel.

II° ÉVÉNEMENTS DIVERS CONFONDUS VULGAIREMENT SOUS LE NOM D'ACCESSION.

Part des animaux.

19. C'est encore d'après le même droit que nous acquérons les petits qui naissent des animaux qui nous appartiennent.

Alluvion.

20. Ce qu'un fleuve ajoute à votre champ par alluvion vous est acquis par le droit des gens. On appelle alluvion un accroissement insensible. On répute produit d'alluvion, ce qui est ajouté si insensiblement, qu'on ne peut apprécier quelle quantité est ajoutée pendant chaque moment.

21. Mais si l'impétuosité du fleuve entraîne une portion de votre fonds, et la réunit au fonds voisin, il est évident que cette portion, ainsi entraînée, ne cesse pas de vous appartenir. — Cependant si elle reste long-temps adhérente au fonds voisin, et, si les arbres, transportés avec cette portion de terre, ont poussé des racines sur ce fonds, de cet instant les arbres sont acquis au fonds du voisin.

Iles nées dans le fleuve.

22. L'île qui naît dans la mer (ce qui arrive rarement), appartient au premier occupant, parce qu'on la regarde comme n'appartenant à personne. — Quant à l'île née dans un fleuve (ce qui arrive très fréquemment), il faut distinguer plusieurs cas. Si elle est au milieu du fleuve, elle appartient en commun aux propriétaires riverains de l'une et l'autre rive, en raison de la largeur des fonds qu'ils possèdent sur le bord du fleuve. Si

---

[1] Le Digeste dit : videtur acquisita (Gaius, L. 7, § 2, D, de acq. rer. dom.) ; ce qui s'entendrait du terrain lui-même. Après bien des controverses sur la préférence à accorder à l'une ou à l'autre leçon, le texte de Gaius (Comm. II, § 71) semble trancher la question en faveur du texte des Institutes. (Voyez Thémis, tom. VI, page 143 et suiv.)

ab ea parte prope ripam prædia possident. (Gaius, L. 7, § 3, D., de Acquir. rer. dom. ; et Comm. II, § 72.). Quodsi aliqua parte divisum sit flumen, deinde infra unitum, agrum alicujus in formam Insulæ redegerit, ejusdem permanet is ager cujus et fuerat. (Gaius, L. 7, § 4. D., de Acquir. rer. dom.)

23. Quodsi naturali alveo in universum derelicto, alia parte fluere cœperit, prior quidem alveus eorum est, qui prope ripam ejus prædia possident, pro modo scilicet latitudinis cujusque agri, quæ latitudo prope ripam sit. Novus autem alveus ejus juris esse incipit, cujus et ipsum flumen, id est publici. Quodsi post aliquod tempus ad priorem alveum reversum fuerit flumen, rursus novus alveus eorum esse incipit qui prope ripam ejus prædia possident. (Gaius, L. 7, § 5, D., de Acquir. rer. dom.)

24. Alia sane causa est, si cujus totus ager inundatus fuerit ; neque enim inundatio fundi speciem commutat; et ob id, si recesserit aqua, palam est cum fundum ejus manere cujus et fuit. (Gaius, L. 7, § 6, D., de Acquir. rer. dom.)

25. Quum ex aliena materia species aliqua facta sit ab aliquo, quæri solet quis eorum naturali ratione dominus sit, utrum is qui fecerit, an ille potius qui materiæ dominus fuerit : ut ecce, si quis ex alienis uvis aut olivis aut spicis vinum aut oleum aut frumentum fecerit; aut ex alieno auro, vel argento, vel ære vas aliquod fecerit, vel ex alieno vino et melle mulsum miscuerit, vel ex medicamentis alienis emplastrum aut collyrium composuerit, vel ex aliena lana vestimentum fecerit, vel ex alienis tabulis navem vel armarium vel subsellium fabricaverit. Et post multas Sabinianorum et Proculeianorum ambiguitates placuit media sententia existimantium, si ea species ad materiam reduci possit, eum videri dominum esse qui materiæ dominus fuerat; si non possit reduci, eum potius intelligi dominum, qui fecerit : ut ecce, vas conflatum potest ad rudem massam æris vel argenti vel auri reduci; vinum autem vel oleum aut frumentum ad uvas et olivas et spicas reverti non potest, ac ne mulsum quidem ad vinum et mel resolvi potest (Gaius, L. 7 § 7, D., de Acquir. rer. dom.; et Comm. II, § 79). Quodsi partim ex suá materia, partim ex aliena, speciem aliquam fecerit quis, veluti ex suo vino et alieno melle mulsum miscuerit, aut ex suis et alienis medicamentis emplastrum aut collyrium, aut ex sua lana et aliena vestimentum fecerit, dubitandum non est hoc casu eum esse dominum qui fecerit, quum non solum operam suam dedit, sed et partem ejusdem materiæ præstavit. (Ulpian., L. 5, § 1, D., de Rei vind.)

26. Si tamen alienam purpuram vestimento suo quis intexuit, licet pretiosior est purpura, accessionis vice cedit vestimento (Ulpian., L. 23, § 5, D., de Rei vind.)et, qui dominus fuit purpuræ, ad-

l'île est plus près d'une des rives, elle appartient seulement à ceux qui ont des héritages le long de cette rive. Si le fleuve, en se divisant dans un endroit en deux branches, et en se réunissant plus bas, réduit en forme d'île le champ d'un particulier, ce champ continue d'appartenir à son ancien maître.

Lit, abandonné.

23. Si le fleuve, abandonnant en entier son lit ordinaire, vient à couler d'un autre côté, le lit abandonné appartient à ceux qui possèdent des héritages le long de la rive, en proportion de la largeur de leurs héritages. Le nouveau lit devient de même nature que le fleuve lui-même, c'est-à-dire, public. Si, après un certain temps, le fleuve revient à son ancien lit, le nouveau lit qu'il avait occupé, et qu'il abandonne, appartient à ceux qui ont des héritages le long de la rive.

Inondation.

24. Il n'en serait pas de même dans le cas où le fleuve débordé couvrirait un fonds en entier : car l'inondation ne change pas la nature du champ : aussi, quand les eaux se retirent, le fonds continue d'appartenir à son ancien maître.

Spécification.

25. Lorsque, avec la matière d'autrui, quelqu'un confectionne un objet nouveau, on demande à qui, d'après la raison naturelle, l'objet doit appartenir, de celui qui a confectionné ou du propriétaire de la matière? Par exemple, on a fait du vin, de l'huile ou du blé avec les raisins, les olives ou les épis d'autrui ; on a fait un vase avec l'or, l'argent ou le cuivre d'autrui ; on a composé du *mulsum* avec le vin et le miel d'autrui ; on a fait un emplâtre ou un collyre avec les onguents d'autrui ; un habit avec la laine d'autrui ; on s'est servi des planches d'autrui pour fabriquer un vaisseau, une armoire ou un siége. Après bien des controverses entre les Sabiniens et les Proculéiens, on a adopté l'opinion de ceux qui, s'éloignant de l'une et de l'autre école, décidaient la question par une distinction : si la chose est de nature à pouvoir être ramenée à sa forme primitive de matière brute, elle appartient au propriétaire de la matière ; dans le cas contraire, au spécificateur. Par exemple, un vase moulé, au moyen de la fonte, peut être ramené à l'état de matière brute de cuivre, d'argent ou d'or ; mais le vin, l'huile ou le blé, ne peuvent plus revenir à l'état de raisins, d'olives ou d'épis ; le *mulsum* ne peut non plus être ramené à l'état de miel et de vin. — Mais lorsqu'on a fait un ouvrage, partie avec sa matière, partie avec celle d'autrui ; par exemple, si l'on compose du *mulsum* avec son vin et le miel d'un autre, un emplâtre ou un collyre avec ses médicaments et ceux d'un autre, un habit avec sa laine et celle d'un autre, la propriété du nouvel objet formé appartient, sans le moindre doute, au spécificateur, puisqu'il a fourni non-seulement sa façon, mais encore partie de la matière.

Accession mobilière.

26. Cependant, si quelqu'un brode son vêtement avec la pourpre appartenant à autrui, la pourpre, quoique plus précieuse, suit l'habit en qualité d'accessoire. L'ancien maître de la pourpre aura, contre celui qui l'a soustraite, l'action de vol et la condiction furtive, soit que l'habit ait été confectionné par le voleur lui-même ou par un autre. En effet, les choses

versus eum qui subripuit, habet furti actionem et condictionem, sive ipse sit qui vestimentum fecit, sive alius. Nam extinctæ res, licet vindicari non possint, condici tamen a furibus et quibusdam aliis possessoribus possunt. (Gaius, *Comm.* II, § 79.)

27. Si duorum materiæ ex voluntate dominorum confusæ sint, totum id corpus quod ex confusione fit, utriusque commune est, veluti si qui vina sua confuderint, aut massas argenti vel auri conflaverint. Sed et, si diversæ materiæ sint, et ob id propria species facta sit, forte ex vino et melle mulsum, aut ex auro et argento electrum, idem juris est; nam et eo casu communem esse speciem non dubitatur. Quod si fortuito et non voluntate dominorum confusæ fuerint, vel diversæ materiæ, vel quæ ejusdem generis sunt, idem juris esse placuit. (Gaius, L. 7, § 8 et 9, D., *de Acquir. rer. dom.*)

28. Quodsi frumentum Titii frumento tuo mixtum fuerit, si quidem ex voluntate vestra, commune erit; quia singula corpora, id est, singula grana quæ cujusque propria fuerint, ex consensu vestro communicata sunt. Quodsi casu id mixtum fuerit, vel Titius id miscuerit sine tua voluntate, non videtur commune esse, quia singula corpora in sua substantia durant; nec magis istis casibus commune fit frumentum, quam grex intelligitur esse communis, si pecora Titii suis pecoribus mixta fuerint. Sed si ab alterutro vestrum id totum frumentum retineatur, in rem quidem actio pro modo frumenti cujusque competit (Ulpian., L. 5, D., *de Rei vind.*), arbitrio autem judicis continetur, ut is æstimet quale cujusque frumentum fuerit. (Paul. L. 4, D., *cod.*)

29. Quum in suo solo aliquis ex aliena materia ædificaverit, ipse intelligitur dominus ædificii, quia omne quod inædificatur, solo cedit. Nec tamen ideo is, qui materiæ dominus fuerat, desinit dominus ejus esse : sed tantisper neque vindicare eam potest, neque ad exhibendum de ea re agere, propter legem duodecim Tabularum, qua cavetur ne quis tignum alienum ædibus suis injunctum eximere cogatur, sed duplum pro eo præstet per actionem quæ vocatur de tigno injuncto (appellatione autem tigni omnis materia significatur, ex qua ædificia fiunt). Quod ideo provisum est, ne ædificia resindi necesse sit. Sed si aliqua ex causa dirutum sit ædificium, poterit materiæ dominus, si non fuerit duplum jam persecutus, tunc eam vindicare et ad exhibendum de ea re agere. (Gaius, L. 7, § 10, D., *de Acquir. rer. dom.*; Ulpian. L. 1, D. *de Tig. junct.*)

30. Ex diverso, si quis in alieno solo sua materia domum ædificaverit, illius fit domus cujus et solum est. Sed hoc casu materiæ dominus proprietatem ejus amittit, quia voluntate ejus intelligitur alienata, utique si non ignorabat se in alieno solo ædificare; et ideo, licet diruta sit domus, materiam tamen vindicare non potest. Certe

éteintes, bien qu'elles ne puissent plus être revendiquées, peuvent être récla-
mées par *condiction* contre le voleur et *quelques* autres possesseurs.

Confusion.

27. Si les matières appartenant à deux propriétaires, ont été confondues de leur consentement, le corps qui résultera de cette confusion est commun entre eux pour le tout : par exemple, si deux personnes mêlent leurs
vins, ou fondent ensemble leur or ou leur argent. — Il en est de même lorsque les matières sont de différente nature, de façon que de leur confusion
résulte un corps d'une nouvelle espèce ; par exemple, quand on a fait du
mulsum avec le vin de l'un et le miel de l'autre, ou de l'*electrum* avec
l'or de l'un et l'argent de l'autre : car, aussi dans ce cas, le corps nouveau
doit, sans le moindre doute, être commun. — Il en est encore de même,
lorsque la confusion s'est opérée par hasard et sans le consentement des
propriétaires, soit que les deux matières soient de même nature, soit qu'elles soient de nature différente.

Mélange.

28. Si le blé de Titius a été mêlé avec le vôtre, il faut distinguer deux
cas. Si ce mélange s'est fait de votre consentement mutuel, le blé est commun entre vous, parceque chaque corps, c'est-à-dire, chaque grain, qui
auparavant était propre à chacun de vous, a été rendu commun par votre
volonté. Si, au contraire, le mélange s'est opéré par hasard, ou par le fait
de l'un de vous, sans le consentement de l'autre, le blé n'est pas considéré
comme commun, parce que chaque corps est resté dans son premier état.
Dans ce cas, il ne s'établit pas plus de communauté à l'égard du blé, qu'il
ne s'en établirait à l'égard de vos troupeaux, si les animaux de Titius se mêlaient aux vôtres. En conséquence, si l'un de vous détient tout le blé mé-
langé, l'autre aura une action réelle à raison de la quantité de froment qui
lui appartient : mais il entrera dans l'office du juge d'apprécier la qualité du
froment de chacun.

Accession immobilière.

29. Lorsque quelqu'un bâtit sur son terrain avec les matériaux d'autrui,
il est propriétaire de l'édifice, parce que tout ce qui est bâti sur le sol suit
le sol. Cependant, celui qui était le maître des matériaux ne cesse point de
l'être ; mais, provisoirement, il ne peut les revendiquer, ni agir par
l'action *ad exhibendum* (c'est-à-dire, demander qu'ils soient séparés de
l'édifice pour lui être représentés. Il ne peut revendiquer, parce que ses
matériaux sont réputés ne plus exister; il ne peut pas non plus agir *ad exhibendum*), parce que la loi des douze Tables défend de forcer le propriétaire d'un édifice à en tirer les matériaux qui sont à autrui ; mais cette
même loi accorde au propriétaire des matériaux, l'action dite de *tigno
juncto*, au moyen de laquelle il obtient du constructeur, le double de la
valeur des matériaux. — Le mot *tignum* comprend tous les matériaux qui
entrent dans un édifice.— Cette disposition de la loi des douze Tables a eu
pour but d'empêcher qu'on ne forçât quelqu'un à démolir : mais, si l'édifice
se trouvait démoli par une cause quelconque, le propriétaire des matériaux
pourrait les revendiquer, et en demander l'exhibition, en supposant, bien
entendu, qu'il n'eût pas déjà reçu le double.

30. Dans le cas inverse, c'est-à-dire, lorsque quelqu'un bâtit sur le terrain d'autrui avec ses propres matériaux, l'édifice appartient au propriétaire du sol ; mais, dans ce cas, le maître des matériaux en perd la pro-

illud constat, si in possessione constituto ædificatore, soli dominus
petat domum suam esse, nec solvat pretium materiæ et mercedes
fabrorum, posse eum per exceptionem doli mali repelli, utique si
bonæ fidei possessor fuerit qui ædificavit. Nam scienti alienum solum esse, potest objici culpa, quod ædificaverit temere in eo solo
quod intelligeret alienum esse. (Gaius, L. 7, § 12, D., *de Acquir.
rer. dom.* et *Comm.* II, § 73, et 76.)

31. Si Titius alienam plantam in solo suo posuerit, ipsius erit; et
ex diverso, si Titius suam plantam in Mævii solo posuerit, Mævii
planta erit : si modo utroque casu radices egerit. Ante enim quam
radices egerit, ejus permanet cujus et fuerat. Adeo autem, ex eo
tempore quo radices egit planta, proprietas ejus commutatur, ut, si
vicini arbor ita terram Titii presserit ut in ejus fundum radices
egerit, Titii effici arborem dicamus : rationem etenim non permittere
ut alterius arbor esse intelligatur quam cujus in fundum radices
egisset. Et ideo prope confinium arbor posita, si etiam in vicini
fundum radices egerit, communis fit. (Gaius, L. 7, § 13, D., *de
Acquir. rer. dom.* ; et *Comm.* II, § 74.)

32. Qua ratione autem plantæ quæ terræ coalescunt, solo cedunt, eadem ratione frumenta quoque quæ sata sunt, solo cedere
intelliguntur. Cæterum sicut is, qui in alieno solo ædificaverit, si ab
eo dominus petat ædificium, defendi potest per exceptionem doli
mali, secundum ea quæ diximus : ita, ejusdem exceptionis auxilio,
tutus esse potest is, qui in alienum fundum sua impensa bona fide
conseruit. (Gaius, L. 9, D., *de Acquir. rer. dom.*; et *Comm.* II, § 75, 76.)

33. Litteræ quoque, licet aureæ sint, perinde chartis membranis-
vé cedunt, ac solo cedere solent ea quæ inædificantur aut inserun-
tur : ideoque si in chartis membranisve tuis carmen vel historiam
vel orationem Titius scripserit, hujus corporis non Titius, sed tu
dominus esse judiceris. Sed si a Titio petas tuos libros tuasve mem-
branas, nec impensas scripturæ solvere paratus sis, poterit se Titius defendere per exceptionem doli mali, utique si earum char-
tarum membranarumve possessionem bona fide nactus est (Gaius,
L. 9, § 1, D., *de Acquir. rer. dom.* ; et *Comm.* II, § 77.)

34. Si quis in aliena tabula pinxerit, quidam putant tabulam
picturæ cedere; aliis videtur picturam, qualiscunque sit, tabulæ
cedere. Sed nobis videtur melius esse tabulam picturæ cedere : ridiculum est enim picturam Apellis vel Parrhasii in accessionem
vilissimæ tabulæ cedere (Paul., L. 28, § 3, D., *de Rei vind.* ; Gaius,
Comm. II, § 78.). Unde si a domino tabulæ imaginem possidente,
is qui pinxit, eam petat, nec solvat pretium tabulæ, poterit per exceptionem doli mali submoveri. At, si is qui pinxit, possideat, consequens est ut utilis actio domino tabulæ adversus eum detur : quo

priété, parce qu'il est réputé avoir voulu l'aliéner. Ceci, bien entendu, n'est applicable qu'au constructeur qui n'ignorait pas qu'il bâtissait sur le terrain d'autrui : aussi, ne pourra-t-il revendiquer ses matériaux, même après la destruction de la maison. — Mais si celui qui a ainsi bâti sur le terrain d'autrui, étant en possession de l'édifice, le maître du sol vient revendiquer contre lui la maison, sans offrir de lui rembourser le prix des matériaux et de la main-d'œuvre, il est constant que le constructeur pourrait le repousser par l'exception de *dol*, en supposant d'ailleurs que le constructeur fût lui-même de bonne foi : car, s'il a su que le terrain sur lequel il bâtissait était à autrui, on peut lui reprocher d'avoir témérairement construit sur un sol qu'il savait appartenir à autrui.

51. Si Titius place dans son terrain une plante appartenant à autrui, cette plante est à lui; dans le cas inverse, c'est-à-dire, si Titius place une plante à lui dans le terrain de Mævius, cette plante appartiendra à Mævius; pourvu que, dans l'un et l'autre cas, la plante ait déjà poussé des racines : en effet, jusqu'à ce qu'elle ait poussé des racines, elle continue d'appartenir à son premier maître. — Il est tellement vrai que la plante change de maître dès qu'elle a pris racine, que, si un arbre planté près du champ de Titius pousse ses racines dans ce champ, nous décidons que cet arbre appartient à Titius. En effet, la raison ne permet pas qu'un arbre appartienne à un autre qu'à celui dans le terrain duquel il pousse ses racines. — Par la même raison, un arbre placé près des limites devient commun, quand une partie de ses racines se nourrit dans le fonds du voisin.

52. De même que les plantes suivent la condition du terrain dans lequel elles ont pris racine, de même le blé suit le sol sur lequel il a été semé. Mais aussi de même que celui qui a construit sur le sol d'autrui, peut se défendre en opposant l'exception de dol au propriétaire qui revendique, de même, le possesseur qui a ensemencé de bonne foi et à ses frais, peut aussi opposer la même exception.

Accession mobilière (écriture).

53. Les lettres, fussent-elles d'or, suivent le papier ou le parchemin, comme les constructions et les semences suivent le sol. Si donc Titius écrit un poème, une histoire, un discours sur votre papier ou votre parchemin, l'ouvrage vous appartiendra et non à Mævius. Mais si vous revendiquez contre Titius votre livre ou votre parchemin, sans lui offrir les frais de son écriture, il pourra se défendre contre vous par l'exception de dol, en supposant d'ailleurs qu'il ait acquis de bonne foi la possession de votre papier ou de votre parchemin.

Accession mobilière (Peinture).

54. Si quelqu'un a peint sur la toile d'autrui, quelques auteurs pensent que la toile suit la peinture; d'autres pensent que la peinture, quelle qu'elle soit, doit suivre la toile. — La première opinion nous paraît préférable : ne serait-il pas en effet ridicule que la peinture d'un Apelle, ou d'un Parrhasius, fût regardée comme l'accessoire d'une misérable toile ? En conséquence, si, le maître de la toile possédant le tableau, le peintre vient le revendiquer, sans lui offrir le prix de sa toile, il pourra être écarté par l'exception de dol. Mais, si le peintre est lui-même en possession, on devra accorder, au maître de la toile, une action utile : néanmoins, dans ce cas, si le maître de la toile refuse de payer le prix de la peinture, il pourra être

casu, si non solvat impensam picturæ, poterit per exceptionem doli
mali repelli, utique si bona fide possessor fuerit ille qui picturam
imposuit. Illud enim palam est quod, sive is qui pinxit, subripuit
tabulas, sive alius, competit domino tabularum furti actio. (Gaius,
Comm. II, §78 et L. 9, § 2, D., de Acquir. rer. dom.; Paul, L. 22.,
§ 3, D., de rei vind.)

35. Si quis a non domino quem dominum esse crediderit, bona
fide fundum emerit, vel ex donatione, aliave qualibet justa causa
æque bona fide acceperit; naturali ratione placuit fructus quos percepit, ejus esse pro cultura et cura (Julian., L. 25, § 1. D., de Usuris).
Et ideo si postea dominus supervenerit, et fundum vindicet, de
fructibus ab eo consumptis agere non potest. Ei vero, qui alienum
fundum sciens possederit, non idem concessum est : itaque cum
fundo etiam fructus, licet consumpti sint, cogitur restituere.
(Paul., L. 4, § 2, D., Fin. reg.; L. 15, de Usuris.)

36. Is, ad quem ususfructus fundi pertinet, non aliter fructuum
dominus efficietur, quam si ipse eos perceperit; et ideo, licet ma-
turis fructibus, nondum tamen perceptis, decesserit, ad hæredem
ejus non pertinent, sed domino proprietatis acquiruntur (Paul.,
L. 13, D., Quib. mod. ususfr.; Julian., L. 25, § 1, D., de Usuris).
Eadem fere et de colono dicuntur. (Afric. L. 61, § 8, D., de furt.)

37. In pecudum fructu etiam fœtus est, sicuti lac et pilus et lana.
Itaque agni, et hœdi et vituli et equuli et suculi statim naturali jure
dominii fructuarii sunt. Partus vero ancillæ in fructu non est;
itaque ad dominum proprietatis pertinet. Absurdum enim videbatur
hominem in fructu esse, quum omnes fructus rerum natura hominum gratia comparaverit. (Gaius, L. 28, D., de Usuris.; Ulpian.,
L. 68, D., de Usufr.)

38. Sed si gregis usumfructum quis habeat, in locum demortuorum
capitum ex fœtu fructuarius submittere debet (ut et Juliano visum
est); et in vinearum demortuarum vel arborum locum alias debet
substituere. Recte enim colere, et quasi bonus paterfamilias uti
debet. (Celsus, L. 9; Paul,, L. 18; Ulpian., L. 68, § 2, D., de Usufr.

39. Thesauros quos quisque in loco suo invenerit, divus Hadrianus, naturalem æquitatem secutus, ei concessit qui invenerit. Idemque statuit, si quis in sacro aut religioso loco fortuito casu invenerit. At si quis in alieno loco, non data ad hoc opera, sed fortuito
invenerit, dimidium inventori, dimidium domino soli concessit. Et
convenienter, si quis in Cæsaris loco invenerit, dimidium inventoris, dimidium Cæsaris esse statuit. Cui conveniens est ut, si quis in
fiscali loco vel publico vel civitatis invenerit, dimidium ipsius esse,
dimidium fisci vel civitatis. (Tryphon., L. 53, pr., § 3 et 4, D., de
Acquir. rer. dom; Callistr., L. 3, § 10, D., de Jur. fisc.)

repoussé par l'exception de dol, en supposant que le peintre possède la toile, de bonne foi : car, si la toile a été volée au maître par le peintre ou par un autre, le maître peut incontestablement intenter l'action de vol.

Acquisition des fruits par le possesseur de bonne foi.

55. Quand, de bonne foi, on achète un fonds d'un particulier qu'on en croyait propriétaire, et qui ne l'était pas ; ou, quand on reçoit ce fonds par donation ou à quelqu'autre juste titre, et de bonne foi; la raison naturelle a fait décider que les fruits, perçus par le possesseur, lui appartiendraient pour ses soins et sa culture. En conséquence, si plus tard le véritable propriétaire se présente et revendique son fonds, il n'aura aucune action à raison des fruits consommés par le possesseur. La même faveur n'est point accordée à celui qui possède sciemment le fonds d'autrui; aussi est-il obligé de restituer, avec le fonds, tous les fruits, même ceux qui ont été consommés.

Acquisition des fruits par l'usufruitier.

56. L'usufruitier n'acquiert la propriété des fruits que par la perception. Si donc l'usufruitier vient à décéder à une époque où les fruits sont déjà parvenus à leur maturité, mais n'ont pas encore été perçus, ces fruits n'appartiennent pas à son héritier, mais au maître de la propriété.—Il en faut dire à-peu-près autant du fermier [1].

57. Le part des animaux est encore regardé comme un fruit, aussi bien que le lait, la laine ou le poil. Ainsi les agneaux, les chevreaux, les veaux, les poulains, les jeunes porcs appartiennent à l'instant à l'usufruitier par le droit naturel. — Mais les enfants d'une femme esclave ne sont pas regardés comme des fruits, et appartiennent en conséquence au maître de la nue-propriété. Il a paru absurde de considérer l'homme comme un fruit, puisque la nature a produit tous les fruits pour l'usage de l'homme [2].

58. Mais celui, qui a l'usufruit d'un troupeau, doit, avec le croît du troupeau remplacer les animaux qui meurent : ainsi le pensait Julien. — Il doit également substituer des ceps de vigne et des arbres à la place de ceux qui sont morts; car il doit cultiver avec soin, c'est-à-dire, en bon père de famille.

Occupation - Trésor.

59. Quant à la propriété des trésors, il faut distinguer plusieurs cas. Adrien, suivant en cela l'équité naturelle, veut que le trésor appartienne en entier à celui qui le trouve dans son propre fonds. Il étend cette décision au trésor trouvé par hasard, dans un terrain sacré ou religieux. — Mais si, sans l'avoir cherché, et par le pur effet du hasard, on trouve un trésor sur le fonds d'autrui, le même empereur en attribue moitié à l'inventeur, moitié au propriétaire du sol. En conséquence, si le trésor est trouvé dans un fonds appartenant à César, il y en aura moitié pour César, moitié pour l'inventeur. Pareillement, le trésor trouvé dans un fonds appartenant au fisc, à l'état, ou à une cité, est attribué pour moitié à l'inventeur et pour l'autre moitié au fisc, à l'état ou à la cité.

---

[1] Il y a, au contraire, de très grandes différences entre l'usufruitier et le fermier : le premier a un droit réel, non transmissible à ses héritiers; le second n'a qu'un simple droit personnel, mais transmissible.

[2] Ce qui est absurde c'est la raison donnée par le texte. En effet, d'un côté les esclaves sont très souvent assimilés aux animaux; d'un autre côté, n'est-ce pas précisément en

40. Per traditionem quoque, jure naturali, res nobis acquiruntur. Nihil enim tam conveniens est naturali æquitati, quam voluntatem domini, volentis rem suam in alium transferre, ratam haberi. (Gaius, L. 9, § 3, D., *de Acquir. rer. dom.*)

Et ideo, cojuscunque generis sit corporalis res, tradi potest, et a domino tradita alienatur. Itaque stipendiaria quoque et tributaria prædia eodem modo alienantur. Vocantur autem stipendiaria et tributaria prædia, quæ in provinciis sunt. Inter quæ nec non et Italica prædia, ex nostra constitutione, nulla est differentia : sed si quidem ex causa donationis, aut dotis, aut qualibet alia ex causa tradantur, sine dubio transferuntur.¹ (Justinian., L. unic. C., *de Nud. jur. Quirit toll.* Gaius, *Comm.* II, § 19, 20 et 21 ; Ulpian., *Fragm.*, XIX, § 3 et 7.)

41. Venditæ vero res et traditæ non aliter emptori acquiruntur, quam si is venditori pretium solverit, vel alio modo ei satisfecerit, veluti expromissore aut pignore dato. Quod cavetur quidem etiam lege duodecim tabularum, tamen recte dicitur et jure gentium, id est jure naturali, id effici. Sed si is, qui vendidit, fidem emptoris secutus est, dicendum est statim rem emptoris fieri. (Pompon., L. 19, D., *de Contrah. empt.*; Gaius, L. 53, D., *cod.*)

42. Nihil autem interest utrum ipse dominus tradat alicui rem, an voluntate ejus alius. (Gaius, L. 9, § 4, D., *de Acquir. rer. dom.*)

43. Qua ratione, si cui libera universorum negotiorum administratio a domino permissa fuerit, isque ex his negotiis rem vendiderit et tradiderit, facit eam accipientis. (Gaius, L. 9, § 4, D., *de Acquir. rer. dom.*)

44. Interdum etiam, sine traditione, nuda voluntas domini sufficit ad rem transferendam : veluti, si rem, quam tibi aliquis commodavit aut locavit aut apud te deposuit, vendiderit tibi aut donaverit. Quamvis enim ex ea causa tibi eam non tradiderit, eo tamen ipso quod patitur tuam esse, statim tibi acquiritur proprietas, perinde ac si eo nomine tradita fuisset (Gaius, L. 9, § 5, D., *de Acquir. rer. dom.*).

45. Item, si quis merces in horreo depositas vendiderit, simul atque claves horrei tradiderit emptori, transfert proprietatem mercium ad emptorem. (Gaius, L. 9, § 5, D., *de Acquir. rer. dom.*)

46. Hoc amplius, interdum et in incertam personam collata voluntas domini transfert rei proprietatem : ut ecce, Prætores vel Consules, qui missilia jactant in vulgus, ignorant quid eorum quisque sit excepturus; et tamen, quia volunt quod quisque exceperit, ejus

---

qualité de *fruit* que l'enfant est attribué ici au nu-propriétaire ? — La véritable raison, c'est que l'usufruitier n'a pas droit à tous les produits, mais seulement à ceux que la chose était plus particulièrement destinée à procurer : or, dans les usages et les idées des Romains, les femmes esclaves étaient destinées à travailler, et non à produire des enfants, (Ulpian., L. 27, D., *de petit. hæredit.*)

¹ Les provinces (de *pro vincere*) étaient les pays conquis par les Romains hors d'Italie. Elles étaient gouvernées à peu près despotiquement, par des gouverneurs envoyés de Rome (*Prætores, Proconsules, Proprætores, Præsides...*).—Le territoire des provinces, comme Lutio fait sur l'ennemi, appartenait au vainqueur, c'est-à-dire au peuple romain. Aussi les particuliers ne pouvaient-ils pas avoir sur les fonds provinciaux une propriété proprement dite, mais seulement une sorte d'usufruit et de possession (Gaius, *Comm.* II, § 6).

III. TRADITION.

40. La tradition est encore une manière d'acquérir d'après le droit naturel : qu'y a-t-il, en effet, de plus conforme à l'équité naturelle, que de confirmer la volonté d'un maître qui désire transférer sa chose à une autre personne.

Ainsi une chose corporelle, de quelque nature qu'elle soit, peut être livrée : et la tradition qu'en fait le maître suffit pour en opérer l'aliénation. On peut aussi aliéner de la même manière les fonds stipendiaires et tributaires. On appelle ainsi les fonds situés dans les provinces : par une de nos constitutions, nous avons fait disparaître toutes les différences qui existaient autrefois entre ces fonds et ceux qui sont situés en Italie. La tradition que l'on en fait à titre de donation, de dot, ou à tout autre juste titre en transfère donc incontestablement la propriété des uns et des autres [1].

41. Cependant, à l'égard des choses vendues, la tradition n'en transfère la propriété à l'acheteur qu'autant qu'il en a payé le prix, ou qu'il a satisfait le vendeur de quelque autre manière; par exemple, en lui donnant une caution ou un gage. Quoique cette disposition soit formellement exprimée dans la loi des XII Tables, on peut dire cependant avec raison qu'elle est fondée sur le droit des gens, c'est-à-dire sur le droit naturel.—Mais quand le vendeur a suivi la foi de l'acheteur, on doit décider que celui-ci acquiert sur-le-champ par la tradition la propriété de la chose vendue.

42. Au reste, peu importe que la chose soit livrée par le propriétaire lui-même, ou par un autre du consentement du propriétaire.

43. En conséquence, si celui, à qui le maître a confié la libre administration de toutes ses affaires, vend et livre une chose dépendante de son administration ; il en transfert la propriété à l'acquéreur.

44. Quelquefois, sans qu'il soit besoin d'aucune tradition, la seule volonté du maître suffit pour transférer la propriété d'une chose. Par exemple : je vous avais précédemment prêté, loué un objet, ou je l'avais mis en dépôt chez vous ; et maintenant, je vous le vends, ou je vous en fais donation : quoique je ne vous en fasse pas tradition en vertu de l'une de ces dernières causes, cependant, par cela seul que je trouve bon que la chose soit à vous, la propriété vous en est acquise à l'instant, comme si la tradition vous en avait été faite à l'un de ces nouveaux titres.

45. Si l'on a vendu des marchandises renfermées dans un magasin, l'acheteur en acquiert la propriété aussitôt qu'on lui remet les clefs du magasin.

46. Bien plus, la volonté du maître transfert la propriété, quoique cette volonté ne tombe pas sur une personne certaine : c'est ce qui arrive lorsque les Préteurs ou les Consuls jettent à la foule des pièces de monnaie : en effet, ils ignorent ce que chacun en recueillera; et cependant, comme leur

<hr>

— Sous Auguste, le gouvernement des provinces fut partagé entre le Prince et le Sénat : les provinces dont Auguste abandonna le gouvernement au Sénat furent nommées *provinces du sénat* ou *provinces du peuple*, on les appelait aussi *stipendiaires* ; celles dont Auguste se réserva l'administration, étaient appelées *provinces de César* ou provinces *vectigales*.

Justinien annonce ici une double innovation : 1° il élève le sol provincial au niveau du sol italique, en décidant que désormais les particuliers pourront avoir une propriété proprement dite sur les fonds provinciaux ; 2 ' il étend aux fonds italiens l'acquisition par tradition, qui ne leur était pas applicable autrefois (Voir les notes mises au *pr*, et au § 11 de ce titre).

esse, statim cum dominum efficiunt. (Gaius, L. 9, § 7, D., *do Acquir. rer. dom.*)

47. Qua ratione verius esse videtur, si rem pro derelicto a domino habitam occupaverit quis, statim cum dominum effici (Pompon., L. 5, § 1, D., *pro Derel.*). Pro derelicto autem habetur, quod dominus ea mente abjecerit, ut id rerum suarum esse nollet : ideoque statim dominus esse desinit (Ulpian., L. 1, D., *eod.*)

48. Alia causa est earum rerum, quæ in tempestate maris, levandæ navis causa, ejiciuntur. Hæ enim dominorum permanent, quia palam est, eas non eo animo ejici quo quis eas habere non vult, sed quo magis cum ipsa navi maris periculum effugiat. Qua de causa, si quis eas fluctibus expulsas, vel etiam in ipso mari nactus, lucrandi animo abstulerit, furtum committit (Gaius, L. 9, § 8, D., *de Acquir. rer. dom.*). Nec longe discedere videntur ab his quæ de rheda currente, non intelligentibus dominis, cadunt. (Ulpian., L. 43, § 4, D., *de Furt.*)

<h3 style="text-align:center">Tit. II. De Rebus incorporalibus.</h3>

Quædam præterea res corporales sunt, quædam incorporales. (Gaius, L. 1, § 1, D., *de Div. rer.*; et *Comm.* II, § 12.)

1 Corporales autem sunt, quæ sui natura tangi possunt : veluti fundus, homo, vestis, aurum, argentum, et denique aliæ res innumerabiles. (Gaius, L. 1 § 1, D., *de Div. rer.*; et *Comm.* II, § 13).

2. Incorporales autem sunt quæ tangi non possunt : qualia sunt ea quæ in jure consistunt, sicut hæreditas, ususfructus, usus, obligationes quoquo modo contractæ. Nec ad rem pertinet, quod in hæreditate res corporales continentur : nam et fructus qui ex fundo percipiuntur, corporales sunt ; et id, quod ex aliqua obligatione nobis debetur, plerumque corporale est, veluti fundus, homo, pecunia. Nam ipsum jus hæreditatis et ipsum jus utendi fruendi, et ipsum jus obligationis incorporale est. (Gaius. L. 1, § 1, D., *de Div. rer.*; et *Comm.* II, § 14).

3. Eodem numero sunt jura prædiorum urbanorum et rusticorum, quæ etiam servitutes vocantur. (Gaius, L. 1, § 1, D., *de Div. rer.*; et *Comm.* II, § 14).

<h3 style="text-align:center">Tit. III. De Servitutibus [1].</h3>

Rusticorum prædiorum jura sunt hæc : iter, actus, via, aquæductus. Iter est jus eundi ambulandi hominis, non etiam jumentum agendi vel vehiculum. Actus est jus agendi vel jumentum vel vehiculum. Itaque qui iter habet, actum non habet ; qui actum habet et iter habet ; eoque uti potest etiam sine jumento. Via est jus eundi et agendi et ambulandi : nam et iter et actum in se continet

---

[1] La servitude est un démembrement du droit de propriété.—Les servitudes sont appelées *personnelles* (*personarum*), quand le démembrement a lieu au profit d'une personne; tels sont l'usufruit, l'usage et l'habitation traités dans les deux titres suivants, — Quand

intention est que chacun devienne propriétaire de ce qu'il pourra ramasser, ils lui en transfèrent par cela seul la propriété.

47. Par suite du même principe, il faut décider que si une chose a été abandonnée par son maître, le premier qui s'empare de cette chose en acquiert à l'instant même la propriété. — Une chose est regardée comme abandonnée, lorsque son maître la jette, dans l'intention d'en abdiquer la propriété : ce qui fait qu'il cesse à l'instant d'en être propriétaire.

48. Il en est tout autrement des choses que, pendant une tempête, on jette à la mer, pour alléger le navire : ces choses ne cessent point d'appartenir à leur maître, parce qu'il est évident qu'il ne les jette pas, dans l'intention d'en abdiquer la propriété, mais bien seulement, dans l'espoir d'échapper au danger avec le vaisseau. Aussi celui-là commet un vol, qui, trouvant ces objets sur le rivage où le flot les a jetés ou même dans la mer, s'en empare pour en faire son profit. Il y a en effet une grande analogie entre les choses jetées à la mer et celles qui tombent d'un char à l'insu du maître.

TITRE II. *Des Choses corporelles et incorporelles.*

Les choses sont encore ou corporelles ou incorporelles.

1. Sont corporelles, les choses qui sont de nature à pouvoir être touchées (c'est-à-dire, qui sont pour nos sens une cause occasionnelle de sensation), comme un fonds de terre, un esclave, un habit, l'or, l'argent et une infinité d'autres objets.

2. Sont incorporelles les choses qui ne sont point de nature à pouvoir être touchées (c'est-à-dire, qui ne sont pas pour nos sens une cause occasionnelle de sensation) : telles sont les choses qui consistent en un droit, par exemple, une hérédité, un usufruit, un droit d'usage, et les obligations, de quelque manière qu'elles soient contractées. Et peu importe que l'hérédité contienne des choses corporelles : car les fruits qu'on perçoit d'un fonds sont corporels; ce qui nous est dû en vertu d'une obligation est aussi le plus souvent corporel, comme un fonds, un esclave, de l'argent; mais le droit d'hérédité, le droit d'usufruit, et le droit d'obligation, n'en sont pas moins des choses incorporelles.

3. On doit ranger dans la même classe les droits qu'on a sur des fonds urbains ou rustiques, droits qu'on appelle aussi servitudes.

DES SERVITUDES.

1° Des servitudes réelles ou prédiales.

TITRE III. *Des Servitudes.*

Les servitudes d'héritages ruraux (*servitudes rurales*) sont, par exemple, les droits de passage et celui d'aquéduc. — Le sentier (*iter*) est le droit qu'a un homme d'aller et de venir sur le fonds d'autrui, mais non d'y conduire une bête de somme ou une voiture. Le chemin (*actus*) est le droit de conduire une bête de somme ou une voiture sur le fonds d'autrui : ainsi celui qui a le sentier n'a pas le chemin; mais celui qui a le chemin a aussi le sentier : il peut user de son droit de passage, sans conduire une bête de somme. La voie (*via*) est le droit qu'a un homme d'aller et venir sur le fonds d'autrui, et d'y conduire des bêtes de somme : la voie com-

le démembrement a lieu, non pas précisément au profit d'une personne, mais pour l'utilité d'un fonds voisin, la servitude est appelée *réelle* ou *prédiale* : notre titre s'occupe des servitudes de cette dernière espèce.

via. Aquæductus est jus aquæ ducendæ per fundum alienum. (Ulpian., L. 1, D., de Serv. præd. rust.)

1. Prædiorum urbanorum servitutes sunt, quæ ædificiis inhærent: ideo urbanorum prædiorum dictæ, quoniam ædificia omnia urbana prædia appellamus, etsi in villa ædificata sint (Ulpian., L. 1, D., commun. præd.; L. 198, D., de Verb. sign.). Item urbanorum prædiorum servitutes sunt hæc : ut vicinus onera vicini sustineat; ut in parietem ejus liceat vicino tignum immittere ; ut stillicidium vel flumen recipiat quis in ædes suas, vel in aream, vel in cloacam, vel non recipiat; et ne altius tollat quis ædes suas, ne luminibus vicini officiat. (Gaius, L. 2, D., de Serv. præd. urb.)

2. In rusticorum prædiorum servitutes, quidam computari recte putant aquæ haustum, pecoris ad aquam appulsum, jus pascendi, calcis coquendæ, arenæ fodiendæ. (Ulpian., L. 1, § 1, D., de Serv. præd. rust.)

3. Ideo autem hæ servitutes prædiorum appellantur, quoniam sine prædiis constitui non possunt. Nemo enim potest servitutem acquirere urbani vel rustici prædii, nisi qui habet prædium; nec quisquam debere, nisi qui habet prædium. (Ulpian., L. 1, §, 1, D., commun. præd., L. 6, cod.)

4. Si quis velit vicino aliquod jus constituere, pactionibus atque stipulationibus [1] id efficere debet (Gaius., Comm. II, § 31). Potest etiam in testamento quis hæredem suum damnare, ne altius tollat ædes suas, ne luminibus ædium vicini officiat ; vel ut patiatur eum tignum in parietem immittere, vel stillicidium habere; vel ut patiatur eum per fundum ire, agere, aquamve ex eo ducere. (Gaius, L. 16, D., comm. præd.)

Tit. IV. De Usufructu.

Ususfructus est jus alienis rebus utendi fruendi, salva rerum substantia (Paul., L. 1, D., de Usufr.). Est enim jus in corpore, quo sublato et id ipsum tolli necesse est. (Celsus, L. 2, cod.)

1. Ususfructus a proprietate separationem recipit, idque pluribus modis accidit. Ut ecce, si quis usumfructum alicui legaverit; nam hæres nudam habet proprietatem, legatarius usumfructum :

---

1 *Par pactes et stipulations...* Ce texte fait naître de sérieuses difficultés. 1° Pourquoi les pactes et les stipulations suffiraient-ils pour acquérir une servitude (*démembrement de propriété*), tandis qu'ils n'ont jamais suffi pour acquérir la propriété elle-même? 2° La réunion des mots pactes et stipulations n'est pas moins difficile à expliquer : en effet, ou le mot ET doit être pris dans le sens conjonctif, ou il doit être pris dans le sens disjonctif? dans la première hypothèse pourquoi ajouter un pacte (*convention non obligatoire*) à une stipulation (*convention obligatoire*)? dans la seconde, comment concevoir qu'un pacte isolé pût suffire pour constituer le droit réel de servitude, puisqu'il n'est pas suffisant pour créer une simple obligation? — Pour sortir de toutes ces difficultés il faut remonter au droit ancien.—Le texte qui nous occupe est tiré de Gaius (*Comm.* II, § 31). Au temps de ce jurisconsulte, les servitudes s'établissaient sur les fonds italiens par *cessio in jure*, et quelquefois par *mancipatio*. Quant aux fonds provinciaux, il y avait impossibilité d'établir sur ces fonds des servitudes proprement dites, (*droit réel*), non pas seulement comme l'a dit M. Ducaurroy, parce que la *mancipatio* et la *cessio in jure* n'étaient pas applicables aux fonds provinciaux (ce qui n'est tout au plus qu'une cause secondaire) ; mais bien parce que les

prend le sentier et le chemin. — L'aquéduc est le droit de conduire de l'eau à travers le fonds d'autrui.

1. Les servitudes d'héritages urbains (*servitudes urbaines*) sont celles qui sont inhérentes aux édifices; on les appelle de ce nom, parce que nous appelons fonds urbains tous les édifices, même ceux qui sont à la campagne. — Voici quelles sont les servitudes d'héritages urbains : que le voisin soutiendra notre bâtiment; que nous pourrons placer des poutres dans son mur; qu'il recevra sur son bâtiment, ou son terrain, ou dans son cloaque, l'eau qui tombe de nos gouttières; ou qu'il ne la recevra pas; qu'il ne pourra élever ses constructions au-delà d'une certaine hauteur, pour ne pas nuire à notre jour.

2. Plusieurs mettent avec raison, au nombre des servitudes d'héritages ruraux, le droit de puiser de l'eau, celui d'abreuver ses troupeaux, de les mener paître, de cuire de la chaux, de tirer du sable dans le fonds d'autrui.

3. Les servitudes, dont nous avons parlé jusqu'ici, sont appelées servitudes d'héritages (*servitudes prédiales*), parce qu'elles ne peuvent exister sans héritages. Personne, en effet, ne peut acquérir une servitude urbaine ou rurale s'il n'a un fonds; et réciproquement nul ne peut devoir une servitude de ce genre sans avoir un fonds.

4. Celui qui veut établir une servitude sur son fonds, au profit de son voisin, le peut faire par pactes et par stipulations. — On peut aussi, par testament, condamner l'héritier à ne point élever sa maison au-delà d'une certaine hauteur, afin de ne point nuire au jour du voisin; ou assujétir l'héritier envers le voisin aux servitudes d'appui, de gouttière, de passage ou de puisage, etc., etc.

II. Servitudes personnelles.

Titre. IV. *De l'Usufruit.*

L'usufruit est le droit d'user et de jouir des choses d'autrui, à la charge d'en conserver la substance[1]. — Car c'est un droit sur un corps, et ce corps périssant, le droit périt aussi.

1. L'usufruit peut être séparé de la propriété de plusieurs manières : par exemple, si je lègue à quelqu'un l'usufruit d'une chose; l'héritier conserve la nue-propriété, et le légataire a l'usufruit. A l'inverse, si je lègue

---

particuliers n'ayant jamais de propriété proprement dite sur les fonds s'provinces, ne pouvaient non plus avoir sur ces fonds des démembrements d'une propriété qui n'existait pas. — Ceci posé, les particuliers ne pouvant établir de servitudes proprement dites (*droit réel*). étaient réduits à se contenter d'une obligation (*droit personnel*) : voici donc comment je pense que les choses se passaient : on déterminait par un pacte la nature et l'étendue de la servitude; puis comme cette convention n'était pas obligatoire, l'acquéreur stipulait une peine de l'autre partie, pour le cas où celle-ci refuserait d'exécuter le pacte, ou bien le rendrait illusoire en aliénant à des tiers : à peu près comme lorsqu'on veut stipuler pour autrui, on est obligé de stipuler une peine pour soi-même : (Conf. Gaius, *Comm.* II, § 31; § 1, Instit. *de usuf.*; § 19. *de inut. stipul.*; etc., où l'expression : *si quis velit hoc facere*, indique évidemment la position d'une personne qui, désirant faire une chose impossible en droit, cherche les moyens d'obtenir indirectement un équivalent).

1 M. Ducaurroy traduit : *tant que dure la substance* : il fonde cette interprétation sur la combinaison des deux phrases qui composent le §. Mais d'abord ces deux phrases, accolées par Justinien, ne sont pas du même auteur; et d'ailleurs, si tel est le véritable sens du passage, il faut convenir qu'il ne nous apprend rien de bien neuf; car qui se serait jamais avisé de penser qu'on pourrait avoir un usufruit sur le néant?

et contra, si fundum legaverit, deducto usufructu, legatarius nudam
habet proprietatem, hæres vero usumfructum. Item alii usumfructum, alii, deducto eo, fundum legare potest (Gaius, L. 6, D., *de Usufr.* ; Modest., L. 19, D., *de usu et Usufr.*). Sine testamento vero si
quis velit usumfructum alii constituere, pactionibus et stipulationibus id efficere debet. Ne tamen in universum inutiles essent pro-
prietates, semper abscedente usufructu, placuit certis modis extingui usumfructum, et ad proprietatem reverti. (Gaius, L. 3, *pr. et*
§ 2, D., *de Usufr.*)

2. Constituitur autem ususfructus non tantum in fundo et ædibus,
verum etiam in servis et jumentis et cæteris rebus (Gaius, L. 3, §,
D., *de Usufr.*) : exceptis iis quæ ipso usu consumuntur : nam hæ res
neque naturali ratione, neque civili recipiunt usumfructum. Quo
numero sunt vinum, oleum, frumentum, vestimenta. Quibus
proxima est pecunia numerata; namque ipso usu assidua permutatione quodammodo extinguitur. Sed utilitatis causa Senatus censuit
posse etiam earum rerum usumfructum constitui, ut tamen eo nomine hæredi utiliter caveatur (Ulpian, L. 1 et 3, D., *de Usufr. ear.
rer.*). Itaque si pecuniæ ususfructus legatus sit, ita datur legatario
ut ejus fiat, et legatarius satisdet hæredi de tanta pecunia restituenda, si morietur aut capite minuetur. Cæteræ quoque res ita traduntur legatario, ut ejus fiant; sed æstimatis his, satisdatur, ut (si morietur aut capite minuetur) tanta pecunia restituatur quanti hæ
fuerint æstimatæ. Ergo Senatus non fecit quidem earum rerum
usumfructum (nec enim poterat), sed per cautionem quasi usumfructum constituit. (Gaius, L. 2 et 7, D., *cod.*)

3. Finitur autem ususfructus morte fructuarii, et duabus capitis
deminutionibus, maxima et media, et non utendo per modum et
tempus : *quæ omnia nostra statuit constitutio.* Item finitur ususfructus, si domino proprietatis ab usufructuario cedatur (nam cedendo
extraneo nihil agit); vel ex contrario, si fructuarius proprietatem rei
acquisierit, quæ res consolidatio appellatur. Eo amplius constat,
si ædes incendio consumptæ fuerint, vel etiam terræ motu, vel vitio
suo corruerint, extingui usumfructum, et ne areæ quidem usumfructum deberi. (Paul., *Rec. sentent.*, III, 6, § 28, 29, 30, 31, 32, 33;
Gaius, *Comm.* II, § 30; Ulpian., L. 5, § 2, D., *Quid. mod.*; Venul.,
L. 4, D., *Usufr. quemadm.* ; Justitian., L 16 et 17, C., *de Usufr.*)

4. Quum autem finitus fuerit ususfructus, revertitur scilicet ad
proprietatem; et ex eo tempore nudæ proprietatis dominus incipit
plenam in re habere potestatem. (Paul., *Rec. sentent.*, III, 6, § 28.)

Tit. V. *De Usu et habitatione.*

Iisdem istis modis, quibus ususfructus constituitur, etiam nudus
usus constitui solet; iisdemque illis modis finitur, quibus et ususfructus desinit. (Gaius. L. 3, § 3, D., *de Usufr.*; L. 1, § 1, D., *h. t.*)

à quelqu'un un fonds, déduction faite de l'usufruit, le légataire aura la nue-propriété, et l'héritier l'usufruit. Je puis aussi léguer l'usufruit à une personne, et le fonds à un autre, déduction faite de l'usufruit. — Si on veut établir un droit d'usufruit, autrement que par testament, on doit le faire par pactes et par stipulations. — Comme la propriété serait complètement inutile si l'usufruit en était toujours séparé, on a voulu que l'usufruit s'éteignît de plusieurs manières ; et ainsi se réunît à la propriété.

2. L'usufruit peut être établi non-seulement sur les fonds de terre et les maisons, mais encore sur les esclaves, les bêtes de somme et autres choses. — Il faut cependant excepter les choses qui se consomment par l'usage même qu'on en fait : car elles ne sont susceptibles d'usufruit, ni d'après la nature, ni d'après le droit. Tels sont notamment le vin, l'huile, le blé, les habits. — L'argent monnayé est à-peu-près de même nature ; car il périt, en quelque açon, pour celui qui en fait usage en l'échangeant contre d'autres choses. Toutefois, par un motif d'utilité, un sénatusconsulte a permis d'établir un droit d'usufruit sur les choses de cette espèce, à la charge par l'usufruitier de fournir à l'héritier les sûretés convenables. Si donc un testateur a légué l'usufruit d'une somme d'argent, on la donnera au légataire de manière à lui transférer la propriété de cette somme ; et de son côté, le légataire donnera caution à l'héritier pour la restitution de cette somme, dans le cas où il viendrait à mourir, ou à être diminué de tête. — Les choses autres que l'argent, qui se consomment par l'usage, sont aussi livrées au légataire de manière à l'en rendre propriétaire ; mais on en fait l'estimation, et le légataire garantit par fidéjusseurs la restitution de cette estimation, pour l'époque de sa mort ou de sa diminution de tête. — Ainsi, le Sénat n'a point établi sur ces choses un usufruit véritable, et cela était en effet impossible ; mais, au moyen des cautions, il a remplacé l'usufruit par un équivalent, qu'on appelle quasi-usufruit.

3. L'usufruit s'éteint par la mort de l'usufruitier, et par deux espèces de diminution de tête : la grande et la moyenne [1]. — Il s'éteint pareillement par le non-usage, quand l'usufruitier n'use pas de son droit suivant le mode et pendant le temps déterminés : toutes choses sur lesquelles il a été statué par une de nos constitutions. — L'usufruit finit encore lorsque l'usufruitier cède son droit au propriétaire (car la cession qu'il en ferait à un autre n'aurait point d'effet) [2] ; et aussi dans le cas inverse, c'est-à-dire lorsque l'usufruitier acquiert la propriété, ce qui s'appelle *consolidation*. — Il est en outre certain que, si la maison sujette à l'usufruit est brûlée, renversée par un tremblement de terre, ou tombée de vétusté, l'usufruit est éteint, et ne subsiste plus même sur l'emplacement.

4. L'usufruit éteint [3] retourne à la propriété, et le nu-propriétaire acquiert ainsi une propriété pleine et entière.

TITRE V. *De l'Usage de l'Habitation.*

Le simple usage s'établit et s'éteint de la même manière que l'usufruit.

---

1 Autrefois, par toute diminution de tête.

2 Pourquoi l'usufruitier, qui peut *vendre* son droit, ne peut-il pas le céder? Cela tient à la forme de la *Cessio in jure*, qui n'était autre chose qu'un procès fictif, dans lequel l'acquéreur avait bien moins l'air d'acquérir le droit d'autrui, que de recouvrer un droit qui lui appartenait déjà antérieurement. Ainsi la cession aurait transporté l'usufruit sur la tête du cessionnaire, tandis que la vente le laisse sur la tête du vendeur.

3 Les éditions ordinaires portent : « l'usufruit est éteint *en totalité*. » C'est une addition au texte, mais elle est exacte ; car si l'usufruit n'était éteint qu'*en partie*, il y aurait ordinairement lieu au droit d'accroissement.

1. Minus autem scilicet juris est in usu quam in ususfructu. Namque is, qui fundi nudum habet usum, nihil ulterius habere intelligitur quam ut oleribus, pomis, floribus, fœno, stramentis et lignis ad usum quotidianum utatur (Ulpian., L. 10, § 5; L. 12, § 1, D., h. t.). —In eo quoque fundo hactenus ei morari licet, ut neque domino fundi molestus sit, neque iis per quos opera rustica fiunt, impedimento sit. Nec ulli alii jus, quod habet, aut locare, aut vendere, aut gratis concedere potest; quum is, qui usumfructum habet, potest hæc omnia facere. (Gaius, L. 11, D., h. t.; Ulpian., L. 12, § 2, D., de Usufr.)

2. Item is, qui ædium usum habet, hactenus jus habere intelligitur, ut ipse tantum habitet, nec hoc jus ad alium transferre potest. Et vix receptum esse videtur ut hospitem ei recipere liceat; sed cum uxore sua liberisque suis, item libertis, nec non aliis liberis personis, quibus non minus quam servis utitur, habitandi jus habet. Et convenienter, si ad mulierem usus ædium pertineat, cum marito ei habitare licet. (Ulpian., L. 2, § 1; L. 4, 6 et 8, D., h. t.)

3. Item is, ad quem servi usus pertinet, ipse tantummodo operis atque ministerio ejus uti potest : ad alium vero nullo modo jus suum transferre ei concessum est. Idem scilicet juris est et in jumentis. (Ulpian., L. 12, § 5 et 6, D., h. t.)

4. Sed si pecorum, veluti ovium, usus legatus sit, neque lacte, neque agnis, neque lana utetur usuarius, quia ea in fructu sunt. Plane ad stercorandum agrum suum pecoribus uti potest. (Ulpian.‚, L. 12, § 2, D., h. t.)

5. Sed si cui habitatio legata sive aliquo modo constituta sit, neque usus videtur neque ususfructus, sed quasi proprium aliquod jus. (Ulpian., L. 10, D., de Usu et habit.)

Quam habitationem habentibus, propter rerum utilitatem, secundum Marcelli sententiam nostra decisione promulgata, permisimus non solum in ea degere, sed etiam aliis locare. (Justinian., L., 13, C., de Usufr.)

6. Hæc de servitutibus et usufructu et usu et habitatione dixisse sufficiat; de hæreditate autem et de obligationibus, suis locis proponemus. — Exposuimus summatim, quibus modis jure gentium res nobis acquiruntur, modo videamus, quibus modis legitimo et civili jure acquiruntur.

TIT. VI. *De Usucapionibus et longi temporis possessionibus.*

Jure civili constitutum fuerat, ut qui bona fide ab eo qui dominus non erat, quum crediderit eum dominum esse, rem emerit, vel ex donatione, aliave quavis justa causa acceperit, is eam rem, si mobilis erat, anno ubique, si immobilis, biennio tantum in Italico solo usucapiat, ne igitur dominia in incerto essent. Et quum hoc placitum erat, putantibus antiquioribus, dominis sufficere ad inquirendas res suas præfata tempora. (Gaius, Comm. II, § 42, 43, 44 et 46, L. 1, D., de Usurpat.)

1. Le droit d'usage est moins étendu que le droit d'usufruit. Celui qui n'a sur un fonds qu'un simple usage, n'a que le droit d'y prendre les légumes, les fruits, les fleurs, le foin, la paille, le bois pour son usage journalier. — Il peut demeurer sur le fonds, mais à la condition de ne pas gêner le propriétaire et de ne pas empêcher les travaux de la culture. Il ne peut concéder son droit à un autre, ni par vente, ni à titre de loyer, ni même gratuitement; toutes choses que peut faire celui qui a le droit d'usufruit.

2. Celui qui a l'usage d'une maison, n'a que le droit d'y habiter lui-même : il ne peut transférer son droit à un autre : ce n'est même qu'avec peine qu'on lui a permis d'y recevoir un hôte; mais il a le droit d'y loger avec sa femme, ses enfants, ses affranchis et les autres personnes libres qui sont à son service, comme si elles étaient ses esclaves. Conséquemment si l'usage d'une maison appartient à une femme, elle y pourra demeurer avec son mari.

3. Pareillement, celui, qui a l'usage d'un esclave, peut profiter des travaux et des services de cet esclave, mais il doit en user par lui-même et ne peut transférer son droit à un autre. Il en est de même de celui qui a un droit d'usage sur une bête de somme.

4. Celui à qui on a légué l'usage d'un troupeau de brebis n'a droit ni au lait, ni aux agneaux, ni à la laine, parce que ces choses sont au nombre des fruits; mais il pourra sans difficulté se servir du troupeau pour engraisser ses terres.

5. Quand, par legs ou de toute autre manière, l'habitation a été constituée au profit de quelqu'un : ce n'est là ni un usufruit ni un usage, mais un droit d'une nature particulière.

Conformément à l'opinion de Marcellus, notre constitution permet à celui qui a le droit d'habitation, d'habiter par lui-même ou de louer à un autre.

6. Voilà ce que nous avions à dire sur les servitudes, l'usufruit, l'usage et l'habitation. Quant à l'hérédité et aux obligations, nous en traiterons ailleurs. — Nous avons exposé sommairement plus haut, les manières d'acquérir du droit des gens; voyons maintenant celles du droit civil.

Titre VI. *Des Usucapions et possessions de long-temps.*

Pour que la propriété ne demeurât pas incertaine, il avait été établi par le droit civil, que celui qui aurait reçu de bonne foi une chose à titre d'achat, de donation, ou à quelqu'autre juste titre, d'un homme qu'il en croyait propriétaire, et qui ne l'était pas, acquerrait la propriété de cette chose[1], savoir, en tout pays, et pour les choses mobilières, par une possession d'un an; et par une possession de deux ans à l'égard des immeubles situés en Italie : ces délais avaient paru suffisants aux anciens pour qu'un maître pût rechercher ses propriétés.

---

[1] Au temps de Gaius l'usucapion avait encore une autre application, savoir : de convertir en domaine quiritaire, l'*in bonis* résultant de la tradition d'une chose mancipi (Gaius, Comm. II, § 43 : Conf. les notes placées au bas du Ps. et du § 11, *de ser. divis.*; et le § 4. Instit., *de actionib.*

Nobis melior sententia resedit, ne domini maturius suis rebus defraudentur ; neque certo loco beneficium hoc concludatur. Et ideo constitutionem super hoc promulgavimus, qua cautum est ut res quidem mobiles per triennium, immobiles vero per longi temporis possessionem (id est, inter præsentes decennio, inter absentes viginti annis) usucapiantur ; et his modis non solum in Italia, sed in omni terra quæ nostro imperio gubernatur, dominia rerum justa causa possessionis præcedente acquirantur. (Justinian., L. *unic.* C., *de Usuc. transf.*

1, Sed aliquando, etiamsi maxime quis bona fide : rem possederit, non tamen illi usucapio ullo tempore procedit : veluti si quis liberum hominem, vel rem sacram vel religiosam, vel servum fugitivum possideat. (Gaius, *Comm.* II, § 45, 48; Diocl. et Max., L. 1, C., *de Serv. fug.*)

2. Furtivæ quoque res, et quæ vi possessæ sunt, nec si prædicto longo tempore bona fide possessæ fuerint, usucapi possunt : nam furtivarum rerum lex duodecim tabularum et lex Atinia inhibent usucapionem; vi possessarum, lex Julia et Plautia. (Gaius, *Comm.* II, § 45 ; Julian., L. 33, *pr.* et § 2, D., *de Usurpat.*)

3. Quod autem dictum est, furtivarum et vi possessarum rerum usucapionem per leges prohibitam esse, non eo pertinet ut ne ipse fur, quive per vim possidet, usucapere possit (nam his alia ratione usucapio non competit, quia scilicet mala fide possident); sed ne ullus alius, quamvis ab eis bona fide emerit, vel ex alia causa acceperit, usucapiendi jus habeat. Unde in rebus mobilibus non facile procedit, ut bonæ fidei possessori usucapio competat : nam qui (*sciens*) alienam rem vendit vel ex alia causa tradit, furtum ejus committit. (Gaius, *Comm.* II, § 49, 50 ; Pompon., L. 24, D., *de Usurpat.*)

4. Sed tamen id aliquando aliter se habet. Nam, si hæres rem defuncto commodatam, aut locatam, vel apud eum depositam, existimans hæreditariam esse, bona fide accipienti vendiderit, aut donaverit, aut dotis nomine dederit, quin is qui acceperit usucapere possit, dubium non est; quippe quum ea res in furti vitium non ceciderit : quum utique hæres, qui bona fide tanquam suam alienaverit, furtum non committit. (Gaius, *Comm.* II, § 50 ; L. 36, D., *de Usurpat.*)

5. Item si is, ad quem ancillæ ususfructus pertinet, partum suum esse credens vendiderit, aut donaverit, furtum non committit : furtum enim sine affectu furandi non committitur. (Gaius, *Comm.* II, § 50 ; L. 36. § 1 ; 37, D., *de Usurpat.*)

---

* A l'inverse, dans l'ancien droit, la mauvaise foi n'était pas toujours un obstacle à l'usucapion : c'est ce qui arrivait dans les cas suivants. — 1° Pour punir l'héritier qui négligeait de faire addition d'hérédité, on avait permis à tout possesseur, même de mauvaise foi, d'usucaper par une possession d'une année, les meubles et immeubles dépendant de la succession. Cette possession et cette usucapion étaient dites *pro hærede*. On les nommait aussi *lucratives*, mot qui se prend en mauvaise part, et qui indique un acte

Nous avons introduit ici une double amélioration : d'une part, nous n'avons pas voulu que les propriétaires fussent aussi promptement dépouillés ; d'autre part, nous avons pensé qu'il ne fallait pas restreindre à un certain territoire le bienfait de l'usuc... on. En conséquence, nous avons promulgué une constitution, suivant laquelle, l'usucapion ne sera désormais accomplie, que par une possession de trois ans pour les meubles ; et, quant aux immeubles, par la possession de long-temps c'est-à-dire, par dix ans entre présents, et vingt ans entre absents. Mais la possession, pendant les délais ci-dessus fixés, pourvu qu'elle soit précédée d'une juste cause, fera acquérir la propriété, non-seulement en Italie, mais dans tous les pays soumis à notre obéissance [1].

1. Il est des cas où le possesseur ne peut *usucaper*, quelles que soient sa bonne foi et la durée de sa possession : cela arrive quand on possède un homme libre, une chose sacrée ou religieuse, ou un esclave fugitif.

2. Les choses volées, ou occupées par violence, ne peuvent être usucapées, même par ceux qui les auraient possédées de bonne foi pendant les délais ci-dessus fixés : l'usucapion des premières est interdite par la loi des douze tables et par la loi Atinia ; celle des secondes par les lois Julia et Plautia.

3. Quand on dit que les choses volées, ou occupées par violence, ne peuvent, d'après les lois, être usucapées; on n'entend pas parler du voleur ou du possesseur violent (car pour eux c'est une autre raison qui les empêche d'usucaper, savoir leur mauvaise foi); mais on veut dire que nulle autre personne ne pourra les usucaper, quoique les ayant reçues de bonne foi et avec juste titre. Aussi n'arrive-t-il pas souvent que les possesseurs de bonne foi acquièrent les meubles par usucapion : en effet, celui qui vend, ou livre à tout autre titre, un meuble, qu'il sait ne pas lui appartenir, commet un vol.

4. Il y a cependant des cas où cela n'arrive pas : par exemple, un héritier trouve, dans la succession, une chose qui avait été prêtée, louée, ou donnée en dépôt au défunt ; puis, dans l'opinion où il est que cette chose dépend de la succession, il la vend, la donne, ou la constitue en dot, de bonne foi; celui, qui a ainsi reçu cette chose, peut incontestablement l'usucaper, puisqu'elle n'est en aucune manière infectée du vice de vol : en effet, l'héritier ne commet pas un vol quand il aliène, de bonne foi, une chose dont il se croit propriétaire.

5. De même, si celui, qui a l'usufruit d'une femme esclave, vend ou donne l'enfant né de cette femme, dans la croyance que le part lui appartient ; il ne commet point de vol, parce qu'il n'y a pas de vol sans l'intention de voler.

contraire à la probité : un rescrit d'Adrien supprima ce genre d'usucapion. — L'usucapion *pro hærede* avait même lieu, au temps de Gaius, contre l'héritier nécessaire qui ne se mettait pas en possession de l'hérédité : toutefois la doctrine contraire avait prévalu au temps de Dioclétien (L. 2, C., *de usuc. pro hærede*.). — IIe Pouvait encore usucaper, nonobstant sa mauvaise foi, et par une possession d'une année, celui qui, ayant transféré à un autre, avec clause de *fiducie* et à titre de gage ou de dépôt, la propriété d'une chose mobilière ou immobilière, se remettait ensuite en possession de cette même chose. Ce genre d'usucapion était appelé *usureceptio*. L'usuréception n'était *lucrative* que dans un seul cas, savoir, lorsque le débiteur usucapait la chose par lui donnée en garantie, avant d'avoir payé la dette. (Gaius, *Comm. I, § 52..... 61*).

Voyez la note sous le § 40, *de rer. divis.*; ci-dess. page 87.

6 Aliis quoque modis accidere potest, ut quis sine vitio furti rem alienam ad aliquem transferat, et efficiat ut a possessore usucapiatu., (Gaius, *Comm.* II, § 50; L. 36, § 1, D., *de Usurpat.*)

7. Quod autem ad eas res quæ solo continentur, expeditius procedit [1] : ut, si quis loci vacantis possessionem, propter absentiam aut negligentiam domini, aut quia sine successore decesserit, sine vi nanciscitur. Qui, quamvis ipse mala fide possidet (quia intelligit se alienum fundum occupasse) ; tamen, si alii bona fide accipienti tradiderit, poterit ei longa possessione res acquiri [2], quia neque furtivum neque vi possessum acceperit. Abolita est enim quorundam veterum sententia, existimantium etiam fundi locive furtum, fieri (Gaius, *Comm.* II, § 51; L. 39, D., *de Usurpat.*). Et eorum [3] qui res soli possederint, principalibus constitutionibus prospicitur ne cui longa et indubitata possessio auferri debeat. (Sever et Anton. Diocl. et Max., L. 2, C., *de Præscript. long. temp.*)

8. Aliquando etiam furtiva vel vi possessa res usucapi potest, veluti si in domini potestatem reversa fuerit ; tunc enim vitio rei purgato, procedit ejus usucapio. (Paul., L. 4, § 6, D., *de Usurpat.;* Venul., L. 6, D., *Vi bonor. rapt.*)

9. Res fisci nostri usucapi non potest. Sed Papinianus scripsit, bonis vacantibus fisco nondum nuntiatis, bona fide emptorem traditam sibi rem ex his bonis usucapere posse. Et ita divus Pius, et divi Severus et Antoninus rescripserunt. (Modest., L. 18, D., *de Usurpat.*)

10. Novissime sciendum est; rem talem esse debere ut in se non habeat vitium, ut a bonæ fidei emptore usucapi possit, vel qui ex alia justa causa possidet. (Pompon., L. 24, § 1, D., *de Usurpat.*)

11. Error autem falsæ causæ usucapionem non parit : veluti si quis, quum non emerit, emisse se existimans possideat ; vel, quum ei donatum non fuerit, quasi ex donatione possideat. (Afric., L. 11, D., *pro Empt.*; Paul., L. 1, D., *pro. Donat.* ; Pompon., L. 5, § 1, D., *pro Suo.*)

12. Diutina possessio, quæ prodesse cœperat defuncto, et hæredi et bonorum possessori continuatur. licet ipse sciat prædium alienum (Paul., L. 2, § 19, D., *pro Empt.*). Quodsi ille initium justum non habuit, hæredi et bonorum possessori, licet ignoranti, possessio non prodest. (Papin., L. 11, D., *de Div. et temp. præscript.* ; Philip., L. 3, C., *Communia de usuc.*)

---

1 *Vulgo* : « quod autem ad eas res quæ solo continentur EXPEDIT, JUS ITA procedit ut si quis. » etc. Quæ lectio non præferenda videtur (Conf. supra, § 3).

2... Sancimus ut, si quis mala fide rem possidens, . hanc rem alienat... si autem ignorat verus alienatarum rerum dominus et quia res ei competunt et quia alienatio facta est, non aliter hunc excludit nisi per tricennalem præscriptionem. non valente dicere eo qui res hoc modo possidet, quia bona fide ipse possidet, quando ipse a mala fide possidente hoc accepit. (*Nov.* CXIX, *Cap.* 7).

3 *Vulgo* : et eorum UTILITATI qui, etc.

6. Il peut encore arriver de plusieurs autres manières que quelqu'un transfère à un autre la chose d'autrui, sans qu'elle soit infectée du vice de vol, et qu'il mette par conséquent le possesseur en position d'usucaper.

7. L'usucapion a lieu plus facilement pour les immeubles : car il peut aisément se faire que quelqu'un acquière, sans violence, la possession d'un terrain qui se trouve vacant par suite de l'absence ou de la négligence du propriétaire; ou encore parce que le propriétaire est mort sans héritier. Quoique ce premier possesseur soit de mauvaise foi, puisqu'il sait qu'il s'est mis en possession d'un fonds appartenant à autrui; cependant, s'il le transmet à un autre qui le reçoit de bonne foi, ce nouveau possesseur pourra en acquérir la propriété par une longue possession [1]; parce que le fonds qu'il reçoit n'est infecté ni du vice de vol, ni de celui de violence. En effet, on a rejeté l'opinion de quelques anciens jurisconsultes, qui pensaient que le vol pouvait avoir lieu, même pour les immeubles. Les constitutions impériales [2] ont pourvu à ce qu'on ne pût dépouiller ceux qui auraient sur des immeubles une possession longue et non équivoque.

8. On peut quelquefois usucaper une chose volée ou occupée par violence : c'est ce qui arrive lorsque cette chose est revenue au pouvoir de son maître; car alors, le vice est purgé, et l'usucapion peut avoir lieu.

9. On ne peut usucaper les choses qui appartiennent à notre fisc : mais, comme l'a écrit Papinien, celui qui aurait acheté un bien vacant, non encore dénoncé au fisc, pourrait l'usucaper : c'est aussi ce qui a été décidé par divers rescrits des empereurs Antonin-le-Pieux, Sévère et Antonin.

10. En résumé, pour qu'une chose puisse être usucapée par un acheteur de bonne foi, ou par tout autre qui possède avec juste titre, il faut qu'elle soit exempte de vice.

11. L'erreur fondée sur une fausse cause (c'est-à-dire, sur un titre qui n'a rien de réel), ne produit pas d'usucapion; par exemple : quand le possesseur croit avoir acheté ce qu'en réalité il n'a pas acheté, ou croit à une donation qui n'a jamais existé.

12. Une longue possession commencée utilement par le défunt, se continue au profit de l'héritier, ou du possesseur de biens, quand même ces derniers sauraient que le fonds est à autrui. Réciproquement, la possession irrégulièrement commencée par le défunt, ne pourra profiter à l'héritier ou au possesseur de biens, malgré leur bonne foi.

---

[1]... Dans le cas où celui qui, possédant une chose de mauvaise foi... aliène cette chose,.... sans que le véritable propriétaire ait connaissance ou de son droit ou de l'aliénation qui a été faite, nous ordonnons que le nouvel acquéreur ne pourra prescrire que par trente ans; car cet acquéreur ne saurait alléguer sa bonne foi, puisque son auteur, le possesseur primitif, possédait de mauvaise foi.

[2] La variante donne : *les constitutions impériales, voulant favoriser ceux qui possèdent des immeubles, ont pourvu à ce qu'on ne pût les dépouiller, dans le cas où la possession serait longue et non équivoque.*

Quod nostra constitutio similiter et in usucapionibus observari constituit, ut tempora continuentur. (Justinian., L. *unic.*C., *de Usuc. transf.*)

13. Inter venditorem quoque et emptorem conjungi tempora divi Severus et Antoninus rescripserunt. (Paul., L. 2, § 20, D., *pro Empt.*)

14. Edicto divi Marci cavetur, eum qui a fisco rem alienam emit, si post venditionem quinquennium prætererit, posse dominium rei per exceptionem repellere. (Diocl. et Max., L. 3, C., *Si adv. fisc.*)

Constitutio autem divæ memoriæ Zenonis bene prospexit iis, qui a fisco per venditionem aut donationem vel alium titulum aliquid accipiunt, ut ipsi quidem securi statim fiant, et victores existant, sive experiantur, sive conveniantur; adversus autem sacratissimum ærarium usque ad quadriennium liceat intendere iis qui, pro dominio vel hypotheca earum rerum quæ alienatæ sunt, putaverint sibi quasdam competere actiones (Zeno, L. 2, C., *de Quadr. præscr.*). Nostra autem divina constitutio quam nuper promulgavimus, etiam de iis qui a nostra vel venerabilis Augustæ domo aliquid acceperint, hæc statuit, quæ in fiscalibus alienationibus præfata Zenoniana constitutione continentur. (Justinian., L., 3, C., *eod.*)

Tit. VII. *De Donationibus* [1].

Est et aliud genus acquisitionis, donatio (Pompon., L. 9, § 3, D., *de Donat.*). Donationum autem duo sunt genera : mortis causa, et non mortis causa. (Ulpian., L. 67, § 1, D., *de Verb. sign.*)

1. Mortis causa donatio est, quæ propter mortis fit suspicionem : quum quis ita donat, ut, si quid humanitus ei contigisset, haberet is qui accepit; sin autem supervixisset is qui donavit, reciperet; vel si eum donationis pœnituisset, aut prior decesserit is cui donatum sit (Paul., L. 35, § 3; Julian., L. 12; Afric., L. 23; D., *de Mort. caus. don.*). — Hæ mortis causa donationes ad exemplum legatorum redactæ sunt per omnia. (Julian., L. 15 et 17; Ulpian., L. 37, *cod.*)

Nam quum prudentibus ambiguum fuerat, utrum donationis an legati instar eam obtinere oporteret, et utriusque causæ quædam habebat insignia, et alii ad aliud genus eam retrahebant, a nobis constitutum est ut per omnia fere legatis connumeretur, et sic procedat quemadmodum nostra constitutio eam formavit. (Justinian., L. 4, C., *de Don. caus. mort.*)

Et in summa mortis causa donatio est, quum magis se quis velit habere, quam eum cui donat; magisque eum cui donat, quam hæ-

---

[1] *Donatio* est un mot contracté de *doni* et *datio*, transfert de propriété d'un don.

Notre constitution a décidé que ces règles sur la continuation des temps, seraient aussi appliquées à l'usucapion.

13. Les empereurs Sévère et Antonin ont décidé que l'acheteur pourrait joindre à sa possession la possession du vendeur.

14. Un édit de l'empereur Marc-Aurèle porte que celui qui a acheté du fisc une chose appartenant à autrui, a une exception pour repousser le véritable propriétaire, quand il s'est écoulé cinq ans depuis la vente.

Mais une constitution de l'empereur Zénon, de glorieuse mémoire, est venue avec une sage prévoyance au secours de ceux qui ont acquis quelque chose du fisc soit par vente, par donation, soit par tout autre titre ; elle veut que ces acquéreurs obtiennent immédiatement une sécurité complète, soit comme demandeurs, soit comme défendeurs ; réservant au surplus à ceux qui, à titre d'hypothèque ou de propriété, croiraient avoir quelque droit à exercer sur les choses aliénées, la faculté d'exercer pendant quatre ans leurs actions contre notre trésor sacré.—Une de nos constitutions a étendu les dispositions de la constitution de Zénon aux aliénations consenties par notre maison ou celle de notre auguste épouse, l'impératrice.

Titre VII. *Des Donations.*

La donation est aussi un genre d'acquisition ; elle est de deux espèces, la donation à cause de mort et la donation non à cause de mort ou entre vifs.

1. La donation à cause de mort est celle qui se fait en prévoyance de la mort ; lorsque je donne pour que, si je viens à mourir, le donataire soit propriétaire de la chose donnée ; et qu'au contraire la chose donnée me revienne, soit que j'échappe à la mort, soit que je me repente d'avoir donné, soit enfin que le donataire meure avant moi. Ces donations à cause de mort sont pour le tout assimilées aux legs.

En effet, comme les anciens jurisconsultes étaient indécis sur la question de savoir s'il fallait donner à la donation à cause de mort les effets du legs ou ceux de la donation, puisqu'elle participe de la nature des deux, de sorte que la donation à cause de mort était assimilée par les uns à la donation, par les autres au legs, nous avons décidé qu'elle serait presque pour le tout rangée parmi les legs, produisant au surplus les effets reglés par notre constitution.

En résumé, il y a donation à cause de mort, quand le donateur se préfère au donataire, mais préfère celui-ci à ses hé-

redem suum. Sic et apud Homerum Telemachus donat Piræo
(Martian., L. 1, *pr.* et § 1 ; Paul., L. 35, § 2, D. *de Mort. caus. don.*).

Πείραι', (οὐ γὰρ τ' ἴδμεν, ὅπως ἔσται τάδε ἔργα)·
Εἴ κεν ἐμὲ μνηστῆρες ἀγήνορες, ἐν μεγάροισι
Λάθρη κτείναντες, πατρώϊα πάντα δάσονται,
Αὐτὸν ἔχοντά σε βούλομ' ἐπαυρέμεν, ἤ τινα τῶνδε·
Εἰ δέ κ' ἐγὼ τούτοισι φόνον καὶ κῆρα φυτεύσω,
Δὴ τότε μοι χαίροντι φέρειν πρὸς δώματα χαίρων [1].

2. Aliæ autem donationes sunt, quæ sine ulla mortis cogitatione
fiunt, quas inter vivos appellamus, quæ non omnino comparantur
legatis : quæ, si fuerint perfectæ, temere revocari non possunt. (Martian., L. 27, D. *de Mort. caus. don. ;* Philip., L. 1, C. *de Rev. don.*)

Perficiuntur autem, quum donator suam voluntatem scriptis aut sine scriptis
manifestaverit. Et ad exemplum venditionis, nostra constitutio eas etiam in se
habere necessitatem traditionis voluit : ut, etiamsi non tradantur, habeant plenissimum et perfectum robur, et traditionis necessitas incumbat donatori (Justinian. ;
L. 35, § 5, C. *h. t.*). Et quum retro principum dispositiones insinuari eas actis intervenientibus volebant, si majores fuerant ducentorum solidorum, constitutio nostra
eam quantitatem usque ad quingentos solidos ampliavit, quam stare etiam sine
insinuatione statuit : sed et quasdam donationes invenit, quæ penitus insinua-
tionem fieri minime desiderant, sed in se plenissimam habent firmitatem. Alia
insuper multa ad uberiorem exitum donationum invenimus ; quæ omnia ex
nostris constitutionibus, quas super his exposuimus, colligenda sunt (Justinian.,
L. 31, *pr.*, § 3 et 4 ; L. 36, *pr.* et § 3 ; L. 37, C., *h. t.*). Sciendum est tamen
quod, etsi plenissimæ sint donationes, si tamen ingrati existant homines in quos
beneficium collatum est, donatoribus per nostram constitutionem licentiam
præstavimus certis ex causis eas revocare : ne qui suas res in alios contulerunt,
ab his quandam patiantur injuriam vel jacturam, secundum enumeratos in
constitutione nostra modos. (Justinian., L. 10, C. *de Revoc. don.*)

3. Est et aliud genus inter vivos donationum ; quod veteribus quidem prudentibus penitus erat incognitum, postea autem a junioribus divis principibus introductum est : quod ante nuptias vocabatur, et tacitam in se conditionem habebat ut tunc ratum esset, quum matrimonium fuerit insecutum. Ideoque ante
nuptias appellabatur, quod ante matrimonium efficiebatur, et nunquam post
nuptias celebratas talis donatio procedebat. Sed primus quidem divus Justinus
pater noster, quum augeri dotes et post nuptias fuerat permissum, si quid tale
eveniret, etiam ante nuptias donationem augeri et constante matrimonio sua constitutione (Justin., L. 19, C. *de Don. ante nupt.*) permisit ; sed tamen nomen
inconveniens remanebat, quum ante nuptias quidem vocabatur, post nuptias autem
tale accipiebat incrementum. Sed nos plenissimo fini tradere sanctiones cupientes, et consequentia nomina rebus esse studentes, constituimus ut tales donationes non augeantur tantum, sed et constante matrimonio initium accipiant,
et non ante nuptias sed propter nuptias vocentur ; et dotibus in hoc exæquentur
ut quemadmodum dotes et constante matrimonio non solum augentur, sed etiam
fiunt, ita et istæ donationes quæ propter nuptias introductæ sunt, non solum
antecedant matrimonium, sed etiam eo contracto augeantur et constituantur.
(Justinian., L. 20, C. *eod.*)

Versus citati (ODYSS., XVII, 78 et seq.) latine sic sonant, ad verbum expressi :

Piræ, (non enim scimus quomodo erunt hæc opera)
Si me Proci superbi in domibus
Clam interfecto, paterna omnia dividant,
Ipsum habentem te malo frui quam aliquem horum;
Sin ego his cædem et mortem patravero,
Tunc mihi gaudenti portato ad domos gaudens.

ritiers. C'est une donation de ce genre que, dans Homère , Télémaque
fait à Pirée[1] :

« O Pirée, (nous ne savons encore comment finira cette entreprise): si,
» lâchement assassiné dans ma demeure, je succombe sous les coups de ces
» fiers prétendants, et qu'ils se partagent ensuite tous les trésors de mon
» père, tu garderas pour toi les dons [que m'a faits Ménélas, ces présents
» que tu me veux rendre]. J'aime mieux que tu en sois possesseur qu'au-
» cun de leur troupe insolente. Mais si au contraire je parviens à répandre
» parmi eux le carnage et le trépas, alors, partageant ma joie, tu me les
» rapporteras dans mon palais. »

2. Il y a d'autres donations, dites entre vifs, qui se font sans aucune idée
de la mort : elles n'ont aucun rapport avec les legs, et ne peuvent être
révoquées arbitrairement lorsqu'elles ont une fois reçu leur perfection.

Elles sont parfaites dès que le donateur a manifesté sa volonté avec ou sans
écrit. Notre constitution veut qu'à l'exemple de la vente, elles contiennent en
elles-mêmes obligation de faire la tradition ; et qu'indépendamment de toute
tradition, leur validité soit complète, et qu'il en résulte pour le donateur obligation de livrer. Et comme les anciennes constitutions des empereurs voulaient
que ces donations fussent insinuées, lorsqu'elles excéderaient deux cents solides,
nous avons réstreint l'obligation de faire insinuer au cas où la donation serait
de plus de cinq cents solides ; nous avons même déterminé certaines donations
qui vaudront par elles-mêmes, sans qu'il soit besoin d'aucune insinuation. Nous
avons en outre imaginé plusieurs dispositions pour assurer de plus en plus l'exécution des donations, on peut les lire dans les constitutions que nous avons
portées sur cette matière. Cependant quelque parfaites que soient les donations,
si les donataires se rendent coupables d'ingratitude envers les donateurs, nous
avons permis à ces derniers de révoquer en certains cas leurs libéralités ; il ne
fallait pas en effet que le bienfaiteur demeurât exposé impunément, de la part de
ceux en faveur desquels il s'est dépouillé de ses biens, à des injures et à des dommages tels que ceux qui sont prévus par notre constitution.

3. Il y a une autre espèce de donation entre vifs entièrement inconnue aux anciens, et qui a été introduite par les derniers empereurs ; elle était appelée donation avant mariage, et était soumise à la condition tacite que le mariage s'ensui-
vrait. On l'appelait donation avant mariage, parce qu'elle ne pouvait jamais se
faire qu'avant la célébration du mariage. Justin, notre père, considérant qu'il
était permis d'augmenter la dot même après le mariage, a permis le premier, que
l'on pût aussi dans ce cas augmenter la donation faite avant le mariage : mais
dès lors le nom de donation avant mariage n'était plus en harmonie avec la chose,
puisque cette donation pouvait être augmentée pendant le mariage. Quant à
nous, voulant donner aux lois une entière perfection, et aux choses des noms
convenables, nous avons décrété que ces donations pourraient non-seulement
être augmentées, mais encore être faites pour la première fois pendant le mariage, et qu'elles ne s'appelleraient plus donations avant mariage, mais donations à cause de mariage : de cette manière, ces donations ont été assimilées à la
dot ; et de même que la dot peut être augmentée ou constituée pendant le mariage, de même aussi les donations à cause de mariage pourront non-seulement
précéder le mariage , mais encore commencer ou recevoir des augmentations
pendant le mariage.

---

1 C'est au moment où Pirée veut rendre à Télémaque, de retour de voyage, les présents
de Ménélas. Mais Télémaque, qui sait à quels dangers l'expose le plan que lui a révélé son
père, juge plus prudent de laisser ces présents chez Pirée, en lui faisant une donation à
cause de mort.

4. Erat olim et alius modus civilis acquisitionis per jus accrescendi, quod est tale. Si communem servum habens aliquis cum Titio, solus libertatem ei imposuit vel vindicta vel testamento, eo casu pars ejus amittebatur et socio accrescebat.(Ulpian., *Fragm.*, I, § 18; Paul., *Rec. sentent.*, IV, 12.)

Sed quum pessimum fuerat exemplo, et libertate servum defraudari, et ex ea humanioribus quidem dominis damnum inferri, severioribus autem dominis lucrum accrescere, hoc quasi invidiæ plenum pio remedio per nostram constitutionem mederi necessarium duximus; et invenimus viam per quam et manumissor, et socius ejus, et qui libertatem accepit, nostro beneficio fruantur : libertate cum effectu procedente (cujus favore et antiquos legislatores multa etiam contra communes regulas statuisse manifestum est), et eo qui eam imposuit suæ liberalitatis stabilitate gaudente, et socio indemni conservato, pretiumaque servi secundum partem dominii quod nos definivimus, accipiente. (Justinian., L. *unic.*, D. *de Comm. serv. manum.*)

Tit. VIII. *Qui busalienare licet, vel non.*

Accidit aliquando ut qui dominus sit, alienare non possit; et contra, qui dominus non sit, alienandæ rei potestatem habeat. Nam dotale prædium maritus invita muliere per legem Juliam prohibetur alienare, quamvis ipsius sit, dotis causa ei datum. *Quod nos, legem Juliam corrigentes, in meliorem statum deduximus.* Quum enim lex in soli tantummodo rebus locum habebat quæ Italicæ fuerant (Gaius, *Comm.*, II, §62, 63; Paul., *Rec. sentent.*, II, 21, § 2). et alienationes inhibebat quæ invita muliere fiebant, hypothecas autem earum rerum etiam volente ea :

Utrique remedium imposuimus, ut et in eas res quæ in provinciali solo positæ sunt, interdicta sit alienatio vel obligatio ; et neutrum eorum neque consentientibus mulieribus procedat, ne sexus muliebris fragilitas in perniciem substantiæ earum converteretur. (Justinian., L. *unic.*, § 15, C. *de Rei uxor. act.*

1. Contra autem creditor pignus ex pactione, quamvis ejus ea res non sit, alienare potest : sed hoc forsitan ideo videtur fieri, quod voluntate debitoris intelligitur pignus alienari, qui ab initio contractus pactus est ut liceret creditori pignus vendere, si pecunia non solvatur. (Gaius, *Comm.*, II, § 64.)

Sed ne creditores jus suum persequi impedirentur, neque debitores temere suarum rerum dominium amittere videantur, nostra constitutione consultum est et certus modus impositus est per quem pignorum distractio possit procedere : cujus tenore utrique parti creditorum et debitorum satis abundeque provisum est. (Justinian., L. 3, C. *de Jur. dom. imp.*)

2. Nunc admonendi sumus neque pupillum neque pupillam ullam rem sine tutoris auctoritate alienare posse. Ideoque si mutuam pecuniam sine tutoris auctoritate alicui dederit, non contrahit obligationem, quia pecuniam non facit accipientis; ideoque nummos

4. Il y avait autrefois une autre manière d'acquérir par le droit civil, savoir le droit d'accroissement ; voici en quoi il consistait : Si quelqu'un ayant un esclave commun avec Titius, lui donnait seul la liberté, soit devant le magistrat, soit par testament, il perdait en ce cas sa part dans la propriété de l'esclave, et cette part accroissait à son copropriétaire.

Mais, comme il était d'un très-mauvais exemple de priver l'esclave de la liberté qu'il avait reçue de son maître, et de causer une perte aux maîtres qui avaient le plus d'humanité, au profit de ceux qui en avaient moins, nous avons cru devoir porter remède à cet abus odieux, et nous avons trouvé un moyen qui satisfait en même temps et le maître qui a affranchi, et son copropriétaire, et l'esclave qui a reçu la liberté : à cet effet, nous avons décidé que l'affranchissement aurait un plein et entier effet (suivant ainsi l'exemple des anciens législateurs qui, en faveur de la liberté, se sont souvent écartés des règles du droit commun); ainsi d'une part, celui qui a donné la liberté aura le plaisir de voir ses intentions bienfaisantes exécutées; et d'un autre côté, le copropriétaire ne pourra se plaindre, puisque notre constitution lui assure une indemnité proportionnée à sa part de propriété et réglée d'après des bases que nous avons établies.

TITRE VIII. *A qui il est ou non permis d'aliéner.*

Quelquefois celui qui est propriétaire ne peut pas aliéner; et à l'inverse, celui qui n'est pas propriétaire peut aliéner. C'est ainsi, par exemple, que, quoique le mari soit propriétaire de ce qui lui a été apporté en dot, la loi Julia lui défend d'aliéner le fonds dotal. Nous avons amélioré les dispositions de la loi Julia, en y faisant quelques changements : en effet, d'un côté, cette loi ne s'appliquait qu'aux fonds dotaux situés en Italie ; et de l'autre, si elle défendait au mari d'hypothéquer le fonds dotal, même avec le consentement de sa femme, elle ne lui défendait de l'aliéner qu'autant que la femme n'y consentirait pas.

Nous avons corrigé ces deux points, en étendant aux fonds provinciaux la prohibition d'aliéner le fonds dotal, et en décidant qu'à l'avenir l'aliénation ne pourra pas plus que l'hypothèque avoir lieu, même avec le consentement de la femme : car il ne faut pas que la faiblesse des femmes devienne la cause de leur ruine.

1. Réciproquement, quoique le créancier ne soit pas propriétaire de la chose qui lui a été donnée en gage, il peut cependant l'aliéner en vertu de la convention : il est vrai que, dans ce cas, l'aliénation du gage paraît résulter de la volonté même du débiteur, qui, lors du contrat, a consenti qu'à défaut de paiement, le créancier pût vendre le gage.

Mais désirant d'une part ne point mettre obstacle à ce que les créanciers exercent leurs droits, et cependant pourvoir à ce que les débiteurs ne soient pas trop facilement dépouillés de leurs biens, nous avons déterminé les règles à suivre pour l'aliénation du gage; la teneur de notre constitution montre que nous avons su concilier l'intérêt des débiteurs avec la légitime exigence des créanciers.

2. Il nous reste à faire savoir, qu'un pupille de l'un ou de l'autre sexe ne peut rien aliéner sans l'autorisation du tuteur. En conséquence, s'il prête par *mutuum* une somme d'argent sans l'autorisation de son tuteur, le contrat ne se forme pas et l'emprunteur n'est pas obligé, parce que le

vindicare possunt [1], sicubi exstent. Sed si nummi quos mutuo minor dederit, ab eo qui accepit, bona fide consumpti sunt, condici possunt; si mala fide, ad exhibendum de his agi potest (Gaius, *Comm.*, II, § 80, 82; Julian., L. 19, § 1; Ulpian., L. 11, § 2, D. *de Reb. cred.*). At ex contrario, omnes res pupillo et pupillæ sine tutoris auctoritate recte dari possunt. Ideoque si debitor pupillo solvat, necessaria est debitori tutoris auctoritas : alioquin non liberabitur. (Gaius, *Comm.*, II, § 83, 84; Ulpian., L. 15, D. *de Solut.*)

Sed hoc etiam evidentissima ratione statutum est in constitutione, quam ad Cæsarienses advocatos ex suggestione Triboniani viri eminentissimi, quæstoris sacri palatii nostri, promulgavimus : qua dispositum est, ita licere tutori vel curatori debitorem pupillarem solvere, ut prius judicialis sententia sine omni damno celebrata hoc permittat; quo subsecuto, si et judex pronuntiaverit et debitor solverit, sequatur hujusmodi solutionem plenissima securitas. (Justinian., L. 25, C. *de Admin. tut.*)

Sin autem aliter quam disposuimus, solutio facta fuerit, pecuniam autem salvam habeat pupillus, aut ex ea locupletior sit, et adhuc eandem pecuniæ summam petat, per exceptionem doli mali poterit submoveri (Gaius, *Comm.*, II, § 84). Quodsi aut male consumpserit aut furto amiserit, nihil proderit debitori doli mali exceptio; sed nihilominus damnabitur, quia temere sine tutoris auctoritate, *et non secundum nostram dispositionem*, solverit (Martian., L. 47, D. *de Solut.*). Sed ex diverso pupilli vel pupillæ solvere sine tutoris auctoritate non possunt, quia id quod solvunt non fit accipientis; quum scilicet nullius rei alienatio eis sine tutoris auctoritate concessa est. (Ulpian., L. 1, § 8, D. *eod.*)

TIT. IX. *Per quas personas nobis acquiritur.*

Acquiritur nobis non solum per nosmetipsos, sed etiam per eos quos in potestate habemus; item per servos, in quibus usumfructum habemus; item per homines liberos et servos alienos, quos bona fide possidemus : de quibus singulis diligentius dispiciamus. (Gaius, *Comm.*, II, § 86; et L. 10, D. *de Acquir. rer. dom.*)

1. Igitur liberi nostri utriusque sexus, quos in potestate habemus, *olim quidem* quidquid ad eos pervenerat (exceptis videlicet castrensibus peculiis), hoc parentibus suis acquirebant sine ulla distinctione (Gaius, *Comm.*, II, § 86). Et hoc ita parentum fiebat, ut esset eis licentia, quod per unum vel unam eorum acquisitum

---

1 *Vulgo et recte :* NUMMI VINDICARI possunt.

pupille ne lui transfère pas la propriété de l'argent prêté : ainsi le pupille pourra [1] revendiquer ses écus s'ils existent encore. Si la somme prêtée a été dépensée de bonne foi, le pupille aura contre l'emprunteur l'action personnelle appelée *condiction ;* et en cas de mauvaise foi, l'action dite *ad exhibendum.* A l'inverse, le pupille peut acquérir valablement toutes espèces de choses sans l'autorisation de son tuteur. Aussi, si un débiteur veut payer au pupille, il doit faire intervenir le tuteur ; sinon, il ne sera pas aliéné.

Dans une constitution adressée aux avocats de Césarée, et rendue sur le rapport de l'illustre Tribonien, questeur de notre palais sacré, nous avons porté sur cette matière des dispositions dont la sagesse est évidente : nous avons décidé que le débiteur du pupille ou du mineur ne pourrait payer au tuteur ou au curateur qu'en vertu d'une sentence du juge rendue sans frais ; mais que le paiement ainsi fait assurerait au débiteur une entière sécurité.

Faute d'avoir payé de cette manière, le débiteur ne sera pas libéré ; et cependant, si le pupille a encore la somme entre ses mains, ou s'il est devenu plus riche par ce paiement, et qu'il demande une seconde fois la même somme, on pourra le repousser par l'exception de dol. Mais si le pupille a dissipé cet argent, ou l'a perdu par vol, le débiteur ne pourrait pas lui opposer l'exception de dol, et il sera condamné à payer une seconde fois ; parce qu'il a payé légèrement, sans l'autorisation du tuteur, et sans observer les formalités prescrites par notre constitution. A l'égard des pupilles, ils ne peuvent rien payer valablement sans l'autorisation de leurs tuteurs, parce qu'ils ne transfèrent point la propriété de l'argent qu'ils donnent, toute aliénation leur étant interdite lorsqu'elle se fait sans l'autorisation du tuteur.

Titre IX. *Des Personnes par lesquelles nous acquérons.*

Nous acquérons par nous-mêmes et par les personnes soumises à notre puissance ; par l'esclave dont nous avons l'usufruit ; et encore par les personnes libres ou les esclaves d'autrui que nous possédons de bonne foi. Examinons avec détail ces divers cas particuliers.

1. Anciennement, les enfants acquéraient à l'ascendant, sous la puissance duquel ils étaient placés, tout ce qui leur parvenait, à l'exception pourtant du pécule castrans : et cette acquisition était si complète que l'ascendant pouvait donner ou vendre ce qu'il avait acquis par l'un de ses en-

---

[1] La variante donne le même sens et d'une manière plus claire.

est, alii filio vel extraneo donare vel vendere, vel quocunque modo voluerant, applicare.

Quod nobis inhumanum visum est, et generali constitutione emissa et liberis peperc!rus, et patribus debitum [1] reservavimus. Sancitum etenim a nobis est, ut si .g·'d ex re patris ei obveniat, hoc secundum antiquam observationem totum parenti acquirat (quæ enim invidia est, quod ex patris occasione profectum est, hoc ad eum reverti ?). Quod autem ex alia causa sibi filius-familias acquisivit, hujus usumfructum patri quidem acquirat, dominium autem apud eum remaneat ; ne quod ei suis laboribus vel prospera fortuna accessit, hoc ad alium perveniens luctuosum ei procedat. (Justinian., L. 6, C. de Bon. quæ liber.)

2. Hoc quoque a nobis dispositum est et in ea specie ubi parens, emancipando liberum, ex rebus quæ acquisitionem effugiunt, sibi tertiam partem retinere si voluerat, licentiam ex anterioribus constitutionibus habebat, quasi pro pretio quodammodo emancipationis : et inhumanum quiddam accidebat, ut filius rerum suarum, ex hac emancipatione, dominio pro parte tertia defraudetur; et quod honoris ei ex emancipatione additum est, quod sui juris effectus est, hoc per rerum deminutionem decrescat. Ideoque statuimus ut parens, pro tertia eorum bonorum parte dominii quam retinere poterat, dimidiam, non dominii rerum, sed usufructus retineat. Ita etenim et res intactæ apud filium remanebunt, et pater ampliore summa fruetur, pro tertia dimidia potiturus. (D., L., § 3, de Bon. quæ liber.

5. **Item nobis acquiritur quod servi nostri ex traditione nanciscuntur, sive quid stipulentur, vel ex qualibet alia causa acquirant: hoc etenim nobis et ignorantibus et invitis obvenit. Ipse enim servus qui in potestate alterius est, nihil suum habere potest** (Gaius, *Comm.*, II, § 87; et L. 32; L. 10, § 1, D. *de Acquir. rer. dom.*). **Sed si hæres institutus sit, non alias nisi nostro jussu hæreditatem adire potest; et si nobis jubentibus adierit, nobis hæreditas acquiritur, perinde ac si nos ipsi hæredes instituti essemus. Et convenienter scilicet nobis legatum per eos acquiritur** (Gaius, *Comm.*, II, § 87; et L. 10, § 1, D. *eod.*). **Non solum autem proprietas per eos quos in potestate habemus, nobis adquiritur, sed etiam possessio. Cujuscunque enim rei possessionem adepti fuerint, id nos possidere videmur : unde etiam per eos usucapio vel longi temporis possessio nobis accedit.** (Gaius, *Comm.*, II, § 89; *d.* L. 10, § 2.)

4. **De iis autem servis in quibus tantum usumfructum habemus, ita placuit, ut quidquid, ex re nostra vel ex operibus suis acquirant, id nobis adjiciatur ; quod vero extra eas causas persecuti sunt, id ad dominum proprietatis pertineat. Itaque si is servus hæres institutus sit, legatumve quid ei aut donatum fuerit, non usufructuario sed domino proprietatis acquiritur.** (Gaius, *Comm.*, II, § 91;

---

1 *Vulgo :* patribus HONOREM debitum,

fants, soit à un autre enfant, soit à un étranger, ou en disposer de toute
autre manière.

Cela nous a paru contraire à l'humanité, et par une constitution générale
promulguée par nous sur cette matière, nous avons ménagé l'intérêt des enfants,
tout en respectant les droits' des ascendants. A cet effet, nous avons décidé que tout
ce qui pourra advenir à l'enfant par la chose du père, continuera à appartenir
en entier à ce dernier, conformément à l'ancien droit : comment en effet pour-
rait-on trouver injuste que ce qui vient du père retourne au père ? Quant aux
acquisitions qui auraient une autre source, le père en aura l'usufruit seulement, et
le fils en conservera la propriété : nous évitons ainsi aux enfants le chagrin de
voir passer à d'autres ce qu'ils ont acquis par leur travail ou par un hasard
heureux.

2. D'après les anciennes constitutions, le père, en émancipant ses enfants, pouvait retenir le tiers des biens dont la propriété ne lui était pas acquise; c'était
en quelque sorte le prix de l'émancipation : cette disposition a aussi attiré notre
attention. En effet, elle conduisait à ce résultat tout-à-fait inhumain, que, par cette
émancipation, le fils était privé du tiers de la propriété de ses biens, et achetait
par la diminution de son patrimoine l'honneur que lui faisait son père en le
rendant *sui juris.* C'est pourquoi nous avons ordonné qu'au lieu du tiers que le
père avait droit de retenir dans cette espèce de biens, il retiendrait la moitié non
de la propriété; mais de l'usufruit. De cette manière, le fils conserve ses biens
sans diminution, et le père jouit d'une somme plus considérable, puisqu'il a la
moitié des revenus au lieu du tiers.

3. Nous acquérons encore à notre insu et même malgré nous, ce qu'acquièrent nos esclaves par tradition, stipulation, ou de toute autre manière : car un esclave, qui est lui-même sous la puissance d'autrui, ne peut
rien avoir en propre. Cependant si notre esclave est institué héritier, il ne
peut faire adition sans notre ordre ; mais l'hérédité qu'il aura acceptée
par notre ordre, nous est acquise de la même manière que si nous eussions
été nous-mêmes institués héritiers. Naturellement aussi nous pouvons acquérir un legs par nos esclaves. On peut acquérir par ceux qu'on a sous
sa puissance, non-seulement la propriété, mais encore la possession :
car on est censé posséder soi-même les choses dont ces personnes ont acquis
la possession. En conséquence, nous pouvons, par leur moyen, jouir des
avantages de l'usucapion et de la possession de long temps.

4. A l'égard des esclaves sur lesquels nous avons seulement un droit
d'usufruit, il est décidé que nous ne profitons que de ce qu'ils acquièrent
par notre chose ou par leur travail; ce qu'ils acquièrent autrement
profite au nu-propriétaire. Si donc un tel esclave est institué héritier,
s'il reçoit un legs ou une donation, ce n'est pas l'usufruitier, mais
le nu-propriétaire qui en profitera. On suit la même règle relativement à
l'homme libre ou esclave que nous possédons de bonne foi : car ce qui
vient d'être dit de l'usufruitier s'applique au possesseur de bonne foi.

La variante donne : *tout en conservant aux ascendants l'honneur qui leur appartient.*

L. 10, § 3, *de Acquir. rer. dom.*) Idem placet et de eo qui a nobis bona
fide possidetur, sive is liber sit, sive alienus servus : quod enim
placuit de usufructuario, idem placet et de bona fide possessore.
Itaque quod extra istas duas causas acquiritur, id vel ad ipsum pertinet, si liber est, vel ad dominium, si servus est. Sed bonæ fidei possessor, quum usuceperit servum, quia eo modo dominus sit; ex
omnibus causis per eum sibi acquirere potest : fructuarius vero
usucapere non potest : primum, quia non possidet, sed habet jus
utendi fruendi : deinde, quia scit servum alienum esse (Gaius,
Comm., II, § 92, 93 ; et L. 10, § 4 et 5, D. *cod.*). Non solum autem proprietas per eos servos in quibus usumfructum habemus, vel quos
bona fide possidemus, aut per liberam personam quæ bona fide nobis
servit, nobis acquiritur, sed etiam possessio. Loquimur autem in
utriusque persona, secundum definitionem quam proxime exposuimus, id est, si quam possessionem ex re nostra vel ex suis operibus adepti fuerint. (Paul., L. 1, § 6 *et* 8, D. *de Acquir. vel amitt.
possess. ;* Gaius, *Comm.*, II, § 94).

5. Ex his itaque apparet, per liberos homines quos neque nostro
juri subjectos habemus, neque bona fide possidemus, item per
alienos servos in quibus neque usumfructum habemus, neque possessionem justam, nulla ex causa nobis acquiri posse. Et hoc est
quod dicitur, per extraneam personam nihil acquiri posse (Gaius,
Comm., II, § 95 ; Diocl. et Max., L. 1, C. *Per quas person.*) excepto
eo quod per liberam personam, veluti per procuratorem, placet
non solum scientibus sed etiam ignorantibus nobis acquiri possessionem, secundum divi Severi constitutionem ; et per hanc possessionem etiam dominium, si dominus fuit qui tradidit, vel usucapionem aut longi temporis præscriptionem, si dominus non sit.
(Ulpian., L. 20, § 2, D. *de Acquir. rer. dom.;* Paul., *Rec. sentent.*,
V, 2, § 1 *et* 2; Sever. et Anton., L. 1, C. *de Acquir. et retin. possess.*)

6. Hactenus tantisper admonuisse sufficit, quemadmodum singulæ
res nobis acquiruntur : nam legatorum jus, quo et ipso jure singulæ res nobis adquiruntur, item fideicommissorum ubi singulæ
res nobis relinquuntur, opportunius inferiore loco referemus : videamus itaque nunc, quibus modis per universitatem res acquiruntur. Si cui ergo hæredes facti sumus, sive cujus bonorum possessionem petierimus, vel si quem adrogaverimus, vel si cujus
bona libertatum conservandarum causa nobis addicta fuerint, ejus
res omnes ad nos transeunt. —Ac prius de hæreditatibus dispiciamus,
quarum duplex conditio est : nam vel ex testamento vel ab intestato
ad nos pertinent. Et prius est, ut de his dispiciamus quæ ex testamento nobis obveniunt (Gaius, *Comm.*, II, § 97, 98, 99, 100) :

Ainsi ce que la personne possédée de bonne foi acquiert autrement que par ses travaux ou par la chose du possesseur, elle l'acquiert à elle-même si elle est libre, ou à son véritable maître, si elle est esclave. Voici cependant une différence entre le possesseur de bonne foi et l'usufruitier : le possesseur de bonne foi peut arriver à usucaper l'esclave, et comme il en devient ainsi propriétaire, il acquierra par cet esclave à toutes sortes de titres ; quant à l'usufruitier, il ne peut pas prescrire : d'abord parce qu'il ne possède pas, mais a seulement un droit d'usufruit ; ensuite, parce qu'il sait que l'esclave appartient à autrui. On peut acquérir par l'esclave sur lequel on a l'usufruit, par l'esclave d'autrui ou par la personne libre qu'on possède de bonne foi, non-seulement la propriété, mais encore la possession. Ceci doit s'entendre à l'égard des uns et des autres, suivant la distinction rapportée ci-dessus, c'est-à-dire lorsqu'ils acquièrent une possession par notre chose ou par leur travail.

5. Il résulte de ce qui précède que nous ne pouvons acquérir à aucun titre, ni par les personnes libres qui ne sont pas soumises à notre puissance, et que nous ne possédons pas de bonne foi ; ni par les esclaves d'autrui quand nous n'en avons ni l'usufruit, ni la possession légale. De là vient la règle, qu'on ne peut rien acquérir par une personne étrangère. Il y a cependant une exception : d'après une constitution de l'Empereur Sévère, nous acquérons, même à notre insu, la possession, par une personne libre ; par exemple, par un procureur ; et par cette possession, nous acquérons la propriété, si celui qui a fait tradition était propriétaire ; ou du moins l'usucapion ou prescription de long temps, s'il ne l'était pas.

6. Nous nous bornerons pour le moment, à l'égard des manières d'acquérir les objets singuliers, à l'exposition sommaire qui précède ; car quant aux legs et aux fidéicommis qui sont aussi des moyens d'acquérir les choses en particulier, leur explication se trouvera mieux placée plus tard : passons donc maintenant aux manières d'acquérir les choses par universalité. Nous acquérons par universalité quand nous sommes l'héritier de quelqu'un, quand nous demandons la possession de ses biens ; quand nous adrogeons quelqu'un ; ou que les biens d'un défunt nous sont adjugés pour conserver les affranchissements. Nous parlerons d'abord de l'hérédité, qui est de deux espèces ; les unes nous sont déférées par testament, les autres ab intestat. Examinons d'abord celles qui sont déférées par testa-

qua in re necessarium est initium de ordinandis testamentis exponere.

Tit. X. *De Testamentis ordinandis.*

Testamentum ex eo appellatur, quod testatio mentis est. (Ulpian.,
Fragm., XX, § 1.)

1. Sed ut nihil antiquitatis penitus ignoretur, sciendum est olim
quidem duo genera testamentorum in usu fuisse : quorum altero
in pace et in otio utebantur, quod CALATIS COMITIIS appellabant; altero, quum in prælium exituri essent, quod PROCINCTUM dicebatur. Accessit deinde tertium genus testamentorum, quod dicebatur PER ÆS
ET LIBRAM : scilicet quod per emancipationem id est imaginariam
quandam venditionem agebatur, quinque testibus et libripende,
civibus romanis puberibus præsentibus, et eo qui familiæ emptor
dicebatur. Sed illa quidem priora duo genera testamentorum ex
veteribus temporibus in desuetudinem abierunt : quod vero per
æs et libram fiebat, licet diutius permansit, attamen partim et hoc
in usu esse desiit. (Gaius, *Comm.*, II, § 011, 102 et 104; I, § 119;
Ulpian., *Fragm.*, XX, § 2.)

2. Sed prædicta quidem nomina testamentorum ad jus civile re-
ferebantur. Postea vero ex edicto Prætoris forma alia faciendorum
testamentorum introducta est : jure enim honorario nulla emancipatio desiderabatur; sed septem testium signa sufficiebant (Ulpian.,
Fragm., XXVIII, § 6; XXIII, § 6), quum jure civili signa testium
non erant necessaria.

3. Sed quum paulatim, tam ex usu hominum quam ex constitutionum emenda-
tionibus, cœpit in unam consonantiam jus civile et prætorium jungi, cónstitu-
tum est, ut uno eodemque tempore (quod jus civile quodammodo exigebat) septem testibus adhibitis, et subscriptione testium, quod ex constitutionibus in-
ventum est et (ex edicto Prætoris) signacula testamentis imponerentur (Theod.
et Valent., L. 24, C. *de Testib.*): ut hoc jus tripartitum esse videatur, ut
testes quidem et eorum præsentia uno contextu, testamenti celebrandi gratia, a
jure civili descendant; subscriptiones autem testatoris et testium, ex sacrarum
constitutionum observatione adhibeantur ; signacula autem et testium numerus,
ex edicto prætoris.

4. Sed his omnibus ex nostra constitutione, propter testamentorum sincerita-
tem, ut nulla fraus adhibeatur, hoc additum est, ut per manum testatoris vel
testium nomen hæredis exprimatur [1], et omnia secundum illius constitutionis
tenorem procedant. (Justinian., L. 29, C. *de Test. et quemad.*)

5. Possunt autem omnes testes et uno annulo signare testamen-

---

[1] Sed si hoc non observant, sed secundum priscam consuetudinem testentur, etiam sic
firmum testamentum sancimus. (*Nov.* CXIX, *cap.* 9.)

ment ; et pour cela, commençons par exposer les formes des testaments.

Titre X. *De la Forme des testaments*[1].

Le testament est ainsi appelé, parce qu'il est une manifestation de la volonté (*testatio mentis*).

I° Formes anciennes.

1. Pour qu'aucun point du droit ancien ne soit complètement ignoré, nous rappellerons qu'il y avait autrefois deux espèces de testaments. — L'un, en usage en temps de paix, était appelé *calatis comitiis* (fait dans l'assemblée des comices); l'autre, nommé *in procinctu* (fait devant l'armée prête à combattre), était usité pour les militaires marchant au combat.

II° Testament Per æs et libram (usité au temps de Gaius).

Plus tard, on imagina une troisième espèce de testament, appelé *per æs et libram* (par l'airain et la balance), parce qu'il se faisait par mancipation, c'est-à-dire, par une vente fictive, en présence de cinq témoins, d'un *libripens* (porte balance), citoyens romains et pubères, et d'un acheteur d'hérédité. — Déjà, dès les temps anciens, les deux premières formes étaient tombées en désuétude : et quoique le testament *per æs et libram* soit demeuré plus long-temps en usage, il est tombé aussi, du moins en partie.

III° Testament Prétorien.

2. Les testaments, dont nous venons de parler, appartenaient au droit civil; mais, dans la suite, l'Édit du Préteur introduisit une nouvelle forme de testament : le droit prétorien n'exigeait aucune vente ; il se contentait des cachets de sept témoins, cachets qui n'étaient pas nécessaires suivant le droit civil.

III° Testament tripartite.

3. Mais peu à peu l'usage et les constitutions des princes ayant amené une fusion entre le droit civil et le droit prétorien, on est arrivé à une forme nouvelle de testament. — Le testament doit être fait, sans divertir à d'autres actes, *uno contextu* (ce qui était déjà en quelque sorte exigé par le droit civil), devant sept témoins, qui apposent leurs cachets (conformément au droit prétorien), et leurs signatures, (cette dernière formalité a été introduite pour la première fois par les constitutions). — En sorte que ce testament vient d'un droit tripartite : en effet, les témoins et l'unité de contexte viennent du droit civil; la nécessité des signatures des témoins et du testateur, des constitutions impériales; et enfin, les cachets (et le nombre) des témoins, du droit prétorien.

4. Aux formalités que nous venons de décrire, notre constitution, pour assurer la sincérité des testaments et en éloigner toute fraude, a ajouté une dernière précaution, savoir, que le nom de l'héritier soit écrit de la propre main du testateur ou des témoins. On devra donc observer exactement tout ce que nous avons prescrit dans cette constitution.

Règles sur les témoins.

5. Tous les témoins peuvent sceller le testament avec le même anneau ;

---

[1] Le reste du second livre est consacré aux dispositions de dernière volonté ; cette matière est longue et difficile ; le résumé suivant pourra en faciliter l'étude. — Il faut avant tout distinguer l'*acte* par lequel on dispose, des *dispositions* quel'on peut y faire. — Il y a trois espèces d'actes : 1° le testament ; 2° le codicille confirmé ; 3° le codicille non confirmé. — Il y a six espèces de dispositions : 1° l'institution d'héritier; 2° l'exhérédation des enfants; 3° les legs; 4° les fidéicommis; 5° les nominations de tuteurs ; 6° les affranchissements d'esclaves. — Par testament, on peut faire ces six dispositions; par codicille confirmé, on peut faire seulement des legs et des fidéicommis ; par codicille non confirmé, on ne peut faire que de simples fidéicommis. — Un testament doit, sous peine de nullité, contenir institution d'un héritier et exhérédation des enfants ; les quatre autres dispositions sont purement facultatives.

tum. Quid enim si septem annuli una sculptura fuerint, secundum quod Pomponio visum est ? Sed et alieno quoque annulo licet signare. (Ulpian., L. 22, § 2, D., *Qui test. fac. poss.*)

6. Testes autem adhiberi possunt ii cum quibus testamenti factio est. Sed neque mulier , neque impubes, neque servus, neque furiosus, neque mutus, neque surdus, nec cui bonis interdictum est, neque ii quos leges jubent improbos intestabilesque esse, possunt in numero testium adhiberi. (Ulpian., *Fragm.*, XX, § 2, 7 et 8; L. 20, § 4, 5, 6 et 7, D., *Qui test. fac poss.;* Papin., L. 13; Paul., L. 15, D., *de Testib.*).

7. Sed quum aliquis ex testibus, testamenti quidem faciendi tempore, liber existimabatur, postea vero servus apparuit, tam divus Hadrianus Catonio Vero, quam postea divi Severus et Antoninus rescripserunt , subvenire se ex sua liberalitate testamento , ut sic habeatur atque si ut oportet factum esset; quum eo tempore, quo testamentum signaretur, omnium consensu hic testis liberorum loco fuerit, neque quisquam esset qui status ei quæstionem movisset. (Hadrian., L. 1, C., *de Testam. et quemad.*).

8. Pater, nec non is qui in potestate ejus est , item duo fratres qui in ejusdem patris potestate sunt , utrique testes in uno testamento fieri possunt; quia nihil nocet ex una domo plures testes alieno negotio adhiberi. (Ulpian., *Fragm.*, XX, § 6; L. 7, D., *de Testib.*; L, 22, D., *Qui test. fac. poss.*)

9. In testibus autem non debet esse qui in potestate testatoris est. Sed et si filius-familias de castrensi peculio, post missionem, faciat testamentum, nec pater ejus recte adhibetur testis , nec is qui in potestate ejusdem patris est: reprobatum est enim in ea re domesticum testimonium. (Gaius, *Comm.* II, § 105, 106 ; Ulpian., *Fragm.*, XX, §3; L. 20, §3, D., *Qui test. fac.*)

10. Sed neque hæres scriptus , neque is qui in potestate ejus est, neque pater ejus qui eum habet in potestate , neque fratres qui in ejusdem patris potestate sunt , testes adhiberi possunt; quia hoc totum negotium quod agitur testamenti ordinandi gratia, creditur *hodie* inter testatorem et hæredem agi (Ulpian., L. 20, D., *Qui test. fac.*). Licet enim totum jus tale conturbatum fuerat, et veteres quidem familiæ emptorem , et eos (qui per potestatem ei coadunati fuerant) testimoniis ' repellebant, hæredi et is (qui per potestatem ei conjuncti fuerant) concedebant testimonia in testamentis præstare; licet ii qui id permittebant, hoc jure minime abuti eos debere suadebant. (Gaius, *Comm.* II, § 105, 106, 108; Ulpian., *Fragm.*, XX, § 3, 4, 5.)

Vulgo : A TESTAMENTARIIS *testimoniis repellebant.*

car, comme l'a dit Pomponius, ne pourrait-il pas arriver que les anneaux de tous les témoins portassent la même empreinte. L'on peut aussi sceller avec l'anneau d'autrui.

6. On peut employer pour témoins ceux avec qui on a faction de testament ; mais ne peuvent être témoins les femmes, les impubères, les esclaves, les fous, les muets, les sourds, les interdits, ceux que les lois déclarent incapables de tester.

7. Si un des témoins passait pour libre lors de la confection du testament, et que depuis il ait été reconnu esclave, l'empereur Adrien, dans un rescrit adressé à Caton Vérus, et plus tard, les empereurs Sévère et Antonin, ont cru devoir confirmer le testament, comme s'il eût été bien fait dès l'origine ; bien entendu, quand ce témoin, lors de la confection du testament, passait aux yeux de tous pour homme libre, et que cette qualité ne lui était contestée par personne.

8. On peut admettre pour témoins, dans un testament, un père et le fils qu'il a sous sa puissance ; et aussi deux frères sous la puissance du même père ; parce que rien n'empêche qu'on n'admette plusieurs membres d'une même famille, comme dans les affaires d'autrui.

9. Mais on ne doit pas admettre pour témoins le fils de famille du testateur. De même, lorsqu'un fils de famille, après son congé, dispose par testament de son pécule castrans, il ne peut employer pour témoins ni son père ni celui qui est sous la puissance de son père : car on rejette en cette matière tout témoignage domestique.

10. On ne peut non plus admettre pour témoins dans un testament, l'héritier, ni le fils qu'il a sous sa puissance, ni le père qui a sur lui la puissance paternelle, ni les frères qui sont sous la même puissance que lui ; parce que le testament est regardé aujourd'hui comme une affaire entre le testateur et l'héritier. Il est vrai qu'autrefois la confusion du droit à cet égard était telle, que les anciens Jurisconsultes refusaient d'admettre au nombre des témoins l'acheteur d'hérédité[1], ainsi que tous ceux qui lui étaient liés par la puissance paternelle ; tandis qu'on admettait à porter témoignage dans les testaments l'héritier, et ceux qui lui étaient attachés par les liens de la puissance paternelle : il est vrai qu'en admettant ces derniers, on leur conseillait de ne point user de la permission.

---

[1] La variante donne le mot *testamentariis*.

Tamen nos eandem observationem corrigentes, et quod ab illis suasum est in legis necessitatem transferentes, ad imitationem pristini familiæ emptoris, merito nec hæredi qui imaginem vetustissimi familiæ emptoris obtinet, nec aliis personis quæ ei, ut dictum est, conjunctæ sunt, licentiam concedimus sibi quodammodo testimonia præstare; ideoque nec ejusmodi veteres constitutiones nostro codici inseri permisimus.

11. Legatariis autem et fideicommissariis, quia non juris sucessores sunt, et aliis personis quæ eis conjunctæ sunt, testimonium non denegavimus — imo in quadam nostra constitutione et hoc specialiter concessimus —, et multo magis iis, qui in eorum potestate sunt vel qui eos habent in potestate, hujusmodi licentiam damus. (Gaius, *Comm.*, II, § 108; Ulpian., L. 20, D. *Qui test. fac. poss.*; Zeno, L. 22, C. *de Test. et quemadm.*)

12. Nihil autem interest, testamentum in tabulis, an in chartis membranisve, vel in alia materia fiat. (Ulpian., L. 1, D. *de Bonor. possess. sec. tab.*)

13. Sed et unum testamentum pluribus codicibus conficere quis potest, secundum obtinentem tamen observationem omnibus factis: quod interdum etiam necessarium est, veluti si quis navigaturus et secum ferre, et domi relinquere judiciorum suorum contestationem velit, vel propter alias innumerabiles causas quæ humanis necesitatibus imminent. (Florent., L. 24, D. *Qui test. fac. poss.*; Ulpian., L. 1, § 5, D. *de Bonor. possess. sec. tab.*)

14. Sed hæc quidem de testamentis quæ in scriptis conficiuntur. Si quis autem sine scriptis voluerit ordinare jure civili testamentum, septem testibus adhibitis et sua voluntate coram eis nuncupata, sciat hoc perfectissimum testamentum jure civili, firmumque constitutum. (Gordian., L. 2, C. *de Bonor. possess. sec. tab.*; Theod. et Val., L. 21, § 2, C. *de Testam.*)

Tit. XI. *De Militari testamento.*

Supradicta diligens observatio in ordinandis testamentis, militibus propter nimiam imperitiam constitutionibus principalibus remissa est. Nam quamvis ii neque legitimum numerum testium adhibuerint, neque aliam testamentorum solemnitatem observaverint, recte nihilominus testantur (Gaius, *Comm.*, II, § 107): *videlicet, quum in expeditionibus occupati sunt, quod merito nostra constitutio inroduxit.* Quoquo enim modo voluntas ejus suprema inveniatur (sive scripta sive sine scriptura), valet testamentum ex voluntate ejus. (Ulpian., *Fragm.*, XXIII, § 10; L. 1, D. *de Mil. test.*).

Quant à nous, corrigeant cet usage, et faisant une nécessité de ce qui n'était qu'un conseil, nous ne voulons pas qu'on puisse employer comme témoins, ni l'héritier (qui aujourd'hui tient la place de l'ancien acheteur d'hérédité), ni ceux qui lui sont attachés par les liens de la puissance paternelle, parce qu'ils rendraient alors, pour ainsi dire, témoignage pour eux-mêmes : en conséquence, nous n'avons pas permis qu'on insérât dans notre code les anciennes constitutions sur cette matière.

11. Mais, comme les légataires et fidéicommissaires ne succèdent pas à l'universalité des droits du défunt, (comme ils ne représentent pas sa personne), nous n'entendons pas les exclure du nombre des témoins, ni eux ni les personnes qui leur sont attachées par des liens de puissance paternelle ; il y a même une de nos constitutions qui leur accorde expressément la faculté d'être témoins.

12. Peu importe qu'un testament soit écrit sur des tablettes, sur du papier, du parchemin, ou sur toute autre matière.

13. Un testateur peut faire plusieurs exemplaires de son testament, pourvu que tous les exemplaires soient faits avec les formalités requises. Cette précaution est même quelquefois nécessaire, soit que quelqu'un, se disposant à faire un voyage sur mer, désire emporter avec lui un exemplaire de son testament et en laisser un autre chez lui, soit pour toute autre raison ; car il y a mille motifs qui peuvent nous faire désirer d'avoir plusieurs exemplaires de notre testament.

V° Testament nuncupatif ou verbal [1].

14. Voilà pour les testaments qui se font par écrit. — Mais on peut faire un testament valable d'après le droit civil, sans qu'il soit besoin d'aucun écrit : pour cela, il suffit que le testateur déclare, de vive voix, ses dernières volontés devant sept témoins convoqués à cet effet. Les testaments faits en cette forme sont parfaitement valables d'après le droit civil [2].

TIT. XI. Du Testament militaire.

Les constitutions impériales ont fait remise aux militaires, à cause de leur peu d'expérience, de l'observation exacte des formalités que nous venons de décrire pour la confection des testaments. En conséquence, le testament fait par un militaire est valable, lors même qu'il n'aurait pas appelé le nombre légal de témoins, ni observé aucune autre formalité. *Mais d'après notre constitution, les militaires ne jouissent de ce privilége, qu'autant qu'ils font partie d'une expédition.* De quelque manière donc qu'un militaire ait déclaré sa volonté dernière, soit par écrit, soit autrement, son testament est valable par sa seule volonté.

---

[1] Sans compter le testament militaire, qui n'est assujéti à aucune formalité, il y a encore deux espèces de testaments soumis à des formes particulières, savoir : 1° le testament des sourds et des muets (§ 3, Instit. *quib. non est permiss.*) ; 2° le testament des aveugles (§ 4, *eod.*).
[2] Mais non d'après le droit Prétorien, puisque l'apposition des cachets est impossible : toutefois le Préteur ne refuse pas à un pareil testament la possession de biens. (Julian. L. 8, § 2, D., *de bon. poss. sec. tab.*)

8

Illis autem temporibus, per quae citra expeditionum necessitatem in aliis locis vel suis sedibus degant, minime ad vindicandum tale privilegium adjuvantur; sed testari quidem, etsi filiifamilias sunt, propter militiam conceduntur; jure tamen communi, eadem observatione et in eorum testamentis adhibenda, quam et in testamentis paganorum proxime exposuimus. (Justinian., L. 17, C., *de Testam. mil.*)

1. Plane de testamentis militum divus Trajanus Statilio Severo ita rescripsit : « Id privilegium, quod militantibus datum est, ut
» quoquo modo facta ab iis testamenta rata sint, sic intelligi debet,
» ut utique prius constare debeat testamentum factum esse, quod
» et sine scriptura a non militantibus quoque fieri potest. Is ergo
» miles, de cujus bonis apud te quæritur, si, convocatis ad hoc ho-
« minibus ut volontatem suam testaretur, ita locutus est, ut decla-
» raret quem vellet sibi hæredem esse, et cui libertatem tribuere,
» potest videri sine scripto hoc modo esse testatus, et voluntas ejus
» rata habenda est. Cæterum, si (ut plerumque sermonibus fieri
» solet) dixit alicui : EGO TE HÆREDEM FACIO aut BONA MEA TIBI RELIN-
» QUO ; non oportet hoc pro testamento observari. Nec ullorum ma-
» gis interest, quam ipsorum, quibus id privilegium datum est,
» ejusmodi exemplum non admitti : alioquin non difficulter post
» mortem alicujus militis testes existerent, qui affirmarent se au-
» disse dicentem aliquem, relinquere se bona cui visum sit ; et per
» hoc vera judicia subverterentur. » (Florent, L. 24, D., *de Test. mil.*)

2. Quinimo et mutus et surdus miles testamentum facere potest. (Ulpian., L. 4, D., *de Test. mil*).

3. Sed hactenus hoc illis a principalibus constitutionibus conce-ditur, quatenus militant *et in castris degant.* Post missionem vero veterani, *vel extra castra* si faciant *adhuc militantes* testamentum, communi omnium civium romanorum jure facere debent. Et quod *in castris* fecerint testamentum, non communi jure, sed quomodo voluerint, post missionem intra annum tantum valebit. Quid ergo si intra annum quidem decesserit, conditio autem hæredi adscripta post annum extiterit? An quasi militis testamentum valeat? Et placet valere quasi militis.(Ulpian., *Fragm.*, XXIII , S 10 ; Paul., L. 38, pr. et S 1 , D., *de Test. mil.*)

4. Sed et si quis ante militiam non jure fecit testamentum , et miles factus et *in expeditione degens* resignavit illud, et quædam ad-jecit sive detraxit, vel alias manifesta est militis voluntas hoc va-lere volentis, dicendum est valere hoc testamentum , quasi ex nova militis voluntate. (Julian., L. 20, S1 ; Marcell., L. 25, D., *de Test. mil.*)

Mais nous ne voulons pas qu'ils jouissent de ce privilége lorsqu'ils ne sont point occupés aux expéditions militaires, et qu'ils se trouvent chez eux ou ailleurs. Quant aux fils de famille militaires, ils continueront à jouir du privilége qui leur a été accordé : seulement, s'ils veulent user de ce privilége, dans un moment où ils ne seraient ni dans les camps, ni occupés à des expéditions militaires, ils devront tester suivant le droit commun, c'est-à-dire, en observant les formalités prescrites aux citoyens non militaires.

1. Voici ce que l'empereur Trajan a décidé par rapport aux testaments militaires, dans un rescrit adressé à Statilius Sévère : « Le privilége, en » vertu duquel le testament d'un militaire est valable, en quelque forme » qu'il ait été fait, doit s'entendre en ce sens, qu'avant tout, il faut que le » fait de la confection du testament soit établi d'une manière certaine, ce » qui peut être fait sans écrit, et même par de non militaires.¹ Par consé- » quent, si le militaire, de la succession duquel il s'agit, a appelé des » témoins pour déclarer sa volonté en leur présence, et qu'il ait nommé » devant eux celui qu'il voulait avoir pour héritier, et les esclaves à qui » il voulait donner la liberté, il sera regardé comme ayant fait un testa- » ment sans écrit et sa volonté aura son effet. Mais, s'il a dit à quelqu'un, » par manière de conversation, (comme cela arrive assez ordinairement) : » *je te fais mon héritier, je te laisse mes biens,....* ces paroles ne seront » pas regardées comme un testament. Les militaires eux-mêmes, à qui ce » privilége a été accordé, sont les premiers intéressés à ce que l'on n'ad- » mette pas une pareille doctrine ; autrement, on trouverait aisément, » après la mort d'un militaire, des témoins qui affirmeraient avoir entendu » dire au défunt qu'il laissait ses biens à telle personne; et ainsi se trou- » veraient méconnues les véritables volontés des militaires. »

2 Un militaire, même sourd et muet, peut faire un testament.

3. Le privilége du testament militaire n'est accordé, par les constitutions des princes, qu'à ceux qui sont actuellement au service et *dans les camps.* Aussi les vétérans qui ont reçu leur congé, et ceux qui, étant *encore militaires,* font leur testament *hors des camps,* doivent tester suivant le droit commun des citoyens romains. — Quant au testament qu'ils pourraient avoir fait dans les camps, non d'après le droit commun, mais suivant leur volonté, il vaudra pendant l'année qui suit le congé. — Que décider cependant, si le testateur meurt dans l'année, mais que la condition, sous laquelle l'héritier a été institué, ne se réalise qu'après l'année expirée ? le testament vaudra-t-il comme testament de militaire? L'affirmative a été décidée.

4. Si quelqu'un, avant d'entrer au service, a fait un testament irrégulier, et que, depuis, étant devenu militaire *et se trouvant employé dans une expédition,* il ait décacheté ce testament et y ait fait quelques additions ou retranchements, ou qu'il ait manifesté clairement, de quelque autre manière, sa volonté de faire valoir ce testament : on doit déclarer que ce testament est valable, comme volonté nouvelle du soldat.

---

¹ *Même par de non militaires.* La phrase latine présente un double sens : le rescrit veut-il dire que même les non-militaires peuvent tester sans écrit ? ou bien que, l'existence d'un testament militaire peut être constatée par des témoins non militaires ? Ce dernier sens nous paraît préférable.

5. Denique et, si in adrogationem datus fuerit miles, vel filius-familias emancipatus est, testamentum ejus quasi ex nova militis voluntate valet, nec videtur capitis diminutione irritum fieri. (Martian., L. 22; Tertyll., L. 23, D., *de Test. mil.*)

6. Sciendum tamen est quod, ad exemplum castrensis peculii, tam anteriores leges quam principales constitutiones quibusdam quasi castrensia dederunt peculia, et quorum quibusdam permissum erat etiam in potestate degentibus testari. (Ulpian., L. 3, § 5, D., *de Bon. poss.*; L. 1, § 6, D., *ad. Trebell.*; L. 7, § 6, D., *de Donat.*)

Quod nostra constitutio latius extendens, permisit omnibus in his tantummodo peculiis testari quidem, sed jure communi. Cujus constitutionis tenore perspecto, licentia est nihil eorum, quæ ad præfatum jus pertinent, ignorare. (Justinian., L. 12, C., *Qui test. fac. pos*: L. ult., § 1, C., *de Inoff. test.*)

Tit. XII. *Quibus non est permissum facere testamentum.*

Non tamen omnibus licet facere testamentum. Statim enim ii, qui alieno juri subjecti sunt, testamenti faciendi jus non habent, adeo quidem, ut, quamvis parentes eis permiserint, nihilo magis jure testari possint (Gaius, L. 6, D., *Qui test. fac. poss.*) : exceptis iis quos antea enumeravimus, et præcipue militibus, qui in potestate parentum sunt, quibus de eo quod in castris acquisierint, permissum est ex constitutionibus principum testamentum facere. Quod quidem jus initio tantum militantibus datum est, tam ex auctoritate divi Augusti, quam Nervæ, nec non optimi imperatoris Trajani; postea vero, subscriptione divi Hadriani, etiam dimissis militia, id est veteranis, concessum est (Ulpian., *Fragm.*, XX, § 10; L. 1, D., *de Test. mil.*). Itaque, si quidem fecerint de castrensi peculio testamentum, pertinebit hoc ad eum quem hæredem reliquerint; si vero intestati decesserint, *nullis liberis vel fratribus superstitibus*, ad parentes eorum *jure communi* pertinebit (Ulpian., L 1 et 3, D., *de Castr. pec,*; Theod. et Val., L. 3; Leo et Anth., L. 4. C., *de Bon. quæ lib.*). Ex hoc intelligere possumus, quod in castris acquisierit miles, qui in potestate patris est, neque ipsum patrem adimere posse, neque patris creditores id vendere vel aliter inquietare, neque patre mortuo cum fratribus commune esse; sed scilicet proprium ejus esse qui id castris acquisierit (Papin., L. 12, D., *de Castr. pec.*; Ulpian., L. 1, § 15, D., *de Collat.*), quanquam jure civili omnium qui in potestate parentum sunt, peculia perinde in bonis parentum computantur, ac si servorum peculia in bonis dominorum numerantur (Gaius, *Comm.* II, § 86, 87): *exceptis videlicet iis quæ ex sacris constitutionibus, et præcipue nostris, propter diversas causas non acquiruntur.* Præter hos igitur qui castrense peculium vel quasi cas-

5. Enfin, quand un militaire se donne en adrogation, ou est émancipé, le testament qu'il a fait précédemment n'est pas rompu par la diminution de tête du testateur : il continue à valoir comme volonté nouvelle d'un militaire.

6. Il faut savoir qu'à l'exemple du pécule castrans, les lois et constitutions antérieures ont accordé à certaines personnes un pécule quasi-castrans, en y joignant, pour quelques-unes d'entre elles, la faculté d'en disposer par testament, quand même elles seraient sous la puissance paternelle.

Notre constitution étendant cette faveur, a permis à tous ceux qui ont des pécules de cette espèce d'en disposer par testament, mais à la condition d'observer les formalités du droit commun. La teneur de cette constitution ne laisse rien ignorer à cet égard.

TITRE XII. *De ceux à qui il n'a pas été permis de faire un testament* [1].

Il n'est pas permis à toute personne de faire un testament.—Et d'abord, ne peuvent faire de testament les personnes soumises à la puissance d'autrui (*alieni juris*): leur incapacité à cet égard est si absolue, qu'elles ne pourraient tester même avec la permission de celui qui les a sous sa puissance [2]. — Cela ne s'applique pas cependant aux fils de famille dont nous venons de parler (dans le § 6 du titre précédent), ni surtout aux fils de famille militaires, lesquels ont reçu, des constitutions impériales, la permission de disposer par testament de leur pécule castrans. Dans l'origine, et d'après les constitutions des empereurs Auguste, Nerva et Trajan, le droit de tester n'était accordé aux fils de famille que pendant le temps qu'ils étaient au service; mais, plus tard, un rescrit d'Adrien étendit cette faculté aux fils de famille congédiés du service militaire, c'est-à-dire aux vétérans.— En conséquence, si les fils de famille (dont nous venons de parler) disposent par testament de leur pécule castrans, ce pécule appartiendra à celui qu'ils auront institué héritier; mais, s'ils meurent intestats, *sans laisser ni enfants, ni frères, ni sœurs,* ce même pécule appartiendra au père, *d'après le droit commun.* — Il suit de là que, lorsqu'un fils de famille a acquis quelque bien à l'armée, son père ne peut pas le lui enlever; que les créanciers du père ne peuvent le vendre, ni troubler en aucune autre manière le fils dans sa propriété; qu'enfin à la mort du père, ce bien n'est pas non plus partagé avec les autres frères; mais appartient en propre à celui qui l'a acquis. Il est vrai que, d'après le droit civil, les pécules des enfants sont confondus avec les biens du père, comme les pécules des esclaves sont confondus avec les biens de leurs maîtres; *mais on doit excepter de cette règle les pécules qui, pour différentes raisons, en vertu des constitutions de nos prédécesseurs, et principalement des nôtres, ne sont point acquis aux pères.*—Il est, au reste, bien entendu que si un fils de

---

[1] Faire un testament c'est déroger à la loi de succession *ab intestat;* c'est faire pour son hérédité une loi spéciale; ce n'est point faire acte de propriété, mais bien exercer le pouvoir législatif : aussi voyons-nous que, dans les premiers temps, le testament était une véritable loi (*calatis comitiis*). On conçoit dès lors qu'il n'est pas nécessaire que la loi interdise une faculté aussi exorbitante; il suffit qu'elle ne l'accorde pas : de là, la tournure singulière, au premier abord, de notre titre. (Ulpian., L. 45, § 1, D., *de reg. jur.*)

[2] La raison en est que la faculté de tester est de droit public, ainsi que nous venons de le voir dans la note précédente. (Papinian. L. 3, D., *qui test. fac. poss.*)

trense habent, si quis alius filiusfamilias testamentum fecerit, inutile est, licet suæ potestatis factus decesserit. (Gaius, L. 6 ; Modest., L. 19, D., *Qui test. fac.poss.*; Justinian., L. 11, C., *eod.*)

1. Præterea testamentum facere non possunt impuberes, quia nullum eorum animi judicium est; item furiosi, quia mente carent. Nec ad rem pertinet, si impubes postea pubes, aut furiosus postea compos mentis factus fuerit et decesserit(Ulpian., *Fragm.*, XX, § 12 et 13; L. 5; Modest., L. 19, D., *Qui test. fac. poss.*; Paul., *Rec sentent.*, III, 4, § 1). Furiosi autem, si per id tempus fecerint testamentum quo furor eorum intermissus est, jure testati esse videntur (Paul., *Rec. sentent.*, I. I, 4, § 5) ; certe eo quod ante furorem fecerint, testamento valente. Nam neque testamenta recte facta, neque ullum aliud negotium recte gestum, postea furor interveniens perimit.(Ulpian., L. 20, § 4, *Qui test. fac. poss.*; L. 8, D., *de His qui sui.*)

2. Item prodigus, cui bonorum suorum administratio interdicta est, testamentum facere non potest; sed id, quod ante fecerit, quam interdictio suorum bonorum ei fiat, ratum est. (Ulpian., *Fragm.*, XX, § 13; L. 18, D., *Qui test. fac. poss.* Paul., *Rec. sentent.*, III, 4, § 7 et 12.)

3 Item surdus et mutus non *semper* testamentum facere possunt (Gaius, L. 6, § 1, *Qui test. fac. poss.* ; Ulpian., *Fragm.*, XX, § 13). Utique autem de eo surdo loquimur qui omnino non exaudit, non qui tarde exaudit ; nam et mutus is intelligitur qui loqui nihil potest, non qui tarde loquitur.

Sæpe autem etiam litterati et eruditi homines variis causis et audiendi et loquendi facultatem omittunt. Unde nostra constitutio etiam his subvenit, ut certis casibus et modis, secundum normam ejus, possint testari, aliaque facere quæ eis permissa sunt. (Justinian., I. 10, C., *Qui test. fac. poss.*)

Sed si quis, post testamentum factum, adversa valetudine aut quolibet alio casu mutus aut surdus esse cœperit, ratum nihilominus ejus permanet testamentum. (Gaius, L. 6, § 1, D., *cod.*)

4. Cæcos autem non potest facere testamentum, nisi per observationem, quam lex divi Justini patris mei introduxit. (Justin., I., 8, C., *Qui test. fac. poss.*; Paul, *Rec, sentent.*, III, 4, § 4.)

5. Ejus qui apud hostes est, testamentum quod ibi fecit, non valet, quamvis redierit(Gaius, L. 8, D., *Qui test. fac. poss.*). Sed quod, dum in civitate fuerat, fecit, sive redierit, valet jure postliminii ; sive illic decesserit, valet ex lege Cornelia. (Paul., *Rec. sentent.*, III, 4, § 8; Ulpian., *Fragm.*, XXIII, § 5; L. 6, § 12, D., *de Injust. rupt.*)

famille, autre que celui qui a un pécule castrans ou quasi-castrans, s'avisait de faire un testament, ce testament serait nul, lors même qu'au moment de sa mort le testateur se trouverait *sui juris*.

1. Sont encore incapables de faire un testament, les impubères, parce qu'ils n'ont point de jugement; les fous, parce qu'ils ne jouissent pas de leur bon sens. Le testament que feraient les fous et les impubères serait radicalement nul; et la nullité ne serait pas couverte, lors même que plus tard ils viendraient à mourir, savoir, l'impubère, après avoir atteint sa puberté, et le fou, après avoir recouvré la raison. — Mais le testament des fous est valable s'il a été fait dans un intervalle lucide. A plus forte raison, doit-on regarder comme très valable celui qu'ils auraient fait avant d'être atteints de folie : c'est, en effet, un principe général, que la folie ne détruit ni le testament ni aucun autre acte régulièrement fait antérieurement.

2. Pareillement, le prodigue, auquel on a interdit l'administration de ses biens, ne peut faire un testament; mais celui qu'il avait fait, avant son interdiction, est valable.

3. Le sourd et le muet ne peuvent pas *toujours* faire un testament. Nous entendons ici par sourd, celui qui est absolument privé du sens de l'ouïe, et non celui qui a simplement l'ouïe dure : c'est ainsi qu'on appelle muet celui qui ne peut point parler du tout, et non celui qui parle difficilement.

Il arrive souvent que des personnes instruites perdent l'ouïe ou la parole. Nous avons cru devoir venir à leur secours, en leur permettant en certains cas, et moyennant l'observation de certaines formalités, de faire leur testament et les autres actes qui leur sont permis [1].

Mais il n'y a pas de doute qu'un testament ne soit valable, quoique, depuis sa confection, le testateur soit devenu sourd ou muet par maladie ou par accident.

4. L'aveugle ne peut tester qu'en observant les formalités qui sont prescrites par la constitution de l'empereur Justin, notre père.

5. Le testament fait chez les ennemis par un prisonnier de guerre n'a aucune valeur, quand même ce prisonnier serait depuis revenu dans sa patrie. Mais le testament qu'il avait fait dans sa patrie, avant sa captivité, vaudra, savoir : par le droit de *postliminium*, si le prisonnier revient; et, par la loi Cornelia, s'il meurt chez l'ennemi.

_____

[1] Par exemple, des codicilles, des fidéicommis, des affranchissements par vindicte (l. 10, C., *qui test. facere*).

Tit. XIII. *De Exhæredatione liberorum.*

Non tamen, ut omnimodo valeat testamentum, sufficit hæc observatio quam supra exposuimus; sed qui filium in potestate habet, curare debet ut eum hæredem instituat, vel exhæredem eum nominatim faciat. Alioquin, si eum silentio præterierit, inutiliter testabitur : adeo quidem ut, et si vivo patre filius mortuus sit, nemo hæres ex eo testamento existere possit; quia scilicet ab initio non constiterit testamentum (Gaius, *Comm.* II, § 115, 123; Ulpian., *Fragm.*, XXII, § 16). — Sed non ita de filiabus, vel aliis per virilem sexum descendentibus liberis utriusque sexus, antiquitati fuerat observatum; sed si non fuerant scripti hæredes scriptæve, vel exhæredati exhæredatæve, testamentum quidem non infirmabatur, jus autem accrescendi eis ad certam portionem præstabatur (Ulpian, *Fragm.*, XXII, § 17; Gaius, *Comm.* 11, 124). Sed nec nominatim eas personas exhæredare parentibus necesse erat, sed licebat inter cæteros hoc facere. — Nominatim autem quis exhæredari videtur, sive ita exhæredetur : Titius filius meus exhæres esto; sive, ita : filius meus exhæres esto, non adjecto proprio nomine, scilicet si alius filius non exstet . (Gaius. *Comm.* II, § 127, 128; Ulpian., *Fragm.*, XXII, § 20; L. 2, D., *de Liber. et posthum.*)

1. Posthumi quoque liberi vel hæredes institui debent, vel exhæredari, et in eo par omnium conditio est, quod et filio posthumo et quolibet ex cæteris liberis, sive feminini sexus sive masculini, præterito, valet quidem testamentum ; sed postea agnatione posthumi sive posthumæ rumpitur, et ea ratione totum infirmatur. Ideoque si mulier, ex qua posthumus aut posthuma sperabatur, abortum fecerit, nihil impedimento est scriptis hæredibus ad hæreditatem adeundam (Gaius, *Comm.* II, § 130, 131 ; Ulpian., *Fragm.*, XXII, § 18; L. 3, § 3, D., *de Inj. rupt.*). Sed feminini quidem sexus posthumæ, vel nominatim vel inter cæteros exhæredari solebant : dum tamen, si inter cæteros exhæredentur, aliquid eis legetur, ne videantur præteritæ esse per oblivionem. Masculos vero posthumos, id est filium et deinceps, placuit non aliter recte exhæredari, nisi nominatim exhæredentur, hoc scilicet modo : Quicumque mihi filius genitus fuerit, exhæres esto. (Gaius, *Comm.* III, § 132; Ulpian., *Fragm.* XXII, § 21 et 22; d. L. 3, pr.; Paul., *Rec. sentent.*, III, 4, § 9.)

2. Posthumorum autem loco sunt, et hi qui in sui hæredis loco succedendo, quasi agnascendo fiunt parentibus sui hæredes. Ut ecce, si quis filium et ex eo nepotem neptemve in potestate habeat, quia filius gradu præcedit, is solus jura sui hæredis habet; quamvis nepos quoque et neptis ex eo in eadem potestate sint; sed si filius ejus vivo eo moriatur, aut qualibet alia ratione exeat de potestate ejus, incipit nepos neptisve in ejus loco succedere, et eo

TIT. XIII. *De la nécessité d'exhéréder (ou d'instituer) les enfants.* 1.

1° Héritiers-siens.

Pour qu'un testament soit valable, il ne suffit pas d'observer toutes les règles que nous venons d'exposer; il faut encore que le testateur exhérède nominativement les fils qu'il a sous sa puissance : car, s'il les passe sous silence, le testament est frappé d'une nullité telle, que lors même que les fils *prétérits* viendraient à mourir du vivant de leur père, le testament ne pourrait produire aucun héritier : en effet, dès le principe, ce testament n'a eu aucune existence. — Les anciens ne suivaient pas la même règle relativement aux filles et aux descendants par mâles (de l'un ou de l'autre sexe) du second degré ou des degrés postérieurs : quand ces derniers n'avaient été ni institués ni exhérédés, le testament n'était pas nul pour cela : seulement, ces enfants venaient par droit d'accroissement, pour une certaine portion, avec les héritiers institués. Il n'était pas non plus nécessaire que les filles et les autres descendants fussent exhérédés nominativement; il suffisait qu'ils le fussent collectivement (*inter cæteros*). — Il y a exhérédation nominative quand on dit : *que mon fils Titius soit exhérédé;* ou encore : *que mon fils soit exhérédé;* sans qu'il soit nécessaire d'ajouter le nom, quand le testateur n'a qu'un fils.

II° Posthumes-siens.

1. Il faut aussi instituer ou exhéréder les posthumes. A cet égard, la condition de tous les posthumes est la même, en ce sens, que si un posthume du premier degré ou des degrés subséquents, de l'un ou de l'autre sexe, a été passé sous silence, le testament est d'abord valable, mais est ensuite rompu et infirmé pour le tout par l'agnation (naissance) du posthume ou de la posthume. Mais si la femme dont on attendait un posthume fait une fausse couche, les héritiers institués seront admis sans difficulté à faire adition d'hérédité. — Les posthumes du sexe féminin pouvaient être exhérédés ou nominativement, ou collectivement, pourvu que, dans ce dernier cas, on leur fît quelque legs; pour montrer que ce n'était pas par oubli qu'on les avait passés sous silence. Mais les posthumes mâles, c'est-à-dire les fils et petits-fils, ne pouvaient être exhérédés que nominativement, en ces termes : *que tout fils qui me naîtra soit exhérédé.*

III° Quasi-posthumes ou posthumes velléiens.

2. On assimile aux posthumes les petits-enfants, qui, prenant la place de leur père, deviennent, par quasi-agnation, héritiers-siens de leur ascendant : par exemple, si un testateur a un fils, et de ce fils un petit-fils ou une petite-fille; comme le fils précède d'un degré les petits-enfants, il a seul les droits et la qualité d'héritier-sien, quoique les petits-enfants soient,

---

1 La loi des XII Tables, en accordant au père de famille le droit de disposer par testament, n'avait soumis ce droit à aucune restriction : UTI PATER LEGASSIT.... ITA JUS ESTO. Pour priver de sa succession ses parents et même ses enfants, il suffisait au testateur d'instituer un étranger. Cela était d'autant plus inique que souvent les biens, laissés par le père de famille à son décès, lui avaient été acquis par ses enfants : aussi le droit coutumier ne tarda-t-il pas à adoucir la rigueur du principe établi par la loi décemvirale ; et on finit par assurer aux enfants le quart de l'hérédité paternelle, du moins quand ils n'avaient pas donné à leur père des sujets de plaintes graves. On n'arriva à ce résultat que progressivement et à l'aide de moyens indirects dont il est utile de saisir d'avance l'ensemble et les traits principaux. — 1° On commença par établir en principe que tout ascendant serait tenu, sous peine de nullité de son testament, d'instituer ou d'exhéréder formellement les enfants soumis à sa puissance : tel est l'objet de notre titre XIII. — 2° Cette première

modo jura suorum hæredum quasi agnatione nanciscuntur. Ne
ergo eo modo rumpatur ejus testamentum, sicut ipsum filium vel
hæredem instituere, vel nominatim exhæredare debet testator, ne
non jure faciat testamentum, ita et nepotem neptemve ex filio
necesse est ei vel hæredem instituere, vel exhæredare : ne forte eo
vivo filio mortuo, succedendo in locum ejus nepos neptisve, quasi
agnatione rumpant testamentum. Idque lege Julia Velleia provisum
est, in qua simul exhæredationis modus ad similitudinem posthumorum demonstratur. (Gaius, *Comm.* II, § 134; L. 13, D., *de. Inj. rup.*
Ulpian., *Fragm.*, XXII, § 19; Paul., *Rec. sentent.*, III, 4, § 16.)

3. Emancipatos liberos jure civili neque hæredes instituere, neque exhæredare necesse est, quia non sunt sui hæredes. Sed Prætor
omnes tam feminini sexus quam masculini, si hæredes non instituantur, exhæredari jubet, virilis sexus nominatim, feminini vero
et inter cæteros. Quod si neque hæredes instituti fuerint, neque ita, ut
diximus exhæredati, promittit eis Prætor contra tabulas testamenti
bonorum possessionem. (Gaius, *Comm.* II, § 135; Ulpian., *Fragm.*,
XXII, § 23; XXVIII, § 2.)

4. Adoptivi liberi, quandiu sunt in potestate patris adoptivi,
ejusdem juris habentur, cujus sunt justis nuptiis quæsiti : itaque
hæredes instituendi vel exhæredandi sunt, secundum ea quæ de naturalibus exposuimus. Emancipati vero a patre adoptivo, neque
jure civili, neque quod ad edictum Prætoris attinet, inter liberos
numerantur (Gaius, *Comm.* II, § 136; Ulpian., *Fragm.*, XXVIII,
§ 3; L. 1, D., *de Bonor. possess. contra Tab.*). Qua ratione accidit ut ex
diverso, quod ad naturalem parentem attinet, quandiu quidem sunt
in adoptiva familia, extraneorum numero habeantur, ut eos neque
hæredes instituere, neque exhæredare necesse sit; quum vero emancipati fuerint ab adoptivo patre, tunc incipiunt in ea causa esse in quâ
futuri essent, si ab ipso naturali patre emancipati fuissent. (Gaius,
Comm. II, § 137; Paul., L. 6, § 4, D., *de Bonor. possess. contra. Tab.*)

5. Sed hæc quidem vetustas introducebat. Nostra vero constitutio inter masculos et feminas in hoc jure nihil interesse existimans, quia utraque persona in
hominum procreatione similiter naturæ officio fungitur, et lege antiqua duodecim
tabularum, omnes similiter ad successionnem ab intestato vocabantur, quod et
Prætores postea secuti esse videntur, ideo simplex ac simile jus et in filiis et in
filiabus et in cæteris descendentibus per virilem sexum personis, non solum natis
sed etiam posthumis, introduxit ut omnes, sive sui sive emancipati sunt, vel

---

Innovation n'imposait guère au père de famille qu'une formalité de plus en définitive, il
restait maître de dépouiller ses enfants, en les déshéritant formellement; mais cette exhérédation devint ensuite l'occasion d'une mesure beaucoup plus directe. Sous le prétexte que le testateur, qui, sans motifs, avait exhérédé ses enfants, ne devait pas être bien
sain d'esprit, on accorda aux enfants exhérédés le droit de faire annuler le testament paternel comme inofficieux, c'est-à-dire, comme violant les devoirs qu'impose le titre de
père : si le testateur veut éviter cette rupture, il doit avoir soin de laisser à chaque enfant
le quart de ce que celui-ci aurait eu comme héritier *ab intestat* ; c'est là ce qu'on appelle

aussi bien que lui, sous la puissance du testateur. Mais, si ce fils vient à mourir du vivant du testateur, ou cesse par un motif quelconque d'être sous sa puissance, le petit-fils ou la petite-fille prend dès-lors sa place, et acquiert la qualité d'héritier-sien, par quasi-agnation [1]. En conséquence, pour éviter que son testament ne vienne plus tard à être rompu de cette manière, le testateur doit (en même temps qu'il institue ou exhérède nominativement son fils, pour ne pas faire un testament irrégulier) instituer ou exhéréder aussi le petit-fils ou la petite-fille, issus de ce fils : autrement, si, du vivant du testateur, le fils venait à mourir, le petit-fils ou la petite-fille, prenant sa place par quasi-agnation, romprait le testament. Cela a été ainsi réglé par la loi Julia Vellcia, qui a assimilé ce genre d'exhérédation à l'exhérédation des posthumes [2].

IV° Enfants émancipés.

3. D'après le droit civil, il n'est pas nécessaire d'instituer ou d'exhéréder les enfants émancipés, parce qu'ils ne sont pas héritiers-siens; mais le Préteur veut que tous les enfants émancipés, de l'un ou de l'autre sexe, soient ou institués ou exhérédés, les mâles nominativement et les femmes collectivement. S'ils n'ont point été institués ou exhérédés, conformément à ce que nous venons de dire, le Préteur leur promet la possession de biens *contra tabulas*.

V° Enfants adoptifs.

4. Les enfants adoptifs, tant qu'ils sont sous la puissance de leur père adoptif, sont soumis aux mêmes règles que les enfants nés en légitime mariage. Ainsi, ils doivent être institués ou exhérédés dans la forme que nous venons d'exposer par rapport aux enfants naturels. Mais, une fois émancipés par leur père adoptif, ils ne sont plus comptés au nombre de ses enfants, ni d'après le droit civil, ni d'après le droit prétorien.—A l'inverse, tant qu'ils sont dans la famille adoptive, ils sont considérés comme étrangers par rapport au père naturel, qui n'est point obligé, par conséquent, de les instituer ou de les exhéréder; mais s'ils viennent à être émancipés par le père adoptif, ils sont de cet instant, à l'égard du père naturel, dans la même position que si dès l'origine ils avaient été émancipés par lui.

5. Tel était le droit ancien. Mais notre constitution a voulu qu'il n'y eût, en cette matière, aucune différence entre les deux sexes : en effet, chaque sexe remplit également dans la procréation de l'espèce, le rôle que lui assigne la nature, et d'ailleurs la loi des XII Tables, suivie en cela par le droit prétorien, admettait

---

la *quarte légitime* (la plainte de testament inofficieux et la légitime font l'objet du titre XVIII). — 3° Toutefois le père de famille qui aurait voulu ne pas laisser à ses enfants même ce quart, aurait eu encore un moyen : pour cela il lui eut suffi de les instituer héritiers, et de les grever tellement de legs qu'il ne leur restât plus que le vain titre d'héritiers. Cette dernière issue est fermée au testateur par la loi Falcidie qui accorde à tout héritier testamentaire le droit de ne payer les legs, mis à sa charge, que jusqu'à concurrence des trois quarts de la succession (titre XXII).—Ainsi, en résumé, si le testateur passe ses enfants sous silence, son testament est nul, et les enfants ont tout; s'il les exhérède, il faut qu'il leur laisse la quarte légitime, sinon ils feront annuler le testament comme inofficieux et auront toute la succession; enfin si le père institue ses enfants en les grevant de legs, ils sont encore assurés d'avoir un quart en vertu de la loi Falcidie.

[1] Car on appelle héritier-sien, le descendant d'un degré quelconque qui est soumis à la puissance *immédiate* du testateur.

[2] Il y a encore deux classes de posthumes velléiens, savoir : 1° les enfants nés au testateur entre la confection de son testament et sa mort; 2° les enfants du fils de famille qui teste de son pécule castrans : en effet, à la mort de l'aïeul, ces enfants retombent sous la puissance de leur père, et deviennent ainsi ses héritiers-siens.

hæredes instituantur vel nominatim exhæredentur, et eūndem habeant effectum circa testamenta parentum suorum infirmanda et hæreditatem auferendam; quem filii sui vel emancipati habent, sive jam nati sint, sive adhuc in utero constituti postea nati sint (Justinian., L. 4, C., *de Liber. præt. vel exhæréd.*) Circa adoptivos autem filios certam induximus divisionem, quæ nostra constitutione quam super adoptivis tulimus, continetur. (Justinian., I., 10, C., *de Adopt.*)

6. Sed si *in expeditione occupatus* miles testamentum faciat, et liberos suos jam natos vel posthumos nominatim non exhæredaverit, sed silentio præterierit, non ignorans an habeat liberos, silentium ejus pro exhæredatione nominatim facta valere, constitutionibus principum cautum sit. (Gordian., L. 9, C., *de Test. milit.*; Ulpian., L. 21, D., *de Bon. libert.*)

7. Mater vel avus maternus necesse non habent liberos suos aut hæredes instituere, aut exhæredare; sed possunt eos omittere. Nam silentium matris, aut avi materni et cæterorum per matrem ascendentium, tantum facit quantum exhæredatio patris (Gaius, L. 15, D., *de Suis et legit.*) Nec enim matri filium filiamve, neque avo materno nepotem neptemve ex filia, si cum eamve hæredem non instituat, exhæredare necesse est, sive de jure civili quæramus, sive de edicto Prætoris quo Prætor præteritis liberis contra tabulas bonorum possessionem promittit (Gaius, *Comm.* III, § 71). Sed aliud eis adminiculum servatur, quod paulo post vobis manifestum fiet.(Paul., *Rec. sentent.*, IV, 5, § 2; Philip., L. 15, C., *de Inoff. test.*)

Tit. XIV. *De Hæredibus instituendis.*

Hæredes instituere permissum est tam liberos homines quam servos, et tam proprios quam alienos. Proprios autem, olim quidem secundum plurium sententias, non aliter quam cum libertate recte instituere licebat. (Gaius, *Comm.* II, § 185 – 186, 187; Ulpian., *Fragm.*, XX, § 7 et 12; Valer. et Gall., L. 9. C., *de Fideic. libert.*)

Hodie vero etiam sine libertate ex nostra constitutione hæredes eos instituere permissum est. (Justinian., L. 5, C., *de Necess. serv.*). Quod non per innovationem induximus, sed quodam æquius erat, et Atilicinio placuisse Paulus suis libris, quos tam ad Massurium Sabinum quam ad Plautium scripsit, refert. (Paul., L. 32 § 2, D., *de Test. tut.*)

Proprius autem servus etiam is intelligitur, in quo nudam proprietatem testator habet, alio usumfructum habente (Paul., L. 25, D., *de Verb. signif.*; Ulpian., L. 9, § 20, *h. t.*).—Est tamen casus in quo nec cum libertate utiliter servus a domina hæres instituitur, ut constitutione divorum Severi et Antonini cavetur, cujus verba hæc sunt : « Servum adulterio maculatum, non jure testamento manumissum ante sententiam ab ea muliere videri, quæ rea fuerat ejusdem » criminis postulata, rationis est. Quare sequitur, ut in eundem a » domina collata institutio nullius momenti habeatur » (Martian., L. 48, § 2, D., *h. t.*) — Alienus servus etiam is intelligitur, in quo

sans distinction les deux sexes à la succession légitime. En conséquence, nous avons établi un droit simple et uniforme pour tous les enfants et descendants par mâles, nés ou à naître, quels que soient leur sexe et leur degré : nous avons voulu que le testateur fût obligé de les instituer ou de les exhéréder nominativement, qu'ils soient en puissance ou émancipés : de façon que la prétérition de tous les enfants (sans distinction entre ceux qui étaient déjà nés et ceux qui, étant conçus lors du testament, viennent ensuite à naître), produisît les mêmes effets que la prétérition d'un fils en puissance ou émancipé; tant pour infirmer le testament de leurs ascendants que pour enlever l'hérédité aux héritiers inscrits. Quant aux enfants adoptifs, nous avons introduit des distinctions qui sont contenues dans notre constitution sur les adoptions.

6. Si un militaire, *employé dans une expédition*, fait son testament et omet d'exhéréder ses enfants nés ou posthumes, connaissant cependant leur existence, les constitutions des princes ont établi que son silence équivaudrait à une exhérédation nominative.

7. La mère ou l'aïeul maternel ne sont pas obligés d'instituer leurs enfants ou de les exhéréder; ils peuvent les passer sous silence, car le silence de la mère, de l'aïeul et des autres ascendants maternels, équivaut à l'exhérédation du père. En effet, soit qu'on considère le droit civil, soit qu'on s'attache aux dispositions du droit prétorien (qui a introduit, en faveur des enfants passés sous silence, la possession de biens *contra tabulas*), on ne trouve pas que la mère ou l'aïeul maternel soient obligés d'exhéréder leurs enfants ou petits-enfants, dans le cas où ils ne les instituent pas; mais ces enfants ont une autre ressource[1] dont nous parlerons bientôt.

TITRE XIV. *De l'institution d'héritier*[2].

Nous pouvons instituer héritiers les hommes libres et les esclaves; et, parmi les esclaves, nous pouvons instituer les nôtres ou ceux d'autrui. — Autrefois, suivant la plupart des jurisconsultes, on ne pouvait instituer ses propres esclaves qu'en leur donnant la liberté.

Mais aujourd'hui, d'après notre constitution, l'institution de l'esclave par son maître est valable, quoique le testateur ait omis de dire qu'il donnait la liberté à son héritier. Et cela n'est point une innovation; car cette opinion, plus conforme d'ailleurs à l'équité, avait été professée par Atilicinius, ainsi que Paul nous l'apprend dans les livres qu'il a composés tant sur Massurius Sabinus que sur Plaute.

Au reste, un esclave est regardé comme propre, c'est-à-dire comme appartenant au testateur, quoique celui-ci n'en ait que la nue-propriété, un autre en ayant l'usufruit. — Il est cependant un cas où l'institution d'un esclave par sa maîtresse est nulle, lors même, qu'en l'instituant, celle-ci lui aurait formellement donné la liberté; ce'a résulte d'une constitution de Sévère et d'Antonin, dont voici les termes : « La raison veut qu'une femme » ne puisse, par son testament, affranchir l'esclave avec lequel elle est » accusée de s'être rendue coupable d'adultère, avant qu'un jugement ait

---

[1] Cette ressource est la plainte de testament inofficieux. (Voyez le titre XVIII).

[2] L'institution d'héritier est la tête et le fondement de tout le testament (*Caput et fundamentum totius testamenti* § 34, *de legatis*) : la *tête*, en effet c'est par là que le testament doit commencer; le *fondement*, en effet toutes les autres dispositions testamentaires reposent sur l'institution d'héritier, si celle-ci devient caduque, tout le reste du testament s'évanouit.

usumfructum testator habet. (Paul., L. 25; D., *de Verb. signif.*; et L. 1 , D., *de Usufr.*)

1. Servus autem a domino suo hæres institutus, si quidem in eadem causa manserit, fit ex testamento liber hæresque necessarius. Si vero a vivo testatore manumissus fuerit, suo arbitrio adire hæreditatem potest : quia non fit necessarius, quum utrumque ex domini testamento non consequitur. Quodsi alienatus fuerit, jussu novi domini adire hæreditatem debet, et ea ratione per eum dominus fit hæres. Nam ipse alienatus neque liber neque hæres esse potest, etiamsi cum libertate hæres institutus fuerit; destitisse enim a libertatis datione videtur dominus, qui eum alienavit (Gaius, *Comm.* II, § 188; Ulpian., *Fragm.*, XXII, § 11 et 12; Tryph., L. 90, D., *h. t.*; Paul., L. 27, D., *Adim. legat.*). — Alienus quoque servus hæres institutus, si in eadem causa duraverit, jussu ejus domini adire hæreditatem debet. Si vero alienatus fuerit ab eo, aut vivo testatore, aut post mortem ejus antequam adeat, debet jussu novi domini adire. At si manumissus est vivo testatore, vel mortuo antequam adeat, suo arbitrio adire hæreditatem potest. (Gaius, *Comm.* II, § 189 ; Ulpian., *Fragm.*, XXII, § 12.)

2. Servus autem alienus post domini mortem recte hæres instituitur, quia et cum hæreditariis servis est testamenti factio. Nondum enim adita hæreditas personæ vicem sustinet, non hæredis futuri, sed defuncti : quum etiam ejus qui in utero est, servus recte hæres instituitur. (Gaius, L. 31 , § 1 ; Javol., L. 64, D. *h. t*; Ulpian., L. 33, § 2 ; L. 34. D., *de Acq. rer. dom.*)

3. Servus plurium cum quibus testamenti factio est, ab extraneo institutus hæres, unicuique dominorum cujus jussu adierit, pro portione dominii acquirit hæreditatem. (Ulpian. et Paul., L, 67 et 68, D., *de. Acq. vel omitt. hæred.*)

4. Et unum hominem et plures in infinitum, quot quis velit, hæredes facere licet.

5. Hæreditas plerumque dividitur in duodecim uncias, quæ assis appellatione continentur. Habent autem et hæ partes propria nomina ab uncia usque ad assem, ut puta hæc : uncia, sextans, quadrans, triens, quincunx, semis, septunx, bes, dodrans, dextans, deunx, as (Ulpian., L. 50, § 2, D. *h. t.*). — Non autem utique semper duodecim uncias esse oportet; nam tot unciæ assem efficiunt, quot testator voluerit, et si unum tantum quis ex semisse, verbi gratia, hæredem scripserit, totus as in semisse erit. Neque enim idem ex parte testatus ex parte intestatus decedere potest, nisi sit miles, cujus sola voluntas in testando spectatur. Et e contrario potest quis, in quantascumque voluerit plurimas uncias, suam hæreditatem dividere. (Ulpian., L. 13, § 1, 2, 4, 6 et 7, D., *h. t.*; L. 6, D., *de Test. milit.* Pomp., L. 7, D., *de Reg. jur.*)

« prononcé sur cette accusation; d'où il suit qu'on doit regarder comme
« sans aucune valeur l'institution d'héritier conférée à cet esclave par sa
« maîtresse. » — A l'inverse, un esclave est considéré comme à autrui,
par rapport au testateur, quoique celui-ci ait sur cet esclave un droit d'u-
sufruit.

1. Quant à l'esclave institué par son maître, il y a plusieurs distinctions
à faire. S'il reste dans le même état jusqu'à la mort du testateur, il devient, en
vertu du testament, libre et héritier nécessaire. — S'il a été affranchi du
vivant du testateur, il est libre de faire ou de ne pas faire adition (*héritier
externe*): il ne devient pas, en effet, dans ce cas, héritier nécessaire, parce
qu'il ne tient pas, du testament, et la liberté et l'hérédité. — S'il a été aliéné,
il ne peut faire adition que par l'ordre de son nouveau maître, auquel il
acquiert ainsi la qualité d'héritier : en effet, une fois aliéné, l'esclave ne
peut plus devenir ni libre ni héritier (pour lui-même), lors même qu'il
aurait été institué avec affranchissement; car, en aliénant son esclave, le
testateur est réputé s'être départi du don de la liberté. — A l'égard de l'esclave institué héritier par un autre que son maître, il faut aussi distinguer
plusieurs cas : si cet esclave reste dans le même état, il doit faire adition
par ordre de son maître; s'il est aliéné du vivant du testateur, ou même
depuis sa mort, mais avant d'avoir fait adition, il doit faire adition par
ordre de son nouveau maître; enfin, s'il a été affranchi du vivant du testateur, ou même depuis sa mort, mais avant d'avoir fait adition, il est
libre de faire ou de ne pas faire adition.

2. On peut instituer pour héritier l'esclave d'autrui, après la mort de
son maître, parce qu'on a *faction de testament*, même avec les esclaves
qui appartiennent à une hérédité : en effet, tant qu'il n'y a pas adition,
l'hérédité représente, non le futur héritier, mais le défunt. — C'est ainsi
qu'on peut encore instituer héritier, l'esclave de celui qui est encore dans le
sein de sa mère.

3. Quand un esclave appartenant à plusieurs maîtres, avec lesquels
existe la faction de testament, est institué héritier par un étranger, il acquiert l'hérédité à chacun des maîtres (par l'ordre desquels il fait adition),
en proportion de la part de propriété que chacun d'eux a sur lui.

4. On peut n'instituer qu'un seul héritier; on peut aussi en instituer
plusieurs, et en tel nombre qu'il plaira au testateur.

5. L'hérédité se divise le plus souvent en douze onces, qui, réunies,
forment ce qu'on appelle l'as; chacune de ces différentes parts, depuis
l'once jusqu'à l'as, a son nom particulier, savoir : *uncia, sextans, quadrans, triens, quincunx, semis, septunx, bes, dodrans, dextans, deunx.*
— Au reste, la division en douze onces n'est nullement obligatoire : le
testateur est maître de diviser l'as en aussi peu d'onces que bon lui semble : si, par exemple, il n'a institué qu'un seul héritier et pour six onces,
ces six onces formeront un as complet. En effet, nul ne peut mourir partie
testat, partie intestat; excepté toutefois les militaires, dont la volonté est,
en fait de testament, la seule règle à considérer. Réciproquement, le testateur peut diviser son hérédité en un aussi grand nombre d'onces qu'il le
juge convenable.

6. Si plures instituantur, ita demum partium distributio necessaria est, si nolit testator eos ex æquis partibus hæredes esse. Satis
enim constat, nullis partibus nominatis, ex æquis partibus eos
hæredes esse (Ulpian.; L. 9. § 12, D., *h. t.*).—Partibus autem in quorundam personis expressis, si quis alius sine parte nominatus erit,
si quidem aliqua pars assi deerit, ex ea parte hæres fit; et si plures
sine parte scripti sunt, omnes in eandem partem concurrunt. — Si
vero totus as completus sit, in dimidiam partem vocantur, et ille vel
illi omnes in alteram dimidiam. Nec interest primus, an medius, an
novissimus sine parte hæres scriptus sit : ea enim pars data intelligitur, quæ vacat. (Paul., *Rec. sentent.*, III, 4, § 6; L. 20; Papin.,
L. 78, § 2; Ulpian., L. 17, *pr.*, § 3 et 4, D., *h. t.*)

7. Videamus, si pars aliqua vacet, nec tamen quisquam sine parte
sit hæres institutus, quid juris sit; veluti si tres ex quartis partibus
hæredes scripti sunt? Et constat vacantem partem singulis tacite pro
hæreditaria parte accedere, et perinde haberi ac si ex tertiis partibus
hæredes scripti essent. Et ex diverso, si plures in portionibus sint,
tacite singulis decrescere : ut si, verbi gratia, quatuor ex tertiis
partibus hæredes scripti sint, perinde habeantur ac si unusquisque
ex quarta parte scriptus fuisset. (Ulpian., L. 13, § 2, 3, 4 et 5, D.,
h. t.)

8. Et si plures unciæ quam duodecim distributæ sint, is qui sine
parte institutus est, quod dupondio deest, habebit. Idemque erit
si dupondius expletus sit : quæ omnes partes ad assem postea revo-
cantur quamvis sint plurium unciarum. (Hermog., L. 87; Paul.,
L. 18, D., *h. t.*)

9. Hæres pure et sub conditione institui potest (Ulpian., L. 4, D.,
h. t.). Ex certo tempore aut ad certum tempus, non potest : veluti, POST QUINQUENNIUM QUAM MORIAR, vel EX CALENDIS ILLIS, vel
USQUE AD CALENDAS ILLAS HÆRES ESTO. Denique diem adjectum haberi
pro supervacuo placet, et perinde esse ac si pure hæres institutus
esset. (Papin., L. 34, D., *h. t.*)

10. Impossibilis conditio in institutionibus et legatis, nec non
in fideicommissis et libertatibus, pro non scripta habetur. (Paul.,
Rec. sentent., III, 4, § 1 et 2; Ulpian., L. 1; Martian., L. 14, D. *de*
Condit. instit.)

11. Si plures conditiones institutioni adscriptæ sunt : siquidem
conjunctim, ut puta si ILLUD ET ILLUD FACTUM ERIT, omnibus pa-

6. Quand il y a plusieurs héritiers institués, la distribution des parts n'est nécessaire qu'autant que le testateur ne veut pas que ses héritiers lui succèdent par égales portions : car il est évident que, faute par le testateur d'avoir désigné la part de chacun, tous les héritiers doivent avoir des parts égales. Lorsque les parts de quelques-uns des héritiers ayant été déterminées par le testateur, il se trouve un autre héritier institué sans assignation de part, ce dernier aura la fraction de l'as qui n'a pas été distribuée; s'ils sont plusieurs, institués ainsi sans désignation de part, ils se partageront, par égales portions, cette même fraction. Si les parts distribuées complètent l'as, l'héritier ou les héritiers, institués sans assignation de parts, auront moitié de la succession; les autres héritiers se partageront l'autre moitié, conformément à la distribution faite par le testateur. Peu importe au surplus que l'héritier, institué sans assignation de parts, soit le premier, ou le dernier, ou occupe un rang intermédiaire : dans tous les cas, le testateur est réputé avoir voulu lui donner la fraction d'as non distribuée.

7. Mais que décider, si une partie quelconque de l'as n'étant pas distribuée, il ne se trouve cependant aucun héritier institué sans assignation de part; si, par exemple, le testateur a institué trois héritiers chacun pour un quart ? Il est certain que la part vacante accroît tacitement à chacun, en proportion de sa part héréditaire; et que les héritiers sont dans la même position que si le testateur les eût institués chacun pour un tiers. A l'inverse, si les parts distribuées excèdent douze onces, par exemple, si le testateur a institué quatre héritiers chacun pour un tiers, il y a un décroissement proportionnel, et les quatre héritiers sont réputés institués chacun pour un quart.

8. Si le testateur a distribué plus de douze onces, et qu'il y ait en outre un héritier institué sans assignation de part; ce dernier aura la fraction non distribuée du *dupondium* [1] ou double as, (c'est-à-dire, as divisé en 24 parties); on suivra la même règle, si le testateur a donné plus de 24 onces (*dupondium*), l'héritier, sans part déterminée, aura les onces vacantes pour arriver au *tripondium*, ou triple as, (c'est-à-dire, as divisé en 36 parties), et ainsi de suite..... Au reste, toutes ces parts, quel que soit le nombre d'onces qu'elles contiennent, sont ensuite ramenées à un seul as.

9. L'héritier peut être institué purement et simplement, ou sous condition; mais non à partir de telle époque ou jusqu'à telle époque; par exemple, on ne peut instituer ainsi : *que Titius soit mon héritier cinq ans après ma mort; ou à telles Calendes, ou jusqu'à telles Calendes.* Au reste, le terme fixé par le testateur est réputé non avenu; et l'héritier considéré comme institué purement et simplement.

10. Dans les institutions d'héritiers et les legs, la condition impossible est réputée non écrite : on suit la même règle pour les fidéicommis et les affranchissements.

11. Quelquefois l'institution d'héritier est subordonnée à plusieurs conditions : alors, si ces conditions sont imposées conjointement (par exemple, *si telle* ET *telle chose est faite*), il faut que toutes soient

---

[1] L'Académie a francisé *dupondius*. Les Latins disaient *dupondium, dupondius, dupondiarius, dipondium, dipondius, dipondiarius*, etc.

rendum est; si separatim, veluti si ILLUD AUT ILLUD FACTUM ERIT, cuilibet obtemperare satis est. (Paul. , L. 5 , D. *de Condit. instit.* ; Modestin., L. 51, *pr.*, D. *de Condit. et demonstr.;* Valens, L. 87 *et* 89, D.*cod.*)

12. Ii quos nunquam testator vidit, hæredes institui possunt, veluti si fratris filios peregri natos ignorans qui essent, hæredes instituerit. Ignorantia enim testantis inutilem institutionem non facit. (African., L. 46, D. *h. t.*; Theod. et Valentin, L. 11, C. *h. t.*)

Tit. XV. *De Vulgari substitutione.*

Potest autem quis in testamento suo plures gradus hæredum facere, ut puta SI ILLE HÆRES NON ERIT, ILLE HÆRES ESTO; et deinceps, in quantum velit testator, substituere potest, et novissimo loco in subsidium vel servum necessarium hæredem instituere. (Martian., L. 36, D. *h. t.;* Gaius, *Comm.*, II, § 174.)

1. Et plures in unius locum possunt substitui, vel unus in plurium, vel singuli singulis, vel invicem ipsi qui hæredes instituti sunt. (Martian., L. 36, § 1, D., *h. t.;* Gaius, *Comm.*, II, § 175.)

2. Et si ex disparibus partibus hæredes scriptos invicem substituerit, et nullam mentionem in substitutione partium habuerit, eas videtur in substitutione partes dedisse, quas in institutione expressit. Et ita divus Pius rescripsit. (Anton., L. 1, C. *de Impub. et aliis Substit.;* Ulpian., L. 24, D. *h. t.*)

3. Sed si instituto hæredi, et cohæredi suo substituto dato, alius substitutus fuerit, divi Severus et Antoninus sine distinctione rescripserunt ad utramque partem substitutum admitti. (Papinian., L. 41, D. *h. t.* Martian., L. 9, D. *de Suis et legit. hæred.*

4. Si servum alienum quis patrem-familias arbitratus, hæredem scripserit, et si hæres non esset, Mævium ei substituerit, isque servus jussu domini adierit hæreditatem, Mævius in partem admittitur. Illa enim verba SI HÆRES NON ERIT, in eo quidem quem alieno juri subjectum esse testator scit, sic accipiuntur : si neque ipse hæres erit, neque alium hæredem effecerit. In eo vero quem patrem-familias esse arbitratur, illud significant : si hæreditatem sibi, sive cujus juri postea subjectus esse cœperit, non acquisierit. Idque Tiberius Cæsar in persona Parthenii servi sui constituit. (Julian., L. 40; Pompon., L. 41, D. *de Hæred. Instit.*)

Tit. XVI. *De Pupillari substitutione.*

Liberis suis impuberibus quos in potestate quis habet, non solum ita ut supra diximus substituere potest, id est ut, si hæredes ei

accomplies; si elles sont imposées, sous une alternative (par exemple, *si telle* ou *telle chose est faite*), il suffit que l'une des deux soit accomplie.

12. Le testateur peut instituer ceux qu'il n'a jamais vus; par exemple, les enfants de son frère, nés à l'étranger, et qu'il ne connaît pas : cette ignorance du testateur n'annule pas l'institution.

Titre XV. *De la Substitution vulgaire.*

Un testateur peut faire plusieurs degrés d'héritiers; par exemple : *si un tel n'est pas mon héritier, que tel autre le soit ;* et ainsi de suite : il peut étendre aussi loin que bon lui semble, la série des substitutions, et même subsidiairement instituer, en dernier lieu, un de ses esclaves pour héritier nécessaire.

1. On peut substituer plusieurs héritiers à un seul, ou un seul à plusieurs, ou donner à chaque institué un substitué particulier, ou enfin substituer réciproquement entre eux les divers institués.

2. Si le testateur substitue réciproquement, et sans fixer les parts, les héritiers qu'il avait institués pour des parts inégales, il est censé avoir voulu donner, dans la substitution, les mêmes parts qu'il a exprimées dans l'institution : ainsi l'a décidé Antonin-le-Pieux.

3. Mais si à un héritier institué on substitue son cohéritier, et, à ce dernier une tierce personne, Sévère et Antonin ont décidé que la personne substituée en dernier lieu serait admise, sans distinction, à recueillir l'une et l'autre part.

4. Si, croyant instituer un père de famille, un testateur institue l'esclave d'autrui, et, pour le cas où il ne serait pas héritier, lui substitue Mævius; qu'ensuite l'esclave institué fasse addition par ordre de son maître; Mævius sera admis pour moitié. En effet, cette clause, « *si un tel n'est pas* » *mon héritier,* » présente des sens différents suivant les circonstances : par rapport à celui qui, au su du testateur, est soumis à la puissance d'autrui, elle signifie : « *s'il n'acquiert l'hérédité ni pour lui ni pour un autre;* » mais à l'égard de celui que le testateur croit père de famille, cette clause signifie : « *s'il n'acquiert l'hérédité ni pour lui ni pour la personne* *sous la puissance de laquelle il pourra tomber par la suite.* » Ainsi l'a décidé Tibère César, à l'égard de son esclave Parthénius.

Titre XVI. *De la Substitution pupillaire.*

Aux enfants impubères qu'il a sous sa puissance, le père de famille peut d'abord substituer de la manière que nous venons d'exposer, c'est-à-

non exstiterint, alius sit ei hæres, sed eo amplius ut, et si hæredes
ei exstiterint et adhuc impuberes mortui fuerint, sit ei¹ aliquis hæres;
veluti si quis dicat hoc modo : TITIUS FILIUS MEUS HÆRES MIHI ESTO;
SI FILIUS MEUS HÆRES MIHI NON ERIT, SIVE HÆRES ERIT ET PRIUS MORIA-
TUR QUAM IN SUAM TUTELAM VENERIT (*id est pubes factus sit*), TUNC
SEIUS HÆRES ESTO. Quo casu, si quidem non exstiterit hæres filius, tunc
substitutus patri fit hæres ; si vero exstiterit hæres filius et ante pubertatem decesserit, ipsi filio fit hæres substitutus (Gaius, *Comm.*, II,
§ 179, 180; Ulpian., *Fragm.*, XXIII, § 7.) Nam moribus institutum
est ut, quum ejus ætatis filii sint, in qua ipsi sibi testamentum facere
non possunt, parentes eis faciant (Ulpian., L. 2, D. *de Vulg. et pup.*
substit.)

1. Qua ratione excitati, etiam constitutionem posuimus in nostro codice, qua
prospectum est ut, si mente captos habeant filios vel nepotes vel pronepotes cujuscunque sexus vel gradus, liceat eis, etsi puberes sint, ad exemplum pupillaris
substitutionis certas personas substituere ; sin autem resipuerint, eandem substitutionem infirmari, et hoc ad exemplum pupillaris substitutionis, quæ, postquam pupillus adoleverit, infirmatur. (L. 9, C., *de Impub. et aliis substit.*;
Pompon, L. 11, D. *de Vulg. et pup. substit.*)

2. Igitur in pupillari substitutione secundum præfatum modum
ordinata duo quodammodo sunt testamenta, alterum patris, alterum filii, tanquam si ipse filius sibi hæredem instituisset; aut certe
unum est testamentum duarum causarum, id est duarum hæreditatum. (Gaius, *Comm.*, II, § 180; Ulpian.¹, L. 2, § 4, D. *de Vulg. et*
pup. substit.; Nerat., L. 59, D. *de Acquir. vel omitt. hæred.*)

3. Sin autem quis ita formidolosus sit, ut timeret ne filius ejus
pupillus adhuc, ex eo quod palam substitutum accepit, post obitum ejus periculo insidiarum subjiceretur, vulgarem quidem
substitutionem palam facere et in primis testamenti partibus
debet; illam autem substitutionem per quam, et si hæres
heres exstiterit pupillus et intra pubertatem decesserit, substitutus
vocatur, separatim in inferioribus partibus scribere, eamque parem proprio lino propriaque cera consignare, et in priore parte
testamenti cavere debet, ne inferiores tabulæ vivo filio et adhuc
impubere aperiantur. (Gaius, *Comm.*, II, § 181.) Illud palam est,
non ideo minus valere substitutionem impuberis filii, quod in hisdem tabulis scripta sit quibus sibi quisque hæredem instituisset,
quamvis pupillo hoc periculosum sit.

4. Non solum autem hæredibus institutis impuberibus liberis ita
substituere parentes possunt ut, et si hæredes eis exstiterint et ante
pubertatem mortui fuerint, sit eis hæres is quem ipsi voluerint; sed

---

¹ *Alii omnes et Gaius :* sit eis aliquis hæres.

dire, « s'ils ne sont pas mes héritiers, que tel autre soit mon héritier; »
mais il peut en outre *leur*[1] désigner un héritier, pour le cas où après avoir
recueilli sa propre succession, ils viendraient eux-mêmes à mourir
impubères. Voici un exemple de cette double substitution : « *que Titius*
» *mon fils soit mon héritier; si mon fils n'est pas mon héritier; ou,*
» *si, devenu mon héritier, il meurt avant d'avoir atteint l'âge de*
» *puberté, que Seius soit héritier.* » Dans ce cas, si le fils n'est pas
héritier, le substitué devient héritier du père; si au contraire, le fils
devient héritier de son père, et meurt avant d'avoir atteint la puberté, le
substitué se trouve héritier du fils. C'est en effet un usage consacré
par les mœurs, que l'ascendant puisse faire le testament de son descendant,
quand celui-ci n'est pas d'âge à pouvoir le faire lui-même.

1. La parité des raisons nous a porté à insérer dans notre code une constitution, d'après laquelle, l'ascendant ayant sous sa puissance des enfants, petits en-
fans ou arrière petits-enfants, de quelque sexe et de quelque degré qu'ils soient,
qui ne jouiraient pas de leur raison, peut, lors même que lesdits enfants seraient
pubères, leur substituer certaines personnes, à l'exemple de la substitution pupillaire. Nous avons décidé que cette substitution tomberait si les enfants venaient
à recouvrer leur raison; et en cela nous avons encore imité la substitution pupillaire qui tombe dès que l'enfant atteint sa puberté.

2. La substitution faite en la forme précédemment indiquée, contient
donc, en quelque sorte, deux testaments, celui du père et celui du fils qui
a un héritier, comme s'il l'eût institué lui-même : on peut du moins la
considérer comme un seul testament à deux fins, c'est-à-dire, disposant de
deux hérédités.

3. Un père peut pousser la sollicitude au point de craindre qu'après
sa mort, son fils impubère ne soit exposé à quelques embûches, à cause
de la publicité donnée à la substitution pupillaire : pour prévenir tout
danger de ce genre, il pourra faire la substitution vulgaire d'une
manière patente dans la première partie de son testament; mais rejeter
la substitution, par laquelle il nomme un héritier à son fils, dans le cas
où celui-ci viendrait à mourir impubère, dans la partie inférieure des
tablettes testamentaires; sceller cette partie avec un fil et une cire particuliers; et, dans la première partie de son testament, défendre que la partie
scellée séparément soit ouverte avant la mort ou la puberté du fils.
Au reste, il est évident qu'une substitution pupillaire n'est pas nulle pour
avoir été écrite dans la partie du testament, où le père s'est choisi un
héritier pour lui-même; seulement elle peut offrir des dangers pour
le pupille.

4. Le droit qu'a l'ascendant de substituer un héritier de son choix
à ses descendants, pour le cas où, après avoir été héritiers, ils viendraient
à mourir impubères, peut s'exercer non seulement à l'égard des enfants
qu'il institue, mais encore à l'égard de ceux qu'il exhérède. Dans ce

---

1. Il faut évidemment *eis* au lieu de *ei*.

etiam exhæredatis. Itaque eo casu, si quid pupillo ex hæreditatibus legatisve aut donationibus propinquorum atque amicorum acquisitum fuerit, id omne ad substitutum pertinebit. Quæcunque diximus de substitutione impuberum liberorum vel hæredum institutorum vel exhæredatorum, eadem etiam de posthumis,intelligimus. (Gaius, *Comm.*, II, § 182, 183; Ulpian., *Fragm.*, XXIII, § 8.)

5. Liberis autem suis testamentum nemo facere potest, nisi et sibi faciat; nam pupillare testamentum pars et sequela est paterni testamenti : adeo ut si patris testamentum non valeat, nec filii quidem valebit. (Ulpian., *Fragm.*, XXIII, § 9; L. 2, § 1; Paul., L. 38, D. *de Vulg. et pup. substit.*)

6. Vel singulis autem liberis, vel qui eorum novissimus impubes morietur, substitui potest, singulis quidem, si neminem eorum intestato decedere voluit; novissimo, si jus legitimarum hæreditatum integrum inter eos custodiri velit. (Florent., L. 37, D. *de Vulg. et pup. substit.*)

7. Substituitur autem impuberi aut nominatim, veluti Titius; aut generaliter, ut QUISQUIS MIHI HÆRES ERIT. Quibus verbis vocantur ex substitutione, impubere mortuo filio, illi qui et ei scripti sint hæredes et exstiterunt, et pro qua parte hæredes facti sunt. (Ulpian., L. 8, *pr.* et § 1, D. *de Vulg. et pup. substit.*)

8. Masculo igitur usque ad quatuordecim annos substitui potest; feminæ, usque ad duodecim annos, et si hoc tempus excesserint, substitutio evanescit. (Pompon., L. 14; Papin., L. 7, D. *de Vulg. et pup. substit.*)

9. Extraneo vero, vel filio puberi hæredi instituto, ita substituere nemo potest ut, si hæres exstiterit et intra aliquod tempus decesserit, alius ei sit hæres. Sed hoc solum permissum est, ut eum per fideicommissum testator obliget, alii hæreditatem ejus vel totam vel pro parte restituere : quod jus quale sit, suo loco trademus. (Gaius, *Comm.*, II, § 184.)

Tit. XVII. *Quibus modis Testamenta infirmantur.*

Testamentum jure factum usque adeo valet, donec rumpatur irritumve fiat. (Ulpian., *Fragm.*, XXIII, § 1.)

1. Rumpitur autem testamentum, quum in eodem statu manente testatore ipsius testamenti jus vitiatur. Si quis enim post factum testamentum adoptaverit sibi filium, per imperatorem, eum qui est sui juris, aut per Prætorem *secundum nostram constitutionem*, eum qui in potestate parentis fuerit, testamentum ejus rumpitur quasi

dernier cas, le substitué recueillera tout ce que l'impubère aura acquis de ses proches ou de ses amis, par succession, legs ou donation. Tout ce qui vient d'être dit au sujet de la substitution des impubères, institués ou exhérédés, est également applicable aux posthumes.

5. Nul ne peut faire un testament pour ses enfants, sans en faire un pour lui-même; car le testament fait pour le pupille est une partie et une suite du testament du père; de sorte que si le testament du père est nul, celui du fils ne peut valoir.

6. On peut substituer à chacun de ses enfants en particulier, ou à celui d'entre eux qui mourra le dernier ; on substitue à chacun d'eux, quand on ne veut pas qu'aucun meure intestat ; on substitue seulement au dernier mourant, quand on veut conserver entre eux l'ordre des successions légitimes.

7. On substitue à un impubère ou nominativement, par exemple : « *Titius* »; ou d'une manière générale, en ces termes : « *quiconque aura été mon héritier* ». Par cette dernière formule, seront appelés à la substitution, lors du décès de l'impubère, ceux qui, institués par le père, auront recueilli son hérédité et pour la partie que chacun d'eux y aura recueillie.

8. On peut substituer aux enfants mâles jusqu'à quatorze ans et aux filles jusqu'à douze : quand ils atteignent cet âge, la substitution s'évanouit.

9. Nul ne peut substituer à l'étranger ou au fils pubère qu'il a institués, en leur nommant un héritier pour le cas où, après avoir recueilli sa succession, ils viendraient eux-mêmes à mourir, dans un délai déterminé. Tout ce qui est permis au testateur, c'est d'obliger, par fidéicommis, son héritier à restituer à un autre, tel cas échéant, tout ou partie de son hérédité : mais la nature de ce droit (*Fidéicommis*) sera expliquée en son lieu.

TITRE XVII. *De quelles manières les Testaments sont infirmés.*

Un testament légalement fait demeure valable , jusqu'à ce que quelque événement vienne le rompre ou l'annuler.

1. On dit qu'un testament est rompu (*ruptum*) , quand l'état du testateur restant le même, c'est le testament lui-même qui est vicié. Par exemple : quand après avoir fait son testament, le testateur prend en adoption , soit un père de famille , par rescrit du prince , soit un fils de famille , devant le magistrat *et conformément à notre constitution* ,

aguatione sui hæredis (Gaius, *Comm.*, II, § 128; Ulpian., *Fragm.*, XXIII, § 2; L. 8, D. *de Injust. rupt.*)

2. Posteriore quoque testamento, quod jure perfectum est, superius rumpitur. Nec interest, exstiterit aliquis hæres ex eo, an non : hoc enim solum spectatur, an aliquo casu existere potuerit. Ideoque si quis aut noluerit hæres esse, aut vivo testatore, aut post mortem ejus antequam hæreditatem adiret, decesserit; aut conditione sub qua hæres institutus est, defectus sit, in his casibus pater-familias intestatus moritur. Nam et prius testamentum non valet, ruptum a posteriore; et posterius æque nullas habet vires, quum ex eo nemo hæres exstiterit. (Gaius, *Comm.*, II, § 144; Ulpian., *Fragm.*, XXIII, § 2; L. 2, D. *de Injust. rupt.*)

3. Sed et si quis priore testamento jure perfecto, posterius æque jure fecerit; etiamsi ex certis[1] in eo hæredem instituerit, superius testamentum sublatum esse divi Severus et Antoninus rescripserunt. Cujus constitutionis verba inseri jussimus, quum aliud quoque præterea in ea constitutione expressum est. « Imperatores Severus » et Antoninus Cocceio Campano : Testamentum secundo loco » factum, licet in eo certarum rerum hæres scriptus sit; perinde » jure valere ac si rerum mentio facta non esset; sed teneri hære- » dem scriptum, ut contentus rebus sibi datis, aut suppleta quarta » ex lege Falcidia, hæreditatem restituat his qui in priore testa- » mento scripti fuerant, propter inserta verba secundo testamento » quibus, ut valeret prius testamentum, expressum est, dubitari non » oportet. » Et ruptum quidem testamentum hoc modo efficitur. (Martian., L. 29, D. *ad SC. Trebell.*; Ulpian., L. 12, § 1, D. *de Injust. rupt.*

4. Alio autem modo testamenta jure facta infirmantur : veluti, quum is qui fecit testamentum, capite deminutus sit. Quod quibus modis accidat, primo libro retulimus. (Gaius, *Comm.*, II, § 145; Ulpian., *Fragm.*, XXIII, § 4; L. 6, § 5, 6 et 7, D. *de Injust. rupt.*)

5. Hoc autem casu irrita fierit testamenta dicuntur; quum alioquin et quæ rumpantur, irrita fiant, et quæ statim ab initio non jure fiunt, irrita sunt; et ea quæ jure facta sunt, et postea propter capitis deminutionem irrita fiunt, possumus nihilominus rupta dicere. Sed quia sane commodius erat singulas causas singulis appellationibus distingui, ideo quædam non jure facta dicuntur, quædam jure facta rumpi vel irrita fieri. (Gaius, *Comm.*, II, § 146.)

6. Non tamen per omnia inutilia sunt ea testamenta, quæ ab initio jure facta propter capitis deminutionem irrita facta sunt.

---

1 *Vulgo :* ex certis REBUS,

son testament est rompu par cette quasi-agnation d'un héritier sien.

2. Le testament est encore rompu par un testament postérieur régulière-ment fait. Et peu importe que de ce dernier testament sorte ou non un hé-ritier pour le testateur : on examine seulement s'il pouvait en sortir un , dans un cas quelconque. Si donc l'héritier institué dans le second testa-ment ne veut pas faire adition ; s'il meurt du vivant du testateur, ou même après sa mort, mais avant l'adition ; si la condition sous laquelle il a été institué vient à manquer; dans tous ces cas le père de famille meurt intestat. Car le premier testament n'est pas valable , parce qu'il est rompu par le second ; et le second lui-même reste sans force puisqu'il ne produit aucun héritier.

3. Si, après avoir fait un premier testament régulier, le testateur en fait un second également régulier , mais dans lequel l'héritier ne soit institué que pour certaines choses[1] déterminées, les empereurs Sévère et Antonin ont décidé que le premier testament n'en était pas moins rompu. Nous rappor-tons ici les termes de cette constitution qui contient encore d'autres déci-sions. « Les empereurs Sévère et Antonin à Coccéius-Campanus : Un « second testament dans lequel l'héritier n'a été institué que pour des ob-« jets déterminés, est aussi valable que si on n'eût fait aucune mention de « ces objets; cependant l'héritier institué dans ce testament devra se con-« tenter des effets qui lui sont assignés , ou de la quarte qui lui sera com-« plétée en exécution de la loi Falcidie, et sera tenu de restituer l'hérédité « aux héritiers inscrits dans le premier testament. Cela ne peut faire de « doute à cause de la clause insérée dans le second testament , par laquelle « le testateur a déclaré vouloir maintenir le premier testament. » Voilà comment un testament est rompu.

4. Les testaments valablement faits sont encore infirmés d'une autre manière : par exemple, si le testateur a encouru quelque diminution de tête. On a vu dans le premier livre de combien de manières cela peut arriver.

5. Dans ce cas, on dit que le testament est annulé (*irritum*); cepen-dant d'une part on peut aussi appliquer cette expression aux testaments rompus (*rupta*) , ainsi qu'aux testaments irréguliers dès l'origine (*non jure facta*); et de l'autre, on peut aussi appeler rompus (*rupta*), les testaments régulièrement faits et qui, plus tard sont annulés (*irrita*) par quelque diminution de tête. Mais comme il était incontestablement plus commode d'avoir une expression particulière pour chaque cause d'infirma-tion , on dit dans certains cas que le testament est irrégulièrement fait (*non jure factum*); dans d'autres qu'il est rompu (*ruptum*), enfin dans quel-ques autres qu'il est annulé (*irritum*).

6. Toutefois les testaments qui, régulièrement faits dans l'origine, sont ensuite annulés par la diminution de tête du testateur, ne sont pas absolu-

---

1.La variante donne le mot *re bus* .

Nam si septem testium signis signata sunt, potest scriptus hæres
secundum tabulas testamenti bonorum possessionem agnoscere, si
modo defunctus et civis romanus et suæ potestatis mortis tempore
fuerit. Nam, si ideo irritum factum sit testamentum, quia civitatem vel etiam libertatem testator amisit, aut quia in adoptionem
se dedit, et mortis tempore in adoptivi patris potestate sit, non
potest scriptus hæres secundum tabulas bonorum possessionem
petere..(Gaius, *Comm.* II, § 147; Ulpian., *Fragm.*, XXIII, § 6.)

7. Ex eo autem solo non potest infirmari testamentum, quod
postea testator id noluit valere[1] : usque adeo ut, et si quis post
factum prius testamentum posterius facere cœperit, et, aut morta-
litate præventus, aut quia eum ejus rei pœnituit, non perfecerit,
divi Pertinacis oratione cautum sit, ne alias tabulæ priores jure
factæ irritæ fiant, nisi sequentes jure ordinatæ et perfectæ fuerint;
nam imperfectum testamentum sine dubio nullum est. (Ulpian.,
L. 2, **D**. *de Injust. rupt.*; Pompon., L. 18. **D**. *de Legat. et fideicomm.*
[Lib. xxxii]; Theod. et Valentin, L. 21, § 3, **C**., *de Testam.*, *et quemadmodum.*

8. Eadem oratione expressit, non admissurum se hæreditatem
ejus qui litis causa principem reliquerit hæredem; neque tabulas
non legitime factas, in quibus ipse ob eam causam hæres institutus
erat, probaturum; neque ex nuda voce hæredis nomen admissurum; neque ex ulla scriptura cui juris auctoritas desit, aliquid
adepturum. Secundum hæc divi quoque Severus et Antoninus sæpissime rescripserunt. LICET ENIM (inquiunt) LEGIBUS SOLUTI SIMUS,
ATTAMEN LEGIBUS VIVIMUS. (Paul. *Rec. sentent.*, V, 12, § 8 et 9; IV,
5, § 3; L. 23, D. *de Legat. et fideicomm.* [Lib. xxxii.]; Theod. et
Valentin ; L. 4, C. *de Legibus.*)

Tit. XVIII. *De Inofficioso testamento.*

Quia plerumque parentes sine causa liberos suo exhæredant vel
omittunt[2], inductum est ut de inofficioso testamento agere possint
liberi, qui queruntur aut inique se exhæredatos aut inique præte-
ritos (Marcel., L. 3; Gaius, L. 4, D. *h. t.*) : hoc colore, quasi non
sanæ mentis fuerint, quum testamentum ordinarent. Sed hoc dici-

---

[1] Si quis condidit testamentum, si quidem nulla contraria voluntas apparuerit, hoc esse
firmum. Sin autem testator contrariam aperuerit voluntatem, et hoc vel per testes idoneos,
non minus tribus, vel inter acta manifestaverit, et decennium fuerit emensum, tunc irritum est testamentum. (Justinian, L. 27, C. *de Testam.*)

[2] Sancimus non licere penitus patri vel matri, avo vel aviæ, proavo vel proaviæ suum filium vel filiam vel cæteros liberos præterire, aut exhæredes in suo facere testamento, nisi
forsan probabuntur ingrati, et ipsas nominatim ingratitudinis causas parentes suo inserue-
rint testamento. Causas autem justas ingratitudinis certas esse decernimus. (*Nov.* CXV,
cap. 3.)

ment inutiles. En effet, si le testament est revêtu des cachets de sept témoins, l'héritier institué poura obtenir la possession de biens *secundum tabulas* (conformément au testament), pourvu qu'au moment de sa mort le testateur se soit trouvé citoyen romain et père de famille. Mais si le testament a été annulé, soit parce que le testateur avait perdu la liberté ou la cité, soit parce qu'il s'était donné en adoption, et se trouvait encore à sa mort sous la puissance du père adoptif, l'héritier ne pourra demander la possession des biens *secundum tabulas.*

7. Un testament n'est point infirmé par cela seul que le testateur a depuis changé de volonté [1] ; tellement que, si après avoir fait un premier testament, le testateur en commence un autre, et qu'il ne l'achève pas, soit qu'il se trouve prévenu par la mort, soit qu'il se repente de l'avoir commencé, l'empereur Pertinax a décidé que le premier testament ne serait rompu qu'autant que le second aurait été entièrement terminé et revêtu de toutes les formalités légales : et cela est conforme à la raison, puisqu'il est évident qu'un testament non achevé est nul.

8. Dans l'exposé de la même loi, l'empereur Pertinax a déclaré qu'il n'accepterait pas l'hérédité, quand le testateur aurait institué le prince en vue d'un procès, c'est-à-dire, pour susciter à l'autre partie un adversaire puissant; qu'il ne confirmerait pas les testaments irréguliers dont on aurait cherché à couvrir l'irrégularité en instituant l'empereur; qu'il refuserait pareillement toute hérédité qui lui serait laissée de vive voix ou par un écrit ne réunissant pas toutes les conditions requises en droit pour les testaments. Sévère et Antonin ont rendu plusieurs rescrits conformes à ces décisons : car (disent ces empereurs) *quoique nous soyons au-dessus des lois, c'est par elles que nous vivons.*

TITRE XVIII. *Du Testament inofficieux.*

Comme c'est bien souvent, sans motif suffisant, que les parents exhérèdent leurs enfants ou les passent sous silence (*), on a permis à ceux qui se plaignent d'avoir été injustement exhérédés ou passés sous silence, d'agir par l'action dite de *testament inofficieux*, sous le prétexte que le testateur n'était pas sain d'esprit au moment de la confection du testament. Non que par là, on veuille dire que le testateur fût réellement fou ; on convient au contraire que le testament a été valablement fait; mais on soutient qu'il

---

[1] Le testament reste valable tant qu'une volonté contraire n'apparaît pas. Mais si le testateur manifeste une volonté contraire devant trois témoins irréprochables ou par acte public, et qu'il s'écoule dix ans depuis cette déclaration, le testament est révoqué.

[2] Nous voulons qu'il ne soit plus permis aux père, mère, aïeul, aïeule, bisaïeul, bisaïeule, d'exhéréder ou de passer sous silence, leurs fils, filles et autres descendants, qu'autant que ceux-ci sont reconnus ingrats et que les ascendants auront exprimé dans le testament les causes d'ingratitude : nos constitutions ont au reste déterminé les causes légitimes d'ingratitude.

tur non quasi vere furiosus sit, sed recte quidem fecerit testamentum, non autem ex officio pietatis. Nam si vere furiosus sit, nullum testamentum est. (Martian., L. 2; Marcel., L. 5, D. *h. t.*; Paul., *Sent.*, IV, 5, § 1.)

1. Non autem liberis tantum permissum est testamentum parentum inofficiosum accusare, verum etiam parentibus [1], liberorum. Soror autem et frater, *turpibus personis scriptis hæredibus, ex sacris constitutionibus prælati sunt. Non ergo* contra omnes hæredes agere possunt. Ultra fratres igitur et sorores, cognati nullo modo aut agere possunt, aut agentes vincere. (Ulpian., L. 1, D. *h. t.*; Diocl. et Max., L. 21; Constant., L. 27, C. *h. t.*)

2. Tam autem naturales liberi, quam *secundum nostræ constitutionis divisionem* adoptati, ita demum de inofficioso testamento agere possunt, si nullo alio jure ad defuncti bona venire possunt. Nam qui ad hæreditatem totam vel partem ejus alio jure veniunt, de inofficioso agere non possunt. (*Paul., Sent.*, IV, 5, § 5; L. 23; Ulpian., L. 8, § 15, D. *h. t.*; Ulpian., L. 6, *D. h. t.*; Paul., *Sent.*, IV, 5, § 2.) Posthumi quoque, qui nullo alio jure venire possunt, de inoffic' iso agere possunt (Ulpian. L.6, D., *h. t.*, Paul., *Rec. sentent.*, IV, 5, § 2.)

3. Sed hæc ita accipienda sunt, si nihil · is penitus a testatoribus testamento relictum est : quod nostra constitutio ad verecundiam naturæ introduxit. Sin vero quantancunque pars hæreditatis vel res eis fuerit relicta, de inofficioso querela quiescente, id quod eis deest, usque ad quartam legitimæ partis repleatur, licet non fuerit adjectum [2] boni viri arbitratu debere eam compleri. (Justinian., L. 30, C., *h. t.* ; Paul. *Rec. sentent.* IV, 5. § 7.)

4. Si tutor nomine pupilli cujus tutelam gerebat, ex testamento patris sui legatum acceperit, quum nihil erat ipsi tutori relictum a patre suo, nihilominus poterit nomine suo de inofficioso patris testamento agere. (Marcell., L. 10, § 1, D. *h. t.*)

5. Sed et si, contrario pupilli nomine e cui nihil relictum fuerit, de inofficioso egerit et superatus est, ipse tutor quod sibi in eodem testamento legatum relictum est, non amittit. (Martian., L. 30, § 1, D. *h. t.*)

6. Igitur quartam quis debet habere, ut de inofficioso testamento agere non possit, sive jure hæreditario sive jure legati vel fideicommissi, vel si mortis causa ei quarta donata fuerit, vel inter vi-

---

[1] Sancimus non licere liberis parentes suos præterire, aut quolibet modo a rebus propriis in quibus habent testamenti licentiam, eos omnino alienare, nisi causas quas enumeravimus, in suis testamentis specialiter nominaverint. (*Nov.* CXV, *cap.* 4.)

[2] Quum scribit moriens, ut arbitratu boni viri, si quid minus filiis sit relictum quam modus quartæ quæ per successionem bonis tantum liberis debetur, efflagitat id ipsum ab hærede eidem in pecunia compleatur, manifestum est nullam jam prorsus...., querelam remanere. (Constant. L. 4, C. Th., de Inoff. test.).

est contraire aux devoirs qu'impose l'affection de la parenté. En effet, si
le testateur eût été véritablement fou, le testament serait radicalement
nul.

1. Ce n'est pas seulement aux enfants qu'il est permis d'attaquer comme
inofficieux le testament de leurs ascendants; les ascendants[1] peuvent également
attaquer comme inofficieux les testaments de leurs enfants. A l'égard
des frères et des sœurs, *ils doivent être préférés, d'après les constitutions,
aux personnes infâmes qui auraient été instituées à leur préjudice : ils
ne peuvent donc point intenter la plainte d'inofficiosité* contre toutes
sortes d'héritiers. Les collatéraux, au-delà du degré de frères et sœurs
ne peuvent point intenter cette plainte, ni réussir s'ils l'ont intentée.

2. Les enfants naturels, ainsi que les enfants adoptifs, *suivant la distinction portée dans notre constitution*, ne peuvent attaquer comme inofficieux le testament de leurs parents, qu'autant qu'ils n'ont aucun autre
moyen de se faire admettre à leur succession. Car ceux qui, par quelque
autre voie, pourraient arriver à la succession en tout ou en partie, ne sont
pas recevables à agir par l'action du testament inofficieux. Cette action est
aussi donnée aux posthumes qui n'ont pas d'autre moyen d'arriver à la succession.

3. Tout ceci n'est applicable qu'à ceux à qui le testateur n'a absolument rien
laissé dans son testament : c'est ce que notre constitution a établi par respect
pour les droits de la nature. Mais si on leur a laissé une portion quelconque de
l'hérédité, ou même une chose déterminée, la plainte d'inofficiosité cesse, et ils
n'ont qu'une action en supplément pour obtenir ce qui manque à leur légitime,
quand même le testateur n'aurait point dit expressément[2] que la légitime serait
complétée, d'après l'estimation d'un homme de bien.

4. Si votre père, ne vous ayant rien laissé par testament, a fait un legs
au profit du pupille dont vous gérez la tutelle, vous pouvez réclamer ce
legs, au nom du pupille, sans perdre pour cela, le droit d'attaquer ensuite en votre nom, le testament comme inofficieux.

5. Réciproquement, si, au nom du pupille, vous avez attaqué un testament dans lequel on ne lui avait rien laissé, et que vous ayez succombé
dans cette attaque, vous ne perdez pas pour cela, le legs que ce testament
contient en votre faveur.

6. Ne peut attaquer le testament celui qui a reçu sa quarte soit à titre
d'héritier, soit à titre de legs, de fidéicommis, de donation à cause de mort,

---

[1] Nous voulons que le descendant ne puisse omettre ses ascendants et les priver des
biens dont il peut disposer par testament, si ce n'est pour les causes que nous avons déterminées et en les exprimant dans son testament.

[2] Quand le testateur a écrit que l'on fournirait à ses fils et à ses filles ce qui pourra manquer à leur quarte, d'après l'estimation d'un homme de bien, il ordonne par là même à son
héritier de fournir le supplément, et dès lors il est évident que la plainte d'inofficiosité ne
peut plus avoir lieu.

vos¹ (Paul., *Rec. sentent.*, IV, 5, § 6; Ulpian., L. 8, § 6 et 8; L. 25, D. *h. t.*) *in iis tantummodo casibus quorum mentionem facit nostra constitutio, vel aliis modis qui constitutionibus continentur.* (Zen., L. 29; Justinian., L. 30, C. *h. t.*) Quod autem de quarta diximus, ita intelligendum est ut, sive unus fuerit sive plures quibus agere de inofficioso testamento permittitur, una quarta eis dari possit, ut ea pro rata eis distribuatur, id est pro virili portione quarta². (Ulpian., L. 8, § 8, D. *h. t.*)

Tit. XIX. *De Hæredum qualitate et differentia.*

Hæredes autem aut necessarii dicuntur, aut sui et necessarii, aut extranei. (Gaius, *Comm.*, II, § 152.)

1. Necessarius hæres est servus hæres institutus : ideo sic appellatus quia, sive velit sive nolit, omnimodo post mortem testatoris protinus liber et necessarius hæres fit. (Gaius, *Comm.*, II, § 153; Julian., L. 12, D., *qui Testam.*) Unde qui facultates suas suspectas habent, solent servum suum primo aut secundo vel etiam ulteriore gradu hæredem instituere, ut si creditoribus satis non fiat, potius ejus hæredis bona quam ipsius testatoris a creditoribus possideantur, vel distrahantur, vel inter eos dividantur (Gaius, *Comm.*, II, § 154.) Pro hoc tamen incommodo illud ei commodum præstatur, ut ea quæ post mortem patroni sui sibi acquisierit, ipsi reserventur. Et quamvis bona defuncti non sufficiant creditoribus, tamen ex alia causa quas sibi res acquisivit³, non veneunt. (Gaius, *Comm.*, II, § 155; Ulpian., L. 1, § 18, D. *de Separat.*)

2. Sui autem et necessarii hæredes sunt, veluti filius filiave, nepos neptisve ex filio, et deinceps cæteri liberi, qui modo in potestate morientis fuerint. Sed ut nepos neptisve sui hæredes sint, non sufficit eum eamve in potestate avi mortis tempore fuisse; sed opus est ut pater ejus vivo patre suo desierit suus hæres esse, aut morte interceptus, aut qualibet alia ratione liberatus potestate : tunc enim nepos neptisve in locum patris sui succedit. (Gaius; *Comm.*, II, § 156; Paul., *Rec. sentent.*, IV, 8, § 4.) Sed sui quidem hæredes ideo appellantur, quia domestici hæredes sunt et vivo quoque patre quo-

---

1. Non licere præterire aut exhæredes in suo facere testamento, nec si per donationem vel legatum vel fideicommissum eis dederit legibus debitam portionem. *Nov.* CXV, cap. 3.

Si hæc omnia non fuerint observata, nullam vim hujusmodi testamentum, quantum ad institutionem hæredum, habere sancimus : legatis videlicet et aliis capitulis suam obtinentibus firmitatem. (*Nov.* CXV, cap. 4.

2. Si unius est filii pater aut mater, aut duorum vel trium vel quatuor, non triuncium eis relinqui solum, sed uncias quatuor. Si vero ultra quatuor habuerit filios, mediam eis totius substantiæ partem relinqui. (*Nov.* XVIII, cap. 1.)

3. *Vulga :* ITEAVM tamen EX EA causa res ejus, quas sibi acquisierit, non veneunt.

ou même entre-vifs[1], *mais seulement dans les cas mentionnés dans notre constitution ou des autres manières indiquées dans les constitutions.* Ce que nous avons dit de la quarte, doit s'entendre en ce sens que, quelque soit le nombre de ceux qui pourraient attaquer le testament comme inofficieux, il suffira de leur laisser à tous un seul quart qu'ils se partageront proportionnellement à leurs droits, c'est-à-dire, de façon que, par ce partage, chacun d'eux obtienne le quart de sa portion virile [2]

Titre XIX. *De la Qualité et de la Différence des héritiers.*

Les héritiers sont nécessaires, ou siens et nécessaires, ou externes.

1. L'héritier nécessaire est l'esclave institué par son maître. On l'appelle ainsi, parce que, de toute manière, qu'il le veuille ou non, il devient libre et héritier nécessaire après la mort du testateur. Aussi ceux qui doutent de leur solvabilité ont coutume d'instituer un de leurs esclaves, au premier, au second, ou à un degré ultérieur, afin que si la succession se trouve insuffisante pour satisfaire les créanciers, l'envoi en possession, la vente et le partage des biens aient lieu plutôt sous le nom de l'héritier que sous celui du testateur. Cependant, pour compenser ces inconvénients, on accorde à cet héritier la faculté de conserver en propre les biens par lui acquis depuis le décès du patron : et quoique les biens du défunt soient insuffisants pour solder les créanciers, ceux-ci ne pourront faire vendre les choses que l'héritier aurait acquises autrement que par suite de sa qualité d'héritier [3].

2. Les héritiers siens et nécessaires sont par exemple, le fils, la fille, le petit-fils et la petite-fille par le fils, ainsi que les autres descendants qui se trouvent sous la puissance du testateur à l'époque de sa mort. Mais, à l'égard des petits-enfants, pour qu'ils soient héritiers siens à leur aïeul, il ne suffit pas qu'ils se trouvent sous sa puissance, au temps de sa mort; il faut encore que leur père ait cessé d'être héritier sien, du vivant du testateur, soit en mourant, soit en sortant de toute autre manière de la puissance de son père. Les héritiers *siens* sont appelés ainsi, parce qu'ils sont héritiers domestiques, et que, même du vivant de leur père, ils sont considérés en quelque sorte comme propriétaires des biens de la famille. Aussi quand le père de

---

1. Il n'est pas permis aux ascendants d'omettre ou d'exhéréder les enfants, même en leur laissant, à titre de donation, de legs ou de fidéicommis, le quart qui leur revient d'après la loi.
Si tout cela n'a pas été observé, le testament est sans effet en ce qui regarde l'institution d'héritier ; mais les legs et autres dispositions sont exécutées.

2. Le père ou la mère ayant un, deux, trois ou quatre enfants doit leur laisser le tiers, et non plus seulement le quart, comme autrefois; s'il y a plus de quatre enfants, on doit leur laisser la moitié des biens.

3. Le mot *ea* [donné par la variante qu'il faut ici préférer] se rapporte à *veneunt* et non à *acquisierit*. On traduira donc : et quoique les biens du défunt soient insuffisants pour solder les créanciers, ce *n'est pas une raison pour que les choses que l'héritier aurait acquises par lui-même doivent être vendues.*

dammodo domini existimantur. Unde etiam si quis intestatus mortuus sit, prima causa est in successione liberorum. Necessarii vero
ideo dicuntur, quia omnimodo, sive velint sive nolint, tam ab intestato quam ex testamento hæredes fiunt. (Gaius, *Comm.*, II, § 157-
Paul., *Rec. sentent.*, IV, 8, § 5; L. 11, D. *de Liber. et posth.*) Sed his
Prætor permittit volentibus abstinere se ab hæreditate, ut potius
parentis quam ipsorum bona similiter a creditoribus possideantur.
(Gaius, *Comm.*, II, § 158; L. 57, D. *de Acquir. vel omitt. hæred.*)

3. Cæteri qui testatoris juri subjecti non sunt, extranei hæredes
appellantur. Itaque liberi quoque nostri qui in potestate nostra non
sunt, hæredes a nobis instituti, extranei hæredes videntur[1]. Qua de
causa et qui hæredes a matre instituuntur, eodem numero sunt,
quia feminæ in potestate liberos non habent. Servus quoque hæres
a domino institutus et post testamentum factum ab eo manumissus,
eodem numero habetur. (Gaius, *Comm.*, II, § 161; Paul., L. 4; §
2, D. *de Bonor. possess. contra tabul.*)

4. In extraneis hæredibus illud observatur, ut sit cum eis testamenti factio, sive ipsi hæredes instituantur, sive hi qui in potestate
eorum sunt. Et id duobus temporibus inspicitur : testamenti quidem facti, ut constiterit institutio; mortis vero testatoris, ut effectum
habeat. Hoc amplius, et quum adierit hæreditatem, esse debet cum
eo testamenti factio, sive pure sive sub conditione hæres institutus
sit; nam jus hæredis eo vel maxime tempore inspiciendum est, quo
acquirit hæreditatem. Medio autem tempore, inter factum testamentum et mortem testatoris vel conditionem institutionis existen-
tem, mutatio juris non nocet hæredi ; quia, ut diximus, tria tempora inspicimus. (Florent., L. 49, § 1, *de Hæred. inst.*) Testamenti
autem factionem non solum is habere videtur qui testamentum
facere potest, sed etiam qui ex alieno testamento vel ipse capere
potest vel alii acquirere, licet non possit facere testamentum. Et
ideo furiosus, et mutus, et posthumus, et infans, et filius-familias,
et servus alienus testamenti factionem habere dicuntur. Licet enim
testamentum facere non possint, attamen ex textamento vel sibi vel
alii acquirere possunt.(Pompon., L. 16, *pr. et* § 1, D. *Qui test. fac. p.*)

5. Extraneis autem hæredibus deliberandi potestas est, de adeunda hæreditate vel non adeunda. Sed sive, is cui abstinendi potestas est,
immiscuerit se bonis hæreditatis ; sive extraneus cui de adeunda
hæreditate deliberare licet, adierit, postea relinquendæ hæreditatis

---

[1] Jubemus,.... filios seu filias, nepotes aut neptes, pronepotes aut proneptes, a patre vel
matre, avo vel avia, proavo vel proavia scriptos hæredes..... et ante apertas tabulas defunc-
tos.... in liberos suos, cujuscumque sexus vel gradus, derelictam sibi hæreditariam portionem posse transmittere. (Theod et Valent., L. un C. *de IIis qui ante apert. tab. IIæ-
red. transm.*)

famille meurt intestat, la succession est déférée en premier ordre, aux descendants du défunt. On les appelle *nécessaires*, parce que, bon gré malgré, ils sont héritiers de leur père, soit qu'ils lui succèdent *ab intestat*,
soit qu'ils aient été institués dans son testament. Mais le préteur, s'ils le
désirent, leur permet de s'abstenir, afin que les créanciers se fassent envoyer en possession des biens du père, plutôt que de ceux des enfants.

3. Les autres héritiers, qui ne sont pas soumis à la puissance du testateur, s'appellent héritiers *externes*. Ainsi on regarde comme héritiers
externes, les enfants eux-mêmes (1) institués par leur père, quand, à sa mort,
ils ne se trouvent pas soumis à sa puissance. Il faut mettre dans la même
classe les enfants institués héritiers par leur mère, parce que les femmes
n'ont point de puissance sur leurs enfants. Il en faut dire autant de l'esclave, institué héritier par son maître, et qui a été affranchi depuis la
confection du testament.

4. A l'égard des héritiers externes (soit qu'on les ait institués eux-mêmes,
soit qu'on ait institué des personnes soumises à leur puissance), il faut d'abord
examiner si le testateur avait faction de testament avec eux. La faction de
testament doit exister à deux époques : au moment de la confection du
testament, pour que l'institution puisse exister ; et au moment du décès,
pour qu'elle puisse avoir effet. De plus, elle doit encore exister au moment où
l'institué fait addition, que l'institution soit pure et simple ou conditionnelle : car c'est surtout au moment où il acquiert l'hérédité, qu'il faut examiner la capacité de l'héritier. Les changements survenus dans la condition de l'héritier, pendant le temps intermédiaire (c'est-à-dire, entre la
confection du testament et la mort du testateur ou l'évènement de la condition apposée à l'institution) ne peuvent préjudicier à l'héritier, parce
que, comme nous l'avons dit, il n'y a que trois époques à considérer. On
regarde comme ayant la faction de testament, non-seulement celui qui peut
faire un testament, mais encore celui qui peut acquérir, en vertu du testament d'autrui, ou pour lui ou pour d'autres ; bien qu'il ne puisse lui-
même faire un testament. Ainsi un fou, un muet, un posthume, un enfant,
un fils de famille, l'esclave d'autrui ont la faction de testament ; parce
que, quoiqu'ils ne puissent pas faire de testament, ils peuvent cependant
acquérir, en vertu d'un testament, soit pour eux-mêmes, soit pour un autre.

5. Les héritiers externes ont le droit de délibérer, s'ils feront ou non
adition d'hérédité. Mais quand celui, qui pouvait s'abstenir, s'est une fois
immiscé ; ou quand celui qui avait le droit de délibérer a fait adition ; il n'y
a plus moyen d'abandonner l'hérédité, à moins que celui, qui s'est immiscé

---

† Nous voulons que les fils ou filles, petits fils ou petites filles, arrière petits fils ou arrière petites filles institués héritiers par les père, mère, aïeul, aïeule, bisaïeul, bisaïeule
puissent, dans le cas où ils viendraient à mourir avant l'ouverture du testament, transmettre leur part héréditaire à leurs descendants de tout sexe et de tout degré.

facultatem non habet (Gaius, *Comm.*, II, § 162 ; Paul., *Rec. sentent.*, III, 4, § 11.), nisi minor sit viginti quinque annis. Nam hujus ætatis hominibus, sicut in cæteris omnibus causis, deceptis, ita et si temere damnosam hæreditatem susceperint, prætor succurrit. (Gaius, *Comm.*, II, § 162, 163 ; L. 57, D. *de Acquir. vel omitt. hæred.*)

6. Sciendum est tamen, divum Hadrianum etiam majori viginti quinque annis veniam dedisse, quum post aditam hæreditatem grande æs alienum quod aditæ hæreditatis tempore latebat, emersisset (Gaius, *Comm.*, II, § 163). Sed hoc quidem divus Hadrianus cuidam speciali beneficio præstitit; divus autem Gordianus postea in militibus tantummodo hoc extendit.

Sed nostra benevolentia commune omnibus subjectis imperio nostro hoc beneficium præstitit, et constitutionem tam æquissimam quam nobilem scripsit : cujus tenorem si observaverint homines, licet eis adire hæreditatem, et in tantum teneri quantum valere bona hæreditatis contingit, ut ex hac causa neque deliberationis auxilium eis fiat necessarium, nisi omissa observatione nostræ constitutionis, et deliberandum existimaverint, et sese veteri gravamini aditionis supponere maluerint. (Justinian., F. 22, C. *de Jur. deliber.*)

7. Item extraneus hæres testamento institutus; aut ab intestato ad legitimam hæreditatem vocatus, potest aut pro hærede gerendo, aut etiam nuda voluntate suscipiendæ hæreditatis, hæres fieri. (Gaius, *Comm.*, II, § 167; Ulpian., *Fragm.*, XXII, § 25.) Pro hærede autem gerere quis videtur, si rebus hæreditariis tanquam hæres utatur, vel vendendo res hæreditarias, vel prædia colendo locandove, et quoquo modo si voluntatem suam declaret vel re vel verbis de adeunda hæreditate : dummodo sciat eum in cujus bonis pro hærede gerit, testatum intestatumve obiisse, et se ei hæredem esse. Pro hærede enim gerere est pro domino gerere; veteres enim hæredes pro dominis appellabant (Gaius, *Comm.*, II, § 166; Paul., *Rec. sentent.*, IV, 8, § 25; L. 10; Ulpian., L. 17, § 1; L. 20, D. *de Acquir. vel omitt. hæred.*). Sicut autem nuda voluntate extraneus hæres fit, ita et contraria destinatione statim ab hæreditate repellitur (Gaius, *Comm.*, II, § 169; Paul., *Rec. sentent.*, IV, 4, § 1; Ulpian., *Fragm.*, XXII, § 26; L. 21, pr., § 1 et 2, D. *de Acquir. vel omitt. hæred.*). Eum qui mutus vel surdus natus, vel postea factus est, nihil prohibet pro hærede gerere et acquirere sibi hæreditatem, si tamen intelligit quod agitur. (Ulpian., L. 5, D. *cod.*; Paul., *Rec. sentent.*, II, 17, § 10.)

Tit. XX. *De Legatis.*

Post hæc videamus de legatis. Quæ pars juris extra propositam quidem materiam videtur ; nam loquimur de iis juris figuris quibus

ou qui a fait adition, ne soit mineur de vingt-cinq ans. Car le préteur vient au secours des hommes de cet âge lorsqu'ils ont accepté une hérédité onéreuse, aussi bien que lorsqu'il s'agit de tout autre genre d'affaire.

6. On doit cependant savoir que l'empereur Adrien a accordé, même à un majeur de vingt-cinq ans, la faveur d'abandonner une succession qu'il avait accepté, parce que, depuis son adition, on avait découvert des dettes considérables qui étaient inconnues lors de l'adition. Ce privilége spécial, accordé à un particulier par l'empereur Adrien, a été ensuite étendu par l'empereur Gordien aux militaires seulement.

Mais notre bonté a cru devoir accorder le même bénéfice à tous nos sujets, et nous avons rendu à cet égard une constitution aussi équitable que noble. En observant les dispositions qu'elle contient, on pourra accepter une hérédité et n'être tenu que jusqu'à concurrence de la valeur des biens héréditaires ; en sorte qu'on n'aura plus besoin de délibérer, à moins que, négligeant l'observation de notre constitution, on n'aime mieux délibérer, et s'exposer aux anciens inconvénients de l'adition.

7. L'héritier externe, institué par testament, ou appelé ab intestat à l'hérédité légitime, peut devenir héritier en faisant acte d'héritier, ou en manifestant simplement sa volonté d'accepter la succession. Est réputé faire acte d'héritier celui qui use des biens héréditaires comme des siens propres, soit en vendant, en cultivant, ou donnant à loyer, les biens qui dépendent de la succession; soit en déclarant, de quelque manière que ce soit, verbalement ou par un fait, l'intention où il est d'accepter la succession ; pourvu qu'en agissant ainsi il sache que la personne, dans les biens de laquelle il s'immisce, est morte avec ou sans testament, et qu'il est son héritier. Car faire acte d'héritier, c'est faire acte de maître : chez les anciens le mot *hæres* signifiait maître. Au reste, de même que la volonté d'accepter suffit pour faire acquérir l'hérédité à l'héritier externe; de même, une volonté contraire suffit pour l'en exclure. Celui qui est sourd ou muet de naissance ou par accident, peut faire acte d'héritier et acquérir ainsi l'hérédité : il suffit qu'il ait l'intelligence de ce qu'il fait.

TITRE XX. *Des Legs.*

Nous allons maintenant traiter des legs, matière qui paraît s'écarter de l'ordre que nous nous sommes proposé : car nous parlons des manières

per universitatem res nobis acquiruntur. Sed quum omnino de testamentis deque hæredibus qui testamento instituuntur, locuti sumus, non sine causa sequenti loco potest hæc juris materia tractari. (Gaius, *Comm.*, II, § 191.).

1. Legatum itaque est donatio quædam a defuncto relicta[1]. (Modest., L. 36; D. [Lib. XXXI.] *de Legat. et fideicomm.*)

2. Sed olim quidem erant legatorum genera quatuor, per vindicationem, per damnationem, sinendi modo, per præceptionem; et certa quædam verba cuique generi legatorum adsignata erant, per quæ singula genera legatorum significabantur. (Gaius, *Comm.*, II, § 192, 193, 201, 209, 126; Ulpian., *Fragm.*, XXIV, § 2 et seq.).

Sed ex constitutionibus divorum principum solemnitas hujusmodi verborum penitus sublata est (Constant., L., 21, C. *de Legat.*). Nostra autem constitutio, quam cum magna fecimus lucubratione, defunctorum voluntates validiores esse cupientes, et non verbis sed voluntatibus eorum faventes, disposuit ut omnibus legatis una sit natura, et quibuscunque verbis aliquid derelictum sit, liceat legatariis id persequi, non solum per actiones personales, sed etiam per in rem et per hypothecariam. Cujus constitutionis perpensum modum ex ipsius tenore perfectissime accipere possibile est. (Justinian., L. C. *Commun, de Legat.*)

3. Sed non usque ad eam constitutionem standum esse existimavimus. Quum enim antiquitatem invenimus legata quidem stricte concludentem, fideicommissis autem quæ ex voluntate magis descendebant defunctorum, pinguiorem naturam indulgentem: necessarium esse duximus omnia legata fideicommissis exæquare, ut nulla sint inter ea differentia; sed quod deest legatis, hoc repleatur ex natura fideicommissorum, et si quid amplius est in legatis, per hoc crescat fideicommissorum natura. Sed ne in primis legum cunabulis permixte de his exponendo, studiosis adolescentibus quamdam introduceremus difficultatem, operæ pretium esse duximus interim separatim prius de legatis et postea de fideicommissis tractare, ut natura utriusque juris cognita facile possint permixtionem eorum eruditi subtilioribus auribus accipere. (Justinian., L. 2, C. *Commun. de Legat.*)

4. Non solum autem testatoris vel hæredis res, sed etiam aliena legari potest, ita ut hæres cogatur redimere eam et præstare; vel, si non potest redimere, æstimationem ejus dare (Gaius, *Comm.*, II, § 202; Ulpian., *Fragm.*, XXIV, § 8). Sed si talis res sit cujus non est commercium[2], nec æstimatio ejus debetur: sicuti si campum martium vel basilicas vel templa, vel quæ publico usui destinata sunt, legaverit; nam nullius momenti legatum est (Ulpian., *Fragm.*, XXIV, § 9; L. 30, § 7, 8, 9 et 10, D. [Lib. XXX.] *de Legat. et fideicomm.*). Quod autem diximus alienam rem posse legari, ita

----

[1] *Vulgo :* a defuncto relicta, AD HÆREDE PRÆSTANDA.
[2] *Vulgo :* cujus commercium non est, VEL ADIPISCI NON POTEST, nec, etc.

d'acquérir par universalité : toutefois, comme nous avons terminé ce que nous avions à dire sur les testaments et les institutions d'héritier, le lieu paraît convenable pour traiter maintenant la matière des legs.

1. Le legs est une espèce de donation laissée par un défunt[1].

2. On distinguait autrefois quatre espèces de legs : *per vindicationem* (par revendication), *per damnationem* (par condamnation), *sinendi modo* (en forme de permission), *per præceptionem* (par préciput). Chacun de ces legs avait une formule particulière qui le distinguait des autres.

Mais les constitutions des Princes ont abrogé toutes ces solennités de paroles. Quant à nous, désirant donner plus de force aux volontés des mourants, et convaincus qu'il fallait s'attacher à leur intention, plutôt qu'aux mots dont ils se seraient servis, nous avons publié sur ce sujet une constitution, fruit de longues méditations. Elle dispose que tous les legs seront désormais d'une même nature; et, que, quelles que soient les expressions employées par le testateur, le légataire pourra réclamer ce qui lui aura été laissé, non-seulement par action personnelle, mais encore par action réelle et aussi par action hypothécaire. On pourra, en lisant le texte même de cette constitution, se convaincre de la sagesse des mesures que nous avons adoptées.

3. Nous n'avons cependant pas cru devoir nous borner aux dispositions contenues dans cette constitution. Trouvant en effet que les anciens resserraient les legs dans des limites étroites ; tandis qu'ils accordaient une plus grande latitude aux fidéicommis (qu'ils regardaient comme étant plus que les legs, dépendants de la volonté des mourants), nous avons jugé nécessaire d'égaler tous les legs aux fidéicommis, de sorte qu'il n'y ait plus entre eux aucune différence : nous voulons que ce qui pourrait manquer aux legs, soit complété par l'application des principes propres aux fidéicommis ; et que, réciproquement, les fidéicommis participent à tous les avantages, qui pourraient être particuliers aux legs. Cependant, désirant épargner aux étudiants, à une époque où ils n'ont encore fait que les premiers pas dans l'étude des lois, les difficultés qui pourraient résulter pour eux de l'explication simultanée de ces deux matières, nous avons cru devoir traiter d'abord les legs et ensuite les fidéicommis ; afin qu'après avoir étudié séparément les principes propres à chacune de ces deux matières, les étudiants puissent saisir plus facilement les caractères de la fusion que nous avons introduite.

4. Un testateur peut léguer non-seulement sa propre chose, ou celle de son héritier; mais encore la chose d'autrui ; en sorte que l'héritier soit obligé de l'acheter et de la livrer au légataire; ou s'il ne peut l'acheter, de lui en donner l'estimation. Cependant si la chose n'était pas dans le commerce[2], l'héritier n'en devrait pas même l'estimation ; par exemple si on a légué le champ de Mars, une église, un temple, ou des choses destinées à l'usage public : car un legs de ce genre est nul. Quand nous disons qu'on peut léguer la chose d'autrui, cela doit s'entendre du cas où le testateur savait

---

[1] La variante ajoute : *laquelle doit être délivrée par l'héritier.* C'est une glose.

[2] La variante ajoute : *ou ne pourrait être acquise.* C'est encore une glose dont il ne fallait pas surcharger le texte.

intelligendum est, si defunctus sciebat alienam rem esse, non et si ignorabat; forsitan enim si scisset alienam, non legasset. Et ita divus Pius rescripsit (Paul., *Rec. sentent.*, IV, 1, § 8; Alex., L. 10, C. *de Legat.*); et verius esse, ipsum qui agit, id est legatarium, probare oportere scisse alienam rem legare defunctum, non hæredem probare oportere ignorasse alienam : quia semper necessitas probandi incumbit illi qui agit. (Martian., L. 21, D. *de Probat.*)

5. Sed et si rem obligatam creditori aliquis legaverit, necesse habet hæres luere. Et hoc quoque casu idem placet, quod in re aliena, ut ita demum luere necesse habeat hæres, si sciebat defunctus rem obligatam esse ; et ita divi Severus et Antoninus rescripserunt. Si tamen defunctus voluit legatarium luere, et hoc expressit, non debet hæres eam luere. (Paul., *Rec. sentent.*, III, 6, § 8; Ulpian., L. 57, D. [Lib. XXX.] *de Legat. et fideicomm.*).

6. Si res aliena legata fuerit, et ejus vivo testatore legatarius dominus factus fuerit : si quidem ex causa emptionis, ex testamento actione pretium consequi potest; si vero ex causa lucrativa, veluti ex causa donationis vel ex alia simili causa, agere non potest (Ulpian., L. 34, § 7, D. [Lib. XXX.] *de Legat. et fideicomm.*, Paul., L. 21, § 1, D. [Lib. XXXII.] *eod.*) : nam traditum est, duas lucrativas causas in eundem hominem et in eandem rem concurrere non posse (Julian., L. 17, D. *de Obligat. et act.*). Hac ratione, si ex duobus testamentis eadem res eidem debeatur, interest utrum rem an æstimationem ex testamento consecutus est : nam si rem, agere non potest, quia habet eam ex causa lucrativa; si æstimationem, agere potest. (Ulpian., L. 24, § 2, D. [Lib. XXX.] *de Legat. et fideicomm.*, Papin., L. 66, § 1, D. [Lib. XXXI.] *eod.*).

7. Ea quoque res quæ in rerum natura non est, si modo futura est, recte legatur : veluti fructus qui in illo fundo nati erunt, aut quod ex ancilla natum erit. (Gaius, *Comm.*, § 203 ; Pompon., L. 24, D. [Lib. XXX.] *de Legat. et fideicomm.*).

8. Si eadem res duobus legata sit, sive conjunctim sive disjunctim : si ambo perveniant ad legatum, scinditur inter eos legatum; si alter deficiat, quia aut spreverit legatum, aut vivo testatore decesserit, vel alio quolibet modo defecerit, totum ad collegatarium pertinet. Conjunctim autem legatur, veluti si quis dicat: Titio et Seio hominem Stichum do lego; disjunctim ita : Titio hominem Stichum do lego, Seio Stichum, do lego. Sed et si expresserit, eundem hominem Stichum', æque disjunctim legatum intelligitur. (Ulpian., *Fragm.*, XXIV, § 12 ; Paul., *Rec. sentent.*, III, 9, § 26.)

9. Si cui fundus alienus legatus fuerit, et emerit proprietatem deducto usufructu, et ususfructus ad eum pervenerit, et postea ex testamento agat, recte cum agere et fundum petere Julianus ait,

qu'elle appartenait à autrui : il n'en serait pas de même, s'il l'avait ignoré ;
parce que peut-être, sans cette ignorance, le testateur n'eût pas fait le
legs : telle est la décision d'un rescrit d'Antonin. Ce même empereur décide en outre que c'est au demandeur (c'est-à-dire, au légataire) à prouver
que le testateur a su que la chose qu'il léguait était à autrui; et non à
l'héritier à prouver que le testateur a ignoré cette circonstance : parce que
la nécessité de la preuve tombe toujours sur celui qui agit.

5. Si le testateur a légué une chose engagée à un créancier, l'héritier
doit la dégager. Il faut appliquer ici la même décision que pour le legs de
la chose d'autrui : en conséquence, l'héritier ne sera obligé à dégager qu'autant que le testateur aura su que la chose était engagée : ainsi l'a décidé un
rescrit des empereurs Sévère et Antonin. Si cependant le testateur a voulu
que le dégagement restât à la charge du légataire, et a exprimé sa volonté à
cet égard, l'héritier ne sera pas obligé de dégager.

6. Si on a légué la chose d'autrui, et que le légataire en ait acquis la propriété du vivant du testateur, il faut distinguer comment le légataire a
acquis cette chose : si c'est à titre d'achat, il a l'action de testament pour
se faire rembourser le prix qu'il a payé; s'il l'a acquise, à titre lucratif,
par exemple, à titre de donation ou à quelque autre titre semblable, il n'a
point d'action contre l'héritier : car on a toujours pensé que deux acquisitions,
à titre lucratif, ne pouvaient pas être cumulées, à l'égard d'une même chose,
au profit d'une même personne. Par la même raison, si une même chose
est due à un même légataire en vertu de deux testaments, il faudra examiner si, en vertu du premier testament, il a eu la chose elle-même ou seulement l'estimation : s'il a reçu la chose elle-même, il ne peut plus rien
demander en vertu du second testament, parce qu'il tient la chose à titre
lucratif; s'il n'a reçu que l'estimation, il a action contre l'héritier en vertu
du second testament.

7. On peut léguer valablement les choses qui n'existent pas encore, mais
qui doivent exister: par exemple, les fruits qui doivent provenir de tel fonds,
l'enfant qui doit naître de telle esclave.

8. Lorsqu'une même chose a été léguée à deux personnes soit *conjunctim*
(conjointement : par une seule disposition), soit *disjunctim* (séparément : par
deux dispositions distinctes)... si toutes deux viennent recueillir le legs, il
est partagé entre elles ; si l'une des deux ne recueille pas, soit parce qu'elle
renonce au legs, soit parce qu'elle est morte du vivant du testateur, ou par
quelque autre raison, le legs appartient en entier au colégataire. Un legs est
fait conjointement à deux personnes, quand, par exemple, le testateur a dit :
Je donne et lègue l'esclave Stichus à Titius et à Séius. Il est fait séparément à deux personnes, si le testateur s'est ainsi exprimé : *Je donne et
lègue à Titius l'esclave Stichus ; je donne et lègue à Séius l'esclave
Stichus :* le legs serait toujours censé fait séparément, quoique le testateur
eût formellement dit : *le même esclave Stichus.*

9. Quand le fonds d'autrui ayant été légué, le légataire en achète la nue
propriété, et qu'ensuite l'usufruit, venant à s'éteindre, rejoint la propriété, Julien pense que le légataire peut agir utilement en vertu du testament et de-

quia ususfructus in petitione servitutis locum obtinet; sed officio judicis contineri, ut deducto usufructu jubeat æstimationem præstari. (Julian., L. 82, § 2, D. [Lib. XXX.] *de Legat. et fideicomm.*, Paul., L. 25, D. *de Verb. Signif.*).

10. Sed si rem legatarii quis ei legaverit, inutile est legatum est; quia quod proprium est ipsius, amplius ejus fieri non potest; et, licet alienaverit eam, non debetur nec ipsa nec æstimatio ejus. (Papin., L. 66, § 6, D. [Lib. XXXI.] *de Legat. et fideicomm.;* Ulpian., L. 41, § 2. D. [Lib. XXX.] *cod.*).

11. Si quis rem suam quasi alienam legaverit, valet legatum : nam plus valet quod in veritate est, quam quod in opinione. (Julian., L. 4, § 1, D. *de Manum. vind.*) Sed et si legatarii putavit, valere constat, quia exitum voluntas defuncti potest habere.

12. Si rem suam legaverit testator, posteaque eam alienaverit, Celsus existimat, si non adimendi animo vendidit, nihilominus deberi; idemque divi Severus et Antoninus rescripserunt (Gaius, Comm., II, § 198; Ulpian., L. II, § 12, D. [Lib. XXXII.] *de Legat. et fideicomm.*). Iidem rescripserunt eum qui, post testamentum factum, prædia quæ legata erant, pignori dedit, ademisse legatum non videri; et ideo legatarium cum hærede agere posse, ut prædia a creditore luantur. (Paul. *Rec. sentent.,* III., 6, § 16; Sever. et Anton. L. 3, C. *h. t.*) Si vero quis partem rei legatæ alienaverit, pars quæ non est alienata, omnimodo debetur; pars autem alienata ita debetur, si non adimendi animo alienata sit.

13. Si quis debitori suo liberationem legaverit, legatum utile est; et neque ab ipso debitore, neque ab hærede ejus, potest hæres petere, nec ab alio qui hæredis loco est. Sed et potest a debitore conveniri, ut liberet eum (Paul., *Rec. sentent.,* III, 6, § 11; Ulpian., L. 3 *pr. et* § 3; L. 15; D., *de Liberat. legat.*). Potest autem quis vel ad tempus jubere, ne hæres petat. (Pompon., L. 8, § 1, D. *cod.*)

14. Ex contrario, si debitor creditori suo quod debet legaverit, inutile est legatum, si nihil plus est in legato quam in debito, quia nihil amplius habet per legatum. Quod si in diem vel sub conditione debitum ei pure legaverit, utile est legatum propter repræsentationem (Paul., L. 1, § 10, D. *ad Leg. falcid.*; L. 29, D. [Lib. XXX.] *de Legat. et fideicomm.*). Quod si vivo testatore dies venerit, vel conditio exstiterit, Papinianus scripsit utile esse nihilominus legatum, quia semel constitit : quod et verum est. Non enim placuit sententia existimantium extinctum esse legatum, quia in eam causam pervenit a qua incipere non potest. (Papin., L. 5, D. *ad Leg. falcid.*; Paul., L. 82, D. [Lib. XXXI.] *de Legat. et fideicomm.,* L. 85, § 1, *de Reg. Jur.*).

15. Sed si uxori maritus dotem legaverit, valet legatum, quia

mander le fonds légué; parce que l'usufruit n'entre dans la demande du fonds que comme servitude: mais il entrera dans l'office du juge de ne condamner l'héritier à payer l'estimation du fonds que déduction faite de l'usufruit.

10. Quand on lègue à quelqu'un ce qui lui appartient déjà, le legs est nul; parce que ce qui appartient déjà à quelqu'un ne peut pas lui être acquis une seconde fois; et lors même que le légataire aurait aliéné la chose léguée, l'héritier ne lui devra cependant ni la chose ni l'estimation.

11. Lorsqu'un testateur lègue sa chose, la croyant à autrui, le legs est valable; car la réalité doit l'emporter sur l'opinion du testateur. Le legs serait également valable, s'il avait cru faussement que cette chose apparte- nait au légataire, parce que la volonté du testateur peut avoir son exécu- tion.

12. Si le testateur, après avoir légué sa chose, vient à l'aliéner, Celsus pense que, s'il l'a vendue sans l'intention de révoquer le legs, le legs n'en est pas moins dû. C'est aussi ce que décide un rescrit des empereurs Sé- vère et Antonin. Les mêmes empereurs ont encore décidé que le testateur, qui engage les fonds qu'il a légués, ne devait pas être réputé, pour cela, avoir voulu révoquer le legs; et que, par conséquent, le légataire avait action contre l'héritier pour l'obliger à les dégager. Si le testateur n'aliène qu'une partie de la chose léguée, la partie qui n'est pas aliénée est due dans tous les cas. A l'égard de celle qui est aliénée, elle n'est due qu'autant que le testateur n'a pas eu, en la vendant, l'intention de révoquer le legs.

13. Le legs, par lequel le créancier lègue à son débiteur sa libération, est valable; et l'héritier ne peut plus rien demander ni au débiteur lui- même, ni à son héritier, ni à celui qui tient lieu d'héritier. Le débiteur peut même actionner l'héritier pour en obtenir sa libération (par acceptila- tion). Un testateur peut encore défendre à son héritier de rien exiger de son débiteur, pendant un certain temps.

14. Réciproquement, si un débiteur lègue à son créancier ce qu'il lui doit, le legs est nul, s'il ne contient rien de plus que la dette; parce qu'a- lors le créancier n'acquiert pas, par le legs, plus de droit qu'il n'en avait au- paravant. Si le testateur devait une somme à terme ou sous condition, et qu'il ait légué purement et simplement, le legs est valable, à cause de l'avantage qu'a le créancier d'être payé sur le champ. Mais que décider si le terme ou la condition de la dette se réalisent du vivant du testateur? Papinien pense que le legs reste valable, par la raison qu'il a été bon dans son principe; ce qui est vrai : on n'a pas en effet adopté l'opinion de ceux qui pensaient qu'un legs devenait caduc, quand il survenait des cir- constances dans lesquelles on n'aurait pas pu le faire, si elles eussent existé dès l'origine.

15. Si un mari lègue à sa femme sa dot, le legs est valable; parce que

plenius est legatum quam de dote actio. Sed si , quam non accepit ,
dotem legaverit, divi Severus et Antoninus rescripserunt : si quidem simpliciter legaverit, inutile esse legatum ; si vero certa pecunia vel certum corpus aut instrumentum dotis in prælegando de-
monstrata sunt, valere legatum. (Ulpian., L. 1, § 2, 7 et 8; Javol.,
L. 6, *pr. et* § 1 , D., *de Dot. præleg.*)

16. Si res legata sine facto hæredis perierit, legatario decedit ;
et si servus alienus legatus sine facto hæredis manumissus fuerit,
non tenetur hæres. (Paul., *Rec. sentent.*, III , 6 , § 9 ; L. 35, D.
[Lib. XXX.] *de Legat. et fideicomm.*). Si vero hæredis servus legatus
fuerit, et ipse eum manumiserit, teneri eum Julianus scripsit, nec
interesse utrum scierit an ignoraverit à se legatum esse. Sed et si alii
donaverit servum , et is cui donatus est eum manumiserit, tenetur
hæres, quamvis ignoraverit a se eum legatum esse. (Martian., L. 112,
§ 1, D. [Lib. XXX.] *cod.* Ulpian., L. 25, § 2, D. *ad S. C. Trebell.*)

17. Si quis ancillas cum suis natis legaverit, etiamsi ancillæ
mortuæ fuerint, partus legato cedunt. Idem est , si ordinarii servi
cum vicariis legati fuerint ; et licet mortui sint ordinarii, tamen
vicarii legato cedunt. (Paul., L. 3 ; Gaius, L. 4, D. *de Pecul. legat.*)
Sed si servus cum peculio fuerit legatus, mortuo servo vel manumisso vel alienato et peculii legatum exstinguitur. Idem est, si fundus instructus vel cum instrumento legatus fuerit ; nam fundo alienato, et instrumenti legatum exstinguitur. (Paul., L. 1, D. *cod.*; L. 1,
§ 1; L. 5, D. *de Instruct. vel instrum.*; *Rec. sentent.*, III, 6, § 34 et seq.)

18. Si grex legatus fuerit posteaque ad unam ovem pervenerit
quod superfuerit vindicari potest. Grege autem legato , etiam eas
oves quæ post testamentum factum gregi adjiciuntur, legato cedere
Julianus ait. Est enim gregis unum corpus ex distantibus capitibus,
sicuti ædium unum corpus est ex cohærentibus lapidibus. (Ulpian.
L. 21; Pompon., L. 22 , D. [Lib. XXX.] *de Legat. et fideicomm.*,
Paul. L. 30 , *de Usurp.*)

19. Ædibus denique legatis, columnas et marmora quæ post testamentum factum adjecta sunt, legato dicimus cedere (Javol., L.
39, D. [Lib. XXXI.] *de Legat. et fideicomm.*).

20. Si peculium legatum fuerit, sine dubio quidquid peculio accedit vel decedit vivo testatore, legatarii lucro vel damno est. (Papin., L. 65, D. [Lib. XXX.] *cod.*). Quodsi post mortem testatoris
ante aditam hæreditatem servus acquisierit, Julianus ait : si quidem
ipsi manumisso peculium legatum fuerit, omne quod ante aditam hæreditatem acquisitum est , legatario cedere ; quia hujus legati dies
ab adita hæreditate cedit ; sed si extraneo peculium legatum fuerit,
non cedere ea legato , nisi ex rebus peculiaribus auctum fuerit peculium (Ulpian., L. 8, § 8, D. *de Pecul. legat.*; Julian., L. 17, D.

le legs est plus avantageux que l'action de dot. Mais que décider si un mari lègue à sa femme sa dot, sans en avoir reçu d'elle? Les empereurs Sévère et Antonin ont donné, dans un rescrit, la décision suivante : si le mari lègue simplement la dot qu'il a reçue de sa femme, le legs est nul; mais s'il exprime une certaine somme, un certain fonds, ou la somme portée dans le contrat dotal, le legs est valable.

16. Si la chose léguée vient à périr, sans le fait de l'héritier, elle périt pour le légataire. Si le testateur ayant légué l'esclave d'autrui, cet esclave vient à être affranchi, sans le fait de l'héritier, l'héritier n'est tenu à rien. Mais si le testateur a légué l'esclave de l'héritier, et que celui-ci l'ait affranchi, Julien a écrit que l'héritier resterait obligé; sans avoir à examiner s'il a su ou ignoré qu'il était chargé du legs de cet esclave. Il en faut dire autant du cas où l'héritier, ignorant l'existence du legs, aurait fait donation de cet esclave à quelqu'un, qui depuis l'aurait affranchi.

17. Lorsqu'un testateur a légué des femmes esclaves, avec leurs enfants, ceux-ci sont compris dans le legs, nonobstant la mort de leurs mères. Il en est de même dans le cas où le testateur a légué des esclaves ordinaires, avec leurs vicaires : car ceux-ci sont compris dans le legs, même après la mort des esclaves ordinaires. Mais si on a légué un esclave avec son pécule, le legs du pécule s'éteint par la mort, l'affranchissement ou l'aliénation de l'esclave légué. Il en est de même lorsqu'on a légué un fonds garni (*instructus*) ou un fonds avec ses ustensiles (*cum instrumento*) : car si le fonds vient à être aliéné, le legs des ustensiles s'éteint.

18. Si on a légué un troupeau de moutons, lequel se trouve ensuite réduit à une seule brebis, le légataire a droit de demander la brebis qui reste. Julien pense que le legs d'un troupeau comprend les brebis ajoutées au troupeau, depuis la confection du testament : car un troupeau est un corps composé de plusieurs têtes distinctes, comme une maison est un corps composé de plusieurs pierres, liées ensemble.

19. Nous pensons que les colonnes et les marbres ajoutés à l'édifice, depuis la confection du testament, font partie du legs de la maison.

20. Lorsqu'un pécule a été légué, le légataire profite ou souffre des accroissements ou des diminutions qui surviennent au pécule, du vivant du testateur. Quant aux acquisitions faites par l'esclave, depuis la mort du testateur, mais avant l'adition d'hérédité, Julien distingue : si le pécule est légué à l'esclave lui-même, tout ce qu'il a acquis avant l'adition d'hérédité est compris dans le legs, parce qu'un legs de cette nature ne s'ouvre qu'au jour de l'adition d'hérédité; mais si le pécule a été légué à un étranger, les acquisitions nouvelles, faites par l'esclave, ne seront pas comprises dans le legs du pécule, à moins qu'elles ne proviennent des choses mêmes, qui composaient le pécule. Le pécule n'est point dû à l'esclave af-

Quando dies legat.) Peculium autem, nisi legatum fuerit, manumisso non debetur, quamvis, si vivus manumiserit, sufficit si non
adimatur; et ita divi Severus et Antoninus rescripserunt (Paul., L.
53, D. *de Pecul.*; Diocl. et Max., L. *un.*, C. *de Pecul. ejus qui libert.
meruit.*). Iidem rescripserunt, peculio legato non videri id relictum,
ut petitionem habeat pecuniæ quam in rationes dominicas impendit.
Iidem rescripserunt peculium videri legatum, quum rationibus red-
ditis liber esse jussus est, et ex eo reliqua inferre. (Ulpian., L. 6, §
4; L. 8, § 7, D. *de Pecul. legat.*)

21. Tam autem corporales res legari possunt, quam incorporales. Et ideo quod defuncto debetur, potest alicui legari, ut actiones suas hæres legatario præstet, nisi exegerit vivus testator pecuniam; nam hoc casu legatum exstinguitur. (Ulpian., L. 41; L. 75,
§ 2, D. [Lib. XXX.] *de Legat. et fideicomm.*) Sed et tale legatum
valet; DAMNAS ESTO HÆRES DONUM ILLIUS REFICERE, vel ILLUM ÆRE
ALIENO LIBERARE. (Paul., *Rec. sentent.*, III, 6, § 10).

22. Si generaliter servus vel res alia legetur, electio legatarii
est, nisi aliud testator dixerit. (Ulpian., *Fragm.*, XXIV, § 14; L.
2, § 1; Julian., L. 12, D. *cod.*)

23. Optionis legatum, id est, ubi testator ex servis suis vel aliis
rebus optare legatarium jusserat, habebat in se conditionem; et
ideo, nisi ipse legatarius vivus optaverit, ad hæredem legatum non
transmittebat. (Ulpian., L. 12, § 8, D. *Quando dies legat.*)

Sed ex constitutione nostra et hoc ad meliorem statum reformatum est, et
data est licentia hæredi legatarii optare (*servum*), licet vivus legatarius hoc non
fecit. Et diligentiore tractatu habito, et hoc in nostra constitutione additum est
ut, sive plures legatarii existant quibus optio relicta est, et dissentiant in corpore
eligendo, sive unius legatarii plures hæredes, et inter se circa optandum dissentiant, alio aliud corpus eligere cupiente, ne pereat legatum (quod plerique
prudentium contra benevolentiam introducebant), fortunam esse hujus optionis
judicem, et sorte hoc esse dirimendum, ut ad quem sors perveniat, illius sententia
in optione præcellat. (Justinian., L. 3, C., *Commun. de Legat.*)

24. Legari autem illis solis potest, cum quibus testamenti factio est.

25. Incertis vero personis neque legata neque fideicommissa olim
relinqui concessum erat; nam nec miles quidem incertæ personæ
poterat relinquere; ut divus Hadrianus rescripsit. Incerta autem
persona videbatur quam incerta opinione animo suo testator sub-
jiciebat: veluti si quis ita dicat: QUICUNQUE FILIO MEO IN MATRIMO-
NIUM FILIAM SUAM DEDERIT, EI HÆRES MEUS ILLUM FUNDUM DATO. Illud
quoque quod iis relinquebatur, qui post testamentum scriptum primi
consules designati erunt, æque incertæ personæ legari videbatur; et denique multæ aliæ ejusmodi species sunt. Libertas
quoque incertæ personæ non videbatur posse dari, quia placebat
nominatim servos liberari. Tutor quoque certus dari debebat. Sub

franchi, à moins qu'il ne lui ait été expressément légué ; cependant, dans le cas où l'esclave est affranchi entre vifs, il suffit, pour qu'il ait son pécule, que son maître ne le lui ôte pas : ainsi le décide un rescrit des empereurs Sévère et Antonin. Les mêmes empereurs ont décidé que le legs du pécule ne donnait pas à l'esclave, le droit de répéter les sommes qu'il aurait avancées pour le compte de son maître. Ils ont encore décidé qu'un testateur doit être censé avoir légué le pécule à son esclave, quand, dans son testament, il a ordonné que cet esclave serait libre, après avoir rendu ses comptes et soldé le reliquat, sur son pécule.

21. On peut léguer les choses tant corporelles qu'incorporelles. Ainsi le testateur peut léguer ce qui lui est dû par un tiers : dans ce cas, l'héritier doit céder ses actions au légataire, à moins que le testateur n'ait reçu paiement de son vivant : car alors le legs est éteint. On peut aussi faire un legs de la manière suivante : *Je condamne mon héritier à rétablir la maison d'un tel ; ou bien : à payer les dettes d'un tel.*

22. Quand le testateur lègue en général un esclave ou un autre objet, le choix appartient au légataire, à moins que le testateur n'ait exprimé le contraire.

23. Le legs d'option, c'est-à-dire celui où le testateur voulait que son légataire choisît parmi ses esclaves ou parmi d'autres effets, était considéré par l'ancien droit comme contenant une condition tacite : en conséquence, le légataire, qui mourait sans avoir opté, ne transmettait pas le legs à son héritier.

Mais nous avons corrigé cela par notre constitution, et nous avons permis à l'héritier du légataire de faire le choix, lorsque le légataire ne l'aurait pas fait de son vivant. Et, pour que cette matière fût traitée à fond, nous avons ajouté dans notre constitution la disposition suivante : dans le cas où une option ayant été laissée à plusieurs légataires, ceux-ci ne s'accorderaient pas sur le choix ; ou bien encore dans le cas où le légataire, étant mort, aurait transmis son option à plusieurs héritiers, qui ne s'entendraient pas, et dont l'un choisirait une chose, et l'autre une chose différente, le legs ne deviendra pas pour cela caduc (comme quelques anciens l'avaient décidé contre la faveur qui est due au testament) ; mais le sort décidera quel est celui dont la volonté doit prévaloir.

24. On ne peut faire de legs qu'à ceux avec qui on a la faction de testament.

25. On ne pouvait autrefois laisser ni legs ni fidéicommis à une personne incertaine : cela n'était pas même permis aux militaires, comme l'avait décidé un rescrit d'Adrien. On regardait comme personne incertaine celle dont le testateur ne pouvait avoir d'idée précise ; par exemple : *Je condamne mon héritier à donner tel fonds à celui, qui accordera sa fille en mariage à mon fils.* On considérait aussi comme laissés à personnes incertaines, les legs faits au profit de ceux qui seraient les premiers désignés consuls après la confection du testament ; il y avait encore un grand nombre d'autres legs de même nature. On ne pouvait pas non plus conférer la liberté à une personne incertaine, parce qu'il était admis que les esclaves devaient être affranchis nominativement. Pareillement le testateur ne pouvait nommer pour tuteur qu'une personne certaine. Mais on pouvait faire valablement un legs à

certa vero demonstratione, id est, ex certis personis incertæ personæ recte legabatur : veluti, EX COGNATIS MEIS QUI NUNC SUNT, SI
QUIS FILIAM MEAM UXOREM DUXERIT, EI HÆRES MEUS ILLAM REM DATO.
(Gaius, II, *Comm.*, § 238, 239, 287; Ulpian., *Fragm.*, XXIV,
§ 18; I, § 25; Paul., *Rec. sentent.*, III, 6, § 13.).

Incertis autem personis legata vel fideicommissa relicta, et per errorem soluta,
repeti non posse sacris constitutionibus cautum erat.

26. Posthumo quoque alieno inutiliter legabatur. Est autem alienus posthumus, qui natus inter suos hæredes testatori futurus non
est. Ideoque ex emancipato filio conceptus nepos, extraneus erat
posthumus avo. (Gaius, *Comm.*, II, § 241.)

27. Sed nec hujusmodi species penitus est sine justa emendatione relicta, quum
in nostro codice constitutio posita est, per quam et huic parti medemur non
solum in hæreditatibus, sed etiam in legatis et fideicommissis : quod evidenter
ex ipsius constitutionis lectione clarescit.

Tutor autem nec per nostram constitutionem incertus dari debet,
quia certo judicio debet quis pro tutela suæ posteritati cavere.
(Gaius, *Comm.*, II, § 240, 289.).

28. Posthumus autem alienus hæres institui et antea poterat *et
nunc potest;* nisi in utero ejus sit, quæ jure nostro uxor esse non
potest. (Gaius, *Comm.*, II, § 212, 287; Paul., L. 9, § 1, 3 et 4, D.
de Liber. et posthum. hæred.).

29. Si quis in nomine, cognomine, prænomine legatarii erraverit,
testator, si de persona constat, nihilominus valet legatum. Idemque
in hæredibus servatur, et recte. Nomina enim significandorum hominum gratia reperta sunt : qui si alio quolibet modo intelligantur,
nihil interest. (Julian., L. 8, § 2, D. *de Bonor. possess. sec. tab.*;
Gord., L. 4, C. *de Testam.*, et quemadmodum; Florent., 34, D. *de
Condit. et demonstr.*).

30. Huic proxima est illa juris regula, falsa demonstratione legatum non perimi, veluti si quis ita legaverit : STICHUM SERVUM MEUM
VERNAM DO LEGO ; licet enim non verna, sed emptus sit, si de servo
tamen constat, utile est legatum. Et convenienter si ita demonstra-
verit, STICHUM SERVUM QUEM A SEIO EMI, sitque ab alio emptus,
utile est legatum si de servo constat. (Ulpian. , *Fragm.*, XXIV, § 19;
Gaius, L. 17, *pr. et* § 1; Martian., L. 33, D. *de Condit. et demonstr.*).

31. Longe magis legato falsa causa non nocet : veluti quum quis ita
dixerit : TITIO QUIA ME ABSENTE NEGOTIA MEA CURAVIT, STICHUM DO
LEGO ; vel ita : TITIO, QUIA PATROCINIO EJUS CAPITALI CRIMINE LIBERATUS
SUM, STICHUM DO LEGO. Licet enim neque negotia testatoris unquam
gessit Titius , neque patrocinio ejus liberatus est, legatum tamen
valet. (Gaius, L. 17, § 2, D. *de Condit. et demonstr.*; Ulpian., *Fragm.*,
XXIV, § 19.) Sed si conditionaliter enuntiata fuerit causa, aliud

des personnes incertaines sous une désignation certaine, c'est-à-dire à une personne incertaine prise parmi des personnes déterminées ; par exemple : *que mon héritier donne tel fonds à celui de mes parents, actuellement existants, qui épousera ma fille.*

Cependant les constitutions des princes avaient défendu de répéter les legs faits à des personnes incertaines, et acquittés par erreur.

26. On ne pouvait non plus faire aucun legs valable au profit d'un posthume externe. On appelle posthume externe celui qui, lors de sa naissance, ne doit pas se trouver au nombre des héritiers siens du testateur. Ainsi, le petit-fils, qui est dans le sein de la femme du fils émancipé, est un posthume externe par rapport à son aïeul.

27. Cette partie de l'ancien droit n'a pas échappé à nos sages réforme ; car nous avons fait insérer dans notre code une constitution qui règle ce qui doit être observé à cet égard, tant pour les hérédités que pour les legs et les fidéicommis : ce qu'on pourra voir plus clairement, en lisant la teneur de cette constitution.

Mais, même d'après notre constitution, on ne peut donner pour tuteur une personne incertaine, parce qu'il faut un jugement éclairé et réfléchi pour pourvoir à la tutelle de sa postérité.

28. Le posthume externe *pouvait autrefois être institué héritier, et le peut encore aujourd'hui,* à moins qu'il ne soit dans le sein d'une femme qui ne puisse pas être l'épouse du testateur.

29. Si le testateur s'est trompé dans le nom, surnom, prénom du légataire, mais qu'il n'y ait pas d'ailleurs de doute sur la personne qu'il a voulu désigner, le legs est valable. On observe la même chose à l'égard des héritiers ; et avec raison. Car les noms ne sont faits que pour distinguer les hommes ; et le nom importe peu, quand la personne est déterminée de quelque autre manière.

30. Voici une autre règle du même genre : une fausse démonstration ne détruit pas le legs. Si donc, par exemple, le testateur a dit : *Je lègue mon esclave Stichus né chez moi :* quoique cet esclave ne soit pas né chez le testateur, mais qu'il ait été acheté par lui, le legs est valable, pourvu qu'on sache quel esclave le défunt a eu en vue. Par la même raison, s'il a dit : *Je lègue l'esclave Stichus que j'ai acheté de Séius :* quoiqu'il l'ait acheté d'un autre, si on sait de quel esclave il a voulu parler, le legs est valable.

31. A plus forte raison, la fausse cause ne nuit point au legs; par exemple si le testateur a dit : *Je donne et lègue l'esclave Stichus à Titius, parce qu'il a pris soin de mes affaires en mon absence;* ou bien : *je donne l'esclave Stichus à Titius, parce qu'il m'a défendu dans une accusation capitale, et qu'il m'a fait absoudre;* quoique Titius n'ait jamais fait ni l'un ni l'autre, le legs est valable. Il en est autrement quand la cause

juris est, veluti hoc modo : Titio, si negotia mea curavit, fundum do lego. (Gaius, L. 17, § 3, D. *de Condit. et demonstr.*).

32. An servo hæredis recte legamus, quæritur. Et constat pure inutiliter legari, nec quidquam proficere, si vivo testatore de potestate hæredis exierit, quia quod inutile foret legatum, si statim post factum testamentum decessisset testator, non hoc ideo debet valere quia diutius testator vixerit. Sub conditione vero recte legatur, ut requiramus an, quo tempore dies legati, cedit, in potestate hæredis non sit. (Ulpian., *Fragm.*, XXIV, §23; Gaius, *Comm.*, II, § 244; Celsus., L. 1; Papin., L. 3, D. *de Regul. Caton.*).

33. Ex diverso, hærede instituto servo, quin domino recte etiam sine conditione legetur, non dubitatur. Nam et, si statim post factum testamentum decesserit testator, non tamen apud eum qui hæres sit, dies legati cedere intelligitur ; quum hæreditas a legato separata sit, et possit per eum servum alius hæres effici, si prius quam jussu domini adeat, in alterius potestatem translatus sit, vel manumissus ipse hæres efficitur : quibus casibus utile est legatum. Quodsi in eadem causa permanserit, et jussu legatarii adierit, evanescit legatum. (Gaius, *Comm.*, II, § 245; Ulpian., *Fragm.*, XXIV, § 24; Paul., L. 25; Julian., L. 91, D. [Lib. XXX.] *de Legat. et fideicomm.*; Scævol., L. 20, D. *ad Leg. Falcid.*).

34. Ante hæredis institutionem inutiliter antea legabatur : scilicet, quia testamenta vim ex institutione hæredum accipiunt, et ob id veluti caput atque fundamentum intelligitur totius testamenti hæredis institutio. Pari ratione nec libertas ante hæredis institutionem dari poterat. (Gaius, *Comm.*, II, § 229, 230; Ulpian., *Fragm.*, XXIV, § 15; XXV, § 8; Paul., *Rec. sentent.*, III, 6, § 2.)

Sed quia incivile esse putavimus, ordinem quidem scripturæ sequi (quod et ipsi antiquitati vituperandum fuerat visum), sperni autem testatoris voluntatem, per nostram constitutionem et hoc vitium emendavimus : ut liceat et ante hæredis institutionem, et inter medias hæredum institutiones, legatum relinquere, et multo magis libertatem cujus usus favorabilior est. (Justinian, L. 24, C., *de Testam., et quemadmodum.*)

35. Post mortem quoque hæredis aut legatarii simili modo inutiliter legabatur, veluti si quis ita dicat : quum heres meus mortuus erit, do lego. Item, pridie quam hæres aut legatarius morietur. (Gaius, *Comm.*, II, § 232 et 233; Ulpian., *Fragm.*, XXIV, § 16; XXV, § 8; Paul., *Rec. sentent.* III, 6, § 5 et 6.)

Sed simili modo et hoc correximus, firmitatem hujusmodi legatis ad fideicommissorum similitudinem præstantes; ne vel in hoc casu deterior causa legatorum quam fideicommissorum inveniatur. (Justinian., L. 11, C., *de Contrah. et committ. stipul.*; L. unic. C. *Ut actiones ab hæred. et contra hæred. incip.*; Gaius, *Comm.* II, § 277; Ulpian., *Fragm.*, XXV, § 8; L. 5, § 1, D. [Lib. XXXII.] *de Legat. et fideicomm.*)

(

a été exprimée en forme de condition ; par exemple : *Je donne tel fonds à Titius, s'il a pris soin de mes affaires.*

32.   n demande si nous pouvons faire valablement un legs à l'esclave de notre I éritier? Il est certain qu'un pareil legs serait nul s'il était fait purement et simplement ; et même il ne servirait à rien que l'esclave sortît, du vivant du testateur, de la puissance de l'héritier : car un legs qui aurait été nul, si le testateur était mort aussitôt après la confection de son testament, ne peut pas valoir par cela seul que le testateur a vécu plus long-temps (*règle catonienne*). Mais on peut léguer à cet esclave, sous condition; et ce legs sera valable si l'esclave n'est plus en la puissance de l'héritier, au moment où le legs s'ouvrira.

33. Dans le cas inverse, c'est-à-dire lorsque nous avons institué pour héritier un esclave, nous pouvons, sans le moindre doute, faire un legs valable au profit de son maître, même sans aucune condition : car, lors même que le testateur mourrait immédiatement après la confection du testament, le legs ne s'ouvrirait cependant pas nécessairement au profit de l'héritier. Remarquons en effet qu'à la différence de l'exemple traité dans le paragraphe précédent, le legs est ici indépendant de l'hérédité, puisque l'hérédité peut être acquise, par cet esclave, à un autre qu'à son maître actuel : ce qui arrivera s'il passe sous la puissance d'un autre, avant d'avoir fait adition par ordre de son maître; ou si, étant affranchi avant la même époque, il acquiert l'hérédité pour lui-même. Dans ces deux cas, le legs sera valable; mais si l'esclave reste dans le même état et fait adition par ordre du légataire, le legs s'évanouit.

34. On ne pouvait autrefois faire de legs avant l'institution d'héritier, par la raison que le testament tire toute sa force de l'institution d'héritier ; et que l'institution d'héritier est en quelque sorte la tête et le fondement de tout le testament. Par la même raison, on ne pouvait point affranchir, avant l'institution d'héritier.

Pour nous, trouvant absurde de s'attacher ainsi à l'ordre de l'écriture (chose que les anciens eux-mêmes avaient blâmée) et de violer la volonté des mourants, nous avons corrigé cet abus dans une constitution qui permet au testateur de faire des legs, et à plus forte raison des affranchissements (lesquels sont plus dignes de faveur), aussi bien avant qu'après l'institution d'héritier; comme aussi de les placer au milieu des institutions d'héritiers.

35. On ne pouvait pas non plus faire valablement un legs dont l'exécution aurait été reculée jusqu'après la mort de l'héritier ou du légataire; par exemple : *je donne et lègue telle chose lorsque mon héritier sera mort*; ou : *la veille de la mort de l'héritier ou du légataire.*

Mais nous avons également réformé ce point, et nous avons voulu que ces legs fussent valables, à l'exemple des fidéicommis; afin que les legs ne fussent pas traités plus rigoureusement que les fidéicommis.

11.

36. Pœnæ quoque nomine inutiliter legabatur et adimebatur, vel transferebatur. Pœnæ autem nomine legari videtur quod coercendi hæredis causa relinquintur, quo magis is aliquid faciat aut non faciat, veluti si quis ita scripserit : HÆRES MEUS, SI FILIAM SUAM IN MATRIMONIUM TITIO COLLOCAVERIT (vel ex diverso SI NON COLLOCAVERIT), DATO DECEM AUREOS SEIO; aut si ita scripserit : HÆRES MEUS, SI SERVUM STICHUM ALIENAVERIT (vel ex diverso, SI NON ALIENAVERIT), TITIO DECEM AUREOS DATO. Et in tantum hæc regula observatur, ut quampluribus principalibus constitutionibus significetur, nec principem quidem agnoscere quod ei pœnæ nomine legatum sit. Nec ex militis quidem testamento talia legata valebant, quamvis aliæ militum voluntates in ordinandis testamentis valde observabantur. Quin etiam nec libertatem pœnæ nomine dari posse placebat. Eo amplius nec hæredem pœnæ nomine adjici posse Sabinus existimabat, veluti si quis ita dicat : TITIUS HÆRES ESTO ; SI TITIUS FILIAM SUAM SEIO IN MATRIMONIUM COLLOCAVERIT, SEIUS QUOQUE HÆRES ESTO. Nihil enim intererat, qua ratione Titius coerceretur, utrum legati datione an cohæredis adjectione. (Gaius, *Comm.* II, § 235, 236 *et* 243; Ulpian., *Fragm.,* XXIV, § 17.)

Sed hujusmodi scrupulositas nobis non placuit, et generaliter ea quæ relinquuntur, licet pœnæ nomine fuerint relicta vel adempta vel in alios translata, nihil distare a cæteris legatis constituimus, vel in dando, vel in adimendo, vel in transferendo : exceptis videlicet iis quæ impossibilia sunt, vel legibus interdicta aut alias probrosa. Hujusmodi enim testamentorum dispositiones valere, secta meorum temporum non patitur. (Justinian., L. un. C. *de His quæ pœn. nom.*)

TIT. XXI. *De Ademptione et translatione legatorum.*

Ademptio legatorum, sive eodem testamento adimantur legata, sive codicillis, firma est; sive contrariis verbis fiat ademptio, veluti si quod ita quis legaverit : DO LEGO, ita adimatur : NON DO NON LEGO; sive non contrariis, id est, aliis quibuscunque verbis. (Ulpian., *Fragm.,* XXIV, § 19; L. 3, § 10, *et* 11, D. *de Adim. vel transfer. legat.*)

1. Transferri quoque legatum ab alio ad alium potest, veluti si quis ita dixerit: HOMINEM STICHUM, QUEM TITIO LEGAVI, SEIO DO LEGO ; sive in eodem testamento, sive in codicillis hoc fecerit. Quo casu simul Titio adimi videtur, et Seio dari. (Gaius, L 6, D. *de Adim. vel. transfer. legat.*)

TIT. XXII. *De Lege Falcidia.*

Superest ut de lege Falcidia dispiciamus, qua modus novissime legatis impositus est. Quum enim olim lege duodecim tabularum libera erat legandi potestas, ut liceret vel totum patrimonium le-

50. C'est inutilement aussi qu'on aurait voulu autrefois faire, ou révoquer, ou transférer un legs à titre de peine. Un legs est réputé fait à titre de peine lorsqu'il est fait pour gêner l'héritier, et l'astreindre plus étroitement à faire ou ne pas faire quelque chose; par exemple : *Mon héritier, s'il marie sa fille à Titius, donnera à un tel dix écus d'or;* ou au contraire, *s'il ne marie pas sa fille à Titius;* autre exemple : *mon héritier, s'il aliène l'esclave Stichus, donnera à Titius dix écus d'or;* ou au contraire, *s'il ne l'aliène pas.* Cette règle était si scrupuleusement observée, que plusieurs constitutions portent que le prince lui-même ne recevra pas les legs qui lui seront laissés à titre de peine. Pareillement ces legs n'étaient pas valables, même lorsqu'ils étaient faits par des militaires, quoique, en général, dans les testaments militaires, on suive scrupuleusement toutes les autres volontés du testateur. Il y a plus, on ne voulait pas même qu'on pût affranchir à titre de peine; et Sabinus étendait à ce point la rigueur du principe qu'il pensait qu'un testateur ne pouvait instituer un second héritier à titre de peine pour le premier; par exemple : *j'institue Titius; et si Titius donne sa fille en mariage à Séius, j'institue encore Séius pour mon héritier.* Car peu importait que Titius fût contraint par l'obligation de payer un legs, ou par l'adjonction d'un cohéritier.

Ne pouvant approuver de pareils scrupules, nous avons ordonné que tous les legs faits, ôtés, transférés, même pour punir l'héritier, seraient valables, et, qu'il n'y aurait désormais aucune différence entre ces legs et les autres, par rapport à la manière de les faire, de les ôter ou de les transférer. Nous exceptons toutefois les legs qui seraient laissés pour astreindre l'héritier à faire des choses impossibles, défendues par les lois ou déshonnêtes : car les mœurs de notre temps ne permettent pas que de telles dispositions puissent valoir.

TITRE XXI. *De la Révocation et de la translation des legs.*

Est valable la révocation prononcée par le testateur soit dans le testament même, soit dans des codicilles postérieurs; et on suivra sa volonté, non-seulement lorsqu'il s'est servi de termes contraires aux premiers : par exemple, si après avoir dit : *je donne et lègue,* il dit : *je ne donne pas, je ne lègue pas;* mais encore, lorsqu'il a employé tous autres termes.

1. Un legs peut aussi être transféré d'une personne à une autre; par exemple, si le testateur dit : *je donne et lègue à Séius l'esclave Stichus, que j'avais légué à Titius :* et peu importe que ces termes se trouvent dans le même testament, ou dans un codicille. Dans ce cas, le legs est en même temps ôté à Titius et donné à Séius.

TITRE XXII. *De la loi Falcidie.*

Il nous reste à parler de la loi Falcidie, la dernière qui ait mis des bornes à la faculté de léguer. La loi des XII tables accordait aux testateurs liberté pleine et entière de faire des legs jusqu'à épuisement complet de leur

gatis erogare (quippe ea lege ita cautum esset : UTI LEGASSIT SUÆ REI, ITA JUS ESTO), visum est hanc legandi licentiam coarctare. Idque ipsorum testatorum gratia provisum est, ob id quod plerumque intestati moriebantur, recusantibus scriptis hæredibus pro nullo aut minimo lucro hæreditates adire. Et quum super hoc tam lex Furia quam lex Voconia latæ sunt, quarum neutra sufficiens ad rei consummationem videbatur, novissime lata est lex Falcidia, qua cavetur ne plus legare liceret quam dodrantem totorum bonorum [1]; id est, ut sive unus hæres institutus esset, sive plures, apud enm eosve pars quarta remaneret. (Gaius, *Comm.* II, 224, 225, |§ 26, 227; Ulpian., *Fragm.*, XXIV, § 32; Paul., *Rec. sentent.*, III, 8, § 1.)

1. Et quum quæsitum esset, duobus hæredibus institutis, velut : Titio et Seio, si Titii pars aut tota exhausta sit legatis quæ nominatim ab eo data sunt, aut supra modum onerata ; a Seio vero aut nulla relicta sint legata, aut quæ partem ejus duntaxat in partem dimidiam minuant ; an quia is quartam partem totius hæreditatis aut amplius habet, Titio nihil ex legatis quæ ab eo relicta sunt, retinere liceret ? placuit, ut quartam partem suæ partis salvam habeat, posse retinere. Etenim in singulis hæredibus ratio legis Falcidiæ ponenda est. (Gaius, L. 77, D. *ad Leg. Falcid.*)

2. Quantitas autem patrimonii ad quam ratio legis Falcidiæ redigitur, mortis tempore spectatur. Itaque si, verbi gratia, is qui centum aureorum patrimonium in bonis habebat, centum aureos legaverit, nihil legatariis prodest, si ante aditam hæreditatem per servos hæreditarios aut ex partu ancillarum hæreditariarum aut ex fœtu pecorum tantum accesserit hæreditati, ut centum aureis legatorum nomine erogatis hæres quartam partem hæreditatis habiturus sit ; sed necesse est ut nihilominus quarta pars legatis detrahatur. Ex diverso, si septuaginta quinque legaverit, et ante aditam hæreditatem in tantum decreverint bona incendiis forte aut naufragiis aut morte servorum, ut non amplius quam septuaginta quinque aureorum substantia vel etiam minus relinquatur, solida legata debentur. Nec ea res damnosa est hæredi, cui liberum est non adire hæreditatem : quæ res efficit ut sit necesse legatariis, ne destituto testamento nihil consequantur, cum herede in portione pacisci. (Gaius, L. 73, D. *ad Leg. Falcid.*)

---

[1] Si quis inventarium minime conscripserit...., legis Falcidiæ beneficio minime utatur. (L. 22, C. *de Jur. de lib.*)

Si expressim designaverit (testator) non velle hæredem retinere Falcidiam, necessarium est testatoris valere sententiam. (*Nov.* I, cap. 2, § 2.)

Si quando aliquis aliquam rem immobilem...., nomine legati reliquerit, et specialiter dixerit nullo tempore hanc rem alienari,... in hoc legato jubemus Falcidiam legem locum penitus non habere. *Nov.* CXIX, cap 11.

patrimoine : la disposition de cette loi était en effet absolue : *que les volontés du testateur fassent loi.* Plus tard, cependant, on sentit le besoin de restreindre cette liberté excessive ; et cela dans l'intérêt même des testateurs : plusieurs en effet mouraient intestats parce que les héritiers refusaient d'accepter des hérédités, qui ne devaient leur procurer qu'un profit modique, ou même entièrement nul. Pour obvier à cet inconvénient, on rendit d'abord les lois Furia et Voconia : mais aucune des deux n'ayant paru suffisante pour arriver au but qu'on se proposait, on porta, en dernier lieu, la loi Falcidie, qui ne veut pas que le testateur dispose, à titre de legs, de plus des trois quarts de son bien [1], et qui assure ainsi, dans tous les cas, à l'héritier ou aux héritiers institués, le quart des biens composant l'hérédité.

1. On a élevé à ce sujet la question suivante : si le testateur ayant institué deux héritiers, Titius et Séius; la part de Titius est entièrement épuisée ou du moins chargée au-delà des trois quarts par les legs mis à sa charge; tandis qu'au contraire la part de Séius n'est chargée d'aucun legs, ou n'est diminuée que de moitié : Séius se trouvant avoir le quart de la succession ou davantage, doit-on dire que Titius ne pourra rien retenir sur les legs dont il est chargé? On a décidé qu'il pourrait retenir le quart de sa portion, parce que le calcul de la loi Falcidie doit être appliqué séparément à chaque héritier, en raison de la part d'hérédité qu'il recueille.

2. C'est à l'instant de la mort du testateur qu'il faut s'attacher pour déterminer la masse du patrimoine auquel doit s'appliquer la loi Falcidie. Supposons, par exemple, qu'un testateur, dont la fortune s'élève en tout à cent pièces d'or, ait fait des legs équivalant à cette somme, et que, avant l'adition, l'hérédité se soit tellement accrue par les acquisitions des esclaves, la part des femmes esclaves dépendant de la succession et le croit des troupeaux, que l'héritier pût payer les legs en entier et avoir encore son quart : ces augmentations ne profiteront nullement aux légataires et ne les mettront pas à l'abri du retranchement de la quarte. Mais réciproquement, quand les legs ne présentaient qu'une valeur de soixante-quinze pièces d'or, et qu'avant l'adition d'hérédité, les biens se trouvent diminués par incendie, naufrage ou mort des esclaves, et réduits à soixante-quinze ou à une somme moindre encore, les legs seront dus en entier. Au reste, cela ne cause aucun préjudice à l'héritier qui reste maître de ne pas faire adition : aussi, le plus souvent, les légataires se verront-ils dans la nécessité d'entrer en arrangement avec l'héritier; et préféreront lui abandonner quelque chose, plutôt que de tout perdre par sa renonciation.

---

[1] L'héritier, qui n'a pas fait inventaire, ne peut invoquer le bénéfice de la loi Falcidie.

Si le testateur a exprimé que son intention était que l'héritier ne retînt pas la quarte Falcidie, on devra obéir à sa volonté.

Si quelqu'un, en léguant un immeuble, a formellement déclaré que cet immeuble ne pourrait jamais être aliéné, nous voulons que la loi Falcidie ne soit pas appliquée à ce legs.

3. Quum autem ratio legis Falcidiæ ponitur, ante deducitur æs alienum, item funeris impensa et pretia servorum manumissorum : tunc deinde in reliquo ita ratio habetur , ut ex eo quarta pars apud hæredes remaneat, tres vero partes inter legatarios distribuantur , pro rata scilicet portione ejus quod cuique eorum legatum fuerit (Alex.,L. 6, C. *ad Leg. Falcid.*;Paul.,L. 39. ; *cod.*,Mœcian., L. 45 , D. *de Relig.*). Itaque si fingamus quadringentos aureos legatos esse, et patrimonii quantitatem ex qua legata erogari oportet, quadringentorum esse, quarta pars legatariis singulis debet detrahi. Quodsi trecentos quinquaginta legatos fingamus, octava debet detrahi. Quodsi quingentos legaverit , initio quinta , deinde quarta detrahi debet. Ante enim detrahendum est, quod extra bonorum quantitatem est ; deinde quod ex bonis apud hæredem remanere oportet. (Gaius, L. 73, § 5, D. *ad Leg. Falcid.*)

Titre XXIII. *De Fideicommissariis hæreditatibus.*

Nunc transeamus ad fideicommissa. Et prius est ut de hæreditatibus fideicommissariis videamus. (Gaius, *Comm.*, 11 , § 246, 247.)

1. Sciendum itaque est omnia fideicommissa primis temporibus infirma esse , quia nemo invitus cogebatur præstare id de quo rogatus erat. Quibus enim non poterant hæreditatem vel legata relinquere , si relinquebant, fidei committebant eorum qui capere ex testamento poterant. Et ideo fideicommissa appellata sunt, quia nullo vinculo juris, sed tantum pudore eorum qui rogabantur, continebantur. Postea primus divus Augustus semel iterumque gratia personarum motus, vel quia per ipsius salutem rogatus quis diceretur, aut ob insignem quorundam perfidiam, jussit consulibus auctoritatem suam interponere. Quod, quia justum videbatur et populare erat, paulatim conversum est in assiduam jurisdictionem ; tantusque eorum favor factus est, ut paulatim etiam Prætor proprius crearetur, qui de fideicommissis jus diceret, quem fideicommissarium appellabant. (Gaius, *Comm.* 11, § 274, 275, 278, 285 ; Ulpian., *Fragm.* XXV, § 7 et 12 ; Pompon., L. 2, § 32, *de Orig. jur.*)

2. Imprimis igitur sciendum est, opus esse ut aliquis recto jure testamento hæres instituatur , ejusque fidei committatur ut eam hæreditatem alii restituat : alioquin inutile est testamentum in quo nemo hæres instituitur. Quum igitur aliquis scripserit: Lucius Titius hæres esto, poterit adjicere : rogo te, Luci Titi, ut quum primum possis hæreditatem meam adire , eam Caio Seio reddas restituas. Potest autem quisque et de parte restituenda hæredem rogare ; et liberum est, vel pure , vel sub conditione relinquere fideicommis-

3. Pour le calcul de la loi Falcidie, il faut d'abord de la masse des biens
déduire les dettes, les frais funéraires et la valeur des esclaves affranchis
par le testament : sur ce qui reste, le quart appartient à l'héritier; et les trois
autres quarts aux légataires qui se les partagent proportionnellement à la valeur respective des legs faits à chacun d'eux. Supposons que les legs montent
à quatre cents pièces d'or, et que la masse de la succession, qui doit acquitter ces legs, soit elle-même de quatre cents pièces d'or : on retranchera
à chaque légataire le quart de son legs. Si nous supposons la somme des
legs de trois cent cinquante seulement, on ne retranchera à chaque légataire que le huitième de son legs. Si la somme des legs était de cinq cents
pièces d'or, on commencerait par retrancher sur chaque legs le cinquième,
et ensuite le quart de ce qui resterait : car il faut, avant tout, retrancher sur
les legs ce dont ils surpassent la masse des biens de la succession, et ensuite
le quart qui doit rester à l'héritier.

Titre XXIII. *Des hérédités fidéicommissaires.*

Passons maintenant aux fidéicommis; et occupons-nous d'abord des hérédités fidéicommissaires.

1. Dans l'origine les fidéicommis étaient tous sans force : nul n'étant
tenu d'accomplir ce dont il a été simplement prié. Quand on désirait laisser
une hérédité ou un legs à une personne incapable de recevoir directement,
on disposait au profit d'une personne capable, en la priant, au nom de la
bonne foi (*fidei committere*), de restituer à l'incapable ce qu'elle aurait
recueilli. Ces dispositions ont reçu le nom de *fidéicommis*, parce qu'elles
ne reposaient sur aucun lien de droit, mais seulement sur la bonne fo
des personnes priées de restituer. Dans la suite, l'Empereur Auguste fut le
premier qui, soit par intérêt pour quelques personnes, soit parce qu'on
affirmait que la restitution avait été demandée au nom du salut de
l'Empereur, soit enfin par indignation contre la perfidie de certaines
personnes chargées de rendre, ordonna, en deux ou trois occasions, aux Consuls d'interposer leur autorité. Cette intervention, ayant paru juste et ayant
obtenu le suffrage populaire, se convertit peu à peu en une juridiction
permanente : et telle fut la faveur qui bientôt entoura les fidéicommis, qu'on
créa, pour les causes de cette espèce, un Préteur spécial, nommé Préteur
fidéicommissaire.

2. La première chose à faire est d'instituer un héritier que l'on
charge de restituer l'hérédité à une autre personne : car le testament qui ne contiendrait pas d'institution d'héritier serait radicalement nul. Ainsi, après avoir écrit : que '*Lucius Titius soit mon
héritier*, le testateur pourra ajouter : *Lucius Titius, je te prie de restituer mon hérédité à Gaius Séius dès que tu auras pu faire adition.*
Au reste, le testateur peut ne charger l'héritier que de la restitution
d'une partie de l'hérédité; laisser le fidéicommis pur et simple ou y ajouter

sum, vel ex die certo. (Gaius, *Comm.* II, § 248, 250; Ulpian., *Fragm.*, XXV, § 11.)

3. Restituta autem hæreditate, is quidem qui restituit, nihilominus hæres permanet; is vero qui recipit hæreditatem, aliquando hæredis, aliquando legatarii loco habebatur. (Gaius , *Comm.* II, § 251.)

4. Et in Neronis quidem temporibus, Trebellio Maximo et Annæo Seneca consulibus, senatusconsultum factum est : quo cautum est ut, si hæreditas ex fideicommissi causa restituta sit, omnes actiones quæ jure civili hæredi et in hæredem competerent, ei et in eum darentur cui ex fideicommisso restituta est hæreditas. Post quod senatusconsultum, Prætor utiles actiones ei et in eum qui recepit hæreditatem , quasi hæredi et in hæredem dare cœpit.(Gaius, *Comm.*, II, § 253; Ulpian. , L. 1 , *pr.* § 1, 2 *et* 3 , D. *ad SC. Trebell.*; Paul., *Rec. sentent.* IV. 2.)

5. Sed quia hæredes scripti, quum aut totam hæreditatem aut pene totam plerumque restituere rogabantur, adire hæreditatem ob nullum vel minimum lucrum recusabant, atque ob id extinguebantur fideicommissa; postea Vespasiani Augusti temporibus Pegaso et Pusione consulibus, senatus censuit ut ei qui rogatus esset hæreditatem restituere, perinde liceret quartam partem retinere, atque lege Falcidia ex legatis retinere conceditur. Ex singulis quoque rebus quæ per fideicommissum relinquuntur, eadem retentio permissa est. Post quod senatusconsultum ipse hæres onera hæreditaria sustinebat : ille autem qui ex fideicommisso recepit partem hæreditatis, legatarii partiarii loco erat, id est, ejus legatarii cui pars bonorum legabatur. Quæ species legati partitio vocabatur, quia cum hærede legatarius partiebatur hæreditatem. Unde quæ solebant stipulationes inter hæredem et partiarium legatarium interponi, eædem interponebantur inter eum qui ex fideicommisso recepit hæreditatem, et hæredem : id est, ut et lucrum et damnum hæreditarium pro rata parte inter eos commune esset. (Gaius, *Comm.* II, § 254; Ulpian., *Fragm.*, XXVI, §15; Paul. , *Rec. sentent.*, IV, 3, § 1 *et* 3.)

6. Ergo si quidem non plus quam dodrantem hæreditatis scriptus hæres rogatus sit restituere, tunc ex Trebelliano senatusconsulto restituebatur hæreditas, et in utrumque actiones hereditariæ pro rata parte dabantur : in hæredem quidem, jure civili; in eum vero qui recipiebat hæreditatem , ex senatusconsulto Trebelliano, tanquam in hæredem. At si plus quam dodrantem vel etiam totam hæreditatem restituere rogatus esset, locus erat Pegasiano senatusconsulto : et hæres qui semel adierit hæreditatem, si modo sua voluntate adierit, sive retinuerit quartam partem sive retinere noluerit,

soit une condition , soit un terme.

3. Malgré la restitution de l'hérédité, l'institué n'en reste pas moins héritier. Quant à celui à qui elle a été restituée, il était assimilé autrefois tantôt à un héritier, tantôt à un légataire.

4. Sous le règne de Néron, et sous le consulat de Trébellius-Maximus, et d'Annæus-Sénèque , on fit un sénatusconsulte portant que lorsqu'une succession aurait été restituée en vertu d'un fidéicommis, toutes les actions qui, suivant le droit civil, compétaient à l'héritier et contre lui seraient données à et contre le fidéicommissaire. D'après ce sénatusconsulte, les Préteurs ont accordé des actions utiles à et contre le fidéicommissaire, comme il les aurait données à un héritier ou contre lui.

5. Mais les héritiers inscrits , chargés de restituer la totalité ou la plus grande partie de l'hérédité , n'apercevant que des avantages nuls ou minimes, refusaient souvent de faire adition et, par là, faisaient tomber les fidéicommis : pour remédier à cet inconvénient, un sénatusconsulte, porté sous le règne de Vespasien et sous le consulat de Pégasus et de Pullion, décida qu'à l'avenir, les héritiers pourraient retenir, sur l'hérédité qu'ils seraient chargés de restituer, le même quart que la loi Falcidie les autorise à retenir sur les legs. La même rétention a été accordée sur les fidéicommis d'objets particuliers. D'après ce sénatusconsulte , l'héritier direct restait personnellement chargé de toutes les dettes de la succession ; et celui, à qui l'hérédité était remise en vertu du fidéicommis , était assimilé au légataire *partiaire*, c'est-à-dire au légataire à qui on aurait légué une portion de l'hérédité. Cette espèce de legs s'appelait *partitio* , parce que le légataire partageait l'hérédité avec l'héritier. En conséquence, les mêmes stipulations , qui étaient d'usage entre l'héritier et le légataire partiaire, avaient lieu également entre l'héritier direct et le fidéicommissaire : dans l'un et l'autre cas , ces stipulations avaient pour objet de rendre les bénéfices et les charges de l'hérédité communs entre les deux parties , en proportion de leurs parts respectives.

6. Lors donc que l'héritier n'était pas chargé de restituer plus des trois quarts de l'hérédité, la restitution s'opérait conformément au sénatusconsulte Trébellien ; en conséquence, les actions héréditaires étaient données tant contre l'héritier que contre le fidéicommissaire , en proportion de leurs parts, savoir : contre l'héritier, d'après le droit civil ; contre le fidéicommissaire , comme assimilé à un héritier, en vertu du sénatusconsulte Trébellien. Quand, au contraire, l'héritier était chargé de restituer toute l'hérédité, ou plus des trois quarts, il y avait lieu à l'application du sénatusconsulte Pégasien : en conséquence , l'héritier qui avait une fois fait adition volontaire, restait soumis à toutes les charges héréditaires, qu'il

ipse universa onera hæreditaria sustinebat. Sed quarta quidem retenta, quasi partis et pro parte stipulationes interponebantur,
tanquam inter partiarium legatarium et hæredem; si vero totam
hæreditatem restitueret, emptæ et venditæ hæreditatis stipulationes
interponebantur, (Gaius, *Comm.*, II, § 255 256; Ulpian., *Fragm.*,
XXVI, § 14). Sed si recuset scriptus hæres adire hæreditatem,
ob id quod dicat eam sibi suspectam esse quasi damnosam, cavetur
Pegasiano senatusconsulto ut, desiderante eo cui restituere rogatus est, jussu Prætoris adeat et restituat hæreditatem; perindeque
ei et in eum qui recipit hæreditatem actiones darentur, ac si [1] juris
est ex Trebelliano senatusconsulto. Quo casu nullis stipulationibus
est opus, quia simul et huic qui restituit, securitas datur, et actiones hæreditariæ ei et in eum transferantur qui recipit hæreditatem,
utroque senatusconsulto in hac specie concurrente Gaius, *Comm.*,
II, § 257, 258; Ulpian., *Fragm.*, XXV, § 16; Paul., *Rec. sentent.*, IV,
4, § 2, 3 et 4.)

7. Sed quia stipulationes ex senatusconsulto Pegasiano descendentes et ipsi antiquitati displicuerunt, et quibusdam casibus captiosas eas homo excelsi ingenii
Papinianus appellat, et nobis in legibus magis simplicitas quam difficultas placet : ideo, omnibus nobis suggestis tam similitudinibus quam differentiis utriusque senatusconsulti, placuit, exploso senatusconsulto Pegasiano quod postea supervenit, omnem auctoritatem Trebelliano senatusconsulto præstare, ut ex eo
fideicommissariæ hæreditates restituantur, sive habeat hæres ex voluntate testatoris quartam, sive plus sive minus sive nihil penitus; ut tunc, quando vel nihil
vel minus quarta apud eum remanet, liceat ei vel quartam vel quod deest ex
nostra auctoritate retinere vel repetere solutum, quasi ex Trebelliano senatusconsulto pro rata portione actionibus tam in hæredem quam in fideicommissarium competentibus. Si vero totam hæreditatem sponte restituerit, omnes hæreditariæ actiones fideicommissario et adversus eum competunt. Sed etiam id quod
præcipuum Pegasiani senatusconsulti fuerat, ut quando recusabat hæres scriptus
sibi datam hæreditatem adire, necessitas ei imponeretur totam hæreditatem volenti fideicommissario restituere, et omnes ad eum et contra eum transire actiones, et hoc transponimus ad senatusconsultum Trebellianum : ut ex hoc solo et
necessitas hæredi imponatur, si, ipso nolente adire, fideicommissarius desiderat restitui sibi hæreditatem, nullo nec damno nec commodo apud hæredem remanente.

8. Nihil autem interest, utrum aliquis ex asse hæres institutus
aut totam hæreditatem aut pro parte restituere, an ex parte hæres
institutus aut totam eam partem aut partis partem restituere rogatus sit : Nam et hoc casu eadem observari præcipimus, quæ in totius hæreditatis restitutione diximus. (Gaius, *Comm.*, II, § 259.)

---

[1] *Vulgo, ut et ipse Gaius : ac juris est, etc.* (Conf. Gaius, *Comm.* I, § 13.)

retînt ou non le quart. Quand il retenait le quart, intervenaient entre lui et le fidéicommissaire les stipulations dites *partis et pro parte* (de part et portion), usitées entre l'héritier et le légataire partiaire. Quand il restituait la totalité, il y avait lieu aux stipulations dites *emptæ et venditæ hæreditatis* (d'hérédité achetée et vendue). Si l'héritier refusait de faire adition, en déclarant que l'hérédité lui était suspecte, il pouvait, d'après une disposition du sénatusconsulte Pégasien, et sur la demande du fidéicommissaire, être contraint par le Préteur à faire adition et à restituer; et alors les actions héréditaires étaient données contre celui qui recevait l'hérédité; tout comme si [1] la restitution eût été régie par le sénatusconsulte Trébellien. Dans ce cas, et par le concours des deux sénatusconsultes, les actions héréditaires étant transférées au fidéicommissaire et contre lui, les stipulations devenaient complètement inutiles, chaque partie obtenant une entière sécurité.

7. Mais, comme les stipulations auxquelles le sénatusconsulte Pégasien donnait lieu, avaient déplu même aux anciens; que Papinien même, homme d'un rare génie, les regardait comme étant, en bien des cas, une source de difficultés et de dangers; et que nous préférons dans les lois la simplicité à la difficulté; nous nous sommes fait rendre compte de toutes les ressemblances et de toutes les différences qui existaient entre ces deux sénatusconsultes. D'après cet examen, nous avons abrogé le sénatusconsulte Pégasien, qui avait été fait en dernier lieu, et accordé toute l'autorité au sénatusconsulte Trébellien : voulant qu'à l'avenir toutes les hérédités fidéicommissaires soient restituées conformément à ce sénatusconsulte, soit que le testateur ait laissé à l'héritier son quart, soit qu'il ne lui ait laissé qu'une partie moindre ou même rien. Cependant, dans ces deux derniers cas, nous l'autorisons à retenir le quart ou à le répéter s'il l'a payé, ou à se le faire compléter : les actions héréditaires étant données tant contre l'héritier que contre le fidéicommissaire, proportionnellement à leurs parts respectives, comme cela avait lieu antérieurement dans les restitutions réglées par le sénatusconsulte Trébellien. Si l'héritier direct remet spontanément toute l'hérédité au fidéicommissaire, toutes les actions héréditaires passeront à ce dernier. Nous avons aussi transporté au sénatusconsulte Trébellien, la principale disposition du sénatusconsulte Pégasien, qui, prévoyant le cas où l'héritier refuserait de faire adition, décidait, que sur la demande du fidéicommissaire, il pourrait être contraint d'appréhender l'hérédité et de la restituer en entier au fidéicommissaire; et que toutes les actions héréditaires actives et passives passeraient à ce dernier. A l'avenir, cette contrainte dérivera du seul sénatusconsulte Trébellien; mais lorsque l'héritier n'aura fait adition que comme contraint, il ne pourra jouir d'aucun des avantages de l'hérédité, comme aussi il sera à l'abri de tout inconvénient.

8. Il n'y a au reste aucune différence à faire entre l'héritier institué pour le tout, qui est chargé de remettre à un autre la succession en tout ou en partie, et l'héritier institué seulement pour une portion, et qui est chargé de remettre à un autre cette portion en entier ou en partie : car il faudra observer dans ce dernier cas, tout ce que nous venons de dire par rapport à la remise de la succession entière.

---

[1] La variante donne *ac* au lieu de *ac si*.

9. Si quis una aliqua re deducta sive præcepta quæ quartam
continet, (veluti fundo vel alia re) rogatus sit restituere hæreditatem, simili modo ex Trebelliano senatusconsulto restitutio fiat,
perinde ac si (quarta parte retenta) rogatus esset reliquam hæreditatem restituere (Ulpian., L. 1, § 16, D. *ad SC. Trebell.*). Sed illud
interest, quod altero casu, id est, quum deducta sive præcepta aliqua re vel pecunia restituitur hæreditas, in solidum ex eo senatusconsulto actiones transferuntur; et res quæ remanet apud hæredem,
sine ullo onere hæreditario apud eum remanet, quasi ex legato ei
acquisita. Altero vero casu, id est, quum (quarta parte retenta) rogatus est hæres restituere hæreditatem et restituit, scinduntur actiones, et pro dodrante quidem transferuntur ad fideicommissarium, pro quadrante remanent apud hæredem (Mæcian., L. 30,
§ 3, *cod.*). Quin etiam, licet una re aliqua deducta aut præcepta
restituere aliquis hæreditatem rogatus est, qua maxima pars hæreditatis contineatur, æque in solidum transferuntur actiones, et
secum deliberare debet is cui restituitur hæreditas, an expediat sibi
restitui. Eadem scilicet interveniunt, et si (duabus pluribusve deduc-
tis præceptisve rebus) restituere hæreditatem rogatus sit. Sed et si
(certa summa deducta præceptave, quæ quartam vel etiam maximam
partem hæreditatis continet), rogatus sit aliquis hæreditatem restituere, idem juris est. Quæ autem diximus de eo qui ex asse hæres
institutus est, eadem transferemus et ad eum qui ex parte hæres
scriptus est.

10. Præterea intestatus quoque moriturus potest rogare eum, ad
quem bona sua vel legitimo jure vel honorario pertinere intelligit,
ut hæreditatem suam totam partemve ejus, aut rem aliquam, veluti fundum, hominem, pecuniam alicui restituat; quum alioquin
legata, nisi ex testamento, non valeant. (Gaius, *Comm.* II, § 270,
271; Ulpian., *Fragm.*, XXV, § 4 *et* 8; L. 1, § 5; L. 6, § 1, D. *ad SC.
Trebell.*; Modest., L. 36, [D. Lib. XXXI.] *de Legat.*, *et fideicomm.*)

11. Eum quoque cui aliquid restituitur, potest rogare ut id rur-
sum alii aut totum, aut pro parte, vel etiam aliquid aliud restituat.
(Scævol., L. 78, § 11, D. *ad SC. Trebell.*)

12. Et quia prima fideicommissorum cunabula a fide hæredum pendent, et
tam nomen quam substantiam acceperunt, et ideo divus Augustus ad necessitatem juris ea detraxit, nuper et nos eundem principem superare contendentes ex
facto quod Tribonianus, vir excelsus, quæstor sacri palatii, suggessit, constitutionem fecimus per quam disposuimus : si testator fidei hæredis sui commisit ut
vel hæreditatem vel speciale fideicommissum restituat, et neque ex scriptura neque ex quinque testium numero (qui in fideicommissis legitimus esse noscitur),
possit res manifestari, sed vel pauciores quam quinque vel nemo penitus testis
intervenerit; tunc sive pater hæredis sive alius quicunque sit, qui fidem hæredis

9. Si le testateur charge son héritier de remettre sa succession à un autre, en déduisant ou en prélevant, à son profit, une chose déterminée qui le remplit de sa quarte, par exemple, un fonds de terre ou quelqu'autre chose ; la restitution de l'hérédité se fera en vertu du sénatusconsulte Trébellien, comme si l'héritier eût été chargé de restituer l'hérédité, en retenant la quarte. Il y a cependant une différence digne d'être remarquée : quand l'héritier restitue, en déduisant ou prélevant pour lui un objet déterminé, les actions héréditaires passent en entier au fidéicommissaire en vertu du sénatusconsulte, et l'objet que retient l'héritier lui reste franc et quitte de toute charge héréditaire, comme s'il lui avait été laissé à titre de legs ; dans le cas, au contraire, où l'héritier est chargé de se contenter de son quart et de remettre à un autre le reste de la succession, les actions héréditaires sont divisées : elles passent au fidéicommissaire pour les trois quarts, et restent à l'héritier pour un quart. Il y a plus : lors même que l'objet, que l'héritier est autorisé à déduire ou à prélever, formerait la plus grande partie du patrimoine, les actions héréditaires n'en passeraient pas moins en entier au fidéicommissaire : c'est à celui-ci à délibérer pour savoir s'il lui est avantageux de demander la remise de la succession. On applique les mêmes principes quand l'héritier a été autorisé à déduire ou à prélever deux ou plusieurs choses déterminées ; et aussi dans le cas où le testateur aurait chargé son héritier de remettre sa succession, après avoir déduit ou prélevé, à son profit, une certaine somme, qui forme le quart ou même la plus grande partie de la succession. Enfin ce qu'on vient de dire de l'héritier institué pour le tout, doit s'entendre également de celui qui n'a été institué que pour une partie.

10. Un citoyen, qui va mourir sans testament, peut aussi charger celui à qui il sait que ses biens doivent passer d'après l'ordre des successions légitimes ou prétoriennes, de remettre à un autre son hérédité en tout ou en partie ; ou un certain objet, par exemple un fonds, un esclave, une somme d'argent. Les legs, au contraire, ne sont valables qu'autant qu'il y a un testament.

11. On peut encore charger celui, à qui on fait remettre quelque chose, de remettre, à son tour, à un autre personne cette même chose en tout ou en partie, ou même de lui donner quelqu'autre chose.

12. Dans l'origine, les fidéicommis dépendaient de la bonne foi des héritiers, et c'est même de là que leur sont venus leur nom et leur nature ; l'Empereur Auguste les rendit depuis obligatoires. Désirant surpasser ce prince, et à l'occasion d'un fait dont l'illustre Tribonien nous a rendu compte, nous avons promulgué dernièrement une constitution dont voici les dispositions : quand un testateur aura chargé son héritier de restituer l'hérédité ou quelque objet déterminé, et qu'on ne pourra le prouver ni par écrit, ni par cinq témoins (nombre exigé par la loi pour les fidéicommis) ; qu'il n'y aura que moins de témoins ou même pas du tout ; alors, si, par une coupable perfidie, l'héritier chargé de restituer (soit par son

elegerit, et ab eo restitui aliquid voluerit, si hæres perfidia tentus adimplere fidem
recusat negando rem ita esse subsecutam, si fideicommissarius jusjurandum ei
detulerit, quum prius ipse de calumnia juraverit, necesse eum habere vel jusjurandum subire quod nihil tale a testatore audivit, vel recusantem ad fideicommissi
vel universitatis vel specialis solutionem coarctari, ne depereat ultima voluntas
testatoris fidei hæredis commissa. Eadem observari censuimus, etsi a legatario
vel fideicommissario aliquid similiter relictum sit. Quodsi is a quo relictum
dicitur, confiteatur [1] quidem a se aliquid relictum esse, sed ad legis subtili-
tatem decurrat, omnimodo cogendus est solvere. (Justinian., L. 82, C. de Fi-
deicom.)

Tit. XXIV. *De Singulis rebus per fideicommissum relictis.*

Potest autem quis etiam singulas res per fideicommissum relinquere, veluti fundum, hominem, vestem, aurum, argentum, pecuniam numeratam; et vel ipsum hæredem rogare ut alicui restituat, vel legatarium, quamvis a legatario legari non possit. (Gaius,
Comm. II, § 260; Ulpian., *Fragm.*, XXIV, § 20.)

1. Potest autem non solum proprias res testator per fideicommissum relinquere, sed et hæredis aut legatarii aut fideicommissarii
aut cujuslibet alterius. Itaque et legatarius et fideicommissarius
non solum de ea re rogari potest, ut eam alicui restituat, quæ ei
relicta sit; sed etiam de alia, sive ipsius sive aliena sit. Hoc solum
observandum est, ne plus quisquam rogetur alicui restituere, quam
ipse ex testamento ceperit ; nam quod amplius est inutiliter relinquitur. Quum autem aliena res per fideicommissum relinquitur,
necesse est ei qui rogatus est, aut ipsam redimere et præstare, aut
æstimationem ejus solvere. (Gaius, *Comm.* II, § 261, 262; Paul.,
Rec. sentent., IV, 1 § 7.)

2. Libertas quoque servo per fideicommissum dari potest, ut
hæres eum rogetur manu ittere, vel legatarius vel fideicommissarius. Nec interest utrum de suo proprio servo testator roget, an de
eo qui ipsius hæredis aut legatarii vel etiam extranei sit. Itaque et
alienus servus redimi et manumitti debet (Gaius, *Comm.* II, § 263,
264 *et* 265; Ulpian., *Fragm.*, II, § 1 ; XXV, § 10). Quodsi dominus eum non vendat, si modo nihil ex judicio ejus qui reliquit
libertatem, perceperit : non statim exstinguitur fideicommissaria libertas, sed differtur : quia possit, tempore procedente, ubicunque
occasio servi redimendi fuerit, præstari libertas (Alex., L. 6, C.
de Fideic.; *libert.*; Gaius, *Comm.* II, § 262, 265; Ulpian. *Fragm.*,
II., § 11). Qui autem ex fideicommissi causa manumittitur, non
testatoris fit libertus, etiamsi servus sit, sed ejus qui manumittit.

---

[1] *Vulgo :* is a quo relictum dicitur, POSTQUAM NEGAVERIT confiteatur, etc.

père, soit par toute autre personne) refuse d'exécuter ce qui a été confié à sa foi, en niant l'existence du fidéicommis; pour que les volontés dernières des mourants ne périssent pas, nous voulons que le fidéicommissaire, après avoir d'abord prêté lui-même le serment de *calomnie*, puisse déférer le serment à l'héritier; et que celui-ci soit tenu ou de jurer qu'il n'a aucune connaissance que le testateur ait rien fait de pareil, ou de délivrer au fidéicommissaire le montant du fidéicommis. On observera les mêmes règles dans le cas où le fidéicommis aurait été mis à la charge d'un légataire ou d'un fidéicommissaire. Si celui qui est chargé du fidéicommis, n'en conteste pas l'existence [1], mais se retranche dans les subtilités du droit, qu'il soit néanmoins contraint à payer.

TITRE XXIV. *Des objets particuliers laissés par fidéicommis.*

On peut aussi laisser, par fidéicommis, des objets particuliers, par exemple, un fonds de terre, de l'argenterie, un esclave, des habits, de l'argent monnayé. On peut charger de ces fidéicommis, non-seulement l'héritier, mais encore le légataire, quoiqu'on ne puisse pas mettre un legs à la charge d'un légataire.

1. Un testateur peut laisser, par fidéicommis, non-seulement les choses qui lui appartiennent, mais encore celles qui appartiennent à l'héritier, au légataire, au fidéicommissaire, chargé de rendre, ou à toute autre personne. Ainsi le légataire et le fidéicommissaire peuvent être chargés de restituer à un autre non-seulement ce qu'on leur a laissé, mais encore tout autre objet, soit qu'il leur appartienne, soit qu'il appartienne à autrui. Il faut seulement avoir soin de ne point charger quelqu'un de rendre à un autre plus qu'il ne reçoit lui-même par le testament : car le fidéicommis serait nul pour l'excédant. Quand c'est la chose d'autrui qui est laissée par fidéicommis, celui qui est chargé du fidéicommis, est obligé d'acheter la chose et de la livrer, ou d'en payer la valeur.

2. On peut aussi laisser par fidéicommis la liberté à un esclave, en charge.. t son héritier, son légataire ou son fidéicommissaire de l'affranchir. Peu importe que l'esclave qu'il s'agit d'affranchir appartienne au testateur, à l'héritier, au légataire ou à tout autre : car si l'esclave appartient à autrui, on le rachètera et on l'affranchira. Si le maître, en supposant d'ailleurs qu'il n'ait rien reçu du testateur, refuse de vendre l'esclave, le fidéicommis de liberté n'est pas pour cela éteint à tout jamais; il n'est que différé jusqu'au temps où on trouvera l'occasion d'acheter l'esclave et de lui donner la liberté. Celui qui est affranchi en vertu d'un fidéicommis, n'est pas l'affranchi du testateur, quand même il lui aurait appartenu; il est l'affranchi de celui qui lui donne la liberté.

---

[1] La variante ajoute : *après avoir commencé par nier.*

At is, qui directo, testamento liber esse jubetur, ipsius testatoris libertus fit, qui etiam Orcinus appellatur. Nec alius ullus directo, ex
testamento, libertatem habere potest, quam qui utroque tempore
testatoris fuerit, et quo faceret testamentum, et quo moreretur.
Directo autem libertas tunc dari videtur, quum non ab alio servum
manumitti rogat, sed velut ex suo testamento libertatem ei competere vult. (Gaius, *Comm.* II, § 266, 267; Ulpian., *Fragm.*, II, § 7
et 8; Paul., L. 35, D. *de Manum. test.*)

3. Verba autem fideicommissorum hæc maxime in usu habentur:
PETO, ROGO, VOLO, MANDO, FIDEI TUÆ COMMITTO. Quæ perinde singula
firma sunt, atque si omnia in unum congesta essent. (Gaius,
Comm. II, § 249; Ulpian., *Fragm.*, XXV, § 2; Paul., *Rec. sentent.*, IV, 1, § 6.)

Tit. XXV. *De Codicillis.*

Ante Augusti tempora constat jus codicillorum in usu non fuisse;
primus Lucius Lentulus (ex cujus persona etiam fideicommissa
cœperunt) codicillos introduxit. Nam quum decederet in Africa,
scripsit codicillos testamento confirmatos, quibus ab Augusto pe-
tiit per fideicommissum ut faceret aliquid. Et quum divus Augustus
voluntatem ejus implesset, deinceps reliqui ejus auctoritatem secuti
fideicommissa præstabant, et filia Lentuli legata quæ jure non debebat, solvit. Dicitur autem Augustus convocasse prudentes, inter
quos Trebatium quoque cujus tunc auctoritas maxima erat, et
quæsisse an posset hoc recipi, nec absonans a juris ratione codicillorum usus esset; et Trebatium suasisse Augusto, quod diceret
utilissimum et necessarium hoc civibus esse propter magnas et
longas peregrinationes quæ apud veteres fuissent, ubi, si quis testamentum facere non posset, tamen codicillos posset. Post quæ
tempora, quum et Labeo codicillos fecisset, jam nemini dubium
erat quin codicilli jure optimo admitterentur.

1. Non tantum autem testamento facto potest quis codicillos fa-

Au contraire, l'esclave, affranchi directement dans un testament, devient l'affranchi du testateur : aussi l'appelle-t-on *libertus orcinus* (affranchi d'un défunt). Mais un esclave ne peut être valablement affranchi directement, par testament, qu'autant qu'il aura été sous la puissance du testateur à deux époques, celle où le testament a été fait et celle de la mort du testateur. Un esclave est affranchi directement, quand le testateur veut qu'il ait la liberté, en vertu de son testament, sans charger personne de la lui donner.

5. Les paroles qui sont le plus en usage dans les fidéicommis sont celles-ci : *je demande, je prie, je veux, je charge, je confie à la bonne foi d'un tel :* chacune de ces paroles a séparément le même effet que si toutes étaient réunies.

Titre XV. *Des Codicilles.*

Les codicilles étaient inconnus avant Auguste. Lucius Lentulus (auquel remonte aussi l'origine des fidéicommis) est le premier qui ait introduit l'usage des codicilles, et voici à quelle occasion. Se trouvant en Afrique, et sur le point de mourir, il écrivit des codicilles, confirmés par testament, par lesquels il priait Auguste de faire quelque chose. Auguste exécuta sa volonté, et son exemple fut suivi par plusieurs autres personnes qui acquittèrent les fidéicommis dont ils étaient ainsi chargés ; la fille de Lentulus paya également ce qu'en droit elle ne devait pas. On rapporte qu'à cette occasion Auguste ayant réuni les plus habiles jurisconsultes, et notamment Trébatius qui jouissait alors d'une grande autorité, leur demanda si on pouvait admettre cette innovation et si elle ne serait pas en contradiction avec les principes du droit ; et que Trébatius conseilla à l'empereur d'admettre cet usage comme fort utile et même nécessaire aux citoyens, à cause des longs voyages dans lesquels ils se trouvaient engagés ; afin que si, pendant ces voyages, ils ne pouvaient pas faire de testament, ils pussent au moins faire un codicille. Dans la suite, Labéon ayant lui-même fait un codicille, personne ne douta plus de la légalité de cette manière de disposer.

1. Peut faire un codicille non-seulement celui qui a fait un testa-

12

cere, sed et intestatus quis decedens fideicommittere codicillis potest
Gaius, *Comm.* II, § 270; Paul., L. 16, D., *de Jur. codicill.*). Sed quum
ante testamentum factum codicilli facti erant, Papinianus ait non
aliter vires habere, quam si speciali postea voluntate confirmentur
(Papin., L. 5, D., *cod.*). Sed divi Severus et Antoninus rescripserunt, ex iis codicillis, qui testamentum praecedunt, posse fideicommissum peti, si appareat eum, qui postea testamentum fecit, a voluntate quam codicillis expresserat, non recessisse.

2. Codicillis autem haereditas neque dari neque adimi potest, ne
confundatur jus testamentorum et codicillorum ; et ideo nec ex-
haeredatio scribi. Directo autem hoereditas codicillis neque dari neque adimi potest : nam per fideicommissum haereditas codicillis
jure relinquitur (Gaius, *Comm.* II, § 273; Julian., L. 2, § 4, D., *de
Jur. codicill.*). Nec conditionem haeredi instituto codicillis adjicere
nec substituere directo potest. (Martian. L. 6, D. *cod.*)

3. Codicillos autem etiam plures quis facere potest ; et nullam
solemnitatem ordinationis desiderant [1]. (Martian., L. 6, § 1, D., *de
Jur. codicill.*)

---

[1] In omni autem ultima voluntate, excepto testamento, quinque testes, vel rogati vel qui
fortuito veniant, uno eodemque tempore debent adhiberi, sive in scriptis, sive sine scriptis, voluntas conficiatur : testibus videlicet, quando in scriptis voluntas componitur, sub-
scriptionem eorum recommendantibus, (Justinian., L. ult., § 3, C., *h. t.*)

ment; mais celui, qui meurt intestat, peut aussi laisser des fidéicommis, par codicille. Suivant l'opinion de Papinien, le codicille, fait avant le testament, ne peut avoir d'effet qu'autant qu'il a été confirmé par le testament subséquent. Toutefois, les empereurs Sévère et Antonin ont décidé, dans un rescrit, qu'on pouvait demander un fidéicommis en vertu d'un codicille, fait avant le testament, s'il paraissait que le testateur ne se fût pas départi des volontés qu'il avait consignées dans son codicille.

2. Mais on ne peut par codicille, conférer le titre d'héritier ou en priver quelqu'un : ce serait en effet confondre le droit propre aux testaments avec celui des codicilles; il suit de là qu'on ne peut pas non plus exhéréder par codicille. C'est de l'hérédité directe qu'on entend parler quand on dit qu'elle ne peut être ni donnée ni ôtée dans un codicille; car on peut laisser valablement dans un codicille l'hérédité fidéicommissaire. On ne peut pas même, par codicille, imposer une nouvelle condition à l'héritier institué, ni faire une substitution directe.

3. On peut faire plusieurs codicilles. Cet acte n'est d'ailleurs assujetti à aucune solennité [1].

---

[1] Tout acte de dernière volonté devra être fait en la présence simultanée de cinq témoins, convoqués exprès ou réunis par l'effet du hasard ; sans distinguer le cas où la disposition a lieu de vive voix, de celui où elle est rédigée par écrit : dans ce dernier cas, les témoins devront en outre apposer leurs signatures. Les dispositions précédentes ne sont point applicables aux testaments qui continueront à être faits suivant les formes qui leur sont propres.

LIBER TERTIUS.

Tit. 1. *De Hæreditatibus quæ ab intestato deferuntur.*

Intestatus decedit, qui aut omnino testamentum non fecit, aut non jure fecit; aut id, quod fecerat, ruptum irritumve factum est; aut nemo ex eo hæres exstitit. (Ulpian. L. 1, D., *de Suis et legit.* ; Paul. *Rec. sentent.*, IV, 8, § 1 et 2.)

1. Intestatorum autem hæreditates, ex lege duodecim tabularum, primum ad suos hæredes pertinent. (Ulpian. *Fragm.* XXVI, § 1 ; Paul. *Rec. sentent.*, IV, 8, § 3.)

2. Sui autem hæredes existimantur, ut et supra diximus, qui in potestate morientis fuerunt : veluti filius filiave, nepos neptisve ex filio, pronepos proneptisve ex nepote, ex filio nato, prognatus prognatave. Nec interest utrum naturales sint liberi, an adoptivi. (Paul. *Rec. sentent.*, IV, 8, § 4 ; Ulpian. *Fragm.* XXVI, § 1 ; L. 1, D., *de Suis et legitim.*)

Quibus connumerari necesse est etiam eos qui ex legitimis quidem matrimoniis non sunt progeniti, curiis tamen civitatum dati, secundum divalium constitutionum, quæ super his positæ sunt, tenorem, hæredum suorum jura nanciscuntur (Theod., L. 3, C. *de Nat. liber.*). Nec non eos, quos nostræ amplexæ sunt constitutiones, per quas jussimus, si quis mulierem in suo contubernio copulaverit, non ab initio affectione maritali, eam tamen cum qua poterat habere conjugium, et ex ea liberos sustulerit, postea vero, affectione procedente, etiam nuptialia instrumenta cum ea fecerit, et filios vel filias habuerit : non solum eos liberos qui post dotem editi sunt, justos et in potestate patris esse, sed etiam anteriores qui et iis qui postea nati sunt, occasionem legitimi nominis præstiterunt. Quod obtinere censuimus, etiamsi non progeniti fuerint post dotale instrumentum confectum liberi, vel etiam nati ab hac luce fuerint subtracti. (Justinian. L. 10 et 11, C. *eod.*)

LIVRE TROISIÈME.

Titre I. *Des Successions déférées ab intestat.*

Meurt intestat celui qui n'a fait absolument aucun testament ; ou qui en a fait un nul ; ou qui en a fait un valable, lequel a été ensuite infirmé en devenant il *ruptum* soit *irritum* ; ou enfin celui dont le testament n'a produit aun héritier.

1. Les hérédités des intestats appartiennent d'abord aux héritiers siens : telle est la disposition de la loi des douze tables.

2. On appelle héritiers siens, comme nous l'avons dit ci-dessus, ceux qui étaient sous la puissance du défunt au temps de sa mort : comme le fils, la fille, les petits-enfants par le fils, les arrière-petits-enfants par le petit-fils, enfant du fils. Peu importe au reste que ces enfants soient naturels ou adoptifs.

Il faut aussi comprendre parmi les héritiers siens, les enfants qui, n'étant pas nés en légitime mariage, ont été ensuite légitimés, et ont acquis les droits d'héritiers siens, par oblation à la curie, conformément aux constitutions de nos prédécesseurs.— Il faut pareillement y ajouter ceux qui sont légitimés en vertu de nos constitutions, dont voici les dispositions : Si un homme a eu des enfants d'une femme avec laquelle il vivait, sans mariage, mais qu'il aurait pu épouser s'il eût voulu ; qu'ensuite cet homme épouse cette femme, dresse avec elle un acte nuptial, et en a ensuite des fils ou des filles ; nous voulons que cet homme ait, sous sa puissance, non seulement les enfants nés depuis la confection de l'acte dotal, mais encore les enfants nés auparavant, qui ont fourni aux puinés l'occasion de naître légitimes. Nous voulons en outre que la légitimation ait lieu également, lors même qu'il ne serait né aucun enfant depuis la confection de l'acte dotal, ou que les enfants, nés depuis cet acte, auraient cessé de vivre.

Ita demum tamen nepos neptisve, et pronepos proneptisve, suorum hæredum numero sunt, si præcedens persona desierit in potestate parentis esse, sive morte id acciderit, sive alia ratione, velut emancipatione. Nam si per id tempus quo quis moriatur, filius in potestate ejus sit, nepos ex eo suus hæres esse non potest. Idque et in cæteris deinceps liberorum personis dictum intelligimus. Posthumi quoque qui, si vivo parente nati essent, in potestate ejus futuri forent, sui hæredes sunt. (Paul., *Rec. sentent.*, IV, 8, § 7 et 8; Ulpian., I. 1, § 4 et 6, D., *de Suis et legit.*)

3. Sui autem, etiam ignorantes, fiunt hæredes; et, licet furiosi sint, hæredes possunt existere : quia, quibus ex causis ignorantibus nobis acquiritur, ex his causis et furiosis acquiri potest. Et statim morte parentis quasi continuatur dominium : et ideo nec tutoris auctoritate opus est pupillis, quum etiam ignorantibus acquiratur suis hæredibus hæreditas. Nec curatoris consensu acquiritur furioso, sed ipso jure. (Paul., *Rec. sentent.*, IV, 8, § 5 et 6; Gaius, L. 14, D., *de Suis et legit.*; Pompon., L. 12, D., *de Reb. cred.*; L. 24, D., *de Obl. et act.*)

4. Interdum autem, licet in potestate parentis mortis tempore suus hæres non fuerit, tamen suus hæres parenti efficitur : veluti si ab hostibus reversus quis fuerit post mortem patris. Jus enim postliminii hoc facit. (Paul., *Rec. sentent.*, IV, 8, § 7; Julian., L. 12, D., *Qui test. fac.*; Up ian. L. 1, § 4, D., *de Suis et legit.*)

5. Per contrarium evenit ut, licet quis in familia defuncti sit mortis tempore, tamen suus hæres non fiat : veluti si post mortem suam pater judicatus fuerit perduellionis reus, ac per hoc memoria ejus damnata fuerit. Suum enim hæredem habere non potest, quum fiscus ei succedit; sed potest dici ipso jure suum hæredem esse, sed desinere. (Ulpian., L. 1, § 3, D., *de Suis et legit.*; L. 11, D., *ad Leg. Jul. majest.*) ·

6. Quum filius filiave, et ex altero filio nepos neptisve existunt, pariter ad hæreditatem avi vocantur; nec qui gradu proximior est, ulteriorem excludit. Æquum enim esse videtur nepotes neptesque in patris sui locum succedere. Pari ratione, et, si nepos neptisve sit ex filio, et ex nepote pronepos proneptisve, simul vocantur. Et quia placuit nepotes neptesve, item pronepotes proneptesve in parentis sui locum succedere; conveniens esse visum est non in capita, sed in stirpes hæreditatem dividi : ut filius partem dimidiam hæreditatis habeat, et ex altero filio duo pluresve nepotes alteram dimidiam. Item, si ex duobus filiis nepotes neptesve exstant, ex altero unus forte aut duo, ex altero tres aut quatuor, ad unum aut ad duos dimidia pars pertinet, ad tres aut ad quatuor altera dimidia.

A l'égard du petit-fils et de la petite-fille, de l'arrière-petit-fils et d l'arrière-petite-fille, ils ne sont au nombre des héritiers siens qu'autan que la personne, qui les précédait, est sortie de la puissance de l'ascendant, soit par décès, soit par émancipation, soit de toute autre manière. Car, si, lors du décès de l'aïeul, le fils est encore sous sa puissance, le petit-fils né de lui, n'est point héritier sien de l'aïeul. On doit étendre cette observation aux descendants des degrés subséquents. Sont pareillement héritiers sien les posthumes qui, s'ils fussent nés du vivant de l'ascendant, auraient été sou mis à sa puissance immédiate.

3. Les héritiers siens acquièrent l'hérédité, sans le savoir ; et même quand ils ne jouiraient pas de leur raison : car, dans tous les cas où nous acquérons à notre insu, il est évident que la folie ne saurait empêcher l'acquisition. Ainsi donc, aussitôt après la mort du père, le domaine se continue dans la personne des enfants : aussi les pupilles n'ont-ils pas besoin, en ce cas, d'être autorisés de leurs tuteurs ; puisque la succession est acquise aux héritiers siens, même sans qu'ils en aient connaissance. Pareillement le fou n'a pas besoin du consentement de son curateur, puisque l'hérédité lui est acquise de plein droit.

4. Il peut arriver qu'un enfant, qui n'était pas sous la puissance de son père lors de la mort de celui-ci, devienne cependant son héritier sien ; par exemple, si un enfant qui était prisonnier chez l'ennemi revient après la mort de son père : c'est là une conséquence du droit de *postliminium*

5. A l'inverse, il peut arriver qu'un enfant, qui était sous la puissance du défunt au temps de la mort, ne soit cependant pas son héritier sien : par exemple, si le père, après sa mort, a été reconnu coupable du crime de haute trahison, et que sa mémoire ait été flétrie : il ne peut en effet avoir d'héritier sien, puisque sa succession est dévolue au fisc. Toutefois, dans ce cas, on peut dire que ses enfants ont été ses héritiers siens et ont cessé de l'être.

6. Lorsque le défunt laisse un fils ou une fille, et des petits-enfants d'un autre fils, ces derniers sont également appelés à la succession de leur aïeul ; et l'enfant, du degré le plus proche, n'exclut pas celui qui se trouve à un degré plus éloigné : car il paraît juste que les petits-enfants prennent la place de leur père. Par la même raison, les petits-enfants, par le fils, concourent avec les arrière-petits-enfants, par le petit-fils. Une fois le principe admis que les petits-enfants et arrière-petits-enfants prendraient la place de leur père, il a paru convenable de partager la succession entre eux, non par têtes, mais par souches : en sorte que le fils ait la moitié de l'hérédité, et que l'autre moitié appartienne aux petits-enfants nés d'un autre fils, qu'ils soient deux ou un plus grand nombre. Il en est de même, s'il y a des petits-enfants, nés de deux fils du défunt ; si, par exemple, l'un des fils a laissé un ou deux enfants et l'autre trois ou quatre, l'hérédité de l'aïeul se partagera en deux parts

(Gaius, *Comm.* III, § 7 et 8; Paul. *Rec. sentent.*, IV, 8, § 9; Ulpian. *Fragm.* XXVI, § 2; L. 1, § 4, D., *de Suis et legit.*)

7. Quum autem quæritur an quis suus hæres existere possit, eo tempore quærendum est quo certum est aliquem sine testamento decessisse, quod accidit et destituto testamento (Paul., *Rec. sentent.*, IV, 8, § 11; Ulpian. L. 39, D., *de Acquir. vel omitt. hæred.*). Hac ratione, si filius exhæredatus fuerit et extraneus hæres institutus sit, et filio mortuo postea certum fuerit hæredem institutum ex testamento non fieri hæredem, aut quia noluit esse hæres aut quia non potuit, nepos avo suus hæres existet ; quia, quo tempore certum est intestatum decessisse patrem-familias, solus invenitur nepos : et hoc certum est. (Ulpian. L. 1, § 8, D., *de Suis et legit.*; Papin. L. 7, D., *Si tab. test. null.*)

8. Et licet post mortem avi natus sit, tamen avo vivo conceptus, mortuo patre ejus, posteaque deserto avi testamento, suus hæres efficitur (Ulpian. L. 1, § 8; Celsus, L. 7, D., *de Suis et legit.*). Plane, si et conceptus et natus fuerit post mortem avi, mortuo patre suo, desertæque postea avi testamento, suus hæres avo non existit; quia nullo jure cognationis patrem sui patris tetigit. Sic nec ille est inter liberos avo, quem filius emancipatus adoptaverat. Hi autem, quum non sint quantum ad hæreditatem liberi , neque bonorum possessionem petere possunt quasi proximi cognati. (Paul. , *Rec. sentent.*, IV, 8, § 13; Julian., L. 26, D. *de Adopt.*; L. 6, D. *de Suis et legit.*) Hæc de suis hæredibus.

9. Emancipati autem liberi, jure civili nihil juris habent : neque enim sui hæredes sunt, quia in potestate parentis esse desierunt, neque ullo alio jure per legem duodecim tabularum vocantur. Sed Prætor, naturali æquitate motus, dat eis bonorum possessionem UNDE LIBERI, perinde ac si in potestate parentis, tempore mortis, fuissent: sive soli sint, sive cum suis hæredibus concurrant (Gaius, *Comm.* III, § 19 et 26; Ulp., *Fragm.* XXVIII, § 8; Modest. L. 1, § 2, D., *Quis ordo.*). Itaque duobus liberis exstantibus, emancipato et qui tempore mortis in potestate fuerit, sane quidem is, qui in potestate fuerit, solus jure civili hæres est; id est, solus suus hæres est. Sed quum emancipatus beneficio Prætoris in partem admittitur, evenit ut suus hæres pro parte hæres fiat. (Ulpian. L. 1, § 9, D. *si Tab. test. null.*)

10. At hi qui emancipati a parente in adoptionem se dederunt, non admittuntur ad bona naturalis patris quasi liberi (Ulpian., *Fragm.* XXVIII, § 3 et 8; Paul. L. 4 et 9, D., *si Tab. test. null.*) , si modo, quum is moreretur, in adoptiva familia fuerint. Nam vivo eo emancipati ab adoptivo patre, perinde admittuntur ad bona naturalis patris, ac si emancipati ab ipso essent, nec unquam in adoptiva familia fuissent. Et convenienter, quod ad adoptivum patrem

égales, l'une pour les enfants du premier fils, l'autre pour les enfants du second.

7. Pour savoir si quelqu'un peut être héritier sien, on doit se reporter à l'époque où il devient certain que le défunt est mort sans testament, ou, ce qui revient au même, que son testament a été abandonné. En conséquence, si un fils ayant été exhérédé, un étranger a été institué héritier; qu'ensuite le fils vienne à mourir, et qu'après sa mort, il devienne certain que l'institué ne sera pas héritier (soit qu'il ne le veuille pas, soit qu'il ne le puisse pas) ; le petit-fils sera héritier sien de son aïeul, parceque le petit-fils est le seul descendant existant, au moment où il devient certain que l'aïeul est décédé intestat : cela n'offre aucun doute.

8. Au reste le petit-fils, dont nous parlons, quoique né seulement depuis la mort de l'aïeul, n'en est pas moins héritier sien, pourvuqu'il ait été conçu du vivant de l'aïeul et que le testament n'ait été abandonné que depuis la mort de son père. Il n'en serait pas de même, s'il n'avait été conçu que depuis la mort de son aïeul : car, en ce cas, quand même on supposerait son père mort, et le testament de l'aïeul abandonné, le petit-fils ne serait pas héritier sien de son aïeul, parce qu'il n'a jamais existé aucun lien de parenté entre cet enfant et le père de son père. On ne compte pas non plus au nombre des petits-enfants celui qui a été adopté par le fils émancipé. Ceux dont nous venons de parler, n'étant pas considérés comme enfants, relativement à l'hérédité, ne peuvent pas non plus demander la possession de biens, comme plus proches cognats. — Voilà pour les héritiers siens.

9. Les enfants émancipés n'ont aucun droit, suivant le droit civil : en effet, ils ne sont pas héritiers siens, puisqu'ils n'étaient pas sous la puissance du défunt au temps de sa mort ; et d'autre part, la loi des douze tables ne les appelait à aucun autre titre. Mais le préteur, conduit par des vues d'équité naturelle, leur donne la possession de biens appelée *unde liberi*, comme s'ils s'étaient trouvés sous la puissance de leur père, à l'époque de sa mort : et cela, soit qu'ils se présentent seuls, soit qu'ils concourrent avec des héritiers siens. Ainsi, s'il y a deux enfants, l'un émancipé, l'autre qui s'est trouvé sous la puissance du défunt, au temps de la mort, il est hors de doute que ce dernier (qui est resté sous la puissance) est seul héritier, d'après le droit civil, c'est-à-dire, seul héritier sien; mais, comme l'émancipé est admis par le bienfait du préteur à prendre sa part dans la succession, il en résulte qu'en définitive l'héritier sien, quoique unique, n'aura que la moitié de la succession.

10. Quant à ceux qui, après avoir été émancipés par leur père naturel, se sont donnés en adoption, ils ne sont plus admis à sa succession en qualité d'enfants, si toutefois, à l'époque de sa mort, ils sont encore dans la famille adoptive. Mais s'ils ont été émancipés par le père adoptif, du vivant de leur père naturel, ils sont admis à la succession de ce dernier, comme s'ils avaient été émancipés par lui-même, et s'ils n'avaient jamais été dans la famille adoptive; et sont dès lors regardés comme étrangers à leur père

pertinet, extraneorum loco esse incipiunt (Paul., *d. L.* 4; Ulpian. L. 1, § 6, D. *cod.*). Post mortem vero naturalis patris emancipati ab adoptivo, et quantum ad hunc aeque extraneorum loco fiunt, et quantum ad naturalis parentis bona pertinet, nihilomagis liberorum gradum nanciscuntur (Paul., L. 6, § 4, D., *de Bonor. possess contra tab.*). Quod ideo sic placuit, quia iniquum erat esse in po testate patris adoptivi, ad quos bona naturalis patris pertinerent, utrum ad liberos ejus, an ad agnatos.

11. Minus ergo juris habent adoptivi quam naturales: namque naturales emancipati beneficio Prætoris gradum liberorum retinent, licet jure civili perdant; adoptivi vero emancipati et jure civili per dunt gradum liberorum, et à Prætore non adjuvantur (Ulpian., *Fragm.* XXVIII, § 3; L. 1, § 6; Paul., L. 4, D., *si Tab. test. null.*). Et recte: naturalia enim jura civilis ratio perimere non potest; nec, quia desinunt sui hæredes esse, desinere possunt filii filiæve, aut ne potes neptesve esse. Adoptivi vero emancipati extraneorum loco in cipiunt esse, quia jus nomenque filii filiæve, quod per adoptionem consecuti sunt, alia civili ratione, id est emancipatione, deperdunt. (Gaius., *Comm.* I, § 158; Ulpian., L. 56, § 1, D., *de Verb. signif.*; Papin., L. 13, D., *de Adopt.*)

12. Eadem hæc observantur et in ea bonorum possessione, quam contra tabulas testamenti parentis liberis præteritis, id est, neque hæredibus institutis, neque ut oportet exhæredatis, Prætor pollicetur. Nam eos quidem qui in potestate parentis mortis tempore fuerunt, et emancipatos vocat Prætor ad eam bonorum possessionem; 'eos vero, qui in adoptiva familia fuerunt per hoc tempus quo naturalis parens moreretur, repellit (Paul., L. 6, § 4, D., *de Bonor. possess. contra tab.*). Item adoptivos liberos emancipatos ab adoptivo patre, sicut ab intestato, ita longe minus contra tabulas testamenti ad bona ejus non admittit; quia desinunt numero liberorum esse. (Ulpian., L. 1, § 6; L. 8, § 12, D., *cod.*)

13. Admonendi tamen sumus, eos, qui in adoptiva familia sunt, quive post mortem naturalis parentis ab adoptivo patre emancipati fuerint, intestato parente naturali mortuo, licet ea parte edicti, qua liberi ad bonorum possessionem vocantur, non admittantur, alia tamen parte vocari, id est, qua cognati defuncti vocantur (Gaius, *Comm.* III, § 31; Ulpian., L. 1, § 4, D., *Unde cogn.*). Ex qua parte ita admittuntur, si neque sui hæredes liberi, neque emanci pati obstent, neque agnatus quidem ullus interveniat. Ante enim Prætor liberos vocat tam suos hæredes quam emancipatos, deinde legitimos hæredes, deinde proximos cognatos. (Modest., L. 1, D., *Quis ordo in poss.*)

adoptif. Les enfants émancipés par le père adoptif, depuis la mort du père
naturel, sont également regardés comme étrangers par rapport au père
adoptif; et néanmoins ils n'acquièrent pas plus, pour cela, les droits d'enfants sur la succession de leur père naturel. Cette décision a été adoptée,
parce qu'on a trouvé injuste que le père adoptif pût, à son gré, faire passer
les biens du père naturel aux enfants ou aux agnats.

11. Ainsi les enfants adoptifs ont moins de droit que les enfants naturels :
en effet, les enfants naturels, émancipés, conservent, par le secours du préteur, le rang d'enfants que leur fait perdre le droit civil; les enfants adoptifs,
au contraire, perdent, par l'émancipation, leur qualité d'enfants, d'après le
droit civil, et ne reçoivent aucun secours du droit préto rien. Et cela est conforme aux principes ; car, les institutions civiles ne peuvent détruire les
droits fondés sur la nature ; et de ce que les enfants perdent la qualité civile d'héritiers siens, ils n'en restent pas moins fils, filles, ou petits-enfants.
Quant aux enfants adoptifs, comme la qualité d'enfants, qu'ils ont acquise
par adoption, ne repose que sur une institution du droit civil, ils peuvent
la perdre par un autre effet du droit civil, c'est-à-dire par émancipation.

12. Toutes les distinctions précédentes sont pareillement applicables à
la possession de biens *contra tabulas*, que le préteur promet aux enfants
omis, c'est-à-dire, aux enfants qui n'ont été ni institués, ni régulièrement
exhérédés par le testament paternel. En effet, le préteur accorde cette possession de biens aux enfants restés en puissance et aux enfants émancipés;
mais il en exclut les enfants donnés en adoption, qui se trouveraient encore
dans la famille adoptive, au moment de la mort du père naturel. Pareillement,
les enfants adoptifs, émancipés par l'adoptant, n'étant point admis par le
préteur à obtenir la possession de biens ab intestat, ne peuvent, à plus forte
raison, réclamer la possession de biens *contra tabulas ;* car, de toute manière, ils ne sont plus comptés parmi les enfants de l'adoptant.

13. Il nous reste une remarque importante à faire : quoique les enfants
qui, lors de la mort du père naturel, se trouvent encore dans la famille
adoptive et ne sont émancipés que postérieurement par le père adoptif, ne
puissent obtenir la possession de biens *unde liberi* (en qualité d'enfants):
ils peuvent cependant arriver aux biens du père naturel, en vertu d'une autre
partie de l'édit prétorien, c'est-à-dire *unde cognati* (en qualité de plus
proches cognats) ; mais la possession de biens *unde cognati* ne leur est
utile, qu'autant qu'ils ne sont primés ni par des héritiers siens, ni par des
enfants émancipés, ni par aucun agnat. Car, le droit prétorien appelle en
premier ordre, les enfants héritiers siens ou émancipés; en second ordre les
héritiers légitimes ou agnats; et en troisième ordre seulement les cognats les
plus proches.

14. Sed ea omnia antiquitati quidem placuerunt; aliquam autem emendationem a nostra constitutione acceperunt, quam super his personis posuimus, quæ a patribus suis naturalibus in adoptionem aliis dantur. Invenimus etenim nonnullos casus, in quibus filii et naturalium parentum successionem propter adoptionem amittebant, et adoptione facile perremancipationem soluta, ad neutrius patris successionem vocabantur. Hoc solito more corrigentes, constitutionem scripsimus per quam definivimus, quando parens naturalis filium suum adoptandum alii dederit, integra omnia jura ita servari, atque si in patris naturalis potestate permansisset, nec penitus adoptio fuisset subsecuta : nisi in hoc tantummodo casu, ut possit ab intestato ad patris adoptivi venire successionem. Testamento autem ab eo facto, neque jure civili, neque prætorio, ex hæreditate ejus aliquid persequi potest, neque contra tabulas bonorum possessione agnita, neque inofficiosi querela instituta; quum nec necessitas patri adoptivo imponitur vel hæredem eum instituere vel exhæredatum facere, utpote nullo vinculo naturali copulatum : neque si ex Sabiniano senatusconsulto ex tribus maribus fuerit adoptatus; nam et in hujusmodi casu, neque quarta ei servatur, nec ulla actio ad ejus persecutionem ei competit. Nostra autem constitutione exceptus est is, quem parens naturalis adoptandum susceperit : utroque enim jure, tam naturali, quam legitimo, in hanc personam concurrente, pristina jura tali adoptioni servavimus, quemadmodum si paterfamilias se dederit adrogandum. Quæ specialiter et sigillatim ex præfatæ constitutionis tenore possunt colligi. (Justinian., L. 10, C. de Adopt.)

15. Item vetustas ex masculis progenitos plus diligens, solos nepotes vel neptes, qui quæve ex virili sexu descendunt, ad suorum vocabat successionem, et juri agnatorum eos anteponebat; nepotes autem qui ex filiabus nati sunt, et pronepotes ex neptibus cognatorum loco numerans, post agnatorum lineam eos vocabat, tam in avi vel proavi materni, quam in aviæ vel proaviæ, sive paternæ sive maternæ, successionem. (Paul., Rec. sentent., IV, 8, § 10.)

Divi autem principes non passi sunt talem contra naturam injuriam sine competenti emendatione relinquere : sed quum nepotis et pronepotis nomen commune est utrisque, qui tam ex masculis quam ex feminis descendunt, ideo eundem gradum et ordinem successionis eis donaverunt. Sed ut amplius aliquid sit eis, qui non solum naturæ, sed etiam veteris juris suffragio muniantur, portionem nepotum vel neptum, vel deinceps de quibus supra diximus, paulo minuendam esse existimaverunt; ut minus tertiam partem acciperent, quam mater eorum vel avia fuerat acceptura, vel pater eorum vel avus paternus sive maternus, quando femina mortua sit, cujus de hæreditate agitur : iisque (licet soli sint) adeuntibus, agnatos minime vocabant. Et quemadmodum lex duodecim tabularum, filio mortuo, nepotes vel neptes, pronepotes vel proneptes in locum patris sui ad successionem avi vocat; ita et principalis dispositio in locum matris suæ vel aviæ eos (cum jam designata partis tertiæ deminutione) vocat, (Theod., L. 4, C. Th., de Legit hæred.)

16. Sed nos, quum adhuc dubitatio manebat inter agnatos et memoratos nepotes, quartam partem substantiæ defuncti adgnatis sibi vindicantibus ex cujusdam constitutionis auctoritate, memoratam quidem constitutionem a nostro codice segregavimus : neque inseri eam ex Theodosiano codice in eo concessimus. Nos-

14. Telles étaient les règles observées dans le droit ancien. La constitution que nous avons portée touchant les fils de famille, donnés en adoption par leur père, y a apporté quelque changement. En effet, nous avons remarqué que, dans certains cas, les enfants perdaient la succession de leurs pères naturels, à cause de l'adoption; et ensuite perdaient encore la succession de leurs pères adoptifs, l'adoption se trouvant dissoute par émancipation : de sorte qu'ils ne recueillaient aucune des deux successions. Désirant, suivant notre coutume, remédier à cet inconvénient, nous avons ordonné que le fils, donné en adoption par le père naturel, conserverait tous ses droits à la succession de celui-ci; comme s'il fût resté sous sa puissance, et que l'adoption n'eût pas eu lieu : l'adoption ne devant produire d'autre effet que de faire admettre l'adopté à succéder *ab intestat* à l'adoptant. Mais, si le père adoptif laisse un testament, l'adopté ne pourra rien demander de sa succession, ni d'après le droit civil ni d'après le droit prétorien, soit en demandant la possession de biens *contra tabulas*, soit en intentant la plainte de testament inofficieux ; car rien n'oblige le père adoptif à instituer ou à exhéréder l'adopté, qui ne tient à lui par aucun lien naturel. Et cela est vrai lors même qu'il s'agirait d'un adopté choisi entre trois mâles, conformément au sénatusconsulte Sabinien: car, même dans ce cas, l'adopté ne conserve ni la quarte ni aucune action pour l'obtenir. Notre constitution excepte cependant l'enfant qui serait adopté par un ascendant naturel : car, alors le droit naturel et le droit civil se réunissant dans la même personne, nous avons conservé à cette adoption les effets qu'elle avait anciennement, et qui ont encore lieu lorsqu'un père de famille se donne en adrogation. On pourra voir ces différentes dispositions avec plus de détail, en lisant notre constitution.

15. Pareillement, l'ancien droit, plus favorable aux descendants par mâles, n'admettait à la succession des ascendants, et ne faisait passer avant les agnats, que les petits enfants issus des enfants mâles. Quant aux petits-enfants par la fille ou aux arrière-petits-enfants par la petite-fille, il ne les considérait que comme simples cognats et ne les admettait, qu'à défaut d'agnats, à succéder tant à l'aïeul ou bisaïeul maternels, qu'aux aïeules ou bisaïeules tant paternelles que maternelles.

Les Empereurs ont cru devoir corriger une jurisprudence si contraire à la nature : et, comme le titre de petits-enfants ou d'arrière petits-enfants est commun à ceux qui descendent par les mâles et à ceux qui descendent par les femmes, ils ont cru devoir placer les uns et les autres dans un même degré et dans un même ordre de succession. Cependant, pour accorder plus d'avantage à ceux qui réunissaient en leur faveur le vœu de la nature et le suffrage de l'ancien droit, ils ont jugé à propos de diminuer de quelque chose la portion des petits-enfants et arrière-petits-enfants dont nous venons de parler; ils ont voulu qu'on leur donnât un tiers de moins que ce qu'aurait eu leur mère ou leur aïeule ; ou, s'il s'agit de la succession d'une femme, qu'ils eussent un tiers de moins que ce qu'aurait eu leur père ou leur aïeul paternel ou maternel. Au reste, lorsque les petits-enfants, dont il est question, appréhendaient l'hérédité, eussent-ils été seuls descendants, les princes ne réservaient rien aux agnats. Enfin, de même que la loi des douze tables appelle les petits-enfants à prendre, dans la succession de l'aïeul, la place de leur père prédécédé; de même la législation impériale appelle les petits-enfants à prendre la place de leur mère ou de leur aïeule, sous la déduction du tiers dont il a été parlé tout-à-l'heure.

16. Il restait encore quelques difficultés entre les agnats et l'espèce de petits-enfants dont nous parlons : les agnats soutenant que, d'après une certaine constitution, il devait leur revenir le quart de la succession du défunt. Mais cette consti-

tra autem constitutione promulgata, toti juri ejus derogatum est; et sanximus, talibus nepotibus ex filia, vel pronepotibus ex nepte, et deinceps superstitibus, agnatos nullam partem mortui successionis sibi vindicare : ut hi, qui ex transversa linea veniunt, potiores iis habeantur qui recto jure descendunt. Quam constitutionem nostram obtinere secundum sui vigorem et tempora, et nunc sancimus : ita tamen ut, quemadmodum inter filios et nepotes ex filio antiquitas statuit, non in capita sed in stirpes dividi hæreditatem; similiter nos inter filios et nepotes ex filia distributionem fieri jubemus, vel inter omnes nepotes et neptes et alias deinceps personas, ut utraque progenies matris suæ vel patris, aviæ vel avi portionem sine ulla deminutione consequantur; ut, si forte unus vel duo ex una parte, ex altera tres aut quatuor exstent, unus aut duo dimidiam, alteri tres aut quatuor alteram dimidiam hæreditatis habeant. (Justinian., L. 9 et 12, C., *de Suis et legit.*)

Tit. II. *De Legitima agnatorum successione.*

Si nemo suus hæres, vel eorum quos inter suos hæredes Prætor *vel constitutiones* vocant, exstat, et qui successionem quoquo modo amplectatur, tunc ex lege duodecim tabularum ad agnatum proximum pertinet hæreditas. (Gaius, *Comm.* III, § 9; Ulpian., *Fragm.* XXVI, § 1 et 5; Paul., *Rec. sentent.*, IV, 8, § 13.)

1. Sunt autem agnati, ut primo quoque libro tradidimus, cognati per virilis sexus personas cognatione conjuncti, quasi a patre cognati. Itaque eodem patre nati fratres, agnati sibi sunt, qui et consanguinei vocantur : nec requiritur an etiam eamdem matrem habuerint. Item patruus fratris filio, et invicem is illi agnatus est. Eodem numero sunt fratres patrueles, id est, qui ex duobus fratribus procreati sunt, qui etiam consobrini vocantur. Qua ratione etiam ad plures gradus agnationis pervenire poterimus (Gaius, *Comm.* I, § 156; III, § 10; Ulpian., *Fragm.* XXVI, § 1; Paul., *Rec. sentent.*, IV, 8, § 13). Ii quoque, qui post mortem patris nascuntur, jura consanguinitatis nanciscuntur (Ulpian., L. 1, § 10, D., *de Suis et legit.*). Non tamen omnibus simul agnatis dat lex hæreditatem; sed iis, qui tunc proximiore gradu sunt, quum certum esse cœperit aliquem intestatum decessisse. (Gaius, *Comm.* III, § 11.)

2. Per adoptionem quoque agnationis jus consistit : veluti inter filios naturales, et eos quos pater eorum adoptavit; (nec dubium est quin improprie consanguinei appellentur); item, si quis ex cæteris agnatis, veluti frater aut patruus, aut denique is qui longiore gradu est, adoptaverit aliquem, agnatos inter suos esse non dubitatur. (Ulpian., L. 1, § 11; L. 2, § 3, D., *de Suis et legit.*)

3. Cæterum inter masculos quidem agnationis jure hæreditas, etiam longissimo gradu, ultro citroque capitur. Quod ad feminas

tution, qui figure dans le code Théodosien, n'a pas été admise dans le nôtre. Nous avons même abrogé toute cette législation par une constitution formelle, et nous avons décidé que, lorsqu'il existerait des petits-enfants ou arrière-petits enfants issus d'une fille ou d'une petite-fille, et ainsi de suite, les agnats ne pourraient prétendre à aucune partie de la succession, afin que des collatéraux ne soient pas préférés à des descendants en ligne directe. Nous ordonnons de nouveau que notre constitution soit observée suivant sa teneur, et à compter de la date de sa promulgation. Cependant, conformément à la règle établie par le droit ancien, (qui veut que lorsqu'il se trouve un fils et des petits-fils d'un autre fils, la succession soit partagée entre eux, non par têtes, mais par souches) nous ordonnons que le partage ait lieu de la même manière entre le fils et les petits-enfants par la fille; et aussi lorsque tous seront petits-enfants ou arrière-petits-enfants. De cette manière, chaque souche prendra la part de son père ou de sa mère, de son aïeul ou de son aïeule, sans avoir à subir aucun retranchement: et quand il se trouvera, par exemple, un ou deux enfants d'un côté et trois ou quatre de l'autre, le premier ou les deux premiers prendront moitié, les trois ou quatre autres l'autre moitié de la succession.

Titre II. *De la Succession légitime des agnats.*

S'il n'y a aucun héritier sien (ni aucune des personnes que le préteur ou les constitutions assimilent aux héritiers siens) qui appréhende d'une manière quelconque la succession, l'hérédité est dévolue au plus proche agnat, d'après la loi des douze tables.

1. On appelle agnats, comme nous l'avons dit dans le premier livre, les parents unis par des personnes du sexe masculin; c'est-à-dire les cognats par le père. Ainsi, sont agnats les frères nés du même père: on les appelle aussi consanguins; peu importe qu'ils aient la même mère ou des mères différentes. Sont également agnats le neveu et l'oncle paternel. Il faut ranger dans la même classe les cousins enfants des deux frères (*consobrini, fratres patrueles*); et en suivant la même marche, on arrivera à plusieurs degrés d'agnats. Les enfants qui naissent après la mort de leur père, n'en acquièrent pas moins les droits de consanguinité ou d'agnation. — La loi des douze tables ne défère pas la succession à tous les agnats indistinctement; mais seulement à ceux qui se trouvent au plus proche degré, au moment où il devient certain que le défunt est décédé intestat.

2. Le droit d'agnation s'acquiert aussi par l'adoption: ainsi il y a agnation entre les enfants naturels du père adoptif, et ceux qui sont adoptés par lui. Il est cependant hors de doute que ce n'est qu'improprement qu'on peut appeler ces frères *consanguins*, c'est-à-dire de même sang. De même, si un de vos agnats, par exemple, votre frère, votre oncle paternel, ou celui qui est d'un degré plus éloigné, adopte quelqu'un, l'enfant adopté devient votre agnat.

3. Les agnats mâles sont appelés à la succession les uns des autres, quelque éloigné que soit le degré d'agnation. Quant aux femmes, ell··· pou-

vero ita placebat, ut ipsæ consanguinitatis jure tantum capiant hæreditatem, si sorores sint; ulterius non capiant : masculi vero ad
earum hæreditates, etiamsi longissimo gradu sint, admittantur.
Qua de causa, fratris tui aut patrui tui filiæ, vel amitæ tuæ hæreditas ad te pertinet; tua vero ad illas non pertinebat. Quod ideo ita
constitutum erat, quia commodius videbatur ita jura constitui, ut
plerumque hæreditates ad masculos confluerent (Gaius, *Comm.* III,
§ 14 et 23; Ulpian., *Fragm.* XXVI, § 6; Paul., *Rec. sentent.*, IV, 8,
§ 13, 14, 15, 16 et 17). Sed quia sane iniquum erat in universum
eas, quasi extraneas, repelli, Prætor eas ad bonorum possessionem
admittit ea parte qua proximitatis nomine bonorum possessionem
pollicetur. Ex qua parte ita scilicet admittuntur, si neque agnatus
ullus, neque proximior cognatus interveniat (Gaius, *Comm.* III,
§ 27 et 29). Et hæc quidem lex duodecim tabularum nullo modo
introduxit; sed simplicitatem legibus amicam amplexa, simili modo
omnes agnatos, sive masculos sive feminas, cujuscunque gradus, ad
similitudinem suorum, invicem ad successionem vocabat. Media
autem jurisprudentia, quæ erat lege quidem duodecim tabularum
junior, imperiali autem dispositione anterior, subtilitate quadam ex-
cogitata, præfatam differentiam inducebat, et penitus eas a successione agnatorum repellebat, omni alia successione incognita (Paul.,
Rec. sentent., IV, 8, § 3) : donec Prætores paulatim asperitatem juris civilis corrigentes, sive quod deerat ad implentes, humano proposito, alium ordinem suis edictis addiderunt, et (cognationis linea,
proximitatis nomine, introducta), per bonorum possessionem eas
adjuvabant, et pollicebantur his bonorum possessionem quæ UNDE
COGNATI appellatur. (Gaius, *Comm.* III, § 29.)

Nos vero legem duodecim tabularum sequentes, et ejus vestigia in hac parte
conservantes, laudamus quidem Prætores suæ humanitatis, non tamen eos in plenum causæ mederi invenimus. Quare etenim uno eodemque gradu naturali concurrente, et agnationis titulis tam in masculis quam in feminis æqua lance constitutis, masculis quidem dabatur ad successionem venire omnium agnatorum; ex
agnatis autem mulieribus nulis penitus, nisi soli sorori, ad agnatorum successionem patebat aditus? Ideo in plenum omnia reducentes et ad jus duodecim tabularum eamdem dispositionem exæquantes, nostra constitutione sanximus : « omnes
» legitimas personas, id est, per virilem sexum descendentes, sive masculini generis
» sive feminini sint, simili modo ad jura successionis legitimæ ab intestato vocari,
» secundum sui gradus prærogativam; nec ideo excludendas, quia consanguinitatis
» jura, sicut germanæ, non habent. » (Justinian., L. 14, C., *de Legit. hered.*)

4. Hoc etiam addendum nostræ constitutioni existimavimus, ut transferatur
unus tantummodo gradus a jure cognationis in legitimam successionem : ut non
solum fratris filius et filia, secundum quod jam definivimus, ad successionem patrui sui vocentur, sed etiam germanæ consanguineæ vel sororis uterinæ filius et

vaient précédemment recueillir une succession par droit de consanguinité,
qu'autant qu'elles étaient sœurs du défunt. Au-delà de ce degré, les femmes
n'étaient point admises à la succession de leurs agnats; quoique les agnats
mâles fussent admis à la succession des femmes, quelque éloigné que fût le
degré d'agnation. Ainsi, l'hérédité de la fille de votre frère ou de votre oncle
paternel, celle de votre tante paternelle vous était déférée; mais la vôtre ne
leur appartenait pas. Cette jurisprudence avait été introduite, parce qu'on
regardait comme avantageux de déférer les successions aux mâles plutôt
qu'aux femmes. Cependant comme il était évidemment inique d'exclure les
femmes d'une manière absolue, et comme des étrangères, de la succession de
leurs agnats, le préteur les admettait à la possession de biens dans cette
partie de l'édit où il promet la possession de biens en raison de la proximité
du degré (*unde cognati*) : mais, rangées dans cet ordre, les femmes ne venaient qu'autant qu'il n'y avait absolument aucun agnat, ni aucun cognat plus
proche. Tout cela ne dérivait pas de la loi des douze tables: en effet, cette
loi, amie de la simplicité qui convient aux lois, appelait indistinctement à
la succession les uns des autres tous les agnats, de quelque sexe et degré
qu'ils fussent; comme cela avait lieu d'ailleurs pour les héritiers siens. Mais
la jurisprudence intermédiaire, plus moderne que les douze tables, mais antérieure au droit impérial, se fondant sur je ne sais quelle interprétation
subtile, avait introduit cette différence dont le résultat était d'exclure presque absolument les femmes de la succession de leurs agnats ; puisqu'on ne
connaissait pas d'autre ordre de succession. Mais, dans la suite, les préteurs,
corrigeant peu à peu la rigueur du droit civil, et remplissant ses lacunes,
introduisirent, par des motifs d'humanité, un troisième ordre de succession
fondé sur la proximité de cognation, et vinrent ainsi au secours des femmes
en leur accordant la possession de biens dite *unde cognati.*

Quant à nous, nous avons jugé convenable de suivre en cette matière les principe
de la loi des douze tables; et, tout en louant les préteurs de leur humanité, nous
trouvons que le remède par eux imaginé était incomplet. En effet, puisque les
droits de la nature et ceux de l'agnation appartiennent également aux agnats
mâles ou femmes, pourquoi accorder aux seuls agnats mâles le droit de
se succéder réciproquement, et refuser aux femmes (à la seule exception des
sœurs) la succession de leurs agnats ? C'est pourquoi, pour mettre toutes
choses au point où elles étaient suivant la disposition de la loi des douze
tables, nous avons donné une constitution qui porte que tous les agnats,
c'est-à-dire tous ceux qui descendent par mâles, de quelque sexe qu'ils soient eux-
mêmes, seront appelés indistinctement à la succession légitime de leurs agnats,
chacun suivant la proximité de son degré, sans que les femmes d'un degré éloigné
puissent être exclues par le motif qu'elles n'auraient pas les droits de consanguinité au degré de sœurs germaines.

4. Nous avons cru devoir ajouter à cette constitution une disposition par laquelle nous transportons de l'ordre des cognats dans celui des agnats, tout un
degré de parents, mais un seul degré: ainsi, d'après notre constitution, non seulement les enfants du frère seront appelés à la succession légitime de leur oncle paternel, comme nous venons de l'exposer; mais encore le fils ou la fille de la sœur

filia soli (et non deinceps personæ), una cum his ad jura avunculi sui perveniant;
et mortuo eo, qui patruus quidem est sui fratris filiis, avunculus autem sororis suæ
soboli, simili modo ab utroque latere succedant, tamquam si omnes, ex masculis
descendentes, legitimo jure veniant, scilicet ubi frater et soror superstites non
sunt. Illis etenim personis præcedentibus, et successionem admittentibus, cæteri
gradus remanent penitus semoti, videlicet hæreditate non in stirpes sed in capita
dividenda. (Justinian., L. 14, § 1, C., *de Legit. hær.*)

5. Si plures sint gradus adgnatorum, aperte lex duodecim tabularum proximum vocat. Itaque si (verbi gratia) sit defuncti frater et
alterius fratris filius, aut patruus, frater potior habetur (Gaius,
Comm. III, § 11 et 15; Paul., *Rec. sentent.*, IV, 8, § 18, 19 et 20;
Ulpian., *Fragm.*, XXVI, § 1.). Et quamvis singulari numero usa lex
proximum vocet: tamen dubium non est quin, etsi plures sint ejusdem gradus, omnes admittantur. Nam et proprie proximus ex pluribus gradibus intelligitur; et tamen non dubium est quin, licet
unus sit gradus adgnatorum, pertineat ad eos hæreditas. (Paul., *Rec.
sentent.*, IV, 8, § 17; Ulpian., L. 2, § 2 et 4, D., *de Suis et legitim.*)

6. Proximus autem, si quidem nullo testamento facto quisquam
decesserit, per hoc tempus requiritur, quo mortuus est is, cujus de
hæreditate quæritur. Quod si facto testamento quisquam decesserit,
per hoc tempus requiritur, quo certum esse cœperit nullum ex testamento hæredem exstiturum: tunc enim proprie quisque intestatus
decessisse intelligitur (Gaius, *Comm.* III, § 11 et 13; Ulpian., L. 2,
§ 6, D.; *de Suis et legit.*). Quod quidem aliquando longo tempore
declaratur: in quo spatio temporis sæpe accidit, ut, proximiore
mortuo, proximus esse incipiat, qui, moriente testatore, non erat
proximus. (Ulpian., L. 2, § 5 et 7; L. 5, D., *eod.*)

7. Placebat autem in eo genere percipiendarum hæreditatum successionem non esse: id est, ut, quamvis proximus qui (secundum ea
quæ diximus) vocatur ad hæreditatem, aut spreverit hæreditatem,
aut antequam adeat decesserit, nihilo magis legitimo jure sequentes
admittantur (Gaius, *Comm.* III, § 12 et 22; Ulpian., *Fragm.*
XXVI, § 5; Paul., *Rec. sentent.*, IV, 8, § 23). Quod iterum Prætores imperfecto jure corrigentes, non in totum sine adminiculo relinquebant; sed ex cognatorum ordine eos vocabant, utpote adgnationis jure eis recluso. (Gaius, *Comm.* III, § 28.)

Sed nos nihil deesse perfectissimo juri cupientes, nostra constitutione (quam
de jure patronatus humanitate suggerente protulimus) sanximus successionem
in adgnatorum hæreditatibus non esse eis denegandam: quam satis absurdum
erat, quod cognatis a Prætore apertum est, hoc adgnatis esse reclusum; maxime

germaine ou utérine (et non les autres descendants), seront admis à la succession légitime de leur oncle maternel avec les autres neveux ou nièces. Ainsi, à la mort de celui qui est oncle paternel relativement aux enfants de son frère et oncle maternel relativement aux enfants de sa sœur, les enfants des deux côtés succéderont également, comme s'ils étaient tous agnats descendants par les mâles; bien entendu lorsque le défunt ne laisse ni frère ni sœur : car si le défunt laisse des frères ou sœurs qui acceptent la succession, les enfants d'un degré plus éloigné seront absolument exclus, et la succession se partagera alors non pas par souches, mais par têtes.

5. Lorsqu'il y a des agnats de plusieurs degrés, la loi des douze tables appelle clairement le plus proche. Ainsi, par exemple, si le défunt laisse un frère et un oncle paternel, ou un neveu fils d'un autre frère, le frère est préféré à l'un et à l'autre. Quoique la loi des douze tables se serve du singulier en appelant l'agnat le plus proche, il est cependant certain que s'il y a plusieurs agnats du même degré, ils sont tous admis à la succession. Car, quand on dit : l'agnat le plus proche; c'est parce qu'on suppose qu'il pourrait y en avoir de différents degrés; mais, si tous se trouvent au même degré, il n'y a évidemment aucune raison pour ne pas les admettre tous également.

6. Quand celui, de la succession duquel il s'agit, n'a laissé aucun testament, pour déterminer quel est l'agnat le plus proche, on considère l'époque du décès. Si le défunt a fait un testament, on s'attache à l'époque où il est devenu certain que le testament ne produira pas d'héritier : car c'est alors seulement qu'on peut dire que le défunt est mort intestat. Et, comme ce moment n'arrive quelquefois que long-temps après le décès, il peut arriver que, l'agnat qui était le plus proche lors du décès venant à mourir dans l'intervalle, il se trouve pour agnat le plus proche, une personne qui n'avait pas cette qualité à l'époque de la mort du testateur.

7. On n'avait pas admis, dans cet ordre d'héritiers, la dévolution de l'hérédité d'un degré à un autre (successio) : ainsi, quand l'agnat le plus proche qui, comme on vient de le voir, était appelé à l'hérédité légitime, renonçait à cette succession, ou mourait avant d'avoir fait addition, les agnats du degré suivant n'étaient pas pour cela admis à l'hérédité légitime. Le préteur, apportant encore ici un remède imparfait, ne laissait pas absolument sans secours les agnats des degrés suivants; mais il ne les appelait que dans la classe des cognats; sans que leur qualité fût pour eux une cause de préférence.

Pour nous, désirant compléter toutes les branches de la législation, nous avons décidé (dans une constitution que notre humanité nou.. c suggérée sur le droit de patronat) que la dévolution serait admise dans l'ordre des agnats. Il était en effet absurde que cette dévolution, admise par le préteur pour l'ordre des cognats, fût refusée à celui des agnats; d'autant plus qu'en matière de tutelle, lorsque le premier degré de l'agnation manque, on passe au suivant : or ne serait-il pas contre

quum in onere quidem tutelarum, et proximo gradu deficiente, sequens succedit;
et quod in onere obtinebat, non erat in lucro permissum.

8. Ad legitimam successionem nihilominus vocatur etiam parens
qui, contracta fiducia, filium vel filiam, nepotem vel neptem ac
deinceps emancipat. (Modest., L. 10, D., *de Suis et legit.*)

Quod ex nostra constitutione omnimodo inducitur, ut emancipationes liberorum
semper videantur, contracta fiducia, fieri; quum apud antiquos non aliter hoc obtinebat, nisi specialiter, contracta fiducia, parens manumisisset. (Justinian., L. 6, C.,
de Emancip. liber.)

Tit. III. *De Senatusconsulto Tertylliano.*

Lex duodecim tabularum ita stricto jure utebatur, et præpone-
bat masculorum progeniem, et eos qui per feminini sexus necessitu-
dinem sibi junguntur, adeo expellebat, ut ne quidem inter matrem
et filium filiamve ultro citroque hæreditatis capiendæ jus daret :
nisi quod Prætores ex proximitate cognatorum eas personas ad successionem, bonorum possessione UNDE COGNATI accommodata, vocabant. (Gaius, *Comm.* III, § 24, 25 et 30 ; Ulpian., *Fragm.* XXVI,
§ 8.)

1. Sed hæ juris angustiæ postea emendatæ sunt. Et primus quidem divus Claudius matri, ad solatium liberorum amissorum,
legitimam eorum detulit hæreditatem.

2. Postea autem senatusconsulto Tertylliano, quod divi Hadriani
temporibus factum est, plenissime de tristi successione matri, non
etiam aviæ, deferenda cautum est : ut mater ingenua trium liberorum jus habens, libertina quatuor, ad bona filiorum filiarumve
admittatur intestatorum mortuorum (Ulpian., *Fragm.* XXVI, § 8 ;
Paul., *Rec. sentent.*, IV, 9, § 1 et 7), licet in potestate parentis est ;
ut scilicet, cum alieno juri subjecta est, jussu ejus adeat hæreditatem, cujus juri subjecta est. (Paul., L. 6, D., *cod.*)

3. Præferuntur autem matri, liberi defuncti qui sui sunt, quive
suorum loco sunt, sive primi gradus sive ulterioris (Ulpian., *Fragm.*
XXVI, § 8 ; L. 2, § 6, D., *ad Senat. Tertyl.*). Sed et filiæ suæ mortuæ
filius vel filia opponitur ex constitutionibus matri defunctæ, id est aviæ
suæ (Theod., L. 4, C., *ad Senat. Orphit.*). Pater quoque utriusque,
non etiam avus vel proavus, matri anteponitur, scilicet cum inter
eos solos de hæreditate agitur. Frater autem consanguineus tam filii
quam filiæ excludebat matrem ; soror autem consanguinea pariter
cum matre admittebatur. Sed si fuerat frater et soror consanguinei,
et mater liberis honorata, frater quidem matrem excludebat, com-

toute raison de ne pas admettre, pour l'émolument, la règle suivie pour les charges.

8. L'émancipation, faite avec fiducie (*contracta fiducia*), donne naissance à une autre espèce de succession légitime : car la succession légitime du descendant émancipé est déférée à l'ascendant émancipateur [*].

Cette clause de fiducie qu'il fallait, d'après les principes de l'ancien droit, exprimer formellement, est réputée, d'après notre constitution, accompagner tacitement toutes les émancipations d'enfants.

TITRE III. *Du Sénatusconsulte Tertullien.*

La loi des douze tables était si absolue dans la préférence qu'elle accordait à la postérité des mâles, et dans l'exclusion qu'elle prononçait contre la parenté par les femmes, qu'elle n'admettait pas même la mère et les enfants à se succéder les uns aux autres : le préteur lui-même ne les admettait que comme plus proches cognats, dans le troisième ordre, en leur accordant la possession de biens *unde cognati*.

1. Mais, dans la suite, cette rigueur du droit fut adoucie. L'empereur Claude fut le premier qui, pour consoler une mère de la perte de ses enfants, lui en déféra l'hérédité légitime.

2. Depuis, fut rendu, sous le règne d'Adrien, le sénatusconsulte Tertullien qui établit d'une manière générale en faveur de la mère (mais non de l'aïeule) le triste droit de succéder à ses enfants. Il ordonna que l'ingénue mère de trois enfants et l'affranchie mère de quatre, tireraient de ce nombre même le droit de recueillir ab intestat les biens de leurs enfants décédés; et cela lors même que la mère serait soumise à la puissance paternelle; sauf, dans ce cas, à ne faire adition d'hérédité que par ordre de celui sous la puissance duquel elle se trouverait.

3. Sont préférés à la mère les enfants du défunt qui sont héritiers siens ou considérés comme tels, quel que soit leur degré. *Et même, dans le cas où il s'agit de la succession d'une fille décédée* sui juris, *son fils et sa fille sont préférés*, *d'après les constitutions impériales*, *à leur aïeule*, *mère de la défunte.* Passe aussi avant la mère, le père du défunt ou de la défunte ; mais non son aïeul ou son bisaïeul, du moins quand le concours ne s'établit qu'entre la mère et l'aïeul ou le bisaïeul. La mère était pareillement exclue de la succession de son fils ou de sa fille par le frère consanguin, elle était admise concurremment avec la sœur consanguine ; enfin, quand il y avait à la fois des frères consanguins et des sœurs consanguines, la mère, quoique ayant le nombre légal d'enfants, était exclue par le frère ;

---

[*] Quand l'émancipation avait lieu sans fiducie, la succession légitime de l'émancipé était dévolue à l'étranger qui, dans les formalités de l'émancipation, avait joué le rôle d'acheteur. (Gaius, *Comm.* I, § 75.

imunis autem erat hæreditas ex æquis partibus fratri et sorori. (Ulpian., *Fragm.*, XXVI, § 8; L. 2, § 15, 16, 17, 18 et 19, D., *ad Senat. Tertyl.*)

4. Sed nos constitutione, quam in Codice nostro nomine decorato posuimus, matri subveniendum esse existimavimus, respicientes ad naturam et puerperium et periculum et sæpe mortem ex hoc casu matribus illatam. Ideoque impium esse credidimus casum fortuitum in ejus admitti detrimentum : si enim ingenua ter vel libertina quater non peperit, immerito defraudabatur successione suorum liberorum. Quid enim peccavit, si non plures sed paucos peperit? Et dedimus jus legitimum plenum matribus, sive ingenuis sive libertinis, et si non ter enixæ fuerint vel quater, sed cum tantum vel eam qui quæve morte intercepti sunt; ut et sic vocentur in liberorum suorum legitimam successionem. (Justinian., L. 2, C., *de Jur. lib.*)

5. Sed quum antea constitutiones, jura legitimæ successionis perscrutantes, partim matrem adjuvabant, partim eam prægravabant, et non in solidum eam vocabant; sed in quibusdam casibus tertiam ei partem abstrahentes, certis legitimis dabant personis, in aliis autem contrarium faciebant (Constant., L. 1; Valent., L. 2; C. Theod., *de Legit. hæred.*). Nobis visum est recta et simplici via matrem omnibus personis legitimis anteponi, et sine ulla deminutione filiorum suorum successionem accipere, excepta fratris et sororis persona, sive consanguinei sint, sive sola cognationis jura habentes: ut, quemadmodum eam toti alii ordini legitimo præposuimus, ita omnes fratres et sorores, sive legitimi sunt sive non, ad capiendas hæreditates simul vocemus; ita tamen ut, si quidem solæ sorores adgnatæ vel cognatæ, et mater defuncti vel defunctæ supersint, dimidiam quidem mater, alteram vero dimidiam partem omnes sorores habeant. Si vero matre superstite et fratre vel fratribus solis, vel etiam cum sororibus sive legitima sive sola cognationis jura habentibus, intestatus quis vel intestata moriatur, in capita distribuatur ejus hæreditas. (Justinian., L. 7, C., *h. t.*)

6. Sed quemadmodum nos matribus prospeximus, ita eas oportet suæ soboli consulere : scituris eis quod, si tutores liberis non petierint, vel in locum remoti vel excusati intra annum petere neglexerint, ab eorum impuberum morientium successione merito repellentur. (Ulpian., L., 2, § 1, D., *Qui pet. tut.*)

7. Licet autem vulgo quæsitus sit filius filiave, potest tamen ad bona ejus mater ex Tertylliano senatusconsulto admitti. (Paul., *Rec. sentent.*, IV, 10, § 1; Ulpian., L. 2, § 1 et 3, D., *ad senat. Tertyl.*)

Tit. IV. *De Senatusconsulto Orphitiano.*

Per contrarium autem, ut liberi ad bona matrum intestatarum admittantur, senatusconsulto Orphitiano, Orphitio et Rufo consuli-

et alors la succession se divisait, par égales portions, entre les frères et sœurs.

4. Quant à nous, dans une constitution insérée dans notre code, nous avons jugé convenable de nous montrer favorable à la mère, en considération et du vœu de la nature et des dangers, et même de la mort, auxquels elle est exposée dans l'enfantement. Nous avons pensé qu'il était inhumain de faire tourner contre elle une circonstance qui dépend du hasard, en privant de la succession de leurs enfants l'ingénue qui n'en a pas eu trois, ou l'affranchie qui n'en a pas eu quatre : Peut-on en effet lui faire un crime de n'avoir eu qu'un petit nombre d'enfants? En conséquence, nous avons accordé le droit de succession légitime, dans toute son étendue, aux mères, soit ingénues, soit affranchies, même dans le cas où elles n'auront point eu trois ou quatre enfants, mais seulement celui ou celle de la succession duquel il s'agit:

5. D'un autre côté, les constitutions antérieures, s'attachant trop rigoureusement aux principes de la succession légitime, favorisaient la mère sous certains points de vue, et sous d'autres lui étaient préjudiciables : en effet, elles n'admettaient pas, dans tous les cas, la mère à recueillir, en entier, la succession légitime de ses enfants; mais tantôt elles lui retranchaient un tiers de la succession, pour le donner à certains agnats; tantôt elles établissaient ce retranchement en sens inverse. Nous avons pensé qu'il était plus simple de préférer la mère à tous les agnats, et de lui déférer la succession de ses enfants, sans aucune diminution; en exceptant toutefois les frères et sœurs consanguins ou même simples cognats du défunt ou de la défunte. Mais, en préférant la mère à tous les agnats, nous voulons que les frères et sœurs, héritiers légitimes ou cognats, soient admis, concurremment avec la mère, à la succession légitime sous les distinctions suivantes : quand le défunt ou la défunte ne laisse que des sœurs agnates ou cognates et sa mère, la mère aura à elle seule la moitié de la succession, et les sœurs l'autre moitié; si, au contraire, la mère se trouve en concours, soit avec un ou plusieurs frères seulement, soit avec des frères et sœurs du défunt ou de la défunte ayant les droits de succession légitime ou même ceux de simple cognation, la succession se partagera entre eux par têtes.

6. Mais, de même que nous veillons aux intérêts des mères, elles doivent aussi veiller à l'intérêt de leurs enfants : en conséquence, celles qui négligeraient de demander des tuteurs pour leurs enfants, ou d'en faire nommer d'autres, dans l'année, à la place de ceux qui seraient destitués ou excusés, seront exclues, avec raison, de la succession de ces mêmes enfants, s'ils meurent avant l'âge de puberté.

7. La mère peut être admise, en vertu du sénatusconsulte Tertullien, à la succession de ses enfants, même bâtards.

Titre IV. Du Sénatusconsulte Orphitien.

Réciproquement, le sénatusconsulte Orphitien, porté sous le règne de Marc-Aurèle et sous le consulat de Orphitius et de Rufus, admet les enfants à succéder à leur mère décédée intestat. Ce sénatusconsulte donne aux en-

bus, effectum est, quod latum est divi Marci temporibus [1]; et data est tam filio quam filiæ legitima hæreditas, etiamsi alieno juri subjecti sunt, et præferuntur consanguineis et agnatis defunctæ matris. (Ulpian., *Fragm.*, XXVI, § 7; Gaius, L. 9, D., *ad Senat. Tertyl.*; Alex., L. 1, C., *ad Senat. Orphit.*)

1. Sed quum ex hoc senatusconsulto nepotes ad aviæ successionem legitimo jure non vocabantur, postea hoc constitutionibus principalibus emendatum est, ut ad similitudinem filiorum filiarumque et nepotes et neptes vocentur. (Theod., L. 4. C. Theod., *de Legit. hær.*; L. 9, C., *de Suis et legit.*)

2. Sciendum autem est, hujusmodi successiones quæ a Tertylliano et Orphitiano deferuntur, capitis deminutione non perimi, propter illam regulam qua novæ hæreditates legitimæ capitis deminutione non pereunt; sed illæ solæ quæ ex lege duodecim tabularum deferuntur. (Ulpian., *Fragm.*, XXVII, § 5; L. 1, § 8, D., *ad Senat. Tertyl.*; Pompon., L. 11, D., *de Suis et legit.*)

3. Novissime sciendum est, etiam illos liberos qui vulgo quæsiti sunt, ad matris hæreditatem ex hoc senatusconsulto admitti [2], (Paul., *Rec. sentent.*, IV, 10, § 1; Ulpian., L. 1, § 2, D., *ad Senat. Tertyl.*)

4. Si ex pluribus legitimis hæredibus quidam omiserint hæreditatem, vel morte [3] vel alia causa impediti fuerint quominus adeant, reliquis qui adierint, adcrescit illorum portio; et licet ante decesserint qui adierint [4], ad hæredes tamen eorum pertinet. (Martian., L. 9, D., *de Suis et legit.*; Paul., *Rec. sentent.*, IV, 8, § 26; Ulpian., *Fragm.*, XXVI, § 5.)

Tit. V. *De Successione cognatorum.*

Post suos hæredes, eosque quos inter suos hæredes Prætor *et constitutiones* vocant; et post legitimos (quorum numero sunt ad-

---

[1] *Vulgo :* per contrarium autem liberi.... admittuntur EX senatusconsulto Orphitiano, QUOD Orphitio et Rufo consulibus FACTUM est, divi Marci temporibus.

[2] Sancimus ut, neque ex testamento, neque ab intestato, neque ex liberalitate inter vivos habita, justis liberis existentibus, aliquid penitus ab illustribus matribus ad spurios perveniat.

Sin autem conculina.... filium vel filiam ex licita consuetudine procreaverit, eos etiam cum legitimis liberis ad materna venire bona, nulla dubitatio est. (Justinian. L. 5, C., *ad Se. Orphit.*)

[3] Hæreditatem, nisi fuerit adita, transmitti nec veteres concedebant, nec nos patimur, exceptis videlicet liberorum personis de quibus Theodosiana lex loquitur. (Justinian. L. un. C., *de Cad. toll.*,

Quum in antiquioribus legibus.... invenimus, filiosfamilias paternam hæreditatem deliberantes.... posse et in suam posteritatem hanc transmittere.... eam deliberationem et in omnes successores sive cognatos sive extraneos duximus esse protelandam.... ita tamen ut unius anni spatio eadem transmissio fuerit conclusa. (Justinian. L. 19, C., *de Jur. delib.*)

[4] *Vulgo :* et licet ante decesserint, ad hæredes, etc.

fants la succession légitime de leur mère, dans le cas même où ils seraient
soumis à la puissance paternelle, et les préfère aux frères consanguins et
aux autres agnats de leur mère.

1. Mais comme ce sénatusconsulte n'appelait pas les petits-enfants à la succession légitime de leur aïeule, les constitutions ont accordé aux petits-enfants la
même faveur qu'aux enfants du premier degré.

2. Il faut observer que la diminution de tête n'est point un obstacle aux
successions qui sont déférées en vertu des sénatusconsultes Tertullien
et Orphitien : il est même reçu, comme règle générale, que la diminution de tête n'empêche que les successions dérivant de la loi des douze tables ; mais non celles qui ont été établies par le droit nouveau.

3. Il faut encore observer que d'après le sénatusconsulte Orphitien les
bâtards mêmes sont admis à la succession de leur mère [1].

4. Si, quand il y a plusieurs héritiers légitimes, quelques-uns dé-
laissent l'hérédité, ou sont empêchés, par la mort [2] ou toute autre cause,
de faire adition, leur part accroît à ceux qui ont fait adition; lors même que
ces derniers seraient morts avant l'accroissement; car, dans ce dernier cas,
le bénéfice de l'accroissement profite à leurs héritiers.

TITRE V. De la Succession des cognats.

Après les héritiers siens (et ceux que le préteur ou les constitutions assimilent aux héritiers siens); et aussi après les héritiers légitimes, (nom
sous lequel on comprend non-seulement les agnats, proprement dits; mais

1 Nous ne voulons pas que les bâtards d'une mère illustre puissent rien recevoir d'elle, ni par testament, ni ab intestat, ni entre vifs, quand il y a des enfants légitimes
existants.
Mais il est hors de doute que les enfants qu'une concubine a eu d'un commerce licite,
viennent à sa succession, concurremment avec les enfants légitimes.

2 Les lois anciennes ne permettaient pas que l'on pût transmettre une hérédité non encore acceptée; nous ne le permettons pas non plus, si ce n'est au profit des enfants dont
parle la constitution de Théodose.
Suivant les lois anciennes, les fils de famille décédés, pendant qu'ils délibéraient sur
l'hérédité paternelle, pouvaient transmettre à leur postérité le droit de délibérer : nous
avons jugé à propos d'étendre ce droit de transmission à tous les successeurs parents ou
étrangers, pourvu que cette transmission s'opère dans l'année.

gnati, et hi quos in locum adgnatorum (*tam* supra dicta senatuscon-
sulta *quàm nostra* erexit *constitutio*) proximos cognatos Prætor vocat.
(Modest., L. 1, D., *Quis ordo.* ; Ulpian., L. 2, § 4, D., *Unde legit.*;
L. 1, § 1, D., *si Tab. testam. null. extab.*)

1. Qua parte naturalis cognatio spectatur; nam adgnati capite
deminuti, quique ex his progeniti sunt, ex lege duodecim tabularum inter legitimos non habentur ; sed a Prætore tertio ordine vocantur. (Gaius, *Comm.* III, § 27; L. 2, D., *Unde cogn.* ; Ulpian,
Fragm., XXVIII, § 9.)

Exceptis solis tantummodo fratre et sorore emancipatis, non etiam liberis eorum, quos lex Anastasiana cum fratribus integri juris constitutis vocat quidem ad
legitimam fratris hæreditatem, sive sororis ; non æquis tamen partibus, sed cum
aliqua deminutione quam facile est ex ipsius constitutionis verbis colligere. Aliis
vero adgnatis inferioris gradus, licet capitis deminutionem passi non sunt, tamen
eos anteponit, et procul dubio cognatis. (Anastas., L. 4, C., *de Legit. tut.*)

2. Hos etiam qui per feminini sexus personas ex transverso cognatione junguntur, tertio gradu, proximitatis nomine, Prætor ad successionem vocat. (Scævol., L. 10, D., *h. t.*; Gaius, *Comm.* III.
§ 30; Ulpian., *Fragm.*, XXVIII, § 9.)

3. Liberi quoque qui in adoptiva familia sunt, ad naturalium
parentium hæreditatem hoc eodem gradu vocantur. (Gaius, *Comm.*
III, § 31.)

4. Vulgo quæsitos nullam habere adgnatum manifestum est ;
cum adgnatio a patre, cognatio a matre sit : hi autem nullum patrem habere intelliguntur. Eadem ratione, nec inter se quidem possunt videri consanguinei esse, quia consanguinitatis jus species est
adgnationis. Tantum igitur cognati sunt sibi, sicut ex matre cognati.
Itaque omnibus istis ea parte competit bonorum possessio, qua,
proximitatis nomine, cognati vocantur. (Gaius, *Comm.* I, § 64;
L. 2; Ulpian., L. 4; Modest., L. 8, D., *h. t.*)

5. Hoc loco et illud necessario admonendi sumus, adgnationis
quidem jure admitti aliquem ad hæreditatem, et si decimo gradu
sit, sive de lege duodecim tabularum quæramus, sive de edicto
quo Prætor legitimis hæredibus daturum se bonorum possessionem
pollicetur. (Ulpian., L. 2, § 1, D., *de Suis et legit.*) Proximitatis vero
nomine iis solis Prætor promittit bonorum possessionem, qui
usque ad sextum gradum cognationis sunt; et ex septimo, a sobrino
sobrinaque nato natæve. (Ulpian., L. 1, § 3; Papin., L. 9, D., *h. t.*;
Modest., L. 4, D., *de Grad. et aff.*)

encore tous ceux qui ont été assimilés aux agnats, tant par les sénatusconsultes précités que par notre constitution) le préteur appelle les plus proches
cognats.

1. Dans cette partie de son édit, le préteur s'attache exclusivement à la
parenté naturelle (cognation) : aussi appelle-t-il dans ce troisième ordre,
les agnats et leurs descendants qui, à cause de quelque diminution de tête,
ne sont plus rangés, par la loi des douze tables, au nombre des héritiers
légitimes.

Il faut en excepter cependant les frères et sœurs émancipés (mais non leurs descendants) que la constitution d'Anastase appelle, en concurrence avec les frères et
sœurs non diminués de têtes, à la succession légitime de leur frère ou de leur sœur;
non cependant par égales portions, car ils ont quelque chose de moins, comme
on peut s'en convaincre en lisant la constitution elle-même. Les frères et sœurs
sont préférés, d'après la même constitution, aux agnats non diminués de tête, d'un
degré plus éloigné, et à plus forte raison aux cognats.

2. Le préteur appelle encore, à raison de la proximité, dans le troisième
ordre, les collatéraux qui ne sont parents du défunt que par les femmes.

3. Sont aussi appelés, dans le troisième ordre, à la succession de l'ascendant naturel les enfants qui, lors du décès de celui-ci, se trouvent
dans une famille adoptive.

4. Il est évident que les bâtards ne peuvent point avoir d'agnats ; car
l'agnation vient du père, la cognation de la mère : or les bâtards sont censés
n'avoir pas de père. Par la même raison, ils ne peuvent être regardés
entre eux comme consanguins, parce que la consanguinité est une espèce
d'agnation. Ils ne sont donc entre eux que simples cognats, parents par la
mère : aussi le préteur leur accorde-t-il la possession de biens qu'il accorde aux cognats, en raison de la proximité du degré.

5. Il nous reste à faire observer ici que les personnes appelées en qualité d'agnats, sont admises à l'hérédité fussent-elles au dixième degré d'agnation, soit qu'on suive la disposition de la loi des douze tables, soit qu'on
ait égard au chef de l'édit, dans lequel le préteur promet la possession de
biens aux héritiers légitimes. Mais, dans le troisième ordre, celui des cognats, le préteur ne promet la possession de biens que jusqu'au sixième degré : il admet cependant deux personnes du septième degré, savoir ; le
fils et la fille du cousin et de la cousine issus de germains.

Tit. VI. *De Gradibus cognationis.*

Hoc loco necessarium est exponere quemadmodum gradus cognationis numerentur (Paul., L. 10, D., *de Grad. et aff.*). Qua in re inprimis admonendi sumus cognationem aliam supra numerari, aliam
infra, aliam ex transverso, quæ etiam a latere dicitur. Superior
cognatio est parentium ; inferior, liberorum ; ex transverso, fratrum sororumve, eorumque qui quæve ex his progenerantur, et
convenienter patrui, amitæ, avunculi, materteræ. Et superior quidem et inferior cognatio a primo gradu incipit ; at ea quæ ex transverso numeratur a secundo. (Gaius, L. 1, *pr. et* § 1, D., *cod.*)

1. **Primo** gradu est supra pater, mater ; infra filius, filia. (Gaius,
L. 1, § 3, D., *de Grad. et aff.*; Paul., *Rec. sentent.*, IV, 11, § 1.)

2. **Secundo** supra avus, avia ; infra nepos, neptis ; ex transverso
frater, soror. (Gaius, L. 1, § 4, D. *de Grad. et aff.*; Paul., *Rec.
sentent.*, IV. 11, § 2.)

3. **Tertio** supra proavus, proavia ; infra pronepos, proneptis ;
ex transverso fratris sororisque filius, filia ; et convenienter patruus, amita, avunculus, matertera (Gaius, L. 1, § 5, D., *de Grad. et
aff.*; Paul., *Rec. sentent.*, IV, 11, § 3). Patruus est frater patris, qui
græce πατρωος vocatur. Avunculus est frater matris, qui apud
Græcos proprie μητρως et promiscue θειος dicitur. Amita est patris
soror ; matertera vero matris soror : utraque θεια, vel apud quos-
dam τηθις appellatur. (Paul., L. 10, § 14, D., *cod.*)

4. **Quarto** gradu supra abavus, abavia ; infra abnepos, abneptis ; ex transverso fratris sororisque nepos, neptis, et convenienter patruus magnus, amita magna, id est, avi frater et soror ; item
avunculus magnus et matertera magna, id est, aviæ frater et soror
(Gaius, L. 1, § 6, D., *de Grad. et aff.*), consobrinus, consobrina,
id est, qui quæve ex fratribus aut sororibus progenerantur. Sed
quidem recte consobrinos eos proprie dici putant, qui ex duabus
sororibus progenerantur, quasi consororinos : eos vero, qui ex duobus fratribus progenerantur, proprie fratres patrueles vocari ; si autem ex duobus fratribus filiæ nascuntur, sorores patrueles appellari.
At eos qui ex fratre et sorore propagantur, amitinos proprie dici :
amitæ tuæ filii consobrinum te appellant, tu illos amitinos. (Gaius,
d. L. 1, § 6; Paul., L. 10, § 15, D., *cod.*; *Rec. sentent.*, IV, 11, § 4.)

5. **Quinto** supra atavus, atavia ; infra adnepos, adneptis ; ex
transverso fratris sororisque pronepos, proneptis ; et convenienter
propatruus, proamita, id est, proavi frater et soror ; proavunculus,
promatertera, id est, proaviæ frater et soror ; item fratris patruelis,
sororis patruelis, consobrini, consobrinæ, amitini, amitinæ filius,

TITRE VI. *Des Degrés de parenté.*

Il est nécessaire d'exposer ici comment se comptent les degrés de parenté. Il faut savoir d'abord qu'il y a trois sortes de parentés, l'ascendante, la descendante et la collatérale. La première est celle des ascendants, la seconde celle des descendants; dans la troisième on comprend les frères et sœurs, leurs descendants, ainsi que les oncles ou tantes paternels ou maternels. La ligne ascendante et descendante commencent au premier degré; celle des collatéraux au contraire ne se compte qu'à partir du second degré.

1. Au premier degré de la ligne ascendante, sont le père et la mère; en ligne descendante, le fils et la fille.

2. Le second degré comprend, en ligne ascendante, l'aïeul, l'aïeule (*avus, avia*); en ligne descendante, le petit-fils, la petite-fille (*nepos, neptis*); en ligne collatérale, le frère, la sœur.

3. Le troisième degré comprend, en ligne ascendante, le bisaïeul, la bisaïeule (*proavus, proavia*); en ligne descendante, l'arrière-petit-fils, l'arrière-petite-fille (*pronepos, proneptis*); en ligne collatérale, les neveux, enfants du frère ou de la sœur, les oncles et tantes tant paternels que maternels. On appelle *patruus*, l'oncle paternel, qui s'appelle en grec πατρῷος; on appelle *avunculus* l'oncle maternel, en grec μήτρως: l'un et l'autre sont aussi désignés par le mot θεῖος. On appelle *amita* la tante paternelle, *matertera* la tante maternelle, en grec l'une et l'autre s'appellent indistinctement θεῖα, ou suivant d'autres τηθίς.

4. Le quatrième degré comprend en ligne ascendante, le trisaïeul, la trisaïeule (*abavus, abavia*); en ligne descendante, les enfants des arrière-petits-enfants (*abnepos, abneptis*); en ligne collatérale, les petits-enfants du frère et de la sœur, petits-neveux, et les grands oncles et les grand'tantes tant paternels que maternels, les cousins germains (*consobrini*), c'est-à-dire les enfants de deux frères ou de deux sœurs. Quelques-uns pensent cependant que *consobrini* vient de *consororini*, et que par conséquent il ne doit s'entendre que des enfants des deux sœurs; qu'à l'égard des fils de deux frères, on doit les appeler proprement *fratres patrueles*, et les filles de deux frères *sorores patrueles*; ils ajoutent que les enfants qui naissent d'un frère et d'une sœur sont proprement appelés amitins, *amitini*. Ainsi les enfants de votre tante paternelle vous appellent *consobrinus* et vous, vous les appelez *amitini*.

5. Le cinquième degré comprend, en ligne ascendante, le quadrisaïeul, la quadrisaïeule (*atavus, atavia*); en ligne directe descendante, les petits-enfants des arrières-petits-enfants (*adnepos, adneptis*); en ligne collatérale, les arrière-petits-enfants du frère et de la sœur, les père et mère des grands oncles et des grand'tantes paternels et maternels, c'est-à-dire les frères et sœurs du bisaïeul, de la bisaïeule (*propatruus*, *propatrua*, *proa-*

filia; propior sobrino, propior sobrina. Ili sunt patrui magni, amitæ magnæ, avunculi magni, materteræ magnæ filius, filia. (Gaius, L. 1, § 7, D., *de Grad.*; Paul., L. 10, § 17, *cod.*; *Rec. sentent.*, IV, 11, § 6.)

6. Sexto gradu supra tritavus, tritavia; infra trinepos, trineptis; ex transverso fratris sororisque abnepos, abneptis, et convenienter abpatruus, abamita, id est, abavi frater et soror; abavunculus, abmatertera, id est abaviæ frater et soror. Item sobrini sobrinæque, id est, qui quæve ex fratribus vel sororibus patruelibus vel consobrinis vel amitinis progenerantur. (Gaius, L. 3, D., *de Grad. et aff.*; Paul. L. 10, § 17, *cod.*; *Rec. sentent.*, IV, 11, § 6.)

7. Hactenus ostendisse sufficiat, quemadmodum gradus cognationis numerentur. Namque ex his palam est intelligere, quemadmodum ulteriores quoque gradus numerare debeamus; quippe semper generata quæque persona gradum adjiciat, ut longe facilius sit respondere quoto quisque gradu sit, quam propria cognationis appellatione quemquam denotare. (Gaius, L. 3. § 1. D., *de Grad. et aff.*; Paul., L. 10, § 9, 10 et 18, *cod.*; *Rec. senten.*, IV, 11, § 7 et 8.)

8. Adgnationis quoque gradus eodem modo numerantur.

9. Sed cum magis veritas oculata fide quam per aures animis hominum infigitur, ideo necessarium duximus post narrationem graduum etiam eos præsenti libro inscribi, quatenus possint et auribus et oculorum inspectione adolescentes perfectissimam graduum doctrinam adipisci [1].

10. Illud certum est, ad serviles cognationes illam partem edicti, qua proximitatis nomine bonorum possessio promittitur, non pertinere; nam nec ulla antiqua lege talis cognatio computabatur. (Ulpian., L. 1, § 2, D., *Unde cognat.*; Paul. L. 10, § 5, D., *de Grad. et aff.*)

Sed nostra constitutione, quam pro jure patronatus fecimus (quod jus usque ad nostra tempora satis obscurum atque nube plenum et undique confusum fuerat) et hoc humanitate suggerente, concessimus ut, si quis in servili consortio constitutus liberum vel liberos habuerit, sive ex libera sive ex servilis conditionis muliere, vel contra serva mulier ex libero vel servo habuerit liberos cujuscumque sexus; et ad libertatem his pervenientibus, et ii qui ex servili ventre nati sunt, li-

---

[1] Ex mente Justiniani hic stemma cognationum inserendum, et in codicibus spatium vacuum relictum erat. Unde plures codices et editiones notam hoc loco rubricam DE SERVILI COGNATIONE, novumque titulum numero septimum incipiunt, sed male, ut videre est ex, § 11, h. t.

vunculus, promatertera); les enfants des cousins germains, de quelque côté que ce soit, (c'est-à-dire les enfants des *fratres* et *sorores patrueles*, des *consobrini* et *consobrinæ*, des *amitini* et des *amitinæ*); et ceux qui précèdent le *sobrinus* ou la *sobrina*, c'est-à-dire, les enfants des grands oncles paternels ou maternels.

6. Le sixième degré comprend en ligne ascendante, le quintisaïeul, la quintisaïeule (*tritavus, tritavia*); en ligne descendante, les arrière-petits-enfants des arrière-petits-enfants (*trinepos, trineptis*); en ligne collatérale, les enfants des arrière-petits-enfants du frère et de la sœur, ainsi que le grand-père et la grand' mère des grands oncles et des grand'-tantes, tant paternels que maternels (*abaptruus, abamita, abavunculus, abmatertera*); lesquels sont les frères et sœurs du trisaïeul, de la trisaïeule; les *sobrini* et *sobrinæ*, c'est-à-dire, les petits-enfants des cousins germains, c'est-à-dire, les petits-enfants des *fratres patrueles*, des *consobrini* et des *amitini*.

7. Ceci suffit pour savoir comment se comptent les degrés de *cognation*: on suivrait la même marche pour compter les degrés plus éloignés : chaque génération ajoute toujours un degré : aussi est-il plus aisé de dire à quel degré de parenté se trouvent deux personnes que de donner une dénomination à leur parenté.

8. Les degrés d'agnation se comptent de la même manière.

9. Mais comme les choses s'apprennent et se retiennent plus aisément en voyant qu'en écoutant, nous avons jugé à propos, après avoir fait le détail des degrés de parenté, d'en joindre ici un tableau, afin que les jeunes gens en acquièrent une parfaite connaissance par leurs oreilles et leurs yeux [1].

10. Il est certain que la possession de biens *unde cognati*, dans laquelle le préteur appelle les parents, à raison de leur proximité, ne s'applique pas à la cognation servile : et il n'y a aucune loi ancienne qui ait égard à cette sorte de cognation.

Mais dans la constitution que nous avons publiée relativement au droit de patronage (droit qui, jusqu'à nous, était plein d'obscurité et de difficultés), l'humanité nous a suggéré les dispositions suivantes : Si un esclave a eu un ou plusieurs enfants d'une femme libre ou esclave; ou, à l'inverse, si une femme esclave a eu, d'un homme libre ou esclave, des enfants de l'un ou de l'autre sexe; et que cet esclave, cette femme esclave et les enfants nés d'elle, parviennent à la liberté; ou bien encore, si la mère étant libre et le père esclave, celui-ci est en-

---

[1] Le projet de Justinien était de placer ici un tableau des degrés de parenté; et on avait laissé dans le manuscrit un espace vide pour le recevoir : trompés par cette lacune, plusieurs manuscrits et éditions terminent ici le titre VI et forment avec les § 10, 11 et 12, un nouveau titre, portant le n° VII et la rubrique : *de la parenté servile*. Mais c'est une erreur, comme on peut s'en convaincre en lisant le § 11.

bertatem meruerunt ; vel, dum mulieres liberæ erant, ipsi in servitute eos
habuerunt, et postea ad libertatem pervenerunt : ut hi omnes ad successionem patris vel matris veniant, patronatus jure in hac parte sopito. Hos enim liberos non
solum in suorum parentium successionem, sed etiam alterum in alterius mutuam
successionem vocavimus : ex illa lege specialiter eos vocantes, sive soli inveniuntur qui in servitute nati et postea manumissi sunt, sive una cum aliis qui post libertatem parentium concepti sunt, sive ex eodem patre vel ex eadem matre, sive
ex aliis, ad similitudinem eorum qui ex justis nuptiis procreati sunt.

11. Repetitis itaque omnibus quæ jam tradidimus, apparet non
semper eos qui parem gradum cognationis obtinent, pariter vocari;
eoque amplius nec eum quidem, qui proximior sit cognatus, semper potiorem esse. Quum enim prima causa sit suorum hæredum,
et eorum quosque inter suos hæredes jam enumeravimus, apparet
pronepotem vel adnepotem defuncti potiorem esse, quam fratrem aut
patrem matremque defuncti : cum alioquin pater quidem et mater
(ut supra quoque tradidimus) primum gradum cognationis obtineant, frater vero secundum, pronepos autem tertio gradu sit cognatus, et abnepos quarto. (Gaius, L. 1, §. 2, 3, 4 et 5, D., *de Grad.
et aff.* ; Paul., L. 1, *pr.* et §. 1, D., *d' Sc. Tertyl.*)

Nec interest in potestate morientis fuerit, an non, quod vel emancipatus vel ex
emancipato, aut feminino sexu propagatus est.

12. Amotis quoque suis hæredibus, et quos inter suos hæredes
vocari diximus, adgnatus qui integrum jus adgnationis habet,
etiamsi longissimo gradu sit, plerumque potior habetur quam
proximior cognatus. Nam patrui nepos vel pronepos avunculo vel
materteræ præfertur. Totiens igitur dicimus, aut potiorem haberi
eum qui proximiorem gradum cognationis obtinet, aut pariter vocari eos qui cognati sunt, quotiens neque suorum hæredum jure,
quique inter suos hæredes sunt, neque adgnationis jure aliquis præferri debeat, secundum ea quæ tradidimus. (Gaius, *Comm.* III. §. 27
et 29. ; Diocl. et Max., L. 5 et 7, C., *de Legit. hæred.*).

Exceptis fratre et sorore emancipatis, qui ad successionem fratrum vel sororum
vocantur ; qui, etsi capite deminuti sunt, tamen præferuntur cæteris ulterioris gradus adgnatis. (Anastas., L. 4, C., *de Legit. tut.*)

Tit. VII. *De Successione libertorum.*

Nunc de libertorum bonis videamus. Olim itaque licebat liberto
patronum suum impune testamento præterire ; nam ita demum lex
duodecim tabularum ad hæredidatem liberti vocabat patronum, si
intestatus mortuus esset libertus nullo suo hærede relicto. Itaque

suite affranchi, dans tous ces cas, nous voulons que les enfants viennnent à la succession de leur père ou de leur mère, le droit de patronage demeurant écarté. Non content d'avoir admis ces enfants à succéder à leur père et à leur mère, nous les avons encore appelés à se succéder entre eux ; soit qu'étant tous esclaves de naissance, ils aient été affranchis; soit que parmi eux quelques-uns soient nés depuis l'affranchissement de leur père ou de leur mère ; soit enfin qu'ils aient les mêmes père et mère, ou seulement le même père ou la même mère ; le droit réciproque de succession leur étant accordé par nous, de la même manière que s'ils étaient nés de justes noces.

11. En résumant tout ce que nous avons dit jusques à présent, on voit que les parents du même degré ne succèdent pas toujours concurremment ; et que la succession n'appartient pas même toujours au parent du degré le plus proche. En effet, puisqu'on appelle en premier ordre les héritiers siens et ceux qui leur sont assimilés, il en résulte que les arrière-petits-enfants du défunt, et leurs enfants, sont préférés au frère, au père et à la mère : quoique cependant, comme nous l'avons dit plus haut, les père et mère soient au premier degré et le frère au second ; tandis que les arrière-petits-enfants sont au troisième et leurs enfants au quatrième degré.

Et peu importe aujourd'hui que ces derniers (les descendants) se soient trouvés, au temps du décès, soumis à la puissance du défunt, ou qu'ils en fussent déjà auparavant sortis par émancipation; ou même, qu'ils n'aient jamais été sous sa puissance, parce que par exemple, ils descendaient de lui, par une femme ou par un émancipé.

12. A défaut d'héritiers siens et des personnes qui leur sont assimilées, l'agnat, chez lequel cette qualité n'a pas été altérée, est, en général, préféré, quelque éloigné qu'il soit, au cognat même le plus proche : en effet, le petit-fils ou l'arrière-petit-fils de l'oncle paternel est préféré à l'oncle ou à la tante maternelle. Ainsi la règle, qu'on préfère celui qui a le degré le plus proche de parenté, et qu'on fait concourir ensemble ceux qui sont dans le même degré, doit s'entendre du cas où il n'y a ni héritiers siens (ni personnes assimilées aux héritiers siens) ni agnats, qui doivent leur être préférés, suivant ce que nous avons dit ci-dessus.

Il faut cependant excepter le frère et la sœur émancipés, qui, quoique dépouillés des droits d'agnation par leur changement d'état, sont cependant préférés dans la succession de leurs frères et sœurs aux agnats plus éloignés.

Titre VII. Successions des Affranchis.

Passons à la succession des affranchis. Autrefois un affranchi pouvait impunément, dans son testament, passer son patron sous silence : car la loi des douze tables n'appelait le patron à la succession de l'affranchi, qu'autant que celui-ci décédait intestat, sans laisser d'héritier sien. Ainsi, quand l'af-

14

intestato quoque mortuo liberto, si is suum hæredem reliquisset, patrono nihil in bonis ejus juris erat. Et si quidem ex naturalibus liberis aliquem suum hæredem reliquisset, nulla videbatur querela ; si vero adoptivus filius fuisset, aperte iniquum erat nihil juris patrono superesse. (Gaius, *Comm.* III, §. 39 et 40; Ulpian., *Fragm.*, XXVII, § 1 ; XXIX, § 1 ; L. 3, D., *de Suis et legit.*)

1. Qua de ca...a, postea Præto s edicto hæc juris iniquitas emendata est. Siv. enim faciebat testamentum libertus, jubebatur ita testari ut patre. o p...tem dimidiam bonorum suorum relinqueret; et, si aut nihil aut minus parte dimidia reliquerat, dabatur patrono contra tabulas testamenti partis dimidiæ bonorum possessio. Si vero intestatus moriebatur, suo hærede relicto filio adoptivo, dabatur æque patrono contra hunc suum hæredem partis dimidiæ bonorum possessio. Prodesse autem liberto solebant ad excludendum patronum naturales liberi, non solum, quos in potestate mortis tempore habebat, sed etiam emancipati et in adoptionem dati ; si modo ex aliqua parte scripti hæredes erant, aut præteriti contra tabulas bonorum possessionem ex edicto petierant ; nam exhæredati nullo modo repellebant patronum. (Gaius, *Comm.* III, § 41 ; Ulpian., *Fragm.*, XXIX, § 1.)

2. Postea lege Papia adaucta sunt jura patronorum qui locupletiores libertos habebant. Cautum est enim ut ex bonis ejus qui sestertium centum millium patrimonium reliquerat, et pauciores quam tres liberos habebat, sive is testamento facto, sive intestato mortuus erat, virilis pars patrono deberetur. Itaque, cum unum quidem filium filiamve hæredem reliquerat libertus, perinde pars dimidia debebatur patrono, ac si is sine ullo filio filiave testatus decessisset; cum vero duos duasve hæredes reliquerat, tertia pars debebatur patrono ; si tres reliquerat, repellebatur patronus. (Gaius, *Comm.* III, § 42; Ulpian., *Fragm.*, XXIX, § 3.)

3. Sed nostra constitutio (quam pro omnium notione, græca lingua, compendioso tractatu habito, composuimus) ita hujusmodi causas definivit : ut, si quidem libertus vel liberta minores centenariis sint, id est, minus centum aureis habeant substantiam (sic enim legis Papiæ summam interpretati sumus, ut pro mille sestertiis unus aureus computetur) nullum locum habeat patronus in eorum successionem, si tamen testamentum fecerint. Sin autem intestati decesserint, nullo liberorum relicto, tunc patronatus jus (quod erat ex lege duodecim tabularum) integrum reservavit. Quum vero majores centenariis sint, si hæredes vel bonorum possessores liberos habeant, sive unum sive plures, cujuscumque sexus vel gradus, ad eos successionem parentium deduximus, patronis omnibus una [1] cum sua progenie semotis. Sin autem sine liberis decesserint, si quidem intestati ad omnem hæreditatem patronos patronasque vocavimus. Si vero testamentum quidem fecerint, patronos autem vel patronas præterierint, quum nullos

---

(1) Vulgo : Patronis omnibus modis una.

franchi mourait intestat, laissant un héritier sien, le patron n'avait aucun droit à son hérédité. Il y avait cependant une distinction à faire : lorsque l'affranchi laissait pour héritier sien un de ses enfants naturels, le patron n'avait aucune raison de se plaindre ; mais si l'affranchi ne laissait qu'un fils adoptif, il était évidemment inique que le patron n'eût rien.

1. C'est pourquoi, dans la suite, le Préteur corrigea l'iniquité de cette partie du droit. En effet, suivant le droit prétorien, quand un affranchi faisait son testament, il devait tester de manière à laisser à son patron la moitié de ses biens ; s'il ne lui laissait rien, ou s'il lui laissait moins de moitié, le Préteur accordait au patron la possession de biens *contra tabulas*, pour moitié. Si l'affranchi mourait intestat, laissant pour héritier sien un fils adoptif, le patron avait également, contre cet héritier sien, la possession de biens, pour moitié. Mais les enfants naturels (soit qu'ils fussent en la puissance du testateur au moment de sa mort, soit qu'ils eussent été antérieurement émancipés ou donnés en adoption) servaient à exclure le patron de la succession de l'affranchi, pourvu que ce dernier les eût institués pour une part, ou que, les ayant passés sous silence, ils eussent demandé la possession des biens *contra tabulas* : car les enfants naturels exhérédés ne pouvaient servir à exclure le patron.

2. Plus tard la loi Papia donna plus d'étendue aux droits des patrons, quand les affranchis étaient riches. Cette loi décida que lorsque l'affranchi laisserait un patrimoine de cent mille serterces et moins de trois enfants, le patron aurait une part virile, soit que l'affranchi fût mort avec ou sans testament. Ainsi, quand l'affranchi laissait pour unique héritier son fils ou sa fille, le patron avait droit à moitié de l'hérédité, comme si l'affranchi était mort testat, sans laisser aucun enfant ; s'il laissait deux enfants, le patron avait un tiers ; s'il laissait trois enfants ou un plus grand nombre, le patron était exclus.

3. Mais, dans une constitution que nous avons rédigée en langue grecque pour qu'elle fût plus facilement connue de tous, nous avons, après mûre réflexion, réglé d'une manière complète tout ce qui concerne la succession des affranchis.—Nous avons refusé au patron tout droit à la succession de l'affranchi ou de l'affranchie dont la fortune ne s'élèverait pas à cent pièces d'or (car c'est ainsi que nous interprétons la loi Papia, en comptant un écu d'or pour mille sesterces), pourvu que cet affranchi ou cette affranchie ait laissé un testament. Si l'affranchi ou l'affranchie meurent intestats et sans enfants, nous conservons au patron tous les droits que lui conférait la loi des XII tables.—Quant aux affranchis, dont la succession dépasse cent écus d'or, il y a plusieurs distinctions à faire : s'ils ont un ou plusieurs enfants pour héritiers ou pour possesseurs de biens, ces enfants, quel que soit leur sexe ou leur degré, auront toute la succession de leurs parents, sans que le patron et sa postérité aient rien à prétendre. Mais, s'ils meurent sans enfants et intestats, nous appelons à leur succession leurs patrons et patronnes. Si ces affranchis n'ont pas d'enfants, ou que ces enfants aient été exhérédés par leur père, ou omis par la mère ou par l'aïeul maternel, sans que le testament

_____

(1) La variante donne : le l'atron et sa descendance étant exclus *de toutes manières*.

liberos haberent, vel habentes eos exhæredaverint, vel mater sive avus maternus eos prætericrint, ita ut non possint argui inofficiosa eorum testamenta : tunc ex nostra constitutione per bonorum possessionem contra tabulas, non dimidiam (ut antea) sed tertiam partem bonorum liberti consequantur ; vel quod deest eis ex constitutione nostra repleatur, si quando minus tertia parte bonorum suorum libertus vel liberta eis reliquerit ; ita sine onere, ut nec liberis liberti libertæve ex ea parte legata vel fideicommissa præstentur, sed ad cohæredes hoc onus redundaret : multis aliis casibus a nobis in præfata constitutione congregatis quos necessarios esse ad hujusmodi juris dispositionem perspeximus, ut tam patroni patronæque quam liberi eorum, nec non qui ex transverso latere veniunt usque ad quintum gradum, ad successionem libertorum vocentur, sicut ex ea constitutione intelligendum est ; ut si ejusdem patroni vel patronæ, vel duorum, duarum, pluriumve liberi sint, qui proximior est ad liberti seu libertæ vocetur successionem , et in capita non in stirpes dividatur successio, eodem modo et in iis qui ex transverso latere veniunt servando. Pene enim consonantia jura ingenuitatis et libertinitatis in successionibus fecimus. (Justinian., L. 3, § 11, C., de Bon. libert.)

4. Sed hæc de iis libertinis hodie dicenda sunt , qui in civitatem romanam pervenerunt; *cum nec sunt alii liberti, simul Dedititiis et Latinis sublatis;* quum Latinorum legitimæ successiones nullæ penitus erant, qui licet ut liberi vitam suam peragebant, attamen ipso ultimo spiritu simul animam atque libertatem amittebant, et quasi servorum ita bona eorum, jure quodam modo peculii, ex lege Junia manumissores detinebant (Gaius, *Comm.* III, § 56, 57, 58). Postea vero senatusconsulto Largiano cautum fuerat, ut liberi manumissoris, non nominatim exhæredati facti, extraneis hæredibus eorum in bonis Latinorum præponerentur (Gaius, *Comm.* III, § 63, 64, 65, 66, 71). Quibus supervenit etiam divi Trajani edictum , quod eumdem hominem, si invito vel ignorante patrono ad civitatem venire ex beneficio principis festinabat ; faciebat quidem vivum civem romanum, latinum vero morientem. (Gaius, *Comm.* III, § 72, 73.)

Sed nostra constitutione, propter hujusmodi conditionum vices et alias difficultates, cum ipsis latinis etiam legem Juniam et senatusconsultum Largianum et edictum divi Trajani in perpetuum deleri censuimus, ut omnes liberti civitate romana fruantur ; et mirabili modo, quibusdam adjectionibus, ipsas vias quæ in latinitatem ducebant, ad civitatem romanam capiendam transposuimus. (Justinian., L. un., C., de Lat. libert. toll.)

· Tit. VIII. *De Assignatione libertorum.* ·

In summa, quod ad bona libertorum, admonendi sumus censuisse senatum, ut, quamvis ad omnes patroni liberos, qui ejusdem

puisse d'ailleurs être attaqué comme inofficieux ; les patrons qui, dans ces circonstances, auraient été passés sous silence, auront, d'après notre constitution, la possession de biens *contra tabulas* pour obtenir, dans la succession de l'affranchi, non plus moitié, comme autrefois, mais seulement le tiers. Si les affranchis ont laissé à leurs patrons ou patronnes moins que le tiers, ceux-ci auront une action pour obtenir que ce tiers soit complété. Ce tiers sera attribué aux patrons et patronnes franc et quitte de toutes charges, et ne contribuera pas, même envers les enfants de l'affranchi, au paiement des legs et des fidéicommis lesquels demeureront, en entier, à la charge des autres héritiers.—Nous avons encore donné, dans cette constitution, des décisions détaillées sur un grand nombre de cas relatifs à cette matière, et qui nous ont paru mériter d'être réglés avec soin. Par l'une de ces dispositions les patrons et patronnes, leurs enfants et leurs collatéraux jusqu'au cinquième degré, sont appelés à la succession des affranchis de l'un et de l'autre sexe, comme on le peut voir en lisant cette constitution. S'il y a plusieurs descendants d'un même patron ou d'une même patronne, de deux ou plusieurs patrons et patronnes, celui de ces descendants, qui sera au degré le plus proche, sera préféré aux autres, et la succession de l'affranchi sera divisée par têtes et non par souches. On observera la même règle dans le cas où il y aurait plusieurs collatéraux du patron : car, en matière de succession, nous avons mis, presque sur la même ligne, les droits des ingénus et ceux des affranchis.

4. Ceci doit s'entendre aujourd'hui des affranchis qui ont acquis la qualité de citoyen Romain : *et il n'y en a plus d'autres, depuis que nous avons supprimé les Dédilices et les Latins*. Les Latins ne laissaient jamais d'hérédité proprement dite; parce que, bien qu'ils vécussent comme personnes libres, ils étaient réputés perdre, en rendant le dernier soupir, et la vie et la liberté : en conséquence, les biens qu'ils laissaient à leur mort, étant considérés comme biens d'esclaves, étaient attribués aux patrons par la loi *Junia*, en vertu d'une sorte de droit de pécule. Dans la suite, le sénatusconsulte Largien ordonna que les enfants du patron, non exhérédés nominativement, seraient préférés, quant à la succession des affranchis latins, aux héritiers externes du patron. Enfin, un édit de Trajan décida que l'affranchi latin, qui se ferait accorder par l'empereur la qualité de citoyen romain, contre le gré ou à l'insu de son patron, vivrait comme citoyen romain, mais mourrait comme Latin.

Mais ces changements dans la condition des Latins, et d'autres difficultés encore, nous ont déterminé à supprimer pour toujours les affranchis latins, et les dispositions que contenaient, par rapport à eux, la loi Junia Norbana, le sénatusconsulte Largien et l'édit de l'empereur Trajan : nous avons voulu que tous les affranchis jouissent des droits de citoyens romains; et, par une innovation admirable, et au moyen de quelques dispositions additionnelles, les voies, qui auparavant ne conduisaient l'affranchi qu'à la simple latinité, lui procureront désormais le droit de cité romaine.

TITRE VIII. *De l'Assignation des affranchis.*

Nous terminerons ce que nous avions à dire relativement à la succession des affranchis en rappelant que, quoique en général les biens de l'affranchi

gradus sunt, æqualiter bona libertorum pertineant, tamen licere parenti uni ex liberis assignare libertum : ut, post mortem ejus, solus is patronus habeatur cui assignatus est, et cæteri liberi qui ipsi quoque ad eadem bona, nulla assignatione interveniente, pariter admitterentur, nihil juris in iis bonis habeant. Sed ita demum pristinum jus recipiunt , si is cui assignatus est, decesserit nullis liberis relictis. (Ulpian., L. 1, D., *h. t.*)

1. Nec tantum libertum, sed etiam libertam ; et non tantum filio nepotive, sed etiam filiæ neptive assignare permittitur. (Ulpian., L. 1; L. 3, § 1 et 2, D., *h. t.*)

2. Datur autem hæc assignandi facultas ei qui duos pluresve liberos in potestate habebit, ut eis quos in potestate habet, assignare ei libertum libertamve liceat (Ulpian., L. 1; Pompon., L. 13, § 1, D., *h. t.*). Unde quærebatur, si eum cui adsignaverit postea emancipaverit, num evanescat assignatio? Sed placuit evanescere, quod et Juliano et aliis plerisque visum est.

3. Nec interest testamento quis assignet, an sine testamento ; sed etiam quibuscumque verbis patronis hoc permittitur facere ex ipso senatusconsulto, quod Claudianis temporibus factum est Suillo Rufo et Osterio Scapula consulibus. (Ulpian., L. 1, *pr.* et § 3, D., *h. t.*)

Tit. IX. *De Bonorum possessionibus.*

Jus bonorum possessionis introductum est a Prætore, emendandi veteris juris gratia (Papin., L. 7, D., *de Just. et jur.*). Nec solum in intestatorum hæreditatibus vetus jus eo modo Prætor emendavit, sicut supra dictum est, sed in eorum quoque qui testamento facto decesserint (Ulpian., L. 1, D., *si Tab. test. null.*). Nam si alienus posthumus hæres fuerit institutus, quamvis hæreditatem jure civili adire non poterat, cum institutio non valebat, honorario tamen jure bonorum possessor efficiebatur, videlicet quum a Prætore adjuvabatur. (Gaius, *Comm.* II, § 242; Paul., L. 3, D, *de Bon. poss. sec. tab.*)

Sed et hic a nostra constitutione hodie recte hæres instituitur, quasi et jure civili non incognitus.

1. Aliquando tamen neque emendandi neque impugnandi veteris juris, sed magis confirmandi gratia, pollicetur bonorum possessionem (Ulpian., L. 6, D., *de Bon. poss.*). Nam illis quoque, qui recte facto testamento hæredes instituti sunt, dat secundum tabulas bonorum possessionem (Ulpian., L.2, D., *de Bon. poss. sec. tab.*). Item ab intestato suos hæredes et adgnatos ad bonorum possessionem

appartiennent, par portions égales aux enfants du patron qui se trouvent au même degré ; cependant un sénatusconsulte a permis au patron d'assigner spécialement un affranchi à l'un de ses enfants : de cette manière, à la mort du père, l'enfant en faveur duquel l'assignation a été faite, sera réputé seul patron de l'affranchi ; quant aux autres enfants qui, sans l'assignation, auraient été admis par égales portions à la succession de cet affranchi, ils n'y auront plus aucun droit. Toutefois ils recouvrent le droit, dont ils ont été dépouillés, dans le cas où l'enfant, auquel l'affranchi a été assigné, viendrait à mourir sans postérité.

1. On peut assigner non-seulement un affranchi, mais encore une affranchie ; et l'assignation peut être faite au profit soit d'un fils ou petit-fils, soit d'une fille ou petite-fille.

2. Ce droit appartie.. à celui qui a deux ou plusieurs enfants sous sa puissance ; car il ne peut assigner son affranchi qu'au profit des enfants qu'il a sous sa puissance. A cette occasion, on a demandé si l'assignation s'évanouirait dans le cas où l'enfant, à qui elle aurait été faite, viendrait à être émancipé par son père? On a décidé qu'elle s'évanouirait ; et cette décision a été adoptée par Julien et par plusieurs autres.

3. Il importe peu que l'assignation soit faite par testament ou par un autre acte ; le patron peut même la faire en tels termes qu'il juge à propos : tel.. est la disposition expresse d'un sénatusconsulte rendu sous l'empereur Claude, sous le consulat de Suillius-Rufus et d'Ostérius-Scapula.

TITRE IX. *Des Possessions de biens.*

Les possessions de biens ont été introduites par les Préteurs pour modifier l'ancien droit. Ces modifications portent non-seulement sur les hérédités ab intestat, comme on l'a vu plus haut ; mais encore sur les hérédités de ceux qui meurent avec un testament. En effet, (par exemple) le posthume externe, institué héritier, ne pouvait faire adition, puisque l'institution d'un tel posthume était nulle d'après le droit civil ; mais, le Préteur venant à son secours, il devenait possesseur de biens d'après le droit honoraire.

Mais aujourd'hui, d'après notre constitution, le posthume externe, n'étant plus méconnu par le droit civil, peut être valablement institué héritier.

1. Quelquefois la possession de biens n'a pour but ni de corriger ni de combattre le droit civil, mais bien plutôt de le confirmer : en effet, le Préteur donne la possession de biens *secundum tabulas* (conformément au testament) à ceux qui ont été institués dans un testament régulier. C'est ainsi encore qu'en matière de succession ab intestat, le Préteur appelle à la possession de biens les héritiers siens et les agnats auxquels l'hérédité ap-

vocat; sed et, remota quoque bonorum possessione, ad eos pertinet hæreditas jure civili. (Gaius, *Comm.* III, § 34; Ulpian., L. 1,
§ 1, D., *si Tab. test. null.*)

2. Quos autem Prætor solus vocat ad hæreditatem, hæredes quidem ipso jure non fiunt, nam Prætor hæredem facere non potest.
Per legem enim tantum vel similem juris constitutionem hæredes
fiunt, veluti per senatusconsulta et constitutiones principales; sed
quum eis Prætor dat bonorum possessionem, loco hæredum consti-
tuuntur et vocantur bonorum possessores (Gaius, *Comm.* III, § 32;
Ulpian., *Fragm.*, XXVIII, § 12; L. 2, D., *de Bon. poss.*). Adhuc
autem et alios complures gradus Prætor fecit in bonorum possessionibus dandis, dum id agebat ne 'quis sine successore moreretur.
Nam angustissimis finibus constitutum per legem duodecim tabularum jus percipiendarum hæreditatum Prætor ex bono et æquo di-
latavit. (Gaius, *Comm.* III, § 18, 25 et 33; Ulpian., L. 1, D.,
Unde cogn.).

3. Sunt autem bonorum possessiones ex testamento quidem hæ :
prima, quæ præteritis liberis datur, vocaturque CONTRA TABULAS;
secunda, quam omnibus jure scriptis hæredibus Prætor pollicetur,
ideoque vocatur SECUNDUM TABULAS (Ulpian., L. 2, D., *de Bon. poss. sec.
tab.*).—Et quum de testamentis prius locutus est, ad intestatos tran-
situm fecit. Et primo loco suis hæredibus, et iis qui ex edicto Prætoris inter suos connumerantur, dat bonorum possessionem quæ
vocatur UNDE LIBERI; secundo, legitimis hæredibus; tertio, decem
personis quas extraneo manumissori præferebat : (sunt autem decem
personæ hæ : pater, mater, avus, avia, tam paterni quam materni;
item filius, filia, nepos, neptis, tam ex filio quam ex filia; frater soror, sive consanguinei sunt sive uterini); quarto, cognatis proximis;
quinto, TUM QUEM EX FAMILIA [1]; sexto, patrono et patronæ, liberisque eorum et parentibus; septimo, viro et uxori; octavo, cognatis
manumissoris. (Ulpian., *Fragm.*, XXVIII, § 7; Ulpian., *Instit., lib.*
II, § 2; L. 1, *pr.* et § 1, D., *si Tabul. test. null.;* Gaius, *Comm.* III,
§ 26, 27 et 33)

4. Sed eas quidem prætoria introduxit jurisdictio: a nobis tamen nihil incu-
riosum prætermissum est; sed nostris constitutionibus omnia corrigentes, CONTRA
TABULAS quidem et SECUNDUM TABULAS bonorum possessiones admisimus, utpote
necessarias constitutas; nec non ab intestato UNDE LIBERI et UNDE LEGITIMI bonorum possessiones. Quæ autem in Prætoris edicto quinto loco posita fuerat, id
est UNDE DECEM PERSONÆ, cum pio proposito et compendioso sermone superva-
cuam ostendimus. Quum enim præfata bonorum possessio decem personas præpo-
nebat extraneo manumissori, nostra constitutio quam de emancipatione liberorum
fecimus, omnibus parentibus eisdemque manumissoribus contracta fiducia manumissionem facere dedit, ut ipsa manumissio eorum hoc in se habeat privilegium,

---

[1] Alias : TANQUAM

partient déjà d'après le droit civil, indépendamment de toute possession de biens.

2. Ceux qui ne sont appelés à la succession que par le Préteur ne sont pas, en droit civil, des héritiers proprement dits ; car le droit de faire des héritiers n'appartient pas au Préteur, mais seulement aux lois et aux actes assimilés aux lois, tels que les sénatusconsultes et les constitutions impériales : mais ceux, à qui le Préteur accorde la possession de biens, sont assimilés aux héritiers et reçoivent le titre de possesseurs de biens. Le Préteur a établi plusieurs degrés de possessions de biens, son but étant que personne ne mourût sans successeur : ainsi le droit de succéder, que la loi des douze tables avait resserré dans des limites très-étroites, a reçu du droit prétorien une extension conforme à l'équité.

3. Les possessions de biens testamentaires sont les suivantes : la première, donnée aux enfants prétérits, est appelée *contra tabulas;* la seconde, promise par le Préteur à tous les héritiers légalement institués, est dite *secundum tabulas.*—Après avoir traité d'abord des testaments, l'édit règle la succession des intestats. La possession de biens est accordée, en premier ordre, aux descendants, héritiers siens ou assimilés aux héritiers siens par le droit prétorien : cette possession de biens est dite *unde liberi* (en qualité d'enfants) ; en second ordre, aux héritiers légitimes (*unde legitimi*); en troisième ordre, aux dix plus proches cognats qu'il préférait au manumisseur étranger (*unde decem personæ*) (ces dix personnes sont le père et la mère, l'aïeul et l'aïeule, le fils et la fille, le petit-fils et la petite-fille, issus soit du fils soit de la fille, le frère et la sœur soit utérins soit consanguins) ; en quatrième ordre, aux plus proches cognats (*unde cognati*) ; en cinquième ordre, aux personnes de la famille du patron (*tum quem ex familia*); en sixième ordre, au patron, à la patronne, à leurs enfants et descendants (*patrono, patronæ liberis et parentibus eorum*); en septième ordre, au mari ou à la femme (*unde vir et uxor*) ; enfin en huitième ordre, aux cognats du manumisseur (*unde cognati manumissoris*).

4. Tel était le système des possessions de biens introduit par le Préteur : mais rien n'échappe à notre examen, et nos constitutions portent dans tout quelque correction. Nous maintenons, comme nécessaires, les possessions de biens *contra tabulas* et *secundum tabulas ;* ainsi que les possessions de biens ab intestat *unde liberi* et *unde legitimi.* Quant à la possession de biens *unde decem personæ*, qui occupe le cinquième rang dans l'édit (quand on fait entrer en compte les deux possessions testamentaires, et le troisième dans les possessions de biens ab intestat), il ne serait pas long de démontrer que nos vues bienveillantes l'ont rendue inutile. En effet, cette possession de biens préférait, les dix plus proches cognats de l'émancipé, à l'étranger qui, dans les formalités de l'émancipation faite sans fiducie, avait joué le rôle d'acheteur et celui de manumisseur : mais, d'après notre constitution, l'émancipation étant toujours faite avec fiducie, les droits de manu-

et supervacua fiat supradicta bonorum possessio. Sublata igitur præfata quinta bonorum possessione, in gradum ejus sextam antea bonorum possessionem induximus, et quintam fecimus quam Prætor proximis cognatis pollicetur.

5. Quumque antea fuerat septimo loco bonorum possessio TUM QUEM EX FAMILIA, et octavo UNDE LIBERI PATRONI PATRON.EQUE ET PARENTES EORUM, utramque per constitutionem nostram (quàm de jure patronatus fecimus) penitus vacuavimus. Quum enim ad similitudinem successionis ingenuorum, libertinorum successiones posuimus, quas usque ad quintum tantummodo gradum coarctavimus, ut sit aliqua inter ingenuos et libertinos differentia ; sufficit eis tam CONTRA TABULAS bonorum possessio quam UNDE LEGITIMI et UNDE COGNATI, ex quibus possint sua jura vindicare, omni scrupulositate et inextricabili errore istarum duarum bonorum possessionum resoluto.

6. Aliam vero bonorum possessionem quæ UNDE VIR ET UXOR appellatur, et nono loco inter veteres bonorum possessiones posita fuerat, et in suo vigore servavimus, et altiore loco, id est sexto eam posuimus : decima veteri bonorum possessione, quæ erat UNDE COGNATI MANUMISSORIS, propter causas enarratas merito sublata : ut sex tantummodo bonorum possessiones ordinariæ permaneant, suo vigore pollentes.

7. Septima eas secuta, quam optima ratione Prætores introduxerunt. Novissime enim promittitur edicto iis etiam bonorum possessio, quibus ut detur, lege vel senatusconsulto vel constitutione comprehensum est. Quam neque bonorum possessionibus quæ ab intestato veniunt, neque iis quæ ex testamento sunt , Prætor stabili jure connumeravit; sed quasi ultimum et extraordinarium auxilium, prout res exegit, accommodavit, scilicet iis qui ex legibus, senatusconsultis, constitutionibusve principum ex novo jure, vel ex testamento vel ab intestato veniunt. (Ulpian., L. 1, pr. et § 2, D., *Uti ex legib.;* Paul., L. 3, D., *Unde legit.*)

8. Quum igitur plures species successionum Prætor introduxisset, easque per ordinem disposuisset, et in unaquaque specie successionis sæpe plures extent dispari gradu personæ ; ne actiones creditorum differentur, sed haberent quos convenirent, et ne facile in possessionem bonorum defuncti mitterentur, et eo modo sibi consulerent, ideo petendæ bonorum possessioni certum tempus præfinivit. Liberis itaque et parentibus tam naturalibus quam adoptivis in petenda bonorum possessione annuum spatium, cæteris centum dierum dedit. (Ulpian., *Fragm.*, XXVIII, § 10 ; L. 1, *pr.*, § 8, 13 et 16, D., *de Success. edict.*)

9. Et si intra hoc tempus aliquis bonorum possessionem non petierit, ejusdem gradus personis accrescit (Ulpian., L. 3, § 9 ; Gaius,

---

1 *Vulgo :* patronis omnibus NNDIS una, etc.

misseur ne peuvent appartenir qu'à l'ascendant émancipateur, et dès lors la possession dont s'agit devient complètement superflue : nous l'avons donc supprimée
en mettant à sa place la sixième, qui, par ce moyen, devient la cinquième, et qui
est la possession de biens que le Préteur promet aux plus proches cognats.

5. Nous avons aussi entièrement supprimé, par la constitution que nous avons
publiée sur les droits de patronage, les deux possessions de biens *tum quem ex
familia* et *unde liberi patroni patronæque et parentes eorum* , qui occupaient les
septième et huitième rangs. Car, ayant assimilé la succession des affranchis à
celle des ingénus (en la restreignant cependant au cinquième degré pour conserver
quelque différence entre ces deux classes de personnes), les trois possessions de biens
contra tabulas, unde legitimi et *unde cognati* nous ont paru suffisantes pour faire
valoir tous les droits du patronage; et nous avons fait ainsi disparaître les inex-
tricables difficultés auxquelles donnaient lieu les deux possessions de biens
précitées.

6. Nous conservons, en la faisant passer du neuvième au sixième ordre, la possession de biens *unde vir et uxor;* la dixième possession de biens, *unde cognati
manumissoris,* devient superflue par les raisons déduites plus haut : de sorte que
toutes les dix possessions de biens se trouvent désormais réduites à six : *contra
tabulas, secundum tabulas, unde liberi, unde legitimi, unde cognati, unde vir et
uxor.*

7. Vient ensuite une septième possession de biens que le Préteur avait
introduite avec beaucoup de raison : en effet, dans la dernière partie de l'édit,
il promet la possession de biens à tous ceux à qui une loi, un sénatusconsulte ou une constitution prescriraient de la donner (*bonorum possessio ex
lege*). Cette dernière possession de biens n'a pas reçu du Préteur une place
fixe, ni parmi les possessions de biens testamentaires, ni parmi les possessions de biens ab intestat : elle constitue un dernier secours, un secours extraordinaire que le Préteur accorde, suivant le besoin des circonstances, à
ceux qui sont appelés à la succession, soit testamentaire, soit ab intestat,
par les lois, les sénatusconsultes, ou, dans le droit nouveau, par les constitutions des princes.

8. Le système des successions prétoriennes comprenait plusieurs espèces
de successeurs rangés par ordre; et chaque ordre comprenait, à son tour, des
personnes de plusieurs degrés différents. En conséquence , comme il importait que les créanciers ne fussent pas mis dans la nécessité de différer
l'exercice de leurs actions, faute de connaître les personnes contre lesquelles
ils devraient les diriger; et ne se fissent pas envoyer trop facilement en possession des biens de leur débiteur, pour la conservation de leurs droits, le
Préteur a déterminé un délai dans lequel la possession de biens doit être
demandée. Ce délai est d'un an pour les ascendants et descendants tant naturels qu'adoptifs , et de cent jours pour tous les autres.

9. Si l'une des personnes, comprises dans un degré, laisse écouler le délai sans demander la possession de biens , ce qu'elle aurait obtenu accroît
aux personnes du même degré. Si elle est seule de son degré, la possession

L. 4, D., *de Bon. poss.*); vel si nemo sit deinceps cæteris bonorum possessionem perinde ex successorio edicto pollicetur, ac si is, qui præcedebat, ex eo numero non esset. Si quis itaque delatam sibi bonorum possessionem repudiaverit, non quousque tempus bonorum possessioni præfinitum excesserit, expectatur; sed statim cæteri ex eodem edicto admittuntur. (Ulpian., *Fragm.*, XXVIII, § 11; L. 1, § 6, 8 et 10, D., *de Success. edict.*)

10. In petenda autem bonorum possessione dies utiles singuli considerantur. (Ulpian., L. 2, D., *Quis ordo.*)

Sed bene anteriores principes et huic causæ providerunt, ne quis pro petenda bonorum possessione curet; sed quocumque modo, si admittentis eam indicium, intra statuta tamen tempora ostenderit, plenum habeat earum beneficium. (Constant., L. 8 et 9, C., *qui admitt. ad bon. poss.*)

Tit. X. *De Acquisitione per adrogationem.*

Est et alterius generis per universitatem successio, quæ neque lege duodecim tabularum, neque Prætoris edicto, sed eo jure quod consensu receptum est, introducta est. (Gaius, *Comm.* III, § 82.)

1. Ecce enim, quum paterfamilias sese in adrogationem dat, omnes res ejus corporales et incorporales, quæque ei debitæ sunt, adrogatori antea quidem pleno jure acquirebantur, exceptis iis quæ per capitis deminutionem pereunt, quales sunt operarum obligationes et jus agnationis. (Gaius, *Comm.*, III, § 82, 83.)

Usus etenim et ususfructus, licet his antea connumerabantur, attamen capitis deminutione minima eos tolli nostra prohibuit constitutio. (Justinian., L, 16, C., *de Usufr. et hab.*)

2. Nunc autem nos eamdem acquisitionem quæ per adrogationem fiebat, coarctavimus ad similitudinem naturalium parentium. Nihil etenim aliud, nisi tantummodo ususfructus, tam naturalibus patribus quam adoptivis per filiosfamilias acquiritur in iis rebus quæ extrinsecus filiis obveniunt, dominio eis integro servato (Justinian., L. 6, C., *de Bon. quæ liber.*). Mortuo autem filio adrogato in adoptiva familia, etiam dominium ejus ad adrogatorem pertransit, nisi supersint aliæ personæ quæ ex constitutione nostra patrem, in iis quæ adquiri non possunt, antecedunt. (Justinian. (Justinian., L. un., *Commun. de success.*)

3. Sed ex diverso, pro eo quod is debuit qui se in adoptionem dedit, ipso quidem jure adrogator non tenetur, sed nomine filii convenietur (Ulpian., L. 42, D., *de Pecul.*; Gaius, *Comm.* III, § 84). Et si noluerit eum defendere, permittitur creditoribus per competentes nostros magistratus, bona quæ ejus cum usufructu futura fuissent, si se alieno juri non subjecisset, possidere et legitimo modo ea disponere. (Gaius *Comm.*, III, § 84.)

de biens est dévolue d'après l'édit successoral, aux personnes du degré subséquent, tout comme si le degré, qui précède, n'existait pas. Si l'un des appelés, sans attendre l'expiration du délai, répudie la possession de biens qui lui est déférée, la dévolution s'opère immédiatement au profit des autres.

10. Dans le délai fixé pour demander la possession de biens, on ne compte que les jours utiles.

Au reste, les constitutions des princes nos prédécesseurs ont sagement établi que nul n'est obligé de demander la possession de biens; il suffit que, dans les délais fixés, on ait manifesté l'intention de l'accepter, pour jouir de ce bienfait dans toute son étendue.

TITRE X. *De l'Acquisition par adrogation.*

Il y a une autre espèce de succession par universalité, qui ne tire son origine ni de la loi des douze tables, ni de l'édit du Préteur, mais du droit coutumier.

1. Quand un père de famille se donnait en adrogation, tous ses biens corporels et incorporels et toutes ses créances étaient autrefois acquis de plein droit à l'adrogeant : excepté cependant les choses qui s'éteignent par diminution de tête, comme les services dus à l'adrogé par ses affranchis (*operarum obligationes,*) et le droit d'agnation.

Il en était de même autrefois des droits d'usage et d'usufruit; mais, depuis notre constitution, ces droits ne s'éteignent plus par la petite diminution de tête.

2. Nous avons aussi restreint l'acquisition par adrogation dans les limites déjà établies à l'égard des pères naturels. En conséquence, le fils de famille aura la propriété de toutes les acquisitions *extrinsèques* (c'est-à-dire, de toutes les choses par lui acquises autrement que par son père, ou à son occasion); les pères, soit naturels, soit adoptifs, n'en auront que l'usufruit. Cependant si le fils adrogé vient à mourir dans la famille adoptive, le père adrogateur acquiert la propriété de ces mêmes biens, à moins qu'il n'y ait quelques autres personnes, qui, suivant notre constitution, doivent être préférées au père, relativement aux choses que celui-ci n'a pu acquérir.

3. A l'inverse, l'adrogeant n'est point tenu, d'après le droit civil, des dettes qui grevaient l'adrogé antérieurement à l'adoption. Il pourra seulement être actionné au nom de son fils ; et, s'il refuse de défendre à sa place, les créanciers seront autorisés par les magistrats compétents, à se mettre en possession et à disposer, en la forme légale, des biens qui, sans l'adrogation, auraient appartenu à l'adrogé en pleine propriété.

Tit. XI. *De Eo cui libertatis causa bona addicuntur.*

Accessit novus casus successionis ex constitutione divi Marci : nam si ii, qui libertatem acceperunt a domino in testamento, ex quo non aditur hæreditas, velint bona sibi addici, libertatum conservandarum causa, audiuntur. (Gordian., L. 6, C., *de Test. manum.*)

1. Et ita divi Marci rescripto ad Popilium Rufum continetur. Verba rescripti ita se habent : « Si Virginio Valenti, qui testamento « suo libertatem quibusdam adscripsit, nemine successore ab in- « testato existente, in ea causa bona ejus esse cœperunt ut væniri « debeant ; is, cujus de ea re notio est, aditus rationem desiderii tui « habebit, ut libertatum, tam earum quæ directo quam earum « quæ per speciem fideicommissi relictæ sunt, tuendarum gratia « addicantur tibi, si idonee creditoribus caveris de solido quod cui- « que debetur solvendo. Et ii quidem, quibus directa libertas data « est, perinde liberi erunt ac si hæreditas adita esset. Ii autem, « quos hæres manumittere rogatus est, a te libertatem consequan- « tur : ita ut, si non alia conditione velis bona tibi addici, quam « ut etiam qui directo libertatem acceperunt, tui liberti fiant : « nam huic etiam voluntati tuæ, si ii quorum de statu agitur con- « sentiant, auctoritatem nostram accommodamus. Et ne hujus res- « criptionis nostræ emolumentum alia ratione irritum fiat ; si fiscus « bona agnoscere voluerit, et ii, qui rebus nostris attendunt, scient « commodo pecuniario præferendam libertatis causam, et ita bona « cogenda ut libertas iis salva sit, qui eam adipisci potuerunt si hæ- « reditas ex testamento adita esset. »

2. Hoc rescripto subventum est et libertatibus et defunctis, ne bona eorum a creditoribus possideantur et væneant. Certe si fue- rint hac de causa bona addicta, cessat bonorum venditio : extitit enim defuncti defensor, et quidem idoneus, qui de solido credito- ribus cavet. (Ulpian., L. 2 ; L. 4 ; §8 et 11, D., *de Fideicomm. libert.*)

3. Inprimis hoc rescriptum totiens locum habet, quotiens tes- tamento libertates datæ sunt. Quid ergo si quis intestatus decedens codicillis libertates dederit, neque adita sit ab intestato hæredi- tas ? favor constitutionis debebit locum habere (Ulpian., L. 2, D. *de Fideic. libert.*). Certe si testatus decedat, et codicillis dederit li- bertatem, competere eam nemini dubium est.

4. Tunc enim constitutioni locum esse verba ostendunt, quum nemo successor ab intestato existat. Ergo quandiu incertum erit

Titre XI. *De Celui à qui les biens sont adjugés en faveur de la liberté.*

L'empereur Marc-Aurèle a aussi introduit une nouvelle espèce de succession : lorsque des esclaves ont été affranchis par le testament de leur maître et que les héritiers institués ne font pas adition d'hérédité, les esclaves peuvent obtenir que les biens de leur maître leur soient adjugés, pour maintenir les affranchissemens testamentaires.

1. Telle est la disposition d'un rescrit de Marc-Aurèle dont voici les termes : «Si Virginius Rufus, qui, par testament, a laissé la liberté à quel-
« ques-uns de ses esclaves, n'a aucun héritier ab intestat et qu'il y ait lieu
« à vendre ses biens, vous pourrez vous adresser au magistrat compétent,
« qui, si vous garantissez convenablement que tous les créanciers seront
« intégralement payés, pourra accueillir votre demande et vous adjuger
« tous les biens du défunt pour maintenir les affranchissements soit directs
« soit fidéicommissaires. Ceux à qui la liberté a été laissée directement
« deviendront libres, comme si l'héritier institué eût fait adition. Quant
« à ceux, que l'héritier était chargé d'affranchir, c'est de vous qu'ils
« tiendront la liberté. Cependant vous pourriez ne demander l'adjudica-
« tion des biens qu'à la condition d'avoir pour affranchis ceux-là mêmes à
« qui la liberté a été laissée directement : car si ceux dont l'état s'y trouve
« intéressé, consentent à votre demande, nous la sanctionnons de notre au-
« torité. Et, pour que le bénéfice, introduit par nous, ne devienne pas illusoire,
« si les agens de notre fise voulaient s'emparer de la succession, qu'ils
« sachent que la liberté doit être préférée aux avantages purement pécuniai-
« res; et qu'ainsi on ne peut s'emparer des biens du défunt qu'en maintenant
« tous les affranchissements qui auraient eu lieu, si les héritiers institués
« eussent fait adition. ».

2. Ce rescrit pourvoit en même temps et aux intérêts des esclaves affranchis et à ceux du défunt : en effet, sans ce rescrit les créanciers pourraient
se faire envoyer en possession des biens du testateur et les vendre. Au
contraire, quand l'adjudication dont nous parlons a lieu, le défunt a un représentant solvable, puisque ce dernier a garanti aux créanciers leur paiement.

3. Ce rescrit est principalement applicable au cas où les libertés ont
été données par testament : mais que décider, si quelqu'un, mourant intestat a laissé des libertés par codicille, et qu'il ne se présente personne
pour appréhender la succession ab intestat? On devra appliquer à ce cas
la disposition favorable du rescrit. Il est au reste hors de doute que si le
défunt mourait avec un testament, le rescrit ne fût applicable aux libertés
laissées par codicilles.

4. Le rescrit s'applique, comme ses termes mêmes le montrent, au
cas où il n'y a pas d'héritiers ab intestat : donc il ne devra être appliqué

utrum existat an non, cessabit constitutio; si certum esse cœperit neminem exstare, tunc erit constitutioni locus. (Ulpian, L. 4, D., *de Fideic. libert.*)

5. Si is qui in integrum restitui potest, abstinuerit se ab hæreditate, quamvis potest in integrum restitui, potest admitti constitutio et bonorum addictio fieri. Quid ergo si, post addictionem libertatum conservandarum causa factam, in integrum sit restitutus? Utique non erit dicendum revocari libertates, quia semel competierunt. (Ulpian., L. 4, § 1 et 2, D., *de Fideic. libert.*)

6. Hæc constitutio libertatum tuendarum causa introducta est. Ergo si libertates nullæ sunt datæ, cessat constitutio. Quid ergo si vivus dederit libertates, vel mortis causa; et, ne de hoc quæratur utrum in fraudem creditorum an non factum sit, idcirco velint sibi addici bona, an audiendi sunt? Et magis est ut audiri debeant, et si deficiant verba constitutionis.

7. Sed quum multas divisiones ejusmodi constitutioni deesse perspeximus, lata est a nobis plenissima constitutio, in qua multæ species collatæ sunt, quibus jus ejusmodi successionis plenissimum est effectum: quas ex ipsa lectione constitutionis potest quis cognoscere. (Justinian., L. 15, C., *de Testam. manum.*)

Tit. XII. *De Successionibus sublatis, quæ fiebant per bonorum venditionem, et ex senatusconsulto Claudiano.*

Erant ante prædictam successionem olim et aliæ per universitatem successiones: qualis fuerat bonorum emptio, quæ de bonis debitoris vendendis per multas ambages fuerat introducta, et tunc locum habebat quando judicia ordinaria in usu fuerunt. (Gaius, *Comm.*, III, § 77, et *seq.*)

Sed quum extraordinariis posteritas judiciis usa est, ideo'cum ipsis ordinariis judiciis etiam bonorum venditiones expiraverunt: et tantummodo creditoribus datur officio judicis bona possidere, et prout utile eis visum fuerit ea disponere: quod ex latioribus Digestorum libris perfectius apparebit.

1. Erat et ex senatusconsulto Claudiano miserabilis per universitatem acquisitio, quum libera mulier servili amore bacchata ipsam libertatem per senatusconsultum amittebat, et cum libertate substantiam. (Gaius, *Comm.*, I, § 84, 91, 101; Ulpian., *Fragm.*, XI, § 11; Paul., *Rec. sentent.*, II, 21.)

Quod indignum nostris temporibus existimantes et a nostra civitate deleri, et non inseri nostris digestis concessimus.

Tit. XIII. *De Obligationibus.*

Nunc transeamus ad obligationes. Obligatio est juris vinculum, quo necessitate adstringimur alicujus solvendæ rei secundum nostræ civitatis jura. (Paul., L. 3, D., *de Obl. et act.*; Diocl. et Max., L. 13, C., *de Contrah. empt.*)

que lorsqu'il sera devenu certain qu'il ne peut exister d'héritiers ab intestat ; et non tant qu'il y aura incertitude à cet égard.

5. Quoique l'héritier ab intestat, qui s'est abstenu de l'hérédité, soit en position d'obtenir la restitution, on peut néanmoins appliquer la constitution et adjuger les biens. Mais qu'arriverait-il si, postérieurement à l'adjudication, l'héritier était restitué ? Les affranchissements ne seront point révoqués ; parce que la liberté, une fois obtenue, l'est irrévocablement.

6. Cette constitution n'ayant d'autre but que de maintenir les affranchissements, ne peut s'appliquer lorsqu'il n'y a pas d'affranchissements. Que décider cependant si le maître ayant affranchi des esclaves entre vifs, ou à cause de mort, les affranchis (pour éviter que l'on ne recherche si les affranchissements ont eu lieu en fraude des créanciers) demandent que les biens leur soient adjugés ? Quoique la constitution soit muette à cet égard, on doit accueillir la demande de ces affranchis.

7. Mais nous étant aperçu qu'il y avait plusieurs lacunes dans la constitution de Marc-Aurèle, nous avons publié une constitution très détaillée, dans laquelle nous avons réuni plusieurs espèces qui complètent cette partie de la législation : on pourra en prendre connaissance en lisant notre constitution elle-même.

Titre XII. *Des Successions supprimées qui avaient lieu par la vente des biens et par le Sénatusconsulte Claudien.*

Outre la succession dont nous venons de parler, il y avait encore autrefois d'autres successions par universalité : on peut citer d'abord l'achat des biens (*emptio bonorum*), qui avait lieu avec beaucoup de formalités, pour la vente des biens d'un débiteur et qui fut en usage, tant que la procédure ordinaire fut elle-même en vigueur.

Mais, dans les temps modernes, la procédure extraordinaire ayant prévalu, la vente des biens est tombée en désuétude en même temps que la procédure ordinaire : aujourd'hui les créanciers peuvent seulement obtenir du juge l'autorisation de se mettre en possession des biens du débiteur et en disposer suivant qu'ils le jugent utile à leurs intérêts ; pour les détails, voir les livres du Digeste.

1. Le Sénatusconsulte Claudien avait aussi établi un déplorable genre d'acquisition par universalité : lorsqu'une femme libre, s'étant éprise d'un fol amour pour votre esclave (persistait, malgré vos avertissements, dans ce commerce criminel), elle vous était acquise avec tous ses biens ; perdant ainsi à la fois sa liberté et sa fortune.

Mais, regardant cela comme indigne de notre époque, nous avons abrogé ce sénatusconsulte, et n'avons pas permis qu'il figurât dans le Digeste.

Titre XIII. *Des Obligations.*

Passons maintenant aux obligations. L'obligation est un lien de droit par lequel nous sommes astreints, conformément au droit de notre cité, à la nécessité de payer quelque chose.

15

1. Omnium autem obligationum summa divisio in duo genera deducitur; namque aut civiles sunt aut prætoriæ. Civiles sunt, quæ aut legibus constitutæ aut certe jure civili comprobatæ sunt. Prætoriæ sunt, quas Prætor ex sua juridictione constituit, quæ etiam honorariæ vocantur. (Modest., L. 52, *pr.* et § 6, D., *de Obl. et act.*)

2. Sequens divisio in quatuor species deducitur : aut enim ex contractu sunt, aut quasi ex contractu, aut ex maleficio, aut quasi ex maleficio[1].—Prius est ut de iis quæ ex contractu sunt, dispiciamus. Harum æque quatuor sunt species; aut enim re contrahuntur, aut verbis, aut litteris, aut consensu : de quibus singulis dispiciamus. (Gaius, *Comm.*, III, § 88 et 89; L. 1, *pr.* § 1, D. *de Obl. et act.*)

Tit. XIV. *Quibus modis re contrahitur obligatio.*

Re contrahitur obligatio, veluti mutui datione. Mutui autem datio in iis rebus consistit quæ pondere numero mensurave constant, veluti vino, oleo, frumento, pecunia numerata, ære, argento, auro : quas res aut numerando, aut metiendo, aut adpendendo in hoc damus ut accipientium fiant. Et quandoque nobis non eædem res, sed aliæ ejusdem naturæ et qualitatis redduntur[2] : unde etiam mutuum appellatum est, quia ita a me tibi datur, ut ex meo tuum fiat (Gaius, *Comm.* III, § 90; L. 1, § 2, D., *de Obl. et act.*). Et ex eo contractu nascitur actio quæ vocatur condictio. (Ulpian., L. 9, *pr.* et § 3, D., *de Reb. credit.*)

1. Is quoque qui non debitum accepit ab eo qui per errorem solvit, re obligatur; daturque agenti contra eum propter repetitionem condictitia actio. Nam perinde ab eo condici potest : si PARET EUM DARE OPORTERE, ac si mutuum accepisset. Unde pupillus, si ei sine tutoris auctoritate non debitum per errorem datum est, non tenebitur indebiti condictione, magis quam mutui datione. Sed hæc species obligationis non videtur ex contractu consistere, quum is qui solvendi animo dat, magis distrahere voluit negotium quam contrahere. (Gaius, *Comm.* III, § 91; L. 5, § 3, D., *de Obl. et act.*)

2. Item is cui res aliqua utenda datur, id est commodatur, re obligatur et tenetur commodati actione. Sed is ab eo qui mutuum accepit, longe distat; namque non ita res datur ut ejus fiat, et, ob id, de ea re ipsa restituenda tenetur. Et is quidem qui mutuum ac-

---

[1] Obligationes aut ex contracta nascuntur, aut ex maleficio, aut proprio quodam jure ex variis causarum figuris (Gaius, L. 1, *pr.* D., *de Oblig. et act.*)

[2] *Pacius* : et QUONIAM...., INDE etiam, etc.

1. La principale division des obligations les distingue en deux classes : les unes sont civiles, les autres sont prétoriennes. Les obligations civiles sont celles qui sont établies par les lois ou confirmées par le droit civil. Les obligations prétoriennes sont celles que le préteur a établies en vertu de sa juridiction : on les appelle aussi obligations honoraires.

2. Sous un autre point de vue, les obligations sont de quatre espèces [1] : 1° les obligations qui naissent des contrats ; 2° celles qui ont la même nature que si elles provenaient d'un contrat [2] ; 3° les obligations qui naissent des délits ; 4° celles qui ont la même nature que si elles provenaient d'un délit [3]. — Nous devons traiter d'abord des obligations qui naissent des contrats. Elles se subdivisent elles-mêmes en quatre espèces : car elles se contractent 1° par dation ou quelque autre fait (*re*) ; 2° ou par des paroles solennelles (*verbis*) ; 3° ou par certains écrits (*litteris*) ; 4° ou enfin par le seul consentement (*consensu*).

TITRE XIV. *Comment une obligation se contracte* RE.

L'obligation se contracte *re*, par exemple, dans la dation d'un *mutuum* (prêt de consommation). Le *mutuum* s'applique aux choses qui se pèsent, se comptent ou se mesurent ; comme le vin, l'huile, le blé, l'argent monnayé, l'airain, l'argent, l'or : en livrant ces choses au poids, au compte ou à la mesure, nous avons l'intention d'en transférer la propriété à celui qui les reçoit. Et, comme celui qui les emprunte ne doit pas rendre la même chose en nature, mais une autre du même genre et de la même qualité, on a appelé ce prêt *mutuum*, parce que je vous donne la chose dans l'intention que de mienne elle devienne vôtre (*ex meo, tuum*). Ce contrat donne lieu à une action qu'on appelle *condiction*.

1. Celui qui reçoit une chose qui ne lui est pas due, et qui lui est payée par erreur, est obligé *re* : et l'on accorde à celui qui agit contre lui pour redemander ce qu'il a indûment payé, une action dite *condictitia* ; en effet, on peut répéter contre celui, qui a reçu ce qui ne lui était pas dû, par la formule : *s'il paraît qu'il doive donner* ; tout comme s'il eût reçu un *mutuum*. Aussi le pupille qui, sans être autorisé par son tuteur, a reçu ce qui ne lui était pas dû, n'est pas plus tenu de la condiction de l'indu, qu'il ne le serait en vertu d'un *mutuum*. Mais l'espèce d'obligation qui résulte du paiement de l'indu ne paraît pas venir d'un contrat ; car celui qui donne dans l'intention de payer, veut bien plutôt éteindre une obligation qu'il croit exister, qu'en contracter une nouvelle.

2. Pareillement, celui à qui une chose est livrée pour qu'il s'en serve, c'est-à-dire, remise à titre de *commodat*, est obligé *re*, et est tenu par l'action

---

[1] Nous donnons, au bas de la page précédente, un passage de Gaius qui présente d'une manière plus exacte les sources des obligations, et qui peut se traduire ainsi : les obligations naissent 1° ou des contrats ; 2° ou des délits ; 3° et d'autres événemens divers qui, sans être ni des contrats, ni des délits, produisent, en vertu de certaines dispositions du droit, des obligations semblables ; les unes aux obligations *ex contracta* (quasi-contrats), les autres aux obligations *ex-delicto* (quasi-délits.)

[2] Par abréviation : *quasi-contrats.*

[3] Par abréviation : *quasi-délits.*

cepit, si quolibet fortuito casu amiserit quod accepit, veluti incendio, ruina, naufragio aut latronum hostiumve incursu, nihilominus obligatus permanet. At is qui utendum accepit, sane quidem
exactam diligentiam custodiendæ rei præstare jubetur; nec sufficit
ei tantam diligentiam adhibuisse, quantam in suis rebus adhibere
solitus est, si modo alius diligentior poterit eam rem custodire :
sed propter majorem vim majoresve casus non tenetur, si modo
non hujus ipsius culpa is casus intervenerit. Alioquin, si id quod tibi
commodatum est, peregre tecum ferre malueris, et vel incursu
hostium prædonumve vel naufragio amiseris, dubium non est quin
de restituenda ea re tenearis (Gaius, L. 1, § 3 et 4, D., de Obl. et
act.; Paul., Rec. sentent., II. 4, § 2 et 3). Commodata autem res tunc
proprie intelligitur, si nulla mercede accepta vel constituta res
tibi utenda data est : alioquin mercede interveniente locatus tibi
usus rei videtur. Gratuitum enim debet esse commodatum. (Ulpian., L. 5, § 12, D., Commod.)

3. Præterea et is apud quem res aliqua deponitur, re obligatur
et actione depositi; qui et ipse de ea re quam accepit restituenda
tenetur. Sed is ex eo solo tenetur, si quid dolo commiserit; culpæ
autem nomine, id est, desidiæ ac negligentiæ non tenetur. Itaque
securus est, qui parum diligenter custoditam rem furto amiserit,
quia qui negligenti amico rem custodiendam tradidit, suæ facilitati
id imputare debet. (Gaius, L. 1, § 5, D., de Obl. et act.)

4. Creditor quoque qui pignus accepit, re obligatur; qui et
ipse de ea re quam accepit restituenda tenetur actione pigneratitia
(Gaius, L. 1, § 6, D., de Obl. et act.). Sed quia pignus utriusque
gratia datur, et debitoris quo magis pecunia ei crederetur, et cre-
ditoris quo magis ei in tuto sit creditum, placuit, sufficere quod ad
eam rem custodiendam exactam diligentiam adhiberet : quam si
præstiterit, et aliquo fortuito casu rem amiserit, securum esse nec
impediri creditum petere. (Paul., 14, D., de Pigner. act.; Alex., L. 6,
C., cod.; Ulpian., L. 23, D., de Reg. jur.)

Tit. XV. De Verborum obligatione.

Verbis obligatio contrahitur ex interrogatione et responsione,
quum quid dari fierive nobis stipulamur (Gaius, L. 1, § 7, D., de
Obl. et act.; Comm. III, § 92) ; ex qua duæ proficiscuntur actiones, tam condictio si certa sit stipulatio, quam ex stipulatu si incerta (Ulpian., L. 24, D., de Reb. cred.). Quæ hoc nomine inde utitur, quia stipulum apud veteres firmum appellabatur, forte à
stipite descendens, (Paul., Rec. sentent., V, 7, § 1.)

1. In hac re olim talia verba tradita fuerunt : Spondes? Spondeo,
Promittis? Promitto, Fidepromittis? Fidepromitto, Fidejubes?

de commodat ; mais il diffère beaucoup de celui à qui une chose a été donnée
à titre de *mutuum*, en ce qu'on ne lui livre pas la chose pour qu'il en devienne
propriétaire : aussi est-il tenu de rendre identiquement la chose même qu'il
a reçue. Dans le *mutuum*, si la chose vient à périr par quelque événement
fortuit, comme par incendie, ruine, naufrage, vol , incursion des ennemis ,
l'emprunteur n'en reste pas moins obligé. Dans le commodat, au contraire,
celui qui reçoit la chose pour s'en servir doit veiller avec grand soin à la
garde de la chose ; et lors même qu'il aurait donné à la chose prêtée les
mêmes soins qu'aux siennes propres, cela ne suffirait pas pour le décharger
de toute responsabilité, si une personne plus soigneuse eût pu conserver la
chose ; mais il n'est pas tenu des cas fortuits et de force majeure , s'ils n'ont
pas été amenés par sa faute. Autrement, si l'on vous prête une chose et qu'au
lieu de vous en servir chez vous, vous la portiez en voyage, et que vous l'y
perdiez par l'incursion des ennemis ou des voleurs ou par un naufrage ,
point de doute que vous ne soyez tenu de la rendre. Il n'y a commodat proprement dit qu'autant que celui qui reçoit la chose pour s'en servir, ne paie
ou ne s'oblige à payer, aucune rétribution : s'il y a rétribution , ce n'est
pas un commodat, mais un louage ; car le commodat doit être gratuit.

3. Est encore obligé *re*, celui chez qui une chose est déposée; et le déposant a contre lui l'action de dépôt, pour l'obliger à restituer la chose même
qui lui a été confiée. Mais le dépositaire n'est tenu que de son dol; il ne répond pas de sa faute, c'est-à-dire de son incurie et de sa négligence. Aussi
est-il à l'abri de toute responsabilité, quand, par suite de sa négligence, la
chose confiée à sa garde a été volée : et cela est juste, car celui, qui donne sa
chose à garder à un ami négligent, a à se reprocher sa propre imprudence.

4. Enfin, le créancier qui a reçu une chose en gage est aussi obligé *re*; et
on a contre lui l'action *pigneratice* pour l'obliger à rendre la chose même qu'il
a reçue. Mais, comme le gage est donné en faveur des deux contractants ,
en faveur du débiteur, parce qu'il lui fait trouver plus aisément de l'argent ; en faveur du créancier, parce qu'il rend sa créance plus sûre , on a
décidé qu'il suffisait que le créancier gardât la chose avec soin : s'il l'a
fait, et que néanmoins la chose ait péri par quelque cas fortuit, il n'est
point responsable et peut toujours exiger le paiement de ce qui lui est dû.

TITRE XV. *De l'obligation verbale.*

L'obligation se contracte par paroles (*verbis*), au moyen d'une interrogation
et d'une réponse ; lorsque nous stipulons qu'on nous donnera ou qu'on fera
quelque chose. Ce genre d'obligation donne naissance à deux actions: la *condiction* quand la stipulation est certaine, et l'action *ex stipulatu* quand
la stipulation est incertaine. Le mot stipulation vient de *stipulum*, qui chez
les anciens signifiait ferme et qui lui-même paraît venir de *stips* (souche).

1. Les paroles usitées dans les stipulations étaient les suivantes : *Ré-
pondez-vous ? je réponds; promettez-vous ? je promets; promettez-vous*

FIDEJUBEO, DABIS? DABO, FACIES? FACIAM. Utrum autem latina an
græca vel qua alia lingua stipulatio concipiatur, nihil interest :
scilicet si uterque stipulantium intellectum ejus linguæ habeat. Nec
necesse est eadem lingua utrumque uti, sed sufficit congruenter ad
interrogata respondere. Quin etiam duo Græci latina lingua obligationem contrahere possunt. (Gaius. , *Comm.* III , § 92 et 93 ;
Paul., *Rec. sentent.*, II , 3 ; Ulpian., L. 1 § 6, D., *de Verb. obl.*)

Sed hæc solemnia verba olim quidem in usu fuerunt ; postea autem Leoniana
constitutio lata est, quæ solemnitate verborum sublata sensum et consonantem intellectum ab utraque parte solum desiderat, licet quibuscumque verbis expressus
est. (Leon., L. 10, C., *de Contrah. et commit. stipul.*)

2. Omnis stipulatio aut pure, aut in diem, aut sub conditione fit.
Pure : veluti QUINQUE AUREOS DARE SPONDES? idque confestim peti potest. In diem, cum adjecto die quo pecunia solvatur, stipulatio fit :
veluti, DECEM AUREOS PRIMIS CALENDIS MARTIIS DARE SPONDES? Id autem
quod in diem stipulamur, statim quidem debetur ; sed peti prius
quam dies venerit, non potest (Paul., L. 46, D., *h. t.*; Ulpian.,
L. 213 , D., *de Verb. signif.*; Pompon., L. 14, D., *de Reg. jur.*). Ac
ne eo quidem ipso die in quem stipulatio facta est peti potest, quia
totus is dies arbitrio solventis tribui debet ; neque enim certum est
eo die in quem promissum est, datum non esse, priusquam is
præterierit. (Papin., L. 118, § 1, D., *h. t.*)

3. At si ita stipuleris, DECEM AUREOS ANNUOS, QUOAD VIVAM, DARE SPON-
DES? et pure facta obligatio intelligitur et perpetuatur, quia ad
tempus deberi non potest ; sed hæres petendo pacti exceptione sub-
movebitur. (Julian., L. 56, § 4, D., *h. t.*; Paul., L. 44, § 1, D., *de
Obl. et. act.*)

4. Sub conditione stipulatio fit, quum in aliquem casum differtur
obligatio, ut, si aliquid factum fuerit aut non fuerit, stipulatio committatur : veluti, si TITIUS CONSUL FUERIT FACTUS , QUINQUE AUREOS
DARE SPONDES (Scævol., L. 122, § 4, D., *h. t.*)? Si quis ita stipuletur,
SI IN CAPITOLIUM NON ASCENDERO DARE SPONDES? perinde erit ac si stipulatus esset, quum morietur sibi dari (Papin., L. 115, § 1, D., *h. t.*).
Ex conditionali stipulatione tantum spes est debitum iri, eamque
ipsam spem in hæredem transmittimus, si prius quam conditio
existat, mors nobis contigerit. (Gaius, L. 73 , § 1, D., *ad Leg. Falcid.*; Ulpian., L. 54, D., *de Verb. signif.*)

5. Loca enim inseri stipulationi solent, veluti : CARTHAGINE DARE
SPONDES? Quæ stipulatio, licet pure fieri videatur, tamen re ipsa
habet tempus injectum, quo promissor utatur ad pecuniam Carthagine dandam. Et ideo si quis Romæ ita stipuletur, HODIE CAR-
THAGINE DARE SPONDES? inutilis erit stipulatio, quum impossibilis sit

sur votre foi ? je promets sur ma foi ; vous portez-vous fidéjusseur ? je me porte fidéjusseur ; donnerez-vous ? je donnerai ; ferez-vous ? je ferai. Il est indifférent que la stipulation soit conçue en latin, en grec ou en tout autre langue, pourvu que chacun des contractants ait l'intelligence de la langue dans laquelle la stipulation est faite. Il n'est pas même nécessaire que les deux contractants se servent du même idiôme : il suffit que la réponse concorde avec l'interrogation. Deux Grecs peuvent même contracter cette obligation en se servant de la langue latine.

Ces paroles solennelles étaient anciennement en usage ; mais depuis, la constitution de Léon a supprimé la nécessité des paroles solennelles : et pourvu que les deux parties soient d'accord, et qu'elles aient également l'intelligence de ce qui se dit, peu importe de quels termes elles se servent.

2. Toute stipulation se fait ou purement, ou à terme, ou sous condition. Purement, par exemple, *promettez-vous cinq écus d'or ?* Et alors on peut demander à l'instant ce qui a été promis. A terme, quand la stipulation fixe un délai pour le paiement ; par exemple, *promettez-vous dix écus d'or aux premières Calendes de mars ?* Ce que nous stipulons à terme nous est dû à l'instant, mais ne peut être demandé qu'à l'échéance du terme. On ne peut pas même exiger le paiement le jour de l'échéance, parce que ce jour doit être laissé tout entier à celui qui doit payer. En effet, tant que ce jour n'est pas passé, on ne peut pas dire que le débiteur n'a pas payé le jour de l'échéance.

3. Si vous stipulez en ces termes : *Promettez-vous de me donner dix écus d'or par an, tant que je vivrai ?* L'obligation est réputée pure et simple et se perpétue même après la mort du stipulant ; parce qu'on ne peut pas devoir pour un temps : toutefois, la demande formée par l'héritier du stipulant, (quoique fondée en droit strict), serait repoussée au moyen de l'exception de pacte.

4. La stipulation est faite sous condition, lorsque l'obligation est différée jusqu'à un certain événement, en sorte que la stipulation n'ait effet qu'autant que telle chose arrivera ou n'arrivera pas; par exemple : *promettez-vous de me donner cinq écus d'or, si Titius est fait consul ?* Si on stipule de cette manière : *promettez-vous de me donner tant, si je ne monte pas au Capitole ?* c'est comme si on stipulait pour le temps de sa mort. De la stipulation conditionnelle résulte seulement l'espérance[1] que la chose sera due, et nous transmettons cette espérance à nos héritiers, si nous venons à mourir avant l'événement de la condition.

5. Souvent on insère dans la stipulation la mention d'un lieu ; par exemple : *promettez-vous de me donner à Carthage ?* Cette stipulation, quoiqu'elle paraisse faite purement, emporte cependant par elle-même un certain délai, celui nécessaire au débiteur pour fournir l'argent à Carthage. En conséquence, si quelqu'un stipule, à Rome, de cette manière : *promet-*

---

[1] Voyez cependant Ulpian. L. 42, D., *de Oblig. et act.*

repromissio. (Ulpian., L. 2, § 6, D., *de Eo quod certo loc.*; Paul., L. 73, D., *h. t.*)

6. Conditiones, quæ ad præteritum vel præsens tempus referuntur, aut statim infirmant obligationem, aut omnino non differunt : veluti, SI TITIUS CONSUL FUIT, vel SI MÆVIUS VIVIT DARE SPONDES? (Modest., L. 100, D., *h. t.*) Nam si ea ita non sunt, nihil valet stipulatio ; sin autem ita se habent, statim valet : quæ enim per rerum naturam sunt certa, non morantur obligationem, licet apud nos incerta sint. (Papin., L. 37 ; Scævol., L. 38 et 39 ; D., *de Reb. cred.*; L. 120, D., *h. t.*).

7. Non solum res in stipulatum deduci possunt, sed etiam facta, ut stipulemur aliquid fieri vel non fieri (Paul., L. 2 ; Ulpian., L. 75, § 7, D., *h. t.*). Et in hujusmodi stipulationibus optimum erit pœnam subjicere, ne quantitas stipulationis in incerto sit, ac necesse sit actori probare quid ejus intersit (Venul., L. 11, D., *de Stipul. præt.*). Itaque si quis ut fiat aliquid stipuletur, ita adjici pœna debet : SI ITA FACTUM NON ERIT, TUNC POENÆ NOMINE DECEM AUREOS DARE SPONDES? Sed si quædam fieri, quædam non fieri, una eademque conceptione stipuletur, clausula hujusmodi erit adjicienda : SI ADVERSUS EA FACTUM ERIT, SIVE QUID ITA FACTUM NON ERIT, TUNC POENÆ NOMINE DECEM AUREOS DARE SPONDES? (Ulpian., L. 71 ; Venul., L. 127, § 7, D., *h. t.*)

TIT. XVI. *De Duobus reis stipulandi et promittendi.*

Et stipulandi et promittendi duo pluresve rei fieri possunt. (Julian., L. 5 ; Paul., L. 14, D., *h. t.*). Stipulandi ita, si post omnium interrogationem promissor respondeat : SPONDEO; ut puta quum, duobus separatim stipulantibus, ita promissor respondeat : UTRIQUE VESTRUM DARE SPONDEO. Nam si prius Titio spoponderit, deinde alio interrogante spondeat, alia atque alia erit obligatio, nec creduntur duo rei stipulandi esse (Gaius L. 28, § 2, D., *de Stipul. serv.*). Duo pluresve rei promittendi ita fiunt : MÆVI QUINQUE AUREOS DARE SPONDES? SEI FOSDEM QUINQUE AUREOS DARE SPONDES? si respondent singuli separatim, SPONDEO. (Pompon., L. 4, D., *h. t.*)

1. Ex hujusmodi obligationibus, et stipulantibus solidum singulis debetur, et promittentes singuli in solidum tenentur. In utraque tamen obligatione una res vertitur, et vel alter debitum accipiendo, vel alter solvendo, omnium perimit obligationem et omnes liberat. (Javol., L. 2 ; Ulpian., L. 3, § 1, D., *h. t.*)

2. Ex duobus reis promittendi alius pure, alius in diem vel sub conditione obligari potest ; nec impedimento erit dies aut conditio, quominus ab eo qui pure obligatus est, petatur. (Florent., L. 7, D., *h. t.*)

tez-vous de me donner aujourd'hui à Carthage? la stipulation est inutile, parce que la promesse est impossible.

6. Les conditions qui se réfèrent au temps présent ou passé annulent immédiatement l'obligation, ou n'en diffèrent pas du tout l'existence; par exemple : *promettez-vous de me donner, si Mævius a été consul*; ou bien : *si Mævius est vivant ?* Car, si ces choses ne sont pas vraies, la stipulation est nulle; si elles sont vraies, elle est obligatoire à l'instant même. En effet ce qui est certain dans la nature des choses, quoiqu'incertain par rapport à nous, ne suspend pas l'obligation.

7. La stipulation peut avoir pour objet non-seulement des choses, mais encore des faits : comme lorsqu'on stipule que quelque chose sera fait ou ne sera pas fait; mais c'est une bonne précaution d'ajouter une peine à ces sortes de stipulations; afin qu'il n'y ait pas d'incertitude sur l'importance de la stipulation et que le créancier, en cas de non-exécution de la promesse principale, n'ait pas à prouver la quotité du dommage qu'il éprouve. Par exemple, quand quelqu'un stipule qu'on fera quelque chose pour lui, il doit ajouter la peine en cette manière : *Si cela n'est pas fait : promettez-vous de me donner dix écus d'or, à titre de peine ?* Mais si on fait promettre à quelqu'un par une même stipulation qu'il fera certaines choses, et qu'il n'en fera pas d'autres, il faut se servir de cette clause : *promettez-vous de me donner dix écus d'or, à titre de peine, si vous faites quelque chose contre notre convention, ou si vous ne faites pas les choses suivant notre convention ?*

TITRE XVI. *Des costipulants et des copromettants.*

Il peut y avoir deux ou plusieurs personnes qui stipulent ensemble, et deux ou plusieurs personnes qui s'obligent ensemble. Deux ou plusieurs personnes sont costipulants, lorsqu'après l'interrogation de tous, celui qui s'oblige répond, *je vous promets*; par exemple, lorsque deux ayant interrogé séparément, celui qui s'oblige répond : *je promets de payer à chacun de vous.* Car, si celui qui s'oblige, répond d'abord à Titius, et qu'il réponde ensuite à l'autre, il y a deux obligations différentes et non pas deux créanciers (solidaires) d'une même obligation. Deux ou plusieurs débiteurs s'obligent solidairement quand le créancier interrogeant ainsi : *Mævius , promettez-vous de me donner dix écus d'or? et vous, Séius, promettez-vous de me donner ces mêmes dix écus d'or ?* Chacun répond séparément : *je promets.*

1. Dans ces sortes d'obligations, ce qui est promis est dû en totalité (solidairement) à chacun des stipulants, et en totalité aussi par chacun des promettants. Cependant, comme il n'y a en définitive dans ces diverses obligations, qu'une seule chose due, il en résulte que, si l'un des créanciers a reçu le tout, ou qu'un des débiteurs ait payé le tout, la dette s'éteint à la fois pour tous les autres créanciers ou pour tous les autres débiteurs.

2. De deux cobligés solidaires, l'un peut être obligé purement, l'autre à terme ou sous condition : en ce cas, le terme ou la condition n'empêchera pas qu'on n'exige la dette de celui qui est obligé purement.

Tit. XVII. *De Stipulatione servorum.*

Servus ex persona domini jus stipulandi habet. Sed hæreditas in plerisque personæ defuncti vicem sustinet : ideoque quod servus hæreditarius ante aditam hæreditatem stipulatur, acquirit hæreditati, ac per hoc etiam hæredi postea facto acquiritur. (Hermog., L. 61; Ulpian., L. 34, D., *de Acq. rer. dom.*)

1. Sive autem domino, sive sibi, sive conservo suo, sive impersonaliter servus stipuletur, domino acquirit (Florent., L. 15, D., *h. t.*). Idem juris est et in liberis qui in potestate patris sunt, ex quibus causis acquirere possunt. (Ulpian., L. 45, *pr.* et § 4, D., *de Verb. obl.*)

2. Sed quum factum in stipulatione continebitur, omnimodo persona stipulantis continetur : veluti si servus stipuletur, ut sibi ire agere liceat. Ipse enim tantum prohiberi non debet, non etiam dominus ejus. (Ulpian., L. 38, § 6; Paul., L. 130, D., *de Verb. obl.*; L. 41, D., *de Cond. et dem.*)

3. Servus communis stipulando, unicuique dominorum pro portione dominii acquirit, nisi jussu unius eorum aut nominatim cui eorum stipulatus est; tunc enim ei soli acquiritur. Quod servus communis stipuletur, si alteri ex dominis acquiri non potest, solidum alteri acquiritur, veluti si res quam dari stipulatus est, unius domini sit. (Gaius, *Comm.* III, § 167; Ulpian., L. 5; L. 7, § 1; Papin., L. 18, D., *h. t.*)

Tit. XVIII. *De Divisione stipulationum.*

Stipulationum aliæ sunt judiciales, aliæ prætoriæ, aliæ conventionales, aliæ communes tam prætoriæ quam judiciales. (Pompon., L. 5, D., *de Verb. obl.*)

1. Judiciales sunt dumtaxat, quæ a mero Judicis officio proficiscuntur : veluti de dolo cautio, vel de persequendo servo qui in fuga est, restituendove pretio. (Pompon., L. 5, D., *de Verb. obl.*; Gaius, L. 69, § 5, D., *de Legat.* 1°).

2. Prætoriæ sunt, quæ a mero Prætoris officio proficiscuntur, veluti damni infecti, vel legatorum. Prætorias autem stipulationes sic exaudiri oportet, ut in his contineantur etiam ædilitiæ : nam et hæ a jurisdictione veniunt. (Pompon., L. 5, D., *de Verb. obl.*; Ulpian., L. 1, § 2, D., *de Stipul. præt.*)

Titre XVII. *De la Stipulation des esclaves.*

L'esclave a le droit de stipuler du chef de son maître. Et, comme l'hérédité représente sous plusieurs rapports la personne du défunt, il en résulte que lorsqu'un esclave dépendant d'un hérédité, stipule avant que l'héritier ait fait adition, il acquiert d'abord pour l'hérédité; et, par cela même, à celui qui plus tard deviendra héritier.

1. Que l'esclave stipule pour son maître, pour lui-même, pour un co-esclave, ou enfin sans désigner personne, c'est toujours pour son maître qu'il acquiert. Il en faut dire autant des enfants placés sous la puissance paternelle, dans les cas où ils acquièrent pour leur père.

2. Mais quand la stipulation a un fait pour objet, elle reste personnelle au stipulant. Si, par exemple, l'esclave stipule un droit de passage, on ne pourra empêcher l'esclave de passer; mais le maître ne jouira pas du passage.

3. Lorsqu'un esclave, commun à plusieurs maîtres, stipule, il acquiert à chacun de ses maîtres, en proportion de sa part de propriété; à moins toutefois qu'il n'ait stipulé par l'ordre d'un seul, ou nommément au profit d'un seul; auquel cas la stipulation n'est acquise qu'à celui-là. Lorsque la stipulation faite par l'esclave commun, ne peut pas être acquise à l'un des deux maîtres, elle est acquise en entier à l'autre; cela arrive, par exemple, si la chose, que l'esclave a stipulée, appartient à l'un des maîtres.

Titre XVIII. *De la Division des stipulations.*

Les stipulations sont ou judiciaires, ou prétoriennes, ou conventionnelles, ou communes, c'est-à-dire prétoriennes et judiciaires en même temps.

1. Les stipulations judiciaires sont celles qui dépendent exclusivement de l'office du juge : telle est la promesse de s'abstenir de tout dol (*cautio de dolo*), et celle de poursuivre l'esclave qui est en fuite ou d'en rendre la valeur.

2. Les stipulations prétoriennes, sont celles qui dépendent exclusivement de l'office du Préteur : telle est la promesse qu'on exige à titre de garantie contre un dommage imminent (*cautio damni infecti*); telle est encore celle que les légataires à terme ou conditionnels, peuvent exiger de l'héritier, pour assurer le paiement des legs (*cautio legatorum.*) Sous le nom de stipulations prétoriennes, on comprend aussi celles qui descendent de la juridiction des Édiles; parce qu'elles dérivent aussi de la juridiction.

3. Conventionales sunt, quæ ex conventione utriusque partis concipiuntur, hoc est, neque jussu Judicis, neque jussu Prætoris, sed ex conventione contrahentium. Quarum totidem genera sunt quot, pene dixerim, rerum contrahendarum. (Pompon., L. 5, D., *de Verb. obl.*)

4. Communes stipulationes sunt, veluti rem salvam fore pupilli; nam et Prætor jubet rem salvam fore pupillo caveri, et interdum judex, si aliter expediri hæc res non potest : vel de rato stipulatio. (Pompon., L. 5, D., *de Verb. obl.*; Ulpian., L. 1, § 1, D., *de Stipul. præt.*)

Tit. XIX. *De Inutilibus stipulationibus.*

Omnis res, quæ dominio nostro subjicitur, in stipulationem deduci potest, sive illa mobilis, sive soli sit.

1. At, si quis rem quæ in rerum natura non est, aut esse non potest, dari stipulatus fuerit : veluti Stichum qui mortuus sit, quem vivere credebat, aut hippocentaurum qui esse non possit, inutilis erit stipulatio. (Gaius, *Comm.* III, § 97; L. 1, § 9, D., *de Obl. et act.*)

2. Idem juris est, si rem sacram aut religiosam quam humani juris esse credebat, vel publicam quæ usibus populi perpetuo exposita sit, ut forum vel theatrum, vel liberum hominem quem servum esse credebat, vel cujus commercium non habuerit, vel rem suam dari quis stipuletur. (Gaius, *Comm.* III, § 97 ; L. 1, § 10 et 11, D., *de Obl. et act.*; Ulpian., L. 82; Paul., L. 83, § 5, D., *de Verb. obl.*). Nec in pendenti erit stipulatio ob id quod publica res in privatum deduci, et ex libero servus fieri potest, et commercium adipisci stipulator potest, et re stipulatoris esse desinere potest; sed protinus inutilis est. Item contra, licet initio utiliter res in stipulatum deducta sit, si postea in earum qua causa de quibus supra dictum est, sine facto promissoris devenerit, extinguitur stipulatio. Ac ne statim ab initio talis stipulatio valebit, Lucium Titium, quum servus erit, dare spondes? et similia; quia quæ natura sui dominio nostro exempta sunt, in obligationem deduci nullo modo possunt. (Paul., d. L. 83, § 5; Marcel., L. 98, D., *eod.*)

3. Si quis alium daturum facturumve quid spoponderit, non obligabitur, veluti si spondeat Titium quinque aureos daturum. Quod si effecturum se ut Titius daret, spoponderit, obligatur. (Paul., L. 83; Cels., L. 97, § 1, D., *de Verb. obl.*)

3. Les stipulations conventionnelles sont celles que les parties font volontairement et sans l'intervention ni du juge ni du Préteur. De cette espèce il y en a, pour ainsi dire, autant que de choses pouvant faire la matière d'une obligation.

4. Les stipulations communes sont, par exemple, la caution qu'on exige des tuteurs pour assurer la conservation des biens d'un pupille (*rem salvam fore pupillo*) : en effet cette caution est ordinairement exigée par le Préteur ; mais elle peut l'être aussi quelquefois par le juge, quand il n'est pas possible de faire autrement. Telle est aussi la promesse par laquelle on s'engage à faire ratifier (*cautio de rato*).

TITRE XIX. *Des Stipulations inutiles.*

Toutes les choses, tant mobilières qu'immobilières, susceptibles de propriété privée, peuvent faire l'objet d'une stipulation.

1. La stipulation est inutile quand elle a pour objet une chose qui n'existe pas ou qui ne peut exister dans la nature ; par exemple, l'esclave Stichus qui est mort, et qu'on croyait vivant ; ou un Hippocentaure, qui est un être chimérique.

2. Il en est de même lorsque quelqu'un stipule qu'on lui donnera une chose sacrée ou religieuse, qu'il croyait être dans le commerce ; ou une chose publique destinée à perpétuité à l'usage du peuple, comme la place publique, le théâtre ; ou un homme libre qu'il croyait esclave ; ou une chose qui n'est pas dans le commerce par rapport à lui ; ou enfin une chose qui lui appartient déjà. Et il ne faut pas croire que la stipulation reste en suspens parce qu'il est possible qu'une chose publique devienne propriété privée, qu'un homme libre devienne esclave, que le stipulant acquière le droit de commerce qu'il n'a pas, pour le moment, sur la chose : car, dans tous les cas précités, la stipulation est nulle immédiatement. Réciproquement, si une chose, qui lors du contrat pouvait faire l'objet de la stipulation, est ensuite tombée dans l'un des cas qui la mettent hors du commerce et qui ont été énumérés ci-dessus, la stipulation s'éteint. La stipulation serait pareillement nulle dès le principe, quoique faite de cette manière ou de toute autre semblable : *promettez-vous de me donner Lucius Titius, quand il sera devenu esclave ;* car les choses, qui ne sont pas soumises à la propriété privée, ne peuvent en aucune manière former l'objet d'une obligation.

3. Celui qui promet qu'un autre donnera ou fera quelque chose, n'est point obligé : par exemple, s'il promet que Titius donnera cinq écus d'or : mais s'il promet de faire en sorte (s'il se porte fort) que Titius donne, il est obligé.

4. Si quis alii quam cujus juri subjectus sit, stipuletur, nihil agit (Gaius, *Comm.* III, § 103). Plane solutio etiam in extraneam personam conferri potest (veluti si quis ita stipuletur : MIHI AUT SEIO DARE SPONDES?): ut obligatio quidem stipulatori acquiratur, solvi tamen Seio etiam invito eo recte possit; ut liberatio ipso jure contingat, sed ille adversus Scium habeat mandati actionem (Scævol. L. 151, § 1; Gaius, L. *ultim.*, § 3, D., *de Verb. obl.;* L. 106, D., *de Solut.*). Quod si quis sibi et alii cujus juri subjectus non sit, dari decem aureos stipulatus est, valebit quidem stipulatio : sed utrum totum debeatur quod in stipulationem deductum est, an vero pars dimidia, dubitatum est : sed placet non plus quam dimidiam partem ei acquiri. (Gaius, *Comm.* III, § 103; Pompon., L. 110, D., *de Verb. oblig.*). Ei, qui juri tuo subjectus est, si stipulatus sis, tibi acquiris; quia vox tua tamquam filii sit, sicuti filii vox tamquam tua intelligitur in iis rebus quæ tibi acquiri possunt. (Paul., L. 39, *cod.;* Julian., L. 42, D., *de Damno infecto.*)

5. Præterea inutilis est stipulatio, si quis ad ea quæ interrogatus fuerit, non respondeat : veluti, si decem aureos a te dari stipuletur, tu quinque promittas, vel contra; aut si ille pure stipuletur, tu sub conditione promittas, vel contra (Gaius, *Comm.* III, § 102; Ulpian., L. 1, § 3 et 4, D., *de Verb. obl.*): si modo scilicet id exprimas, id est, si cui sub conditione vel in diem stipulanti tu respondeas, PRÆSENTI DIE SPONDEO. Nam si hoc solum respondeas PROMITTO, breviter videris in eamdem diem vel conditionem spopondisse; neque enim necesse est in respondendo eadem omnia repeti, quæ stipulator expresserit. (Ulpian., *d.* L. 1, § 3; Paul., L. 134, § 1, D., *cod.*)

6. Item inutilis est stipulatio, si vel ab eo stipuleris qui tuo juri subjectus est, vel si is a te stipuletur. Sed servus quidem, non solum domino suo obligari non potest, sed ne alii quidem ulli; filii vero familias aliis obligari possunt. (Gaius, *Comm.* III, § 104; L. 141, § 2, D., *de Verb. oblig.;* L. 39; Paul., L. 43, D., *de Obl. et act.*)

7. Mutum neque stipulari, neque promittere posse palam est. Quod et in surdo receptum est; quia et is qui stipulatur, verba promittentis, et is qui promittit, verba stipulantis audire debet. Unde apparet, non de eo nos loqui qui tardius exaudit, sed de eo qui omnino non audit. (Gaius, *Comm.,* III, § 105; L. 1, § 14 et 15, D.. *de Obl. et act.;* Ulpian., L. 1, D., *de Verb. oblig.*)

8. Furiosus nullum negotium gerere potest, quia non intelligit quæ agit. (Gaius, *Comm.* III, § 106; L. 1, § 12, D., *de Obl. et act.*)

9. Pupillus omne negotium recte gerit : ita tamen ut sicubi tutoris auctoritas necessaria sit, adhibeatur tutor, veluti si ipse obligetur;

4. Nul ne peut stipuler valablement pour un autre ; si ce n'est pour la personne à la puissance de qui il est soumis. Cependant on peut convenir que le paiement sera fait à une personne étrangère ; par exemple : *promettez-vous de donner à moi ou à Séius ?* Dans ce cas l'obligation n'est acquise, il est vrai qu'au seul stipulant ; mais on peut, même malgré lui, payer valablement à Séius ; et ce paiement libère le débiteur, sauf au stipulant à agir contre Séius par l'action de mandat. Si vous stipulez une somme de dix écus d'or, tant pour vous que pour une autre personne à la puissance de qui vous n'êtes pas soumis, la stipulation est valable ; mais on a douté si, dans ce cas, le débiteur vous devrait toute la somme comprise dans la stipulation, ou seulement la moitié ? et l'opinion qui n'accorde au stipulant que la moitié de la somme, a prévalu. Si vous stipulez pour celui qui est soumis à votre puissance, l'obligation vous est acquise : en effet, dans les cas où votre fils peut acquérir pour vous, vous êtes réputé parler par la bouche de votre fils et lui par la vôtre.

5. La stipulation est encore inutile, si le promettant ne répond pas à ce qui lui a été demandé ; par exemple, si je stipule dix de vous et que vous promettiez cinq, ou réciproquement ; ou bien encore si, quand je stipule purement et simplement, vous répondez conditionnellement, ou réciproquement. Mais dans ce cas la stipulation n'est inutile qu'autant que vous exprimez la différence dans votre réponse : par exemple, si quand je stipule de vous sous condition ou à terme, vous répondez : *je le promets présentement :* car si vous répondez simplement : *je le promets,* vous êtes réputé promettre d'une manière abrégée, sous la même condition et au même terme. Il n'est pas nécessaire en effet que, dans sa réponse, le promettant répète tout ce que le stipulant a exprimé dans sa demande.

6. La stipulation est encore inutile quand on stipule quelque chose de celui qu'on a sous sa puissance, ou réciproquement. A l'égard de l'esclave, non-seulement il ne peut s'obliger envers son maître, mais même envers aucun autre ; les fils de famille peuvent au contraire s'obliger envers tout autre que leur père.

7. Il est évident qu'un muet né peut ni stipuler ni promettre. Il en faut dire autant du sourd : en effet, le promettant doit entendre les paroles du stipulant, et celui-ci entendre celles du promettant ; au reste nous ne regardons comme *sourd* que celui qui n'entend pas du tout ; et non pas celui qui entend difficilement.

8. Le fou ne peut faire aucun acte valable, parce qu'il ne sait ce qu'il fait.

9. Le pupille peut faire valablement toutes sortes d'actes, pourvu que l'autorisation du tuteur intervienne dans les cas où elle est nécessaire ; par

nam alium sibi obligare etiam sine tutoris auctoritate potest. (Gaius, *Comm.* III , § 107; L. 9, **D.**, *de Auct. tut.*)

10. Sed quod diximus de pupillis, utique de iis verum est qui jam aliquem intellectum habent : nam infans et qui infanti proximus est, non multum a furioso distant, quia hujus ætatis pupilli nullum habent intellectum. Sed in proximis infanti, propter utilitatem eorum, benignior juris interpretatio facta est, ut idem juris habeant quod pubertati proximi. Sed qui in potestate parentis est impubes, nec auctore quidem patre obligatur. (Gaius, *Comm.* III , § 109; L. 141, § 2, D., *de Verb. obl.*; Ulpian., L. 1, D., *cod.*)

11. Si impossibilis conditio obligationibus adjiciatur, nihil valet stipulatio. Impossibilis autem conditio habetur, cui natura impedimento est quominus existat : veluti si quis ita dixerit, SI DIGITO COELUM ATTIGERO DARE SPONDES (Gaius. *Comm.* III , § 98; L. 1, § 11; Mæcian., L. 31, D., *de Obl. et act.*). At si ita stipuletur , SI DIGITO COELUM NON ATTIGERO DARE SPONDES? pure facta obligatio intelligitur, ideoque statim petere potest. (Ulpian., L. 7, D. *de Verb. obl.*)

12. Item verborum obligatio inter absentes concepta inutilis est. (Gaius, *Comm.* III , § 138; Paul., *Rec. sentent.*, V, 7, § 2; Ulpian., L. 1, **D.**, *de Verb. obl.*)

Sed quum hoc materiam litium contentiosis hominibus præstabat, forte post tempus tales allegationes opponentibus, et non præsentes esse vel se vel adversarios suos contendentibus, ideo nostra constitutio propter celeritatem dirimendarum litium introducta est, quam ad Cæsarienses advocatos scripsimus : per quam disposuimus tales scripturas quæ præsto esse partes indicant, omnimodo esse credendas; nisi ipse, qui talibus utitur improbis allegationibus, manifestissimis probationibus vel per scripturam vel per testes idoneos approbaverit, in ipso toto die quo conficiebatur instrumentum, sese vel adversarium suum in aliis locis esse. (Justinian., L. 24, C., *de Contrah. et committ. stip.*)

13. Post mortem suam dari sibi nemo stipulari poterat, non magis quam post ejus mortem a quo stipulabatur. Ac nec is qui in alicujus potestate est , post mortem ejus stipulari poterat, quia patris vel domini voce loqui videtur. Sed et si quis ita stipuletur : PRIDIE QUAM MORIAR , vel PRIDIE QUAM MORIERIS, DABIS? inutilis erat stipulatio. (Gaius, *Comm.* III, § 100.)

Sed quum (ut jam dictum est) ex consensu contrahentium stipulationes valent, placuit nobis etiam in hunc juris articulum necessariam inducere emendationem: ut sive post mortem, sive pridie quam morietur stipulator sive promissor, stipulatio concepta est, valeat stipulatio. (Justinian., L. 11, C., *de Contrah. et committ. stip.; L. un., C., ut act. et ab hær.*)

14. Item si quis ita stipulatus erat, si NAVIS EX ASIA VENERIT,

exemple, lorsque le pupille s'oblige : car, pour obliger les autres envers lui, le pupille n'a pas besoin de l'autorisation de son tuteur.

10. Ce que nous venons de dire des pupilles doit s'entendre seulement de ceux qui ont déjà quelque intelligence: car l'enfant (*infans, non fari*), et celui qui est encore près de l'enfance, ne diffèrent guère d'un fou ; parce qu'à cet âge, ils n'ont encore aucune intelligence. Toutefois, par une interprétation bienveillante et toute dans leur intérêt, on a bien voulu accorder aux pupilles, encore près de l'enfance, les mêmes droits qu'aux pupilles qui approchent de la puberté. Quant à l'impubère, qui se trouve soumis à la puissance paternelle, il ne peut s'obliger, même avec l'autorisation de son père de famille.

11. La condition impossible rend nulle la stipulation à laquelle elle est apposée. On regarde la condition comme impossible, quand la nature s'oppose à son accomplissement ; par exemple: *si je touche le ciel avec mon doigt*. Mais si la stipulation est ainsi conçue : *si je ne touche pas le ciel avec mon doigt, me promettez-vous de me donner ?* L'obligation est réputée contractée purement et simplement; et on peut en exiger de suite le paiement.

12. L'obligation verbale, contractée entre absents, est nulle.

Mais la nécessité de la présence devenait une source de chicanes ; parce que souvent, après un long laps de temps, des hommes de mauvaise foi venaient soutenir qu'eux-mêmes ou leurs adversaires n'avaient pas été présents. En conséquence, voulant rendre plus prompte la décision des procès, nous avons adopté les mesures suivantes dans notre constitution adressée aux avocats de Césarée : Les écrits attestant que les parties étaient présentes lors de la stipulation devront faire pleine foi, tant que celui, qui soutient le contraire, ne prouvera pas, de la manière la plus évidente, soit par écrit, soit par témoins dignes de foi, que lui ou son adversaire ont passé, en d'autres lieux, tout le jour où a été confectionné l'acte (*instrumentum*) produit.

13. Nul ne pouvait autrefois stipuler, ni promettre quelque chose pour le temps qui suivrait sa mort. Celui, qui était soumis à la puissance d'un autre, ne pouvait pas non plus stipuler pour le temps qui suivrait la mort de son père ou de son maître, parce que ceux-ci sont réputés parler par sa bouche. On ne pouvait pas même stipuler valablement de cette manière : *Me promettez-vous de me donner la veille de ma mort*, ou, *la veille de votre mort ?*

Mais puisque, ainsi qu'on l'a déjà dit, la validité des stipulations repose sur le consentement des parties, nous avons jugé à propos de faire subir à ce point de droit une correction nécessaire : en conséquence, nous déclarons valable la stipulation dans laquelle l'obligation serait reportée après la mort, ou à la veille de la mort, soit du stipulant, soit du promettant.

14. La stipulation ainsi conçue : *si tel vaisseau arrive d'Asie, me*

16

HODIE DARE SPONDÈS? inutilis erat stipulatio[1], quia præpostere concepta est.

Sed cum Leo, inclytæ recordationis, in dotibus eamdem stipulationem quæ præ-
postera nuncupatur, non esse rejiciendam existimavit, nobis placuit et huic perfectum robur accommodare: ut non solum in dotibus, sed etiam in omnibus
valeat hujusmodi conceptio stipulationis. (Justinian., L. 25, C., *de Testam. et
quemadm.*)

15. Ita autem concepta stipulatio, veluti si Titius dicat, QUUM
MORIAR DARE SPONDES? vel, QUUM MORIERIS? ut apud veteres utilis erat,
et nunc valet. (Ulpian., L. 45, § 3, D., *de Verb. obl.*; Gaius, *Comm.*
III, § 100.)

16. Item post mortem alterius recte stipulamur. (Ulpian., L. 45,
§ 1, D., *de Verb. obl.*)

17. Si scriptum in instrumento fuerit promisisse aliquem, pe-
rinde habetur atque si interrogatione præcedente responsum sit.
(Paul., *Rec. sentent.*, V, 7, § 2; L. 134, § 2, D., *de Verb. obl.*;
Sever. et Anton., L. 1, C., *de Contrah. et comitt. stipul.*)

18. Quotiens plures res una stipulatione comprehenduntur, si
quidem promissor simpliciter respondeat, DARE SPONDEO, propter
omnes tenetur. Si vero unam ex his vel quasdam daturum se res-
ponderit, obligatio, in iis pro quibus spoponderit, contrahitur. Ex
pluribus enim stipulationibus una vel quædam videntur esse perfectæ : singulas enim res stipulari, et ad singulas respondere debe-
mus. (Paul., L. 83, § 4; Ulpian., L. 1, § 5, D., *de Verb. obl.*)

19. Alteri stipulari (ut supra dictum est) nemo potest. Inventæ
sunt enim hujusmodi obligationes ad hoc ut unusquisque sibi acquirat quod sua interest, cæterum ut alii detur, nihil interest stipulatoris. Plane si quis velit hoc facere, pœnam stipulari conveniet, ut,
nisi ita factum sit, ut comprehensum est, committatur pœnæ stipulatio etiam ei cujus nihil interest. Pœnam enim quum stipulatur
quis, non illud inspicitur quid intersit ejus, sed quæ sit quantitas in
conditione stipulationis (Ulpian., L. 38, § 17, D., *de Verb. oblig.*).
Ergo si quis stipuletur TITIO DARI, nihil agit; sed si addiderit pœnam: NISI DEDERIS, TOT AUREOS DARE SPONDES? tunc committitur stipulatio.

20. Sed et si quis stipuletur alii, quum ejus interesset, placuit
stipulationem valere. Nam si is qui pupilli tutelam administrare

promettez-vous de me donner aujourd'hui ? était autrefois considérée comme nulle, parce qu'elle est conçue d'une manière *prépostère* (c'est-à-dire, de manière à reporter l'exécution de l'obligation à une époque où cette obligation n'existe pas encore).

Mais l'empereur Léon, d'illustre mémoire, ayant jugé à propos de confirmer ces sortes de stipulations, en matière de dot; nous avons cru devoir leur accorder un plein effet, non seulement quand il s'agit de dot, mais encore dans toutes les autres matières.

15. La stipulation conçue de la manière suivante : *promettez-vous de me donner à ma mort ou à votre mort ?* était valable chez les anciens; et l'est encore aujourd'hui.

16. On stipule aussi valablement pour l'époque qui suivra la mort d'un tiers.

17. S'il est écrit dans l'acte (*instrumentum*) qu'une personne a promis, on en conclut qu'elle a répondu à une question qui lui était faite.

18. Lorsqu'une stipulation renferme plusieurs objets, si celui qui s'oblige répond simplement : *je promets de donner*, il doit tous les objets compris dans la stipulation. Mais s'il répond qu'il donnera une ou quelques-unes des choses contenues dans la stipulation, l'obligation n'est contractée que relativement aux choses pour lesquelles il a répondu. En effet, on considère une stipulation pareille comme contenant autant de stipulations distinctes qu'il y a d'objets différents compris dans la stipulation : or le promettant achève et parfait seulement celles de ces stipulations auxquelles il répond : car pour chaque chose il faut une demande et une réponse.

19. Nul (ainsi qu'on l'a déjà dit) ne peut stipuler pour autrui ; parce que les stipulations ont été inventées pour que chacun acquière ce qu'il a intérêt d'acquérir : or le stipulant n'est nullement intéressé à ce qu'un autre acquière. Si cependant quelqu'un voulait faire une stipulation de ce genre, il devrait avoir soin de stipuler en même temps une peine : de cette manière, si le promettant ne fait pas ce qui a été convenu, la peine est encourue par lui au profit du stipulant, lors même que ce dernier n'aurait aucun intérêt à l'exécution de l'obligation principale. En effet, quand quelqu'un stipule une peine, on n'examine plus quel intérêt il pouvait avoir, mais quel est le montant de la clause pénale. Ainsi, cette stipulation, *promettez-vous de donner à Titius ?* est nulle ; mais si on y ajoute une peine, par exemple : *et si vous ne lui donnez pas, me promettez-vous tant d'écus d'or ?* alors, si le promettant refuse d'exécuter la première promesse, la peine est encourue (ou en d'autres termes le promettant doit les cent écus d'or).

20. Mais, quand celui qui stipule pour autrui, a lui-même quelque intérêt à ce que la promesse soit exécutée, on a décidé que la stipulation était va-

---

1 La variante d. une : et tel vaisseau arrive *demain* d'Asie, promettez-vous de me donner aujourd'hui ?

cœperat, cessit administratione contutori suo, et stipulatus est rem pupilli salvam fore; quoniam interest stipulatoris fieri quod stipulatus est, quum obligatus futurus esset pupillo si male gesserit, tenet obligatio. Ergo et si quis procuratori suo dari stipulatus sit, stipulatio vires habebit. Et si creditori suo dari stipulatus sit, quod sua interest, ne forte vel pœna committatur, vel prædia distrahantur quæ pignori data erant, valet stipulatio. (Ulpian., L. 38, § 20, 22 et 23, D., *de Verb. obl.*)

21. Versa vice, qui alium facturum promisit, videtur in ea esse causa ut non teneatur, nisi pœnam esse promiserit[1]. (Ulpian., L. 38, § 2, D., *de Verb. obl.*)

22. Item nemo rem suam futuram, in eum casum quo sua sit, utiliter stipulatur. (Paul., L. 87, D., *de Verb. oblig.*)

23. Si de alia re stipulator senserit, de alia promissor, perinde nulla contrahitur obligatio, acsi ad interrogatum responsum non esset: veluti, si hominem Stichum a te quis stipulatus fuerit; tu de Pamphilo senseris quem Stichum vocari credideris. (Paul., L. 83, § 1; Venul., L. 137, § 1, D., *de Verb. oblig.*)

24. Quod turpi ex causa promissum est, veluti si quis homicidium vel sacrilegium se facturum promittat, non valet. (Papin., L. 123; Ulpian., L. 26, D., *de Verb. oblig.*)

25. Quum quis sub aliqua conditione stipulatus fuerit, licet ante conditionem decesserit, postea, existente conditione, hæres ejus agere potest. Idem est et ex promissoris parte. (Julian., L. 57, D., *de Verb. oblig.;* Gaius, L. 73, § 1, D., *ad Leg. Falcid.*)

26. Qui hoc anno aut hoc mense dari stipulatus est, nisi omnibus partibus anni vel mensis præteritis, non recte petet. (Pompon., L. 42, D., *de Verb. oblig.*)

27. Si fundum dari stipuleris vel hominem, non poteris continuo agere, nisi tantum spatium præterierit quo traditio fieri possit. (Paul., L. 73, D., *de Verb. oblig.*)

Tit. XX. *De Fidejussoribus.*

Pro eo qui promittit, solent alii obligari; qui fidejussores appellantur: quos homines accipere solent, dum curant ut diligentius sibi cautum sit. (Gaius, *Comm.* III, § 115 et 117; L. 1, § 8, D., *de Obl. et act.*)

1. In omnibus autem obligationibus adsumi possunt, id est, sive re, sive verbis, sive litteris, sive consensu contractæ fuerint. At ne

---

[1] *Vulgo :* nisi pœnam IPSE promiserit.

lable. Par exemple, si un tuteur, qui avait commencé à gérer une tutelle, cède l'administration à son cotuteur, et stipule de lui qu'il conservera les biens du pupille; la stipulation est valable, parce que le stipulant a intérêt à ce que ce qui a été stipulé se fasse: en effet il est responsable de la mauvaise gestion du cotuteur. Par la même raison, je puis valablement stipuler que vous donnerez telle chose à mon procureur. Pareillement, la stipulation est valable, quand je stipule que vous donnerez à mon créancier ; car j'y ai intérêt, pour éviter soit d'encourir une peine , soit la vente des objets que j'ai donnés en gage.

21. Réciproquement, celui qui promet qu'un autre fera , n'est obligé qu'autant qu'il a en même temps promis une peine[1].

22. Celui, qui doit être un jour propriétaire d'une chose, ne la peut stipuler pour l'époque où elle lui appartiendra.

23. Quand le stipulant a en vue une chose et le promettant une autre, la stipulation est nulle, comme si on n'eût pas répondu du tout à la demande: par exemple, si quelqu'un stipule de vous que vous lui donnerez l'esclave Stichus ; tandis que vous, en répondant, vous avez en vue l'esclave Pamphile , que vous croyez s'appeler Stichus.

24. La promesse est nulle , quand la cause en est illicite ; par exemple, si quelqu'un promet de commettre un homicide ou un sacrilége.

25. Quand la stipulation est conditionnelle , quoique la condition ne s'accomplisse qu'après la mort du stipulant, l'action passe à l'héritier : il en est de même, du côté du promettant.

26. Celui, qui a stipulé qu'on lui donnerait une chose dans l'année ou dans le mois, ne peut l'exiger valablement que lorsque toutes les parties de l'année ou du mois sont écoulées.

27. Si vous stipulez qu'on vous donnera un fonds de terre ou un esclave, vous ne pouvez pas agir immédiatement, en vertu de la stipulation : il faut que vous attendiez le temps nécessaire pour que la tradition puisse se faire.

TITRE XX. Des Fidéjusseurs.

Il arrive souvent que d'autres personnes s'obligent pour celui qui promet : ces personnes sont appelées fidéjusseurs : les fidéjusseurs sont un moyen d'augmenter les sûretés du créancier.

1. On peut se porter fidéjusseur pour une obligation quelconque, réelle, verbale, littérale ou consensuelle. Le fidéjusseur peut garantir une obliga-

---

[1]. La variante donne : qu'autant qu'il a *lui-même* promis une peine.

illud quidem interest utrum civilis an naturalis sit obligatio cui adjiciatur fidejussor : adeo quidem ut pro servo quoque obligetur, sive extraneus sit qui fidejussorem a servo accipiat, sive ipse dominus in id quod sibi naturaliter debetur. (Gaius, *Comm.* III, § 119; L. 70, § 3; Ulpian., L. 1; L. 8, § 1 et 6, D., *h. t.*)

2. Fidejussor non tantum ipse obligatur, sed etiam hæredem obligatum relinquit. (Ulpian., L. 4, § 1, D., *h. t.*; Gaius, *Comm.* III, § 120.)

3. Fidejussor et præcedere obligationem et sequi potest. (Ulpian., L. 6, *pr.* et § 2, D., *h. t.*)

4. Si plures sint fidejussores, quotquot erunt numero, singuli in solidum tenentur : itaque liberum est creditori, a quo velit solidum petere. Sed ex epistola divi Hadriani compellitur creditor a singulis, qui modo solvendo sunt litis contestatæ tempore, partes petere. Ideoque, si quis ex fidejussoribus eo tempore solvendo non sit; hoc cæteros onerat. Sed si ab uno fidejussore creditor totum consecutus fuerit, hujus solius detrimentum erit, si is pro quo fidejussit, solvendo non sit : et sibi imputare debet, quum potuerit adjuvari ex epistola divi Hadriani, et desiderare ut pro parte in se detur actio. (Gaius, *Comm.* III, § 121, 122; L. 26; Papin., L. 51, § 1 et 4, D., *h. t.*; Sever. et Anton., L. 3, C., *h. t.*)

5. Fidejussores ita obligari non possunt, ut plus debeant, quam debet is pro quo obligantur. Nam eorum obligatio accessio est principalis obligationis, nec plus in accessione potest esse quam in principali re. At, ex diverso, ut minus debeant, obligari possunt (Gaius, *Comm.* III, § 126; Paul., L. 54, D., *h. t.*). Itaque si reus decem aureos promiserit, fidejussor in quinque recte obligatur; contra vero obligari non potest. Item, si ille pure promiserit, fidejussor sub conditione promittere potest; contra vero non potest : non solum enim in quantitate, sed etiam in tempore minus et plus intelligitur : plus est enim statim aliquid dare, minus est post tempus dare. (Gaius, *Comm.* III, § 113; Ulpian., L. 8, § 7, D., *h. t.*; L. 12, § 1, D., *de Verb. signif.*)

6. Si quid autem fidejussor pro reo solverit, ejus recuperandi causa habet cum eo mandati judicium. (Gaius, *Comm.*, III, § 127; Ulpian., L. 10, § 11, D., *Mandat.*)

7. Græce fidejussor plerumque ita accipitur : τῇ ἐμῇ πίστει κελεύω, λέγω, θέλω, sive βούλομαι; sed et si φημὶ dixerit, pro eo erit ac si dixerit λέγω. (Ulpian., L. 8, D., *h. t.*)

8. In stipulationibus fidejussorum sciendum est generaliter hoc accipi, ut quodcumque scriptum sit quasi actum, videatur etiam actum. Ideoque constat, si quis scripserit se fidejussisse, videri

tion purement naturelle aussi bien qu'une obligation civile; et même la dette naturelle d'un esclave, soit envers un étranger, soit envers le maître lui-même.

2. L'obligation du fidéjusseur ne lui est point personnelle; elle passe à ses héritiers [1].

3. La fidéjussion peut avoir lieu soit avant, soit après l'obligation principale.

4. Quand il y a plusieurs fidéjusseurs, tous sont obligés solidairement: en conséquence, le créancier peut exiger la totalité de celui d'entre eux qu'il lui plaît de choisir. Mais, d'après un rescrit d'Adrien, on peut forcer le créancier à poursuivre; chacun pour sa part, tous les fidéjusseurs qui se trouvent solvables au moment de la *litis contestatio* (constatation du litige). Si donc, à cette époque, l'un des fidéjusseurs est insolvable, la part qu'il aurait dû payer retombe à la charge des autres. Mais, si le créancier a obtenu paiement intégral de l'un des fidéjusseurs, tant pis pour ce fidéjusseur, si le débiteur principal est insolvable : il n'aura aucun recours contre les autres fidéjusseurs ; car il doit s'imputer de n'avoir pas profité, quand il le pouvait, du bénéfice du rescrit d'Adrien ; c'est-à-dire, de n'avoir pas demandé que l'action ne fût donnée contre lui que pour sa part.

5. Les fidéjusseurs ne peuvent contracter une obligation plus étendue que ne l'est celle du débiteur principal : car leur obligation n'est qu'un accessoire de l'obligation principale ; et l'accessoire ne peut pas contenir plus que le principal. Mais, à l'inverse, ils peuvent contracter une obligation moins étendue. Si, par exemple, le débiteur principal a promis dix écus d'or, le fidéjusseur peut ne s'obliger que pour cinq; mais il ne peut s'obliger pour dix, quand la dette principale n'est que de cinq. Pareillement, si le débiteur principal a promis purement et simplement, le fidéjusseur peut ne s'obliger que sous condition ; mais il ne peut s'obliger purement et simplement quand l'obligation principale est conditionnelle. L'obligation est réputée plus ou moins étendue, non seulement à raison de la quotité de ce qui est promis, mais aussi à raison du terme fixé pour le paiement : car l'obligation de donner une chose de suite, est plus étendue que celle de ne la donner qu'après un certain délai.

6. Le fidéjusseur qui a payé quelque chose pour le débiteur principal, peut agir contre lui par l'action de mandat, pour se faire rembourser.

7. La fidéjussion peut être valablement faite en langue grecque de la manière suivante : τῇ ἐμῇ πίστει κελεύω, λέγω, θέλω, ou βούλομαι : au reste si le fidéjusseur dit φημι, cela revient au même que s'il eût dit λέγω.

8. Il faut encore observer que dans les stipulations des fidéjusseurs, on tient pour constant tout ce que l'écrit atteste avoir été fait. Si donc quel-

---

1. Il en était autrement, dans l'ancien droit, des répondants connus sous les noms de *sponsores* et de *fidepromissores* (Gaius, *Comm.* III, § 120).

omnia solenniter acta. (Ulpian., L. 30, D., *de Verb. oblig.*; Paul., L. 134, § 2, D., *cod.*)

Tit. XXI. *De Litterarum obligatione.*

Olim scriptura fiebat obligatio, quæ nominibus fieri dicebatur : quæ nomina hodie non sunt in usu (Gaius, *Comm.* III, § 128 *et seq.*). Plane si quis debere se scripserit quod ei numeratum non est, de pecunia minime numerata post multum temporis exceptionem opponere non potest; hoc enim sæpissime constitutum est. (Alex., L. 8; Diocl. et Max., L. 9 et 10, C., *de Non num. pecun.*) Sic fit ut hodie, dum queri non potest, scriptura obligetur, et ex ea nascitur condictio, cessante scilicet verborum obligatione.

Multum autem tempus in hac exceptione antea quidem ex principalibus constitutionibus usque ad quinquennium procedebat. Sed ne creditores diutius possint suis pecuniis forsitan defraudari, per constitutionem nostram tempus coarctatum est, ut ultra biennii metas hujusmodi exceptio minime extendatur. (Justinian., L. 14, C., *cod.*)

Tit. XXII. *De Consensu obligatione.*

Consensu fiunt obligationes in emptionibus venditionibus, locationibus conductionibus, societatibus, mandatis. Ideo autem istis modis consensu dicitur obligatio contrahi, quia neque scriptura, neque præsentia omnimodo opus est; ac nec dari quidquam necesse est, ut substantiam capiat obligatio: sed sufficit, eos, qui negotia gerunt, consentire. Unde inter absentes quoque talia negotia contrahuntur, veluti per epistolam vel per nuntium. Item in his contractibus alter alteri obligatur in id, quod alterum alteri ex bono et æquo præstare oportet, quum alioquin in verborum obligationibus alius stipuletur, alius promittat. (Gaius, *Comm.* III, § 137 ; L. 2, *pr*, § 1, 2 et 3, D., *de Obl. et act.*)

Tit. XXIII. *De Emptione et venditione.*

Emptio et venditio contrahitur simul atque de pretio convenerit, quamvis nondum pretium numeratum sit, ac ne arra quidem data fuerit : nam quod arræ nomine datur, argumentum est emptionis et venditionis contractæ. (Gaius, *Comm.* III, § 139; L. 35; Ulpian., L. 2, § 1, D., *de Contrah. empt.*)

Sed hæc quidem de emptionibus et venditionibus quæ sine scriptura consistunt, obtinere oportet; nam nihil a nobis in hujusmodi venditionibus innovatum est. In his autem quæ scriptura conficiuntur, non aliter perfectam esse venditionem

qu'un a écrit qu'il s'est porté fidéjusseur, on supposera qu'il s'est obligé avec toutes les solennités requises.

TITRE XXI. *De l'Obligation littérale.*

Il y avait autrefois des obligations qui se contractaient au moyen de certaines écritures, ou, comme on disait alors par *nomina* : ces *nomina* sont de nos jours tombés en désuétude. — Toutefois, si quelqu'un a reconnu par écrit devoir une somme qui ne lui a pas été comptée, il ne peut plus, quand il s'est écoulé un long espace de temps, opposer l'exception *non numeratæ pecuniæ* (d'argent non compté) : c'est un point que les constitutions ont fréquemment décidé. Ainsi, puisqu'aujourd'hui il ne peut plus se plaindre (c'est-à-dire, exciper du défaut de numération), il est donc obligé par son écrit, en supposant d'ailleurs qu'il n'y ait pas d'obligation verbale.

Le long temps, passé lequel on ne pouvait plus opposer l'exception *non numeratæ pecuniæ* avait été fixé à cinq ans par les constitutions impériales : nous l'avons réduit à deux ans, afin que les créanciers ne restent pas trop long-temps exposés à perdre leur argent.

TITRE XXII. *Des Obligations consensuelles.*

Les obligations se forment par le seul consentement dans les cas de vente, de louage, de société, de mandat. On dit que ces obligations se contractent par le seul consentement, parce qu'elles n'exigent ni la solennité de l'écriture (*obligation littérale*), ni la présence des contractans (*obligation verbale*), et qu'enfin l'obligation existe indépendamment de toute dation (*obligation réelle*): il suffit que ceux qui veulent contracter ces obligations, consentent. Aussi ces obligations peuvent-elles être formées entre absents, par messager ou par lettres. Il faut encore faire remarquer que, dans les contrats consensuels chaque partie est obligée envers l'autre à tout ce que réclame l'équité (*contrats synallagmatiques et de bonne foi*); tandis que dans les obligations verbales, l'un des contractants stipule (devient créancier), l'autre promet (devient débiteur) (*contrats unilatéraux et de droit strict.*)

TITRE XXIII. *De la Vente.*

La vente est parfaite dès qu'il y a accord sur le prix : il n'est pas nécessaire que le prix ait été payé; ni que des arrhes aient été données : en effet ce qui est donné à titre d'arrhes sert seulement à prouver que la vente est parfaite.

Tels sont les principes à observer dans les ventes *sans écrit*, à l'égard desquelles nous n'avons rien innové. Quant aux ventes qui se font *par écrit*, voici le système adopté par notre constitution : ces ventes ne seront parfaites qu'après qu'un acte

et emptionem constituimus, nisi et instrumenta emptionis fuerint conscripta, vel manu propria contrahentium, vel ab alio quidem scripta a contrahentibus antem subscripta ; et, si per tabelliones fiant, nisi et completiones acceperint, et fuerint partibus absoluta. Donec enim aliquid deest ex his, et pœnitentiæ locus est, et potest emptor vel venditor sine pœna recedere ab emptione. Ita tamen impune eis recedere concedimus, nisi jam arrarum nomine aliquid fuerit datum. Hoc etenim subsecuto, sive in scriptis sive sine scriptis venditio celebrata est, is qui recusat adimplere contractum, si quidem est emptor, perdit quod dedit; si vero venditor, duplum restituere compellitur, licet super arris nihil expressum est. (Justinian., L. 17, C., *de Fid. instrum.*)

1. **Pretium autem constitui oportet**, nam nulla emptio sine pretio esse potest. Sed et certum pretium esse debet : alioquin si inter aliquos ita convenerit, ut, quanti Titius rem æstimaverit, tanti sit empta, inter veteres satis abundeque hoc dubitabatur, sive constat venditio, sive non. (Gaius, *Comm.* III, § 140 ; Ulpian., L. 2, § 1 ; L. 7, § 2, D., *de Contrah. empt.*)

Sed nostra decisio ita hoc constituit, ut, quotiens sic composita sit venditio QUANTI ILLE ÆSTIMAVERIT, sub hac conditione staret contractus : ut, si quidem ipse qui nominatus est pretium definierit, omnimodo secundum ejus æstimationem et pretium persolvatur et res tradatur, et venditio ad effectum perducatur, emptore quidem ex empto actione, venditore ex vendito agente. Sin autem ille, qui nominatus est, vel noluerit vel non potuerit pretium definire, tunc pro nihilo esse venditionem, quasi nullo pretio statuto. Quod jus, quum in venditionibus nobis placuit, non est absurdum et in locationibus et conductionibus trahere. (Justinian., L. 15, C., *de Contrah. empt.*)

2. **Item pretium in numerata pecunia consistere debet;** nam in cæteris rebus an pretium esse possit, veluti homo, aut fundus, aut toga alterius rei pretium esse possit, valde quærebatur. Sabinus et Cassius etiam in alia re putant posse pretium consistere : unde illud est quod vulgo dicebatur, permutatione rerum emptionem et venditionem contrahi, eamque speciem emptionis et venditionis vetustissimam esse ; argumentoque utebantur græco poeta Homero, qui aliqua parte exercitum Achivorum vinum sibi comparasse ait, permutatis quibusdam rebus, his verbis :

> Ἔνθεν ἄρ οἰνίζοντο καρηκομοῶντες Ἀχαιοί,
> Ἄλλοι μὲν χαλκῷ, ἄλλοι δ'αἴθωνι σιδήρῳ,
> Ἄλλοι δὲ ῥίνοις, ἄλλοι δ'αὐτοῖσι βόεσσιν,
> Ἄλλοι δ'ἀνδραπόδεσσι.

Diversæ scholæ auctores contra sentiebant, aliudque esse existimabant permutationem rerum, aliud emptionem et venditionem : alioquin non posse rem expediri permutatis rebus, quæ videatur res vænisse et quæ pretii nomine data esse ; nam utramque videri

en aura été dressé par écrit, soit de la main même des contractants, soit de la main d'un tiers, mais signé par les parties ; ou, si l'acte est rédigé par un tabellion, après que toutes les formalités requises auront été remplies ; en conséquence, tant qu'il y manquera quelque chose, chacune des parties pourra se dédire impunément, pourvu, bien entendu, qu'il n'y ait pas eu d'arrhes données : car une fois que des arrhes ont été données, que la vente ait lieu *par écrit* ou *sans écrit*, les parties ne peuvent plus s'en départir impunément : si c'est l'acheteur qui refuse d'accomplir le contrat, il perd les arrhes qu'il a données ; si c'est le vendeur, il est obligé de restituer ce qu'il a reçu, et de payer en outre une valeur égale ; et cela, sans qu'il y ait besoin d'aucune convention à ce sujet.

1. Il faut qu'il y ait accord sur le prix, car il n'y a pas de vente sans prix Le prix doit être certain : aussi les anciens regardaient-ils comme fort douteux qu'une vente fût valable, quand les parties étaient convenues de s'en rapporter, pour la détermination du prix, à l'arbitrage d'un tiers.

Mais une de nos constitutions décide que la vente, faite moyennant le prix que fixera un tiers, doit être réputée faite sous condition. Si le tiers fixe le prix, les parties devront, dans tous les cas, se soumettre à sa décision ; la vente sera parfaite ; le vendeur tenu, par l'action de vente, de livrer la chose, et le vendeur tenu, par l'action d'achat, de payer le prix fixé, quel qu'il soit. Si, au contraire, le tiers ne veut ou ne peut fixer le prix, la vente sera réputée non avenue, comme faite sans prix. Cette décision s'applique aussi au louage.

2. Le prix doit consister en argent monnayé. C'était cependant autrefois une question très controversée que celle de savoir si tout autre chose (par exemple, un esclave, un fonds de terre, une toge) ne pourrait pas constituer le prix d'une vente. Sabinus et Cassius pensaient qu'un objet quelconque pouvait servir de prix ; aussi disait-on communément que la vente se contracte par échange ; et que l'échange lui-même n'est que la forme la plus ancienne de la vente. Ils invoquaient en outre, à l'appui de leur opinion, ces vers dans lesquels Homère nous montre l'armée des Grecs achetant du vin en échange d'autres objets :

« Les Grecs aux longs cheveux achetaient du vin, les uns contre du cuivre « ou de l'acier brillant, les autres contre du cuir, des bœufs ou des esclaves. »

Les Proculéiens, au contraire, considéraient la vente et l'échange comme deux contrats distincts : dans l'échange, disaient-ils, on ne peut distinguer

et vænisse, et pretii nomine datam esse, rationem non pati (Gaius, *Comm.* III, § 141). Sed Proculi sententia dicentis, permutationem propriam esse speciem contractus, a venditione separatam, merito prævaluit; quum et ipsa aliis Homericis versibus adjuvatur, et validioribus rationibus argumentatur. Quod et anteriores divi principes admiscrunt, et in nostris Digestis latius significatur. (Paul., L. 1, § 1, D., *de Contrah. empt.;* L. 1, D., *de Rer. permut.*; Diocl. et Max., L. 7, C., *cod.*)

3. Quum autem emptio et venditio contracta sit (quod effici diximus simul atque de pretio convenerit, *cum sine scriptura res agitur*): periculum rei venditæ statim ad emptorem pertinet, tametsi adhuc ea res emptori tradita non sit. Itaque si homo mortuus sit, vel aliqua parte corporis læsus fuerit, aut ædes totæ vel aliqua ex parte incendio consumptæ fuerint, aut fundus vi fluminis totus, vel aliqua ex parte ablatus sit, sive etiam inundatione aquæ, aut arboribus turbine dejectis longe minor aut deterior esse cœperit, emptoris damnum est, cui necesse est, licet rem non fuerit nactus, pretium solvere. Quidquid enim sine dolo et culpa venditoris acciderit, in eo venditor securus est. Sed et, si post emptionem fundo aliquid per alluvionem accessit, ad emptoris commodum pertinet; nam et commodum ejus esse debet cujus periculum est (Paul., L. 7 et 8; Ulpian., L. 10, § 1, D., *de Peric. et commod.;* Alex., L. 1; Diocl. et Max., L. 6, C., *cod.*). Quod si fugerit homo qui væniit, aut subreptus fuerit, ita ut neque dolus neque culpa venditoris interveniat, animadvertendum erit an custodiam ejus usque ad traditionem venditor susceperit: sane enim si suscepit, ad ipsius periculum is casus pertinet; si non suscepit, securus est. Idem et in cæteris animalibus cæterisque rebus intelligimus. Utique tamen vindicationem rei et condictionem exhibere debebit emptori; quia sane qui nondum rem emptori tradidit, adhuc ipse dominus est. Idem etiam est de furti et de damni injuriæ actione. (Gaius, L. 35, § 4, D., *de Contrah. empt.;* Ulpian., L. 14, D., *de Furt.*)

4. Emptio tam sub conditione, quam pure contrahi potest: sub conditione, veluti si Stichus INTRA CERTUM DIEM TIBI PLACUERIT, ERIT TIBI EMPTUS AUREIS TOT. (Gaius, *Comm.* III, § 146; Ulpian., L. 7, D., *de Contrah. empt.*)

5. Loca sacra vel religiosa, item publica(veluti forum, basilicam) frustra quis sciens emit. Quæ tamen si pro profanis vel privatis deceptus a venditore emerit, habebit actionem ex empto quod non habere ei liceat, ut consequatur quod sua interest deceptum non esse. Idem juris est, si hominem liberum pro servo emerit.

le prix, d'avec la chose vendue; et la raison s'oppose à ce qu'on puisse considérer chacune des choses échangées comme étant à la fois et le prix et l'objet de la vente. L'opinion de Proculus a prévalu et avec raison; car sans parler de quelques autres vers d'Homère que l'on pourrait citer, elle repose sur les raisons les plus solides. Ce point, admis par nos prédécesseurs, se trouve plus amplement développé dans le Digeste.

3. Dès que la vente est parfaite (et, comme nous l'avons déjà dit, cela a lieu, *dans les ventes sans écrit*, aussitôt qu'on est convenu du prix), la chose est aux risques de l'acheteur, bien qu'elle ne lui ait pas encore été livrée. Si donc l'esclave est mort ou a été blessé; si l'incendie a consumé l'édifice en tout ou en partie; si la violence du fleuve a enlevé le fonds en tout ou en partie; si l'inondation ou la tempête, en renversant les arbres, en ont considérablement diminué la valeur, le dommage est à la charge de l'acheteur qui, lors même qu'il ne reçoit pas la chose, n'en est pas moins tenu de payer le prix convenu. En effet, le vendeur n'est responsable que des détériorations qui proviendraient de son dol ou de sa faute. Mais réciproquement, l'acheteur profite de toutes les améliorations et notamment de l'alluvion qui, depuis le contrat, viendrait augmenter l'étendue du fonds: et cela est équitable, car là où se trouvent les risques doivent aussi se trouver les avantages. Lorsque l'esclave vendu est volé ou prend la fuite, sans qu'il y ait dol ni faute de la part du vendeur, il faut distinguer : si le vendeur s'est chargé de garder l'esclave jusqu'à la tradition, l'événement est à ses risques; dans le cas contraire, le vendeur n'est nullement responsable. Il faut appliquer la même décision, quand la chose vendue est un animal, ou tout autre objet. Mais le vendeur devra prester à l'acheteur la revendication ou la condiction que l'événement peut faire naître à son profit ; nous disons *à son profit*, parce que tant que la tradition n'est pas effectuée, le vendeur demeure propriétaire. Il en faut dire autant des actions de vol et dommage (*damni injuriæ*).

4. La vente peut être faite purement et simplement ou sous condition : sous condition, quand on a dit, par exemple : *si d'ici à telle époque Stichus vous convient, je vous le vends tant d'écus d'or.*

5. Celui qui achète sciemment un fonds sacré, religieux ou public (par exemple, une place publique ou une basilique) fait un acte nul. Mais celui qui, trompé par le vendeur achète un fonds de cette nature, le croyant profane ou privé, aura l'action d'achat (*ex empto*) fondée sur ce que le vendeur ne lui fait point avoir la chose : il obtiendra ainsi une indemnité égale

(Pompon., L. 4, 5 et 6; Modest., L. 62, § 1, D., *de Contrah.*
empt.)

Tit. XXIV. *De Locatione et conductione.*

Locatio et conductio proxima est emptioni et venditioni, iisdemque juris regulis consistit. Nam, ut emptio et venditio ita contrahitur, si de pretio convenerit; sic etiam locatio et conductio ita contrahi
intelligitur, si merces constituta sit (Gaius, L. 2, D., *Locat. cond.;*
Comm. III, § 142); et competit locatori quidem locati actio, conductori vero conducti. (Ulpian., L. 5 et 15, D., *cod.*)

1. Et quæ supra diximus, si alieno arbitrio pretium permissum
fuerit, eadem et de locatione et conductione dicta esse intelligamus,
si alieno arbitrio merces permissa fuerit (Gaius, *Comm.* III, § 143;
L. 25, D., *Locat. cond.*). Qua de causa, si fulloni polienda curandave, aut sarcinatori sarcienda vestimenta quis dederit, nulla statim mercede constituta, sed postea tantum daturus quantum inter
eos convenerit; non proprie locatio et conductio contrahi intelligitur, sed eo nomine actio præscriptis verbis datur. (Gaius, *Comm.*
III, § 143; L. 22, D., *de Præscr. verb.*)

2. Præterea, sicut vulgo quærebatur, an permutatis rebus emptio et venditio contrahitur; ita quæri solebat de locatione et conductione, si forte rem aliquam tibi utendam sive fruendam quis dederit, et invicem a te aliam rem utendam sive fruendam acceperit.
Et placuit non esse locationem et conductionem, sed proprium genus esse contractus (Gaius, *Comm.* III, § 144; Paul., L. 5, § 2,
D., *de Præscr. verb.*) : veluti si, cum unum bovem quis haberet et
vicinus ejus unum, placuerit inter eos ut per denos dies invicem
boves commodarent ut opus facerent, et apud alterum bos periit,
neque locati, neque conducti, neque commodati competit actio, quia
non fuit gratuitum commodatum; verum præscriptis verbis agendum est. (Ulpian., L. 17, § 3, D., *cod.*)

3. Adeo autem aliquam familiaritatem inter se habere videntur
emptio et venditio, item locatio et conductio, ut in quibusdam
causis quæri soleat, utrum emptio et venditio contrahatur, an locatio et conductio : ut ecce de prædiis, quæ perpetuo quibusdam
fruenda traduntur, id est, ut quamdiu pensio sive reditus pro his
domino præstetur, neque ipsi conductori neque hæredi ejus cuive
conductor hæresve ejus id prædium vendiderit, aut donaverit, aut
dotis nomine dederit, aliove quoquo modo alienaverit auferre
liceat. (Gaius, *Comm.* III, § 145; L. 2, § 1, D., *Locat. cond.*)

à l'intérêt qu'il avait de n'être pas trompé. La même distinction s'applique au cas où un homme libre aurait été vendu comme esclave.

Titre XXIV. *Du Louage.*

Le louage ressemble beaucoup à la vente; et on suit les mêmes règles dans l'un et l'autre contrat. De même que la vente est parfaite, dès qu'on est convenu du prix (*pretium*); de même le louage existe dès qu'on est convenu du loyer (*merces*) : de cet instant le bailleur (*locator*) a l'action *locati* ; et le preneur (*conductor*) a l'action *conducti*.

1. Ce que nous avons dit ci-dessus relativement au prix de la vente, dont on aurait abandonné la fixation à l'arbitrage d'un tiers, s'applique également au louage, lorsque les parties sont convenues de s'en rapporter à un tiers pour fixer le loyer. — Quand on donne un vêtement à un foulon pour le dégraisser ou à un tailleur pour le raccommoder, sans convenir d'aucun salaire, et cependant avec l'intention de payer la rétribution qui sera ultérieurement convenue, il n'y a pas louage proprement dit; mais un contrat d'une nature particulière (*contrat réel, inommé*) dont l'exécution est garantie par l'action dite *præscriptis verbis*.

2. En outre, de même que l'on doutait beaucoup autrefois si l'échange de deux objets constituait une vente ; de même, on demandait s'il y avait louage dans le cas où celui qui recevait de vous une chose pour s'en servir, vous en remettrait une autre dont vous pourriez de votre côté faire usage ? On a décidé qu'il n'y avait pas louage, mais un genre particulier de contrat (*contrat réel, inommé*). Par exemple, si deux voisins, n'ayant chacun qu'un seul bœuf, conviennent de se le prêter réciproquement pendant dix jours pour faire leurs labours; et que le bœuf de l'un vienne à périr chez l'autre; l'action à intenter, à raison de cet événement, ne sera ni l'action *locati*, ni l'action *conducti*, ni l'action *commodati* (car le contrat qui a lieu dans l'espèce n'est point un commodat, puisqu'il n'était pas gratuit); mais bien l'action *præscriptis verbis*.

3. Telle est la ressemblance qui existe entre la vente et le louage, qu'on est, dans certains cas, fort embarrassé pour décider s'il y a l'un ou l'autre contrat. Cela arrive notamment lorsque des fonds sont livrés à quelqu'un pour en jouir à perpétuité ; c'est-à-dire, sous la condition que tant que la redevance sera exactement payée au bailleur, celui-ci ne pourra retirer les fonds ni au preneur, ni à ses héritiers, ni à aucune des personnes auxquelles le preneur ou son héritier les transférerait par vente, donation, constitution de dot ou à tout autre titre.

Sed talis contractus quia inter veteres dubitabatur, et a quibusdam locatio, a quibusdam venditio existimabatur, lex Zenoniana lata est, quæ emphyteuseos contractui propriam statuit naturam, neque ad locationem neque ad venditionem inclinantem, sed suis pactionibus fulciendam; et si quidem aliquid pactum fuerit, hoc ita obtinere, ac si natura talis esset contractus : sin autem nihil de periculo rei fuerit pactum, tunc si quidem totius rei interitus accesserit, ad dominum super hoc redundare periculum; sin particularis, ad emphyteuticarium hujusmodi damnum venire. Quo jure utimur. (*Zeno.*, L. 1, C., *de Jur. emphyt.*)

4. Item quæritur, si cum aurifice Titius convenerit ut is ex auro suo certi ponderis certæque formæ annulos ei faceret, et acciperet verbi gratia aureos decem, utrum emptio et venditio contrahi videatur an locatio et conductio? Cassius ait, materiæ quidem emptionem et venditionem contrahi, operæ autem locationem et conductionem; sed placuit tantum emptionem et venditionem contrahi. Quod si suum aurum Titius dederit, mercede pro opera constituta, dubium non est quin locatio et conductio sit. (Gaius, *Comm.* III, § 147; L. 2, § 1, D., *Locat. cond.*)

5. Conductor omnia secundum legem conductionis facere debet (Gaius, L. 25, § 3, D., *Locat. cond.*); et, si quid in lege prætermissum fuerit, id ex bono et æquo debet præstare (Diocl. et Max., L. 19, C., *de Locat.*). Qui pro usu aut vestimentorum, aut argenti, aut jumenti, mercedem aut dedit aut promisit, ab eo custodia talis desideratur, qualem diligentissimus paterfamilias suis rebus adhibet : quam si præstiterit, et aliquo casu rem amiserit, de restituenda ea non tenebitur. (Gaius, L. 25, §7; Ulpian., L. 9, § 3 et 4, D., *locat. cond.*)

6. Mortuo conductore intra tempora conductionis, hæres ejus eodem jure in conductione succedit. (Gordian., L. 10, C., *de Locat.*)

Tit. XXV. *De Societate.*

Societatem coire solemus aut totorum bonorum, quam Græci specialiter κοινοπραξίαν appellant, aut unius alicujus negotiationis, veluti mancipiorum emendorum vendendorumque, aut olei, vini, frumenti emendi vendendique. (Gaius, *Comm.* III, § 148; Ulpian., L. 5, D., *Pro socio.*)

1. Et quidem si nihil de partibus lucri et damni nominatim convenerit, æquales scilicet partes et in lucro et in damno spectantur. Quod si expressæ fuerint partes, hæ servari debent. Nec enim unquam dubium fuit quin valeat conventio, si duo inter se pacti sunt ut ad unum quidem duæ partes et lucri et damni pertineant, ad alium tertia. (Ulpian., L. 29, D., *Pro socio;* Gaius, *Comm* III, § 150.)

2. De illa sane conventione quæsitum est, si Titius et Scius inter

Les anciens jurisconsultes voyaient là les uns une vente, les autres un louage. Zénon, pour trancher la question, a décidé que cette convention constituerait, sous le nom d'emphytéose, un contrat d'une nature particulière, distinct de la vente et du louage, et régi d'après les clauses insérées dans le contrat même ; qu'en conséquence, toutes les clauses convenues entre les parties seraient observées comme dérivant de la nature du contrat; et que, dans le cas où les contractants n'auraient rien arrêté relativement aux risques de la chose, la perte totale tomberait sur le propriétaire, la perte partielle sur l'emphytéote : tel est le droit aujourd'hui en vigueur.

4. On a pareillement demandé s'il y avait vente ou louage dans l'espèce suivante : entre Titius et un orfèvre il a été convenu que celui-ci, avec son or, ferait des anneaux d'un certain poids et d'une certaine forme pour Titius et en recevrait dix écus d'or. Cassius voyait dans l'espèce proposée un double contrat, une vente quant à la matière , un louage quant au travail ; mais on a décidé que cette convention constituait seulement une vente. Au reste , il est bien certain qu'il y aurait louage, si la matière étant fournie par Titius, on était convenu d'un salaire pour le travail de l'orfèvre.

5. Le preneur doit se conformer à toutes les clauses du contrat : pour les cas non prévus, ses obligations se règlent d'après l'équité. Celui qui, moyennant une rétribution convenue, a reçu pour s'en servir des vêtements, de l'argenterie, ou une bête de somme , doit garder les objets avec le soin que le père de famille le plus diligent donne à ses propres affaires; si, malgré sa vigilance, la chose vient à périr par cas fortuit, il est à l'abri de toute responsabilité.

6. A la mort du preneur ses héritiers succèdent aux droits et aux obligations qui résultent du bail.

TITRE XXV. *De la Société.*

Il y a plusieurs espèces de sociétés : la société de tous biens (*totorum bonorum*) que les Grecs appellent spécialement κοινοπραξίαν ; et la société pour une entreprise spéciale (*alicujus negotiationis*), par exemple, pour faire le commerce des esclaves, de l'huile, du vin ou du blé.

1. Quand le contrat ne détermine point les parts des associés dans les gains et dans les pertes, ces parts sont toutes égales. Si le contrat contient à cet égard une clause expresse, on devra l'exécuter. On peut (et cela n'a jamais été mis en doute) convenir que l'un des associés aura les deux tiers des gains et supportera les deux tiers des pertes ; tandis que l'autre associé n'aura part aux pertes et aux gains que pour un tiers seulement.

2. Mais on a douté de la validité de la convention qui attribuerait à

17

se pacti sunt ut ad Titium lucri duæ partes pertineant, damni tertia; ad Seium duæ partes damni, lucri tertia : an rata debeat haberi conventio? Quintus Mutius contra naturam societatis talem pactionem esse existimavit, et ob id non esse ratam habendam. Servius Sulpitius cujus sententia prævaluit, contra sentit; quia sæpe quorumdam ita pretiosa est opera in societate, ut eos justum sit conditione meliore in societatem admitti. Nam et ita coiri posse societatem non dubitatur, ut alter pecuniam conferat, alter non conferat, et tamen lucrum inter eos commune sit; quia sæpe opera alicujus pro pecunia valet. Et adeò contra Quinti Mutii sententiam obtinuit, ut illud quoque constiterit; posse convenire ut quis lucri partem ferat, damno non teneatur; quod et ipsum Servius convenienter sibi existimavit (Gaius, *Comm.* III, § 149; Ulpian., L. 29, § 1, D., *Pro socio*). Quod tamen ita intelligi oportet, ut si in aliqua re lucrum, in aliqua damnum allatum sit, compensatione facta, solum quod superest intelligatur lucri esse. (Paul., L. 30, D., *cod.*)

3. Illud expeditum est, si in una causa pars fuerit expressa, veluti in solo lucro, vel in solo damno, in altera vero omissa, in eo quoque quod prætermissum est, eamdem partem servari. (Gaius, *Comm.* III, § 150.)

4. Manet autem societas eousque donec in eodem consensu perseveraverint; at quum aliquis renuntiaverit societati, solvitur societas. Sed plane si quis callide in hoc renuntiaverit societati, ut obveniens aliquod lucrum solus habeat : veluti si totorum bonorum socius, quum ab aliquo hæres esset relictus, in hoc renuntiaverit societati ut hæreditatem solus lucrifaceret, cogitur hoc lucrum communicare. Si quid vero aliud lucrifaciat, quod non captaverit, ad ipsum solum pertinet. Ei vero, cui renuntiatum est, quidquid omnino post renunciatam societatem acquiritur, soli conceditur. (Gaius, *Comm.* III, § 151; Paul., L. 65, § 3, D., *Pro socio*.)

5. Solvitur adhuc societas etiam morte socii; quia qui societatem contrahit, certam personam sibi eligit (Gaius, *Comm.* III, § 152). Sed et, si consensu plurium societas contracta sit, morte unius socii solvitur, etsi plures supersint; nisi in coeunda societate aliter convenerit. (Paul., L. 65, § 9, D., *Pro socio*.)

6. Item si alicujus rei contracta societas sit, et finis negotio impositus est, finitur societas. (Paul. L. 65, § 10, D., *Pro socio*.)

7. Publicatione quoque distrahi societatem manifestum est, scilicet si universa bona socii publicentur. Nam quum in ejus locum alius succedit, pro mortuo habetur. (Paul., L. 65, § 12, D., *Pro socio*.)

8. Item, si quis ex sociis mole debiti prægravatus bonis suis cesserit, et ideo propter publica aut privata debita substantia eju⸲

l'un des associés les deux tiers des gains, en ne mettant à sa charge qu'un tiers des pertes; tandis que l'autre, n'ayant droit qu'à un tiers des gains, aurait à supporter les deux tiers des pertes? Quintus-Mutius se prononçait pour la nullité de cette clause qu'il regardait comme contraire à la nature de la société. Servius Sulpitius, dont l'opinion a prévalu, était d'un avis opposé : souvent, disait-il, l'industrie de l'un des associés est tellement précieuse, qu'il est juste de lui accorder des avantages plus grands qu'à ses coassociés. Personne ne doute en effet qu'on ne puisse faire une société de manière que l'un des associés fournissant tous les fonds et l'autre rien, les gains soient néanmoins communs; parce que l'industrie de l'un équivaut souvent à l'apport fait par l'autre. L'opinion contraire à celle de Quintus Mutius a si bien prévalu, que l'on tient pour valable la convention qui, attribuant à l'un des associés une part dans les gains, le dispenserait de toute contribution aux pertes : c'était aussi l'avis de Servius. Au reste, les décisions précédentes doivent s'entendre en ce sens, que les gains faits dans une opération devront se compenser avec les pertes éprouvées dans une autre; de façon, qu'on ne considérera comme gain véritable, que l'excédant restant après la compensation.

3. C'est un principe incontestable que si on a fixé seulement les parts de gain, sans rien dire des pertes, ou réciproquement, la proportion établie pour l'un des deux cas, sera également suivie pour l'autre.

4. La société dure tant que les associés persévèrent dans la même volonté; elle se dissout dès que l'un des associés y renonce. Cependant, si l'un des associés renonçait frauduleusement pour profiter seul d'un gain qu'il prévoit devoir bientôt arriver; si, par exemple, dans une société de tous biens, l'un des associés renonce pour s'attribuer exclusivement une hérédité pour laquelle il se trouve institué héritier; il est obligé, nonobstant sa renonciation, de mettre ce gain en commun; mais il peut garder pour lui seul les gains qu'il n'aurait pas eus en vue en renonçant. Quant à l'autre associé, il garde tous les gains qu'il a faits depuis que la renonciation lui a été signifiée.

5. La société se dissout encore par la mort de l'un des associés : car c'est un contrat que l'on forme principalement en considération de la personne de son coassocié. Il y a plus : dans les sociétés composées de plusieurs personnes, la mort d'un seul associé dissout la société même à l'égard des survivants, à moins qu'il n'y ait convention contraire.

6. La société finit aussi avec l'opération pour laquelle elle a été contractée.

7. Elle finit encore lorsque tous les biens d'un associé sont confisqués, ou vendus, en masse; parce que cet associé ayant un successeur est regardé comme mort.

8. Elle se dissout également lorsque, accablé de dettes, l'un des associés fait cession de biens, et qu'à la suite de cette cession, on a procédé à la vente

vœneat, solvitur societas. Sed, hoc casu, si adhuc consentiant in societatem, nova videtur incipere societas. (Gaius, *Comm.* III, § 153 et 154; Paul., L. 65, § 1, D., *Pro socio.*)

9. Socius socio utrum eo nomine tantum teneatur pro socio actione, si quid dolo commiserit, sicut is, qui deponi apud se passus est; an etiam culpæ, id est desidiæ atque negligentiæ nomine, quæsitum est? Prævaluit tamen etiam culpæ nomine teneri eum. Culpa autem non ad exactissimam diligentiam dirigenda est. Sufficit enim talem diligentiam in communibus rebus adhibere socium, qualem suis rebus adhibere solet. Nam qui parum diligentem socium sibi adsumit, de se queri, hoc est, sibi imputare debet. (Gaius, L. 72, D., *Pro socio.*)

Tit. XXVI. *De Mandato.*

Mandatum contrahitur quinque modis : sive sua tantum gratia aliquis tibi mandet, sive sua et tua, sive aliena tantum, sive sua et aliena, sive tua et aliena. At si tua tantum gratia tibi mandatum sit, supervacuum est mandatum ; et ob id nulla ex eo obligatio, nec mandati inter vos actio nascitur. (Gaius, L. 2, D., *Mandat.*; *Comm.* III, § 155 et 156.)

1. Mandantis tantum gratia intervenit mandatum : veluti, si quis tibi mandet ut negotia ejus gereres, vel ut fundum ei emeres, vel ut pro eo sponderes. (Gaius, L. 2, § 1, D., *Mandat.*)

2. Tua et mandantis : veluti, si mandet tibi, ut pecuniam sub usuris crederes ei qui in rem ipsius mutuaretur (Gaius, L. 2, § 4, *Mandat.*); aut si, volente te agere cum eo ex fidejussoria causa, tibi mandet ut cum reo agas, periculo mandantis [1] (Gaius, *Comm.* III, § 181 et 182; IV, § 106 et 107); vel ut ipsius periculo stipuleris ab eo quem tibi deleget, in id quod tibi debuerat. (Paul., L. 45, § 7 et 8; L. 22, § 2, D., *h. t.*)

3. Aliena autem causa intervenit mandatum, veluti, si tibi mandet ut Titii negotia gereres, vel ut Titio fundum emeres, vel ut pro Titio sponderes. (Gaius, L. 2, § 2, D., *Mandat.*)

4. Sua et aliena : veluti, de communibus suis et Titii negotiis

---

[1] Generaliter sancimus quemadmodum in mandatoribus statutum, sit (Paul. *Rec. sentent.*, II, 17, § 26), ut contestatione contra unum ex his facta, alter non liberetur, ita et in fidejussoribus observare.... Et ideo generali lege sancimus, nullo modo electione unius ex fidejussoribus, vel ipsius rei, alterum liberari ; vel ipsum reum, fidejussoribus vel uno ex his electo, liberationem mereri. — Idemque et in duobus reis promittendi constituimus. (Justinian., L. 28, C., *de Fidej.*).

Si quis crediderit et fidejussorem....... acceperit....... veniat primum ad eum....... qui debitum contraxit, et si quidem inde receperit, ab aliis abstineat....... Si vero non valuerit à debitore recipere aut in partem aut in totum, secundum quod ab eo non potuerit recipere, secundum hoc ad fidejussorem.......veniat. (Nov., IV, c. 1.)

de son patrimoine. Mais, dans ce cas, les associés peuvent convenir de rester en société, et cette convention forme une société nouvelle.

9. On a demandé si l'associé contre lequel son coassocié agit par l'action *pro socio* doit, comme le dépositaire, répondre seulement de son dol, ou s'il doit en outre répondre de sa faute, c'est-à-dire de son incurie et de sa négligence? L'opinion qui rend l'associé responsable, même de sa faute, a prévalu. Mais pour estimer s'il est en faute, il ne faut pas prendre pour terme de comparaison la diligence la plus exacte : car l'associé n'est tenu de donner aux choses communes que les soins qu'il a coutume de donner aux siennes propres. Celui qui a choisi un associé peu diligent ne peut se plaindre de sa propre imprudence.

Titre XXVI. *Du Mandat.*

Le mandat se contracte de cinq manières : dans l'intérêt du mandant seulement ; dans l'intérêt du mandant et du mandataire ; dans l'intérêt d'un tiers seulement ; dans l'intérêt du mandant et d'un tiers ; enfin dans l'intérêt du mandataire et d'un tiers. Le mandat contracté dans l'intérêt du mandataire seulement est inutile, et ne produit entre les parties ni obligation ni action.

1. Le mandat est dans l'intérêt du mandant seulement, quand par exemple, quelqu'un vous donne mandat de faire ses affaires, de lui acheter un fonds ou de répondre pour lui.

2. Il est dans l'intérêt du mandant et du mandataire dans les cas suivants : quand quelqu'un vous mande de prêter votre argent, moyennant un intérêt, à un individu qui emprunte pour les affaires du mandant ; ou bien encore, si, quand vous vous disposez à agir contre lui par l'action de fidéjussion, il vous mande d'agir, à ses risques et périls, contre le débiteur principal [1] ; ou enfin quand votre débiteur vous mande de stipuler, à ses risques et périls, d'un de ses débiteurs qu'il vous délègue, pour se libérer envers vous.

3. Le mandat est dans l'intérêt d'un tiers, quand par exemple, on vous mande de gérer les affaires de Titius, d'acheter un fonds pour Titius ou de répondre pour lui.

4. Il est dans l'intérêt du mandant et d'un tiers, quand quelqu'un vous

---

[1] Nous voulons que l'on suive pour les fidéjusseurs la règle déjà établie pour les mandants, savoir que la *litis contestatio* faite contre l'un ne libère pas les autres : en conséquence, les poursuites dirigées contre le débiteur principal ou contre l'un des fidéjusseurs ne libéreront pas les autres fidéjusseurs ; et, réciproquement, celles exercées contre les fidéjusseurs ou l'un d'eux ne libéreront pas le débiteur principal. La même règle sera suivie à l'égard des copromettants.

Nous voulons que le créancier, dont la créance est garantie par un fidéjusseur, s'adresse d'abord au débiteur principal ; s'il ne peut rien en obtenir, ou s'il n'en obtient qu'un paiement partiel, il pourra alors attaquer les fidéjusseurs pour le tout ou pour la portion restant due.

gerendis tibi mandet, vel ut sibi et Titio fundum emeres, vel ut pro eo et Titio sponderes. (Gaius, L. 2, § 3, D., *Mandat.*) ·

5. Tua et aliena : veluti, si tibi mandet ut Titio sub usuris crederes. Quodsi, ut sine usuris crederes, aliena tantum gratia intercedit mandatum. (Gaius, L. 2, § 5, *Mandat.*)

6. Tua gratia intervenit mandatum, veluti si tibi mandet ut pecunias tuas in emptiones potius prædiorum colloces, quam fœneres; vel ex diverso, ut fœneres potius quam in emptiones prædiorum colloces. Cujus generis mandatum, magis consilium quam mandatum est, et ob id non est obligatorium; quia nemo ex consilio obligatur, etiamsi non expediat ei cui dabitur, quum liberum cuique sit apud se explorare an expediat consilium (Gaius, L. 2, § 6, D., *Mandat.*; *Comm.* III, § 156). Itaque si otiosam pecuniam domi te habentem hortatus fuerit aliquis, ut rem aliquam emeres, vel eam crederes; quamvis non expediat tibi eam emisse vel credidisse, non tamen tibi mandati tenetur. Et adeo hæc ita sunt, ut quæsitum sit an mandati teneatur, qui mandavit tibi ut pecuniam Titio fœnerares ? Sed obtinuit Sabini sententia, obligatorium esse in hoc casu mandatum; quia non aliter Titio credidisses, quam si tibi mandatum esset. (Gaius, *Comm.* III, § 156.)

7. Illud quoque mandatum non est obligatorium, quod contra bonos mores est : veluti, si Titius de furto aut de damno faciendo, aut de injuria facienda tibi mandet (Gaius, *Comm.* III, § 157). Licet enim pœnam istius facti nomine præstiteris, non tamen ullam habes adversus Titium actionem. (Paul., L. 22, § 6, D., *Mandat.*)

8. Is qui exequitur mandatum, non debet excedere fines mandati. Ut ecce, si quis usque ad centum aureos mandaverit tibi ut fundum emeres, vel ut pro Titio sponderes, neque pluris emere debes, neque in ampliorem pecuniam fidejubere : alioquin non habebis cum eo mandati actionem. Adeo quidem ut Sabino et Cassio placuerit, etiam si usque ad centum aureos cum eo agere volueris, inutiliter te acturum. Diversæ scholæ auctores recte usque ad centum aureos te acturum existimant : quæ sententia sane benignior est (Gaius, *Comm.* III, § 161; L. 4; Paul., L. 5; L. 3, § 2, D., *Mandat.*). Quod si minoris emeris, habebis scilicet cum eo actionem; quoniam qui mandat ut sibi centum aureorum fundus emeretur, is utique mandasse intelligitur ut minoris, si possit, emeretur. (Gaius, *Comm.* III, § 161; Julian., L. 33, D., *Mandat.*)

9. Recte quoque mandatum contractum, si, dum adhuc integra res sit, revocatum fuerit, evanescit. (Gaius, *Comm.* III, § 159; Ulpian., L. 12, § 16, D., *Mandat.*)

10. Item si adhuc integro mandato mors alterius interveniat, id

mande de gérer des affaires qui lui sont communes avec Titius, d'acheter un fonds pour lui et pour Titius, de répondre pour lui et pour Titius.

5. Le mandat est dans l'intérêt du mandataire et d'un tiers, quand, par exemple, on vous mande de prêter votre argent à Titius moyennant un intérêt. Il serait dans l'intérêt du tiers seulement, si on vous mandait de prêter cet argent sans intérêt.

6. Le mandat est dans l'intérêt du mandataire seulement, quand par exemple, on vous mande d'employer votre argent en acquisitions d'immeubles plutôt qu'en placements à intérêt ; ou, réciproquement, de le placer à intérêt plutôt que de l'employer en acquisitions d'immeubles. Il y a là plutôt un conseil qu'un véritable mandat ; aussi ce genre de mandat n'est-il pas obligatoire : nul en effet ne doit être responsable du conseil qu'il donne, quelque préjudiciable que ce conseil puisse être à celui à qui il est donné : parce que chacun est maître d'examiner si le conseil qu'il reçoit est avantageux ou non. En conséquence, si quelqu'un sachant que vous avez chez vous des capitaux qui ne vous rapportent rien, vous engage à les employer en acquisitions ou à les prêter, quoique ni l'un ni l'autre ne vous procurent de l'avantage, il n'est point tenu envers vous par l'action de mandat. Ces principes ont paru tellement justes qu'on s'est demandé si l'on devait considérer comme obligé par mandat celui, qui vous mande de prêter à intérêt votre argent à Titius? On a adopté à cet égard l'opinion de Sabinus, qui soutenait que, dans l'espèce proposée, le mandat doit être obligatoire, parce que sans ce mandat, vous n'auriez pas prêté votre argent à Titius.

7. Le mandat contraire aux bonnes mœurs n'est pas obligatoire. Si donc Titius vous mande de commettre un vol, un dommage, une injure, vous n'aurez aucune action contre lui, lors même que vous auriez subi les peines attachées à ces délits.

8. Le mandataire ne doit pas excéder les bornes du mandat. Si, par exemple, quelqu'un vous mande d'acheter un fonds pour cent écus d'or, ou de répondre pour Titius jusqu'à concurrence de la même somme, vous ne devez pas acheter le fonds plus cher, ni répondre pour une somme plus considérable ; autrement vous n'aurez pas d'action contre celui qui vous a donné mandat. L'observation de cette règle est même prescrite si rigoureusement que Sabinus et Cassius allaient jusqu'à vous refuser toute action, même quand vous ne réclameriez que les cent écus d'or dont le mandat vous autorisait à disposer. Mais, les Proculéiens pensent au contraire que vous pouvez agir utilement jusqu'à concurrence de cent écus d'or ; et cette opinion est certainement plus équitable. A l'inverse, si vous achetez le fonds moins cher, vous aurez, sans le moindre doute, l'action de mandat contre le mandant ; parce que celui qui vous charge de lui acheter un fonds pour cent écus d'or, vous a autorisé à plus forte raison à l'acheter moins cher, si cela est possible.

9. Le mandat régulièrement contracté s'évanouit quand il est révoqué, toutes choses étant encore entières, c'est-à-dire, avant qu'il ait reçu aucune exécution.

10. Le mandat finit aussi quand, toutes choses étant encore entières, le

est, vel ejus qui mandaverit, vel illius qui mandatum susceperit,
solvitur mandatum. Sed utilitatis causa receptum est, ut, si co mortuo
qui tibi mandaverat, tu ignorans eum decessisse executus fueris
mandatum, posse té agere mandati actione: alioquin justa et pro-
babilis ignorantia tibi damnum afferet. Et huic simile est quod
placuit, si debitores manumisso dispensatore Titii per ignorantiam
liberto solverint, liberari eos; quum alioquin stricta juris ratione non
possent liberari, quia alii solvissent quam cui solvere debuerint.
(Gaius, *Comm.* III, § 160; L. 27, § 3; Paul., L. 26, *pr.* et § 1, D.,
Mandat.)

11. Mandatum non suscipere cuilibet liberum est; susceptum
autem consummandum est, aut quam primum renuntiandum, ut
per semetipsum aut per alium eamdem rem mandator exequatur.
Nam nisi ita renuntiatur, ut, integra causa, mandatori reservetur
eamdem rem explicandi, nihilominus mandati actio locum habet:
nisi justa causa intercessit, aut non renuntiandi, aut intempestive
renuntiandi. (Paul.,L. 22, § *ult.;* Gaius, L. 27, § 2, D., *Mandat.*)

12. Mandatum et in diem differri, et sub conditione fieri potest.
(Paul., L. 1, § 3, D., *Mandat.*)

13. In summa sciendum est, mandatum nisi gratuitum sit, in
aliam formam negotii cadere; nam mercede constituta, incipit locatio et conductio esse (Paul., L. 1, § 4, D., *Mandat*). Et, ut generaliter dixerimus, quibus casibus sine mercede suscepto officio mandati aut depositi contrahitur negotium; iis casibus, interveniente
mercede, locatio et conductio contrahi intelligitur. Et ideo si fulloni
polienda curandave vestimenta dederis, aut sarcinatori sarcienda,
nulla mercede constituta neque promissa, mandati competit actio.
Gaius, *Comm.* III, § 162; L. 22, D., *de Præscr. verb.*)

TIT. XXVII. *De obligationibus quasi ex contractu.*

Post genera contractuum enumerata, dispiciamus etiam de iis obligationibus quæ non proprie quidem ex contractu nasci intelliguntur; sed tamen quia non ex maleficio substantiam capiunt, quasi ex
contractu nasci videntur.

1. Igitur quum quis absentis negotia gesserit, ultro citroque inter
eos nascuntur actiones quæ appellantur negotiorum gestorum. Sed
domino quidem rei gestæ adversus eum qui gessit, directa competit actio; negotiorum autem gestori, contraria. Quas ex nullo contractu proprie nasci manifestum est: quippe ita nascuntur istæ
actiones, si sine mandato quisque alienis negotiis gerendis se obtu-
lerit: ex qua causa ii, quorum negotia gesta fuerint, etiam ignorantes obligantur. Idque utilitatis causa receptum est, ne absentium,

mandant ou le mandataire vient à mourir. Cependant, des raisons d'utilité
ont fait décider que si le mandataire, ignorant la mort du mandant, a exé-
cuté le mandat, il pourra intenter l'action de mandat ; il ne doit pas en effet
souffrir d'une ignorance légitime et plausible. Par la même raison, on a
décidé que si l'esclave, qui gérait les affaires de Titius, vient à être affranchi,
les débiteurs qui lui auront payé, dans l'ignorance de cet affranchissement,
seront valablement libérés : quoique, d'après la rigueur du droit, ils ne
dussent pas l'être, puisqu'ils ont payé à quelqu'un qui n'avait pas qualité
pour recevoir.

11. Chacun est libre de refuser le mandat dont on veut le charger :
mais, quand vous l'avez une fois accepté, il faut l'exécuter ou signifier le
plustôt possible votre renonciation au mandant, pour qu'il puisse faire,
soit par lui-même, soit par un autre mandataire, l'affaire dont il vous avait
chargé. Si vous renoncez de manière à ne pas laisser au mandant la latitude
convenable pour accomplir l'opération, vous restez soumis à l'action de
mandat ; à moins, cependant, que vous n'ayez eu de justes motifs de ne
point signifier votre renonciation ou de ne la signifier que trop tard.

12. Le mandat peut être contracté à terme ou sous condition.

13. Faisons remarquer, en terminant, que le mandat doit être gratuit ;
sinon, il constitue un contrat d'une autre nature : car s'il y a un salaire
convenu, ce n'est plus un mandat, mais un louage de services. Et, en général, le contrat, qui, en l'absence de tout salaire, constitue un mandat ou
un dépôt, devient un louage dès qu'il y a salaire convenu. Réciproquement, si je donne un vêtement à un foulon pour le dégraisser ou à un tailleur pour le raccommoder, sans qu'il y ait aucune rétribution fixée ou
promise, le contrat est un mandat et non un louage.

Titre XXVII. *Des obligations qui naissent des quasi-contrats.*

Après avoir énuméré les différents genres de contrats, nous allons examiner les obligations qui à proprement parler ne naissent pas d'un contrat,
mais, qui, ne résultant pas non plus d'un délit, semblent naître d'un
contrat.

1. Ainsi, lorsque quelqu'un a géré les affaires d'un absent, il en résulte
de part et d'autre, des actions que l'on appelle actions de gestion d'affaires
(*actio negotiorum gestorum*). Le maître dont l'affaire a été gérée a contre
le gérant d'affaires l'action *negotiorum gestorum* directe ; et le gérant a
contre le maître l'action *negotiorum gestorum* contraire. Il est évident
que ces actions existent sans contrat, puisqu'elles n'ont lieu qu'autant qu'on
a géré spontanément, et sans mandat, les affaires d'autrui : celui dont l'affaire a été gérée est obligé à son insu. Cela a été admis par un motif d'utilité : il ne fallait pas en effet laisser à l'abandon les affaires de ceux que

qui subita festinatione coacti , nulli demandata negotiorum suorum administratione, peregre profecti essent, desererentur negotia : quia sane nemo curaturus esset, si de eo, quod quis impendisset, nullam habiturus esset actionem. Sicut autem is, qui utiliter gesserit negotia, habet obligatum dominum negotiorum; ita et contra iste quoque tenetur ut administrationis rationem reddat (Gaius, L. 5, D., de Obl. et act.; L. 2, D., de Negot. gest.). Quo casu ad exactissimam quisque diligentiam compellitur reddere rationem; nec sufficit talem diligentiam adhibuisse qualem suis rebus adhibere soleret, si modo alius diligentior commodius administraturus esset negotia. (Diocl. et Max., L. 20, C., de Negot. gest.)

2. Tutores quoque qui tutelæ judicio tenentur, non proprie ex contractu obligati intelliguntur (nullum enim negotium inter tutorem et pupillum contrahitur); sed quia sane non ex maleficio tenentur, quasi ex contractu teneri videntur. Et hoc autem casu mutuæ sunt actiones : non tantum enim pupillus cum tutore habet tutelæ actionem ; sed, ex contrario, tutor cum pupillo habet contrariam tutelæ, si vel impenderit aliquid in rem pupilli , vel pro eo fuerit obligatus, aut rem suam creditoribus ejus obligaverit. (Gaius, L. 5, § 1, D., de Obl. et act.)

3. Item si inter aliquos communis sit res sine societate , veluti quod pariter eis legata donatave esset ; et alter eorum alteri ideo tenetur communi dividundo judicio; quod solus fructus ex ea re perceperit, aut quod socius ejus solus in eam rem necessarias impensas fecerit , non intelligitur proprie ex contractu obligatus, quippe nihil inter se contraxerunt ; sed, quia non ex maleficio tenetur, quasi ex contractu teneri videtur. (Paul., L. 25 , § 16 ; D., Famil. ercisc.)

4. Idem juris est de eo qui cohæredi suo, familiæ erciscundæ judicio, ex his causis obligatus est. (Paul., L. 25, § 16, Famil. ercisc.)

5. Hæres quoque legatorum nomine non proprie ex contractu obligatus intelligitur (neque enim cum hærede, neque cum defuncto ullum negotium legatarius gessisse proprie dici potest) ; et tamen, quia ex maleficio non est obligatus hæres, quasi ex contractu debere intelligitur. (Gaius, L. 5, § 2, D., de Obl. et act.)

6. Item is, cui quis per errorem non debitum solvit, quasi ex contractu debere videtur. Adeo enim non intelligitur proprie ex contractu obligatus; ut, si certiorem rationem sequamur, magis (ut supra diximus) ex distractu, quam ex contractu possit dici obligatus esse. Nam qui solvendi animo pecuniam dat , in hoc dare videtur ut distrahat potius negotium , quam contrahat. Sed tamen perinde is qui accipit obligatur, ac si mutuum illi daretur, et ideo condic-

des circonstances pressantes peuvent forcer à se mettre en voyage, sans avoir eu le temps de confier à quelqu'un l'administration de leurs biens : or, nul n'eût voulu s'en charger, s'il n'y avait aucune action, au moyen de laquelle le gérant pût recouvrer ses avances. De même que la gestion oblige le maître envers celui qui a géré utilement ses affaires; de même, réciproquement, le gérant est tenu de rendre compte de son administration. Le gérant, en rendant son compte, doit être en mesure de justifier qu'il a mis, dans tous les actes de sa gestion, la diligence la plus exacte : il ne suffit pas en effet qu'il ait donné aux affaires d'autrui les mêmes soins qu'aux siennes propres, si un autre, plus diligent, eût pu administrer d'une manière plus profitable.

2. Les tuteurs sont soumis à l'action de tutelle; et, cependant, ils ne sont point obligés par contrat, puisque aucun contrat ne peut intervenir entre le pupille et son tuteur; et comme, d'un autre côté l'obligation du tuteur ne procède pas d'un délit, on dit qu'il est obligé comme il le serait par un contrat. Au reste la tutelle engendre des actions réciproques : car, si le pupille a l'action de tutelle contre son tuteur; celui-ci a, de son côté, contre le pupille, l'action de tutelle contraire, quand il a fait des avances, contracté des obligations ou engagé ses biens dans l'intérêt du pupille.

5. Pareillement, lorsque une chose appartient en commun à plusieurs personnes, sans qu'il y ait entre elles contrat de société; quand, par exemple, elle leur a été donnée ou léguée en commun; chacun des copropriétaires se trouve tenu envers les autres par l'action dite *communi dividundo* (action en partage d'une chose commune), soit en raison de ce qu'il a seul perçu les fruits de la propriété commune, soit en raison de ce que l'autre a supporté seul les dépenses nécessaires pour la conservation de la chose. Cependant, on ne peut pas dire qu'ils soient obligés par contrat, puisqu'en fait il n'y a entre eux aucun contrat; mais, comme l'obligation ne résulte pas d'un délit, on peut dire qu'ils sont obligés comme ils le seraient par contrat.

4. Ce que nous avons dit, dans le paragraphe précédent, s'applique aux obligations que l'indivision fait naître entre cohéritiers; obligations qui sont garanties par l'action dite *familiæ erciscundæ* (action en partage de succession).

5. L'héritier tenu d'acquitter des legs, n'est pas non plus obligé par contrat, car il n'y a aucun contrat entre les légataires d'une part et le défunt ou son héritier de l'autre; et, cependant, comme l'obligation de l'héritier ne vient pas d'un délit, elle paraît naître comme d'un contrat.

6. Celui, à qui on paie par erreur ce qu'on ne lui doit pas, est aussi obligé comme il le serait par contrat : et, dans ce cas, il est bien certain que l'obligation ne dérive pas d'un contrat; car celui, qui paie ce qu'il croit devoir, a bien plutôt pour but de dissoudre un contrat qu'il croit exister que d'en former un nouveau, ainsi que nous l'avons déjà fait remarquer dans un titre précédent. Et cependant celui, qui reçoit ce qui ne lui est pas dû,

tione tenetur. (Gaius, *Comm.*, III, § 91; L. 5, § 3, D., *de Obl. et act.*)

7. Ex quibusdam tamen causis repeti non potest quod per errorem non debitum solutum sit. Namque definierunt veteres, ex quibus causis inficiando lis crescit, ex iis causis non debitum solutum repeti non posse (Diocl., et Max., L. 4, C., *de Condict. indeb.*): veluti ex lege Aquilia, item ex legato. Quod veteres quidem in iis legatis locum habere voluerunt, quæ certa constituta per damnationem cuicumque legata fuerant. (Gaius, *Comm.* III, § 283; IV, § 9 et 171; Paul., *Rec. sentent.* I, § 19.)

Nostra autem constitutio, quum unam naturam omnibus legatis et fideicommissis indulsit, hujusmodi augmentum in omnibus legatis et fideicommissis extendi voluit : sed non omnibus legatariis præbuit, sed tantummodo in iis legatis et fideicommissis quæ sacrosanctis ecclesiis et cæteris venerabilibus locis, quæ religionis vel pietatis intuitu honorificantur, derelicta sunt. Quæ, si indebita solvantur, non repetuntur.

Tit. XXVIII. *Per quas personas nobis obligatio acquiritur.*

Expositis generibus obligationum quæ ex contractu vel quasi ex contractu nascuntur, admonendi sumus acquiri nobis, non solum per nosmetipsos, sed etiam per eas personas quæ in nostra potestate sunt : veluti per servos et filios nostros. (Gaius, *Comm.* III, § 163.)

Ut tamen quod per servos quidem nobis acquiritur, totum nostrum fiat : quod autem per liberos quos in potestate habemus, ex obligatione fuerit acquisitum, hoc dividatur secundum imaginem rerum proprietatis et ususfructus quam nostra discrevit constitutio : ut, quod ab actione quoquo modo perveniat, hujus usumfructum quidem habeat pater, proprietas autem filio servetur; scilicet patre actionem movente secundum novellæ nostræ constitutionis divisionem. (Justinian., L. *ult.*, § 3, C., *de Bon. quæ lib.*)

1. Item per liberos homines et alienos servos quos bona fide possidemus, acquiritur nobis ; sed tantum ex duabus causis, id est, si quid ex operibus suis vel ex re nostra acquirant. (Gaius, *Comm.* III, § 164; Ulpian., *Fragm.*, XIX, § 20.)

2. Per eum quoque servum in quo usumfructum vel usum habemus, similiter ex duabus istis causis nobis acquiritur. (Gaius, *Comm.* III, § 165; Ulpian., L. 14, D., *de Us. et habit.*)

3. Communem servum pro dominica parte dominis acquirere certum est : excepto eo quod uni nominatim stipulando aut per traditionem accipiendo, illi soli adquirit, veluti quum ita stipulatur :

est obligé de la même manière que si on lui eût donné la chose à *mutuum* ; aussi a-t-on contre lui l'action dite *condictio* (*Condictio indebiti*).

7. Il est toutefois des cas où l'on ne peut répéter ce que l'on a payé indûment ; et voici à cet égard une règle établie par les anciens : dans tous les cas où la dette est du nombre de celles qui augmentent par la dénégation du défendeur, celui qui, pour ne pas s'exposer au danger de cette augmentation, paie ce qu'il ne doit pas, ne peut rien répéter. Cela arrive notamment quand celui qui se prétendait créancier agissait en vertu de la loi Aquilia ou pour un legs. Les anciens appliquaient cette décision aux legs de choses déterminées laissées, *per damnationem*, à des personnes quelconques.

Notre constitution ayant mis sur la même ligne tous les legs et fidéicommis, leur a attribué à tous cette faculté d'augmenter en cas de dénégation : toutefois, cela n'aura lieu que dans les legs ou fidéicommis laissés dans un but pieux ou charitable, aux saintes églises ou autres lieux vénérables ; en conséquence, ces legs, quoique payés indûment, ne pourront être répétés.

TITRE XXVIII. *Par quelles personnes nous acquérons les obligations.*

Après avoir exposé les différentes espèces d'obligations qui naissent des contrats ou des quasi-contrats, il nous reste à faire observer que nous pouvons acquérir des obligations non seulement par nous-mêmes, mais encore par ceux qui sont sous notre puissance, comme par nos esclaves et par nos enfants.

Avec cette différence, que ce que nous acquérons par l'obligation de nos esclaves, nous est acquis en entier ; au lieu que ce qui est acquis en vertu de l'obligation des fils de famille se partage entre le père et le fils, en propriété et en usufruit, conformément à la constitution que nous avons portée à cet égard. Ainsi, l'émolument qui résultera de l'action appartiendra au père en usufruit, et au fils en propriété : ce sera cependant le père qui intentera l'action, dans la forme que nous avons prescrite dans une nouvelle constitution.

1. Nous acquérons aussi par les personnes libres et par les esclaves d'autrui que nous possédons de bonne foi comme nos esclaves ; mais en deux cas seulement, c'est-à-dire, quand l'acquisition provient de leur travail ou de la chose qui nous appartient.

2. Nous acquérons également, et dans les mêmes cas, par l'esclave d'autrui dont nous avons l'usufruit ou l'usage.

3. Il est certain que l'esclave qui appartient à plusieurs, acquiert l'obligation à tous ses maîtres en proportion de la part de propriété que chacun a sur lui. Il faut cependant excepter le cas où il stipule, et celui où on lui fait tradition pour un de ses maîtres nommément ; auquel cas, il

TITIO DOMINO MEO DARE SPONDES ? (Gaius, *Comm.* III, § 167; L. 45, D., *de Acq. rer. dom.*)

Sed, si unius domini jussu servus fuerit stipulatus, licet antea dubitabatur, tamen post nostram decisionem res expedita est, ut illi tantum acquirat qui hoc ei facere jussit, ut supra dictum est. (Justinian., L. 3, C., *Per quas pers.*; Gaius, *Comm.* III, § 167.)

TIT. XXIX. *Quibus modis obligatio tollitur.*

Tollitur autem omnis obligatio solutione ejus quod debetur; vel si quis, consentiente creditore, aliud pro alio solverit. Nec tamen interest quis solvat, utrum ipse qui debet, an alius pro eo: liberatur enim et alio solvente, sive sciente sive ignorante debitore vel invito, solutio fiat (Gaius, *Comm.* III, § 168; L. 53, D., *de Solut.*). Item si reus solverit, etiam ii qui pro eo intervenerunt, liberantur. Idem ex contrario contingit, si fidejussor solverit; non enim solus ipse liberatur, sed etiam reus. (Afric., L. 38, § 2; Ulpian., L. 43, D., *cod.* Paul., L. 66, D., *de Fidejuss.*)

1. Item per acceptilationem tollitur obligatio. Est autem acceptilatio imaginaria solutio. Quod enim ex verborum obligatione Titio debetur, id si velit Titius remittere, poterit sic fieri ut patiatur hæc verba debitorem dicere: QUOD EGO TIBI PROMISI HABESNE ACCEPTUM? et Titius respondeat: HABEO (Gaius, *Comm.* III, § 169; Modest., L. 1, D., *de Acceptil.*). Sed et grave potest acceptum fieri, dummodo sic fiat ut latinis verbis solet: εχεις λαβων δηναρια τοσα· εχω λαβων (Ulpian., L. 8, § 4, D., *cod.*). Quo genere (ut diximus) tantum eæ solvuntur obligationes, quæ ex verbis consistunt, non etiam cæteræ. Consentaneum enim visum est, verbis factam obligationem, aliis posse verbis dissolvi. Sed et id quod alia ex causa debetur, potest in stipulationem deduci, et per acceptilationem dissolvi (Gaius, *Comm.* III, § 170; Ulpian., L. 8, § 3, *cod.*). Sicut autem quod debetur, pro parte recte s...atur, ita in partem debiti acceptilatio fieri potest. (Gaius, *Comm.* III, § 172; Paul., L. 9; Julia L. 17, D., *cod.*)

2. Est prodita stipulatio quæ vulgo AQUILIANA appellatur, per quam stipulationem contingit ut omnium rerum obligatio in stipulatum deducatur, et ea per acceptilationem tollatur. Stipulatio enim Aquiliana novat omnes obligationes (Ulpian., L. 4, D., *de Transact.*); et a Gallo Aquilio ita composita est: « Quidquid te mihi » ex quacumque causa dare facere oportet oportebit, præsens in » diemve [1]; quarumque rerum mihi tecum actio, quæque adversus » te petitio, vel adversus te persecutio est eritve, quodve tu meum » habes, tenes, possidesve, dolove malo fecisti quominus possideas:

---

1 *Vulgo* : præsens in diemve AUT SUB CONDITIONE, quarumque, etc.

acquiert à celui-là seulement : par exemple, s'il stipule ainsi : *promettez-vous de donner tant à Titius, mon maître?*

Si l'esclave stipule par l'ordre d'un seul de ses maîtres, la question faisait autrefois naître des doutes qui ne peuvent plus exister aujourd'hui : en effet nous avons décidé qu'il acquerrait seulement à celui de ses maîtres par l'ordre duquel il aurait agi, comme nous l'avons dit ci-dessus.

Titre XXIX. *De quelles manières s'éteignent les obligations.*

L'obligation s'éteint d'abord par le paiement de ce qui est dû ; et aussi quand, du consentement du créancier, à la place de la chose due, on paie une chose différente. Il est du reste indifférent que le paiement soit fait par le débiteur lui-même ou par un autre pour lui : car le paiement fait par un tiers opère la libération du débiteur, même à son insu, et même malgré lui. Quand le débiteur principal paie, les fidéjusseurs sont libérés ; et, réciproquement, le paiement fait par le fidéjusseur libère le débiteur principal.

1. L'obligation s'éteint pareillement par acceptilation. L'acceptilation est un paiement fictif. Quand Titius veut faire remise de ce qui lui est dû en vertu d'une obligation verbale, il peut y parvenir aisément de la manière suivante : le débiteur dit au créancier: *tenez-vous pour reçu ce que je vous ai promis ?* Le créancier répond : *je le tiens pour reçu* : et l'obligation est éteinte. L'acceptilation peut aussi se faire en langue grecque, pourvu que l'interrogation et la réponse soient modelées sur la formule latine : εχεις λαβων δηναρια τοσα · εχω λαβων. Ce mode d'extinction n'est applicable qu'aux obligations verbales et non aux autres : il a semblé naturel en effet qu'on pût dissoudre, par paroles, une obligation contractée par paroles. Au reste, on peut ramener une obligation quelconque à la forme de la stipulation ; et appliquer ensuite l'acceptilation à l'obligation ainsi transformée.—De même qu'on peut faire un paiement partiel, de même on peut ne faire l'acceptilation que pour une partie de la dette seulement.

2. On appelle communément stipulation aquilienne, la stipulation au moyen de laquelle nous pouvons transformer une obligation quelconque en obligation verbale, afin de pouvoir l'éteindre ensuite par acceptilation. —La stipulation aquilienne nove toutes les obligations. — Elle a été composée par Aquilius-Gallus, et est ainsi conçue : « *Aulus Agerius a stipulé* « *en ces termes : promettez-vous de me donner une somme d'argent* « *formant l'équivalent de tout ce que vous devez ou devrez me don-* « *ner ou faire pour moi en vertu d'une cause quelconque, présente-* « *ment ou à terme* [1]; *de toutes choses à l'occasion desquelles j'ai ou* « *aurai contre vous action* (actio), *pétition* (petitio) *ou poursuite* (per-

---

[1] La variante ajoute : *ou sous condition.*

» quanti quæque earum rerum res erit, tantam pecuniam dari,
» stipulatusest Aulus; Agerius, spopondit Numerius Negidius. Item
» ex diverso Numerius Negidius interrogavit Aulum Agerium :
» Quidquid tibi hodierno die per Aquilianam stipulationem spo-
» pondi, id omne habesne acceptum? respondit Aulus Agerius :
» Habeo, acceptumque tuli.» (Florent., *L.* 18, § 1, D., *de Acceptil.*)

3. Præterea novatione tollitur obligatio : veluti si id quod tu
Scio debeas, a Titio dari stipulatus sit. Nam interventu novæ personæ nova nascitur obligatio, et prima tollitur translata in posterio-
rem : adeo ut interdum, licet posterior stipulatio inutilis sit, tamen
prima novationis jure tollatur : veluti si id quod tu Titio debebas, a
pupillo, sine tutoris auctoritate, stipulatus fueris. Quo casu, resamit-
titur ; nam et prior debitor liberatur, et posterior obligatio nulla
est. Non idem juris est, si a servo quis fuerit stipulatus ; nam tunc
prior perinde obligatus manet, ac si postea nullus stipulatus fuisset
(Gaius, *Comm.* III, § 176; Ulpian., **L.** 1, **D.**, *de Novat.*). Sed si eadem persona sit a qua postea stipuleris : ita demum novatio fit, si
quid in posteriore stipulatione novi sit, forte si conditio aut dies
aut fidejussor adjiciatur, aut detrahatur. Quod autem diximus, si
conditio adjiciatur, novationem fieri, sic intelligi oportet ut ita
dicamus factam novationem, si conditio extiterit : alioquin si defecerit, durat prior obligatio (Gaius, *Comm.,* III, § 177, 179; Ulpian.,
L. 8, § 1; L. 14, **D.**, *de Novat.*). Sed quum hoc quidem inter veteres
constabat, tunc fieri novationem, quum novandi animo in secundam
obligationem itum fuerat; per hoc autem dubium erat, quando novandi animo videretur hoc fieri, et quasdam de hoc præsumptio-
nes alii in aliis casibus introducebant. (Ulpian., L. 6; L. 8, § 1, 2,
3 et 5; Papin., L. 28, D., *cod.*)

Ideo nostra processit constitutio quæ apertissime definivit tunc solum novationem fieri, quoties hoc ipsum inter contrahentes expressum fuerit, quod propter
novationem prioris obligationis convenerunt · alioquin manere et pristinam obligationem, et secundam ei accedere, ut manet ex utraque causa obligatio, secundam
nostræ constitutionis definitionem, quam licet ex ipsius lectione apertius cognoscere. (Justinian., **L.** 8, C., *de Novat.*)

4. Hoc amplius, eæ obligationes quæ consensu contrahuntur, contraria voluntate dissolvuntur. Nam si Titius et Seius inter se con-
senserint, ut fundum Tusculanum emptum Seius haberet centum
aureorum ; deinde, re nondum secuta, id est, neque pretio soluto
neque fundo tradito, placuerit inter eos ut discederetur ab ea emptione et venditione, invicem liberantur. Idem est in conductione et
locatione, et in omnibus contractibus qui ex consensu descendunt.
(Pompon., **L.** 80, **D.**, *de Solut.*; Ulpian., **L.** 35, **D.**, *de Reg. jur.*;
Paul., **L.** 3; Julian., **L.** 5, § 1, D., *de Rescind. vend.*)

« secutio), *des choses, m'appartenant, que vous avez, que vous tenez,*
« *que vous possédez, ou que vous avez frauduleusement cessé de*
« *posséder ?* Numerius Négidius a répondu : *je le promets ;* puis il a
« interrogé à son tour Aulus Agérius, en ces termes : *tenez-vous pour*
« *reçu ce que je vous ai promis aujourd'hui par stipulation aquilien-*
« *ne ?* Aulus Agérius a répondu : *je le tiens pour reçu.* »

5. L'obligation s'éteint encore par novation. Il y a novation quand, par
exemple, ce que vous devez à Séius, il le stipule de Titius. Car, dans ce
cas, l'intervention d'une nouvelle personne donne naissance à une obligation nouvelle ; et la première obligation, remplacée par la seconde, s'é-
teint. Quelquefois même, quoique la seconde stipulation soit inutile, la
première est cependant éteinte par novation : par exemple, si Titius se
fait promettre ce que vous lui devez, par un pupille non autorisé de son
tuteur : dans ce cas il perd sa créance, car, d'une part, vous êtes libéré,
et d'autre part, la seconde obligation est nulle. Il en serait autrement si le
créancier se faisait promettre par un esclave ce que lui doit un tiers :
alors, en effet, le premier débiteur demeure obligé, comme si la seconde
stipulation n'eût pas été faite. — Quand c'est de votre débiteur lui-même
que vous stipulez, la novation ne s'opère qu'autant que la dernière obligation contient quelque chose de nouveau; qu'autant, par exemple, qu'elle
a, de plus ou de moins que l'obligation primitive, un terme, une condition, un fidéjusseur. Nous venons de dire qu'il y a novation quand
on ajoute une condition à l'obligation primitive : cela doit s'entendre en
ce sens que la première obligation n'est novée, qu'autant que la condition,
ajoutée à la seconde, se réalise ; si elle ne se réalise pas, la première obligation subsiste. — C'était un point constant chez les anciens, qu'il y a
novation toutes les fois que la seconde obligation est contractée dans l'intention de nover la première; mais on n'était pas d'accord sur les signes auxquels on devait reconnaître cette intention ; et on avait établi, à cet égard,
différentes présomptions.

Pour faire disparaître toutes ces difficultés, nous avons publié une constitution
qui décide qu'il n'y aura novation qu'autant que les parties auront expressément
déclaré que telle est leur intention. A défaut de déclaration formelle, la première
obligation subsistera conjointement avec la dernière; et le débiteur sera obligé en
vertu de l'une et de l'autre, conformément à notre constitution, que devront lire
ceux qui désirent connaître plus amplement ce sujet.

4. Les obligations contractées par le seul consentement s'éteignent par
une volonté contraire. Si Titius a vendu à Séius le fonds de Tusculum moyennant cent écus d'or; et qu'avant que le contrat ait reçu aucune exécution,
c'est-à-dire, avant que le prix ait été payé ou la chose livrée, les parties
conviennent de résilier la vente, elles sont libérées l'une et l'autre. Il en
est de même dans le louage, et dans les autres contrats qui se forment par
le seul consentement.

LIBER QUARTUS.

TIT. I. *De Obligationibus quæ ex delicto nascuntur.*

Quum expositum sit superiore libro de obligationibus ex contractu et quasi ex contractu, sequitur ut de obligationibus ex maleficio dispiciamus [1]. Sed illæ quidem (ut suo loco tradidimus) in quatuor genera dividuntur : hæ vero unius generis sunt ; nam omnes ex re nascuntur, id est, ex ipso maleficio, veluti ex furto aut rapina aut damno aut injuria. (Gaius, *Comm.* III, § 182 ; L. 4, **D.**, *de Obl. et act.*)

1. Furtum est contrectatio rei fraudulosa [2], vel ipsius rei, vel etiam usus ejus possessionisve : quod lege naturali prohibitum est admittere. (Paul., L. 1, § 3, **D.**, *de Furt.*; *Rec. sentent.*, II, 31, § 1.)

2. Furtum autem vel a furvo, id est nigro, dictum est, quod clam et obscure fiat, et plerumque nocte ; vel a fraude, vel a ferendo, id est, auferendo ; vel a græco sermone, qui φωρας appellant fures. Imo et Græci απο του φερειν φωρας dixerunt. (Paul., L. 1, **D.**, *de Furt.*)

3. Furtorum autem genera duo sunt : manifestum, et nec manifestum. Nam conceptum et oblatum species potius actionis sunt furto cohærentes, quam genera furtorum, sicut inferius apparebit (Gaius, *Comm.* III, § 183 ; L. 2, **D.**, *de Furt.*)—Manifestus fur est, quem Græci επ' αυτοφώρω appellant ; nec solum is qui in furto deprehenditur, sed etiam is qui in eo loco deprehenditur quo fit (Ulpian., L. 3, **D.**, *de Furt.*) : veluti qui in domo furtum fecit, et

---

[1] *Vulgo* : sequitur ut... ex maleficio ET QUASI EX MALEFICIO dispiciamus.
[2] *Vulgo* : fraudulosa, LUCRI FACIENDI GRATIA, vel ipsius rei, etc.

LIVRE QUATRIÈME.

————

Titre I. *Des Obligations qui naissent des délits.*

Nous avons parlé, dans le livre précédent, des obligations qui naissent des contrats (et des quasi-contrats); nous devons traiter maintenant de celles qui naissent des délits et quasi-délits. Les premières [1], comme nous l'avons dit en son lieu, sont de quatre espèces [2]; celles-ci sont toutes d'une même nature : car elles sont toutes réelles (*nascuntur re*); c'est-à-dire, naissent du délit même, savoir : du vol, de la rapine, du dommage ou de l'injure.

1. Le vol est le déplacement frauduleux d'une chose [3]; soit que le détournement porte sur la chose elle-même, ou sur son usage, ou sur sa possession. Le vol est défendu par la loi naturelle.

2. Le mot *furtum* (vol) vient ou du mot *furvum*, qui signifie noir, parce que les vols se font clandestinement, dans l'obscurité, et ordinairement de nuit ; ou du mot *fraus* (fraude); ou du mot *ferre* ou *auferre*, qui signifie emporter; ou enfin du grec : car les Grecs appellent les voleurs φωρας, mot qui lui-même vient de φερειν (emporter).

3. Il y a deux espèces de vols, le vol manifeste et le vol non manifeste : car, ainsi que nous le verrons plus bas, le vol appelé *conceptum* (trouvé chez quelqu'un), et le vol appelé *oblatum* (déposé chez quelqu'un) ne sont pas des espèces particulières de vols, mais seulement différentes actions qui ont lieu à l'occasion du vol.—Le voleur manifeste est celui que les Grecs appellent επ' αυτοφώρω (voleur pris sur le fait) : ce qui doit s'entendre non-seulement de celui qui est absolument pris sur le fait, mais encore de celui qui est pris dans le lieu où le vol est commis; par exemple,

---

[1] C'est-à-dire, les obligations qui naissent des contrats ; et non, comme le texte pourrait le faire croire, les obligations qui naissent des quasi-contrats. (Voyez ci-dessus § 2, Instit. *de obligat.* et Gaius, *Comm.* III, § 182).

[2] *Réelles, verbales, littérales* et *consensuelles.*

[3] La variante ajoute : *dans la vue d'en tirer profit.*

nondum egressus januam deprehensus fuerit; et qui in oliveto oli-
varum, aut in vineto uvarum furtum fecit, quamdiu in eo oliveto
aut vineto fur deprehensus sit (Gaius , *Comm.*, III , § 183). Imo
ulterius furtum manifestum extendendum est, quamdiu eam rem
fur tenens visus vel deprehensus fuerit, sive in publico sive in privato , vel a domino vel ab alio , antequam eo pervenerit quo per-
ferre ac deponere rem destinasset.—Sed si pertulit quo destinavit,
tametsi deprehendatur cum re furtiva, non est manifestus fur.(Paul.,
Rec. sentent., II, 31, § 2 ; Gaius , *Comm.* III, § 183; Ulpian., L. 3 ,
§ 2 ; L. 5, *pr.* et § 1 , D., *de Furt.*) Nec manifestum furtum quid
sit , ex iis quæ diximus intelligitur ; nam quod manifestum non est,
id scilicet nec manifestum est. (Gaius, *Comm.* III, § 185; L. 8, D.,
de Furt.; Paul., *Rec. sentent.*, III, 31, § 2.)

4. Conceptum furtum dicitur, quum apud aliquem testibus præsentibus furtiva res quæsita et inventa sit. Nam in eum propria actio constituta est, quamvis fur non sit, quæ appellatur concepti.
Oblatum furtum dicitur, quum res furtiva ab aliquo tibi oblata sit,
eaque apud te concepta sit : utique si ea mente tibi data fuerit, ut
apud te potius quam apud eum qui dedit, conciperetur. Nam tibi
apud quem concepta sit, propria adversus eum qui obtulit, quamvis fur non sit, constituta est actio quæ appellatur oblati. Est etiam
prohibiti furti actio adversus eum, qui furtum quærere testibus
præsentibus volentem prohibuerit (Gaius , *Comm.* III, § 186, 187 ;
Paul., *Rec. sentent.*, II, 31, § 4 et 5.).Præterea pœna constituitur edicto
Prætoris per actionem furti non exhibiti adversus eum, qui furtivam rem apud se quæsitam et inventam non exhibuit. Sed hæ actiones, id est, concepti et oblati et furti prohibiti, nec non furti non
exhibiti, in desuetudinem abierunt. Quum enim requisitio rei furtivæ hodie secundùm veterem observationem non fit , merito ex
consequentia etiam præfatæ actiones ab usu communi recesserunt ;
quum manifestissimum est, quod omnes qui scientes rem furtivam
susceperint et celaverint, furti nec manifesti obnoxii sunt. (Diocl.
et Max., L. 14 , C., *de Furt.*)

5. Pœna manifesti furti, quadrupli est, tam ex servi quam ex
liberi persona ; nec manifesti, dupli. (Gaius , *Comm.* III, § 189,
190; Ulpian., L. 1, § 5, D., *de Publican.*)

6. Furtum autem fit, non solum quum quis intercipiendi causa
rem alienam amovet, sed generaliter quum quis alienam rem invito
domino contractat. Itaque, sive creditor pignore, sive is apud quem
res deposita est , ea re utatur; sive is qui rem utendam accepit, in
alium usum eam transferat quam cujus gratia ei data est , furtum
committit : veluti, si quis argentum utendum acceperit quasi amicos ad cœnam invitaturus, et id peregre secum tulerit ; aut si quis

si celui, qui a commis un vol dans une maison, ou dans un plan d'oliviers, ou dans une vigne, est arrêté avant d'avoir passé la porte , d'être sorti du plan d'oliviers ou de la vigne. La qualification de vol manifeste reçoit même une acception encore plus étendue; car on le répute tel, toutes les fois que le voleur a été vu ou arrêté par le propriétaire ou par tout autre , dans un lieu public ou privé, tenant encore la chose volée, avant d'être parvenu dans le lieu où il se proposait de la déposer.—Mais, dès qu'il a porté la chose dans le lieu où il avait intention de la placer, il n'est plus voleur manifeste , quand même on le trouverait nanti de la chose volée. Ce que nous venons de dire suffit pour faire reconnaître le vol non manifeste; car tout vol, qui n'a pas les caractères du vol manifeste, est un vol non manifeste.

4. Le vol est appelé *furtum conceptum*, quand la chose volée a été cherchée et trouvée chez quelqu'un, en présence de témoins : celui chez qui la chose a été trouvée ainsi, bien qu'il soit innocent du vol, est soumis à une action particulière, dite *furti concepti*.—Le vol est appelé *furtum oblatum* quand la chose volée vous a été offerte et a été ensuite trouvée chez vous ; bien entendu, si le dessein de celui, qui vous l'a offerte, a été qu'elle fût trouvée plutôt chez vous que chez lui : dans ce cas , vous chez qui on a trouvé la chose , vous avez contre celui qui vous l'a offerte , bien qu'il ne soit pas lui-même le voleur , une action particulière dite *furti oblati*. — Il y a aussi une action dite *furti prohibiti* contre celui qui s'est opposé aux perquisitions que l'on voulait faire chez lui , en présence de témoins , pour chercher la chose volée. — Enfin , le Préteur a établi une peine contre celui qui n'a pas exhibé un objet volé, trouvé chez lui : l'action donnée dans ce cas est appelée *furti non exhibiti*. — Mais ces quatre actions *furti concepti, furti oblati, furti prohibiti* et *furti non exhibiti* sont tombées en désuétude. Elles se rattachaient à l'ancien mode de perquisition des choses volées; or, ce mode n'étant plus en usage, les actions ci-dessus énumérées ont cessé d'être usitées.—Au reste , il est évident que tous ceux, qui reçoivent ou recèlent sciemment une chose volée, sont soumis à l'action de vol non manifeste.

5. La peine du vol manifeste est du quadruple, que le vol ait été commis par un esclave, ou par une personne libre. La peine du vol non manifeste est du double.

6. On se rend coupable de vol, non-seulement lorsqu'on détourne la chose d'autrui, pour la lui enlever, mais encore lorsqu'on dispose de la chose d'autrui contre l'intention du propriétaire. Ainsi, commettent un vol le créancier qui se sert du gage , le dépositaire qui fait usage du dépôt, le commodataire qui emploie la chose prêtée à un usage autre que celui déterminé par le contrat. Par exemple, se rend coupable de vol celui qui ayant emprunté de l'argenterie pour donner un repas à ses amis, l'emporte en voyage ; et encore celui qui ayant emprunté un cheval, le con-

equum, gestandi causa commodatum sibi, longius aliquo duxerit:
quod veteres scripserunt de eo qui in aciem equum perduxisset.
(Gaius, *Comm.* III, § 195, 196; L. 54, D., *de Furt.*; Paul., *Rec.
sentent.*, II, 31, § 29; Ulpian., L. 5, § 8, D., *Commod.*)

7. Placuit tamen eos, qui rebus commodatis aliter uterentur
quam utendas acceperint, ita furtum committere si se intelligant
id invito domino facere, eumque, si intellexisset, non permissurum; at si permissurum credant, extra crimen videri: optima sane
distinctione, quia furtum sine affectu furandi non committitur.
(Gaius, *Comm.* III, § 197; L. 37, D., *de Usurp.*; Ulpian., L. 46, § 7,
D., *de Furt.*)

8. Sed et si credat aliquis invito domino se rem commodatam
sibi contractare, domino autem volente id fiat, dicitur furtum non
fieri. Unde illud quæsitum est, quum Titius servum Mævii sollicita-
verit ut quasdam res domino subriperet et ad eum perferret; et
servus id ad Mævium pertulerit; Mævius, dum vult Titium in ipso
delicto deprehendere, permiserit servo quasdam res ad eum per-
ferre: utrum furti an servi corrupti judicio teneatur Titius, an neutro (Gaius, *Comm.* III, § 198; Ulpian., L. 46, § 8, D., *de Furt.*)? Et
quum nobis super hac dubitatione suggestum est, et antiquorum
prudentium super hoc altercationes perspeximus, quibusdam neque furti neque servi corrupti actionem præstantibus, quibusdam
furti tantummodo. (Gaius, *ibid.*)

Nos hujusmodi calliditati obviam euntes per nostram decisionem sanximus,
non solum furti actionem, sed etiam servi corrupti contra eum dari. Licet enim is
servus deterior a sollicitatore minime factus est, et ideo non concurrant regulæ
quæ servi corrupti actionem introducerent, tamen consilium corruptoris ad perniciem probitatis servi introductum est; ut sit ei pœnalis actio imposita, tamquam
si re ipsa fuisset servus corruptus, ne ex hujusmodi impunitate et in alium servum
qui facile possit corrumpi, tale facinus a quibusdam pertentetur. (Justinian., L. 20,
C., *de Furt.*)

9. Interdum etiam liberorum hominum furtum fit: veluti si quis
liberorum nostrorum qui in potestate nostra sit, subreptus fuerit.
(Gaius, *Comm.* III, § 199; Ulpian., L. 14, § 13, D., *de furt.*)

10. Aliquando etiam suæ rei furtum quisque committit: veluti, si
debitor rem quam creditori pignoris causa dedit, subtraxerit. (Gaius,
Comm. III, § 200; Paul., *Rec. sentent.*, II, 31, § 19 et 36; Ulpian.,
L. 19, § 5, D., *de Furt.*)

11. Interdum furti tenetur qui ipse furtum non fecit: qualis est
cujus ope consilio furtum factum est. In quo numero est, qui tibi
nummos excussit ut alius eos raperet, aut tibi obstitit ut alius
rem tuam exciperet, aut oves tuas vel boves fugavit ut alius eas

duit plus loin qu'on n'était convenu : les anciens l'avaient décidé par rapport à celui, qui aurait conduit à une bataille, un cheval qu'on lui aurait prêté pour faire un voyage.

7. On a cependant décidé que ceux, qui emploient les choses prêtées à un usage différent de celui dont on est convenu, ne se rendent coupables de vol, qu'autant qu'ils savent qu'en agissant ainsi, ils vont contre les intentions du propriétaire; et, avec la conviction que celui-ci ne permettrait pas, s'il en était instruit, l'usage que l'on fait de sa chose. Mais ceux qui croient que le propriétaire ne refuserait pas, si on la lui demandait, la permission de faire de la chose tel ou tel usage, ne paraissent pas coupables de vol : cette distinction est très-juste : car il n'y a pas de vol sans l'intention de voler.

8. À l'inverse, on a décidé qu'il n'y a pas de vol lors même que le commodataire croirait user de la chose d'une manière contraire aux intentions du propriétaire, si d'ailleurs celui-ci approuve l'usage que l'on fait de sa chose. Ceci a donné lieu à la question suivante : Titius sollicitait l'esclave de Mævius de voler certains objets à son maître pour les lui apporter; l'esclave a dénoncé ce fait à son maître qui, voulant saisir Titius en flagrant délit, a permis à l'esclave d'enlever et de porter chez Titius les objets en question : on demandait si Titius était soumis à l'action de vol ou à l'action en corruption d'esclave (servi corrupti); ou si, au contraire, il n'avait à craindre ni l'une ni l'autre action ? La question nous ayant été proposée, nous avons trouvé que parmi les anciens jurisconsultes, les uns refusaient l'une et l'autre action, les autres n'accordaient que l'action de vol.

Quant à nous, voulant couper court à toutes ces subtilités, nous avons décidé que le maître de l'esclave aurait non-seulement l'action de vol, mais encore celle en corruption d'esclave. Il est vrai que, dans l'espèce proposée, l'esclave n'a pas été corrompu, et que, par conséquent, les conditions requises, pour intenter l'action servi corrupti, ne se trouvent pas réunies : cependant, comme les projets du corrupteur tendaient à détruire la probité de l'esclave, nous voulons qu'il soit soumis à la même action pénale que s'il eût réussi; afin que son impunité n'encourage pas d'autres personnes à faire des tentatives du même genre, sur des esclaves moins difficiles à corrompre.

9. Parmi les choses qui peuvent faire l'objet d'un vol, on comprend même les personnes libres, lorsqu'elles sont soumises à la puissance d'autrui (alieni juris); par exemple : quand on enlève les enfants soumis à notre puissance paternelle.

10. On peut même quelquefois considérer comme voleur le propriétaire qui soustrait sa propre chose : par exemple, le débiteur qui soustrait l'objet qu'il a donné en gage à son créancier.

11. L'action de vol est quelquefois donnée contre un individu qui n'a pas personnellement commis le vol, mais qui y a coopéré en assistant le voleur de son secours, sciemment et à dessein : tel est celui qui ferait tomber vos écus pour qu'un autre puisse s'en saisir; celui qui se placerait devant

exciperet; et hoc veteres scripserunt de eo qui panno rubro fugavit armentum. Sed si quid eorum per lasciviam, et non data opera ut furtum admitteretur, factum est, in factum actio dari debet (Gaius, *Comm.* III, § 202; Paul., *Rec. sentent.*, II, 31, § 10; Ulpian., L. 50, § 4; L., 52, § 13, D., *de Furt.*). At ubi ope Mævii Titius furtum fecerit, ambo furti tenentur. Ope, consilio ejus quoque furtum admitti videtur, qui scalas forte fenestris supposuit, aut ipsas fenestras vel ostium effregit, ut alius furtum faceret; quive ferramenta ad effringendum, aut scalas ut fenestris supponerentur, commodaverit, sciens cujus gratia commodaverit. Certe qui nullam opem ad furtum faciendum adhibuit, sed tantum consilium dedit atque hortatus est ad furtum faciendum, non tenetur furti. (Gaius L. 54, § 4; Ulpian., L. 36; L. 50, § 2, D., *cod.*; Paul., L. 53, § 2, *de Verb. signif.*)

12. Ii qui in parentium vel dominorum potestate sunt, si rem eis subripiunt, furtum quidem illis faciunt, et res in furtivam causam cadit (nec ob id ab ullo usucapi potest antequam in domini potestatem revertatur); sed furti actio non nascitur, quia nec ex alia ulla causa potest inter eos actio nasci (Paul., L. 16; Ulpian., L. 17, D., *de Furt.*). Si vero ope, consilio alterius furtum factum fuerit, quia utique furtum committitur, convenienter ille furti tenetur, quia verum est ope, consilio ejus furtum factum esse. (Ulpian., L. 36, *pr.* et § 1, *cod.*)

13. Furti autem actio ei competit cujus interest rem salvam esse, licet dominus non sit. Itaque nec domino aliter competit, quam si ejus intersit rem non perire. (Gaius, *Comm.* III, § 203; Paul., *Rec. sentent.*, II, 31, § 7; Ulpian., L. 10, D., *de Furt.*)

14. Unde constat creditorem de pignore subrepto furti actione agere posse, etiamsi idoneum debitorem habeat; quia expedit ei pignori potius incumbere, quam in personam agere: adeo quidem ut, quamvis ipse debitor eam rem subripuerit, nihilominus creditori competit actio furti. (Gaius, *Comm.* III, § 204; Ulpian., L. 12, § 2, D., *de Furt.*; Pompon., L. 25, D., *de Reg. jur.*)

15. Item si fullo polienda curandave, aut sarcinator sarcienda vestimenta mercede certa acceperit, eaque furto amiserit, ipse furti habet actionem, non dominus; quia domini nihil interest eam rem non perire, quum judicio locati a fullone aut sarcinatore rem suam persequi potest (Gaius, *Comm.* III, § 205). Sed et bonæ fidei emptori subrepta re quam emerit, quamvis dominus non sit, omnimodo competit furti actio quemadmodum et creditori (Paul., L. 20, § 1; Ulpian., L. 52, § 10, D. *de Furt.*). Fulloni vero et sarcinatori non aliter furti competere placuit, quam si solvendo sint, hoc est, si domino rei æstimationem solvere possint. Nam si solvendo non sunt,

vous, pour que le voleur puisse s'emparer de votre chose sans que vous le
voyez ; celui qui mettrait en fuite vos brebis ou vos bœufs, pour en faciliter la capture ; et c'est notamment ce que les anciens ont décidé de celui
qui, avec un morceau d'étoffe rouge, mettrait en fuite un troupeau de bœufs :
cependant, si tout cela avait été fait par pure étourderie, et non pour faciliter
un vol, il y aurait lieu seulement à une action *in factum*. Mais, quand
Mævius a aidé Titius à commettre le vol, il est constant que tous les deux
sont tenus de l'action de vol : est réputé avoir aidé à commettre le vol celui
qui a placé l'échelle sous les fenêtres, ou qui a brisé les portes ou les fenêtres
pour faciliter l'introduction des voleurs ; celui encore qui, connaissant l'u-
sage qu'on devait en faire, a prêté les ustensiles avec lesquels on a enfoncé
les portes, ou les échelles qui ont servi à escalader les fenêtres. Mais on ne
considère pas comme ayant coopéré au vol, celui qui, sans donner aide ni
assistance, a seulement engagé le voleur à commettre le vol, et lui a donné
des conseils à ce sujet.

12. Quand une personne, soumise à la puissance d'autrui, détourne les
choses appartenant à son maître ou à son père de famille, il y a certainement
vol : en conséquence la chose devient furtive, et ne pourrait être usucapée
sans être rentrée d'abord au pouvoir du propriétaire ; mais il n'y a pas lieu
à l'action de vol, parce qu'il ne peut y avoir action entre le père de famille et ceux qui sont soumis à sa puissance. Toutefois le tiers, qui aurait
coopéré au vol, serait soumis à l'action de vol.

13. L'action de vol appartient à celui qui avait intérêt à ce que la chose
ne fût pas volée, lors même qu'il ne serait pas propriétaire : aussi n'est-
elle donnée au propriétaire qu'autant qu'il avait intérêt à ce que la chose
ne pérît pas.

14. Si donc une chose donnée en gage a été volée, il est constant que
l'action de vol appartient au créancier gagiste, même quand le débiteur serait solvable : il est en effet plus avantageux au créancier de
conserver le gage que d'agir par action personnelle. Le créancier aurait
l'action de vol lors même que le voleur serait le débiteur lui-même.

15. Si un vêtement, remis à un foulon pour le dégraisser ou à un tailleur
pour le raccommoder moyennant un salaire convenu, a été volé ; l'action
de vol appartient au tailleur ou au foulon, et non au propriétaire qui n'a
aucun intérêt à ce que le vol n'ait pas eu lieu, puisqu'il a l'action *locati* contre
le foulon ou le tailleur pour se faire indemniser de la perte de son vêtement. L'acheteur de bonne foi de la chose d'autrui, quoique n'étant pas
propriétaire, peut, comme le créancier gagiste, exercer l'action de vol.
Mais le foulon et le tailleur n'ont l'action de vol qu'autant qu'ils sont
solvables, c'est-à-dire, en état de satisfaire le propriétaire de la chose
volée ; s'ils sont insolvables, s'ils ne peuvent indemniser le propriétaire,
c'est à ce dernier qu'appartient l'action de vol, parceque alors c'est à lui

tunc, quia ab eis suum dominus consequi non possit, ipsi domino furti competit actio, quia hoc casu ipsius interest rem salvam esse (Gaius, *Comm.* III, § 205; Ulpian., L. 12, *cod.*). Idem est, etsi in partem solvendo sint fullo aut sarcinator. (Javolen., L. 114, D., *de Verb. signif.*)

16. Quæ de fullone et sarcinatore diximus, eadem et ad eum cui commodata res est, transferenda veteres existimabant. Nam, ut ille fullo mercedem accipiendo custodiam præstat, ita is quoque qui commodatum utendum percipit, similiter necesse habet custodiam præstare. (Gaius, *Comm.* III, § 206; Ulpian., L. 14, § 15 et 16, D., *de Furt.*)

Sed nostra providentia etiam hoc in nostris decisionibus emendavit, ut in domini voluntate sit, sive commodati actionem adversus eum qui rem commodatam accepit, movere desiderat, sive furti adversus eum qui rem subripuit; et alterutra earum electa, dominum non posse ex pœnitentia ad alteram venire actionem; sed si quidem furem elegerit, illum qui rem utendam accepit, penitus liberari; sin autem commodator veniat adversus eum qui rem utendam accepit, ipsi quidem nullo modo competere posse adversus furem furti actionem, eum autem qui pro re commodata convenitur, posse adversus furem furti habere actionem : ita tamen, si dominus sciens rem esse subreptam, adversus eum cui res commodata fuerit, pervenit. Sin autem nescius, et dubitans rem non esse subreptam apud eum, commodati actionem instituit, postea autem re comperta voluit remittere quidem commodati actionem, ad furti autem pervenire ; tunc licentia ei concedatur et adversus furem venire, nullo obstaculo ei opponendo, quoniam incertus constitutus movit adversus eum qui rem utendam accepit, commodati actionem, nisi domino ab eo satisfactum est : tunc etenim omnimodo furem a domino quidem furti actione liberari, suppositum autem esse ei qui pro re sibi commodata domino satisfecit ; quum manifestissimum est, etiamsi ab initio dominus actionem commodati instituit ignarus rem esse subreptam, postea autem hoc ei cognito adversus furem transivit, omnimodo liberari eum qui rem commodatam accepit, quemcumque causæ exitum dominus adversus furem habuerit : eadem definitione obtinente, sive in partem sive in solidum solvendo sit is, qui rem commodatam accepit. (Justinian., L. ult., § 1 et 2, C., *de Furt.*)

17. Sed is apud quem res deposita est, custodiam non præstat ; sed tantum in eo obnoxius est, si quid ipse dolo malo fecerit. Qua de causa, si res ei subrepta fuerit, quia restituendæ ejus rei nomine depositi non tenetur, nec ob id ejus interest rem salvam esse, furti agere non potest ; sed furti actio domino competit. (Gaius, *Comm.* III, § 207; Ulpian., L. 14, § 3, D., *de Furt.*)

18. In summa sciendum est quæsitum esse an impubes, rem alienam amovendo, furtum faciat. Et placet, quia furtum ex affectu consistit, ita demum obligari eo crimine impuberem si proximus pubertati sit, et ob id intelligat se delinquere. (Gaius, *Comm.* III, § 208; Ulpian., L. 23, D., *de Furt.*)

qu'il importe que la chose ne soit pas volée. Il faut appliquer la même décision au cas où le foulon et le tailleur seraient solvables pour partie.

16. Les anciens appliquaient au commodataire ce que nous venons de
dire du tailleur et du foulon; car si, à cause du salaire qu'ils reçoivent, ces
derniers sont tenus de garder la chose, le commodataire y est obligé à cause
des avantages que la chose lui procure.

Mais, dans l'une de nos décisions, notre sagesse a aussi corrigé ce point en décidant que le propriétaire pourrait exercer à son choix soit l'action de commodat
contre le commodataire, soit l'action de vol contre le voleur; mais qu'après avoir
choisi l'une des deux actions, il ne pourrait revenir à l'autre. Si donc il attaque
de prime-abord le voleur, il n'a plus de recours contre le commodataire; si, au
contraire, il préfère attaquer le commodataire, c'est à ce dernier qu'appartiendra
l'action de vol; pourvu, bien entendu, que le propriétaire, en attaquant le commodataire, ait eu connaissance du vol.—Si, au contraire, ignorant l'existence du
délit, il a d'abord agi par l'action de commodat, et qu'ensuite venant à apprendre le vol de sa chose, il veuille agir contre le voleur, nous l'y autorisons sans
qu'on puisse l'en empêcher, sous le prétexte qu'à l'époque où il ignorait le vol,
il a dirigé son action contre le commodataire. — Mais, soit que le propriétaire ait
connu ou ignoré le vol, s'il a déjà reçu satisfaction du commodataire, c'est à ce
dernier seulement (et non au propriétaire) qu'appartient l'action du vol. — Au
surplus, si, après avoir attaqué d'abord le commodataire, le propriétaire, en appre-
nant le vol, a abandonné la première poursuite pour s'attaquer au voleur, il est
évident que, quel que soit le résultat de cette dernière poursuite, le commodataire
est 'pleinement libéré : peu importe qu'il soit ou non solvable en tout ou en
partie.

17. Le dépositaire n'est point tenu de la garde du dépôt, en ce sens qu'il
ne répond que de son dol : aussi quand la chose déposée est volée, comme
le dépositaire n'est point tenu de la restituer et qu'il n'a par conséquent
aucun intérêt à ce que le vol n'ait pas eu lieu, ce n'est pas à lui, mais bien
seulement au déposant qu'appartient l'action de vol.

18. On a demandé si un impubère commet un vol quand il détourne la
chose d'autrui? Comme il n'y a pas de vol sans intention, on a décidé que
l'impubère n'est obligé, par suite du détournement, qu'autant qu'il était
voisin de la puberté et que, par conséquent, il a pu comprendre qu'il com-
mettait un délit.

19. Furti actio, sive dupli sive quadrupli, tantum ad pœnæ persecutionem pertinet. Nam ipsius rei persecutionem extrinsecus habet dominus, quam aut vindicando aut condicendo potest auferre. Sed vindicatio quidem adversus possessorem est, sive fur ipse possidet, sive alius quilibet; condictio autem adversus furem ipsum hæredemve ejus, licet non possideat, competit. (Paul., *Rec. sentent.*, II, 31, § 13; Ulpian., L. 1; L. 7, § 1 et 2, D., *de Furt.*)

Tit. II. *De Bonis vi raptis.*

Qui res alienas rapit, tenetur quidem etiam furti: quis enim magis alienam rem invito domino contractat, quam qui vi rapit? Ideoque recte dictum est, eum improbum furem esse; sed tamen propriam actionem ejus delicti nomine Prætor introduxit, quæ appellatur VI BONORUM RAPTORUM, et est intra annum quadrupli, post annum simpli. Quæ actio utilis est, etiamsi quis unam rem licet minimam rapuerit (Gaius, *Comm.* III, § 209; Ulpian., L. 14, § 12, D., *Quod met. caus.*; L. 2, pr., § 11 et 17, D., *de Vi bon. rapt.*). Quadruplum autem non totum pœna est, et extra pœnam rei persecutio sicut in actione furti imanifesti diximus; sed in quadruplo inest et rei persecutio, ut pœna tripli sit, sive comprehendatur raptor in ipso delicto, sive non. Ridiculum est enim levioris conditionis esse eum qui vi rapit, quam qui clam amovet. (Ulpian., L. 52, § 30, D., *de Furt.*; Gordian., L. 1, C., *de Vi bon. rapt.*)

1. Quia tamen ita competit hæc actio, si dolo malo quisque rapuerit, qui aliquo errore inductus suam rem esse existimans et imprudens juris eo animo rapuit, quasi domino liceat etiam per vim rem suam auferre a possessoribus, absolvi debet. Cui scilicet conveniens est, nec furti teneri eum qui eodem hoc animo rapuit. (Ulpian., L. 2, § 18, D., *de Furt.*; L. 21, § 3, *cod.*)

Sed ne, dum talia excogitentur, inveniatur via per quam raptores impune suam exerceant avaritiam, melius divalibus constitutionibus pro hac parte prospectum est, ut nemini liceat vi rapere rem mobilem vel se moventem, licet suam eamdem rem existimet. Sed si quis contra statuta fecerit, rei quidem suæ dominio cadere ; sin autem aliena sit, post restitutionem ejus etiam æstimationem ejusdem rei præstare. Quod non solum in mobilibus rebus quæ rapi possunt, constitutiones obtinere censuerunt; sed etiam in invasionibus quæ circa res soli fiunt, ut ex hac causa omni rapina homines abstineant. (Theod., L. 7, C., *Unde vi.*)

19. L'action de vol, soit au double, soit au quadruple, ne comprend uniquement que la poursuite de la peine. En dehors donc de l'action pénale de vol, le propriétaire peut encore réclamer la chose volée, soit par revendication, soit par condiction. — La revendication peut être exercée contre tout possesseur, même innocent du vol; la condiction (furtive) ne peut au contraire être dirigée que contre le voleur ou son héritier [1].

TITRE II. *Des Biens enlevés par violence.*

Celui qui enlève par violence la chose d'autrui est soumis à l'action de vol : peut-on en effet prendre une chose plus contre le gré du propriétaire, qu'en la lui ravissant avec violence? aussi dit-on que le ravisseur n'est qu'un voleur plus audacieux qu'un autre. Cependant, le Préteur a introduit, pour cette espèce de vol, une action particulière qu'on appelle action *vi bonorum raptorum* (de biens enlevés par violence) : elle se donne au quadruple [2] dans l'année qui suit le délit; et au simple, quand elle n'est intentée qu'après l'année. Cette action peut être exercée utilement quelque minime que soit la valeur de la chose enlevée. Le quadruple n'est pas purement pénal, comme dans l'action de vol manifeste; mais il contient la restitution de la chose : ainsi, la peine n'est réellement que du triple, que le ravisseur soit ou non pris sur le fait. Il serait absurde en effet que celui qui vole avec violence, fût mieux traité que celui qui vole sans violence.

1. Cette action n'a lieu contre le ravisseur qu'autant qu'il est de mauvaise foi : on devrait donc absoudre celui qui aurait enlevé une chose, avec violence, dans la persuasion que cette chose lui appartenait, et croyant (par ignorance du droit) qu'il est permis au propriétaire de reprendre sa chose, même par violence, partout où il la trouve. Par la même raison, cet individu ne serait pas soumis à l'action de vol.

Mais, de peur que de pareils prétextes ne fournissent aux ravisseurs des moyens d'exercer impunément leur rapacité, les constitutions impériales ont sagement défendu à tout individu, se crût-il propriétaire, d'enlever avec violence les meubles et les animaux. Le contrevenant sera puni par la perte de sa propriété, si la chose lui appartient véritablement; dans le cas contraire, il sera tenu de la restituer et d'en payer une fois la valeur. Ces constitutions sont applicables non seulement à l'enlévement des choses mobilières, mais encore à l'invasion des immeubles, afin qu'en toutes choses les hommes s'abstiennent d'user de violence.

---

[1] Quant à l'action de vol (comme les autres actions pénales) elle ne se donne jamais que contre l'auteur du délit, et non contre ses héritiers. (§ 1, Instit., *de Perp. et temp. actionib.*)

[2] Ici le quadruple se calcule sur le pied de la *valeur réelle*; tandis que, dans l'action de vol, on prend pour unité l'*intérêt* qu'avait le demandeur à ce que la chose ne fût pas volée. (Ulpien., L. 2, § 13, D., *h. t.*)

2. In actione ¹ non utique expectatur rem in bonis actoris esse; nam sive in bonis sit sive non sit, si tamen ex bonis sit, locum hæc actio habebit. Quare sive locata, sive commodata, sive etiam pignorata, sive deposita sit apud Titium sic ut intersit ejus eam rem non auferri, veluti si deposita re culpam quoque promisit, sive bona fide possideat, sive usumfructum in ea quis habeat, vel quod aliud jus ut intersit ejus non rapi : dicendum est competere ei hanc actionem, ut non dominium accipiat, sed illud solum quod ex bonis ejus qui rapinam passus est, id est, quod ex substantia ejus ablatum esse proponatur. Et generaliter dicendum est, ex quibus causis furti actio competit in re clam facta, ex iisdem causis omnes habere hanc actionem. (Ulpian., L. 2, § 22, 23 et 24, D., *de Vi bon. rapt.*)

Tit. III. *De Lege Aquilia.*

Damni injuriæ actio constituitur per legem Aquiliam: cujus primo capite cautum est ut, si quis alienum hominem, alienamve quadrupedem quæ pecudum numero sit, injuria occiderit; quanti ea res in eo anno plurimi fuerit, tantum domino dare damnetur. (Gaius, *Comm.* III, § 210; L. 2, D., *ad Leg. Aquil.*)

1. Quod autem non præcise de quadrupede, sed de ea tantum quæ pecudum numero est, cavetur, eo pertinet ut neque de feris bestiis neque de canibus cautum esse intelligamus; sed de iis tantum quæ proprie pasci dicuntur, quales sunt equi, muli, asini, oves, boves, capræ. De suibus quoque idem placuit (Gaius, L. 2, § 2. D., *ad Leg. Aquil.*); nam et sues pecudum appellatione continentur, quia et hi gregatim pascuntur. Sic denique et Homerus in Odyssea ait, sicut Ælius Martianus (Martian., L. 65, § 4, D., *de Legat.* 3°) in suis Institutionibus refert :

Δήεις τόν γε σύεσσι παρήμενον, αἱ δὲ νέμονται,
Πὰρ Κόρακος πέτρῃ ἐπί τε κρήνῃ Ἀρεθούσῃ.

2. Injuria autem occidere intelligitur, qui nullo jure occidit. Itaque latrone ι qui occidit, non tenetur : utique si aliter periculum effugere non potest. (Ulpian., L. 5, *pr.* et § 1; Paul., L. 45, § 4, *ad Leg. Aquil.*)

3. Ac ne is quidem hac lege tenetur, qui casu occidit, si modo culpa ejus nulla inveniatur; nam alioquin non minus quam ex dolo ex culpa quisque hac lege tenetur. (Gaius, *Comm.* III, § 211; Ulpian., L. 5, § 1; L. 44, D., *ad Leg. Aquil.*)

4. Itaque si quis, dum jaculis ludit vel exercitatur, transcuntem servum tuum transjecerit, distinguitur. Nam, si id a milite in cam-

---

¹ *Vulgo* SANE *in* HIC actione.

2. Pour pouvoir exercer l'action *vi bonorum raptorum*, il n'est pas nécessaire que la chose enlevée soit dans votre patrimoine (*in bonis* [1]), il suffit qu'elle soit *ex bonis*, c'est-à-dire, que vous ayez un intérêt quelconque à la conserver. En conséquence, si une chose a été louée ou prêtée à Titius ; si elle lui a été donnée en gage ; si elle lui a été remise en dépôt, et qu'il se soit engagé à répondre même de sa faute ; s'il en a la possession ou l'usufruit ; ou si enfin, par une cause quelconque, il a intérêt à la conserver, c'est à lui qu'appartient l'action *vi bonorum raptorum*. Cette action ne tend pas au reste à lui faire avoir la propriété ; mais seulement à lui faire obtenir une indemnité, à raison du préjudice qu'il a souffert dans sa fortune, par suite de l'enlèvement violent. Enfin on peut dire en général que, dans tous les cas où le vol clandestin donnerait à une personne l'action de vol, cette même personne aura, en cas de rapine, l'action *vi bonorum raptorum*.

TITRE III. *De la loi Aquilia.*

C'est la loi Aquilia qui a établi l'action relative au dommage causé injustement (*damni injuriæ*). Le premier chef de la loi porte que celui qui aura tué injustement l'esclave d'autrui ou un quadrupède appartenant à autrui, et de la nature de ceux qui sont considérés comme bétail (*pecudum numero*), sera condamné à payer au maître une somme équivalente à la plus haute valeur que la chose aura eue dans l'année qui précède l'événement.

1. La loi ne parle pas d'un quadrupède en général, mais seulement de celui qui est considéré comme bétail. Sa disposition ne s'applique donc ni aux bêtes fauves ni aux chiens, mais seulement aux animaux que l'on appelle par excellence animaux paissants ; tels sont les chevaux, les mulets, les ânes, les brebis, les bœufs, les chèvres. On doit ranger dans la même classe les porcs : ils sont en effet compris dans le bétail, puisqu'ils paissent en troupeau ; ainsi que le dit Homère dans un passage de l'Odyssée cité par Martianus dans ses Institutes :

« Il gardait ses porcs qui paissaient auprès du rocher Korax et de la fontaine Aréthuse. »

2. Tuer injustement c'est tuer sans en avoir le droit. Celui qui tue un voleur n'est point soumis à la peine de la loi Aquilia ; si, toutefois, il n'avait pas d'autre moyen d'échapper au danger dont il était menacé.

3. Celui qui tue par accident n'est non plus soumis à la peine de la loi Aquilia, pourvu qu'il soit exempt de toute faute : car, d'après cette loi, on n'est pas moins obligé par sa faute que par son dol.

4. Ainsi, quand un homme, en s'amusant, ou en s'exerçant à lancer des traits, a percé votre esclave qui passait près de là, il faut distinguer : si l'auteur de l'accident est un militaire qui s'exerçait dans un lieu consacré aux exer-

---

[1] *In bonis* se prend encore dans un autre sens par opposition à *ex jure Quiritium* Conf. Gaius, *Comm.* II, § 40 et suiv.

do, eove ubi solitum est exercitari, admissum est, nulla culpa ejus
intelligitur: si aliud tale quid admisit, culpæ reus est. Idem juris
est de milite, si in alio loco quam qui exercitandis militibus desti-
natus est, id admisit. (Ulpian., L. 9, § 4, D., *ad Leg. Aquil.*)

5. Item si putator, ex arbore dejecto ramo, servum tuum trans-
euntem occiderit; si prope viam publicam aut vicinalem id factum
est, neque proclamavit ut casus evitari possit, culpæ reus est. Si
proclamavit, nec ille curavit cavere, extra culpam est putator. Æque
extra culpam esse intelligitur, si seorsum a via forte vel in medio
fundo cædebat, licet non proclamavit; quia in eo loco nulli extraneo
jus fuerat versandi. (Paul., L. 31, D., *ad Leg. Aquil.*)

6. Præterea si medicus qui servum tuum secuit, dereliquerit
curationem, atque ob id mortuus fuerit servus, culpæ reus est.
(Gaius, L. 8, D., *Ad Leg. aquil.*)

7. Imperitia quoque culpæ adnumeratur (Gaius, L. 132, D., *de
Reg. jur.*); veluti si medicus ideo servum tuum occiderit, quod eum
male secuerit, aut perperam ei medicamentum dederit. (Ulpian.,
L. 7, § 8; Gaius, L. 8, D., *ad Leg. Aquil.*)

8. Impetu quoque mularum, quas mulio propter imperitiam retinere non potuerit, si servus tuus oppressus fuerit, culpæ reus est
mulio. Sed et, si propter infirmitatem eas retinere non potuerit,
quum alius firmior retinere potuisset, æque culpæ tenetur. Eadem
placuerunt de eo quoque qui, quum equo veheretur, impetum ejus
aut propter infirmitatem aut propter imperitiam suam retinere non
potuerit. (Gaius, L. 8, § 1, *Ad Leg. aquil.*)

9. His autem verbis legis, QUANTI IN EO ANNO PLURIMI FUERIT, illa
sententia exprimitur ut, si quis hominem tuum qui hodie claudus
aut mancus aut luscus erit, occiderit, qui in eo anno integer et pre-
tiosus fuerit, non tanti teneatur quanti hodie erit, sed quanti in eo
anno plurimi fuerit. Qua ratione creditum est pœnalem esse hujus
legis actionem, quia non solum tantum quisque obligatur quantum
damni dederit, sed aliquando longe pluris. Ideoque constat in hæredem eam actionem non transire, quæ transitura fuisset, si ultra
damnum numquam lis æstimaretur. (Gaius, *Comm.* III, § 214;
Ulpian., L. 23, § 3 et 8, D., *ad Leg. Aquil.*)

10. Illud non ex verbis legis, sed ex interpretatione placuit, non
solum perempti corporis æstimationem habendam esse secundum
ea quæ diximus; sed eo amplius quidquid præterea perempto eo
corpore damni vobis allatum fuerit (Gaius , *Comm.* III, § 212;
Ulpian., L. 21, § 2, D., *ad Leg. Aquil.*) : veluti si servum tuum
hæredem ab aliquo institutum antea quis occiderit, quam jussu tuo
adiret, nam hæreditatis quoque amissæ rationem esse habendam
constat. Item si ex pari mularum unam , vel ex quadriga equorum

cices, il n'y a aucune faute de sa part ; il y aurait au contraire faute de la part de tout autre ; et même de la part du militaire, si ce dernier avait atteint l'esclave dans un lieu qui n'était pas destiné aux exercices militaires.

5. Pareillement, si un bûcheron, en laissant tomber une branche, a tué votre esclave qui passait près de l'arbre, il faut distinguer : si cela est arrivé près d'un chemin public ou vicinal, et que le bûcheron n'ait pas crié pour avertir, il est en faute ; s'il a crié et que l'esclave n'ait point voulu se détourner, le bûcheron est exempt de toute faute. Il n'est pas non plus en faute, lors même qu'il n'aurait donné aucun avertissement, quand l'accident est arrivé loin du chemin ; par exemple, au milieu d'un champ ; car personne n'avait le droit de passer par là.

6. Un médecin est en faute si, après avoir opéré votre esclave, il abandonne le traitement et que l'esclave meure par suite de cet abandon.

7. L'impéritie est considérée comme faute : en conséquence, il y a faute de la part du médecin qui a tué votre esclave, soit par une opération mal faite, soit par un remède donné mal-à-propos.

8. Si des mules s'emportent et écrasent votre esclave, le muletier est en faute, si c'est par défaut d'expérience qu'il n'a pu les retenir. Il est pareillement en faute, quand c'est par suite de sa faiblesse qu'il n'a pu retenir les mules qu'un muletier plus robuste eût pu contenir. Il en faut dire autant du cavalier qui, par impéritie ou faiblesse, n'a pu maîtriser son cheval.

9. Par ces mots, *la plus haute valeur que la chose a eue dans l'année*, la loi veut dire que si, au moment de l'accident, l'esclave tué était boiteux, manchot ou borgne, tandis que dans l'année il avait été sans infirmité et d'un grand prix, celui qui l'a tué n'est pas seulement tenu de payer la valeur de l'esclave au moment de l'accident, mais la plus haute valeur qu'il a eue dans l'année. Cette disposition a fait penser que l'action de la loi Aquilia devait être considérée comme pénale, puisqu'elle oblige non-seulement à la valeur du dommage causé, mais quelquefois bien au-de'.. Aussi est-il constant qu'elle n'est pas donnée contre les héritiers de celui qui a causé le dommage ; tandis qu'elle serait certainement donnée contre eux, si la condamnation n'excédait jamais la valeur du dommage.

10. On a décidé, non d'après le texte, mais par interprétation de la loi, qu'il faut estimer non-seulement, comme nous venons de le dire, le corps qui a péri, mais encore tout le préjudice que sa perte a pu occasionner. Par exemple, si on a tué votre esclave institué héritier par quelqu'un, avant qu'il eût fait adition par votre ordre, on devra vous tenir compte de la valeur de l'hérédité. Pareillement; si, en tuant une mule ou un cheval, on a dépareillé

19

unum occiderit, vel ex comœdis unus servus occisus fuerit, non
solum occisi fit æstimatio; sed eo amplius id quoque computatur,
quanti depretiati sunt qui supersunt. (Gaius, *Comm.* III, § 212;
Ulpian., L. 23, *pr.* et § 2; Paul., L. 22, § 1, D., *cod.*)

11 Liberum autem est ei cujus servus occisus fuerit, et judicio
privato legis Aquiliæ damnum persequi, et capitalis criminis eum
reum facere. (Gaius, *Comm.* III, § 213; Ulpian., L. 23, § 9, D.,
ad Leg. Aquil.)

12. Caput secundum legis Aquiliæ in usu non est. (Ulpian., L. 17, § 4, D., *ad
Leg. Aquil.;* Gaius, *Comm.* III, § 215.)

13. Capite tertio de omni cætero damno cavetur. Itaque si quis
servum, vel eam quadrupedem quæ pecudum numero est, vulneraverit; sive eam quadrupedem quæ pecudum numero non est,
veluti canem aut feram bestiam vulneraverit aut occiderit, hoc capite actio constituitur. In cæteris quoque omnibus animalibus, item
in omnibus rebus quæ anima carent, damnum injuria datum hac
parte vindicatur. Si quid enim ustum aut ruptum aut fractum fuerit, actio ex hoc capite constituitur: quamquam poterat sola rupti
appellatio in omnes istas causas sufficere; ruptum enim intelligitur,
quod quoquo modo corruptum est. Unde non solum fracta aut usta,
sed etiam scissa et collisa et effusa, et quoquo modo perempta
atque deteriora facta, hoc verbo continentur (Gaius, *Comm.* III,
§ 217; Ulpian., L. 27, § 5 et seq., D., *ad Leg. Aquil.*) Denique responsum est, si quis in alienum vinum aut oleum id immiserit quo
naturalis bonitas vini aut olei corrumperetur, ex hac parte legis,
eum teneri. (Ulpian., L. 27, § 15, D., *cod.*)

14. Illud palam est, sicut ex primo capite ita demum quisque tenetur, si dolo aut culpa ejus homo aut quadrupes occisus occisave
fuerit, ita ex hoc capite, ex dolo aut culpa, de cætero damno quem-
que teneri (Paul., L. 30, § 3, D., *ad Leg. Aquil.*).—Hoc tamen capite,
non quanti in eo anno, sed quanti in diebus triginta proximis res
fuerit, obligatur is qui damnum dederit. (Gaius, *Comm.* III, § 218;
Ulpian., L. 27, § 5, *cod.*)

15. Ac ne PLURIMI quidem verbum adjicitur. Sed Sabino recte
placuit, perinde habendam æstimationem, ac si etiam hac parte
PLURIMI verbum adjectum fuisset; nam plebem romanam quæ Aquilio tribuno rogante hanc legem tulit, contentam fuisse, quod prima
parte eo verbo usa est. (Gaius, *Comm.* III, § 218; Ulpian., L. 1,
§ 1; L. 27, § 5; L. 29, § 8, D., *ad Leg. Aquil.*)

16 Cæterum placuit ita demum directam ex hac lege actionem
esse, si quis præcipue corpore suo damnum dederit. — Ideoque in

votre attelage ou votre quadrige; si la mort de votre esclave laisse incomplète votre troupe de comédiens, on n'estimera pas seulement l'animal ou
l'esclave tué, mais on tiendra compte de la dépréciation qui en résulte pour
les autres.

11. Le maître de l'esclave tué a le choix d'agir par l'action privée
de la loi Aquilia, ou d'intenter contre le meurtrier une action capitale.

12. Le second chef de la loi Aquilia n'est plus en usage aujourd'hui 1.

13. Le troisième chef est relatif à tout autre genre de dommage. Si donc
on a blessé un esclave ou un animal faisant partie du bétail ; si on a tué ou
blessé un animal non compris dans le bétail , par exemple, un chien ou
une bête fauve, c'est l'action du troisième chef qu'il faudra intenter : c'est
en vertu de ce chef qu'on obtient réparation du dommage causé à toutes
sortes d'animaux, n'ayant pas nature de bétail, ainsi qu'aux choses inani-
mées. L'action, établie par ce troisième chef, se donne encore à raison des
objets quelconques qui auraient été brûlés, brisés, ou rompus : à la rigueur,
ces différens genres de dégâts auraient pu être exprimés par le seul mot
rompu (*ruptum*) : car ce mot se dit de tout ce qui a été corrompu (*corruptum*), c'est-à-dire détérioré d'une manière quelconque : ainsi, il s'applique aux choses non-seulement fracturées ou rompues , mais aux choses
déchirées, écrasées , répandues ; détruites ou détériorées de quelque manière que ce soit. Aussi a-t-on décidé que celui qui , en mêlant quelque
chose au vin ou à l'huile d'autrui , en avait détérioré la qualité , était
obligé en vertu de cette partie de la loi.

14. Au reste, il est évident que, de même qu'on n'est tenu en vertu du premier chef qu'autant qu'on a tué l'esclave ou l'animal par dol ou par faute,
de même on n'est obligé, à raison des dégâts prévus par le troisième chef,
qu'autant qu'il y a eu dol ou faute.—Ce dernier chef n'oblige pas comme
le premier à payer la plus haute valeur que la chose a eue dans l'année ,
mais seulement la valeur dans les trente derniers jours.

15. Ces mots *la plus haute valeur* (*plurimi*) ne se rencontrent pas dans
le troisième chef ; mais Sabinus a décidé, avec raison, qu'il fallait faire l'estimation comme si ces mots étaient exprimés : parce que, en votant cette loi
sur la proposition du tribun Aquilius , le peuple romain avait regardé
comme suffisant que ces mots fussent exprimés dans le premier chef.

16. Au reste, on a décidé que l'action directe de la loi Aquilia ne serait
donnée, contre l'auteur du dégât, qu'autant qu'il l'aurait causé avec son

---

1 Ce second chef établissait une action contre l'*adstipulateur* qui, pour nuire au créancier, aurait libéré le débiteur par acceptilation (Gaius, *Comm.* III, § 215 et 216; Cf.
§ 13, Instit., *de inut. stipul.*).

eum qui alio modo damnum dederit, utiles actiones dari solent: veluti, si quis hominem alienum aut pecus ita incluserit ut fame necare-
tur, aut jumentum tam vehementer egerit ut rumperetur, aut pecus in tantum exagitaverit ut præcipitaretur, aut si quis alieno servo
persuaserit ut in arborem ascenderet vel in puteum descenderet,
et is ascendendo vel descendendo aut mortuus aut aliqua corporis
parte læsus fuerit, utilis actio in eum datur. Sed si quis alienum
servum aut de ponte aut de ripa in flumen dejecerit, et is suffoca-
tus fuerit, eo quod projecit, corpore suo damnum dedisse non difficulter intelligi poterit : ideoque ipsa lege Aquilia tenetur (Gaius,
Comm. III, § 219; Nerat., L. 53, D., *ad Leg. Aquil.*; Ulpian., L. 3,
§ 1; Paul., L. 4, D., *de Serv. corrup.*).—Sed si non corpore damnum,
neque corpus læsum fuerit, sed alio modo damnum alicui contigerit;
cum non sufficiat neque directa neque utilis Aquilia, placuit eum
qui obnoxius fuerit, in factum actione teneri : veluti , si quis mise-
ricordia ductus alienum servum compeditum solverit, ut fugeret.
(Paul., L. 33, § 1, D., *ad Leg. Aquil.*; L. 7, § 7, D., *de Dol. mal.*)

Tit. IV. *De Injuriis.*

Generaliter injuria dicitur, omne quod non jure fit : specialiter,
alias contumelia quæ a contemnendo dicta est, quam Græci ὕβριν
appellant ; alias culpa, quam Græci ἀδίκημα dicunt, sicut in lege
Aquilia damnum injuriæ accipitur; alias iniquitas et injustitia, quam
Græci ἀδικίαν vocant. Quum enim Prætor vel judex non jure contra
quem pronuntiat, injuriam accepisse dicitur. (Ulpian., L. 1, D.,
h. t.; L. 5, § 1, D., *ad Leg. Aquil.*)

1. Injuria autem committitur, non solum quum quis pugno, puta,
aut fustibus cæsus vel etiam verberatus erit, sed et si cui convitium
factum fuerit; sive cujus bona quasi debitoris, qui nihil deberet,
possessa fuerint ab eo qui intelligebat nihil eum sibi debere; vel si
quis ad infamiam alicujus libellum aut carmen scripserit, composuerit, ediderit, dolove malo fecerit quo quid eorum fieret ; sive
quis matremfamilias aut prætextatum prætextatamve adsectatus
fuerit, sive cujus pudicitia attentata esse dicetur, et denique aliis
pluribus modis admitti injuriam manifestum est. (Gaius, *Comm.* III,
§ 220; Paul., *Rec. sentent.*, V, 4, § 1, 4 et 14; Ulpian., L. 1, § 1 et
2; L. 15, § 22, 29, 32 et 33, D., *h. t.*).

2. Patitur autem quis injuriam non solum per semetipsum, sed
etiam per liberos suos quos in potestate habet; item per uxorem
suam : id enim magis prævaluit. Itaque si filiæ alicujus quæ Titio
nupta est , injuriam feceris, non solum filiæ nomine tecum injuriarum agi potest, sed etiam patris quoque et mariti nomine (Gaius,

corps. —Aussi ne donne-t-on que des actions utiles quand le dommage a été causé autrement : par exemple, si on a enfermé un esclave ou un animal de manière à le faire mourir de faim ; si on a crevé un cheval en le menant trop violemment; si on a effarouché un animal et qu'il se soit jeté dans un précipice ; si on a conseillé à un esclave de monter sur un arbre ou de descendre dans un puits et qu'il y ait trouvé la mort, ou éprouvé quelque lésion : dans tous ces cas on donne l'action utile. Est au contraire regardé comme ayant causé le dommage avec son corps, et, par conséquent, comme tenu par l'action directe de la loi , celui qui a poussé un esclave du pont ou de la rive dans le fleuve, si cet esclave s'est noyé.—Dans le cas où le dommage n'a pas été causé avec le corps, et où aucun objet corporel n'a été lésé, mais où cependant une personne souffre une perte quelconque, l'action directe ni l'action utile de la loi Aquilia n'étant plus applicables, on a décidé que l'auteur du dommage serait tenu par une action *in factum* : c'est donc cette dernière action qu'on devrait exercer contre celui qui , poussé par la compassion , aurait déchaîné votre esclave, et aurait ainsi favorisé sa fuite.

Titre IV. *Des Injures.*

Injure (*injuria*) se dit en général de tout acte contraire au droit. Dans un sens moins étendu , il désigne tantôt la *contumelia* (l'insulte), mot qui vient du verbe *contemnere* (mépriser), et que les Grecs appellent ὕβριν; tantôt la faute (*culpa*), en grec αδικημα : c'est dans ce sens que l'entend la loi Aquilia quand elle parle du *damnum injuriæ*; tantôt enfin l'iniquité ou l'injustice que les Grecs appellent αδικιαν : c'est dans ce dernier sens , qu'en parlant de celui contre qui le Préteur ou le juge rend une décision contraire au droit , on dit qu'il a reçu une injure.

1. Il y a injure non-seulement quand on frappe quelqu'un avec le poing, un bâton ou des verges; mais encore quand on lui fait un affront; quand, sachant qu'on n'est pas son créancier on se fait envoyer en possession de ses biens ; quand on compose et qu'on publie, ou quand on fait composer et publier des libelles ou des pièces de vers diffamatoires; lorsqu'on affecte de suivre une mère de famille , un jeune garçon ou une jeune fille; quand on attente à la pudeur de quelqu'un. On peut encore faire injure de mille autres manières.

2. Nous pouvons recevoir une injure, non-seulement par nous-mêmes , mais encore par les enfants soumis à notre puissance ; et même par notre épouse, car telle est l'opinion qui a prévalu. Si donc vous injuriez une fille de famille mariée à Titius , l'action d'injure pourra être intentée contre vous, non-seulement du chef de la fille elle-même, mais encore du chef de son père et de son mari. Au contraire , la femme ne peut agir à raison des

Comm. III , § 221, Upian., L 1 , § 3 et 9, D., *h. t.*). Contra autem si viro injuria facta sit, uxor injuriarum agere non potest: defendi enim uxores a viris, non viros ab uxoribus æquum est (Paul., L. 2, D., *h. t.*). Sed et socer nurus nomine cujus vir in potestate est, injuriarum agere potest (Ulpian., L. 1, § 3, D., *h. t.*).

3. Servis autem ipsis quidem nulla injuria fieri intelligitur, sed domino per eos fieri videtur: non tamen iisdem modis quibus etiam per liberos et uxores, sed ita quum quid atrocius commissum fuerit, et quod aperte ad contumeliam domini respicit; veluti si quis alienum servum verberaverit, et in hunc casum actio proponitur. At si quis servo convicium fecerit , vel pugno eum percusserit, nulla in eum actio domino competit. (Gaius, *Comm.* III¹, § 222 ; Ulpian., L. 15, § 35, 44 et 45, D., *h. t.*)

4. Si communi servo injuria facta sit, æquum est, non pro ea parte qua dominus quisque est, æstimationem injuriæ fieri, sed ex dominorum persona, quia ipsis sit juria.

5. Quod si ususfructus in servo Titii est, proprietas Mævii, magis Mævio injuria fieri intelligitur. (Ulpian., L. 15, § 47, D., *h. t.*)

6. Sed si libero, qui tibi bona fide servit, injuria facta sit, nulla tibi actio dabitur; sed suo nomine is experiri poterit, nisi in contumeliam tuam pulsatus sit: tunc enim competit et tibi injuriarum actio (Ulpian., L. 15, § 48, D., *h. t.*). Idem ergo est et in servo alieno bona fide tibi serviente, ut toties admittatur injuriarum actio, quotiens in tuam contumeliam injuria ei facta sit. (Ulpian., *d.* L. 15, § 48).

7. Pœna autem injuriarum, ex lege duodecim tabularum, propter membrum quidem ruptum , talio erat; propter os vero fractum, nummariæ pœnæ erant constitutæ, quasi in magna veterum paupertate. Sed postea Prætores permittebant ipsis qui injuriam passi sunt, eam æstimare : ut judex vel tanti reum condemnet, quanti injuriam passus æstimaverit, vel minoris, prout ei visum fuerit (Gaius, *Comm.* III, § 223, 224 ; Paul., *Rec. sentent.* V, 4, § 6). Sed pœna quidem injuriarum quæ ex lege duodecim tabularum introducta est, in desuetudinem abiit : quam autem Prætores introduxerunt, quæ etiam honoraria appellatur, in judiciis frequentatur. Nam secundum gradum dignitatis vitæque honestatem crescit aut minuitur æstimatio injuriæ : qui gradus condemnationis et in servili persona non immerito servatur, ut aliud in servo actore, aliud in medii actus homine, aliud in vilissimo vel compedito constituatur. (Ulpian., L. 15, § 44, D., *h. t.*)

8. Sed et lex Cornelia de injuriis loquitur, et injuriarum actionem introduxit, quæ competit ob eam rem quod se pulsatum quis

injures faites à son mari ; car c'est aux maris à défendre leurs femmes et non aux femmes à défendre leurs maris. Le beau-père peut aussi poursuivre l'injure faite à sa bru , dont le mari est en sa puissance.

5. On n'admet pas que les esclaves puissent personnellement recevoir une injure. Toutefois l'injure faite à un esclave peut être considérée comme reçue par le maître : non pas, cependant, dans tous les cas où l'injure faite à la femme ou aux enfants est réputée faite au mari ou au père ; mais seulement quand l'injure est très-grave et évidemment faite dans le but d'insulter le maître. Si, par exemple, vous frappez mon esclave avec des verges , j'aurai action contre vous ; mais je n'en aurai pas, si vous l'avez seulement frappé avec le poing, ou si vous lui avez adressé des paroles injurieuses.

4. Quand une injure est faite à un esclave, qui appartient à plusieurs maîtres, on ne s'attache pas, dans la réparation de l'injure, à la part pour laquelle chacun était propriétaire ; mais on recherche quel est celui des maîtres qu'on a voulu injurier.

5. Si l'usufruit de l'esclave appartient à Titius, et la nue-propriété à Mævius, l'injure faite à l'esclave semble plutôt tomber sur Mævius.

6. Si on a fait une injure à un homme libre, que vous possédez de bonne foi comme esclave, vous n'avez d'action qu'autant que l'injure était dirigée contre vous ; sinon, l'action d'injure appartient à l'homme libre lui-même. On doit appliquer la même décision à l'esclave d'autrui, que vous possédez de bonne foi : vous n'aurez l'action d'injure qu'autant que l'injure faite à cet esclave vous était adressée.

7. La loi des douze tables avait établi des peines diverses suivant la nature des injures : pour la lésion d'un membre, le talion ; pour la fracture d'un os, des peines pécuniaires, en harmonie avec la grande pauvreté des anciens. Plus tard, les Préteurs permirent à la personne injuriée d'évaluer elle-même l'injure ; et le juge pouvait condamner le défendeur, soit au montant de cette évaluation, soit à une somme moindre. Les peines établies par la loi des douze tables sont tombées en désuétude ; celles introduites par le Préteur (qu'on appelle pour cela *honoraires*) sont encore en usage. En effet, l'évaluation d'une injure doit varier suivant le rang de la personne injuriée et la considération dont elle jouit : on doit observer les mêmes gradations relativement aux injures faites à des esclaves ; suivant qu'il s'agit d'un intendant, d'un esclave de la classe moyenne, de celui qui est employé aux ouvrages les plus vils, ou de celui que l'on tient aux fers.

8. La loi Cornélia s'occupe aussi des injures : elle accorde une action à celui qui prétend avoir été poussé ou battu, ou qui se plaint de ce qu'on

verberatumve, domumve suam vi introitum esse dicat. Domum autem accipimus, sive in propria domo quis habitat, sive in conducta, vel gratis, sive hospitio receptus sit. (Ulpian., L. 5, *pr.* et § 2, D., *h. t.*; Paul., *Rec. sentent.* IV, 4, § 8.)

9. Atrox injuria æstimatur vel ex facto, veluti si quis ab aliquo vulneratus fuerit, vel fustibus cæsus; vel ex loco, veluti si cui in theatro, vel in foro, vel in conspectu Prætoris injuria facta sit; vel ex persona, veluti si magistratus injuriam passus fuerit, vel si senatori ab humili injuria facta sit (Gaius, *Comm.* III, § 225; Paul., *Rec. sentent.* V, 4, § 10), aut parenti patronove fiat a liberis vel libertis. Aliter enim senatoris et parentis patronique, aliter extranei et humilis personæ injuria æstimatur. Nonnumquam et locus vulneris atrocem injuriam facit, veluti si in oculo quis percussus sit (Ulpian., L. 7, § 8; L. 9. Paul., L. 9, § 1, D., *h. t.*). Parvi autem refert, utrum patrifamilias an filiofamilias talis injuria facta sit : nam et hæc atrox æstimabitur. (Ulpian., *D.* L. 9, § 2.)

10. In summa sciendum est, de omni injuria eum qui passus est, posse vel criminaliter agere vel civiliter. Et si quidem civiliter agatur, æstimatione facta secundum quod dictum est, pœna imponitur. Sin autem criminaliter officio judicis extraordinaria pœna reo irrogatur. (Paul., *Rec. sentent.* IV, 4, § 12; L. 6; Martian., L. 37, § 1, D., *h. t.*).

Hoc videlicet observando quod Zenoniana constitutio introduxit, ut viri illustres quique super eos sunt, et per procuratores possint actionem injuriarum criminaliter vel persequi vel suscipere, secundum ejus tenorem qui ex ipsa manifestius apparebit. (Zeno, L. 11, C., *h. t.*)

11. Non solum autem is injuriarum tenetur, qui fecit injuriam, id est, qui percussit; verum ille quoque continebitur, qui dolo fecit vel curavit ut cui mala pugno percuteretur. (Ulpian., L. 11, § 1, D., *h. t.*).

12. Hæc actio dissimulatione aboletur; et ideo si quis injuriam dereliquerit, hoc est, statim passus ad animum suum non revocaverit, postea ex pœnitentia remissam injuriam non poterit recolere. (Ulpian., L. 11, § 1, D., *h. t.*)

Tit. V. *De Obligationibus quæ quasi ex delicto nascuntur.*

Si judex litem suam fecerit, non proprie ex maleficio obligatus videtur : sed quia neque ex maleficio neque ex contractu obligatus est, et utique peccasse aliquid intelligitur, licet per imprudentiam, ideo videtur quasi ex maleficio teneri et in quantum de ea re æquum religioni judicantis videbitur, pœnam sustinebit. (Gaius, L. 6 D., *de Extraord. cogn.*; L. 5, § 4, D., *de Obl. et act.*; Ulpian., L. 15, D., *de Judic.*)

est entré de force dans sa maison. Le mot maison doit s'entendre ici de l'appartement qu'on habite, soit comme propriétaire, soit comme locataire, soit même gratuitement ou à titre d'hospitalité.

9. La gravité de l'injure s'estime, soit à raison du fait même, si quelqu'un, par exemple, a été blessé ou frappé à coups de bâton ; soit à raison du lieu, si, par exemple, l'injure a été faite au théâtre, au forum, ou en présence du magistrat ; soit à raison des personnes, si par exemple, l'injure a été faite à un magistrat ; si un homme de la basse classe a insulté un sénateur ; un enfant son ascendant ; un affranchi son patron : l'injure faite à un sénateur, à un ascendant, à un patron, doit en effet être évaluée bien plus haut que celle adressée à un étranger ou à un homme de la basse classe. La partie du corps qui a été lésée est aussi quelquefois une circonstance aggravante, par exemple, si quelqu'un a été frappé dans les yeux. Au reste, peu importe, dans ce cas, que l'injurié soit père ou fils de famille ; l'injure est grave, qu'elle ait été faite à l'un ou à l'autre.

10. En résumé, celui qui souffre une injure quelconque, peut agir ou criminellement ou civilement. S'il agit civilement, le défendeur est condamné à une peine évaluée comme il a été dit ci-dessus ; s'il agit criminellement, le juge doit infliger une peine extraordinaire.

Il est bon d'observer qu'une constitution de Zénon permet aux personnes illustres, et à celles qui occupent un rang encore plus élevé, d'intenter l'action criminelle d'injure, et d'y défendre par le ministère de procureurs ; ainsi qu'on peut le voir, avec plus de détails, en lisant la constitution elle-même

11. Ce n'est pas seulement celui qui a frappé, qui est tenu de l'action d'injure, mais aussi celui qui méchamment en fait frapper un autre à la joue.

12. Cette action s'éteint par le silence. Si donc on a méprisé l'injure' c'est-à-dire, si on n'en a conçu aucun ressentiment au moment où elle a été reçue on ne peut plus ensuite, changeant d'idée, poursuivre une injure que l'on avait pardonnée.

TITRE V. *Des Obligations qui naissent des quasi-délits.*

Un juge qui fait le procès sien ¹, n'est pas à proprement parler obligé par un délit : mais, comme il n'est point obligé ni par délit ni par contrat, et que cependant il a commis une faute, ne fût-ce qu'une simple imprudence, il est obligé comme il le serait par un délit, et devra subir la peine que fixera, dans sa religion, celui qui sera chargé de juger.

---

1 *Fait le procès sien....* expression technique que l'on applique au juge qui, par dol, haine, vengeance ou toute autre passion, et même par imprudence, rend une sentence inique : dans ces divers cas, le juge étant responsable de la sentence, on dit qu'il *a fait le procès sien,* c'est-à-dire, qu'il a détourné sur lui le péril du procès.

1. Item is ex cujus cœnaculo, vel proprio ipsius, vel ex conducto vel in quo gratis habitabat, dejectum effusumve aliquid est, ita ut alicui noceretur, quasi ex maleficio obligatus intelligitur. Ideo autem non proprie ex maleficio obligatus intelligitur, quia plerumque ob alterius culpam tenetur, aut servi aut liberi. Cui similis est is qui, ea parte qua vulgo iter fieri solet, id positum aut suspensum habet quod potest, si ceciderit, alicui nocere (Gaius, L. 5, § 5, D., *de Obl.* et *act.*) : quo casu pœna decem aureorum constituta est. De eo vero quod dejectum effusumve est, dupli quantum damni datum sit, constituta est actio. Ob hominem vero liberum occisum, quinquaginta aureorum pœna constituitur. Si vero vivat, nocitumque ei esse dicatur, quantum ob eam rem æquum judici videtur, actio datur (Ulpian., L. 5. § 6; L. 1, *pr.* et § 5, D., *de His qui effud.*). Judex enim computare debet mercedes medicis præstitas, cæteraque impendia, quæ in curatione facta sunt, præterea operarum quibus caruit aut cariturus est, ob id quod inutilis factus est. (Gaius, L. 7, *cod.*)

2. Si filiusfamilias seorsum a patre habitaverit, et quid ex cœnaculo ejus dejectum effusumve sit, sive quid positum suspensumve habuerit, cujus casus periculosus est : Juliano placuit in patrem nullam esse actionem, sed cum ipso filio agendum (Gaius, L. 5, D., *de Obl.* et *act.*). Quod et in filiofamilias judice observandum est, qui litem suam fecerit. (Ulpian., L. 15, D., *de Judic.*)

3. Item exercitor navis aut cauponæ aut stabuli, de damno aut furto quod in navi aut in caupona aut in stabulo factum erit, quasi ex maleficio teneri videtur : si modo ipsius nullum est maleficium, sed alicujus eorum quorum opera navem aut cauponam aut stabulum exerceret. Quum enim neque ex contractu sit adversus eum constituta hæc actio, et aliquatenus culpæ reus est, quod opera malorum hominum uteretur, ideo quasi ex maleficio teneri videtur (Gaius, L. 5, § 6, D., *de Obl. et act.*). In his autem casibus in factum actio competit, quæ hæredi quidem datur, adversus hæredem autem non competit. (Ulpian., L. 5, § 13, D., *de His qui effud.*)

Tit. VI. *De actionibus.*

Superest ut de actionibus loquamur. Actio autem nihil aliud est, quam jus persequendi judicio [1], quod sibi debetur [2]. (Celsus, L. 51, D., *de Obl.* et *act.*; Ulpian., L. 178, § 2 et 3, D., *de Verb. signif.*)

---

1 *Vulgo :* in judicio.
2 Il y a eu à Rome trois systèmes de procédure différents : 1° les *actions de la loi* qui furent en vigueur jusqu'à la loi Æbutia et aux deux lois Julia ; 2° la *procédure par formules*, appelée aussi, par excellence, *procédure ordinaire :* établie par les lois précitées, elle fut suivie jusqu'à Dioclétien ; 3° la *procédure extraordinaire :* elle était déjà en

1. Pareillement, quand d'un appartement on a jeté ou répandu quelque chose qui a causé préjudice à quelqu'un, celui, à qui cet appartement appartient ou qui l'habite soit gratuitement, soit comme locataire, est obligé comme le serait par un délit : nous ne disons pas qu'il est obligé par délit, parce que plus souvent il est tenu pour la faute d'un autre, d'un enfant, par exemple, ou d'un esclave. Il en faut dire autant de celui qui a, au-dessus de la voie publique, des objets posés ou suspendus, dont la chute pourrait nuire aux passants : il y a, pour ce cas, une peine de dix écus d'or. Quant aux choses jetées ou répandues, la peine est du double du dommage éprouvé. S'il en est résulté mort d'homme libre, la peine est de cinquante écus d'or ; si la personne n'est pas morte, mais simplement blessée, la fixation de la peine est abandonnée à l'équité du juge. Le juge doit faire entrer en ligne de compte les honoraires payés au médecin et les autres dépenses nécessitées par le traitement ; et de plus la perte qui résulte, pour la personne blessée, de son temps perdu et de l'incapacité où elle se trouvera peut-être de travailler comme auparavant.

2. Quand, de l'appartement d'un fils de famille qui n'habite pas avec son père, on a jeté ou répandu quelque chose ; quand on y a posé ou suspendu des objets dont la chute offre des dangers, Julien a décidé qu'on n'avait pas d'action contre le père, mais seulement contre le fils. Il en faut dire autant du fils de famille qui, étant juge, aurait fait le procès sien.

3. Le maître d'un navire, d'une auberge ou d'une écurie à loger les chevaux, n'est tenu que comme par un délit, des vols et des dommages qui seraient commis dans le navire, dans l'auberge ou dans l'écurie ; pourvu, bien entendu, qu'il soit lui-même innocent et que le délit ait été commis par ceux qu'il emploie au service du navire, de l'auberge ou de l'écurie. En effet, comme on ne peut pas l'attaquer par une action naissant d'un contrat, et que, d'un autre côté, il est en faute pour avoir employé des serviteurs infidèles, on dit qu'il est tenu comme il le serait par un délit. Dans tous ces cas, il y a lieu à une action *in factum* qui passe aux héritiers de la personne lésée, mais qui ne se donne pas contre les héritiers de l'obligé.

Titre VI. Des Actions.

Il nous reste à parler des actions. L'action n'est rien autre chose que le droit de poursuivre devant un juge ce qui nous est dû.

---

usage avant Dioclétien, mais seulement comme procédure exceptionnelle ; ce prince en fit la règle générale.—Dans la procédure formulaire, *judex* désignait le juré auquel le magistrat renvoyait la connaissance et la décision du litige (les jurés portaient aussi les noms d'*arbitri* et de *recuperatores*).—*Judicium* désigne tantôt l'instance qui s'engage devant le juré par suite du renvoi ordonné par le magistrat ; tantôt l'acte par lequel le magistrat renvoie les parties devant le juré : *judicium* présente alors le même sens qu'*actio* et *formula*. —*Formula* : c'est l'acte par lequel le magistrat déterminait les questions que le juge aurait à examiner, et lui conférait le pouvoir de condamner ou d'absoudre. On distinguait, dans les formules, 1° les parties principales (*partes*) qui étaient au nombre de quatre, savoir : la *demonstratio*, l'*intentio*, la *condemnatio* et l'*adjudicatio* (Gaius, *Comm.* IV, § 39 et seq.) ; 2° les parties accessoires (*adjectiones*) qui comprenaient les prescriptions, les exceptions, les répliques, dupliques, etc.

1. Omnium actionum, quibus inter aliquos apud judices arbitrosve de quacumque re quæritur, summa divisio in duo genera deducitur : aut enim in rem sunt, aut in personam.—Namque agit unusquisque, aut cum eo qui ei obligatus est vel ex contractu, vel ex maleficio : quo casu proditæ sunt actiones IN PERSONAM, per quas intendit adversarium ei dare aut facere oportere, et aliis quibusdam modis.—Aut cum eo agit qui nullo jure ei obligatus est, movet tamen alicui de aliqua re controversiam, quo casu proditæ actiones IN REM sunt : veluti, si rem corporalem possideat quis, quam Titius suam esse affirmet, et possessor dominum se esse dicat : nam si Titius suam esse intendat, in rem actio est. (Gaius, *Comm.* IV, § 1, 2, et 3; Ulpian, L. 25, D., *de Obl. et act.*; L. 9, § 1, D., *de eo quod met. caus.*; L. 7, § 8, D., *de Pactis.*; Paul., L. 13, § 5, *eod.*; Ulpian., L. 2, § 1 et 2; L. 4, § 33, D., *de Dol mal.*)

2. Æque si agat jus sibi esse fundo forte vel ædibus utendi fruendi, vel per fundum vicini eundi agendi, vel ex fundo vicini aquam ducendi, in rem actio est. Ejusdem generis est actio de jure prædiorum urbanorum : veluti si agat jus sibi esse altius ædes suas tollendi, prospiciendive, vel projiciendi aliquid, vel immittendi tignum in vicini ædes.—Contra quoque de usufructu et de servitutibus prædiorum rusticorum, item prædiorum urbanorum, invicem quoque proditæ sunt actiones; ut si quis intendat jus non esse adversario utendi fruendi, eundi agendi, aquamve ducendi, item altius tollendi, prospiciendi, projiciendi, immittendi. Istæ quoque actiones in rem sunt, sed negativæ (Gaius, *Comm.* IV, § 3; Ulpian., L. 2, D., *si servit. vindicet.*).—Quod genus actionis in controversiis rerum corporalium ᵣ proditum non est, nam in his is agit qui non possidet; ei vero qui possidet, non est actio prodita per quam neget rem actoris esse. Sane uno casu², qui possidet nihilominus actoris partes obtinet, sicut in latioribus Digestorum libris opportunius apparebit. (Ulpian., L. 1, § 6, D., *uti. possid.*; L. 6, § 1, D.; *si servit. vindicet.*)

ₐ *Controversia rerum corporalium...,* c'est-à-dire, dans les procès relatifs au droit de propriété : l'action qui protège le droit de propriété, est en effet appelée *vindicatio rei corporalis* : cela tient aux formes du langage : la formule de la revendication n'énonce pas le droit (*res incorporalis*); mais seulement la chose corporelle sur laquelle porte le droit de propriété

₂ *Uno casu...* ce passage a fait naître de grandes controverses : quel est ce *cas unique* dont parle Justinien ? Suivant les uns il s'agirait du cas où le propriétaire repousse la publicienne par l'exception *justi dominii* (Paul. L. 16; Nerat. L. 17, D., *de public. in rem*) Suivant d'autres il s'agirait du cas où le propriétaire exerce l'action négatoire pour faire cesser un état de choses qui constituerait son fonds en état de servitude. (Ulpian. L. 6, § 1, D., *sis ervit vind.*; Conf. L. 8, § 1 *eod*).

Ire **Division. Actions réelles** (*in rem*), **actions personnelles** (*in personam*).

1. Toutes les actions, par lesquelles on porte un différend quelconque soit devant des juges, soit devant des arbitres, se divisent en deux classes : les unes sont *in rem* (réelles), les autres *in personam* (personnelles).—En effet, ou nous agissons contre quelqu'un qui est obligé envers nous, soit par un contrat, soit par un délit, et alors l'action est personnelle: les actions sont donc personnelles toutes les fois que nous soutenons que notre adversaire est obligé de donner ou de faire quelque chose; ou que, par des conclusions autrement conçues, nous tendons en définitive à le faire condamner comme notre obligé.—Ou bien, au contraire, nous agissons contre quelqu'un qui n'est en aucune manière obligé envers nous, mais avec qui nous avons cependant des contestations relativement à une chose quelconque, et alors l'action est réelle. Par exemple : si une personne possède une chose corporelle que Titius affirme être sienne (*revendication*), tandis que le possesseur soutient en être le propriétaire, l'action est réelle, parce que Titius prétend seulement que la chose est à lui, (et non pas que son adversaire est obligé).

2. L'action est pareillement réelle (*in rem*), quand nous prétendons avoir soit l'usufruit d'un fonds ou d'un édifice, soit le droit de passer sur le fonds voisin ou d'en tirer de l'eau. L'action relative aux servitudes des fonds urbains, est de la même nature : par exemple, si nous prétendons avoir le droit d'élever nos édifices, le droit de vue, le droit de saillie, celui de placer des poutres dans le mur du voisin (*action confessoire*).—Il existe aussi relativement à l'usufruit et aux servitudes d'héritages urbains ou ruraux, des actions réelles qui ont un but entièrement opposé à celui dont nous venons de parler : par exemple, quand nous soutenons que notre adversaire n'a pas l'usufruit d'un fonds, ou qu'il n'a pas le droit de passage, celui d'aqueduc, celui d'élever plus haut, celui de vue, celui de saillie, ou celui de placer des poutres : dans tous ces cas l'action est réelle, mais négative (*action négatoire*). — On ne trouve pas d'action négatoire dans les contestations relatives aux choses corporelles (*au droit de propriété*); en effet, dans tous les procès de cette espèce c'est celui qui ne possède pas qui agit; quant à celui qui est en possession, il n'a aucune action pour nier la propriété du demandeur sur la chose en litige. Il est cependant un cas où celui, qui possède, joue le rôle de demandeur, comme on pourra le voir plus à propos dans les livres plus développés du Digeste.

---

¹ In rem... in personam : la matière des actions n'est pas la seule où ces expressions se rencontrent : nous les retrouvons appliquées aux édits du Préteur, aux pactes et aux exceptions. Dans tous ces cas, ces expressions ont une signification commune : *in rem* indique une énonciation faite en termes généraux, sans désignation de personne; *in personam*, une énonciation relative à telle ou telle personne déterminée (Voyez les textes cités page 304, à la fin du § Ier). — Ceci posé : il est des prétentions que l'on peut élever sans être obligé de nommer l'adversaire, par exemple : *aio fundum Cupenatem esse meum ex jure Quiritium... aio mihi esse jus eundi, agendi per fundum Capenatem.* D'autres prétentions, au contraire, ne peuvent être énoncées qu'en nommant la personne de l'adversaire; c'est ce qui arrive quand je réclame l'exécution d'une obligation : en effet, il ne suffirait pas de prouver que je suis créancier; il faudrait encore établir que c'est mon adversaire qui me doit : *aio Lucium Titium dare facere oportere.* Or, l'*intentio* de la formule ne fait que reproduire à la troisième personne, et sous forme de question, la prétention du demandeur : ainsi lorsque cette prétention a pu être énoncée, sans nommer l'adversaire, le nom de celui-ci ne se retrouve pas non plus dans l'*intentio*, et cette *intentio* est dite conçue *in rem*; quand, au contraire, le demandeur n'a pu énoncer sa prétention sans nommer son adversaire, le nom de celui-ci se trouve nécessairement reproduit dans l'*intentio*, qui est dite alors conçue *in personam*.

3. Sed istæ quidem actiones quarum mentionem habuimus, et si quæ sunt similes, ex legitimis et civilibus causis descendunt. Aliæ autem sunt quas Prætor ex sua jurisdictione comparatas habet tam in rem quam in personam; quas et ipsas necessarium est exemplis ostendere (Ulpian., L. 25, § 2, D., *de Obl. et act.*).—Ecce plerumque ita permittitur in rem agere, ut vel actor diceret se quasi usucepisse quod non usuceperit, vel ex diverso diceret possessorem, adversarium suum, non usucepisse quod usuceperit.

4. Namque si cui ex justa causa res aliqua tradita fuerit (veluti ex causa emptionis, aut donationis, aut dotis, aut legatorum), necdum ejus rei dominus effectus est; si ejus rei possessionem casu amiserit, nullam habet directam in rem actionem ad eam rem persequendam; quippe ita proditæ sunt jure civili actiones, ut quis dominium suum vindicet. Sed quia sane durum erat eo casu deficere actionem, inventa est a Prætore actio in qua dicit is qui possessionem amisit, eam rem se usucepisse, et ita vindicat suam esse. Quæ actio publiciana appellatur, quoniam primum a Publicio prætore in edicto proposita est. (Caius, *Comm.* IV, § 36; Ulpian., L. 1, *pr.* et § 1; L. 7, § 8, D., *de publician. in rem. act.*)

5. Rursus ex diverso si quis, quum reipublicæ causa abesset vel in hostium potestate esset, rem ejus, qui in civitate esset, usuceperit, permittitur domino, si possessor reipublicæ causa abesse desierit, tunc intra annum [1] rescissa usucapione [2], eam petere, id est, ita petere ut dicat possessorem usu non cepisse, et ob id suam rem esse (Callistr. L. 4 et 14; Ulpian., L. 21, *pr.* et § 2, D., *ex quib. caus. maj.*: Paul., L. 35, D., *de Obl. et act.*). Quod genus actionis quibusdam et aliis simili æquitate motus Prætor accommodat, sicut ex latiore Digestorum seu Pandectarum volumine intelligere licet. (Callistr., L. 2, § 1; L. 11, D., *ex quib. caus. maj.*; Ulpian., L. 1 D., *eod.*; L. 13, § 1, D., *de Min.*; Paul., *Rec. sentent.*, I, 7, § 2 et 4; L. 9, § 4, D., *quod met. caus.*)

6. Item, si quis in fraudem creditorum rem suam alicui tradiderit: bonis ejus a creditoribus ex sententia Præsidis possessis, permittitur ipsis creditoribus, rescissa traditione, eam rem petere, id est, dicere eam rem traditam non esse, et ob id in bonis debitoris mansisse. (Ulpian., L. 1, § 2; L. 10, § 22, D., *quæ in fraud.*)

7. Item serviana, et quasi serviana quæ etiam hypothecaria vocatur, ex ipsius Prætoris jurisdictione substantiam capiunt. Serviana autem experitur quis de rebus coloni, quæ pignoris jure pro mer-

---

[1] Sancimus quadriennium continuum tantummodo numerari, ex die ex quo annus utilis currebat. (Justinian., L. 7, C., *de Temp. in integr. restit.*)

[2] Si quando affuerit qui res alienas detinet, et desiderat dominus eas res usurpare, licentia ei detur adire præsidem provinciæ, et ei libellum porrigere, et sufficere hoc ad plenissimam interruptionem (Justinian., L. 2, C., *de Ann. except.*).

II° Division. Actions civiles, actions prétoriennes ou honoraires.

3. Les actions dont nous venons de parler et autres semblables tirent leur origine des lois et du droit civil : il en est d'autres , tant parmi les actions réelles que parmi les actions personnelles, que le Préteur a établies en vertu de sa juridiction : nous allons donner des exemples des unes et des autres.

Les actions réelles prétoriennes les plus usitées sont celles par lesquelles le Préteur permet au demandeur d'agir *in rem*, comme s'il eût usucapé ce qu'en réalité il n'a pas usucapé; ou, à l'inverse, comme si le possesseur son adversaire, n'eût pas usucapé ce qu'en réalité il a usucapé.

I° Actions prétoriennes, réelles.

4. En effet, si celui à qui une chose a été livrée à titre de vente, de donation, de dot, de legs, ou à tout autre juste titre, vient à en perdre la possession avant d'en avoir acquis la propriété, il n'a aucune action réelle directe pour la poursuivre; car le droit civil n'a établi d'action qu'en faveur des propriétaires, pour qu'ils puissent revendiquer leur propriété. Mais, comme il était certainement trop dur que, dans le cas dont nous nous occupons, celui à qui la chose a été livrée n'eût absolument aucune action pour recouvrer la chose dont il a perdu la possession, le Préteur en a imaginé une dans laquelle celui qui a perdu la possession soutient avoir déjà usucapé la propriété; et (à l'aide de cette fiction) , revendique la chose comme lui appartenant[1]. Cette action est appelée *publicienne*, du nom du Préteur Publicius qui le premier l'introduisit dans l'édit.

5. A l'inverse, si un individu, absent pour le service de la République , ou retenu prisonnier chez l'ennemi, a usucapé, pendant son absence, une chose appartenant à un citoyen qui n'avait pas quitté le pays; ce dernier pourra, dans l'année qui suivra le retour du possesseur [2], faire rescinder l'usucapion [3] et revendiquer la chose en soutenant que le possesseur ne l'a pas usucapée; et que par conséquent elle lui appartient toujours. Le Préteur, mu par des motifs d'équité, accorde la même action dans plusieurs autres cas, comme on peut le voir dans les livres plus développés du Digeste.

6. Pareillement, si quelqu'un aliène ses biens, en fraude de ses créanciers, et que ceux-ci obtiennent du Président l'envoi en possession des biens de leur débiteur, ils pourront faire rescinder l'aliénation et réclamer la chose, en soutenant qu'elle n'a point été livrée, et que, par conséquent, elle n'a pas cessé de faire partie des biens du débiteur.

7. La servienne et la quasi-servienne, qu'on appelle aussi action hypothécaire, sont encore des actions qui tirent leur origine de la juridiction du

---

[1] Nous voulons que ce délai d'une année utile soit désormais remplacé par celui de quatre années continues, lesquelles courront du même jour que l'année utile.

[2] Celui dont la chose est possédée par un absent, pourra désormais interrompre l'usucapion, nonobstant l'absence : il lui suffira pour cela de présenter une requête au Président de la province.

[3] Dans l'ancien droit, la publicienne comme l'usucapion avait une double application : 1° elle était donnée à celui qui avait perdu la possession d'une chose qu'il avait reçue à titre de propriétaire , *a non domino*; 2° et à celui, qui, ayant acquis du véritable propriétaire, mais par simple tradition, une chose *mancipi*, n'avait pu acquérir ni le domaine quiritaire, ni la revendication proprement dite.

cedibus fundi ei tenentur ; quasi serviana autem , qua creditores
pignora hypothecasve persequuntur (Paul. , L. 17 , § 2 , D. , *de
Pact.*; L. 18 , D., *de Pignorib. et hypoth.*; Ulpian., L. 17 , *cod.*; Nerat.,
L. 4 , D., *in quib. caus. pign.*).—Inter pignus autem et hypothecam,
quantum ad actionem hypothecariam attinet , nihil interest; nam
de qua re inter creditorem et debitorem convenerit, ut sit pro debito
obligata, utraque hac appellatione continetur. Sed in aliis differentia est : nam pignoris appellatione eam proprie rem contineri dicimus quæ simul etiam traditur creditori, maxime si mobilis sit ; at
eam quæ sine traditione nuda conventione tenetur, proprie hypo-
thecæ appellatione contineri dicimus. (Martian., L. 5 , § 1 , D. , *de
Pign. et hypoth.*; Gaius, L. 238 , § 2 , D., *de Verb. signif.*; Ulpian.,
L. 9 , § 2 , D., *de Pign. act.*)

8. In personam quoque actiones ex sua jurisdictione propositas
habet Prætor ; veluti de pecunia constituta , cui similis videbatur
receptitia.

Sed ex nostra constitutione, quum et si quid plenius habebat, hoc in actionem
pecuniæ constitutæ transfusum est, ea quasi supervacua jussa est cum sua auctoritate a nostris legibus recedere. (Justinian., L. r, C., *de Const. pecun.*)

Item Prætor proposuit de peculio servorum filiorumque familias,
et ex qua quæritur an actor juraverit, et alias complures.

9. De constituta autem pecunia cum omnibus agitur, quicumque
vel pro se vel pro alio soluturos se constituerint, nulla scilicet stipulatione interposita. Nam alioquin , si stipulanti promiserint, jure
civili tenentur. (Ulpian., L. 5 , § 2 et 4; L. 14 , § 3 , D., *de Constit.
pecun.*)

10. Actiones autem de peculio ideo adversus patrem dominumve
comparavit Prætor , quia licet ex contractu filiorum servorumve
ipso jure non teneantur, æquum tamen est peculio tenus, quod
veluti patrimonium est filiorum filiarumque, item servorum, condemnari eos (Diocl. et Max, L. 12 , C., *quod cum eo;* Ulpian., L. 5,
§ 3 et 4, D., *de Pecul.*)

11. Item si quis , postulante adversario , juraverit deberi sibi
pecuniam quam peteret, neque ei solvatur; justissime accommodat
ei talem actionem, per quam non illud quæritur an ei pecunia debeatur, sed an juraverit. (Ulpian., L. 3; L. 5, § 2, D., *de Jurejur.*)

12. Pœnales quoque actiones bene multas ex sua jurisdictione
introduxit : veluti, adversus eum qui quid ex albo ejus corrupisset;
et in eum qui patronum vel parentem in jus vocâsset, quum id non
impetrâsset ; item adversus eum, qui vi .exemerit eum qui in jus
vocaretur, cujusve dolo alius exemerit; et alias innumerabiles.
(Gaius, *Comm.* IV, § 46; Ulpian., L. 7, D., *de Jurisd.*; L. 4, § 1,
de in Jus. voc.; L. 1; L. 4, § 2; L. 6, D., *ne quis eum.*)

Préteur. L'action servienne est exercée par le bailleur d'un fonds rural, relativement aux effets du fermier affectés, à titre de gage, à la garantie du paiement des fermages.—L'action quasi-servienne est celle par laquelle les créanciers poursuivent les choses qui sont affectées, par gage ou hypothèque, au paiement de leurs créances. — En ce qui concerne l'action hypothécaire, il n'y a aucune différence à faire entre le gage et l'hypothèque : l'une et l'autre dénomination s'appliquent également à la convention par laquelle le créancier et le débiteur affectent une chose au paiement de la dette. Mais, sous d'autres rapports, il y a des différences : le mot gage désigne spécialement le cas où la chose, affectée à la dette, a été livrée au créancier ; surtout si cette chose est mobilière. Si, au contraire, la chose a été affectée à la dette par simple convention, sans tradition, c'est le mot hypothèque qu'il faut employer de préférence.

IIª Actions prétoriennes, personnelles.

8. Le Préteur a aussi établi, en vertu de sa juridiction, des actions personnelles ; telle est l'action de constitut (*de 'pecunia constituta*), à laquelle ressemble beaucoup l'action réceptice (*receptitia*).

Mais, notre constitution ayant transporté à l'action de constitut les avantages particuliers que pouvait offrir l'action réceptice, cette dernière est et demeure supprimée.

C'est aussi de la juridiction du Préteur, que tirent leur origine l'action touchant le pécule des esclaves et des fils de famille (*de peculio*); l'action par laquelle on recherche si le demandeur a juré ; et une foule d'autres.

9. On agit par l'action de constitut contre toute personne quelconque qui a promis de payer pour elle-même ou pour un autre : bien entendu, quand cette promesse n'a pas été faite par stipulation ; car s'il y avait eu stipulation, le promettant serait tenu d'après le droit civil.

10. Le Préteur a introduit l'action *de peculio*, contre les maîtres et les pères de famille : en effet, quoique, d'après le droit civil, les maîtres ne soient pas obligés par les contrats de leurs esclaves, ni les pères par ceux de leurs enfants, il est cependant équitable qu'ils soient condamnés jusqu'à concurrence du pécule, qui forme, en quelque sorte, le patrimoine des enfants et des esclaves.

11. Pareillement, si quelqu'un, sur la demande de son adversaire, a juré que celui-ci lui devait la somme qu'il en réclamait ; et que celui, qui a juré, ne puisse obtenir paiement, le Préteur lui accorde, avec beaucoup de justice, une action dans laquelle le juge n'aura pas à rechercher si le défendeur devait, mais si le demandeur a juré.

12. Le Préteur a encore introduit, en vertu de sa juridiction, un grand nombre d'actions pénales, et notamment, contre celui qui dégraderait une partie quelconque de l'album sur lequel le magistrat inscrit ses édits ; contre celui qui citerait devant le magistrat (*in jus*) son patron ou son ascendant, sans en avoir obtenu la permission ; contre celui qui, par violence, enlèverait une personne appelée à comparaître devant le Préteur ; ou, qui, par dol, la ferait enlever par d'autres ; et une foule d'autres actions.

20

13. Præjudiciales actiones in rem esse videntur; quales sunt per quas quæritur an aliquis liber, an libertus sit, vel de partu agnoscendo.—Ex quibus fere una illa legitimam causam habet, per quam quæritur an aliquis liber sit : cæteræ ex ipsius Prætoris jurisdictione substantiam capiunt. (Ulpian., L. 7, § 5, D., *de Lib. caus.*; L. 14, D., *de Probat.*; L. 1, § 16, D., *de Agnosc. et al.*)

14. Sic itaque discretis actionibus, certum est non posse actorem suam rem ita ab aliquo petere, si paret eum dare oportere. Nec enim quod actoris est, id ei dari oportet : quia scilicet dari cuiquam id intelligitur. quod ita datur ut ejus fiat ; nec res, quæ jam actoris est, magis ejus fieri potest. — Plane odio furum, quo magis pluribus actionibus teneantur, effectum est ut, extra pœnam dupli aut quadrupli, rei recipiendæ nomine fures etiam hac actione teneantur, si paret eos dare oportere ; quamvis sit adversus eos etiam hæc in rem actio, per quam rem suam quis esse petit. (Gaius, *Comm.* IV, § 4; Ulpian., L. 7, § 1, D., *de Condict. furt.*)

15. Appellamus autem in rem quidem actiones, vindicationes; in personam vero actiones, quibus dare facere oportere intenditur, condictiones. Condicere enim est denuntiare, prisca lingua. Nunc vero abusive dicimus, condictionem actionem in personam esse, qua actor intendit, dari sibi oportere : nulla enim hoc tempore eo nomine denuntiatio fit. (Gaius, *Comm.* IV, § 5 et 18; Ulpian., L. 25, D., *de Obl. et act.*)

16. Sequens illa divisio est, quod quædam actiones rei persequendæ gratia comparatæ sunt, quædam pœnæ persequendæ, quædam mixtæ sunt. (Gaius, *Comm.* IV, § 6; Paul., L. 35, *de Obl. et act.*)

17. Rei persequendæ causa comparatæ sunt omnes in rem actiones. Earum vero actionum quæ in personam sunt, eæ quidem quæ ex contractu nascuntur, fere omnes rei persequendæ causa comparatæ videntur : veluti, quibus mutuam pecuniam, vel in stipulatum deduciam petit actor ; itemque commodati, depositi, mandati, pro socio, ex empto, vendito, locato, conducto (Gaius, *Comm.* IV, § 7.). Plane, si depositi agatur eo nomine quod tumultus, incendii, ruinæ, naufragii causa depositum sit, in duplum actionem Prætor reddit : si modo cum ipso apud quem depositum sit, aut cum hærede ejus ex dolo ipsius agetur : quo casu mixta est actio. (Ulpian., L. 1, § 1; Nerat., L. 18, D., *Deposit.*)

III· Division. Actions préjudicielles·

13. Les actions préjudicielles paraissent être aussi des actions réelles (*in rem*) : telles sont les actions dans lesquelles le juge a à rechercher, si un individu est libre; s'il est affranchi; si le part doit être reconnu. — Parmi ces actions il n'en est guère qu'une qui vienne du droit civil, savoir celle dans laquelle on recherche si un individu est libre; toutes les autres tirent leur origine de la juridiction du Préteur.

Digression sur la nature des actions réelles et personnelles·

14. De la distinction que nous venons d'établir entre les actions réelles et les actions personnelles, il résulte évidemment que le demandeur ne peut réclamer la chose qui lui appartient par l'action personnelle ; *s'il paraît que l'adversaire doive donner:* car, on ne peut donner au demandeur une chose qui lui appartient déjà : en effet, donner (*dare*) signifie transférer la propriété; or, si le demandeur est déjà propriétaire, comment pourrait-il le devenir davantage? — Cependant, en haine des voleurs (et afin que la personne lésée, ayant la faculté d'agir par un plus grand nombre d'actions, les voleurs puissent moins facilement se soustraire aux poursuites) on a décidé qu'outre la peine du double ou du quadruple, la personne volée pourrait encore agir contre le voleur, pour le recouvrement de la chose, par l'action personnelle : *s'il paraît qu'il doive donner ;* car, d'ailleurs, on peut agir aussi, contre le voleur, par l'action réelle, en soutenant que la chose appartient au demandeur.

15. Toutes les actions réelles portent le nom générique de *revendications* (*vindicationes*) ; quant aux actions personnelles, on nomme condictions (*condictiones*) celles dans lesquelles le demandeur soutient que l'adversaire doit donner ou faire[1]. —Dans le vieux langage, *condicere* signifie dénoncer (*denuntiare*) : aussi est-ce par abus de mots, que nous donnons aujourd'hui le nom de condictions aux actions personnelles, dans lesquelles le demandeur soutient que l'adversaire doit lui donner; car, les dénonciations, pratiquées autrefois pour les demandes de ce genre, ne sont plus en usage de notre temps.

IV· Division. Actions par lesquelles on poursuit la chose, la peine, ou, tout à la fois la chose et la peine (*mixtes*).

16. Voici maintenant une autre division des actions : les unes ont pour but la poursuite de la chose, les autres la poursuite de la peine ; enfin quelques autres sont mixtes.

17. Toutes les actions réelles tendent à poursuivre la chose. Parmi les actions personnelles, presque toutes celles, qui naissent des contrats, tendent aussi à la poursuite de la chose : telles sont les actions par lesquelles le demandeur réclame une somme d'argent qui lui est due par *mutuum* ou par stipulation ; telles sont encore, l'action de commodat, de dépôt, de mandat, de société, d'achat, de vente, de louage.—Toutefois, quand il s'agit d'un dépôt fait dans un moment de tumulte, d'incendie, d'écroulement, de naufrage, le Préteur accorde une action au double : pourvu que l'action soit dirigée contre le dépositaire lui même, ou, contre son héritier, qui serait personnellement coupable de dol; dans ce cas l'action de dépôt est mixte.

---

[1] Si le demandeur réclamait l'exécution de tout autre genre d'obligation, l'action personnelle ne prendrait pas le nom de *condiction*.

18. Ex maleficiis vero proditæ actiones, aliæ tantum pœnæ persequendæ causa comparatæ sunt; aliæ tam pœnæ quam rei persequendæ, et ob id mixtæ sunt. — Pœnam tantum persequitur quis actione furti: sive enim manifesti agatur quadrupli, sive nec manifesti dupli, de sola pœna agitur; nam ipsam rem propria actione persequitur quis, id est suam esse petens, sive fur ipse eam rem possideat, sive alius quilibet. Eo amplius, adversus furem etiam condictio est rei. (Gaius, *Comm.* IV, § 8 et 9; Ulpian., L. 7, § 1, D., *de Condict. furt.*)

19. Vi autem bonorum raptorum actio mixta est, quia in quadruplum rei persecutio continetur: pœna autem tripli est. Sed et legis Aquiliæ actio de damno injuriæ mixta est, non solum si adversus inficiantem in duplum agatur, sed interdum et si in simplum quisque agit: veluti si quis hominem claudum aut luscum occiderit, qui in eo anno integer et magni pretii fuerit, tanti enim damnatur quanti is homo in eo anno plurimi fuerit, secundum jam traditam divisionem. (Gaius, *Comm.* IV, § 8 et 9; Ulpian., L. 23, § 3, 4, 5 et 6, D., *ad leg. Aquil.*)

Item mixta est actio contra eos, qui relicta sacrosanctis ecclesiis vel aliis venerabilibus locis, legati vel fideicommissi nomine, dare distulerint usque adeo ut etiam in judicium vocarentur. Tunc enim et ipsam rem vel pecuniam quæ relicta est, dare compelluntur, et aliud tantum pro pœna : et ideo in duplum ejus fit condemnatio.

20. Quædam actiones mixtam causam obtinere videntur, tam in rem quam in personam. Qualis est familiæ erciscundæ actio, quæ competit cohæredibus de dividenda hæreditate; item communi dividundo, quæ inter eos redditur, inter quos aliquid commune est, ut id dividatur; item finium regundorum, quæ inter eos agitur qui confines agros habent (Paul., L. 37, § 1, D., *de Obl. et act.*). In quibus tribus judiciis permittitur judici, rem alicui ex litigatoribus ex bono et æquo adjudicare, et, si unius pars prægravari videbitur, eum invicem certa pecunia alteri condemnare. (Paul., L. 1 ; Ulpian., L. 2, § 1; Gaius, L. 3, D., *fino regund.*; Julian., L. 52, § 2, D., *famil. ercisc.*; Alex., L. 3, C., *comm. div.*)

21. Omnes autem actiones vel in simplum conceptæ sunt, vel in duplum, vel in triplum, vel in quadruplum. Ulterius autem nulla actio extenditur. (Gaius, L. 3, D., *qui satisd.*)

18. Quant aux actions qui naissent des délits, les unes tendent seulement à la poursuite de la peine; les autres tendent tout à la fois à la poursuite de la peine et à celle de la chose; et c'est pour cela qu'on les appelle mixtes.—On poursuit seulement la peine dans l'action de vol : en effet, soit qu'on réclame le double par l'action de vol non manifeste, soit qu'on réclame le quadruple par l'action de vol manifeste, la demande ne porte jamais que sur la peine seule. Quant à la poursuite de la chose volée, elle est l'objet d'une action distincte : le demandeur peut à son choix ou agir par action réelle, tant contre le voleur que contre tout autre possesseur, en soutenant que la chose lui appartient; ou agir, mais seulement contre le voleur lui-même, par l'action personnelle dite *condiction furtive*.

19. L'action *vi bonorum raptorum* est mixte : car dans le quadruple se trouve comprise la poursuite de la chose; et la peine n'est que du triple. Est pareillement mixte l'action de la loi Aquilia, non-seulement quand la dénégation du défendeur la fait porter au double, mais même quelquefois quand elle est intentée au simple : c'est ce qui arrive si l'esclave tué était boiteux, manchot, ou borgne au moment de l'accident, tandis que, dans l'année, il avait été sans infirmité et d'un grand prix : en effet, ainsi que nous l'avons dit dans un titre précédent, le défendeur est condamné à payer la plus haute valeur que l'esclave a eue dans l'année.

Est encore mixte, l'action donnée contre ceux qui, étant chargés de payer un legs ou un fidéicommis aux saintes églises et autres lieux vénérables, en diffèrent tellement la délivrance, qu'il devient nécessaire de les citer en justice : en effet, ils sont alors tenus non-seulement de délivrer la chose laissée par le défunt; mais, en outre, condamnés à payer une somme d'argent égale : la condamnation est donc au double.

Vᵉ Division. Actions mixtes.

20. Certaines actions paraissent avoir une nature mixte et être tant réelles que personnelles. Telles sont : l'action *familiæ erciscundæ* (en partage de succession) qui est donnée aux cohéritiers, qui réclament le partage de la succession; l'action *communi dividundo* (en partage d'une chose commune) qui est donnée aux copropriétaires pour obtenir le partage de la chose commune; et l'action *finium regundorum* (en bornage), qui a lieu entre ceux qui ont des fonds contigus.—Dans ces trois actions, le juge, prenant pour règle l'équité, peut adjuger la chose à l'un des plaideurs; et condamner celui dont le lot serait trop fort, à payer une soulte aux autres.

VIᵉ Division. Actions au simple, au double, au triple, au quadruple.

21. Toutes les actions sont ou au simple, ou au double, ou au triple, ou au quadruple[1] ; mais jamais au-delà.

---

[1] Quel est le terme qui sert d'unité pour fixer le double, le triple, le quadruple ?.... D'après l'opinion la plus vraisemblable et le plus généralement adoptée, cette division exprime un rapport arithmétique entre l'*intentio* de la formule et la *condamnation*. L'unité, ou point de départ se trouverait dans l'*intentio* ; et, cette unité serait précisément le multiplicande dont le produit par deux, par trois ou par quatre, doit former le chiffre total de la condamnation à prononcer. Mais ce système n'est pas, il s'en faut de beaucoup, à l'abri de toute objection.

22. In simplum agitur : veluti ex stipulatione, ex mutui datione, ex empto, vendito, locato, conducto, mandato, et denique ex aliis compluribus causis.

23. In duplum agimus , veluti furti nec manifesti, damni injuriæ ex lege Aquilia, depositi ex quibusdam casibus. Item servi corrupti, quæ competit in eum cujus hortatu consiliove servus alienus fugerit, aut contumax adversus dominum factus est, aut luxuriose vivere cœperit, aut denique quolibet modo deterior factus sit : in qua actione etiam earum rerum, quas fugiendo servus abstulit, æstimatio deducitur. (Gaius, *Comm.* III, § 190 ; IV, § 9 et 171 ; Paul., *Rec. sentent.*, I, 19, § 1; II, 31 , § 33; L. 2 et 10, D., *de Serv. corrupt.*; Ulpian., L. 1, § 1, D., *Deposit.*)

Item ex legato, quod venerabilibus locis relictum est, secundum ea quæ supra diximus. (Justinian., L. 46, § 7; C., *de Episc. et cler.*)

24. Tripli vero, quum quidam majorem veræ æstimationis quantitatem in libello conventionis inseruit, ut ex hac causa viatores, id est executores litium, ampliorem summam sportularum nomine exegerint. Tunc enim id quod propter eorum causam damnum passus fuerit reus, in triplum ab actore consequetur; ut in hoc triplo et simplum, in quo damnum passus est, connumeretur. Quod nostra constitutio induxit, quæ in nostro Codice fulget : ex qua dubio procul est ex lege condictitiam emanare[1]. (Justinian., L. 2, § 2, C., *de Plus pet.*)

25. Quadrupli, veluti furti manifesti ; item de eo quod metus causa factum sit ; deque ea pecunia quæ in hoc data sit, ut is cui datur, calumniæ causa, negotium alicui faceret, vel non faceret. Gaius, *Comm.* III, § 189; Ulpian., L. 14, § 1, D., *quod met. caus.*; L. 1; L. 3, § 1 et 3; L. 7, D., *de Calumn.*)

Item ex lege condictitia ex nostra constitutione oritur, in quadruplum condemnationem imponens iis executoribus litium, qui, contra constitutionis nostræ normam, a reis quidquam exegerint.

26. Sed furti quidem nec manifesti actio, et servi corrupti a cæteris, de quibus simul locuti sumus, eo differunt, quod hæ actiones omnimodo dupli sunt. At illæ, id est damni injuriæ ex lege Aquilia, et interdum depositi, inficiatione duplicantur; in confitentem autem in simplum dantur. (Gaius, *Comm.* IV, § 9 et 173; Paul., *Rec. sentent.*, I, 19, § 1).

Sed illa, quæ de iis competit quæ relicta venerabilibus locis sunt, non solum inficiatione duplicatur, sed etiam si distulerit relicti solutionem, usquequo jussu magistratuum nostrorum conveniatur; in confitentem vero, antequam jussu magistratuum conveniatur solventem, in simplum redditur. (Justinian., L. 46, § 7, C., *de Episc. et cler.*)

27. Item actio de eo quod metus causa factum sit, a cæteris de quibus simul locuti sumus, eo differt, quod ejus natura tacite con-

---

1 *Vulgo :* QUAM procul dubio CERTUM est ex lege condictitia emanare.

2 *Vulgo :* ex lege condictitia nostra constitutio oritur.

22. L'action est au simple, quand elle dérive d'une stipulation, d'un *mutuum*, d'une vente, d'un louage, d'un mandat, et dans beaucoup d'autres cas encore.

23. Sont au double l'action de vol non manifeste; l'action de la loi Aquilia; celle de dépôt, mais seulement dans certains cas· l'action *servi corrupti*, donnée contre celui dont les conseils et les exhortations ont engagé l'esclave à prendre la fuite, ou à résister à son maître, ou à vivre dans la débauche; ou ont corrompu l'esclave d'une manière quelconque : dans cette dernière action, on doit tenir compte aussi des choses que l'esclave a emportées, en prenant la fuite.

Est pareillement au double, comme nous l'avons dit plus haut, l'action relative aux legs faits aux lieux vénérables.

24. L'action est au triple quand, dans l'exploit d'ajournement, le demandeur exagère le montant de la demande; et, par là, autorise l'huissier (*viator, executor litium*) à exiger un salaire plus considérable : dans ce cas, en effet, nous accordons au défendeur une action par laquelle il pourra répéter, contre le demandeur, le triple de la somme qu'il a payée en trop à l'huissier : mais, dans ce triple se trouve compris, pour une fois, le dommage éprouvé. Ainsi l'a établi une constitution que nous avons fait insérer dans notre code, et, de laquelle dérive certainement une condiction légale.

25. Sont au quadruple l'action de vol manifeste; l'action *quod metus causa* (concernant les actes extorqués par violence); l'action donnée tant contre celui qui a soudoyé quelqu'un pour qu'il suscitât une chicane à un tiers (*calumniæ causa*), que contre celui qui s'est fait payer par une personne, pour renoncer à un procès injuste dont il la menaçait.

Nous avons aussi établi une condiction légale au quadruple, contre les huissiers qui exigent des parties quelque chose au-delà du tarif fixé par notre constitution.

26. Parmi les actions au double, on doit distinguer l'action de vol non manifeste et l'action *servi corrupti*, qui sont toujours au double; tandis que l'action de la loi Aquilia, et, dans certains cas, celle de dépôt, ne sont au double qu'autant que le défendeur nie la dette; s'il l'avoue, elles ne sont données qu'au simple.

Quant à l'action relative aux choses laissées aux lieux vénérables, elle est au double, non-seulement quand le défendeur nie, mais même par cela seul qu'il a assez différé la délivrance du legs ou du fidéicommis, pour qu'il soit devenu nécessaire de l'assigner par ordre du magistrat: l'action n'est donc au simple qu'autant que le débiteur avoue, et paie avant toutes poursuites.

27. Pareillement, l'action *quod metus causa* diffère des autres actions au quadruple, en ce qu'il est dans sa nature que le défendeur soit absous quand,

tinetur, ut, qui judicis jussu ipsam rem actori restituat, absolvatur.
Quod in cæteris casibus non ita est, sed omnimodo quisque in quadruplum condemnatur : quod est et in furti manifesti actione.
(Ulpian., L. 14, § 1 et 4, D., *quod met. caus.*; Gaius , *Comm.* IV
§ 173.)

28. Actionum autem quædam bonæ fidei sunt, quædam stricti
juris.—Bonæ fidei sunt hæ : ex empto, vendito, locato, conducto, negotiorum gestorum, mandati, depositi, pro socio, tutelæ, commodati, pigneratitia, familiæ erciscundæ, communi dividundo, præscriptis verbis quæ de æstimato proponitur, et ea quæ ex permuta-
tatione competit. (Gaius, *Comm.* IV, § 62; Paul., L. 38, D., *pro
soc.*; Ulpian., L. 4, § 2, D., *Comm. div.*; L. 1, D., *de Æstim.*; Alex.,
L. 6, C., *de Pign. act.*; Gord., L. 9, C., *Fam. ercisc.*; Diocl. et Max.,
L. 2, C., *de Rer. permut.*)

Et hæreditatis petitio. Quamvis enim usque adhuc incertum erat, sive inter bonæ
fidei judicia connumeranda sit hæreditatis petitio, sive non, nostra tamen constitutio aperte eam esse bonæ fidei disposuit. (Justinian., L. *ult.*, § 3, C., *de Pet. har.*)

29. Fuerat antea et rei uxoriæ actio una ex bonæ fidei judiciis.
(Ulpian., L. 21, D., *Solut. matrim.*)

Sed quum pleniorem esse ex stipulatu actionem invenientes, omne jus quod res
uxoria ante habebat , cum multis divisionibus, in actionem ex stipulatu, quæ de dotibus exigendis proponitur, transtulimus : merito rei uxoriæ actione sublata, ex
stipulatu, quæ pro ea introducta est, naturam bonæ fidei judicii tantum in exactione dotis meruit, ut bonæ fidei sit —Sed et tacitam ei dedimus hypothecam (Justinian., L. *un.*, § 1 et 2 , C., *de Rei ux. act.*). Præferri autem aliis creditoribus in
hypothecis tunc censuimus, quum ipsa mulier de dote sua experiatur, cujus solius
providentia hoc induximus. (Justinian., L. *ult.*, § 1, C., *qui potior.*)

30. In bonæ fidei autem judiciis libera potestas permitti videtur
judici ex bono et æquo [1] æstimandi, quantum actori restitui debeat.
In quo et illud continetur ut, si quid invicem præstare actorem
oporteat, eo compensato in reliquum is, cum quo actum est, debeat
condemnari (Gaius, *Comm.* IV, § 61).—Sed et in strictis judiciis ex
rescripto divi Marci, opposita doli mali exceptione, compensatio
inducebatur.

Sed nostra constitutio eas compensationes, quæ jure aperto nituntur, latius introduxit, ut actiones ipso jure minuant, sive in rem, sive in personam, sive alias
quascumque : excepta sola depositi actione, cui aliquid compensationis nomine
opponi satis impium esse credidimus ; ne, sub prætextu compensationis, deposita-
rum rerum quis exactione defraudetur. (Justinian., L. *ult.*, *pr.* et § 1, C., *de Com-
pent.* ; L. 11, C., *deposit.*)

---

[1] En conséquence, dans les actions de bonne foi, il est inutile d'insérer l'exception de
dol (Ulpian. L. 13, § 20, D., *de Ædil. ed.*) : quant aux exceptions qui ne sont pas fondées sur l'équité (notamment l'exception *rei judicatæ*), elles sont aussi nécessaires dans les
actions de bonne foi que dans les actions de droit strict.

sur l'ordre du juge, il restitue la chose elle-même. Dans les autres cas, et notamment dans l'action de vol manifeste, la condamnation est toujours au quadruple.

VIIᵉ Division. Actions de bonne foi, de droit strict, arbitraires.

28. Les actions se divisent encore en actions de bonne foi et actions de droit strict. — Sont de bonne foi, les actions d'achat, de vente, de louage, de gestion d'affaires, de mandat, de dépôt, de société, de tutelle, de commodat, de gage, l'action *familiæ erciscundæ*, l'action *communi dividundo*, et l'action *præscriptis verbis*, quand elle est donnée à l'occasion du contrat estimatoire ou de l'échange.

Est pareillement de bonne foi, la pétition d'hérédité : ainsi l'a décidé notre constitution : car, autrefois, on doutait si on devait la ranger, ou non, au nombre des actions de bonne foi.

29. L'action *rei uxoriæ* (relative aux reprises de la femme) était aussi une action de bonne foi.

Mais, trouvant que l'action *ex stipulatu*, était plus avantageuse, nous avons transporté, avec de nombreuses distinctions, à l'action *ex stipulatu* relative aux reprises des femmes, les effets qui, auparavant, étaient propres à l'action *rei uxoriæ*. Cette dernière action étant ainsi supprimée, nous attribuons à l'action *ex stipulatu*, qui en tiendra lieu désormais, les caractères des actions de bonne foi, mais seulement quand il s'agira de la répétition de la dot. — Nous accordons en outre à la femme une hypothèque tacite : toutefois, en vertu de cette hypothèque, elle ne sera préférée aux autres créanciers hypothécaires, qu'autant qu'elle réclamera elle-même sa dot ; car c'est à elle personnellement que notre constitution accorde ce privilège.

30. Dans les actions de bonne foi, le juge est investi du plein pouvoir d'évaluer, d'après les règles de l'équité, les restitutions dues au demandeur. Il doit, par conséquent, faire entrer en ligne de compte ce que le demandeur doit au défendeur, et, ne condamner celui-ci qu'à l'excédant qui restera après cette compensation opérée. — D'après un rescrit de Marc-Aurèle, le défendeur pouvait aussi, au moyen de l'exception de dol, faire admettre la compensation, même dans les actions de droit strict.

Mais notre constitution, donnant une plus grande extension à la compensation, quand elle est fondée sur un droit évident¹, veut qu'elle diminue, de plein droit, toutes espèces d'actions personnelles, réelles ou autres ; à la seule exception de l'action de dépôt : nous avons en effet regardé comme odieux qu'un dépositaire pût opposer la compensation, et, sous ce prétexte, éviter la restitution des objets confiés à sa bonne foi.

---

¹ Ou sur une créance liquide (Justinian. L. 14, § 1. C., *de compens.*): sinon le défendeur devra se pourvoir par action séparée. Il ne faut pas en effet fournir au défendeur des moyens de retarder la décision du procès.

31. Præterea quasdam actiones arbitrarias, id est, ex arbitrio judicis pendentes, appéllamus : in quibus, nisi arbitrio judicis is, cum quo agitur, actori satisfaciat, veluti rem restituat, vel exhibeat, vel solvat, vel ex noxali causa servum dedat, condemnari debeat (Paul., L. 14, § 4 D., *quod met. caus.*).—Sed istæ actiones tam in rem, quam in personam inveniuntur. In rem : veluti Publiciana, Serviana de rebus coloni, quasi Servia ia quæ etiam hypothecaria vocatur (Martian., L. 16, § 3, D., *de Pign. et hypoth.*). In personam : veluti quibus de eo agitur quod aut metus causa, aut dolo malo factum est; item quum id, quod certo loco promissum est, petitur. Ad exhibendum quoque actio ex arbitrio judicis pendet (Paul., L. 18, D., *de Dol mal.*; Ulpian., L. 2, D., *de eo quod cert. loc.*; L. 3, § 2, 3 et 13, D., *ad exhib.*).—In his enim actionibus et cæteris similibus permittitur judici ex bono et æquo, secundum cujusque rei de qua actum est naturam, æstimare quemadmodum actori satisfieri oporteat. (Ulpian., L. 68, D., *de rei vind.*)

32. Curáre autem debet judex ut omnimodo, quantum possibile ei sit, certæ pecuniæ *vel rei* sententiam ferat, etiam si de incerta quantitate apud eum actum est. (Gaius, *Comm.* IV, § 52 ; Alex., L. 2; Gord., L. 3 et 4, C., *de Sent. quæ sine cert.*)

33. Si quis agens, in intentione sua plus complexus fuerit quam ad eum pertineret, causa cadebat ; id est, rem amittebat; nec facile in integrum a Prætore restituebatur (Gaius, *Comm.* IV, § 53), nisi minor erat viginti quinque annis. Huic enim, sicut in aliis causis causa cognita succurebatur, si lapsus juventute fuerat, ita et in hac causa succurri solitùm erat (Ulpian., L. 7, *pr.*, § 3 et 4, D., *de Minor.*) Sane, si tam magna causa justi erroris interveniebat, ut etiam constantissimus quisque labi posset, etiam majori viginti quinque annis succurebatur : veluti, si quis totum legatum petierit, post deinde prolati fuerint codicilli quibus aut pars legati adempta sit , aut quibusdam aliis legata data sint, quæ efficiebant ut plus petiisse videretur petitor quam dodrantem, atque ideo lege Falcidia legata minuebantur (Ulpian., L. 26, § 9, D., *ex quib. caus. maj.*).—Plus autem quatuor modis petitur : re, tempore, loco, causa. —Re : veluti si quis, pro decem aureis qui ei debebantur, viginti petierit ; aut si is cujus ex parte res est, totam eam, vel majore ex parte, suam esse intenderit.—Tempore : veluti si quis ante diem vel ante conditionem petierit : qua ratione enim qui tardius solvit quam solvere deberet, minus solvere intelligitur, eadem ratione qui præmature petit, plus petere videtur.—Loco plus petitur : veluti quum quis id, quod certo loco sibi stipulatus est, alio loco petit sine

51. Il y a encore une troisième classe d'actions que l'on appelle arbitraires, parce qu'elles dépendent de l'arbitrage (*arbitrium*) du juge. Dans ces actions, le défendeur n'est condamné, qu'autant qu'il ne donne pas au demandeur la satisfaction fixée par l'arbitrage du juge : cette satisfaction consiste soit à restituer, soit à exhiber, soit à payer, soit à donner en noxe un esclave. — On trouve des actions arbitraires tant parmi les actions réelles que parmi les actions personnelles. Parmi les actions réelles, on peut citer la Publicienne, la Servienne relative aux effets du fermier, la quasi-servienne qu'on appelle aussi action hypothécaire. Parmi les actions personnelles, l'action *quod metus causa*, l'action *de dolo malo*, l'action *de eo quod certo loco* et l'action *ad exhibendum*. — Dans ces actions et autres semblables, il est permis au juge d'estimer, d'après les règles de l'équité et suivant la nature particulière de la chose en litige, de quelle manière le défendeur doit donner satisfaction au demandeur.

Règles sur la condamnation.

52. Il faut que, dans tous les cas, la sentence du juge, porte sur une somme d'argent déterminée *ou sur une chose*[1] également déterminée ; lors même que l'action aurait eu pour objet une quantité indéterminée.

Des erreurs dans la demande.

53. Le demandeur qui, dans l'*intentio* (partie de la formule qui exprime sa prétention), comprenait plus qu'il ne lui revenait, encourait déchéance, c'est-à-dire, perdait son procès : et le Préteur n'accordait pas facilement alors la restitution en entier ; à moins que le demandeur déchu ne fût un mineur de vingt-cinq ans, auquel cas, on venait à son secours, en connaissance de cause, comme dans les autres circonstances où sa jeunesse l'aurait fait faillir. Cependant, on venait aussi au secours du majeur de vingt-cinq ans, quand l'erreur, dans laquelle il était tombé, était telle que l'homme le plus prudent n'eût pu l'éviter : par exemple, si après qu'un légataire a demandé le legs tout entier, on vient à produire des codicilles qui révoquent une partie du legs, ou, qui contiennent au profit d'autres personnes des libéralités nouvelles, lesquelles, jointes aux anciennes, excèdent les trois quarts et soumettent tous les legs à la réduction de la loi Falcidie : dans ces deux cas, le demandeur a réclamé plus qu'il ne lui revenait : mais nul n'eût pu éviter une telle erreur. — Il peut y avoir plus pétition sous quatre rapports différents : quant à la chose, quant au temps, quant au lieu et quant à la cause. — Il y a plus pétition sous le rapport de la chose, quand, par exemple, celui à qui il était dû dix écus d'or, en demande vingt; ou, quand celui qui n'avait droit qu'à une partie de la chose, la réclame en entier ou pour une partie plus forte. — Il y a plus pétition sous le rapport du temps, quand on réclame, avant l'échéance du terme ou l'événement de la condition : car, de même que le débiteur qui paie trop tard, est réputé ne pas payer tout ce qu'il doit, de même le créancier qui demande trop tôt, est réputé demander

[1] Dans la procédure formulaire, la condamnation était toujours pécuniaire : la décision du juge ne portait directement sur les choses que dans l'*adjudication* des actions divisoires, et dans le *jussus* des actions arbitraires.

commemoratione illius loci in quo sibi dari stipulatus fuerit : verbi
gratia , si is qui ita stipulatus fuerit, EPHESI DARE SPONDES? Romæ
pure intendat sibi dari oportere. Ideo autem plus petere intelligitur,
quia utilitatem quam habuit promissor si Ephesi solveret, adimit
ei pura intentione. Propter quam causam alio loco petenti arbitra-
ria actio proponitur, in qua scilicet ratio habetur utilitatis quæ
promissori competitura fuisset, si illo loco solveret : quæ utilitas
plerumque in mercibus maxima invenitur , veluti vino, oleo, frumento , quæ per singulas regiones diversa habent pretia. Sed et pecuniæ numeratæ non in omnibus regionibus sub iisdem usuris fœ-
nerantur. Si quis tamen Ephesi petat, id est eo loco petat, quo, ut sibi
detur, stipulatus est , pura actione recte agit ; idque etiam Prætor
monstrat, scilicet quia utilitas solvendi salva est promissori (Paul.,
Rec. sentent., I, 10; Gaius, *Comm.* IV, § 53; L. 1 et 3, D., *de eo quod
cert. loc.;* Ulpian., L. 2, *pr.* et § 1; L. 4, D., *cod.*; L. 12, § 1, D., *de Verb.
signif.*),—Huic autem qui loco plus petere intelligitur, proximus est
is, qui causa plus petit : ut ecce, si quis ita a te stipuletur, HOMINEM
STICHUM AUT DECEM AUREOS DARE SPONDES? deinde alterutrum petat,
veluti hominem tantum, aut decem aureos tantum. Ideo autem plus
petere intelligitur, quia in eo genere stipulationis promissoris est
electio , utrum pecuniam an hominem solvere malit. Cui igitur pecuniam tantum, vel hominem tantum sibi dari oportere intendit,
eripit electionem adversario, et eo modo suam quidem conditionem
meliorem facit, adversarii vero sui deteriorem. Qua de causa, talis
in ea re prodita est actio, ut quis intendat hominem Stichum aut
aureos decem sibi dari oportere, id est, ut eodem modo peteret quo
stipulatus est. Præterea, si quis generaliter hominem stipulatus sit,
et specialiter Stichum petat ; aut generaliter vinum stipulatus, specialiter campanum petat ; aut generaliter purpuram stipulatus sit,
deinde specialiter tyriam petat : plus petere intelligitur ; quia electionem adversario tollit, cui stipulationis jure liberum fuit aliud
solvere quam quod peteretur. Quin etiam, licet vilissimum sit
quod quis petat [1], nihilominus plus petere intelligitur ; quia sæpe
accidit ut promissori facilius sit illud solvere, quod majoris pretii
est. (Gaius, *Comm.* IV, § 53.)

Sed hæc quidem antea in usu fuerant : postea autem lex Zenoniana et nostra
rem coercuit. Et si quidem tempore plus fuerit petitum, statui oportet quod Zenonis divæ memoriæ loquitur constitutio (Zeno, L. 1, C., *de Plus pet.*). Sin autem
quantitate vel alio modo plus fuerit petitum, omne si quod forte damnum (ut in
sportulis) ex hac causa acciderit ei contra quem plus petitum fuerit, commissa
tripli condemnatione, sicut supra diximus, puniatur. (Justinian., L. 2, C., *eod.*)

Ita Cujacius edidit anno 1577; anno autem 1585 : *licet utilissimum* quod plus petat...
(Vid. Gaius, *Comm.* IV, § 3).

plus qu'il ne lui est dû.—Il y a plus pétition sous le rapport du lieu, lorsqu'on réclame dans un lieu ce qui devrait être payé dans un autre, sans
faire mention du lieu convenu pour le paiement, par exemple, si après
avoir stipulé en ces termes : *promettez-vous de me donner à Éphèse ?*
le créancier demande purement et simplement le paiement à Rome : dans
ce cas, le créancier demande plus, parce que son *intentio*, pure et simple,
tend à priver le promettant de l'avantage qu'il y avait pour lui à payer à
Éphèse. C'est même pour cela qu'on a imaginé une action arbitraire qui permet de réclamer dans un lieu ce qui est dû dans un autre : dans cette action,
on tient compte de l'avantage qu'avait le promettant à payer au lieu convenu;
avantage qui est quelquefois très-important surtout pour les marchandises
dont le prix varie suivant les pays : l'argent même ne produit pas partout
le même intérêt. Mais si le créancier demande à Éphèse, c'est-à-dire, dans
le lieu même où le paiement doit se faire, il peut très-valablement agir par
une action pure et simple (ainsi que le Préteur l'indique lui-même dans son
édit); car le promettant n'est privé alors d'aucun des avantages qu'il s'était
réservés. — La plus pétition sous le rapport de la cause est assez semblable à celle sous le rapport du temps : par exemple, si après avoir stipulé
ainsi : *me promettez-vous l'esclave Stichus ou dix écus d'or ?* le stipulant
demande seulement l'un des deux, ou l'esclave ou la somme : il y a plus
pétition, parce que dans les stipulations de ce genre le choix appartient au
débiteur, qui peut payer, à son choix, ou l'esclave ou les dix écus d'or. Or,
en soutenant qu'on doit lui donner l'esclave seulement, le demandeur enlève le choix au débiteur; il améliore sa position et rend pire celle de son
adversaire. En conséquence, il y a, pour ce cas, une action par laquelle le
demandeur soutient qu'on doit lui donner ou l'esclave Stichus, ou dix écus
d'or; c'est-à-dire par laquelle il formule son *intentio* dans les termes mêmes
dont il s'est servi pour stipuler. Celui qui ayant stipulé d'une manière générale
un esclave, du vin, de la pourpre, vient demander spécialement l'esclave
Stichus, du vin de Campanie, de la pourpre de Tyr, commet une plus pétition, parce qu'il enlève le choix à son adversaire, qui était libre, aux termes
de la stipulation, de payer tout autre esclave, tout autre vin, toute autre
pourpre. Bien plus, lors même que l'objet demandé serait le moins précieux,
la plus pétition n'existerait pas moins, parce qu'il peut souvent arriver
qu'il soit plus facile au débiteur de payer l'objet le plus précieux.

Mais ces principes suivis autrefois ont été modifiés tant par la constitution de
Zénon que par la nôtre.—Quand il y aura plus pétition sous le rapport du temps,
il faudra suivre la règle établie par l'empereur Zénon de glorieuse mémoire.—Si la
plus pétition porte sur la quantité, ou, a lieu de toute autre manière, le demandeur,
pour sa punition, sera condamné à payer au défendeur le triple du dommage que
celui-ci a éprouvé; de même que nous l'avons décidé plus haut à l'égard du salaire
des huissiers.

34. Si minus in intentione complexus fuerit actor quam ad cum pertineret; veluti si, quum ei decem deberentur, quinque sibi dari oportere intenderit; aut si, quum totus fundus ejus esset, partem dimidiam suam esse petierit, sine periculo agit. (Gaius, *Comm.* IV, § 56.)

In reliquum enim nihilominus judex adversarium in eodem judicio condemnat, ex constitutione divæ memoriæ Zenonis. (Zeno, L. 1, § 3, C., *de Plus pet.*)

35. Si quis aliud pro alio intenderit, nihil cum periclitari placet; *sed in eodem judicio, cognita veritate, errorem suum corrigere ei permittimus* [1]: veluti, si is, qui hominem Stichum petere deberet, Erotem petierit; aut si quis ex testamento sibi dari oportere intenderit, quod ex stipulatu debetur. (Gaius, *Comm.* IV, § 55.)

36. Sunt præterea quædam actiones quibus non solidum quod nobis debetur, persequimur; sed modo solidum consequimur, modo minus: ut ecce, si in peculium filii servive agamus. Nam si non minus in peculio sit, quam persequimur, in solidum dominus paterve condemnatur; si vero minus inveniatur, eatenus condemnat judex, quatenus in peculio sit (Diocl. et Max., L. 12, C., *quod cum eo.*). Quemadmodum autem peculium intelligi debeat, suo ordine proponemus.

37. Item, si de dote judicio mulier agat, placet eatenus maritum condemnari debere, quatenus facere possit, id est, quatenus facultates ejus patiuntur. Itaque, si dotis quantitati concurrant facultates ejus, in solidum damnatur; si minus, in tantum quantum facere potest (Ulpian., L. 12, D., *Solut. matr.*; L. 17, D., *de rejud.*). Propter retentionem quoque dotis repetitio minuitur; nam, ob impensas in res dotales factas, marito retentio concessa est, quia ipso jure necessariis sumptibus dos minuitur, sicut ex latioribus Digestorum libris licet cognoscere. (Ulpian., *Frag.* VI, § 9, 14 et seq.; L. 5, D., *de Impens. in rem dotal.*; Paul., L. 4, eod.)

38. Sed et, si quis cum parente suo patronove agat; item si socius cum socio judicio societatis agat, non plus actor consequitur quam adversarius ejus facere potest. Idem est, si quis ex donatione sua conveniatur. (Ulpian., L. 16; Paul., L. 19, § 1, D., *de rejudic.*)

39. Compensationes quoque oppositæ plerumque efficiunt, ut minus quisque consequatur quam ei debebatur. Namque ex bono et æquo, habita ratione ejus quod invicem actorem ex eadem causa præstare oportet, in reliquum eum, cum quo actum est, condemnare, sicut jam dictum est. (Paul., *Rec. sentent.*, II, 5, § 3; L. 4, D., *de Compens.*; Alex., L. 4 et 5, C., *de Compens.*)

---

[1] *Vulgo:* permittitur.

34. Mais le demandeur ne court aucun danger, si, dans *l'intentio* de son action, il comprend moins que ce qui lui revient; par exemple, si créancier de dix, il soutient qu'on doit lui donner cinq ; ou si propriétaire de la totalité d'un fonds, il prétend que la moitié de ce même fonds lui appartient.

Depuis la constitution de l'Empereur Zénon de glorieuse mémoire, le juge peut, dans la même instance, condamner l'adversaire au surplus.

35. Pareillement, il n'y a aucun danger à demander une chose pour une autre; *et nous permettons au demandeur, qui reconnaît son erreur, de rectifier sa demande dans la même instance.* Il y a erreur de ce genre quand le demandeur, ayant droit à l'esclave Stichus, réclame l'esclave Érote ; ou, quand il réclame, en vertu d'un testament, ce qui lui est dû en vertu d'une stipulation.

Circonstances qui empêchent le demandeur d'obtenir tout ce qui lui est dû.

36. Il y a certaines actions qui nous font obtenir tantôt tout ce que nous demandons, et tantôt moins; par exemple, quand nous agissons *de peculio*, c'est-à-dire quand nous demandons à être payés, sur le pécule d'un fils de famille ou d'un esclave. Car, si la valeur du pécule n'est pas inférieure à ce que nous réclamons, le père ou le maître est condamné à tout ce qui est demandé ; dans le cas contraire, le père ou le maître n'est condamné qu'à une somme égale à la valeur du pécule. Nous exposerons en son lieu comment on doit évaluer le pécule.

37. Il est admis que le mari, attaqué par sa femme en restitution de la dot, ne doit pas être condamné au delà de ce qu'il peut faire [1], c'est-à-dire, à une somme plus forte que celle que sa fortune lui permet de payer : si donc sa fortune est égale à la dot, il est condamné pour le tout; si sa fortune est moindre, il n'est condamné qu'à la somme qu'il peut payer.—Il y a aussi des rétentions qui viennent en déduction des répétitions dotales ; c'est ainsi que le mari peut déduire, de la dot réclamée, la valeur des impenses qu'il a faites pour la dot : la dot est en effet diminuée de plein droit de toute la valeur des dépenses nécessaires, comme on peut le voir avec plus de détails dans le Digeste.

58. L'ascendant actionné par son descendant, le patron par son affranchi ne doivent pas être condamnés au delà de ce qu'ils peuvent faire. Il en faut dire autant de l'associé contre lequel son associé agit par l'action de société; et du donateur attaqué par le donataire en exécution de la donation.

59. La compensation opposée par le défendeur, conduit aussi fort souvent à ce résultat, que le demandeur n'obtient pas tout ce qui lui est dû. En effet, comme nous l'avons déjà dit plus haut, le juge commence par déduire, d'après l'équité, tout ce que le demandeur doit au défendeur (en vertu des mêmes causes); et condamne seulement ce dernier à payer l'excédant qui reste après la compensation opérée.

---

[1] Ce privilège accordé à certains débiteurs, (Voyez les § 37, 38 et 40) est ce que les interprètes ont appelé *bénéfice de compétence.*

40. Eum quoque, qui creditoribus suis bonis cessit, si postea aliquid acquisierit quod idoneum emolumentum habeat, ex integro in id quod facere potest, creditores cum eo experiuntur : inhumanum enim erat, spoliatum fortunis suis in solidum damnari. (Ulpian., L. 4 et 6, D., *de cess. bonor.*)

TIT. VII. *Quod cum eo contractum est, qui in aliena potestate est.*

Quia tamen superius mentionem habuimus de actione, qua in peculium filiorumfamilias servorumque agitur, opus est ut de hac actione et de cæteris, quæ eorumdem nomine in parentes dominosve dari solent, diligentius admoneamus (Gaius, *Comm.* IV, § 69.). Et quia, sive cum servis negotium gestum sit, sive cum iis qui in potestate parentis sunt, fere eadem jura servantur ; ne verbosa fiat disputatio, dirigamus sermonem in personam servi dominique, idem intellecturi de liberis quoque et parentibus quorum in potestate sunt. Nam, si quid in his proprie observatur, separatim ostendemus.

1. Si igitur jussu domini cum servo negotium gestum erit, in solidum Prætor adversus dominum actionem pollicetur ; scilicet quia, qui ita contrahit, fidem domini sequi videtur. (Gaius, *Comm.* IV, § 71 ; L. 1, D., *quod cum eo*).

2. Eadem ratione Prætor duas alias in solidum actiones pollicetur, quarum altera exercitoria, altera institoria appellatur.—Exercitoria tunc habet locum, quum quis servum suum magistrum navi præposuerit, et quid cum eo ejus rei gratia, cui præpositus erit, contractum fuerit. Ideo autem exercitoria vocatur, quia exercitor appellatur is ad quem quotidianus navis quæstus pertinet.—Institoria tunc locum habet, quia quis tabernæ forte aut cuilibet negotiationi servum præposuerit, et quid cum eo ejus rei causa, cui præpositus erit, contractum fuerit. Ideo autem institoria appellatur, quia qui negotiationibus præponuntur, institores vocantur.—Istas tamen duas actiones Prætor reddit, et si liberum quis hominem aut alienum servum navi aut tabernæ aut cuilibet negotiationi præposuerit : scilicet, quia eadem æquitatis ratio etiam eo casu interveniebat. (Gaius, *Comm.* IV, § 71 ; Paul., *Rec. sentent.*, II, 6, 8, § 1 et 2 ; Ulpian., L. 1, *pr.*, § 4, 7 et 15, D., *de Exercit.*; L. 5, *pr.* et § 5, D., *de Instit.*)

3. Introduxit et aliam actionem Prætor, quæ tributoria vocatur. Namque si servus in peculiari merce, sciente domino, negotietur, et quid cum eo ejus rei causa contractum erit, ita Prætor jus dicit : ut

40. Si celui qui a fait cession de biens, acquiert postérieurement de quoi payer ses dettes, ses créanciers ne pourront agir contre lui que jusqu'à concurrence de ce qu'il peut faire : il a paru en effet inhumain de condamner pour le tout, celui qui s'est dépouillé de tous ses biens.

TITRE VII. *Des obligations contractées par celui qui est soumis à la puissance d'autrui.*

(Des actions quod jussu, exercitoire, institoire, tributoire, de peculio et de in rem verso)(1).

Nous avons, déjà plusieurs fois, fait mention de l'action par laquelle on agit contre le pécule du fils de famille et celui de l'esclave : nous devons maintenant traiter avec plus de soin, tant de cette action que des autres actions qui sont données contre les pères et contre les maîtres, du chef de leurs fils de famille et de leurs esclaves. Et, comme les actes faits avec les fils de famille sont soumis à peu près aux mêmes règles que ceux faits avec les esclaves, pour éviter les longueurs de langage, nous ne parlerons que des maîtres et des esclaves : ce que nous en dirons doit s'appliquer également aux pères de famille et aux enfants soumis à leur puissance ; nous aurons soin, au surplus, de noter séparément ce qu'il pourrait y avoir de particulier dans les règles relatives à ces derniers.

1. Lorsqu'on a traité avec un esclave, agissant par l'ordre de son maître, le Préteur accorde contre le maître une action pour la totalité (*in solidum*); car celui qui contracte ainsi, suit la foi du maître (action *quod jussu*).

2. Par la même raison, le Préteur promet encore deux actions pour le tout (*in solidum*) dont l'une est appelée *exercitoire* et l'autre *institoire*.— L'action exercitoire est donnée contre le maître qui a établi son esclave patron (*magister*) d'un navire, à raison des obligations que cet esclave a contractées à l'occasion de la mission qui lui était confiée : cette action est appelée exercitoire, parce qu'on appelle *exercitor* (armateur) celui qui profite des bénéfices journaliers du navire.—L'action institoire est donnée contre le maître qui a préposé son esclave à la conduite d'une boutique ou d'un commerce quelconque, à raison des dettes que cet esclave a contractées, à l'occasion de l'administration dont son maître l'avait chargé : cette action est appelée institoire parce qu'on appelle *institores* (commis-gérants), ceux qui sont préposés à un commerce.—Les mêmes raisons d'équité ont déterminé le Préteur à accorder ces deux actions, lors même que l'individu préposé à la conduite du navire, ou à l'administration du commerce, serait un homme libre ou l'esclave d'autrui.

3. Le Préteur a encore introduit une autre action à laquelle on donne le nom de *tributoire*. Quand, avec son pécule et au su de son maître, l'esclave fait un commerce, et qu'à l'occasion de ce commerce il a contracté des dettes, le droit prétorien veut que le fonds de commerce et les bénéfices qu'il a pro-

_____

(1) Ces diverses dénominations n'indiquent pas des espèces particulières d'actions, mais seulement des circonstances qui déterminent les limites dans lesquelles le défendeur doit être condamné.— Ainsi , par exemple, ce qu'on appelle l'action *quod jussu* ne correspond pas à un contrat particulier, comme les actions *venditi, locati, mandati*, etc. : mais, lorsqu'un père de famille est actionné, à raison des contrats ou quasi-contrats des personnes soumises à sa puissance , on ajoute au nom de l'action résultant du contrat ou du quasi-contrat , les mots *quod jussu* ou *de peculio*, etc., pour indiquer que le père de famille doit être condamné pour le tout ou seulement pour partie : ainsi on dit l'action *venditi, quod jussu, locati de peculio*, etc. Ces expressions ne sont donc que des espèces d'*adjectifs* qui modifient l'action : c'est pour cela que les actions dites *quod jussu , et peculio*, etc... sont nommées, par quelques auteurs, actions *adjectices*.

quidquid in his mercibus erit, quodque inde receptum erit, id inter dominum si quid ei debetur, et cæteros creditores pro rata portione distribuatur. Et quia ipsi domino distributionem permittit, si quis ex creditoribus queratur, quasi minus ei tributum sit, quam oportuerit, hanc ei actionem accommodat, quæ tributoria appellatur. (Gaius, *Comm.* IV, § 72; Ulpian., L. 1, D., *de Trib. act.*)

4. Præterea introducta est actio de peculio, deque eo quod in rem domini versum erit : ut, quamvis sine voluntate domini negotium gestum erit, tamen sive quid in rem ejus versum fuerit, id totum præstare debeat ; sive quid non sit in rem ejus versum, id eatenus præstare debeat, quatenus peculium patitur (Gaius, L.. D., *quod cum co.*). — In rem autem domini versum intelligitur, quidquid necessario in rem ejus impenderit servus ; veluti si mutuatus pecuniam creditoribus ejus solverit, aut ædificia ruentia fulserit, aut familiæ frumentum emerit, vel etiam fundum aut quamlibet aliam rem necessariam mercatus erit. Itaque, si ex decem ut puta aureis quos servus tuus a Titio mutuos accepit, creditori tuo quinque aureos solverit, reliquos vero quinque quolibet modo consumpserit, pro quinque quidem in solidum damnari debes ; pro cæteris vero quinque, eatenus quatenus in peculio sit. Ex quo scilicet apparet, si toti decem aurei in rem tuam versi fuerint, totos decem aureos Titium consequi posse. (Ulpian., L. 3, § 1 ; L. 5, *pr.* et § 2, D., *de in rem. vers.*) Licet enim una est actio qua de peculio deque eo quod in rem domini versum sit, agitur, tamen duas habet condemnationes. Itaque judex apud quem de ea actione agitur, ante dispicere solet an in rem domini versum sit ; nec aliter ad peculii æstimationem transit, quam si aut nihil in rem domini versum esse intelligatur, aut non totum (Paul., L. 19, D., *cod.*). — Quum autem quæritur quantum in peculio sit, ante deducitur quidquid servus domino, cive qui in potestate ejus sit, debet ; et quod superest, id solum peculium intelligitur. Aliquando tamen id, quod ei debet servus, qui in potestate domini sit, non deducitur ex peculio, veluti si is in hujus ipsius peculio sit : quod eo pertinet ut, si quid vicario suo servus debeat, id ex peculio ejus non deducatur. (Gaius., *Comm.* IV, § 73 et 74 *in fin.*, Ulpian., L. 9, § 2 et 3; L. 17, D., *cod.*)

5. Cæterum dubium non est quin is quoque qui jussu domini contraxerit, cuique institoria vel exercitoria actio competit, de peculio, deque eo quod in rem domini versum est, agere possit : sed erit stultissimus, si, omissa actione qua facillime solidum ex contractu consequi possit, se ad difficultatem perducat probandi in rem do-

duits, soient distribués entre le maître, s'il lui est dû quelque chose, et les autres créanciers, proportionnellement à leurs créances. Et, comme c'est le maître lui-même qui est chargé de cette distribution, celui des créanciers qui aurait à se plaindre de ce qu'on ne lui aurait pas attribué tout ce qui lui revenait, peut agir pour le surplus contre le maître par l'action tributoire.

4. Le Préteur a encore introduit une action par laquelle on peut faire condamner le maître jusqu'à concurrence, et de la valeur du pécule (*de peculio*), et de ce qui a tourné au profit du maître (*de in rem verso*) : ainsi, lors même que l'esclave aurait contracté sans la volonté de son maître, celui-ci est tenu de payer la dette jusqu'à concurrence de ce dont il a profité; s'il n'a profité de rien, il n'est tenu de payer que jusqu'à concurrence du pécule. — On regarde comme ayant tourné à votre profit , les dépenses nécessaires que votre esclave a faites pour vos affaires; par exemple, s'il a employé l'argent emprunté, soit à payer les créanciers de son maître, soit à étayer ses bâtiments qui menaçaient ruine, soit à acheter du blé pour la maison, soit à faire l'acquisition d'un fonds ou de tout autre objet nécessaire. Il suit de là que si votre esclave, ayant emprunté dix écus d'or à Titius, en a employé cinq à payer votre créancier, et a dépensé les cinq autres de toute autre manière, vous serez condamné pour la totalité des cinq qui ont tourné à votre profit, et seulement jusqu'à concurrence du pécule, à l'égard des cinq dépensés autrement ; il en résulte encore que si les dix écus d'or ont tourné en entier à votre profit, Titius devra obtenir de vous toute la somme. En effet, quoiqu'on agisse *de peculio* et *de in rem verso* par une seule et même action, cette action renferme deux condamnations différentes. En conséquence, le juge, devant qui cette action est portée, doit d'abord rechercher ce qui a tourné au profit du maître, et ne doit s'occuper de l'évaluation du pécule qu'autant que le maître n'aurait profité de rien, ou du moins n'aurait pas profité de la totalité.—Quand il s'agit d'évaluer le pécule, il faut d'abord déduire tout ce que l'esclave doit à son maître ou aux personnes soumises à sa puissance; c'est seulement ce qui reste, après cette déduction, qui est considéré comme pécule. Il y a cependant un cas, où l'on ne déduit pas ce que l'esclave doit à une personne soumise à la puissance de son maître; cela arrive quand cette personne fait elle-même partie du pécule: ainsi l'on ne doit pas déduire du pécule ce que l'esclave doit à son vicaire.

5. Au reste, il est hors de doute que celui qui a , soit l'action *quod jussu*, soit l'action *exercitoire*, soit l'action *institoire*, ne puisse aussi exercer l'action *de peculio* et *de in rem verso*. Mais, il faudrait que le créancier fût bien fou, pour laisser de côté une action, au moyen de laquelle il peut très facilement obtenir tout ce qui lui est dû en vertu du contrat, pour donner la préférence à une action qui lui impose la tâche

mini versum esse, vel habere servum peculium, et tantum habere
ut solidum sibi solvi possit. Is quoque cui tributoria actio competit,
aeque de peculio et de in rem verso agere potest (Gaius, *Comm.* IV,
§ 74; Ulpian., L. 9, § 1, D., *de Tribut. act.*); sed sane huic modo
tributoria expedit agere, modo de peculio et de in rem verso. Tributoria ideo expedit agere, quia in ea domini conditio praecipua
non est, id est, quod domino debetur non deducitur; sed ejusdem
juris est dominus cujus, et caeteri creditores. At in actione de peculio, ante deducitur quod domino debetur; et in id, quod reliquum
est, creditori dominus condemnatur (Ulpian., L. 1, D., *cod.*). Rursus de peculio ideo expedit agere, quod in hac actione totius peculii
ratio habetur; at in tributoria, ejus tantum quod negotiatur: et potest quisque tertia forte parte peculii aut quarta vel etiam minima
negotiari, majorem autem partem in praediis et mancipiis aut foene-
bri pecunia habere. Prout ergo expedit, ita quisque vel hanc actionem vel illam eligere debet. Certe, qui potest probare in rem
domini versum esse, de in rem verso agere debet. (Gaius, *Comm.*
IV, § 74; L. 11, D., *de Tribut. act.*)

6. Quae diximus de servo et domino, eadem intelligimus et de
filio et filia aut nepote et nepte, et patre avove in cujus potestate sunt.
(Ulpian., L 1, § 4, D., *de Tribut. act.*; Gaius, *Comm.* IV, § 69 et *seq.*)

7. Illud proprie servatur in eorum persona, quod senatusconsultum Macedonianum prohibuit mutuas pecunias dari eis qui in parentis erunt potestate; et ei, qui crediderit, denegatur actio, tam
adversus ipsum filium filiamve, nepotem neptemve (sive adhuc in
potestate sunt, sive morte parentis vel emancipatione suae potestatis
esse coeperint), quam adversus patrem avumve, sive eos habeat adhuc in potestate, sive emancipaverit. Quae ideo Senatus prospexit,
quia saepe onerati aere alieno creditarum pecuniarum quas in luxu-
riam consumebant, vitae parentium insidiabantur. (Ulpian., L. 1;
L. 3, § 3; L. 7, § 10, D., *de Senat. maced.*)

8. Illud in summa admonendi sumus, id quod jussu patris do-
minive contractum fuerit, quodque in rem ejus versum erit, directo
quoque posse a patre dominove condici, tamquam si principaliter
cum ipso negotium gestum esset. Ei quoque qui vel exercitoria vel
institoria actione tenetur, directo posse condici placet, quia hujus
quoque jussu contractum intelligitur. (Javol., L. 84, D., *pro soc.*;
Paul., L. 17, § 5, D., *de Instit. act.*; L. 29, D., *de Reb. cred.*)

Tit. VIII. *De Noxalibus actionibus.*

Ex maleficiis servorum (veluti si furtum fecerint aut bona rapue-
rint aut damnum dederint, aut injuriam commiserint) noxales

difficile de prouver que le maître a profité, ou que l'esclave a un pécule suffisant pour solder toute la dette. — Pareillement, celui, qui a l'action *tributoire*, peut aussi agir *de peculio* et *de in rem verso*; mais ici, le créancier a intérêt à agir, tantôt par l'une, tantôt par l'autre acti n; car chacune d'elles a ses avantages et ses inconvénients particuliers. D'un côté, l'action tributoire a sur l'action *de peculio* cet avantage que dans la première la créance du maître n'est point privilégiée, c'est-à-dire, qu'on ne déduit pas du pécule ce qui lui est dû, qu'en un mot, il est assimilé aux autres créanciers; tandis que dans la seconde, on commence par déduire tout ce qui est dû au maître, et les autres créanciers n'obtiennent condamnation que jusqu'à concurrence de ce qui reste. D'un autre côté, l'action *de peculio*, a sur l'action tributoire cet avantage qu'elle atteint la totalité du pécule; tandis que l'action *tributoire* n'atteint que la portion du pécule consacrée au commerce : or, cette partie peut ne former que le tiers, le quart, ou même une fraction plus minime encore du pécule ; le surplus de ce pécule consistant en biens fonds ou en argent placé à intérêt. Ainsi donc, c'est en pesant ces diverses circonstances, que les créanciers verront lequel leur est le plus avantageux, d'agir par l'action *tributoire* ou par l'action *de peculio*. Toutefois, celui qui peut prouver que le maître a profité, a, sans le moindre doute, intérêt à agir *de in rem verso*.

6. Ce que nous venons de dire de l'esclave et de son maître, s'applique aux enfants et aux ascendants qui ont ces enfants sous leur puissance.

7. Il y a cela de particulier à l'égard des fils de famille, que le sénatus-consulte Macédonien défend de prêter de l'argent aux personnes qui sont soumises à la puissance paternelle ; et le prêteur ne peut obtenir d'action ni contre les fils de famille (soit qu'ils se trouvent encore en puissance, soit qu'ils en soient sortis par la mort de l'ascendant ou par émancipation) : ni contre l'ascendant, soit qu'il tienne encore l'emprunteur en sa puissance, soit qu'il l'ait émancipé. Ce sénatusconsulte a été porté parce que souvent les fils de famille, après avoir emprunté des sommes considérables qu'ils dissipaient en débauche, attentaient à la vie de leurs ascendants.

8. Il nous reste à faire remarquer que dans les cas où on peut agir contre le père ou contre le maître, soit par l'action *quod jussu* (parce que le contrat a eu lieu par son ordre), soit par l'action *de in rem verso*, (parce qu'il a profité) on pourrait aussi agir directement contre lui par *condiction*; comme si lui-même avait personnellement contracté. On peut pareillement intenter directement la condiction contre celui, contre qui on aurait soit l'action *exercitoire* soit l'action *institoire*; car, dans ces deux cas, le contrat est réputé fait par son ordre.

Titre VIII. *Des Actions noxales.*

Les délits commis par les esclaves (par exemple, le vol, la rapine, le dommage ou l'injure) donnent lieu aux actions dites *noxales* : dans ces

actiones proditæ sunt, quibus domino damnato permittitur, aut litis æstimationem sufferre, aut hominem noxæ dedere. (Gaius, *Comm.* IV, § 75; L. 1, D., *h. t.*; Paul., *Rec. sentent.* II, 31, § 7; Gord., L. 2, C. *h. t.*)

1. Noxa autem est corpus quod nocuit, id est, servus; noxia, ipsum maleficium, veluti furtum, damnum, rapina, injuria. (Ulpian., L. 1, § 1, *si quadrup. paup.*; Gaius, L. 238, § 3, D., *de Verb. signif.*)

2. Summa autem ratione permissum est noxæ deditione defungi: namque erat iniquum nequitiam eorum ultra ipsorum corpora dominis damnosam esse. (Gaius, *Comm.* IV, §75; Ulp., L. 2, D., *h. t.*)

3. Dominus noxali judicio servi sui nomine conventus, servum actori noxæ dedendo liberatur (Gaius, L. 20, D., *h. t.*). Nec minus in perpetuum ejus dominium a domino transfertur. Sin autem damnum ei, cui deditus est, servus resarcierit quæsita pecunia, auxilio Prætoris invito domino manumittetur [1].

4. Sunt autem constitutæ noxales actiones, aut legibus, aut edicto Prætoris : legibus, veluti furti lege duodecim tabularum ; damni injuriæ lege Aquilia ; edicto Prætoris, veluti injuriarum et vi bonorum raptorum. (Gaius, *Comm.* IV, §76.)

5. Omnis autem noxalis actio caput sequitur. Nam, si servus tuus noxiam commiserit, quamdiu in tua potestate sit, tecum est actio : si in alterius potestatem pervenerit, cum illo incipit actio esse; at si manumissus fuerit, directo ipse tenetur, et extinguitur noxæ deditio (Gaius, *Comm.* IV, § 77; Paul., *Rec. sentent.*, II, 31, §8; Ulpian., L. 1, § 2, D., *de Privat. delict*; Cels., L 15, D., *de Condict. furt.*).—Ex diverso, quoque, directa actio noxalis esse incipit : nam si liber homo noxiam commiserit, et is servus tuus esse cœperit (quod quibusdam casibus effici primo libro tradidimus), incipit tecum esse noxalis actio quæ antea directa fuisset. (Gaius, *Comm.* IV, § 77; Paul, L. 7, § 1, *de Cap. min.*)

6. Si servus domino noxiam commiserit, actio nulla nascitur : namque inter dominum et eum qui in potestate ejus est, nulla obligatio nasci potest : ideoque, et, si in alienam potestatem servus pervenerit, aut manumissus fuerit, neque cum ipso, neque cum eo cujus nunc in potestate sit, agi potest (Gaius, *Comm.* IV, § 78; Ulpian., L. 11, D., *de Minor.*; Diocl., et Max., L. 1, C., *h. t.*). Unde, si alienus servus noxiam tibi commiserit, et is postea in potestate tua esse cœperit, intercidit actio quia in eum casum deducta sit,

---

[1] PAPINIANUS, LIBRO DEFINITIONUM SECUNDO. Per hominem liberum noxæ deditum si tantum acquisitum sit, quantum damnum dedit, manumittere cogendus est a prætore, qui noxæ deditum accepit; sed fiduciæ judicio non tenetur. *V. Collat. leg. M. et R.*, XI, 3.

actions le maître, après avoir été condamné, a encore le choix ou de payer le montant des condamnations prononcées, ou de donner l'esclave noxal.

1. On appelle noxe (*noxa*) le corps qui a nui (*nocuit*), c'est-à-dire l'esclave ; et *noxia* le délit lui-même, c'est à-dire, le vol, le dommage, la rapine ou l'injure.

2. C'est avec beaucoup de raison qu'on a permis aux maîtres de s'acquitter par l'abandon de la noxe : car il serait inique que la perversité de ceux que nous avons sous notre puissance, pût nous causer une perte supérieure à la valeur même de ces individus.

3. Le maître cité par action noxale, pour le délit de son esclave, se libère en donnant en noxe cet esclave au demandeur. Il en transfère, par là, la propriété à perpétuité : et, cependant, si l'esclave se procure de l'argent et indemnise la personne à qui il a été abandonné en noxe, le Préteur intervient et contraint le maître à l'affranchir. [1]

4. Les actions noxales tirent leur origine des lois ou de l'édit du Préteur : des lois, par exemple, de la loi des douze tables pour le vol, et de la loi Aquilia pour le dommage causé injustement ; de l'édit du Préteur pour l'injure et la rapine.

5. Toute action noxale suit l'auteur du délit. En conséquence, si votre esclave a commis un délit, tant qu'il est sous votre puissance, c'est contre vous que l'action est donnée ; s'il passe sous la puissance d'un autre, c'est contre le nouveau maître que l'action doit être dirigée ; enfin, s'il vient à être affranchi, c'est contre lui qu'il faut agir directement, et l'abandon noxal ne peut plus avoir lieu.—Réciproquement, une action directe peut devenir noxale : par exemple, si un homme libre a commis un délit et qu'ensuite il devienne votre esclave (nous avons dit dans le premier livre, comment cela peut se faire), la personne lésée a dès-lors contre vous l'action noxale, au lieu de l'action directe qu'elle avait auparavant.

6. Le délit que l'esclave commet au préjudice de son maître ne donne lieu à aucune action, car aucune obligation ne peut naître entre le maître et celui qu'il a sous sa puissance : aussi, lors même que l'esclave serait affranchi, ou passerait sous la puissance d'un autre maître, l'ancien maître ne pourrait agir ni contre l'affranchi, ni contre le nouveau propriétaire. Par conséquent encore, si l'esclave d'autrui a commis un délit à votre préjudice et qu'il tombe ensuite en votre puissance, l'action s'éteint, parce que la position des parties est telle que cette action ne peut plus exister ; il y

---

[1] *Papinien, au livre second des définitions.* Celui qui a acquis par l'esclave donné en noxe, une valeur égale au dommage qui avait motivé cet abandon, est contraint par le Préteur à affranchir cet esclave : mais il n'est pas tenu de l'action de fiducie.

in quo consistere non potuerit:ideoque licet exierit de tua potestate,
agere non potest (Gaius, *ibid.*; Tryphon., L. 37, D., *h. t.*). Quemadmodum si dominus in servum suum aliquid commiserit, nec si
manumissus aut alienatus fuerit servus, ullam actionem contra dominum habere potest.

7. Sed veteres quidem hæc et in filiis familias masculis et feminis
admisere. (Gaius, *Comm.* IV, § 75, 77, 78, 79; I, § 140.)

Nova autem hominum conversatio hujusmodi asperitatem recte respuendam esse
existimavit, et ab usu communi hoc penitus recessit. Quis enim patiatur, filium
suum et maxime filiam in noxam alii dare, ut pene per corpus pater magis quam
filius periclitetur, quam in filiabus etiam pudicitiæ favor hoc bene excludit? Et
ideo placuit in servos tantummodo noxales actiones esse proponendas, quum apud
veteres legum commentatores invenerimus sæpius dictum, ipsos filiosfamilias pro
suis delictis posse conveniri. (Pompon., L. 33; Julian., L. 3.§; Ulpian., L. 35,
D., *h. t.*)

Tit. IX. *Si quadrupes pauperiem fecisse dicatur.*

Animalium nomine, quæ ratione carent, si quidem lascivia aut fer-
vore aut feritate pauperiem fecerint, noxalis actio lege duodecim
tabularum prodita est (quæ animalia, si noxæ dedantur, proficiunt
reo ad liberationem, quia ita lex duodecim tabularum scripta est);
ut puta, si equus calcitrosus calce percusserit, aut bos cornu petere
solitus petierit. Hæc autem actio in iis quæ contra naturam moven-
tur locum habet; cæterum, si genitalis sit feritas, cessat. Denique
si ursus fugit a domino, et sic nocuit, non potest quondam dominus
conveniri, quia desiit dominus esse, ubi fera evasit. Pauperies autem est damnum sine injuria facientis datum: nec enim potest animal injuriam fecisse dici, quod sensu caret (Ulpian., L. 1, *pr.* § 3,
4, 7 et 10, *h. t.* Paul., *Rec. sentent.*, I, 15, § 1.). Hæc, quod ad noxa-
lem pertinet actionem.

1. Cæterum sciendum est ædilitio edicto prohiberi nos canem,
verrem, aprum, ursum, leonem ibi habere qua vulgo iter fit : et, si
adversus ea factum erit, et nocitum libero homini esse dicetur,
quod bonum et æquum judici videtur, tanti dominus condemnetur;
cæterarum rerum, quanti damnum datum sit, dupli (Paul., *Rec.
sentent.*, I, 15, § 2; Ulpian., L. 40 et 42, D., *de Cædil. edict.*). Præter
has autem ædilitias actiones, et de pauperie locum habebit (Paul.,
L. 2, § 1, D., *h. t.*): numquam enim actiones, præsertim pœnales, de
eadem re concurrentes, alia aliam consumit. (Ulpian., L. 130, D.,
de Reg. jur.; L. 60, *de Obl.* et *act.*)

a plus, vous ne pourrez pas agir lors même que cet esclave sortirait de votre puissance.—Pareillement, si un maître commet quelque délit envers son esclave, ce fait ne peut donner lieu à aucune action contre le maître, quand même l'esclave viendrait à être affranchi ou aliéné.

7. Les anciens appliquaient les principes que nous venons d'exposer aux fils et aux filles de famille[1].

Mais, les nouvelles mœurs ont frappé d'une juste réprobation ce droit rigoureux et l'ont fait tomber en désuétude. Comment souffrir en effet qu'un père abandonne en noxe son fils ou sa fille ? Le père ne souffrirait-il pas plus que le fils lui même; et quant aux filles, un pareil abandon n'est-il pas incompatible avec la décence. On a donc décidé que les actions noxales n'auraient lieu que pour les délits des esclaves; quant aux fils de famille, ils pourront être attaqués directement; ce qui pouvait avoir lieu déjà autrefois, ainsi qu'on peut le voir dans les anciens commentateurs.

TITRE IX. *Du dégat causé par un quadrupède.*

La loi des xii tables a aussi établi une action noxale, touchant les dégâts (*pauperies*) qu'auraient commis des animaux dépourvus de raison, soit en jouant, soit par fougue ou férocité (d'après la disposition des xii tables, le défendeur est libéré en faisant l'abandon noxal de ces animaux); par exemple, si un cheval, sujet à donner du pied, a lancé un coup de pied; ou si un bœuf, suivant son habitude, a porté un coup de corne. Cette action n'a lieu qu'autant, qu'en commettant le dégât, l'animal sort de son naturel : et non, quand il n'a fait qu'obéir à sa férocité naturelle. Enfin, si un ours s'échappe de chez son maître et cause quelque dégât, on n'a pas d'action contre le maître parce qu'il a cessé d'être propriétaire au moment où l'animal sauvage s'est échappé. Le dégât (*pauperies*) est le dommage commis sans violation du droit; car un être, dépourvu de raison, ne peut violer le droit. Voilà pour l'action noxale.

1. Mais il faut savoir que, d'après l'édit des Édiles, il nous est défendu de tenir sur la voie publique, ni chiens, ni porcs, ni sangliers, ni ours, ni lions. Celui qui contreviendrait à cette défense et dont l'animal aurait causé quelque mal à un homme libre, est condamné à une somme que le juge détermine suivant l'équité ; l'action est au double, quand le dégât porte sur toutes autres choses. Outre ces actions établies par les Édiles, la personne lésée pourra encore intenter l'action *de pauperie* : car c'est un principe qu'en cas de concours de plusieurs actions, surtout pénales, l'exercice de l'une n'empêche pas d'exercer l'autre.

---

[1] Les fils de famille, abandonnés en noxe par leurs pères, n'étaient point esclaves proprement dits : ils étaient *in mancipio* : or, les personnes soumises au *mancipium* n'étaient pas esclaves ; elles étaient seulement *servorum loco.*

Tit. X. *De iis per quos agere possumus.*

Nunc admonendi sumus agere posse quemlibet hominem, aut
suo nomine, aut alieno : alieno, veluti procuratorio, tutorio, cura-
torio; quum olim in usu fuisset alterius nomine agere non posse,
nisi pro populo, pro libertate, pro tutela (Gaius, *Comm.* IV, § 82;
Ulpian., L. 123, D., *de Reg. jur.*). Præterea lege Hostilia permissum
erat furti agere eorum nomine qui apud hostes essent, aut rèipu-
blicæ causa abessent, quive in eorum cujus tutela essent. — Et quia
hoc non minimam incommoditatem habebat, quod alieno nomine
neque agere neque excipere actionem licebat, cœperunt homines
per procuratores litigare. Nam et morbus et ætas et necessaria pe-
regrinatio, itemque aliæ multæ causæ, sæpe hominibus impedimento sunt quominus rem suam exequi possint. (Ulpian., L. 1,
§ 2, D., *de Procurat.*)

1. Procurator, neque certis verbis, neque præsente adversario,
imo plerumque ignorante eo constituitur (Gaius, *Comm.* IV, § 84;
Paul., *Rec. sentent.*, I, 3, § 1.) : cuicumque enim permiseris rem
tuam agere aut defendere, is tuus procurator intelligitur. (Ulpian.,
L. 1, § 1 et 3, D., *de Procurat.*)

2. Tutores et curatores quemadmodum constituantur, primo libro expositum est. (Gaius, *Comm.* IV, § 85.)

Tit. XI. *De Satisdationibus.*

Satisdationum modus alius antiquitati placuit, alium novitas per
usum amplexa est.—Olim enim, si in rem agebatur, satisdare possessor compellebatur : ut si victus esset, nec rem ipsam restitueret
nec litis æstimationem, potestas esset petitori aut cum eo agendi,
aut cum fidejussoribus ejus. Quæ satisdatio appellatur judicatum
solvi. Unde autem sic appellatur, facile est intelligere; namque
stipulabatur quis, ut solveretur sibi quod fuerit judicatum. Multo
magis is, qui in rem actione conveniebatur, satisdare cogebatur, si
alieno nomine judicium accipiebat (Gaius, *Comm.* IV, § 89, 90, 91;
Ulpian., L. 6 et 9, D., *Jud. solv.*). Ipse autem qui in rem agebat,
si suo nomine petebat, satisdare non cogebatur. Procurator vero,
si in rem agebat, satisdare jubebatur ratam rem dominum habiturum;
periculum enim erat ne iterum dominus de eadem re experiretur.
Tutores et curatores, eodem modo quo et procuratores, satisdare
debere verba edicti faciebant; sed aliquando his agentibus satisdatio remittebatur.—Hæc ita erant, si in rem agebatur. (Gaius, *Comm.*
IV, § 96, 98, 99, 100; Ulpian., L. 33, §3, D., *de Procurat.*)

Titre. X. *De ceux par qui nous pouvons agir.*

Chacun peut agir en son nom ou au nom d'autrui : au nom d'autrui, par exemple, comme procureur, tuteur, curateur. Autrefois nul ne pouvait agir pour autrui, excepté pour le peuple, pour la liberté et la tutelle. La loi Hostilia avait en outre permis d'intenter l'action de vol au nom de ceux qui étaient retenus prisonniers chez l'ennemi, ou, qui étaient absents pour le service de la république, ainsi que pour les personnes dont ils étaient les tuteurs. Mais, comme il était fort incommode de ne pouvoir ni exercer une action, ni y défendre pour autrui, l'usage s'introduisit de plaider par procureur : souvent en effet, l'âge, la maladie, un voyage urgent, nous mettent dans l'impossibilité de faire valoir nous-mêmes nos droits.

1. Il n'est pas nécessaire que le procureur soit constitué par paroles solennelles, ni en présence de l'adversaire [1] : le plus souvent même la constitution a lieu à l'insu de l'autre partie. Car on regarde comme votre procureur la personne à qui vous avez permis d'agir ou de défendre pour vous.

2. Nous avons dit au premier livre comment sont constitués les tuteurs et les curateurs.

Titre XI. *Des satisdations.*

Le système des satisdations, suivi aujourd'hui, est tout différent de celui qui avait été adopté par les anciens.—Autrefois, dans les actions réelles, le possesseur devait fournir caution (*satisdare*), afin que si, après avoir succombé, il ne restituait ni la chose elle-même, ni l'estimation du litige, le demandeur eût la faculté d'agir soit contre lui, soit contre ses fidéjusseurs. Cette satisdation porte le nom de *judicatum solvi* (payer le montant du jugement) : il est facile de voir que cette dénomination vient de ce que le demandeur stipule qu'on lui paiera ce qui aura été jugé. A plus forte raison, le défendeur à une action réelle, était-il tenu de donner caution, quand il défendait au nom d'autrui.—Quant au demandeur, il n'était pas tenu de donner caution, quand il agissait en son propre nom; mais, quand c'était au nom d'autrui, il était tenu de fournir la caution *ratam rem dominum habiturum* (que le maître ratificrait) : il y avait à craindre, en effet, que celui-ci ne poursuivît une seconde fois pour le même objet.—Quant aux tuteurs et curateurs, ils étaient, en général, aux termes de l'Édit, soumis aux mêmes satisdations que les procureurs ; toutefois ils en étaient quelquefois dispensés quand ils agissaient comme demandeurs.—Voilà pour les actions réelles.

---

[1] Il fallait au contraire des paroles solennelles, et la présence de l'adversaire pour la constitution des *cognitores* : cette dernière espèce de représentants pour les procès, n'existait plus sous Justinien (Conf. Gaius, *Comm.* IV, § 84, et seq.).

1. Si vero in personam: ab actoris quidem parte eademobtinebant, quæ diximus in actione quæ in rem agitur. — Ab ejus vero parte, cum quo agitur, si quidem alieno nomine aliquis interveniret, omnimodo satisdaret; quia nemo defensor in aliena re sine satisdatione idoneus esse creditur (Gaius, *Comm.* IV, § 100 et 101; L. 46, § 2, D., *de Procurat.*). Quod si proprio nomine aliquis judicium accipiebat in personam, JUDICATUM SOLVI satisdare non cogebatur.(Gaius, *Comm.* IV, § 102; L. 4, D., *si ex noxal. caus.*)

2. Sed hæc hodie aliter observantur. Sive enim quis in rem actione convenitur, sive in personam, suo nomine, nullam satisdationem pro litis æstimatione dare compellitur, sed pro sua tantum persona quod in judicio permaneat usque ad terminum litis; vel committitur suæ promissioni cum jurejurando (quam juratoriam cautionem vocant); vel nudam promissionem, vel satisdationem pro qualitate personæ suæ dare compellitur. (Theod., L. 17, C., *de Dignit.*; Anast., L. 12, C., *de Proxim. sacr. scrin.*)

3. Sin autem per procuratorem lis vel infertur, vel suscipitur : in actoris quidem persona, si non mandatum actis insinuatum est, vel præsens dominus litis in judicio procuratoris sui personam confirmaverit, ratam rem dominum habiturum satisdationem procurator dare compellitur (Diocl. et Max., L. un., C. *de Satisd.*): eodem observando, et, si tutor, vel curator, vel aliæ tales personæ, quæ alienarum rerum gubernationem receperunt, litem quibusdam per alium inferunt.

4. Si vero aliquis convenitur : si quidem præsens procuratorem dare paratus est, potest vel ipse in judicium venire, et sui procuratoris personam per JUDICATUM SOLVI satisdationem solemni stipulatione firmare; vel extra judicium satisdationem exponere, per quam ipse sui procuratoris fidejussor existat pro omnibus JUDICATUM SOLVI satisdationis clausulis. Ubi et de hypotheca suarum rerum convenire compellitur, sive in judicio promiserit, sive extra judicium caverit, ut tam ipse quam hæredes ejus obligentur : alia insuper cautela, vel satisdatione, propter personam ipsius exponenda, quod tempore sententiæ recitandæ in judicio invenietur; vel, si non venerit, omnia dabit fidejussor quæ condemnatione continentur, nisi fuerit provocatum.

5. Si vero reus præsto ex quacumque causa non fuerit, et alius velit defensionem ejus subire, nulla differentia inter actiones in rem vel in personam introducenda, potest hoc facere : ita tamen, ut satisdationem JUDICATUM SOLVI pro litis æstimatione præstet. Nemo enim secundum veterem regulam (ut jam dictum est) alienæ rei sine satisdatione defensor idoneus intelligitur. (Diocl. et Max., L. un., C., *de Satisd.*)

6. Quæ omnia apertius et perfectissime a quotidiano judiciorum usu in ipsis rerum documentis apparent.

7. Quam formam non solum in hac regia urbe, sed etiam in omnibus nostris provinciis, et si propter imperitiam forte aliter celebrantur, obtinere censemus, quum necesse est omnes provincias, caput omnium nostrarum civitatum, id est hanc regiam urbem ejusque observantiam sequi.

1. Dans les actions personnelles, il fallait distinguer : le demandeur était assujéti aux mêmes satisdations que dans les actions réelles ; quant au défendeur, lorsqu'il se présentait pour autrui, il était dans tous les cas tenu de donner caution ; parce que nul, s'il ne donne caution, n'est regardé comme habile à plaider pour un autre ; mais, quand il défendait en son propre nom à une action personnelle, il n'était pas tenu de fournir la caution *judicatum solvi.*

2. Tout cela est changé aujourd'hui. En effet, celui qui défend en son propre nom à une action soit personnelle, soit réelle, n'est obligé à fournir aucune caution pour assurer le paiement de l'estimation du litige ; il est seulement tenu de garantir qu'il restera présent dans l'instance jusqu'à la fin du procès. La garantie, qu'il donne à cet égard, consiste soit dans son serment (ce qu'on appelle caution juratoire), soit dans sa simple promesse, soit dans l'intervention de fidéjusseurs, suivant la qualité des personnes.

3. Quant à celui qui plaide au nom d'autrui, il faut distinguer si c'est comme demandeur ou comme défendeur. Si c'est en qualité de demandeur, il faut que le mandat soit insinué dans les actes publics, ou, que le mandant vienne devant le juge confirmer son procureur : sinon celui-ci sera tenu de fournir la caution *ratam rem dominum habiturum.* On observera la même règle lorsqu'un tuteur, un curateur ou toute autre personne, chargée de gérer les affaires d'autrui, voudra se servir d'un tiers pour exercer une action.

4. Quand c'est le défendeur qui veut plaider par procureur : s'il est sur les lieux, il doit se présenter devant le juge et y confirmer son procureur en donnant, par une stipulation solennelle, la caution *judicatum solvi*; ou bien, extra-judiciairement se porter lui-même le fidéjusseur de son procureur sur tous les chefs de la caution *judicatum solvi.* Il doit de plus, soit qu'il ait cautionné en présence du juge ou extra-judiciairement, consentir sur ses biens une hypothèque, qui, ainsi que le cautionnement, passe à ses héritiers. Enfin, il doit encore garantir qu'il se présentera devant le juge à l'époque du prononcé de la sentence ; et, s'il ne se présente pas, le fidéjusseur devra payer le montant intégral de la condamnation à moins qu'il n'y ait appel.

5. Si, par une cause quelconque, le défendeur est absent, le tiers qui voudra prendre sa défense, le pourra sans distinguer entre les actions réelles et les actions personnelles, à la condition de donner la caution *judicatum solvi* pour le montant du litige : car, suivant la règle ancienne, comme nous l'avons déjà dit, nul n'est habile à se porter défenseur d'autrui, s'il ne donne caution.

6. La pratique journalière des audiences facilitera beaucoup la connaissance de toutes ces règles.

7. Nous voulons que ces règles soient observées, non seulement dans cette ville impériale, mais dans toutes les provinces, où, par ignorance, on procéderait autrement : car, il faut que les provinces suivent ce qui est observé dans cette ville impériale, capitale de l'empire.

Tɪt. XII. *De perpetuis et temporalibus actionibus et quæ ad hæredes et in hæredes transeunt.*

Hoc loco admonendi sumus, eas quidem actiones quæ ex lege, senatusveconsulto, sive ex sacris constitutionibus proficiscuntur, perpetuo solere antiquitus competere, donec sacræ constitutiones *tam in rem quam in personam actionibus certos fines dederunt;* eas vero quæ ex propria Prætoris jurisdictione pendent, plerumque intra annum vivere, nam et ipsius Prætoris intra annum erat imperium. Aliquando tamen et in perpetuum extenduntur, *id est usque ad finem ex constitutionibus introductum :* quales sunt eæ quas bonorum possessori, cæterisque qui hæredis loco sunt, accommodat. Furti quoque manifesti actio, quamvis ex ipsius Prætoris jurisdictione proficiscatur, tamen perpetuo datur : absurdum enim esse existimavit anno eam terminari. (Gaius, *Comm.* IV, § 110, 111; Paul., L. 35, D., *de Obl.* et *act.*; Theod., L. 3, C., *de l'Præscr. trig.*)

1. Non omnes autem actiones quæ in aliquem aut ipso jure competunt, aut a Prætore dantur, et in hæredem æque competunt aut dari solent. Est enim certissima juris regula ex maleficiis pœnales actiones in hæredem rei non competere : veluti furti, vi bonorum raptorum, injuriarum, damni injuriæ. Sed hæredibus hujusmodi actiones competunt, nec denegantur : excepta injuriarum actione, et si qua alia similis inveniatur. Aliquando tamen etiam ex contractu actio contra hæredem non competit (Gaius, *Comm.* IV, § 112, 113), quum testator dolose versatus sit, et ad hæredem ejus nihil ex dolo pervenit (Ulpian., L. 7, § 1, D., *de Posit.*). Pœnales autem actiones quas supra diximus, si ab ipsis principalibus personis fuerint contestatæ, et hæredibus dantur, et contra hæredes transeunt. (Ulpian., L. 36; Callistr., L. 58, D., *de Obl.* et *act.*)

2. Superest ut admoneamus quod, si ante rem judicatam is cum quo actum est satisfaciat actori, officio judicis convenit eum absolvere, licet judicii accipiendi tempore in ea causa fuisset, ut damnari debeat : et hoc est quod ante vulgo dicebatur, omnia judicia absolutoria esse. (Gaius, *Comm.* IV, § 114.)

Tɪt. XIII. *De Exceptionibus.*

Sequitur ut de exceptionibus dispiciamus. Comparatæ autem sunt exceptiones defendendorum eorum gratia cum quibus agitur : sæpe enim accidit ut, licet ipsa persecutio, qua actor experitur, justa sit, tamen iniqua sit adversus eum cum quo agitur. (Gaius, *Comm.* IV, § 116; Ulp., L. 2, D., *h. t.* Paul., L. 1, § 1, D., *de Dol. mal.*)

TITRE XII. *Des Actions perpétuelles et temporaires; et de celles qui passent aux héritiers et contre eux.*

VIIIᵉ **DIVISION. Actions perpétuelles. Actions temporaires.**

Nous devons maintenant faire remarquer que les actions qui dérivent d'une loi, d'un sénatusconsulte ou des constitutions des princes pouvaient être exercées pendant un temps illimité, *et que la durée des actions tant réelles que personnelles n'a été renfermée dans certaines limites que par les constitutions impériales.*—Quant aux actions qui sont émanées de la juridiction du Préteur, la plupart ne duraient qu'un an, parce que le pouvoir du Préteur lui-même était borné à la durée d'une année. Cependant, quelques actions prétoriennes sont perpétuelles, *c'est-à-dire, qu'elles n'ont d'autre limite que celle fixée par les constitutions*; telles sont les actions qui sont accordées aux possesseurs de biens et aux autres successeurs assimilés aux héritiers. L'action de vol manifeste, quoique dérivant de la juridiction prétorienne est aussi perpétuelle; car il a semblé absurde qu'une telle action ne durât qu'un an.

IXᵉ **DIVISION. Actions transmissibles. Actions non transmissibles aux héritiers.**

1. Au reste, les actions données contre une personne, soit par le droit civil, soit par le droit prétorien, ne sont pas accordées toujours, ni de la même manière contre les héritiers de cette personne. C'est en effet une règle de droit constante que les actions pénales, résultant des délits, ne sont pas données contre l'héritier de l'auteur du délit; c'est ce qui arrive pour l'action de vol, de rapine, d'injure et de dommage causé injustement.—Mais ces actions sont données aux héritiers de la personne lésée; à l'exception toutefois de l'action d'injure et des autres qui auraient le même caractère. —Quelquefois même, l'action résultant d'un contrat n'est pas donnée contre l'héritier de l'obligé : il en est ainsi, quand l'action se fonde sur le dol du testateur et que l'héritier n'en a tiré aucun profit.—A l'inverse, les actions pénales, dont nous avons parlé plus haut, passent aux héritiers, et contre eux, toutes les fois qu'il y a eu *litis contestatio* (procès engagé) entre les parties principales.

2. Il nous reste à avertir qu'il est dans l'office du juge d'absoudre le défendeur, quand, avant le jugement, il donne satisfaction au demandeur; bien que, au moment où la formule d'action a été délivrée, le défendeur se trouvât dans le cas d'être condamné : c'est de là que venait cet ancien adage : Toutes les actions sont absolutoires.

TITRE XIII. *Des Exceptions* 1.

Nous devons maintenant nous occuper des exceptions. Les exceptions ont été établies en faveur des défendeurs : souvent, en effet, la demande, quoique conforme au droit, est inique à l'égard de celui contre lequel elle est dirigée.

_____

Pour bien saisir le caractère des exceptions, il faut se reporter au système de la procé-

1. Verbi gratia, si metu coactus, aut dolo inductus, aut errore lapsus, stipulanti Titio promisisti quod non debueras promittere, palam est jure civili te obligatum esse; et actio, qua intenditur dare te oportere, efficax est : sed iniquum est te condemnari. Ideo datur tibi exceptio metus causa, aut doli mali, aut in factum composita ad impugnandam actionem.(Ulpian., L. 4, § 16 et 33, D., *de Dol. mal.*; L. 36, D , *de verb.* et *obl.*; Diocl. et Max., L. 5, C , *de Inut. stipul.*)

2. Idem juris est, si quis quasi credendi causa pecuniam stipulatus fuerit, neque numeraverit. Nam eam pecuniam a te petere posse eum certum est (dare enim te oportet, quum ex stipulatione tenearis); sed quia iniquum est eo nomine te condemnari, placet per exceptionem pecuniæ non numeratæ te defendi debere. (Gaius, *Comm.* IV, § 116; Ulpian., L, 2, § 3; L. 4, § 16, D., *de Dol. m l.*)

Cujus tempora nos (secundum quod jam superioribus libris scriptum est) constitutione nostra coarctavimus. (Justinian., L. 14, C. *de Non num. pec.*)

3. Præterea debitor, si pactus fuerit cum creditore ne a se peteretur, nihilominus obligatus manet, quia pacto convento obligationes non omnimodo dissolvuntur. Qua de causa , efficax est adversus eúm actio qua actor intendit, SI PARET EUM DARE OPORTERE; sed quia iniquum est contra pactionem eum damnari , defenditur per exceptionem pacti conventi. (Gaius, *Comm.* IV, § 116; Ulpian., L 2, § 4, D., *de Dol. mal.*; Anton., L. 5, C., *de Pact.*)

4. Æque si debitor creditore deferente juraverit nihil se dare oportere, adhuc obligatus permanet; sed quia iniquum est de perjurio queri, defenditur per exceptionem jurisjurandi (Ulpian., L. 9, *pr.* et § 1, D., *de Jurej.*) In iis quoque actionibus quibus in rem agitur, æque necessariæ sunt exceptiones : veluti, si petitore deferente possessor juraverit eam rem suam esse, et nihilominus petitor eamdem rem vindicet, Licet enim verum sit quod intendit ; id est, rem ejus esse, iniquum tamen est possessorem condemnari. (Ulpian., L. 3, § 1, D., *cod.*; Gaius, *Comm.* IV, § 117.)

---

dure formulaire.—Le magistrat entendait les parties, non pour statuer lui-même sur le point débattu, mais pour le préciser et poser la question que le juge aura à résoudre, il renvoyait alors les parties devant un ou plusieurs jurés qu'il investissait du droit de condamner ou d'absoudre le défendeur, suivant que la question , par lui posée dans l'*intentio* de la formule, leur paraîtrait devoir être affirmativement ou négativement résolue.—Le juge n'est qu'un simple particulier, qui n'a d'autres pouvoirs que ceux que lui confère la formule (à peu près comme chez nous les arbitres n'ont d'autres pouvoirs que ceux qu'ils tiennent du compromis) : il ne peut donc, du moins en général, s'occuper d'allégations qui seraient étrangères à la question posée dans l'*intentio*, laquelle n'est que l'énoncé de la prétention du demandeur. En conséquence, si l'*intentio* est prouvée, le juge doit nécessairement condamner. Si donc le défendeur n'entend se défendre que par la contradiction de l'*intentio*, en déniant qu'elle soit fondée, il n'est pas nécessaire de rien ajouter à la formule : le débat, devant le juge, s'engagera librement sur toutes les questions de droit et de fait soulevées par l'*intentio*.—Mais la prétention, fondée en droit civil, peut conduire à prononcer une condamnation contraire à l'équité et aux principes du droit prétorien (§ 1, 2, 3, 4, 5 et 6, *h. t.*) ; et cependant le juge, obligé de décider conformément aux principes du droit civil, ne pourrait, sans excéder ses pouvoirs,

1. Par exemple, si contraint par violence, circonvenu par dol, ou abusé par erreur, vous avez promis à Titius ce que vous ne deviez pas lui promettre, il est évident que vous êtes obligé d'après le droit civil, et, qu'il est fondé à soutenir que vous devez donner ; mais, il serait inique que vous fussiez condamné : on vous accorde, en conséquence, pour repousser la demande, l'exception de crainte, de dol, ou une exception conçue *in factum*[1], (c'est-à-dire, rappelant les faits sur lesquels elle est fondée).

2. Il en est de même lorsque quelqu'un a stipulé la restitution d'une somme qu'il devait prêter et qu'il n'a pas comptée. Car, nul doute qu'il ne puisse, d'après le droit civil, exiger de vous cette somme, puisque vous êtes obligé par la stipulation; mais, comme il serait inique que vous fussiez condamné à ce titre, on vous a accordé de repousser la demande par l'exception *non numeratæ pecuniæ* (d'argent non compté).

Ainsi qu'on l'a vu dans les titres précédents, nous avons limité le temps pendant lequel on pourrait opposer cette exception.

3. Lorsqu'il est intervenu, entre le débiteur et le créancier, un pacte par lequel celui-ci a promis de ne pas réclamer la dette, le débiteur n'en reste pas moins obligé ; car le pacte n'éteint que certaines obligations. Le créancier peut donc attaquer son débiteur avec succès, par l'action, *s'il paraît qu'il doive donner :* mais, comme il serait inique que le défendeur fût condamné malgré le pacte, on lui accorde pour se soustraire à la condamnation l'exception *pacti conventi* (de pacte convenu).

4. Pareillement, si, le serment lui étant déféré par le créancier, le débiteur a juré qu'il ne devait rien, il n'en reste pas moins obligé ; mais, comme il serait inique de rechercher s'il y a eu parjure de sa part, il peut se défendre par l'exception *jurisjurandi* (de serment). Les exceptions ne sont pas moins utiles contre les actions réelles, par exemple, dans le cas où, le serment étant déféré par le demandeur au possesseur, celui-ci a juré que la chose en litige lui appartenait, et où néanmoins le demandeur voudrait revendiquer : en effet, quoique la demande soit fondée, c'est-à-dire, quoique la chose appartienne au demandeur, il serait inique que le défendeur fût condamné.

---

prendre en considération des moyens de défense qui ne seraient pas reconnus par le droit civil. En conséquence, si le débiteur veut pouvoir se servir devant le juge, de moyens fondés sur l'équité, il doit, pendant qu'il est encore *in jure*, articuler ces moyens, et demander que le magistrat modifie le mandat du juge en l'autorisant à absoudre, dans le cas où la condamnation, fondée en droit strict, serait contraire à l'équité. Cette restriction au pouvoir de condamner que la formule pure et simple confère au juge, est précisément ce qu'on appelle *exception*. — L'exception faisait l'objet d'une clause spéciale placée à la suite de l'action, et était toujours conçue en forme de condition négative : *Si in eâ re nihil dolo malo Auli Agerii factum sit, neque fiat* ; et encore celle-ci : *Si inter Aulum Agerium et Numerium Negidium non convenit ne ea pecunia peteretur.* Au surplus, la demande d'une exception n'emporte aucune reconnaissance, que la demande soit fondée en fait ou en droit ; en conséquence, par l'insertion d'une exception dans la formule, la condamnation du défendeur se trouve soumise à une double condition, savoir : 1° que le demandeur prouvera l'*intentio*, 2° que le défendeur ne pourra prouver l'exception. — Dans les actions de bonne foi, le juge étant autorisé à juger d'après les principes de l'équité (*ex bono et æquo*), les exceptions fondées sur l'équité étaient inutiles.

[1] L'exception *in factum* est opposée à l'exception *de dolo*. Dans la première, le magistrat précise les faits dont la preuve devra faire absoudre le défendeur ; dans la

5. Item si judicio tecum actum fuerit, sive in rem, sive in personam, nihilominus obligatio durat; et ideo ipso jure de eadem re postea adversus te agi potest; sed debes per exceptionem rei judicatæ adjuvari (Gaius, *Comm.* IV, § 106, 107; Ulpian., L. 7, § 4, D., *de Except. rei jud.*)

6. Hæc exempli causa retulisse sufficiet. Alioquin, quam ex multis variisque causis exceptiones necessariæ sint, ex latioribus Digestorum seu Pandectarum libris intelligi potest.

7. Quarum quædam e legibus, vel ex iis quæ legis vicem obtinent, vel ex ipsius Prætoris jurisdictione substantiam capiunt. (Gaius, *Comm.* IV, § 118.)

8. Appellantur autem exceptiones, aliæ perpetuæ et peremptoriæ, aliæ temporales et dilatoriæ. (Gaius, L. 3, D., *h. t.*; *Comm.* IV, § 120.)

9. Perpetuæ et peremptoriæ sunt, quæ semper agentibus obstant, et semper rem, de qua agitur, perimunt : qualis est exceptio doli mali, et quod metus causa factum est, et pacti conventi, quum ita convenerit ne omnino pecunia peteretur. (Gaius, L. 3, D., *h. t.*; *Comm.*, IV, § 121.)

10. Temporales atque dilatoriæ sunt, quæ ad tempus nocent, et temporis dilationem tribuunt : qualis est pacti conventi, quum ita convenerit ne intra certum tempus ageretur, veluti intra quinquennium : nam, finito eo tempore, non impeditur actor rem exequi (Gaius, *Comm.* IV, § 122; L. 3, D., *h. t.*). Ergo ii, quibus intra certum tempus agere volentibus objicitur exceptio aut pacti conventi, aut alia similis, differre debent actionem et post tempus agere : ideo enim et dilatoriæ istæ exceptiones appellantur. Alioquin, si intra tempus egerint objectaque sit exceptio, neque eo judicio quidquam consequerentur propter exceptionem; neque post tempus olim agere poterant, quum temere rem in judicium deducebant et consumebant : qua ratione rem amittebant. (Gaius, *Comm.* IV, § 123.)

Hodie autem non ita stricte hæc procedere volumus; sed eum qui ante tempus pactionis vel obligationis litem inferre ausus est, Zenonianæ constitutioni subjacere censemus, quam sacratissimus legislator de iis qui tempore plus petierint, protulit : ut et Inducias, quas ipse actor sponte indulserit, vel natura actionis continet, contempserit, in duplum habeant ii qui talem injuriam passi sunt; et post ea, finitas non aliter litem suscipiant, nisi omnes expensas litis antea acceperint, ut actores tali pœna perterriti tempora litium doceantur observare. (Zeno, L. 2, C., *de Plus pet.*)

---

seconde, il te contente d'autoriser l'absolution, en cas de dol du demandeur : laissant ainsi au juge plein pouvoir pour apprécier les circonstances.

5. Il en est de même du cas où l'on a déjà exercé contre vous une action réelle ou personnelle ; car votre obligation n'en subsiste pas moins, et, par conséquent on pourrait, d'après le droit civil, agir de nouveau contre vous pour le même objet ; mais alors vous pourrez invoquer pour votre défense l'exception *rei judicatæ* (de la chose jugée).

6. Ces exemples doivent suffire : on pourra voir au reste, dans les livres du Digeste, dans quels cas nombreux et variés les exceptions sont nécessaires.

7. Parmi les exceptions, les unes viennent des lois, ou des actes qui en tiennent lieu, les autres de la juridiction du Préteur.

Iᵉ DIVISION. Exceptions peremptoires, exceptions dilatoires [1].

8. Les exceptions se divisent en deux classes : les unes sont perpétuelles et péremptoires, les autres temporaires et dilatoires.

9. Sont perpétuelles et péremptoires celles qui forment un obstacle perpétuel à l'action et qui la périment : telles sont l'exception de dol (*doli mali*); celle de crainte (*quod metus causa*); et celle de pacte (*pacti conventi*), quand il était convenu qu'il ne serait, en aucun cas, formé de demande.

10. Les exceptions temporaires et dilatoires sont celles qui ne s'opposent à la demande que pour un certain temps, et accordent seulement un délai au défendeur : telle est l'exception de pacte, quand il était convenu que la demande ne serait pas formée pendant un certain temps, par exemple, pendant cinq ans : en effet, ce délai expiré, rien ne s'oppose plus à ce que le demandeur exerce son action. Ainsi, les demandeurs auxquels on oppose l'exception de pacte, ou toute autre du même genre, doivent différer l'exercice de leur action jusqu'après l'échéance du terme; mais, ce terme arrivé, ils peuvent agir : c'est précisément pour cela que ces exceptions sont appelées dilatoires. Si le demandeur agissait pendant le délai et qu'on lui opposât l'exception, il n'obtiendrait rien dans cette instance à cause de l'exception; et même, dans le droit ancien, il n'aurait pu agir plus tard, après l'expiration du délai, parce que celui qui portait témérairement sa demande devant un juge consumait son action et perdait son droit.

Mais aujourd'hui nous n'admettons plus des principes aussi rigoureux : et nous voulons seulement qu'on applique à ceux, qui intentent leur action avant le terme fixé par le contrat ou par le pacte, les peines portées par la constitution de l'auguste législateur Zénon, contre ceux qui commettent plus-pétition sous le rapport du temps : en conséquence, si le demandeur n'observe pas les délais qu'il a lui-même volontairement accordés, ou qui résultent de la nature de l'action, le défendeur aura un délai double; et même, après l'expiration du délai ainsi doublé, il ne sera tenu de défendre à l'action qu'autant que le demandeur lui aura préalablement remboursé tous les frais du premier procès : ces peines apprendront aux demandeurs à ne pas devancer les époques où ils ont droit d'agir.

---

[1] Elles se divisent encore en exceptions *in rem* et exceptions *in personam* (Ulpian. L. 2, § 1 et 2; L. 4, § 33, D., *de dol. mal. et met. except*; Cf. ci-dessus, page 305, note 1).

11. Præterea etiam ex persona dilatoriæ sunt exceptiones, quales sunt procuratoriæ (Gaius, *Comm.* IV. § 124; L. 3, D., *h. t.*; Ulpian. L. 2, § 4, D., *eod.*), veluti, si per militem aut mulierem agere quis velit; nam militibus, nec pro patre vel matre vel uxore, nec ex sacro rescripto, procuratorio nomine experiri conceditur. Suis vero negotiis superesse sine offensa disciplinæ possunt. (Alex., L. 7 et 9, C., *de Procurat.*; Paul., L. 54, D., *eod.*)

Eas vero exceptiones quæ olim pr···ratoribus propter infamiam vel dantis vel ipsius procuratoris opponebantur, quum in judiciis frequentari nullo modo perspeximus, conquiescere sanximus : ne dum de his altercetur, ipsius negotii disceptatio proteletur.

Tit. XIV. *De Replicationibus.*

Interdum evenit ut exceptio, quæ prima facie justa videatur, inique noceat. Quod quum accidit, alia allegatione opus est adjuvandi actoris gratia : quæ replicatio vocatur, quia per eam replicatur atque resolvitur jus exceptionis. Veluti quum pactus est aliquis cum debitore suo ne ab eo pecuniam petat, deinde postea in contrarium pacti sunt, id est, ut creditori petere liceat : si creditor agat, et excipiat debitor, ut ita demum condemnetur si non convenerit ne eam pecuniam creditor petat, nocet ei exceptio ; convenit enim ita : namque nihilominus hoc verum manet, licet postea in contrarium pacti sint. Sed quia iniquum est creditorem excludi, replicatio ei dabitur ex posteriore pacto convento. (Gaius, *Comm.* IV, § 126; Ulpian., L. 2, § 1 et 2, D., *de Except.*; Paul., L. 27, § 2, D., *de Pact.*)

1. Rursus interdum evenit ut replicatio, quæ prima facie justa est, inique noceat. Quod quum accidit, alia allegatione opus est, adjuvandi rei gratia : quæ duplicatio vocatur. (Gaius, *Comm.* IV, § 127; Paul., L. 22, § 1, D., *de Except.*)

2. Et si rursus ea prima facie justa videatur, sed propter aliquam causam actori inique noceat, rursus alia allegatione opus est, qua actor adjuvetur : quæ dicitur triplicatio. (Ulpian., L. 2, § 3, D., *de Except.*; Gaius, *Comm.* IV, § 128.)

3. Quarum omnium exceptionum usum interdum, ulterius quam diximus, varietas negotiorum introduxit : quas omnes apertius ex Digestorum latiore volumine facile est cognoscere. (Gaius, *Comm.* IV, § 129; Ulpian., L. 2, § 3, D., *de Excep.*)

4. Exceptiones autem, quibus debitor defenditur, plerumque accommodari solent etiam fidejussoribus ejus, et recte : quia quod ab iis petitur, id ab ipso debitore peti videtur, quia mandati judicio

11. Il y a aussi des exceptions dilatoires en raison de la qualité des personnes à qui on les oppose. Telles sont les exceptions données contre certains procureurs : si, par exemple, on veut plaider par un militaire ou une femme : car les militaires ne peuvent agir comme procureurs même en vertu d'un rescrit impérial, ni pour leurs pères, ni pour leurs mères, ni pour leurs épouses : mais ils peuvent, sans blesser la discipline, suivre les affaires qui leur sont personnelles.

Mais, ayant remarqué que les exceptions que l'on opposait autrefois aux procureurs en raison de l'incapacité soit du mandant, soit du procureur lui-même, n'étaient plus guère usitées dans la pratique, nous les avons entièrement abolies, afin qu'en discutant sur les exceptions, on ne retardât pas la discussion du fond même de la contestation.

Titre XIV. Des Répliques.

Il arrive quelquefois qu'une exception qui paraît juste au premier abord, n'oppose en réalité qu'un obstacle inique à la prétention du demandeur. Dans ce cas, le demandeur a besoin, à son tour, d'une allégation que l'on appelle réplique, parce qu'elle répond à l'exception et détruit le droit qui en résultait pour le défendeur. Par exemple : si, après un pacte par lequel le créancier avait renoncé à exercer ses droits, il est intervenu un autre pacte qui lui permet d'intenter sa demande : dans de telles circonstances, si le créancier agit, et que le défendeur oppose une exception portant qu'il ne doit être condamné qu'autant que le demandeur n'aurait pas renoncé à exercer des poursuites ; cette exception nuira au créancier, car le dernier pacte n'a pas détruit le premier qui continue à avoir son effet : toutefois, comme il serait inique de repousser la demande du créancier, on accordera à ce dernier une réplique fondée sur le dernier pacte.

1. A son tour la duplique, juste au premier aspect, peut conduire à un résultat inique : dans ce cas, il devient nécessaire de protéger le défendeur au moyen d'une allégation appelée duplique.

2. Enfin, si la duplique, juste au premier aspect, n'élevait en définitive qu'un obstacle inique contre la demande, il faudrait venir au secours du demandeur par une allégation connue sous le nom de triplique.

3. La diversité des affaires a introduit ces diverses exceptions, qui s'étendent quelquefois bien au-delà, comme on pourra le voir avec plus de clarté et de développement dans le Digeste.

4. Les exceptions, destinées à défendre le débiteur principal, sont aussi le plus souvent accordées à ses fidéjusseurs, et avec raison : en effet, ce qu'on leur demande est réputé être demandé au débiteur lui-même, puisqu'ils ont

redditurus est eis quod ii pro eo solverint. Qua ratione, etsi de non petenda pecunia pactus quis cum reo fuerit, placuit perinde succurrendum esse per exceptionem pacti conventi illis quoque, qui pro eo obligati essent, ac si cum ipsis pactus esset ne ab eis ea pecunia peteretur (Martian., L. 19; Paul., L. 7, *pr.* et § 1, D., *de Excep.*). Sane quædam exceptiones non solent his accommodari. Ecce enim debitor, si bonis suis cesserit, et cum eo creditor experiatur, defenditur per exceptionem, NISI BONIS CESSERIT : sed hæc exceptio fidejussoribus non datur : ideo scilicet, quia qui alios pro debitore obligat, hoc maxime prospicit ut, quum facultatibus lapsus fuerit debitor, possit ab iis quos pro eo obligavit, suum consequi. (Pompon., L. 24; Paul., L. 41, D., *de Rejud.*; L. 32, D., *de Pact.*; Anton., L. 3, C., *de Bon. auct. jud.*)

Tit. XV. *De Interdictis* [1].

Sequitur ut dispiciamus de interdictis, *seu actionibus quæ pro his exercentur*. Erant autem interdicta, formæ atque conceptiones verborum quibus Prætor aut jubebat aliquid fieri, aut fieri prohibebat : quod tunc maxime faciebat, quum de possessione aut quasi possessione inter aliquos contendebatur. (Gaius, *Comm.* IV, § 138, 139.)

---

[1] *... De actionibus quæ pro his exercentur.....* Ces mots ont été interpolés par Tribonien dans le texte des Gaius : il en résulte une double conséquence, savoir : 1° qu'au temps de Justinien les interdits proprement dits n'existaient plus ; 2° et qu'à l'époque où les interdits étaient en usage, ils constituaient des moyens différents des actions ; car autrement pourquoi aurait-on remplacé les interdits par des actions ? — Pour bien saisir les diverses questions que fait naître notre texte, il faut reprendre les choses de plus haut, et, rechercher quels étaient, dans l'ancienne procédure, les caractères propres soit de l'action, soit de l'interdit. Nous terminerons cette note en disant quelques mots sur l'origine et l'extinction des interdits.

§ 1. *Caractères de l'action.* Le mot *action* se prend dans des acceptions plus ou moins étendues. — Dans le sens le plus large, *action* est une expression générique qui comprend tous les moyens légaux destinés à protéger les intérêts privés : aussi est-il appliqué non seulement aux actions proprement dites dont il a été traité ci-dessus (Titres VI, VII, VIII, IX, XII) ; mais encore aux exceptions (Tit. XIII) ; aux répliques ; aux stipulations prétoriennes (Lib. III, Tit. XVII) ; et enfin aux interdits (Ulpian, L. 37, pr., D, *de oblig.*; L. 1, D., *de except.*). — Dans un sens plus restreint et qui est le sens propre, l'action est le droit de poursuivre devant un juge ce qui nous est dû (pr. Instit., *de actionib.*). Ce droit résulte de la formule délivrée par le Magistrat : aussi, considérée dans sa forme extérieure, l'action se confond-elle le plus souvent avec la formule.

§ 2. *Caractères de l'interdit.* — L'interdit est aussi une formule rédigée et délivrée par le Magistrat (*... forma atque conceptiones verborum.*), et dont le but est de terminer une contestation entre deux particuliers : c'est même de là que lui vient son nom, *interdicere*, *dicere inter duos* (§ 1, h. t.). Mais, ainsi qu'on va le voir, il diffère de l'action sous plusieurs rapports importants.

§ 3. *Différences entre l'interdit et l'action.* — 1°. Dans l'action, le magistrat ne statue point sur le fond ; il précise seulement les questions à résoudre, et renvoie les parties devant un juge qu'il investit du pouvoir de condamner ou d'absoudre (Voyez les notes aux pages 312 et 341). — L'action devient ainsi la cause immédiate d'une instance, d'un *judicium*. — Dans l'interdit, au contraire, le magistrat termine sur le champ la contestation, au moins provisoirement ; il ne pose pas la question, il la tranche :

l'action de mandat contre lui pour se faire rembourser ce qu'ils ont payé pour lui. En conséquence, si, par un pacte intervenu entre le débiteur principal et le créancier, celui-ci a consenti à ne pas exercer de poursuite, on a décidé que les fidéjusseurs pourraient opposer l'exception *pacti conventi*, comme s'ils eussent été eux-mêmes parties dans cette convention. Il est cependant des exceptions introduites en faveur du débiteur et dont les fidéjusseurs ne pourraient se servir : par exemple, si le débiteur qui a fait cession de biens est attaqué par un créancier, il pourra se défendre par l'exception, *à moins qu'il n'ait fait cession de biens;* mais cette exception ne profite pas aux fidéjusseurs : en effet le créancier, qui se fait donner des répondants, a précisément pour but de pouvoir poursuivre ceux-ci, dans le cas où le débiteur principal ne pourrait payer.

Titre XV. *Des Interdits.*

Nous devons maintenant traiter des interdits, *ou des actions qui les remplacent aujourd'hui.* Les interdits étaient certaines formules, conçues en termes solennels, par lesquelles le Préteur ordonnait ou défendait de faire quelque chose; ce qui arrivait le plus souvent quand il y avait contestation entre des particuliers relativement à la possession ou à la quasi-possession.

---

il ne renvoie pas devant un juge, il décide lui-même; il intime un ordre (... *vim fieri veto..*) à l'une des parties, (*interdits simples*), quelquefois aux deux (*interdits doubles ou mixtes*).—Si la partie, à laquelle l'ordre est intimé, refuse d'obéir, si elle conteste, l'autre partie pourra demander une action proprement dite, dans laquelle le juge aura à examiner si, en fait, le défendeur a refusé d'obéir à l'interdit, ou si sa contestation est fondée — Ainsi, l'interdit peut bien, il est vrai, devenir l'occasion d'une instance, d'un *judicium;* mais ce résultat, quoique ordinaire, n'est qu'accidentel : en effet, en cas d'obéissance volontaire de la personne contre laquelle l'interdit est rendu, toute procédure ultérieure est inutile. (Gaius, *Comm.* IV, § 139, 141, 162, 163, 164, 165).+119. l'interdit diffère encore de l'action sous un autre point de vue. Nul ne peut réclamer une action proprement dite, si la prétention n'est fondée sur un droit reconnu par la loi : il en fut du moins ainsi jusqu'à l'époque où les Préteurs introduisirent les actions *utiles in factum.* L'interdit au contraire est accordé précisément dans le cas où la prétention du demandeur ne repose ni sur une loi, ni sur un autre acte équivalent à la loi. Ceci nous conduit à parler de l'origine des interdits.

§ 4. *Origine des Interdits.* Nous n'avons de documents positifs, ni sur l'époque, ni sur les causes de l'introduction des interdits dans la procédure romaine. De toutes les conjectures, faites à cet égard, la plus satisfaisante est sans contredit celle que Zimmern a exposée (tom. III, § 52) elle a été adoptée depuis par MM. Ducaurroy et Ortolan; en voici l'analyse. — Ainsi qu'on l'a dit plus haut, l'action suppose la violation d'un droit reconnu par la loi. Mais il existe chez tous les peuples, et il existait notamment à Rome, surtout dans les premiers siècles, une foule de rapports et d'intérêts qui, bien que respectables en eux-mêmes, ne constituaient cependant pas des droits proprement dits, parce qu'ils n'étaient pas reconnus et sanctionnés par la loi positive. C'est ainsi que les fermiers des terres publiques, ne pouvant prétendre au domaine quiritaire des fonds par eux possédés, n'avaient aucune action proprement dite pour protéger leur possession. Ainsi, encore, les choses communes, publiques, sacrées, religieuses, etc., etc., n'appartenaient pas aux particuliers, les citoyens troublés dans la jouissance de ces objets n'avaient aucune action pour faire cesser le trouble. Ainsi, la possession (qui depuis a joué un rôle si important dans le droit privé), n'était qu'un simple fait méconnu par la loi civile et dépourvu de protection légale; etc. etc. etc. — Dans tous ces cas et autres semblables;

1. Summa autem divisio interdictorum hæc est, quod aut prohibitoria sunt, aut restitutoria, aut exhibitoria (Gaius, *Comm.* IV, § 142; Ulpian., L. 1, § 1, D., *h. t.*). Prohibitoria sunt, quibus vetat aliquid fieri, veluti vim sine vitio possidenti ; vel mortuum inferenti quo ei jus erat inferendi ; vel in sacro loco ædificari, vel in flumine publico ripave ejus aliquid fieri quo pejus navigetur (Gaius, *Comm.* IV, § 140; Paul., L. 2, § 1, D., *h. t.*). Restitutoria sunt, quibus restitui aliquid jubet : veluti, bonorum possessori possessionem eorum quæ quis pro hærede, aut pro possessore possidet ex ea hæreditate; aut quum jubet ei, qui vi possessione fundi dejectus sit, restitui possessionem (Ulpian., L. 1, *pr.* et § 1, D., *Quor. bon.*; L. 1, *pr.* et § 1, D., *de Vi et de vi armat.*). Exhibitoria sunt per quæ jubet exhiberi : veluti, cum cujus de libertate agitur, aut libertum, cui patronus operas indicere velit, aut parenti liberos qui in potestate ejus sunt (Ulpian., L. 1, *pr.* et § 1, D., *de Hom. liber.*; L. 1, *pr.* et § 1, D., *de Lib. exhib.*). Sunt tamen qui putant proprie interdicta ea vocari quæ prohibitoria sunt, quia interdicere est denuntiare et prohibere; restitutoria autem et exhibitoria, proprie decreta vocari. Sed tamen obtinuit omnia interdicta appellari, quia inter duos dicuntur. (Gaius, *Comm.* IV, § 139, 140.)

2. Sequens divisio interdictorum hæc est, quod quædam adipiscendæ possessionis causa comparata sunt, quædam retinendæ, quædam recuperandæ. (Gaius, *Comm.* IV, § 143 ; Paul., L. 2, § 3, D., *de Interd.*)

3. Adipiscendæ possessionis causa interdictum accommodatur bonorum possessori, quod appellatur QUORUM BONORUM. Ejusque vis et potestas hæc est, ut quod ex iis bonis quisque quorum possessio alicui data est, pro hærede aut pro possessore possideat, id ei cui bonorum possessio data est, restituere debeat. Pro hærede au-

---

I. Division. Interdits prohibitoires, restitutoires, exhibitoires.

1. Voici la division principale des interdits : ils sont ou *prohibitoires*, ou *restitutoires*, ou *exhibitoires*.—Les interdits prohibitoires sont ceux par lesquels le Préteur défend de faire quelque chose, par exemple, de faire violence à celui qui possède sans vice, ou à celui qui veut déposer un mort là où il a le droit de l'inhumer; de construire dans un lieu sacré ; et de rien faire dans un fleuve public, ou sur ses rives, qui puisse rendre la navigation plus difficile.—Les interdits restitutoires sont ceux par lesquels le Préteur ordonne de restituer quelque chose, par exemple, celui par lequel il ordonne à tout individu qui détiendrait comme héritier (*pro hæ- rede*), ou comme possesseur (*pro possessore*), des objets faisant partie de l'hérédité, de les restituer au possesseur de biens; ou encore, celui par lequel il ordonne de rétablir en possession celui qui en a été dépouillé par violence.—Les interdits exhibitoires sont ceux par lesquels le Préteur ordonne d'exhiber, par exemple, l'individu dont la liberté fait l'objet d'un procès, l'affranchi auquel son patron veut imposer des services, les enfants à l'ascendant qui les a sous sa puissance.—Quelques auteurs pensent toutefois que le nom d'interdits ne convient qu'aux formules prohibitoires, parce que interdire, c'est dénoncer et prohiber; et qu'on doit nommer décrets les formules restitutoires et exhibitoires : mais l'usage a prévalu de donner aux uns et aux autres le nom d'interdits (*interdicta*), parce que tous sont rendus entre deux personnes (*inter duos dicuntur*).

II. Division. Interdits adipiscendæ, retinendæ, recuperandæ possessionis.

2. Il y a une autre division des interdits qui les distingue suivant qu'ils ont pour objet d'acquérir la possession (*adipiscendæ possessionis*) , de retenir la possession (*retinendæ possessionis*), ou de recouvrer la possession (*recuperandæ possessionis*).

3. Le premier interdit pour acquérir la possession est celui que l'on accorde au possesseur de biens : il est nommé *quorum bonorum*. L'effet de cet interdit est d'obliger quiconque détient comme possesseur (*pro possessore*), ou comme héritier (*pro hærede*), des objets dépendant d'une succession, à les restituer à celui qui a obtenu la possession de biens. Est ré-

produisant fréquemment et avec les mêmes circonstances, les Préteurs inscrivirent , dans l'Edit, les formules de ces décrets : dès-lors, et pour les cas prévus dans l'album, on cessa peu-à-peu de recourir à l'intervention directe du Magistrat : à quoi bon en effet aller solliciter une ordonnance qui, promise d'une manière générale, n'était plus refusée à personne? on s'habitua donc à demander, en vertu de l'interdit général inscrit dans l'album, les mêmes actions qu'on n'aurait pu obtenir, dans les premiers temps, qu'à la suite d'un interdit spécial rendu pour l'affaire. En d'autres termes : dans le principe, il fallait s'adresser deux fois au Magistrat; la première pour obtenir l'interdit; la seconde pour demander l'action ; mais lorsque les interdits figurèrent dans l'album comme règle générale, on put se borner à venir réclamer l'action contre celui qui avait contrevenu à l'injonction générale inscrite dans l'album. D'un autre côté, avec le temps, la plupart des rapports, qui primitivement n'étaient protégés que par les interdits, finirent par être reconnus comme droits : dès-lors, ils furent directement protégés par des actions, indépendamment de tout interdit spécial ou général, réel ou supposé. C'est ainsi qu'on peut s'expliquer le concours si fréquent d'interdits et d'actions ayant le même but; par exemple, l'interdit *Salvien* et l'action *Servienne* ; l'interdit *quorum bonorum* et la *pétition d'hérédité prétorienne* ; les interdits *exhibitoires* et l'action *ad exhibendum*.

tem possidere videtur, qui putat se hæredem esse; pro possessore
is possidet, qui nullo jure rem hæreditariam vel etiam totam hæreditatem, sciens ad se non pertinere, possidet. Ideo autem adipiscendæ possessionis vocatur interdictum, quia ei tantum utile est
qui nunc primum conatur adipisci rei possessionem. Itaque si
quis adeptus possessionem amiserit eam, hoc interdictum ei inutile est (Gaius, *Comm.* IV, § 144; Paul., L. 2, § 3, D., *h. t.*). Interdictum quoque quod appellatur SALVIÁNUM, adipiscendæ possessionis causa comparatum est, eoque utitur dominus fundi de rebus
coloni, quas is pro mercedibus fundi pignori futuras pepigisset.
(Gaius, *ibid.*, § 147; Paul., *d.* L. 3, § 3.)

4. Retinendæ possessionis causa comparata sunt interdicta UTI
POSSIDETIS et UTRUBI, quum ab utraque parte de proprietate alicujus
rei controversia sit, et ante quæritur uter ex litigatoribus possidere, et uter petere debeat (Gaius, *Comm.* IV, § 148; Ulpian., L. 1,
§ 3 et 4, D.; *Uti possid.*). Namque, nisi ante exploratum fuerit utrius
eorum possessio sit, non potest petitoria actio institui; quia et civilis et naturalis ratio facit, ut alius possideat, alius a possidente petat
(Ulpian., L. 62, D., *de Jud.*). Et quia longe commodius est possidere
potius quam petere, ideo plerumque et fere semper ingens existit
contentio de ipsa possessione. Commodum autem possidendi in eo
est quod, etiamsi ejus res non sit qui possidet, si modo actor non
potuerit suam esse probare, remanet suo loco possessio: propter
quam causam, quum obscura sunt utriusque jura, contra petitorem
judicari solet (Gaius, L. 24, D., *de Rei vind.*; Paul., *Rec. sentent.*, I,
13, § 6 et 7; L. 128, D., *de Reg. jur.*; Anton., L. 2, C., *de Probat.*).
Sed interdicto quidem UTI POSSIDETIS de fundi vel ædium possessione
contenditur; UTRUBI vero interdicto de rerum mobilium possessione.
Quorum vis ac potestas plurimam inter se differentiam apud veteres habebat: nam UTI POSSIDETIS interdicto is vincebat, qui interdicti
tempore possidebat: si modo nec vi, nec clam, nec precario nactus fuerat ab adversario possessionem, etiamsi alium vi expulerat, aut
clam abripuerat alienam possessionem, aut precario rogaverat
aliquem ut sibi possidere liceret; UTRUBI vero interdicto is vincebat, qui majore parte ejus anni nec vi, nec clam, nec precario ab adversario possidebat, (Gaius, *Comm.* IV, § 149, 150; Paul., *Rec.
sentent.*, V, 6, § 1; L. 2, D., *Uti possid.*; Ulpian., L. 1, § 9, D., *cod.*)

Hodie tamen aliter observatur. Nam utriusque interdicti potestas (quantum ad
possessionem pertinet) exæquata est: ut ille vincat, et in re soli et in re mobili,
qui possessionem nec vi, nec clam, nec precario ab adversario, litis contestatæ
tempore, detinet.

5. Possidere autem videtur quisque, non solum si ipse possideat,
sed et si ejus nomine aliquis in possessione sit, licet is ejus juri

puté posséder *pro hærede* celui qui se croit héritier; possède *pro possessore*
celui qui détient toute l'hérédité, ou un objet particulier en dépendant,
sachant que l'hérédité ou cet objet ne lui appartiennent pas. On dit que cet
interdit a pour but l'acquisition de la possession (*adipiscendæ possessionis*),
parce qu'il n'est utile qu'à celui qui cherche à obtenir, pour la première
fois, la possession d'une chose : il n'est donc d'aucune utilité à celui qui,
après avoir acquis la possession, l'aurait perdue. L'interdit *Salvien* est
aussi un interdit à l'effet d'acquérir la possession : il est donné au bailleur
relativement aux effets du fermier que celui-ci a affectés au paiement des
fermages.

4. A l'effet de conserver la possession (*retinendæ possessionis*), ont été
introduits les deux interdits *uti possidetis* et *utrubi* : ils sont employés
lorsque, dans une contestation sur la propriété d'une chose, il s'agit de déterminer lequel des plaideurs doit posséder, lequel doit jouer le rôle de demandeur. En effet, si l'on ne déterminait pas d'abord lequel est en possession,
l'action pétitoire ne pourrait être engagée; puisque le droit civil et la
raison naturelle sont d'accord pour exiger que l'une des parties possède, et
que l'autre dirige sa demande contre le possesseur. Et, comme il est beaucoup plus avantageux de posséder que de jouer le rôle de demandeur, la
possession devient presque toujours l'objet de grands débats. L'avantage de
la possession consiste en ce que, lors même que la chose n'appartiendrait
pas à celui qui possède, par cela seul que le demandeur ne peut pas prouver qu'elle est à lui, le possesseur doit être maintenu en possession : aussi,
dans le doute sur le droit des deux parties, l'usage est de prononcer contre
le demandeur.—L'interdit *uti possidetis* est relatif à la possession des fonds
de terre et des bâtiments ; l'interdit *utrubi* à celle des choses mobilières.
Ces deux interdits avaient dans le droit ancien des effets très-différents.
Dans l'interdit *uti possidetis*, celui-là l'emportait qui possédait au moment
de l'interdit; pourvu qu'il n'eût pas acquis la possession sur son adversaire (*ab adversario*), par violence (*nec vi*), clandestinité (*nec clam*), ou
précaire (*nec precario*) : peu importait au reste qu'il eût acquis la possession sur d'autres que son adversaire, soit en les expulsant par violence,
soit en s'emparant clandestinement de leur possession, soit en obtenant
d'eux par prière qu'il lui fût permis de posséder. Dans l'interdit *utrubi*
celui-là l'emportait qui avait possédé la plus grande partie de l'année, et
dont la possession n'était ni violente, ni clandestine, ni précaire à l'égard
de son adversaire.

Mais aujourd'hui, on suit d'autres règles ; on a voulu qu'en ce qui concerne la
possession, les deux interdits produisissent les mêmes effets : ainsi, soit qu'il s'a-
gisse de meubles ou d'immeubles, celui-là l'emporté qui possédait au moment de
la *litis contestatio*, et, dont la possession n'était ni violente, ni clandestine, ni précaire à l'égard de l'adversaire.

5. Nous sommes réputés posséder, non seulement quand nous possédons
par nous-mêmes, mais encore lorsqu'un autre détient (*in possessione sit*)

subjectus non sit, qualis est colonus et inquilinus. Per eos quoque apud quos deposuerit quis, aut quibus commodaverit, ipse possidere videtur; et hoc est quod dicitur, retinere possessionem posse aliquem per quemlibet qui ejus nomine sit in possessione. Quin-etiam animo quoque retineri possessionem placet, id est, ut quamvis neque ipse sit in possessione, neque ejus nomine alius, tamen si non derelinquendæ possessionis animo, sed postea reversurus inde dis-cesserit, retinere possessionem videtur. Adipisci vero possessionem per quos aliquis potest, secundo libro exposuimus. Nec ulla dubi-tatio est quin animo solo adipisci possessionem nemo possit. (Gaius, *Comm.* IV, § 153 ; L. 9, D., *de Adquir. vel amitt. poss.* ; Paul., *Rec. sentent.*, II, § 1 et 2.)

6. Recuperandæ possessionis causa solet interdici, si quis ex possessione fundi, vel ædium, vi dejectus fuerit. Nam ei proponitur interdictum UNDE VI, per quod is, qui dejecit, cogitur ei restituere possessionem , licet is ab eo qui dejecit, vi, vel clam, vel precario possidebat. (Gaius, *Comm.* IV, § 154, 155; Paul., *Rec. sentent.*, V, 6, § 7; Ulpian., L. 1, § 1, D., *de Vi et de vi armat.*)

Sed ex constitutionibus sacris, ut supra diximus, si quis rem per vim occupave-rit, si quidem in bonis ejus est, dominio ejus privatur; si aliena, post ejus resti-tutionem etiam æstimationem rei dare vim passo compellitur. (Theod., L. 7, C., *Unde vi.*)

Qui autem aliquem de possessione per vim dejecerit, tenetur lege Julia de vi privata, aut de vi publica : sed de vi privata, si sine armis vim fecerit; sin autem cum armis eum de possessione expu-lerit, de vi publica (Ulpian., L. 5, D., *ad Leg. Jul. de vi priv.*; Mar-tian., L. 3, § 2, D., *ad Leg Jul. de vi publ.*). Armorum autem appel-latione non solum scuta et gladios et galeas significari intelligimus, sed et fustes et lapides. (Gaius, L. 41, D., *de Verb. signif.*)

7. Tertia divisio interdictorum hæc est, quod aut simplicia sunt, aut duplicia. — Simplicia sunt, veluti in quibus alter actor, alter reus est : qualia sunt omnia restitutoria aut exhibitoria. Namque actor est, qui desiderat aut exhiberi aut restitui, reus est is a quo deside-ratur ut restituat aut exhibeat. Prohibitoriorum autem interdictorum alia simplicia sunt, alia duplicia. Simplicia sunt, veluti quum pro-hibet Prætor in loco sacro, vel in flumine publico ripave ejus, ali-quid fieri : nam actor est, qui desiderat ne quid fiat ; reus est, qui aliquid facere conatur. — Duplicia sunt, veluti UTI POSSIDETIS inter-dictum, et UTRUBI. Ideo autem duplicia vocantur, quia par utrius-que litigatoris in his conditio est, nec quisquam præcipue reus vel actor intelligitur, sed unus quisque tam rei, quam actoris partes

en notre nom; et cela lors même que cet individu ne serait pas soumis à notre puissance, tel qu'un fermier ou un locataire. Nous possédons encore par les personnes à qui nous avons remis une chose à commodat ou en dépôt : de là vient la maxime que nous pouvons retenir la possession par quiconque détient en notre nom. Il y a plus, on décide que nous pouvons retenir la possession par la seule intention (*animo*), lors même que nous ne serions en possession ni par nous-mêmes, ni par un autre; pourvu qu'en nous éloignant de la chose nous ayons, non l'intention de l'abandonner, mais au contraire celle d'y revenir. Nous avons déjà dit dans le second livre par quelles personnes nous pouvons acquérir la possession. Au reste, nul ne peut acquérir la possession par la seule intention : c'est un principe qui n'offre pas le moindre doute.

6. L'interdit à l'effet de recouvrer la possession (*recuperandæ possessionis*), est en usage dans le cas où quelqu'un a été expulsé, par violence, de la possession d'un fonds de terre ou d'un bâtiment : on accorde, dans ce cas, l'interdit *unde vi*, au moyen duquel l'auteur de l'expulsion est contraint de restituer la possession à la personne expulsée, lors même que celle-ci aurait elle-même acquis la possession sur l'expulsant d'une manière violente, clandestine ou précaire.

Mais, en vertu des constitutions impériales, dont il a été déjà fait mention plus haut, celui qui s'empare d'une chose par violence, en perd la propriété, si elle lui appartient; si elle ne lui appartient pas, il est tenu de la restituer et d'en payer en outre la valeur à celui contre qui la violence a été exercée.

En outre, celui qui par violence expulse quelqu'un d'une possession, est passible des peines portées par la loi Julia sur la violence privée ou publique : violence privée, quand il n'a fait usage d'aucune arme; violence publique quand il a employé des armes. On entend par armes non seulement les boucliers, les glaives et les casques, mais encore les bâtons et les pierres.

IIIᵉ Division. Interdits simples, interdits doubles.

7. La troisième division des interdits les distingue en interdits simples (*simplicia*) et interdits doubles (*duplicia*).—Sont appelés simples les interdits dans lesquels l'un des plaideurs est demandeur, l'autre défendeur : tels sont tous les interdits restitutoires ou exhibitoires; en effet, celui qui demande qu'on lui restitue ou qu'on lui exhibe, est demandeur; celui à qui on demande cette restitution ou cette exhibition, est défendeur.—Quant aux interdits prohibitoires les uns sont simples, les autres sont doubles. Les interdits prohibitoires simples sont ceux par lesquels le Préteur défend de faire quelque chose dans un lieu sacré, dans un fleuve public ou sur les rives de ce fleuve : car celui qui désire qu'on ne fasse pas est demandeur; celui qui veut faire est défendeur.—Les interdits prohibitoires doubles sont les interdits *uti possidetis* et *utrubi* : on les appelle doubles, parce que la position des deux plaideurs est la même : aucun d'eux n'est regardé

sustinet. (Gaius, *Comm.* IV, § 156, 157, 158, 159, 160; Paul., L. 2, D., *de Interd.*)

8. De ordine et vetere exitu interdictorum supervacuum est hodie dicere. Nam quotiens extra ordinem jus dicitur (qualia sunt hodie omnia judicia), non est necesse reddi interdictum : sed perinde judicatur sine interdictis, ac si utilis actio ex causa interdicti reddita fuisset. (Diocl. et Max., L. 3, C., *h. t.*)

Tit. XVI. *De Pœna temere litigantium.*

Nunc admonendi sumus, magnam curam egisse eos qui jura sustinebant, ne facile homines ad litigandum procederent : quod et nobis studio est, idque eo maxime fieri potest, quod temeritas tam agentium quam eorum cum quibus ageretur, modo pecuniaria pœna, modo jurisjurandi religione, modo infamiæ metu coercetur.

1. Ecce enim jusjurandum omnibus qui conveniuntur, ex constitutione nostra defertur. Nam reus non aliter suis allegationibus utitur, nisi prius juraverit quod putans sese bona instantia uti ad contradicendum pervenit. (Justinian., L. 2, C., *de Jurej. propt. calumn.*)

At adversus inficiantes, ex quibusdam causis, dupli vel tripli actio constituitur : veluti, si damni injuriæ (Gaius, *Comm.* IV, § 171), aut legatorum *locis venerabilibus relictorum* nomine agetur. Statim autem ab initio pluris quam simpli est actio, veluti furti manifesti quadrupli, nec manifesti dupli; nam ex causis his et aliis quibusdam, sive quis neget, sive fateatur, pluris quam simpli est actio. (Gaius, *Comm.* IV, § 173.)

Item actoris quoque calumnia coercetur : nam etiam actor pro calumnia jurare cogitur ex nostra constitutione. Utriusque etiam partis advocati jusjurandum subeunt, quod alia nostra constitutione comprehensum est. Hæc autem omnia pro veteris calumniæ actione introducta sunt, quæ in desuetudinem abiit; quia in partem decimam litis actorem mulctabat, quod nusquam factum esse invenimus. Sed pro his introductum est et præfatum jusjurandum, et ut improbus litigator et damnum et impensas litis inferre adversario suo cogatur. (Justinian., L. 2, C., *de Jurej. propt. calumn.*; L. 13, § 6, C., *de Judic.*; L. 14, § 1, C., *eod.*; Gaius, *Comm.*, IV, § 175.)

2. Ex quibusdam judiciis damnati, ignominiosi fiunt : veluti furti, vi bonorum raptorum, injuriarum, de dolo; item tutelæ, mandati, depositi directis, non contrariis, actionibus, pro socio quæ ab utraque parte directa est, et ob id quilibet ex sociis eo judicio damnatus ignominia notatur. Sed furti quidem aut vi bonorum raptorum, aut injuriarum, aut de dolo, non solum damnati notantur ignominia, sed etiam pacti, et recte : plurimum enim interest,

comme étant spécialement demandeur ou défendeur ; mais chacun d'eux joue à la fois et le rôle de demandeur et celui de défendeur.

8. Il serait superflu aujourd'hui de s'occuper de l'ancienne procédure des interdits et de l'issue qu'ils avaient autrefois. Car toutes les fois que l'instance est conduite extraordinairement (et aujourd'hui toutes sont conduites ainsi), il n'est pas nécessaire de rendre un interdit ; mais on juge sans interdit, comme si une action utile eût été rendue à la suite d'un interdit.

Titre XVI. *Des Peines contre les plaideurs téméraires.*

Les fondateurs de notre législation se sont appliqués à empêcher que les particuliers se jetassent trop facilement dans les procès : c'est aussi là l'objet de notre sollicitude et de nos efforts. Pour atteindre ce but, il convient de réprimer la témérité soit des demandeurs, soit des défendeurs, tantôt par des peines pécuniaires; tantôt par l'obligation de prêter serment; tantôt par la crainte de l'infamie.

1. Le serment est déféré, d'après notre constitution, à tout défendeur ; et celui-ci ne peut faire usage de ses moyens de défense qu'après avoir juré qu'il croit sa cause juste.

Il y a en outre des cas où, pour punir les dénégations du défendeur, la condamnation est portée au double ou au triple : c'est ce qui arrive notamment pour l'action de la loi Aquilia et pour les legs *faits aux lieux vénérables.* Il est d'autres cas au contraire où, dès l'origine, l'action dépasse le simple, par exemple dans l'action de vol qui, suivant que le vol est ou non manifeste, emporte condamnation au quadruple ou au double : dans ces actions et quelques autres, la condamnation dépasse le simple, soit que le défendeur avoue, soit qu'il nie.

Notre constitution réprime aussi l'esprit de chicane (*calumnia*) du demandeur en l'obligeant à jurer qu'il agit de bonne foi (*pro calumnia jurare*). Les avocats des deux parties sont pareillement astreints à un serment déterminé par notre constitution. Telles sont les mesures par lesquelles nous avons remplacé l'ancienne action de calomnie, aujourd'hui tombée en désuétude. Cette action infligeait au demandeur une amende égale au dixième de la valeur du procès, mais nous n'avons pas appris qu'elle ait été jamais appliquée : aussi avons-nous établi et le serment dont il a été parlé ci-dessus , et l'obligation pour celui qui plaide mal à propos, de rembourser à son adversaire les dommages et les frais du procès.

2. Il y a certaines actions qui font encourir l'infamie à la partie condamnée : telles sont, les actions de vol, de rapine, d'injure et de dol; telles sont encore les actions directes (mais non les actions contraires) de tutelle, de mandat et de dépôt; enfin l'action de société qui étant directe pour tous les associés, fait encourir l'infamie à tout associé condamné par suite de cette action. Mais les actions de vol, de rapine, d'injure et de dol entraînent infamie contre le défendeur, non seulement quand il y a eu con-

utrum ex delicto aliquis, an ex contractu debitor sit. (Gaius. *Comm.* IV, § 182; Paul., *Rec. sentent.*, 31, § 15; L 7, D., *de His qui not.*; Julian., L. 1; Ulpian., L. 4, § 6; L. 6, § 3 et 7, D., *cod.*)

3. Omnium autem actionum instituendarum principium ab ea parte edicti proficiscitur, qua Prætor edicit de in jus vocando. Utique enim in primis adversarius in jus vocandus est, ad eum qui jus dicturus sit (Paul., L. 1, D., *de In jus voc.*). Qua parte Prætor parentibus et patronis, item parentibus liberisque patronorum et patronarum hunc præstat honorem, ut non aliter liceat liberis libertisque eos in jus vocare, quam si id ab ipso Prætore postulaverint et impetraverint; et si quis aliter vocaverit, in eum pœnam solidorum quinquaginta constituit. (Ulpian., L. 4, § 1; L. 24, D., *cod.*; Gaius, *Comm.* IV, § 46, 183.)

Tit. XVII. *De Officio judicis.*

Superest ut de officio judicis dispiciamus. Et quidem in primis illud observare debet judex, ne aliter judicet quam quod legibus, aut constitutionibus, aut moribus proditum est. (Papin., L. 40, § 1, D., *de Judic.*; Martian., L. 1, § 3, D,, *de Leg. Cornel. de Fals.*)

1. Ideoque si noxali judicio addictus est, observare debet ut, si condemnandus videtur dominus, ita debeat condemnare : PUBLIUM MÆVIUM LUCIO TITIO DECEM AUREOS CONDEMNO, AUT NOXAM DEDERE.

2. Et, si in rem actum sit : sive contra petitorem judicaverit, absolvere debet possessorem : sive contra possessorem, jubere eum debet ut rem ipsam restituat cum fructibus. Sed si possessor neget in præsenti se restituere posse, et sine frustratione videbitur tempus restituendi causa petere, indulgendum est ei ; ut tamen de litis æstimatione caveat cum fidejussore, si, intra tempus quod ei datum est, non restituisset (Ulpian., L. 11, Julian.; L. 17, § 1; Paul., L. 27, § 4, D., *de Rei vind.*). Et si hæreditas petita sit, eadem circa fructus interveniunt, quæ diximus intervenire in singularum rerum petitione. Illorum autem fructuum quos culpa sua possessor non perceperit, in utraque actione eadem ratio pene habetur, si prædo fuerit (Ulpian., L. 25, § 3 et 4, D.. *de Hæred. petit.*; Papin., L. 62, § 1, D., *de Rei vind.*). Si vero bona fide possessor fuerit, non habetur ratio consumptorum, neque non perceptorum. Post inchoatam autem petitionem, etiam illorum fructuum ratio habetur qui culpa possessoris percepti non sunt, vel percepti consumpti sunt. (Paul., L. 4, § 2, D.,*Fin. reg.*; Diocl. et Max., L. 22, C., *de Rei vind.*)

3. Si ad exhibendum actum fuerit, non sufficit si exhibeat rem is cum quo actum est; sed opus est ut etiam rei causam debeat ex-

damnation, mais encore quand le procès a été terminé par transaction : il importe en effet de ne pas confondre l'obligation née d'un délit avec celle qui vient d'un contrat.

5. L'exercice de toute action commence par la citation (*in jus vocatio*); laquelle est réglée dans cette partie de l'édit où le Préteur traite de la manière de citer devant le Magistrat (*de in jus vocando*) : ainsi, la première chose à faire est de citer son adversaire *in jus*, c'est-à-dire devant le Magistrat qui doit prononcer sur le droit. — Cette partie de l'édit, pour assurer aux ascendants, aux patrons et patronnes et même aux ascendants et descendants des patrons et patronnes l'honneur et le respect qui leur sont dus, leur attribue le privilège de ne pouvoir être cités *in jus* par leurs enfants ou affranchis, qu'autant que ceux-ci en auront sollicité et obtenu la permission du Préteur : il y a une peine de cinquante solides contre celui qui citerait sans permission son ascendant ou son patron.

Titre XVII. *De l'Office du juge.*

Il nous reste à parler de l'office du juge. Le juge doit avant tout s'appliquer à ne juger que conformément aux lois, aux constitutions et à la coutume.

1. Le juge chargé de prononcer sur une action noxale , s'il pense que le maître doit être condamné, doit formuler la condamnation de cette manière : *Je condamne Publius Mævius à donner dix écus d'or à Lucius Titius ou à lui faire l'abandon noxal.*

2. Quand il s'agit d'une action réelle : si le juge prononce contre le demandeur, il doit absoudre le possesseur; si au contraire il prononce contre le possesseur, il doit lui ordonner (*jubere, jussus*) de rendre la chose et les fruits. Si le possesseur prétend ne pouvoir opérer présentement cette restitution, et demande un délai, on doit le lui accorder, s'il ne paraît pas faire cette demande dans des vues frauduleuses ; et à la charge par lui de garantir par fidéjusseur le paiement de l'estimation du litige, dans le cas où il ne restituerait pas dans le délai fixé.—Pour la pétition d'hérédité on suit, à l'égard des fruits, les mêmes règles que dans la revendication d'un objet particulier. Quant aux fruits que le possesseur n'a pas perçus par sa faute, on n'en tient compte, dans l'une et l'autre action, qu'autant que le défendeur possédait de mauvaise foi (*prædo*); quand il était de bonne foi, on ne tient compte ni des fruits consommés, ni des fruits non perçus; mais, une fois la demande formée, on tient compte tant des fruits non perçus par la faute du possesseur que de ceux qu'il a consommés.

3. Dans l'action *ad exhibendum*, il ne suffit pas que le défendeur exhibe la chose elle-même; il doit en outre exhiber tout ce qui s'y rattache

hibere, id est, ut eam causam habeat actor quam habiturus esset si, quum primum ad exhibendum egisset, exhibita res fuisset. Ideoque, si inter moras usucapta sit res a possessore, nihilominus condemnabitur. Præterea fructuum medii temporis, id est, ejus quod post acceptum ad exhibendum judicium ante rem judicatam intercessit, rationem habere debet judex (Ulpian., L. 9, § 5 et 6, D., *ad Exhib.*). Quod si, neget is, cum quo ad exhibendum actum est, in præsenti exhibere posse, et tempus exhibendi causa petat, idque sine frustratione postulare videatur, dari ei debet: ut tamen caveat se restituturum (Paul., L. 12, § 5, D., *cod.*). Quodsi neque statim jussu judicis rem exhibeat, neque postea exhibiturum se caveat, condemnandus sit in id quod actoris intererat ab initio rem exhibitam esse. (Ulpian., L. 3, § 7 et 8, D., *cod.*)

4. Si familiæ erciscundæ judicio actum sit, singulas res singulis hæredibus adjudicare debet; et si in alterius persona prægravare videatur adjudicatio, debet hunc invicem cohæredi certa pecunia, sicut jam dictum est, condemnare (Julian., L. 52, § 2, D., *Famil. ercisc*). — Eo quoque nomine cohæredi quisque suo condemnandus est, quod solus fructus hæreditarii fundi percepit, aut rem hæreditariam corruperit aut consumpserit. Quæ quidem similiter inter plures quoque quam duos cohæredes subsequuntur. (Paul., L. 50, *cod.*)

5. Eadem interveniunt, et si communi dividundo de pluribus rebus actum fuerit. — Quod si de una re, veluti fundo: si quidem iste fundus commode regionibus divisionem recipiat, partes ejus singulis adjudicare debet, et si unius pars prægravare videbitur, is invicem certa pecunia alteri condemnandus est. Quod si commode dividi non possit, veluti homo forte aut mulus erit, de quo actum sit, tunc totus uni adjudicandus est, et is invicem alteri certa pecunia condemnandus. (Ulpian., L. 55, D., *Famil. ercisc.*)

6. Si finium regundorum actum fuerit, dispicere debet judex an necessaria sit adjudicatio: quæ sane uno casu necessaria est, si evidentioribus finibus distingui agros commodius sit, quam olim fuissent distincti (Ulpian., L. 2, § 1, D., *Fin. reg.*); nam tunc necesse est ex alterius agro partem aliquam alterius agri domino adjudicari. Quo casu, conveniens est ut is alteri certa pecunia debeat condemnari (Caius, L. 3, D., *cod.*). Eo quoque nomine damnandus est quisque hoc judicio, quod forte circa fines aliquid malitiose commisit, verbi gratia, quia lapides finales furatus est, vel arbores finales cecidit. Contumaciæ quoque nomine quisque eo judicio condemnatur, veluti si quis, jubente judice, metiri agros passus non fuerit. (Paul., L. 4, § 3 et 4, D., *cod.*)

7. Quod autem istis judiciis alicui adjudicatum sit, id statim ejus fit cui adjudicatum est. (Ulpian., *Frag.* XXIX, § 16.)

(rei *causam*), de façon à ce que le demandeur soit dans la même position (*causa*) que si la chose eût été exhibée à l'époque où la demande a été formée. En conséquence, si, pendant la durée du litige, l'usucapion s'est accomplie au profit du possesseur, il n'en doit pas moins être condamné. Le juge doit en outre tenir compte des fruits perçus dans le temps intermédiaire, c'est-à-dire dans le temps qui s'est écoulé depuis que l'action a été obtenue jusqu'au jour du jugement. Si le défendeur à l'action *ad exhibendum* prétend qu'il ne peut exhiber présentement et qu'il demande un délai, on doit le lui accorder, s'il ne paraît pas demander ce délai dans des vues frauduleuses ; mais à la charge par lui de garantir la restitution. Si, malgré l'ordre du juge, le défendeur n'exhibe pas immédiatement, ou s'il ne donne pas caution d'exhiber plus tard, il doit être condamné à une somme égale à l'intérêt qu'avait le demandeur à ce que l'exhibition eût lieu dès le commencement.

4. Dans l'action *familiæ erciscundæ*, le juge doit adjuger aux divers héritiers, les divers objets qui composent l'hérédité, de façon à ce que chaque objet n'appartienne qu'à un seul héritier. Si, par suite de ces adjudications, l'un des lots se trouve trop fort, on doit condamner l'héritier, auquel il est attribué, à payer à l'autre une soulte en argent ; ainsi que nous l'avons déjà dit. — Chaque héritier doit être aussi condamné envers son cohéritier à raison soit des fruits ou choses héréditaires qu'il aurait perçus seul, soit des biens dépendant de la succession qu'il aurait détériorés ou consommés. — Les mêmes règles sont suivies dans le cas où il y a plus de deux héritiers.

5. On suit la même marche pour l'action *communi dividundo*, quand elle porte sur plusieurs objets. — Mais si elle est intentée à l'occasion d'un seul objet, par exemple, d'un fonds de terre, il faut distinguer : si le fonds peut être commodément partagé, le juge doit en adjuger une portion à chaque copartageant; et condamner celui, dont le lot serait trop fort, à payer une soulte aux autres; si, au contraire, la chose ne peut être divisée sans inconvénients, si, par exemple, il s'agit d'un esclave ou d'un mulet, le juge devra l'adjuger en entier à l'un des copartageants et condamner celui-ci à payer aux autres une soulte en argent.

6. Dans l'action *finium regundorum* (en bornage), le juge doit examiner si l'adjudication est nécessaire : elle ne l'est que dans un seul cas, savoir, s'il est reconnu avantageux d'assigner aux fonds des limites plus faciles à distinguer que les limites anciennes. Dans ce cas, il faut adjuger à l'une des parties, une portion du fonds de l'autre et la condamner à payer une soulte en argent. — Dans cette action il faut aussi condamner celui qui, par mauvaise foi, aurait commis quelque méfait relativement aux limites ; celui qui, par exemple, aurait enlevé les pierres ou coupé les arbres qui formaient les limites. — Enfin, on peut encore par cette action être condamné à raison de la contumace (désobéissance, rébellion), quand par exemple, on s'est opposé à un arpentage ordonné par le juge.

7. L'adjudication faite, en vertu de l'une des actions dont nous venons de parler, transfère immédiatement à l'adjudicataire la propriété de la chose adjugée.

Tit. XVIII. *De publicis judiciis* (1).

Publica judicia neque per actiones ordinantur, neque omnino quidquam simile habent cum cæteris judiciis de quibus locuti sumus, magnaque diversitas est eorum et in instituendis et in exercendis.

1. Publica autem dicta sunt, quod cuivis ex populo executio eorum plerumque datur. (Ulpian., L. 43, § 10, D., *de Rit. nupt.*)

2. Publicorum judiciorum quædam capitalia sunt, quædam non capitalia. Capitalia dicimus, quæ ultimo supplicio afficiunt, vel aquæ et ignis interdictione, vel deportatione, vel metallo. Cætera, si quam

---

1 Suivant Justinien (*pr. h. t.*), l'administration de la justice criminelle n'aurait eu aucune ressemblance avec celle de la justice civile, dont il a été question dans les XII titres précédents. Quintilien confirme cette assertion en ces termes : « *Capitalia judicia habent suam formam, suos judices, numerum suum, quæsitorem suum, sua tempora, sua nomina..... Quid hic simile* (cum injuriarum ratione) *... aliud genus actionum* (Decl. 331). — Il ne faut pas cependant prendre trop à la lettre l'assertion de Justinien ni celle de Quintilien.

Art. I. Qui peut exercer l'action publique.

Il n'y avait à Rome aucune institution analogue à notre Ministère public, aucun magistrat spécialement chargé de la poursuite des crimes. Chaque citoyen pouvait, à ses risques et périls, accuser le coupable et le traduire devant la justice : sous ce point de vue, les actions *publiques* ressemblent aux actions *populaires*, avec lesquelles cependant il faut bien se garder de les confondre.

Art. II. Tribunaux criminels.

I. Le jugement des crimes appartint d'abord aux Rois ; mais sans doute le peuple n'y restait pas complètement étranger : le procès d'Horace en fournit la preuve.

II. Après l'expulsion des Rois, la juridiction criminelle passa aux Consuls ; mais elle fut restreinte aussitôt par l'établissement de l'appel au peuple. — A partir de cette époque, la peine de mort ne put plus être prononcée contre un citoyen que par le peuple entier, réuni en Comices par Centuries ; les Comices par Tribus ne pouvaient prononcer que de simples amendes. — Le peuple exerçait de deux manières son pouvoir de juger : le plus souvent il nommait des commissaires (*quæsitores parricidii*), auxquels il déléguait le pouvoir de juger en son nom ; mais il jugeait lui-même les affaires qui présentaient un intérêt particulier, soit par la nature du crime, soit par la qualité de l'accusé. — Quand l'accusé n'était pas citoyen, l'affaire était portée devant le Consul, le Préteur, ou les *Triumviri capitales*.

III. C'est seulement vers le commencement du septième siècle, que le nombre croissant des crimes et la difficulté d'assembler le peuple aussi souvent, firent sentir la nécessité d'établir des tribunaux criminels permanents : ces tribunaux connus sous le nom de QUÆSTIONES PERPETUÆ, ne furent établis que successivement, au fur et à mesure des besoins (Voir le tableau chronologique aux années 605, 635, 652, 659, 665, 673). — Chacun de ces tribunaux était établi pour un an ; il ne jugeait qu'une seule espèce de crimes, et avait une organisation et une procédure particulières déterminées par la loi qui l'avait établi. — Quant aux crimes pour lesquels il n'existait pas de tribunal spécial, le peuple continua à les juger, soit par lui-même, soit par des délégués : c'est là ce qu'on appelait *Cognitiones extraordinariæ*. Il paraît même que pour les crimes de lèse-nation et de péculat, la cause était souvent portée devant le peuple, quoiqu'il existât des tribunaux pour ces deux crimes. — Les *quæstiones perpetuæ* étaient présidées par un Préteur ; les commissions temporaires par celui que le peuple avait désigné. — Dans les unes et dans les autres, le procès était jugé par des jurés (*judices*), dont le nombre variait suivant la nature du crime ou du tribunal : Cicéron parle tantôt de 32, tantôt de 50, tantôt de 75 jurés. — Dans les Provinces, la juridiction criminelle appartenait aux Gouverneurs.

IV. Sous l'Empire, le Préfet de la ville devint le juge ordinaire en matière criminelle. L'Empereur, le Sénat, le Préfet du Prétoire, connaissaient aussi quelquefois des crimes, mais *extra ordinem*.

Art. III. Procédure criminelle.

Il n'y avait pas de loi générale sur la procédure criminelle ; chaque espèce de tribunal suivait la procédure qui lui était propre ; et encore variait-elle souvent pour le même tribunal. Nous n'indiquerons ici que les traits généraux.

TITRE XVIII. *Des Accusations et Procédures publiques.*

Les procédures ou instances (*judicia*) publiques ne sont point introduites au moyen d'actions (*formules*); elles n'ont aucune ressemblance avec les instances privées dont nous avons parlé jusqu'à présent : il y a au contraire de nombreuses différences dans la manière d'intenter et de suivre les unes et les autres.

1. Ces procédures sont appelées publiques parce que ordinairement l'exercice en appartient à tout citoyen.

2. Les procédures publiques sont les unes capitales, les autres non capitales. On appelle capitales celles qui emportent condamnation au dernier supplice, comme l'interdiction du feu et de l'eau, la déportation ou le tra-

§ 1. *Procédure devant les tribunaux publics* (quæstiones).

I. MISE EN ACCUSATION — 1° L'accusateur se présentait devant le Préteur et obtenait jour pour *déférer* le nom du coupable. Quand il y avait concours d'accusateurs, le Préteur accordait la préférence à l'un d'eux, après une sorte de plaidoirie désignée sous le nom de *divinatio*. — 2° L'accusateur ajournait l'accusé à comparaître au jour indiqué devant le tribunal. Là, après avoir prêté le serment de *calumnia*, il déclarait quel était le crime pour lequel il intentait son accusation, et déposait en même temps un acte contenant les principaux chefs d'accusation. — Le Préteur recevait les noms de l'accusateur et de l'accusé, et les ajournait à comparaître après un délai qui variait suivant les circonstances, mais qui ordinairement était de dix à trente jours.

II. FORMATION DU JURY. Au jour fixé, on commençait par former le jury, ce qui n'avait pas toujours lieu de la même manière : quelquefois l'accusateur désignait lui-même les jurés ; d'autres fois ils étaient tirés au sort : dans l'un et l'autre cas, l'accusateur et l'accusé jouissaient d'un droit de récusation assez étendu. Les jurés désignés prêtaient serment et le tribunal entrait en séance.

III. DÉBATS. — 1° *Plaidoyer de l'accusateur.* L'accusateur exposait l'affaire et produisait ses preuves qui étaient de trois espèces : la confession des esclaves, arrachée par la torture ; les témoignages des personnes libres et les actes (*tabellæ*). — Le plus souvent la longueur de ce débat occupait plusieurs audiences, et nécessitait des remises : quand il était terminé, l'accusateur présentait dans un discours suivi, et avec des développements oratoires l'ensemble de l'accusation. — 2° *Défense.* L'accusé obtenait ordinairement un délai pour préparer sa défense, qui se subdivisait, comme l'accusation, en production des preuves et plaidoirie proprement dite.

IV. JUGEMENT. Après que le dernier orateur avait parlé (*dixi*), le Préteur faisait distribuer à chaque juré, trois bulletins portant les initiales A (*absolvo*), C (*condemno*), N. L. (*non liquet*). Chaque juré déposait l'un de ces bulletins dans une urne ; le Préteur faisait le dépouillement et prononçait la sentence en conséquence. — Quand la majorité des bulletins portait N. L., il y avait lieu à un plus ample informé (*ampliatio*).

§ 2. *Procédure criminelle devant les Comices.*

I. L'accusateur devait être un magistrat supérieur. Il convoquait le peuple au Champ de Mars : là, du haut de la tribune aux harangues, il ajournait l'accusé à comparaître pour répondre à l'accusation qu'il voulait diriger contre lui. — Le jour arrivé, l'accusateur faisait de nouveau citer à haute voix l'accusé ; l'accusé venait se placer dans une place réservée au bas de la tribune aux harangues. L'accusateur exposait alors l'affaire, précisait l'accusation, et produisait les preuves. — L'accusation devait être ainsi renouvelée par trois fois, à trois jours différents ; après quoi l'accusateur dressait un acte d'accusation qui était affiché pendant trois jours de marché consécutifs. — Après ces délais, l'accusateur remontait à la tribune aux harangues, et renouvelait pour la quatrième fois son accusation. — L'accusé était ensuite entendu dans les défenses qu'il présentait lui-même, ou qu'il faisait présenter par des avocats.

II. Le peuple délibérait ensuite, d'après le mode usité dans les Comices par Centuries ; le Magistrat qui présidait l'assemblée recueillait les suffrages et prononçait l'absolution ou la condamnation. — La sentence était ordinairement exécutée sur-le-champ.

Comme, en général, il n'y avait pas arrestation préventive, l'accusé qui prévoyait une condamnation capitale, pouvait presque toujours s'y soustraire en prenant la fuite. Dans ce cas, l'assemblée se transformait en Comices par Tribus, et confirmait par un décret la sentence d'exil volontaire que l'accusé avait en quelque sorte prononcée contre lui-même ; le décret prononçait aussi ordinairement la confiscation des biens du coupable.

infamiam irrogant cum damno pecuniario, hæc publica quidem sunt, non tamen capitalia. (Paul., L. 2, D., *h. t.*)

3. Publica autem sunt hæc : lex Julia majestatis ; quæ in eos qui contra imperatorem vel rempublicam aliquid moliti sunt, suum vigorem extendit. Hujus pœna animæ amissionem sustinet, et memoria rei etiam post mortem damnatur. (Paul., *Rec. sent.* V, 29, § 1.)

4. Item lex Julia de adulteriis coercendis, quæ non solum temeratores alienarum nuptiarum gladio punit, sed et eos qui cum masculis nefandam libidinem exercere audent. Sed eadem lege Julia etiam stupri flagitium punitur, quum quis sine vi vel virginem vel viduam honeste viventem stupraverit. Pœnam autem eadem lex irrogat peccatoribus, si honesti sunt, publicationem partis dimidiæ bonorum ; si humiles, corporis coercitionem cum relegatione. (Paul., *Rec. sentent.*, II, 26; Papin., L. 6, § 1.)

5. Item lex Cornelia de sicariis, quæ homicidas ultore ferro persequitur, vel eos qui hominis occidendi causa cum telo ambulant (Martian., L. 1, D., *ad Leg. Corn. de sic.*). Telum autem, ut Gaius noster in interpretatione legum duodecim tabularum scriptum reliquit, vulgo quidem id appellatur, quod ab arcu mittitur ; sed et omne significatur quod manu cujusdam mittitur. Sequitur ergo ut et lapis et lignum et ferrum hoc nomine contineatur: dictumque ab eo quod in longinquum mittitur, a græca voce απο του τηλου. Et hanc significationem invenire possumus et in græco nomine: nam quod nos telum appellamus, illi βέλος appellant απο του βάλλεσται. Admonet nos Xenophon, nam ita scribit : Και τα βέλη, ομου έφερετο, λογχαι, τοξευματα, σφενδόναι, πλειστοί δέ και λίθοι (Gaius, L. 233, § 2, D., *de Verb. signif.*; Paul., *Rec. sentent.*, V, 23, § 7.). Sicarii autem appellantur a sica, quod significat ferreum cultrum. — Eadem lege et venefici capite damnantur, qui artibus odiosis tam venenis quam susurris magicis homines occiderint, vel mala medicamenta publice vendiderint. (Martian., L. 1 ; L. 3, *ad Leg. Corn. de Sicar.*)

6. Alia deinde lex asperrimum crimen nova pœna persequitur, quæ Pompeia de parricidiis vocatur. Quâ cavetur ut, si quis parentis aut filii, aut omnino adfectionis ejus quæ nuncupatione parricidii continetur, fata properaverit, sive clam sive palam id ausus fuerit, nec non is, cujus dolo malo id factum est, vel conscius criminis existit, licet extraneus sit, pœna parricidii puniatur. (Paul., *Rec. sentent.* V, 24; Martian., L. 1, *de Leg. Pomp. de parric.*)

Et neque gladio, neque ignibus, neque ulla alia solemni pœna subjiciatur: sed insutus culeo cum cane et gallo gallinaceo et vipera et simia, et inter eas ferales angustias comprehensus, secundum quod regionis qualitas tulerit, vel in vicinum mare vel in amnem projiciatur; ut omnium elementorum usu vivus carere incipiat, et ei cœlum superstiti et terra mortuo auferatur. (Constant., L. un., C., *de His qui par.*; Paul., *Rec. sentent.* V, 24; Modest., L. 9, D., *de Leg. Pomp. de parric.*)

vail des mines. Les autres, qui n'entraînent que l'infamie et des peines pécuniaires, sont publiques, mais non capitales.

3. Les procédures publiques ont été instituées par diverses lois que nous allons successivement énumérer. La loi Julia, relative au crime de lèse-majesté, sévit contre ceux qui trament des complots contre l'Empereur ou contre l'état : la peine prononcée par cette loi est la perte de la vie ; la mémoire du coupable est condamnée même après sa mort.

4. Pareillement la loi Julia sur l'adultère punit de mort non-seulement ceux qui souillent le lit d'autrui, mais encore ceux qui se livrent avec des mâles à des débauches infâmes.—La même loi Julia punit aussi la séduction sans violence exercée sur une vierge ou sur une veuve d'une vie honnête : la peine prononcée dans ce cas varie suivant la condition des coupables : ceux d'une condition honnête subissent la perte de la moitié de leurs biens ; ceux d'une condition inférieure sont châtiés corporellement et relégués.

5. Pareillement la loi Cornélia sur les sicaires poursuit d'un fer vengeur les homicides et ceux qui, pour tuer un homme, vont armés d'un trait (telum). Ce mot telum, d'après l'explication qu'en donne Gaius dans son commentaire sur la loi des douze tables, indique ordinairement ce qu'on lance avec un arc ; mais on s'en sert aussi pour désigner toute arme lancée même avec la main. Ainsi les pierres, le bois, le fer sont compris dans le mot telum ; ce mot vient du grec τηλου (loin), parce qu'il s'applique à tout ce qui se jette au loin. Nous trouvons la même signification dans l'expression grecque, car ce que nous appelons telum les Grecs l'appellent βέλος de βαλλεσθαι (lancer) ; c'est ce que nous apprend Xénophon dans ce passage : « on apporta des projectiles (βελη) des lances, des flèches, des « frondes et beaucoup de pierres». Les sicaires tirent leur nom du mot sica qui signifie poignard. — La même loi prononce la peine capitale contre les empoisonneurs qui, se servant d'une détestable science, font périr les hommes par le poison ou par des paroles magiques ; et aussi contre ceux qui vendent publiquement des drogues dangereuses.

6. Une autre loi, la loi Pompeia, sur les parricides, punit d'une peine nouvelle le plus horrible des crimes : elle prononce la peine du parricide contre celui qui aurait hâté la mort de son père, ou de son fils, ou de toute autre personne dont le meurtre est qualifié parricide, soit que le crime ait été commis publiquement ou secrètement ; ainsi que contre ceux qui méchamment en ont été les instigateurs et les complices, lors-même qu'ils seraient étrangers à la famille.

Le coupable ne sera puni ni par le fer, ni par le feu, ni par aucun autre supplice ordinaire : mais il sera cousu dans une outre avec un chien, un coq, une vipère et un singe ; et ainsi torturé par ces animaux, il sera jeté, suivant que les localités le permettront, soit dans la mer, soit dans la rivière ; afin que dès son vivant, il soit privé de l'usage de tous les éléments ; que le ciel manque à ses yeux et la terre à son cadavre.

Si quis autem alias cognatione vel affinitate personas conjunctas necaverit, pœnam legis Corneliæ de sicariis sustinebit. (Mod., L. 9, § 1; Martian., L. 1, D., *de Leg. Pomp. de parric.*)

7. Item lex Cornelia de falsis, quæ etiam testamentaria vocatur, pœnam irrogat ei, qui testamentum vel aliud instrumentum falsum scripserit, signaverit, recitaverit, subjecerit; quive signum adulterinum fecerit, sculpserit, expresserit sciens dolo malo. Ejusque legis pœna in servos ultimum supplicium est (quod etiam in lege de sicariis et veneficis servatur); in liberos vero, deportatio. (Paul., *Rec. sentent.* V, 25, § I; L. 2; L. 16, § 1, D., *de Leg. Corn. de fals.*)

8. Item lex Julia de vi publica seu privata adversus eos exoritur, qui vim vel armatam vel sine armis commiserint. Sed si quidem armata vis arguatur, deportatio ei ex lege Julia de vi publica irrogatur; si vero sine armis, in tertiam partem bonorum publicatio imponitur. (Paul., *Rec. sentent.* V, 26, § 1 et 3 ; Ulpian., L. 10, § 2, D., *ad Leg. Jul. de Vi publ.*)

Sin autem per vim raptus virginis, vel viduæ, vel sanctimonialis, vel alterius fuerit perpetratus, tunc et peccatores et ii qui opem flagitio dederunt, capite puniuntur, secundum nostræ constitutionis definitionem ex qua hæc apertius possibile est scire. (Justinian., L. un., C., *de Rapt. virg.*)

9. Item lex Julia, peculatus eos punit, qui pecuniam vel rem publicam, vel sacram, vel religiosam furati fuerint. (Ulpian., L. 1, D., *ad Leg. Jul. pec.*; Paul., *Rec. sentent.*, V, 27.)

Sed si quidem ipsi judices tempore administrationis publicas pecunias subtraxerint, capitali animadversione puniantur; et non solum hi, sed etiam qui ministerium eis ad hoc adhibuerint, vel qui subtractas ab his scientes susceperint. (Theod., L. un., C., *de Crim. pecul.*)

Alii vero qui in hanc legem inciderint, pœnæ deportationis subjungantur. (Ulpian., L. 3, D., *ad Leg. Jul. pecul.*)

10. Est et inter publica judicia lex Fabia de plagiariis, quæ interdum capitis pœnam ex sacris constitutionibus irrogat, interdum leviorem. (Paul., *Rec. sentent.* V, 30, § I; Diocl. et Max. L. 7, C., *ad Leg. Fab.*)

11. Sunt præterea publica judicia, lex Julia de ambitu, et lex Julia repetundarum, et lex Julia de annona, et lex Julia de residuis : quæ de certis capitulis loquuntur, et animæ quidem amissionem non irrogant, aliis autem pœnis eos subjiciunt qui præcepta earum neglexerint. (Mac., L. 1, D., *h. t.*; Paul., *Rec. sentent.* V, 28, 30.)

12. Sed de publicis judiciis hæc exposuimus, ut vobis possibile sit summo digito et quasi per indicem ea tetigisse : alioquin diligentior eorum scientia vobis ex latioribus Digestorum seu Pandectarum libris, Deo propitio, adventura est.

EXPLICIT LIBER QUARTUS ET ULTIMUS.

Celui qui aura tué d'autres parents ou alliés, subira la peine de la loi Cornélia contre les sicaires.

7. La loi Cornélia sur le faux, qu'on appelle aussi testamentaire, punit ceux qui, sciemment et par dol écrivent, scellent, lisent ou présentent un testament ou tout autre acte faux; et ceux qui font, gravent ou appliquent un cachet faux. La peine prononcée par cette loi est le dernier supplice pour les esclaves (ce qui est aussi ordonné par la loi contre les sicaires et les empoisonneurs) et la déportation pour les hommes libres.

8. La loi Julia sur la violence publique ou privée sévit contre ceux qui, avec ou sans armes, commettent des actes de violence. La violence à main armée est punie de la déportation par la loi Julia sur la violence publique; la violence sans armes, de la confiscation du tiers des biens.

Notre constitution prononce la peine capitale contre ceux qui se rendraient coupables ou complices de l'enlèvement avec violence d'une vierge, d'une veuve ou d'une religieuse.

9. La loi Julia sur le péculat punit ceux qui volent les deniers publics ou des objets sacrés ou religieux.

Les magistrats qui pendant leur gestion auraient soustrait des deniers publics subiront la peine capitale, ainsi que les complices et les recéleurs.

Les autres subiront la déportation.

10. On met encore au nombre des procédures publiques celle établie par la loi Fabia contre les plagiaires : elle inflige tantôt la peine capitale, tantôt une peine moins grave.

11. Sont encore rangées parmi les procédures publiques celles qu'ont établies la loi Julia sur la brigue, la loi Julia sur la concussion, la loi Julia sur les vivres, et la loi Julia sur les reliquats de compte : ces lois ne prononcent pas la peine de mort, mais soumettent à d'autres peines ceux qui auraient enfreint leurs dispositions.

12. Nous avons voulu seulement par cette esquisse des procédures publiques, vous donner un simple aperçu d'un sujet dont vous pourrez, avec l'aide de Dieu, acquérir une connaissance plus approfondie dans les livres plus développés du Digeste ou des Pandectes.

FIN DES INSTITUTES.

INDEX

TITULORUM.

FIN DE LA TABLE.

APPENDIX PRIMA.

NOVELLÆ CXVIII ET CXXVII.

CUM JURE ANTEJUSTINIANEO COLLATÆ (a).

NOVELLA CONSTITUTIO CXVIII.

Imp. Justinianus, Aug., Petro gloriosissimo, Prafecto sacrorum prætoriorum Orientis.

PRÆFATIO.

Plurimas et diversas leges veteribus temporibus prolatas invenientes, per quas non juste differentia ab intestato successionis inter cognatos ex

---

(a) Pour faciliter cette comparaison, je présenterai d'abord un abrégé des révolutions du droit romain en matière de succession.

ART. I. SYSTÈME DE LA LOI DES XII TABLES.

§ 1. ESPRIT DE CETTE LOI.

Suivant l'illustre auteur de l'*Esprit des lois*, le système de succession, établi par la loi des XII tables, se rattachait au partage primitif des terres... Cette hypothèse, outre qu'elle ne repose sur aucun document positif, ne me semble expliquer d'une manière satisfaisante ni l'ensemble, ni les détails de la loi. La véritable explication me paraît bien plutôt se trouver dans la nature essentiellement aristocratique du gouvernement romain, à l'époque où fut rédigée la loi des XII tables.—La révolution, qui avait renversé la royauté, n'avait profité qu'aux seuls patriciens : le peuple, qui y avait si puissamment contribué, n'en tira aucun avantage : au lieu d'un tyran, il en eut mille. Tant qu'avait vécu Tarquin le Superbe, les nobles avaient ménagé le peuple; mais, quand la mort les eut débarrassés de ce souci, ils jetèrent le masque, et ne gardèrent plus aucun ménagement. Il est incontestable que jamais l'oppression du peuple par les patriciens, des petits par les grands, des pauvres par les riches, ne fut aussi dure et aussi violente que dans les premiers siècles qui suivirent l'établissement du gouvernement républicain. Le Sénat repoussait ou éludait les plaintes les plus justes du peuple; il fallait lui arracher, une à une, les concessions les plus raisonnables. La loi des XII tables, que le peuple eut tant de peine à obtenir, respire, dans plusieurs de ses dispositions, toute l'insolence des patriciens : cette loi défendait le mariage entre patriciens et plébéiens; elle accordait aux créanciers les moyens de contrainte les plus barbares contre leurs débiteurs : or, à cette époque, toutes les richesses étant concentrées dans les mains des patriciens, les créanciers ne pouvaient guère se rencontrer que parmi les nobles; les débiteurs, parmi les pauvres plébéiens trop souvent réduits à la nécessité des emprunts.—Cette digression n'est pas un hors d'œuvre : elle nous donne la clef du système qui fut adopté.—Les patriciens chargés de rédiger le nouveau code, durent naturellement s'attacher à perpétuer les familles, et surtout à leur conserver cette influence que donne la richesse long-temps possédée, et sans laquelle toute aristocratie finit bientôt par languir et s'éteindre. Deux principes, qui à la rigueur rentrent à peu près l'un dans l'autre, me semblent donc avoir dirigé les auteurs de la loi : 1° maintenir les biens dans les familles : de là la défense des mariages entre patriciens et plébéiens; de là l'exclusion des parents par femmes, car c'est principalement par les femmes que les biens sortent des familles; 2° conserver les familles elles-mêmes : de là l'exclusion des parents par mâles sortis de la famille par adoption ou émancipation; car le lien de la famille romaine, c'est la puissance paternelle.—Après ces notions générales, examinons dans ses détails l'œuvre des Décemvirs : ils avaient établi trois ordres d'héritiers.

§ 2. DES DIVERS ORDRES D'HÉRITIERS.

1er. ORDRE. HÉRITIERS-SIENS.—On comprend sous ce nom les descendants qui se trouvaient soumis à la puissance paternelle de l'ascendant, au moment du décès de celui-ci.

PREMIER APPENDICE.

NOVELLES CXVIII ET CXXVII,

CONFÉRÉES AVEC LE CODE CIVIL (1).

NOVELLE CXVIII.

L'empereur Justinien, Auguste, au glorieux Pierre, Préfet des Prétoires d'Orient.

PRÉAMBULE.

Ayant remarqué que, dans le droit ancien, des lois diverses et en grand nombre avaient établi une injuste différence entre les parents par mâles

---

(1) Le système de succession établi par Justinien dans les Novelles CXVIII et CXXVII, était suivi en France dans les pays de droit écrit; en outre les dispositions fondamentales de ce système ont été adoptées par notre Code civil... Tels sont les motifs qui m'ont engagé à reproduire ici ces deux Novelles célèbres.—Pour renouer autant que possible la chaîne des temps, j'ai joint au texte deux sortes de notes : les notes placées au bas du texte latin indiquent les points dans lesquels Justinien s'est écarté des règles du droit antérieur; les notes placées au bas de la traduction sont destinées à faciliter la comparaison des Novelles avec le Code civil.

Je suivrai, pour le Code civil, la marche que que j'ai adoptée, dans la note ci-contre, relativement au droit romain, en présentant d'abord une esquisse historique de la législation antérieure.

ART. I. DROIT ANCIEN.

L'ancien droit français, en matière de succession ab intestat, se divisait en deux législations bien distinctes, celle des pays de droit écrit et celle des pays de coutume.

I° PAYS DE DROIT ÉCRIT.

On y suivait les Novelles CXVIII et CXXVII : mais les difficultés auxquelles ces Novelles donnaient lieu n'étaient pas résolues de la même manière par tous les Parlements.

II° PAYS DE COUTUME.

Autant le système de la Novelle était simple et facile, autant le Droit coutumier était compliqué. Le droit de succession était subordonné à plusieurs principes qui tous dérivaient plus ou moins des règles et des nécessités du régime féodal. Au reste, la plus grande variété régnait entre les diverses coutumes; et, comme aujourd'hui il serait aussi inutile que difficile de débrouiller complètement un pareil cahos, nous nous contenterons de présenter ici un aperçu des caractères généraux communs à toutes les coutumes, ou du moins à la plupart d'entre elles.

On peut réduire à huit principales, les règles qui dominaient le droit coutumier en matière de succession ab intestat : 1° la règle *paterna paternis, materna maternis*; 2° la distinction des biens en *propres et acquets, meubles et immeubles, nobles et roturiers*; 3° le droit *d'aînesse*; 4° les privilèges de la *masculinité*; 5° le privilège du *double lien*; 6° la *fente* des acquets entre les deux lignes; 7° le droit de *représentation*; 8° enfin, le *rappel à succession*.—Reprenons rapidement chacun de ces points.

I PATERNA PATERNIS, MATERNA MATERNIS. — Cette règle avait pour but de conserver les biens dans les familles, en faisant retourner les biens aux familles d'où ils étaient sortis. On n'était pas d'accord sur l'origine de cette règle : Godefroi la faisait remonter à la L. 4, Cod. Theod *de bonis maternis*; Fontanus et Basnage pensaient qu'elle s'était introduite à l'exemple de la succession des fiefs; enfin, suivant Dumoulin, elle venait des Francs et des Bourguignons. Quoi qu'il en soit de ce point d'histoire, cette règle conduisait nécessairement à distinguer dans la succession deux espèces de biens, les *propres* et les *acquets*. Les *propres* ou biens *anciens* (qui se subdivisaient eux-mêmes en plusieurs espèces), étaient en général les biens que le défunt avait reçus d'un parent paternel ou maternel par succession, ou par toute autre voie imitant la succession. Les acquets étaient les biens acquis par le défunt autrement que par succession, ou autre titre équivalent. — La règle *paterna paternis*,n'était point admise dans les pays de droit écrit; elle était en effet contraire à l'esprit de la Novelle : cependant les Parlements de Toulouse et de Provence semblent l'avoir admise, au moins en partie. — Dans les pays de coutume, où elle formait au con-

masculis et feminis introducta est, necessarium esse perspeximus omnes
simul ab intestato cognationum successiones per præsentem legem clara

---

En conséquence sont exclus de la succession paternelle : 1° les enfants *émancipés* ; 2° les
enfants *donnés en adoption* ; 3° les *petits enfants par la fille*. — Cette exclusion, contre
laquelle on a si fort déclamé depuis, était une conséquence forcée du principe adopté ;
et d'ailleurs n'avait en soi rien d'inique. Les biens laissés par le père de famille se composent, ou du moins peuvent se composer fort souvent des acquisitions faites par les enfants soumis à sa puissance ; il est donc naturel que ces enfants seuls soient appelés à
recueillir ces biens : il serait inique d'y appeler les *émancipés*, qui depuis l'émancipation
ont acquis pour leur compte ; les enfants *donnés en adoption*, dont les acquisitions
ont profité à la famille adoptive ; et les *petits enfants par les filles* qui ont acquis
pour la famille de leur père, et non pour celle de leur mère. D'ailleurs faire succéder
au père naturel les enfants donnés en adoption, et à l'aïeul maternel les petits enfants
par la fille, ce serait transporter les biens d'une famille dans une autre.

IIe ORDRE. AGNATS. — A la mort du père de famille, chacun des héritiers-siens
devient à son tour père de famille : toutefois le lien qui les unissait auparavant (c'est-
à-dire, la soumission à un même chef) est plutôt distendu que rompu ; le lien civil
qui reste, est précisément ce qu'on appelle *agnation* ou parenté civile. Toutefois, il
n'est pas indispensable, pour être agnats, que deux personnes aient effectivement vécu
sous la même puissance ; il suffisait qu'elles eussent été soumises à la puissance de l'auteur
commun, si celui-ci eût vécu assez long-temps. Les agnats sont donc des collatéraux qui,
si l'auteur commun, dont ils descendent, vivait encore, se trouveraient soumis à sa puissance paternelle : cela suppose deux choses : 1° qu'ils descendent de l'auteur commun
par des mâles non diminués de tête ; 2° et qu'eux mêmes n'ont subi aucune diminution de tête. Ainsi, dans le second, comme dans le premier ordre, la puissance paternelle
est le principe du droit de succéder.

En conséquence sont exclus du second ordre : 1° tous les *parents par femmes*, et notamment les frères et sœurs utérins ; les neveux et nièces descendant des frères utérins, et des sœurs même consanguines ; les oncles et tantes maternels ; etc., etc., etc.,
et en général tous ceux qui ne tenant au défunt que par les femmes, ne portent pas le
même nom que lui ; 2° les parents même paternels qui, par une diminution de
tête, auraient perdu les droits d'agnation ; ainsi que leurs descendants conçus postérieurement à l'événement qui les a fait sortir de la famille : par exemple, ne peuvent me
succéder ni mes frères et sœurs émancipés ou donnés en adoption ; ni mes neveux issus
de mon frère émancipé, depuis l'émancipation ou l'adoption, et ainsi de même pour les
collatéraux plus éloignés.

L'exclusion des parents par femmes s'explique aisément : ils auraient transporté les
biens dans une autre famille. Quant aux parents par mâles, émancipés, ils continuent,
il est vrai, à porter le même nom que le défunt, mais ils ont cessé de faire partie de la famille civile.

IIIe ORDRE. GENTILES. — Nous ignorons complètement ce qu'était la *Gens*, et quels
rapports sociaux lui servaient de base. Gaïus eût pu nous l'apprendre ; malheureusement le
feuillet où il traitait cette matière s'est trouvé manquer dans le manuscrit de Vérone. Ce
que nous savons, c'est que la *Gens* était une aggrégation de plusieurs familles proprement dites : c'est ainsi que la *Gens Cornelia* comprenait les familles des *Cinna*,
des *Dolabella*, des *Lentulus*, des *Scipions*, des *Sylla* etc., etc. Mais quelle était la
nature du lien qui unissait ainsi ces familles ? D'après une conjecture déjà ancienne,
les *Gentiles* n'étaient que des agnats, mais à un degré si éloigné, qu'ils ne pouvaient plus
reconnaître leur parenté qu'à la communauté du *Cognomen*..... Cette explication tombe
d'elle-même : pour que la gentilité pût devenir (comme elle l'était) un titre soit à la
succession ; soit à la tutelle, il fallait évidemment qu'il y eût des moyens de reconnaître
la proximité de degré : à moins qu'on ne dise que la succession se partageait par égales
portions entre tous ceux qui portaient le même Cognomen ; ce qui n'est guère admissible :
en effet, d'une part, cela eût étrangement morcelé les fortunes ; et, d'autre part, les affranchis prenant le nom de leurs patrons, auraient fait partie de la *Gens*, ce qui n'est pas
possible. — Une autre conjecture, plus moderne et plus probable, quoique sujette aussi
à bien des objections, considère la *Gens* comme une association toute à la fois religieuse
et politique, qui ne manquerait pas d'analogie avec les Clans des montagnards écossais.

Voici, au surplus, les principaux passages que l'on peut consulter sur cette question
difficile : Gaïus, *Comm.* III, § 17 ; Cicér., *Topic.*, c. 6 ; *de Oratore*, 39 ; Tit-Liv. X,
8 ; II, 49 ; Suéton. *August.*, 1 ; Plin. *Panegir.*, 37 ; Aul.-Gell, *Noct. att.*, X, 20 ;

(*agnats*) et les parents par femmes (*cognats*), nous avons pensé qu'il
était nécessaire de régler, une fois pour toutes, les successions *ab intestat*,
au moyen d'une distinction simple et facile. En conséquence, nous décla-

---

traire le droit commun, il y avait même quelques exceptions : certaines coutumes la rejetaient absolument (Lille, Douai, Arras, Orchies, Bergues-Saint-Winock, Nieuport,
Ostende); d'autres ne l'admettaient, ni ne la rejetaient; et étaient pour cela appelées
coutumes *muettes* (Chaumont, Mortagne, etc); mais elle était admise dans l'immense
majorité des coutumes, quoique elle ne reçût pas partout la même interprétation.

À cet égard, les auteurs rangeaient les coutumes en cinq classes principales.

1º *Coutumes de côté et ligne*. Dans cette classe, qui était la plus nombreuse et qui
comprenait notamment la coutume de Paris, pour succéder à un propre, il fallait être
parent du défunt du côté de celui qui avait mis l'héritage dans la famille : celui qui
avait cette qualité excluait par conséquent les parents des autres côtés, quoique plus
proches.— 2º *Coutumes de tronc commun*. On les appelait ainsi parce que l'on ne pouvait y succéder à un propre qu'autant qu'il avait appartenu à un ascendant commun entre
le défunt et son héritier ; de sorte, qu'à défaut de parents issus de la même souche que
celui à qui il s'agissait de succéder, le propre perdait sa qualité et appartenait à l'héritier
le plus proche sans distinction de lignes. Les coutumes de tronc commun étaient celles de
Sens, d'Auxerre et du duché de Bourgogne. Suivant quelques auteurs elles ne différaient pas des coutumes de côté et ligne ; mais Lebrun était d'un avis contraire et proposait, pour éclaircir la question, l'exemple suivant : « Dans ces coutumes, si mon père a
» acquis un héritage auquel j'ai succédé et que je laisse, en mourant, un frère utérin, un
» oncle ou un cousin paternel ; au lieu qu'à Paris ce serait l'oncle, qui, étant du côté
» et ligne de mon père qui a acquis l'héritage, y succéderait, dans ces coutumes ce sera
» mon frère utérin. Et la raison en est qu'on ne peut pas dire que l'héritage ait appartenu
» à celui qui a fait le tronc commun et ancien entre moi et mon oncle, puisqu'il n'a pas
» appartenu à mon aïeul ; ainsi il n'est pas propre, et appartient à mon frère utérin,
» comme mon plus proche héritier. »—3º *Coutumes souchères*. Dans ces coutumes, qui du
reste étaient en petit nombre (Melun, Dourdans, Mantes, Montargis), pour succéder à
un propre, il ne suffisait pas d'être parent du défunt du côté dont le bien provenait, ni
même de descendre d'une même souche que lui ; il fallait de plus être descendu comme
lui de l'acquéreur qui avait mis le bien dans la famille.— 4º *Coutumes de représentation
à l'infini*. On n'y considérait point la proximité du degré du représentant avec le défunt,
mais seulement la proximité et l'habileté de succéder de la personne représentée envers
celui qui avait mis l'héritage dans la famille : ce droit singulier était suivi notamment
dans la coutume de Lorraine, tit. 9, art. 5.—5º *Coutumes de simple côté*. Elles déféraient
le propre qui se trouvait dans la succession d'une personne décédée sans postérité, à son
plus proche héritier du côté du parent par le décès duquel ce bien était échu au *de cujus*,
sans remonter plus haut ni chercher plus loin de quelle part ce parent l'avait eu lui-même.
Ces coutumes étaient les plus simples, et celles qui se rapprochaient le plus du droit romain. La seule difficulté était de savoir les distinguer : on était d'accord pour reconnaître
ce caractère aux coutumes de Sedan et de Metz; mais il y avait doute relativement à celles
de Bordeaux, de Normandie, de Troyes et de Chartres.

IIº DISTINCTIONS TIRÉES DE L'ORIGINE ET DE LA NATURE DES BIENS. —Sous le rapport de l'*origine*, les biens se divisaient en *propres* et *acquets*, ainsi que nous l'avons vu
plus haut. Sous le rapport de la *nature*, ils se divisaient en *meubles* et *immeubles*, *nobles*
et *roturiers*. —Une même personne laissait en réalité autant de successions distinctes
qu'elle avait d'espèces de biens dans son patrimoine.

IIIº DROIT D'AINESSE OU DE PRIMOGÉNITURE. —Plusieurs coutumes ne reconnaissaient
qu'un seul héritier, et cet héritier était l'aîné des mâles (Ponthieu, 4 ; Normandie, 248 ;
Lodunois) ; dans les autres, l'aîné n'avait qu'un préciput plus ou moins considérable,
lequel consistait soit en un corps certain (le principal manoir), soit en une quotité (ordinairement deux tiers).—Dans quelques-unes, le droit d'aînesse n'avait lieu qu'au profit des
nobles et sur les biens tenus noblement (Troyes, 14 et 16); dans la coutume de Paris, qui
formait le droit commun, il s'exerçait même dans les successions des roturiers, pourvu
que les biens fussent tenus noblement; enfin, dans quelques autres, les roturiers n'avaient
le droit d'aînesse que sous certaines conditions, (Maine, 273 et 296; Anjou, 255 ; Tours,
298, 299, 300; Poitou, 208).—Le plus souvent, le droit d'aînesse n'avait lieu qu'en ligne
directe ; quelques auteurs l'accordaient cependant aussi en ligne collatérale (Lodunois, 23;
Touraine, 282; Brodeau, sur l'art. 25 de la coutume de Paris).— Ici, le droit d'aînesse
avait lieu dans les deux successions paternelle et maternelle (Paris, 15; Blois, 145); là,

compendiosaque divisione disponere. Itaque prioribus legibus pro hac causa positis vacantibus, de cætero ea sola servari, quæ nunc constituimus.

Festus, V° *Gens.* —Toutefois, notre ignorance au sujet des *Gentiles* n'est pas aussi regrettable qu'on pourrait le croire : car cette institution tomba assez promptement en désuétude : Gaius n'en parle que pour mémoire, et comme d'une chose depuis long-temps abrogée.

§ 3. Conséquences du système des XII Tables.

Nous avons déjà signalé, dans le paragraphe précédent, plusieurs de ces conséquences : il nous reste à en montrer quelques autres.

1° Il n'y avait jamais succession de l'ascendant au descendant. Pour les ascendants maternels, cela est évident. Pour les ascendants paternels, même impossibilité : en effet, ou mon descendant se trouvait, à sa mort, soumis à ma puissance, ou il en était déjà sorti : dans le premier cas, en sa qualité d'*alieni juris*, il n'a pas d'hérédité à laisser, puisqu'il ne pouvait être propriétaire ; dans le second, les liens de famille sont rompus entre lui et moi. — 2° Il est évident encore qu'il ne pouvait y avoir de succession entre la mère et les enfants : en effet, les enfants ne peuvent être héritiers-siens de leur mère ; car les femmes, n'ayant jamais puissance paternelle, manquent nécessairement du premier ordre d'héritiers ; ils ne peuvent lui succéder comme agnats, car les enfants ne sont point agnats de leur mère. Cela était d'ailleurs nécessaire pour maintenir les biens dans les familles. Qu'une femme succède soit comme héritier-sien, soit en qualité d'agnat, cela n'a pas grand inconvénient pour la famille, puisqu'à son décès ses biens seront dévolus, non à ses enfants, mais à ses frères, sœurs et autres collatéraux agnats. Aussi, quand, plus tard, la loi *Voconia* enleva, en grande partie, aux femmes le droit de succéder, ce ne fut point pour conserver les biens dans les familles, mais pour mettre un frein au luxe, dont la richesse ne manque pas de leur inspirer le goût.

En résumé, jamais système de succession ne fut mieux imaginé pour perpétuer, au profit de l'aristocratie, l'influence qui accompagne toujours la richesse, surtout quand elle est depuis long-temps dans la même famille. Ceux qui oublient que la loi des successions dépend, plus que toute autre, de la constitution politique d'un peuple, peuvent blâmer la dureté, mais non la logique des Décemvirs.

ART. II. MODIFICATIONS PRÉTORIENNES.

L'altération de la constitution politique, la supériorité conquise par les plébéiens, le désir naturel d'abaisser l'orgueil des familles patriciennes, furent sans doute (autant que les raisons de sentiment que l'on met communément en avant), les motifs qui firent modifier le système de succession si vigoureusement tracé par la main rude, mais habile, des Décemvirs. Le Préteur fut le premier qui osa porter la main sur l'Arche sainte : et ce n'est pas le seul point où cette magistrature ait porté des coups sensibles à l'originalité primitive des lois romaines. Les innovations prétoriennes peuvent se ranger sous les trois chefs suivants.

I. A la place du troisième ordre (*gentiles*) tombé en désuétude, le Préteur établit un troisième ordre entièrement composé des cognats du défunt (UNDE COGNATI) *cognats* qui d'après la loi décemvirale n'auraient aucun titre pour arriver à la succession. — Le Préteur admit dans le troisième ordre et les parents par femmes, qui n'avaient jamais été agnats, et les parents par mâles, qui avaient cessé d'être agnats. Ce troisième ordre comprenait au reste des parents de toutes les qualités : 1° certains descendants comme on va le voir bientôt ; 2° les ascendants tant paternels que maternels ; 3° les collatéraux qui ne pouvaient venir en second ordre. — Tous ces parents étaient appelés sans distinction entre les descendants, ascendants et collatéraux, et en raison seulement de la proximité de degré.

II. Il réintégra dans le premier ordre (UNDE LIBERI) et fit succéder, en concurrence avec les vrais héritiers-siens, 1° les enfants *émancipés* ; 2° les enfants *donnés en adoption* mais sortis de la famille adoptive. Mais il ne traita pas avec la même faveur, et n'admit que dans le troisième ordre (UNDE COGNATI) : 1° les enfants donnés en adoption qui se trouvaient encore dans la famille adoptive au décès du père naturel (sans doute parce que ces enfants ont la chance de succéder dans la famille adoptive); 2° les petits enfants par les filles, parce qu'ils ont à succéder dans la famille de leur père.

III. Enfin, à défaut d'agnats, il appela le conjoint survivant.

Il est bon de faire remarquer que le droit civil pouvait seul faire des héritiers proprement dits : les successeurs prétoriens n'étaient donc point qualifiés *hæredes* ; mais, sous le titre plus modeste de *bonorum possessores*, ils jouissaient à peu près des mêmes avantages.

vous abrogées les lois antérieures sur cette matière; et nous voulons que désormais on suive exclusivement les règles fixées par la présente constitution. Toute succession *ab intestat* reposant sur la distinction des parents

---

il n'y avait qu'un seul droit d'aînesse pour les deux successions (Bar, 115 ; Auxerre, 55 ; Normandie , 347 ; Dreux, 3).—En général, le droit d'aînesse était exclusivement réservé aux mâles ; cependant, dans quelques coutumes , et à défaut de mâles, l'aînée des filles avait un privilége sur ses sœurs (Touraine, 273 ; Angoulème, 87 ; Anjou, 227; Poitou , 296; Clermont, 83 ; Lodunois, chap. 27, art. 16).—Enfin , dans certaines coutumes, les filles de l'aîné, venant par représentation de leur père à la succession de l'aïeul, jouissaient de son droit d'aînesse; dans d'autres, elles en étaient privées (Troyes, 92 ; Reims, 50 ; Auxerre, 56; Laon, 156 ; Nivernais, ch. 35, art. 4).

IV° PRIVILÉGES ACCORDÉS A LA MASCULINITÉ. — Ils ne variaient pas moins que ceux de la primogéniture.— Dans certaines coutumes , les filles n'étaient exclues par les mâles qu'autant qu'elles avaient été dotées et apanagées (Bourbonnais; Bretagne) ; dans d'autres, il suffisait que la fille eût reçu une dot quelconque : dans celles d'Anjou, de Touraine et du Maine, la fille, dotée d'un chapeau de roses, n'avait plus rien à réclamer; dans la coutume d'Auvergne, de Normandie et quelques autres, toute fille mariée était exclue sans distinguer si elle avait reçu ou non quelque chose en se mariant.—Le plus souvent, l'exclusion des filles n'était établie qu'au profit de l'aîné; mais dans quelques coutumes, il y avait lieu à un double préciput : le premier, au profit de l'aîné des mâles ; le second, au profit des puînés mâles, qui avaient une part double de celle des filles (Reims, 42).— Dans quelques coutumes , l'exclusion des femmes n'avait lieu qu'en ligne directe (Auxerre, 52); dans d'autres, elles étaient exclues de la succession des fiefs , aussi bien en ligne collatérale qu'en ligne directe (Paris, 25).—Dans la plupart des coutumes, les filles n'étaient exclues que des biens propres; dans la coutume de Normandie , les filles , toujours exclues des propres, n'étaient exclues des meubles et acquets qu'autant qu'elles étaient mariées ; les coutumes d'Auvergne, de la Marche, de Bourbonnais, de Poitou, de Touraine, de Lodunois, du Maine, d'Anjou, de Bretagne, de Nivernais, de Bourgogne, ne distinguaient pas les propres des meubles et acquets; elles n'excluaient des uns et des autres que les filles mariées.—Ici, les filles dotées étaient exclues même des successions collatérales (Bourbonnais, 305); là, elles y étaient admises (Maine, 258 ; Anjou, 241; Bourgogne, 48).— Dans les coutumes du Maine, 258 et d'Anjou, 241, il n'y avait que le père noble qui pût exclure sa fille en la mariant; dans celles de Bourbonnais, 305, et d'Auvergne, la même chose était permise au père roturier, etc., etc., etc.

V. PRIVILÉGE DU DOUBLE LIEN. — Le *Répertoire* distingue à cet égard onze classes de coutumes. 1° Celles qui rejetaient expressément ce privilége (Paris, 350 ; Amiens, 86 ; Auxerre, 240, etc., etc., etc.).— 2° Les coutumes muettes.— 3° Les coutumes qui admettaient le droit de double lien pour le frères et sœurs, sans s'expliquer sur les degrés ultérieurs (Artois, 105; Bar, 129; Gran.... rcho, 453).— 4° Celles qui admettaient le double lien suivant la disposition du droit et dans les termes de la représentation (Châteauneuf, Dreux, la Rochelle).— 5° Celles qui étendaient ce droit aux cousins-germains, même hors le cas de la représentation et du concours avec les oncles (Troyes, 90; Bourgogne, tit. 7; art. 20; Berri, tit. 19, art. 6 ; Nivernais, tit. 14, art. 16).— 6° Celles qui étendaient le droit de double lien jusqu'aux oncles et tantes (Cambrai, tit. 12, art. 5 ; Orléans, 320). — 7° Celles qui l'admettaient à l'infini en ligne collatérale (Bourbonnais, 317 ; Péronne, 89; Tours, 289 ; Saintonge, 98; Blois, 155; Montargis).— 8° Certaines coutumes attribuaient les trois quarts des meubles et acquets aux frères germains du défunt et à leurs descendants, l'autre quart seulement aux demi-frères et à leurs descendants, en divisant ces sortes de biens en deux lignes (St.-Omer, 20; Reims, 311 ; Lodunois, ch. 29, art. 24; Anjou, 268; Maine, 286; Bretagne, 593; Lorraine, chap. 9, art. 5).— 9° Les coutumes de Bourbonnais , 315, 317, de Bayonne, ch. 12, art. 4, et de Poitou, 295, à défaut d'ascendants et de descendants, donnaient la totalité des meubles et des acquets, 1° aux frères germains du défunt et à leurs descendants, à l'exclusion des demi-frères ; 2° à défaut de frères germains, aux demi-frères, à l'exclusion des autres collatéraux ; 3° à défaut de demi-frères, aux collatéraux, mais en attribuant moitié de ces sortes de biens à chaque ligne. — 10° Les coutumes de Chartres, 98 et de Bordeaux, 7°, donnaient en ligne directe certains biens aux enfants du premier mariage , certains autres aux enfants du second mariage.— 11° Enfin certaines coutumes, en cas de divers mariages , divisaient les biens du défunt en autant de portions égales qu'il y avait de lits , pour en attribuer une aux enfants de chaque lit (Soles, 27; Saint-Sever, tit. 12; Acqs, tit. 2).

VI. REPRÉSENTATION. — Sous ce point de vue, le *Répertoire* divise les coutumes en sept classes principales. — 1° Celles qui rejetaient absolument la représentation (Ponthieu,

Quia igitur omnis generis ab intestato successio tribus cognoscitur gradibus, hoc est, ascendentium et descendentium et ex latere (quæ in aguatos

---

ART. III. INNOVATIONS INTRODUITES PAR LES SENATUSCONSULTES ET LES CONSTITUTIONS IMPÉRIALES.

Les Sénatusconsultes et les Constitutions impériales entrèrent dans la voie ouverte
par le droit prétorien, et allèrent beaucoup plus loin que lui. Tout en conservant en
apparence le système général et le cadre de la loi des XII tables, ils en détruisirent
en réalité l'esprit, et en bouleversèrent toutes les dispositions de détail. On va en juger.

I. On a dû remarquer, dans l'article précédent, deux classes de descendants entièrement exclus par le droit civil; et pour lesquels le Préteur avait cru faire assez en les appelant en troisième ordre (UNDE COGNATI); ce sont, 1° les enfants donnés en adoption qui
se trouveraient encore dans la famille adoptive au moment de la mort du père naturel;
2° les petits enfants par les filles. — Une constitution de Justinien de l'an 530, réintégra
les premiers dans le premier ordre, et leur permit de succéder au père naturel, en
concurrence avec les héritiers-siens proprement dits; absolument comme si l'adoption
n'eût pas eu lieu. — Quant aux petits enfants par la fille, ce qui les concerne est un
peu plus compliqué. Théodose le premier les admit, en cas de prédécès de leur
mère, à succéder à l'aïeul maternel, savoir : en cas de concours avec les héritiers-siens,
pour les *deux tiers* de ce qu'aurait obtenu leur mère; et pour les *trois quarts*, en cas
de concours avec les agnats. Par sa constitution de l'an 528, Justinien supprima la
déduction du *tiers* établie au profit des agnats par la loi de Théodose; mais en conservant (du moins jusqu'à la Novelle), la déduction du *quart* au profit des héritiers
siens de l'aïeul. — Ainsi, grâce au droit prétorien et aux constitutions précitées, nous
trouvons maintenant tous les enfants et petits enfants admis sans distinction à l'hérédité
de l'ascendant mâle.

II. Parmi les collatéraux très proches qui étaient exclus d'une manière absolue par
le droit civil, et que le Préteur lui-même admettait seulement dans le troisième ordre,
parmi les cognats, on a dû remarquer : 1° les *frères et sœurs utérins* ou *émancipés et
leurs enfants*; 2° *les enfants de sœurs quelconques, même consanguines*. — Une constitution d'Anastase de l'an 498, et trois constitutions de Justinien des années 528, 532,
534 admirent successivement tous ces frères et sœurs, neveux et nièces (*simples cognats*)
à succéder en second ordre, et en concours avec les autres frères et sœurs, neveux et
nièces ayant avec le défunt les droits d'agnation. — Toutefois les neveux et nièces du
défunt n'étant qu'au troisième degré, étaient exclus par les frères et sœurs qui sont au
second degré : et c'est seulement dans la Novelle que Justinien accorda, pour la première
fois, aux neveux et nièces, le droit de représenter leur père ou leur mère, pour arriver
concurremment avec les frères et sœurs à la succession de leur oncle, soit paternel soit
maternel. — Ainsi, depuis ces constitutions, les frères et sœurs, neveux et nièces étant
admis dans le second ordre, les plus proches collatéraux que l'on puisse trouver dans le
troisième ordre sont les oncles et tantes, cognats du défunt.

III. D'après la loi des XII tables, toute succession était impossible entre la mère et
les enfants : le droit prétorien n'avait point osé aller contre une règle si intimement liée
à l'organisation de famille romaine : aussi n'admettait-il la mère à succéder à ses enfants et réciproquement qu'en troisième ordre, en raison de la proximité de cognation;
c'est-à-dire après tous les héritiers appelés par le droit civil. — Le Sénatusconsulte
TERTULLIEN, rendu sous le règne d'Antonin-le-Pieux en 911, accorda le premier à
la mère le droit de succéder *ab intestat* à ses enfants : cette faveur ne fut toutefois accordée qu'aux femmes qui avaient eu un certain nombre d'enfants, et comme récomp
de leur fécondité. De plus, la mère ne succédait pas en premier ordre, mais s
ment à défaut du père et des frères consanguins; elle concourait avec les sœurs c
guines. — Vingt ans après, le Sénatusconsulte ORPHITIEN, rendu sous le règne de
Aurèle, en 931, accorda, par une juste réciprocité, aux enfants le droit de recueillir l
cession de leur mère. — Il est au reste digne de remarque que ces Sénatusconsulte
vaient admis les enfants à succéder à la mère, et réciproquement, qu'en les assimil
des agnats.

ART. IV. ESPRIT DE LA NOVELLE.

Dans les nombreuses modifications qu'avait successivement subies le droit de succession établi par les XII tables, on avait toujours conservé, sinon l'esprit, au moins le
cadre et les principes généraux de cette loi. Les novateurs n'avaient point cherché à substi
tuer un système nouveau et complet au système ancien; ils s'étaient contentés d'opérer
partiellement les réformes que réclamait l'esprit du temps. En d'autres termes, il

en trois ordres celui des DESCENDANTS, celui des ASCENDANTS, et celui des COLLATÉRAUX (lesquels se subdivisent en agnats et cognats); nous avons admis cette division en trois ordres comme base de notre système de suc-

---

8; Boulonais, 76, Artois, 60 et 93; Douai, ch. 2, art. 15; Saint-Amand, 133; Mortagne, art. 2).—2º Celles qui admettaient la représentation en ligne directe et la rejetaient en ligne collatérale (Senlis, 139 et 140; Clermont en Beauvoisis, 155, 156; Blois, 139, 141, etc.). — 3º Celles qui admettaient la représentation aux termes de droit, c'est-à-dire conformément aux Novelles 118 et 127 : elles étaient fort nombreuses, et comprenaient notamment Paris, 319, 320; Orléans, 304, 318; Melun, 261, 262; Auxerre, 247, etc., etc. — 4º Celles qui admettaient la représentation à l'infini, tant en ligne directe qu'en ligne collatérale (Touraine, 287; Anjou, 225; Auvergne, ch. 12, art. 9; Poitou, 277; Saintonge, 104, etc., etc.). — 5º Quelques-unes l'admettaient en ligne collatérale au-delà des termes de droit, mais sans la porter à l'infini comme en ligne directe (Valois, 87 ; Metz, tit. 11, art. 26). —6º D'autres, en admettant la représentation à l'infini en ligne directe, lui donnaient en ligne collatérale plus d'étendue pour certaines espèces de biens que pour d'autres (Reims, 309; Normandie, 304; St-Jean-d'Angely, 104). —7º Enfin, certaines coutumes, auxquelles on donnait le nom d'*hétéroclites*, n'admettaient la représentation que pour certaines personnes (Vastan, 22; Artois, réformée par l'édit du mois d'août 1775) ; ou pour des biens d'une nature particulière (Nivernais, chap. 34, art. 13; Lille, tit. 2, art. 10; Clermont-en-Argonne, chap. 8, art. 4 et 5; Saint-Michel, tit. 5, art. 2, 14 et 15).

VII. FENTE ET REFENTE DES MEUBLES ET ACQUETS. Dans un grand nombre de coutumes (celles qui admettaient la représentation à l'infini aussi bien en ligne collatérale qu'en ligne directe) les meubles et acquets se divisaient en deux parts (*fente*): moitié pour la ligne paternelle , moitié pour la ligne maternelle. Chaque moitié se subdivisait ensuite (*refente*) à l'infini entre les diverses branches ou estocs de la même ligne.

VIII. RAPPEL A SUCCESSION. C'était un moyen de rendre habile à succéder une personne qui aurait été exclue de la succession. Le rappel à succession était admis dans quatre cas.—1ºComme remède à l'exclusion coutumière des filles.Dans la coutume de Normandie, par exemple, le père, en mariant ses filles, pouvait leur accorder le droit de succéder non seulement à sa propre succession, mais aussi à celle de leur mère. — 2º *Comme remède au défaut de représentation.* Par exemple, dans les coutumes où la représentation n'était pas admise, l'aïeul pouvait rappeler des petits-enfants à lui succéder concurremment avec les enfants du premier degré. — 3º *Comme remède à l'exhérédation :* c'était la révocation de l'acte d'exhérédation. — 4º Enfin, on pouvait aussi rappeler les filles qui, dans leurs contrats de mariage, avaient *renoncé à une succession future.*

ART. II. LÉGISLATION INTERMÉDIAIRE.

I. Le décret du 4 août 1789, en abolissant tous les priviléges de la noblesse, abrogea implicitement toutes les inégalités qui dérivaient du droit féodal, et notamment les distinctions du droit coutumier relatives aux successions des nobles et des roturiers, aux biens nobles et aux rotures, ainsi que les droits d'aînesse et de masculinité. Le grand principe de l'égalité reçut une nouvelle consécration par les lois des 15-28 mars 1790, 8 et 13 avril 1791, et 4 janvier 1793.

II. *Loi du 17 nivôse an II.* Les réformes opérées par l'Assemblée constituante avaient un caractère presque exclusivement politique. Elles ne portaient que sur les points dans lesquels le droit coutumier avait subi l'influence du droit féodal ; mais elles ne constituaient pas un système de succession complet et uniforme pour toute la France. — Ce résultat ne fut obtenu que par la loi des 17-21 nivôse an II (6-10 janvier 1794). — Le principe de cette loi devait être et fut essentiellement démocratique : on voulut morceler les fortunes pour détruire l'influence des familles riches. En conséquence, la loi abrogea et la règle *paterna paternis*, et le privilége exclusif du double lien. Elle admit la représentation à l'infini en ligne collatérale ; enfin elle défendit toutes les dispositions entre-vifs ou testamentaires tendant à troubler l'égalité des partages.

ART. III. CODE CIVIL.

§ 1. *Esprit du Code civil en matière de succession.*

Comme la plupart des actes législatifs de la Convention, la loi de nivôse est remarquable par la netteté du plan, la clarté et la précision de la rédaction, et la vigueur avec laquelle le législateur marche droit au but qu'il se propose. On ne peut pas en dire autant du Code civil : « Nous étions alors, dit Malleville, dans un état amphibie qui laissait beaucoup « d'incertitude sur l'espèce de gouvernement qui serait plus tard adopté. Chacun opinait « donc, sans dire trop ouvertement ses motifs intérieurs, d'après la forme qu'il jugeait « la meilleure. Il est probable que si le Code avoit été fait plus tard, les lois auraient pris, « sur ces grandes questions, une marche plus assurée.... »

cognatosque dividitur), primam esse disponimus descendentium successionem (b).

CAPUT I.

Si quis igitur descendentium fuerit ei qui intestatus moritur, cujuslibet
naturæ aut gradus, sive ex masculorum genere, sive ex feminarum (c) descen-

---

avaient maintenu l'antique division en *héritiers-siens*, *agnats* et *cognats*; mais ils avaient
introduit soit parmi les héritiers-siens, soit parmi les agnats, des personnes qui, en réalité, ne jouissaient ni de l'une ni de l'autre de ces qualités; ainsi l'édifice avait conservé
sa distribution, mais les habitants n'étaient plus les mêmes. Justinien lui-même, quoique
le plus hardi de tous les réformateurs, suivit la même marche jusque dans ses Institutes.

Aussi quand nous recherchons ce qu'était devenu, à cette époque, le droit de succession,
nous sommes frappés de la complication et du peu d'ensemble de cette partie de la législation. Le droit de succession nous y apparaît subordonné à des distinctions nombreuses:
les unes tiennent à d'anciens principes dont on est étonné de retrouver encore tant de
traces sous Justinien; les autres paraissent tenir uniquement au défaut d'harmonie
d'un système composé de tant de pièces et de morceaux divers. — En laissant de côté la
succession des affranchis (qui a nécessairement ses règles spéciales), et en ne considérant
que celle des ingénus, quelle foule de distinctions ne faut-il pas faire! — 1°. Et d'abord
la succession est distribuée différemment suivant le sexe du défunt. — 2°. Pour la succession d'un mâle, il faut distinguer si le défunt était *sui juris* ou *alieni juris*. —
3e dans la dernière hypothèse, il y a encore à rechercher comment il est devenu *sui juris*;
si c'est par la mort de ses ascendants, ou par émancipation (diminution de tête); et, pour ce
cas, distinguer s'il est redevable de l'émancipation à son aïeul ou à son père; etc. etc etc.
La succession des femmes n'offre pas une moindre complication.

C'est seulement en 544 que Justinien se décida enfin à rompre complètement avec le
passé, et à établir un système de succession fondé sur des bases entièrement nouvelles.

Les principes de la loi nouvelle sont fort simples.—L'empereur rejette toutes les distinctions nombreuses que nous avons indiquées plus haut; la succession de tout ingénu,
quel que soit son sexe; qu'il soit *sui* ou *alieni juris*; diminué de tête ou non......, se
distribuera de la même manière. Même simplification du côté des héritiers. — L'ancien
droit d'agnation est aboli; la Novelle ne reconnaît plus qu'une seule espèce de parenté, la
cognation.

L'empereur range tous les héritiers en trois ordres: les descendants, les ascendants, les
collatéraux.—Les descendants succèdent toujours à l'exclusion de tous autres parents.—
Les ascendants concourent avec les frères et sœurs germains; mais excluent tous les autres collatéraux.—Entre frères et sœurs, les germains excluent les utérins et consanguins.
—A défaut d'ascendants et de frères et sœurs, la succession est dévolue en entier au plus
proche collatéral. — Dans chaque ordre le plus proche exclut le plus éloigné, sauf l'exception résultant du principe de la représentation. La représentation est admise à l'infini en
ligne directe; elle est restreinte en ligne collatérale aux enfants des frères et sœurs.

On a prétendu que, dans sa Novelle, Justinien s'était attaché à suivre l'ordre des affections probables du défunt: rien ne prouve que Justinien ait eu une semblable idée; mais
il faut cependant que de tous les systèmes connus, celui de la Novelle 118 est en
effet celui qui paraît le plus en harmonie avec les affections présumées du défunt.

(b) Le classement des héritiers en *ascendants*, *descendants* et *collatéraux* est une innovation de Justinien. —D'après les XII tables, il y avait trois ordres d'héritiers, les *héritiers-siens*, les *agnats* et les *gentiles*. Le droit Prétorien avait remplacé les *gentiles* par
les *cognats*. Les héritiers-siens étaient nécessairement des descendants; les agnats des
collatéraux; quant aux cognats, ils venaient tous en raison de la proximité du degré,
sans distinction entre la parenté ascendante, descendante ou collatérale.

(c).... *Sive ex feminarum......* Ainsi qu'on l'a vu dans la note (a), la loi des XII
tables excluait complètement les petits-enfants par la fille. — Le droit prétorien ne les
avait admis qu'en troisième ordre (UNDE COGNATI). Ce fut seulement en 389 que les empereurs Valentinien, Théodose et Arcadius appelèrent les enfants de la fille à la succession
de l'aïeul maternel, mais seulement pour une portion de ce qu'aurait obtenu leur mère si
elle eût survécu: cette portion est des *deux tiers* de ce qu'aurait eu leur mère, quand les
petits-enfants sont en concours avec des héritiers-siens; des *trois quarts* de la succession,
quand ils concourent avec des agnats de leur aïeul maternel (L. 4. Cod. Theod., *de legit
hæred.*).—Dans une constitution de 528, Justinien avait supprimé la déduction du *quart*
au profit des agnats (L. 12, C., *de suis et legit.*), sans porter atteinte à celle du *tiers*
établie au profit des héritiers-siens: c'est donc seulement par cette Novelle que les enfants

cession(2); et nous décidons que les descendants du défunt lui succéderont en premier ordre, à l'exclusion de tous autres parents."

CHAPITRE I. PREMIER ORDRE : DESCENDANTS. (5)

Quand celui qui meurt intestat laisse un descendant, ce descendant, de quelque sexe et degré qu'il soit, qu'il descende du défunt par les

---

C'est à cette marche du législateur, à cette situation douteuse des esprits, que Toullier attribue aussi les vices du système adopté. Ce système, dit-il, « a le défaut de n'avoir au-
« cun but déterminé, aucun esprit qui lui soit propre, et de réunir les inconvénients re-
« prochés aux deux premiers systèmes (Droit écrit, Droit coutumier,) sans présenter
« aucun de leurs avantages. — Il ne conserve pas les liens dans les familles comme le droit
« coutumier; il les en fait sortir comme le droit de Justinien. Il n'a pas, comme ce der-
« nier droit, l'avantage de donner tout au plus proche parent...... »

§ 2. *Principes généraux servant de base au système.*

Ier PRINCIPE. La loi ne considère ni l'origine ni la nature des biens (art. 732). Le Code a abrogé par là la règle *paterna paternis* et les distinctions qui s'y rattachaient.

IIe PRINCIPE. La loi n'a égard ni à la primogéniture, ni à la différence des sexes (745).

IIIe PRINCIPE. Toute succession échue à des ascendants ou à des collatéraux se divise en deux parts égales, l'une pour les parents de la ligne paternelle, l'autre pour les parents de la ligne maternelle. — Les parents utérins ou consanguins ne sont pas exclus par les germains; mais ils ne prennent part que dans leur ligne; les germains prennent part dans les deux lignes. — Cette première division opérée entre les deux lignes paternelle et maternelle, il ne se fait plus de subdivision entre les différentes branches. — Il ne se fait dé-
volution d'une ligne à l'autre qu'autant qu'il ne se trouve aucun ascendant ou collatéral dans l'une des deux lignes.

Ce principe est la base principale du système. Il a pour effet de faire concourir des pa-
rents de qualité et de degrés très inégaux; par exemple : je laisse un mourant mon père et un cousin maternel du douzième degré; mon père a moitié, mon cousin l'autre moitié;
je laisse mon père et mon bisaïeul maternel, mon père a moitié, mon bisaïeul l'autre moitié.

Il y a une exception importante : les frères et sœurs utérins ou consanguins, quoique n'appartenant qu'à une seule ligne, obtiennent la totalité de la succession : ainsi, je laisse mon frère consanguin et un collatéral maternel; mon frère aura toute la succession, tandis que mon père n'aurait eu que moitié. — Mais le principe reprend toute sa force quand il s'agit de subdiviser la succession entre les frères germains, utérins et consanguins.

IVe PRINCIPE. Dans chaque ordre et dans chaque ligne, le plus proche exclut le plus éloigné; sauf le cas de *représentation*. — La représentation est admise à l'infini en ligne directe descendante; en ligne collatérale, elle n'est admise qu'en faveur des descendants des frères et sœurs du défunt. — La représentation a deux effets : 1° elle rapproche des parents d'un degré plus éloigné, et les fait concourir avec des parents plus proches; 2° entre parents du même degré, elle opère le partage par souches, au lieu du partage par têtes (735, 740, 741, 742, 745).

§ 3. *Des divers ordres d'héritiers.*

Le Code en compte trois; il est plus exact et plus commode d'en distinguer quatre.

Ier ORDRE. *Descendants.* Les descendants succèdent par têtes quand ils viennent de leur chef; par souches quand ils arrivent par représentation (745).

IIe ORDRE. *Ordre privilégié des frères et sœurs.* — 1°. En concours avec les père et mère du défunt : le père a un quart, la mère a un quart, les frères et sœurs ont le reste.
— 2°. Si le père ou la mère est prédécédé, les frères et sœurs ont les trois quarts. — 3° A défaut de père et mère, les frères et sœurs, même simples utérins et consanguins ont tout.
— En d'autres termes, ils excluent tous les ascendants autres que le père et la mère, et tous les collatéraux soit de la même ligne soit de l'autre ligne. — Ainsi je laisse ma mère et un frère utérin, ma mère n'aura qu'un quart; mon frère utérin, quoique au second degré, aura trois quarts. Je laisse mon frère utérin et un aïeul paternel, mon frère a tout; dans la même position ma mère n'aurait que moitié. — Ce qui vient d'être dit des frères et sœurs s'applique à leurs descendants.

IIIe ORDRE. *Ascendants.*

IVe ORDRE. *Collatéraux.*

A défaut de frères et sœurs ou descendants d'eux, on rentre dans la règle générale : la succession se divise en deux parts égales, l'une pour la ligne paternelle; l'autre pour la

dens, et, sive suæ potestatis sive sub potestate sit (d), omnibus ascendentibus et
ex latere cognatis præponatur.—Licet enim defunctus sub alterius potestate
fuerit, tamen ejus filii, cujuslibet sexus sint aut gradus, etiam ipsis parentibus præponi præcipimus, quorum sub potestate fuerit (e) qui defunctus est,
in illis videlicet rebus quæ secundum nostras alias leges patribus non adquiruntur : nam in usu harum rerum qui debet acquiri aut servari, nostras de his omnibus leges parentibus custodimus : sic tamen ut, si quem
horum descendentium filios relinquentem mori contigerit, illius filios aut
filias, aut alios descendentes in proprii parentis locum succedere, sive sub
potestate defuncti, sive suæ potestatis inveniantur, tantam de hæreditate
morientis accipientes partem, quanticumque sint, quantam eorum parens
si viveret, habuisset; quam successionem in stirpes (f) vocavit antiquitas.
In hoc enim ordine gradum quæri nolumus ; sed cum filiis et filiabus ex
præmortuo filio aut filia, nepotes vocari sancimus : nulla introducenda
differentia, sive masculi sive feminæ sint, et seu ex masculorum seu ex feminarum prole descendant, sive suæ potestatis, sive sub potestate sint constituti. Et hæc quidem de successionibus descendentium disposuimus.—Consequens autem esse perspeximus et de ascendentibus constituere quomodo
ad descendentium successionem vocentur.

CAPUT II.

Si igitur defunctus descendentes quidem non relinquat hæredes, pater autem aut mater, aut alii parentes ei supersint, omnibus ex latere cognatis hos (g) præponi sancimus : exceptis solis fratribus ex utroque parente
conjunctis defuncto, sicut per subsequentia declarabitur. Si autem plurimi
ascendentium vivunt, hos præponi jubemus qui proximi gradu reperiun-
tur, masculos et feminas, sive paterni sive materni sint. Si autem eumdem
habeant gradum, ex æquo inter eos hæreditas dividatur ; ut medietatem
quidem accipiant omnes a patre ascendentes quanticumque fuerint,

---

de la fille ont reçu le droit de représenter complètement leur mère dans la succession de
leur aïeul.

(d)......, *sive sub potestate sit*,...... Ceci peut s'appliquer soit aux petits-enfants par la
fille soumis à la puissance de leur père (gendre du défunt), soit à l'enfant du défunt donné en adoption. — A l'égard des premiers, voyez la note précédente. — Quant à l'enfant
donné en adoption, qui se trouvait sous la puissance du père adoptif au moment du décès
du père naturel , le Préteur ne l'admettait qu'en troisième ordre (UNDE COGNATI). Par
une constitution de l'an 530 (L. 10, C., *de adopt.*); Justinien , modifiant les effets de
l'adoption ancienne, décida que, nonobstant l'adoption, l'enfant continuerait à faire partie
de la famille naturelle et conserverait par conséquent, dans la succession de son père naturel, les droits d'héritier-sien.

(e)..... *sub alterius potestate fuerit*...... Sous l'empire des XII tables un fils de famille ne pouvait laisser ni hérédité ni héritier, car il ne pouvait être propriétaire.—Cette
impossibilité cessa lors de l'introduction du pécule Castrens ; et cependant le fils de famille ne pouvait encore avoir d'héritier proprement dit qu'autant qu'il disposait par testament ; quand il mourait intestat, son pécule retournait au père, non à titre d'héritier,
mais à titre de pécule (L. 1, L. 2; L. 9, D., *de Castr. pecul.*): à ce titre, les descendants
du fils de famille étaient exclus par le père de celui-ci.— Plus tard, les constitutions de
Théodose, Léon et Justinien (L. 3 ; L. 4, C., *de bon. quæ liber.*; L. fin. , *Comm. de
success.*) reléguèrent le père de famille au troisième rang ; et firent passer avant lui les enfants et les frères et sœurs du fils de famille : dès lors le père ne recueillit plus les biens
adventices qu'en qualité d'héritier.

(f) Le partage par *souches* avait eu lieu de tout temps, non comme ici en vertu d'un
principe spécial de représentation, mais comme conséquence de la puissance paternelle.

(g) Dans le système des XII tables, il était impossible qu'un ascendant pût succéder
à son descendant (à moins que ce ne fût comme patron d'un enfant émancipé avec fiducie).
(Voyez ci-dessus la note (a), art. III.)

mâles ou par les femmes, qu'il soit indépendant *(sui juris)*, ou soumis à la puissance d'autrui *(alieni juris)*, sera, dans tous les cas, préféré à tous les ascendants et collatéraux.— Lors même qu'au moment de son décès, le défunt se trouvait soumis à la puissance d'un autre (*alieni juris*), ses enfants, sans distinction de sexe ni de degré, sont préférés par nous à l'ascendant sous la puissance duquel se trouvait le défunt. Toutefois cette exclusion des ascendants par les descendants n'aura lieu que relativement aux biens que, d'après nos constitutions, les pères de famille ne peuvent plus acquérir par leur fils de famille (*biens adventices*) ; et non relativement à l'usufruit de ces mêmes biens : car nous n'entendons pas déroger à celles de nos précédentes constitutions par lesquelles nous avons autorisé les pères de famille à acquérir, à conserver et à retenir cet usufruit. — S'il y a des fils, filles ou autres descendants d'un enfant prédécédé, ils prendront dans la succession de l'ascendant la place que leur auteur occuperait s'il était vivant ; et cela, soit qu'ils soient *sui juris*, soit qu'ils se trouvent en la puissance du défunt : ils prendront en conséquence, quel que soit leur nombre, la part qu'aurait obtenue dans la succession de l'ascendant l'enfant dont ils descendent : c'est-là ce que l'on appelait autrefois succéder par souches *(par représentation)* (4). Nous ne voulons pas en effet que, dans ce premier ordre, la proximité du degré soit une cause de préférence ; et nous appelons les petits-enfants issus d'un fils et d'une fille prédécédés à succéder à leur aïeul concurremment avec les fils ou filles de celui-ci.— De plus nous ne voulons pas qu'on mette aucune différence entre les mâles et les femmes(5), non plus qu'entre les descendants *sui juris* et ceux qui seraient en puissance.—Telles sont les règles établies par nous pour la succession des descendants aux ascendants : occupons-nous maintenant de la succession des ascendants aux descendants.

CHAPITRE II. SECOND ORDRE : ASCENDANTS.

A défaut d'héritiers de l'ordre des descendants, la succession est dévolue au père, à la mère et aux autres ascendants : à l'exclusion de tous les collatéraux. (6)— Il faut pourtant excepter de cette règle les frères germains (7) du défunt, ainsi qu'on le verra bientôt.— S'il y a plusieurs ascendants sur-

---

ligne maternelle.—La moitié affectée à chaque ligne est dévolue au plus proche ascendant de cette ligne ; et, à défaut d'ascendants dans cette ligne, au plus proche collatéral. Ainsi les ascendants n'excluent que les collatéraux de la même ligne, mais non ceux de l'autre ligne.

§ 4. *Anomalies.*

1° En cas de partage de la succession avec un collatéral de l'autre ligne, le père ou la mère a droit à l'usufruit du tiers de la moitié à laquelle il ne succède pas.

2° Les articles 350, 351, 747, 766 contiennent trois exceptions au principe que la loi ne recherche pas *l'origine* des biens.

(2) Le Code civil a adopté cette division en trois ordres (731) : mais, ainsi que nous l'avons déjà dit, il serait plus convenable de classer les héritiers en quatre ordres ; puisqu'il est vrai que les frères, sœurs et descendants d'eux constituent un ordre privilégié qui exclut non-seulement les autres collatéraux, mais encore tous les ascendants autres que le père et la mère.—Cette critique s'adresse en partie à la Novelle.

(3) Les dispositions de ce premier chapitre ont été adoptées par le Code civil.

(4) Voyez C. C., art. 740, 745.

(5) Voyez C. C., art. 745.

(6) Dans le C. C., au contraire, les ascendants n'excluent que les collatéraux de la même ligne et non ceux de l'autre ligne. (753).

(7) Dans le C. C., les ascendants n'excluent pas plus les frères utérins et consanguins, que les germains eux-mêmes (746).

medietatem vero reliquam a matre ascendentes, quántoscumque éos inveniri contigerit. Si vero cum ascendentibus inveniantur fratres aut sorores ex utrisque parentibus conjuncti defuncto, cum proximis gradu ascendentibus vocabuntur : si autem pater aut mater fuerint, dividenda inter eos quippe hæreditate secundum personarum numerum, uti et ascendentium et fratrum singuli æqualém habeant portionem (h) : nullum usum ex filiorum aut filiarum portione in hoc casu valente patre sibi penitus vindicare, quoniam pro haé usus portione hæreditatis jus et secundum proprietatem per præsentem dedimus legem : differentia nulla servanda inter personas istas, sive feminæ sive masculi fuerint qui ad hæreditatem vocantur; et sive per masculi sive per feminæ personam copulantur ; et sive suæ potestatis sive sub potestate fuerit is cui succedunt. Reliquum est ut tertium ordinem decernamus qui vocatur ex latere, et in agnatos et cognatos dividitur, ut etiam hac parte disposita undique perfecta lex inveniatur.

CAPUT III.

Si igitur defunctus neque descendentes neque ascendentes reliquerit, primos ad hæreditatem vocamus fratres et sorores ex eodem patre et ex eadem matre natos (i), quos etiam cum patribus, ad hæreditatem vocavimus. His autem non existentibus, in secundo ordine illos fratres ad hæreditatem vocamus, qui ex uno parente conjuncti sunt defuncto, sive per patrem solum sive per matrem. Si autem defuncto fratres fuerint, et alterius fratris aut sororis præmortuorum filii, vocabuntur ad hæreditatem isti cum de patre et matre thiis masculis et feminis ; et quanticumque fuerint, tantam ex hæreditate percipient portionem, quantam eorum parens futurus esset accipere, si superstes esset. Unde consequens est ut, si forte præmortuus frater cujus filii vivunt, per utrumque parentem nunc defunctæ personæ jungebatur, superstites autem fratres per patrem solum forsan aut matrem ei jungebantur, præponantur istius filii propriis thiis, licet in tertio sint gradu (sive a patre sive a matre, sint thii, et sive masculi sive feminæ) sicut eorum parens præponeretur si viveret. Et ex diverso, si quidem superstes frater ex utroque parente conjungitur defuncto, præmortuus autem per unum parentem jungebatur, hujus filios ab hæreditate excludimus, sicut ipse, si viveret, ab hæreditate excludebatur (k). Hujusmodi vero privilegium in hoc ordine cognationis solis præbemus fratrum

---

(h)..... *singuli æqualem habeant portionem.....* La Novelle, qui s'explique très-bien pour le cas où il y a concours entre le frère germain et les père et mère, n'es. pas aussi explicite pour le cas de concours du frère germain avec les aïeux et aïeules. Que décider, par exemple, si le défunt laisse son frere germain, son aïcul paternel, ses aïeul et aïeule maternels? La succession se divisera-t-elle par têtes, de sorte que les quatre héritiers aient chacun un quart? ou bien au contraire le frère aura-t-il un tiers, l'aïeul paternel un autre tiers ; le troisième tiers se partageant entre l'aïeul et l'aïeule maternels ? Le partage par têtes me paraît plus conforme à la lettre de la Novelle : c'était aussi la jurisprudence du Parlement de Bordeaux.

(i) Justinien établit ici le privilège du double lien : c'est une innovation importante. Dans l'ancien droit, on ne distinguait pas les consanguins des germains : les uns et les autres, confondus sous le nom de consanguins (*agnats*), étaient opposés aux utérins (*cognats*). Peu importait en effet que des frères eussent la même mère ou des mères différentes, pourvu qu'ils eussent le même père : dans la famille romaine le père était tout, la mère rien.

(k) Dans le droit antérieur à la Novelle, la représentation n'avait jamais lieu qu'au profit des descendants ; Justinien l'accorde ici pour la première fois aux neveux et nièces.— Le texte de la Novelle fait naître quelques questions.—1º. La représentation est-elle bornée au cas où les neveux se trouvent en concours avec des frères et sœurs du défunt ; ou bien a-t-elle lieu, même quand tous les frères et sœurs étant prédécédés, il ne reste plus que des neveux et nièces? La première opinion a été embrassée par Accurse et ensuite

vivants, nous accordons la préférence aux plus proches, quel que soit leur sexe, et, sans distinguer entre les ascendants maternels et paternels (8). S'il y a plusieurs ascendants du même degré, la succession se partagera entre eux également (non pas cependant par têtes); mais, de manière à ce que moitié de la succession revienne aux ascendants paternels, et l'autre moitié aux ascendants maternels (9). — Mais, si le défunt a laissé à la fois des ascendants et des frères et sœurs germains (issus des mêmes père et mère que le défunt), les frères et sœurs succéderont en concours avec les ascendants les plus proches. Si ces ascendants sont le père et la mère du défunt, la succession se partagera entre les père, mère, frères et sœurs germains, par égales portions, c'est-à-dire, de façon à ce que chacun des frères, sœurs, père et mère ait une partie égale : dans ce dernier cas, le père ne pourra réclamer l'usufruit des biens échus, par l'effet de ce partage, à ses enfants (*frères et sœurs du défunt*); car la portion qui, par la présente loi, lui est attribuée dans la propriété même des biens héréditaires, doit lui tenir lieu d'usufruit. — Au reste il n'y a aucune différence à faire entre les personnes dont nous venons de parler, ni à raison du sexe ; ni à raison de ce qu'elles tiendraient au défunt par mâles ou par femmes; ni enfin à raison de ce que serait le défunt mort *sui juris* ou *alieni juris*. — Pour terminer l'exposition de la loi, il nous reste à parler du troisième ordre, celui des collatéraux, lesquels se divisent en agnats et cognats.

CHAPITRE III. TROISIÈME ORDRE : COLLATÉRAUX.

Si le défunt n'a laissé ni descendants ni ascendants, nous appelons, en premier lieu, les frères et sœurs nés du même père et de la même mère que le défunt (*frères germains*), lesquels ont été déjà admis (dans le chapitre précédent) à concourir avec les père et mère (10). — A défaut de frères et sœurs germains, nous appelons, en second lieu, à l'hérédité, les frères et sœurs qui ne sont liés au défunt que par leur père (*frères consanguins*), ou par leur mère (*frères utérins*) (11). — S'il existe en même temps des frères et sœurs du défunt, et des descendants soit d'un autre frère soit d'une autre sœur prédécédés, ces derniers (*neveux et nièces du défunt*) seront admis concurremment avec leurs oncles ou tantes paternels ou maternels : toutefois, quel que soit leur nombre, les neveux et nièces n'obtiendront, dans la succession de leur oncle ou de leur tante, que la portion qu'obtiendrait, s'il vivait encore, le père ou la mère qu'ils représentent. — En conséquence, si le défunt laisse, d'une part, des neveux ou nièces issus d'un frère germain prédécédé, et, d'autre part, des frères ou sœurs consanguins ou utérins, ces neveux, quoique n'étant qu'au troisième degré, seront préférés à leurs oncles et tantes (*frères et sœurs consanguins ou utérins du défunt*) (12) ; en effet, ils représentent leur père qui, en sa qualité de germain, excluait complètement les frères et sœurs consanguins et

_____

(8) Dans le C. C. , l'ascendant le plus proche exclut aussi le plus éloigné ; mais seulement quand les deux ascendants appartiennent à la même ligne. S'ils sont de lignes différentes, il n'y a pas à s'occuper de la différence des degrés (734).

(9) Ceci rappelle la division en deux lignes de l'article 732. Mais, dans la Novelle, la division entre les deux lignes est loin d'avoir la même importance que dans le Code civil: Elle n'a lieu en effet que pour les ascendants; et encore faut-il que les ascendants des deux lignes soient de même degré. Chez nous, la division a lieu lors même qu'il n'y aurait dans l'autre ligne que de simples collatéraux (734).

(10) Dans notre Code les ascendants (autres que le père et la mère), sont exclus même par les frères utérins et consanguins (746).

(11) Le Code donne un quart au père, un quart à la mère, le reste aux frères et sœurs. En cas de prédécès soit du père soit de la mère, les frères et sœurs ont trois quarts.

(12) D'après le C. C. les germains n'excluent pas les utérins ou consanguins : seulement ils prennent part dans les deux lignes ; ce qui n'est point un privilège , mais une conséquence de ce qu'ils appartiennent en même temps aux deux lignes (732, 752).

masculorum et feminarum filiis aut filiabus, ut in suorum parentum jura succedant; nulli enim alii omnino personæ ex hoc ordine venienti hoc jus largimur. Sed et ipsis fratrum filiis tunc hoc beneficium conferimus, quando cum propriis vocantur thiis masculis et feminis, sive paterni sive materni sint; si autem cum fratribus defuncti etiam ascendentes (sicut jam diximus) ad hæreditatem vocantur, nullo modo ad successionem ab intestato fratris aut sororis filios vocari permittimus, neque si ex utroque parente eorum pater aut mater defuncto jungebatur (l).{Quandoquidem igitur fratris et sororis filiis tale privilegium dedimus, ut in propriorum parentum succedentes locum, soli in tertio constituti gradu cum iis qui in secundo gradu sunt, ad hæreditatem vocentur, illud palam est quia thiis defuncti masculis et feminis, sive a patre sive a matre præponuntur, si etiam illi tertium cognationis similiter obtineant gradum (m).

ɪ. Si vero neque fratres, neque filios fratrum (sicut diximus) defunctus reliquerit, omnes deinceps a latere cognatos ad hæreditatem vocamus, secundum uniuscujusque gradus prærogativam, ut viciniores gradu ipsi reliquis præponantur. Si autem plurimi ejusdem gradus inveniantur, secundum personarum numerum inter eos hæreditas dividatur; quod in capita nostræ leges appellant.

CAPUT IV.

Nullam vero volumus esse differentiam, in quacumque successione aut hæreditate, inter eos qui ad hæreditatem vocantur, masculos ac feminas, quos ad hæreditatem communiter definivimus vocari, sive per masculi sive per feminæ personam defuncto jungebantur: sed in omnibus successionibus agnatorum cognatorumque differentiam vacare præcipimus,sive per femineam personam, sive per emancipationem, sive per alium quemlibet modum prioribus legibus tractabatur; et omnes sine qualibet hujusmodi differentia, secundum proprium cognationis gradum ad cognatorum successionem ab intestato venire præcipimus.

CAPUT V.

Ex his autem quæ de hæreditate diximus et disposuimus, et quæ de tutela sunt manifesta consistant. Sancimus enim unumquemque secundum gradum et ordinem quo ad hæreditatem vocatur, aut solum, aut cum aliis etiam functionem tutelæ suscipere: nulla neque in hac parte differentia introducenda de agnatorum seu cognatorum jure; sed omnibus similiter ad tutelam vocandis, quique ex masculorum, quique ex feminarum prole descendunt minori conjuncti. Hæc autem dicimus si masculi et perfectæ ætatis sint, et nulla lege prohibeantur tutelam suscipere, neque excusatione competente sibimet utantur.—Mulieribus enim etiam nos interdicimus tutelæ subire officium, nisi mater aut avia fuerit. His enim solis secundum hæreditatis ordinem et tutelam subire permittimus, si, inter gesta, et nuptiis aliis et auxilio Velleiani senatusconsulti renuntiant. Hæc enim servantes omnibus a latere cognatis quo ad tutelam præponun-

---

par Dumoulin; la seconde par Azon et la jurisprudence du parlement de Paris. — 2°. La Novelle admet-elle la représentation au profit des petits-neveux? la négative me parait plus conforme au texte de la Novelle. (Voir surtout le § ɪ de ce chapitre).

(l) C'était là une anomalie : elle a été corrigée par la Novelle CXXVII qui accorde la représentation aux neveux, lors même qu'ils seraient en concours avec des frères et des ascendants.—Cette Novelle a fait naître la question suivante : quand le défunt ne laisse point de frères, mais seulement des ascendants et des neveux ou nièces, les ascendants doivent-ils tout avoir; ou doit-on admettre les neveux et nièces à prendre les parts qu'auraient eues les frères et sœurs prédécédés? La première opinion était soutenue par Cujas; la seconde par Rutherbusius et Someren.

(m) Ce texte me parait décider assez clairement que les neveux et nièces excluent, dans tous les cas, les oncles et tantes du défunt; c'était aussi là l'opinion de presque tous les anciens interprètes. Cependant Coquille et Lebrun avaient embrassé l'opinion opposée.

utérins. Pareillement, dans le cas inverse, si le frère survivant est germain, les neveux ou nièces nés d'un frère consanguin ou utérin prédécédé seront exclus par leur oncle ; ils ne peuvent, en effet, avoir plus de droit que leur père qui, s'il vivait, serait exclu par le frère germain. — Au reste, dans le troisième ordre, nous n'accordons le privilège de la représentation qu'aux seuls fils et filles des frères et sœurs prédécédés, et non à aucunes autres personnes appartenant à cet ordre (13). Et même, quant aux fils et filles des frères et sœurs, nous n'entendons leur accorder le privilège qu'autant qu'ils se trouveraient en concours avec leurs oncles ou tantes tant paternels que maternels ; mais, si la succession se trouve dévolue aux ascendants et aux frères du défunt (comme nous l'avons vu dans le chapitre précédent) , les enfants des frères et sœurs prédécédés ne pourront succéder *ab intestat*, lors même qu'ils descendraient d'un frère ou d'une sœur germains (14). — Au surplus, en accordant aux seuls enfants des frères et sœurs le droit de représenter leurs auteurs et de concourir, eux qui ne sont qu'au troisième degré, avec les frères et sœurs qui sont au second, il est évident que nous les préférons aux oncles et tantes du défunt qui , eux aussi, sont au troisième degré.

I. Si le défunt n'a laissé ni frères ni sœurs, ni descendants d'eux (*au premier degré*) , nous appelons à l'hérédité tous les cognats collatéraux , en raison de la proximité du degré ; de telle façon que le plus proche exclue, dans tous les cas, le plus éloigné. S'il se trouve plusieurs collatéraux du même degré, ils se partageront la succession par têtes, c'est-à-dire, par portions égales (15).

CHAPITRE IV. DISPOSITIONS GÉNÉRALES.

Nous voulons qu'il n'y ait désormais aucune différence (en ce qui touche la succession ou l'hérédité) entre les hommes et les femmes, ni entre les parents par les mâles et les parents par les femmes ; nous abrogeons au contraire formellement toutes les différences qui existaient précédemment entre les agnats et les cognats ; et nous les appelons tous à la succession, qu'ils soient parents du défunt par une femme, ou par un émancipé, ou de toute autre manière. En conséquence, toutes ces distinctions demeurant supprimées, nous appelons tous les cognats à se succéder entre eux ab intestat, en vertu de leur simple droit de cognation.

CHAPITRE V. DE LA TUTELLE LÉGITIME.

Il est évident que les principes que nous venons d'établir pour les successions doivent aussi être appliqués aux tutelles. Nous décidons, en conséquence que chacun sera chargé de la tutelle, soit seul, soit avec d'autres, dans l'ordre où il est appelé à la succession ; et repoussant, en matière de tutelle comme en matière de succession, toute distinction entre les agnats et les cognats, nous appelons à la tutelle tous les parents du mineur, qu'ils descendent de mâles ou de femmes. Cela ne s'applique toutefois qu'aux parents mâles et majeurs, qu'aucune loi n'exclurait de la tutelle ; et, qui, ayant des motifs légitimes d'excuse, ne les feraient pas valoir. — Quant aux femmes, nous leur interdisons la tutelle, à l'exception toutefois de la mère et de l'aïeule. C'est à celles-ci seulement que nous permettons d'exercer la tutelle dans le même ordre où elles sont appelées à l'hérédité ; pourvu que, par un acte formel, elles renoncent à se remarier et à profiter du bénéfice du Sénatusconsulte Velléien. A ces conditions, elles obtiendront la

---

(13) Ainsi les petits neveux ne peuvent représenter leur grand père pour arriver à la succession de leur grand oncle. D'après le C. C. , la représentation a lieu au profit de tous les descendants de frères et sœurs (742).

(14) Rien de pareil dans le C. C. Voyez ci-contre la note (1).

(15) Ceci est conforme à l'article 734 du Code Civil.

tur, testamentariis solis tutoribus præcedentibus eas : defuncti namque voluntatem et electionem præponi volumus.—Si autem plurimi, eumdem cognationis gradum habentes, ad tutelam vocantur, jubemus communiter convenientibus apud Judicem, cui hujus partis sollicitudo est, unum aut plures, quanti ad gubernationem substantiæ sufficiant, ex ipsis eligi et denunciari, et eum vel eos minoris res gubernare : tutelæ periculo omnibus imminente qui ad tutelam vocantur, et substantiis eorum minori ætate tacite subjacentibus pro hujusmodi gubernatione.

CAPUT VI.

Hæc autem omnia quæ de successionibus generis sancivimus, obtinere in illis volumus qui catholicæ fidei sunt : in hæreticis enim jam a nobis positas leges firmas esse præcipimus, nullam novitatem aut immutationem ex præsenti introducentes lege.—Quæ igitur per hanc constitutionem in perpetuum observandam sancivit nostra Tranquillitas, in illis volumus obtinere casibus, qui a principiis Julii mensis præsentis sextae indictionis seu evenerunt seu posthac emerserint. Præcedentes namque casus, qui usque ad memoratum tempus pertransierunt, secundum veteres leges decidi præcipimus.

EPILOGUS.

Tua igitur Gloria per præsentem legem a nobis disposita ad omnium cognitionem venire procuret : in hac quidem regia civitate, edictis consuete propositis; in provinciis autem, præceptis dirigendis ad clarissimos Præsides earum, ut nulli nostri imperii subjectorum sit ignota nostræ circa eos mansuetudinis providentia : ita tamen ut, sine omni dispendio civium aut provincialium, in omni loco præsentis legis fiat insinuatio.

Dat. vii kal. aug. septimiliario in novo palatio. D. N. Justin. PP. Aug. imperii ejus anno xviii; post consulatum Basilii. V. C. anno iii.

NOVELLA CONSTITUTIO CXXVII

Idem, Augustus, Basio, |præfecto prætoriorum.

PRÆFATIO.

Nostras leges emendare nos non piget, ubique utilitatem subjectis invenire volentes. Meminimus igitur scripsisse legem per quam jussimus ut, si quis moriatur, relinquens fratres et alterius fratris filios præmortui, ad similitudinem fratrum et præmortui fratris filii ad hæreditatem vocantur, paternum adingredientes gradum, et illius ferentes portionem. Si vero moriens relinquat ascendentium aliquos et fratres ex utrisque parentibus conjunctos sibi, et filios ex præmortuo fratre, fratres quidem jussimus per ipsam legem cum parentibus vocari, fratris vero filios exclusimus.

CAPUT I.

Hoc itaque juste corrigentes sancimus ut, si quis moriens relinquat ascendentium aliquem, et fratres qui possint cum parentibus vocari, et alterius præmortui fratris filios, cum ascendentibus et fratribus vocentur etiam præmortui fratris filii, et tantam accipiant portionem, quantam eorum futurus erat pater accipere si vixisset. Hoc vero sancimus de illis filiis fratris quorum pater ex utroque parente jungebatur defuncto, et absolute dicimus : ordinem, quando cum solis vocantur fratribus, cumdem eos habere jubemus, et quando cum fratribus vocantur aliqui ascendentium ad hæreditatem, (hoc jubentes ex cal. jan. præsentis indictionis undecimæ).

Dat. V Kal. sept. Constantinop. D. N. Justin. PP. Aug. anno xxii, post consulatum Basilii. V. C. anno vii.

tutelle de préférence à tous les cognats collatéraux, et ne seront exclues que par les tuteurs testamentaires : nous voulons, en effet, que le tuteur choisi par le défunt soit toujours préféré à tous les autres. — Quand, d'après les règles précédentes, la tutelle sera dévolue à plusieurs cognats de même degré, nous voulons qu'ils se présentent ensemble devant le Juge compétent; et que, là, ils choisissent et désignent un ou plusieurs d'entre eux, en nombre suffisant, pour gérer la fortune du mineur. L'administration de la tutelle appartiendra aux tuteurs ainsi élus; mais la responsabilité continuera à peser sur toutes les personnes appelées à la tutelle, et leurs biens seront soumis à une hypothèque tacite au profit du mineur, pour garantie de cette administration.

CHAPITRE VI. DISPOSITIONS CONCERNANT LES HÉRÉTIQUES.

Les dispositions de la présente constitution ne sont applicables qu'aux successions des catholiques : nous maintenons, en effet, en pleine vigueur et dans toute leur étendue, les lois que nous avons précédemment promulguées touchant les hérétiques. — La présente constitution sera observée à l'avenir, et même régira tous les cas qui se sont présentés depuis le premier juillet de cette sixième indiction. Mais les cas, qui s'étaient présentés avant cette époque, continueront à être réglés par les principes des lois antérieures.

ÉPILOGUE.

Vous ferez parvenir à la connaissance de tous la présente constitution, savoir : dans cette ville impériale, au moyen des édits accoutumés; et, dans les provinces, en adressant à leurs gouverneurs les instructions convenables afin que personne ne puisse ignorer les dispositions que notre sollicitude a adoptées dans l'intérêt de nos sujets. L'insinuation de la présente constitution aura lieu dans toutes les parties de l'empire, mais sans que les cités ou les provinces aient à supporter aucun frais à ce sujet.

Donné le 7 des Calendes d'août, au nouveau palais Septimiliaire, la XVIIIe année du règne de Justinien, et la IIIe après le consulat de Basile (J.-C. 544).

NOVELLE CXXVII.

Le même Empereur à Bassus, Préfet du prétoire.

PRÉFACE.

Nous ne craignons pas de corriger nos lois toutes les fois que l'intérêt de nos sujets le demande. Nous nous rappelons avoir publié une constitution (la novelle CXVIII) dans laquelle nous ordonnions que si le défunt laissait des frères, et des neveux issus de frères prédécédés, ces neveux seraient admis à prendre dans la succession la place et la part qu'aurait eues leur père; mais que, si le défunt laissait des ascendants en concours avec des frères germains et des neveux ou nièces nés de frères germains prédécédés, la succession se partagerait entre les ascendants et les frères survivants, à l'exclusion des enfants des frères prédécédés.

CHAPITRE I.

Apportant sur ce point une juste correction, nous voulons que si le défunt laisse un ascendant, des frères capables de concourir avec les ascendants, et des neveux ou nièces nés d'un frère prédécédé, ces neveux et nièces concourent avec les ascendants et les frères survivants et obtiennent la part qu'aurait leur père, s'il était vivant. Cette décision concerne les enfants des frères et sœurs germains du défunt : nous voulons que ces enfants obtiennent le même rang, soit qu'ils concourent seulement avec des frères et sœurs du défunt, soit qu'ils se trouvent en concours en même temps avec des frères et sœurs et des ascendants. — La présente loi sera appliquée, à partir des Calendes du mois de janvier de cette onzième indiction.

Donné à Constantinople, le 5 des Calendes de septembre, la XXIIe année du règne de Justinien, la VIIe après le consulat de Basile (J.-C. 548).

TABLEAU CHRONOLOGIQUE

DES FAITS LES PLUS INTERESSANTS POUR L'HISTOIRE DU DROIT ROMAIN (1).

PREMIÈRE ÉPOQUE.

Depuis la fondation de Rome jusqu'à la loi des XII tables.

l'an de Rome	avant J.-C.	ROIS.
1	753	ROMULUS. — Fondation de Rome. — Patriciens et Plébéins. — Clients des Patriciens. — Sénat. — Tribus du peuple. — Curies des Patriciens. — Comices par Curies. — Une partie des Sabins vient se fixer à Rome. — Commencement des lois royales (LEGES REGIÆ).
38	716	INTERRÈGNE.
39	715	NUMA POMPILIUS. — Etablissement du culte religieux.
81	673	TULLUS HOSTILIUS.
113	641	ANCUS MARTIUS.
138	616	TARQUIN (*l'ancien*).
176	578	SERVIUS TULLIUS. — Division du peuple en *Classes* et en *Centuries*. — Etablissement du Cens. — Comices par Centuries. — Division du peuple (*plebs*) en XXX tribus.
220	534	TARQUIN (*le Superbe*).
244	510	EXPULSION DES ROIS. —
		............C'est à cette époque que l'on place ordinairement l'existence de PAPIRIUS, le plus ancien des jurisconsultes romains. — JUS PAPIRIANUM.
		RÉPUBLIQUE.
245	509	CONSULS. — Le gouvernement est confié à deux Consuls. — J. Brutus complète le sénat; de là l'expression *conscripti*. — Appel au peuple.
253	501	DICTATEUR. — Premier Dictateur; on lui adjoint un MAITRE DE LA CAVALERIE.
260	494	TRIBUNS DU PEUPLE. — EDILES. — Institution des Tribuns du peuple et des Ediles. — Lois sacrées (LEGES SACRÆ).
263	491	Premier exemple des Comices par Tribus.
282	472	............L. PUBLILIA.
300	454	............L. ATERNIA TARPEIA, sur l'estimation des amendes.

1 Ce tableau est tiré, pour la plus grande partie, des tables que Haubold a placées à la fin de ses *Institutiones juris romani privati, historico-dogmatica* (Leipsik, 1826).—Nous avons adopté la division en quatre époques qui est généralement suivie aujourd'hui pour l'histoire externe du droit romain. Dans son développement progressif et sa décadence, le droit romain a été ingénieusement comparé à la vie humaine : de même qu'on peut distinguer dans l'homme, l'enfance, la jeunesse, la virilité et la décrépitude ; de même on peut distinguer dans le droit romain quatre époques, savoir : 1° l'époque d'enfance ou de formation depuis la fondation de Rome jusqu'à la loi des XII tables ; 2° l'époque de jeunesse ou de développement depuis les XII tables jusqu'à la mort de Cicéron ; 3° l'époque de virilité ou de perfection depuis la mort de Cicéron jusqu'à celle de l'Empereur Alexandre Sévère ; 4° enfin, l'époque de décrépitude ou de décadence depuis la mort d'Alexandre Sévère jusqu'à Justinien. Les innovations de ce prince firent perdre presque

DEUXIÈME ÉPOQUE.

Depuis la loi des XII tables jusqu'à la mort de Cicéron.

entièrement au droit romain son type primitif et son caractère national.—Ce tableau ne peut être qu'une sèche indication des faits principaux : aussi engageons-nous vivement les élèves à y joindre la lecture des ouvrages de MM. Berriat-St-Prix, professeur à la faculté de Paris, et Giraud, professeur à la faculté d'Aix. — Sous le titre modeste d'INTRODUCTION HISTORIQUE *aux élémens du droit romain d'Heineccius*, M. Giraud, dans un style toujours clair, élégant et facile, nous a donné le meilleur résumé qui existe des travaux historiques des temps modernes en ce qui concerne le droit romain. L'auteur s'est principalement attaché à la partie politique et philosophique de son sujet. — M. Berriat-St-Prix a traité de préférence la partie bibliophique et biographique : son livre contient, sur les travaux législatifs de Justinien et leur destinée au moyen-âge, une foule de détails intéressans que l'on chercherait vainement ailleurs, et qui attestent, de la part de l'auteur, non moins de sagacité que d'érudition. — Ces deux ouvrages, composés sur des plans entièrement différens, se complètent l'un par l'autre.

550	218	SECONDE GUERRE PUNIQUE. (553-201).
545	209	On accorde le droit de latinité (*jus latii*) à dix-huit Colonies restées fidèles au peuple romain. — Origine des Latins coloniaires.
550	204	. . . . L. Cincia sur les donations.
551	203	. . . . Sextus Ælius, jurisc. — Droit Ælien (*jus Ælianum*.)
551	200	PREMIÈRE GUERRE DE MACÉDOINE (558-196).
557	197	Six Préteurs : dont deux pour l'Espagne. — L. Atinia sur l'usucapion des choses volées. — ? L. Atilia sur la tutelle dative.
568	186	. . . . Senatusconsulte sur les bacchanales. — ? L. Plætoria sur les mineurs de xxv ans.
571	183	. . . . . . ? L. Furia sur les testaments.
582	172	SECONDE GUERRE DE MACÉDOINE (587-167).
585	169	. . . . . . L. Voconia sur les testaments.
589	165	. . . . . . L. Mamilia sur les limites.
		Augmentation des richesses à Rome. — Décadence de la République.
599	155	. . . . Rhéteurs et philosophes grecs à Rome. — Carnéades, Diogène, Critolaüs. — Panætius de Rhode, philosophe stoïcien, ami de Scipion. — La jurisprudence se régularise. — *Règle catonienne.*
604	150	TROISIÈME GUERRE PUNIQUE. (608-146).
605	149	TROISIÈME GUERRE DE MACÉDOINE. (608-146).
		Origine des *quæstiones perpetuæ* : Tribunaux criminels permanents. — Question *de repetundis*. — L. Calpurnia repetundarum. — ? L. Remmia *de* calumniatoribus.
608	146	Prise et destruction de Carthage et de Corinthe.
621	133	Tib. Sempronius Gracchus. — Première sédition des Gracques. — Commencement des discussions entre les grands et le peuple. — Loi Agraire (L. Agraria).
622	132	C. Sempronius Gracchus. — Seconde sédition des Gracques. — Le pouvoir judiciaire est enlevé aux Sénateurs et donné aux Chevaliers par la L. Sempronia *judiciaria*.
635	119	Établissement d'une question nouvelle pour le crime de brigue (*de ambitu*); et peut-être aussi pour celui de détournement de deniers publics (*de peculatu*). — L. Maria *de ambitu.*
647	107	. . . . . . L. Thoria *agraria*. Loi agraire.
648	106	Le pouvoir judiciaire partagé entre le Sénat et les Chevaliers par la première L. Servilia (1a) *judiciaria.*
652	102	Établissement de deux questions nouvelles : l'une contre les attentats contre la sûreté de l'état par la L. Appuleia *majestatis* ; l'autre contre les actes de violence par la L. Luctatia *de vi.* — ? L. Appuleia, *de sponsu.*
654	100	Le pouvoir est de nouveau attribué exclusivement aux Chevaliers par la seconde L. Servilia *judiciaria.* — L. Servilia *repetundarum.* — Mucius Scævola, jurisconsulte.
659	95	Établissement d'une question *de civitate* par la L. Licinia Mucia *de civitate.* — ? L. Furia *de sponsu.* — ? L. Publilia *de sponsu.*
663	91	Le pouvoir judiciaire est une seconde fois partagé entre le Sénat et les Chevaliers par la L. Livia *judiciaria.* — GUERRE SOCIALE (665-89.)
664	90	Le droit de cité est accordé aux Latins et à quelques peuples d'Étrurie : L. Julia, *de civitate sociorum.*
665	89	Le même droit est accordé aux cités alliées d'Italie, à l'exception des Samnites et des Lucaniens : L. Plautia *de civitate.* — L. Plautia *de vi.*
		Nouvelle question *de Plagio.* — L. Fabia.

667	87	COMMENCEMENT DES GUERRES CIVILES. — C. Marius. L. Cornelius Sylla. L. Cornelius Cinna.
672	82	L. Cornelius Sylla est créé dictateur perpétuel : il abaisse la puissance des Plébéiens et rétablit la république sur ses anciennes bases (675-79).
673	81	Sylla rend le pouvoir judiciaire au Sénat (L. Cornelia judiciaria); il abaisse la puissance des Tribuns ; il établit plusieurs questions nouvelles ; porte à huit le nombre des Préteurs. — L. Cornelia de sicariis et injuriis. — L. Cornelia de falsis — L. Cornelia de sponsoribus et pecunia cred ta). — C'est aussi de cette époque que date la Table d'Héraclée entre 664-90 et 680-74.
684	70	A. Cn. Pompée : il rend le pouvoir aux Plébéiens. — Il rétablit la puissance Tribunitienne. — Il partage le pouvoir judiciaire entre le Sénat, les Chevaliers et les Tribuns du trésor. — Décuries de juges. — L. Aurelia judiciaria.
685	69	.... L. Hortensia sur les marchés (de nundinis).
687	67	Les édits des Préteurs sont rendus perpétuels (annuels) : L. Cornelia de edictis prætorum.
688	66	.... C. Aquilius Gallus, jurisconsulte, auteur de la Formule de la stipulation Aquilienne.
691	63	M. Tullius Cicéron, consul avec C. Antonius. — Les Chevaliers forment un ordre intermédiaire entre le Sénat et les Plébéiens.
694	60	PREMIER TRIUMVIRAT entre Crassus, Pompée et Jules César.
695	59	.... L. Julia, sur la concussion (repetundarum).
699	55	.... L. Pompeia, judiciaria. — L. Pompeia sur le parricide (de parricidiis). L. Rhodia sur le jet des marchandises (de jactu.)
703	51	.... Servius Sulpicius Rufus consul : l'un des principaux auteurs qui ont fait du droit un art proprement dit.
705	49	Le droit de cité, déjà accordé à la Gaule Cispadane est donné à la Gaule Transpadane ; de telle sorte que toute la Gaule Cisalpine jouit maintenant du droit de cité. — C'est à peu près à cette époque que fut rendue e L. de la Gaule Cisalpine (L. Galliæ Cisalpinæ), dont les uns fixent la date à 705-49, d'autres à 711-43, d'autres à 713-41.
706	48	C. Julius César exerce la toute puissance.
708	46	Jules César réforme le Calendrier. — Dix Préteurs. — Suppression de la décurie de juges composée des Tribuns du trésor : L. Julia judiciaria. — L. Julia sur les dettes (de aere alieno).
709	45	J. César nommé Dictateur perpétuel. — Le nombre des Préteurs et des Questeurs est encore augmenté. — Jules César s'applique à réformer le droit civil.
710	44	Le nombre des Préteurs est porté à XVI. — Création des Ediles Céréales. — J. César est tué dans le sénat ; mais ses actes sont confirmés. — La d'ctature est abolie pour toujours — Rétablissement de la troisième décurie de juges : L. Antonia judiciaria.
711	43	DEUXIÈME TRIUMVIRAT entre Marc Antoine, C. J. César Octave et M. A. Lépidus.
714	40	.... L. Falcidia sur les legs.
720	34	.... L. Scribonia sur l'usucapion des servitudes. Mort de Cicéron.

TROISIÈME ÉPOQUE.

Depuis Cicéron jusqu'à la mort de l'empereur Alexandre Sévère.

722	32	DERNIÈRE GUERRE CIVILE entre Octave et Antoine.
723	31	Bataille d'Actium : la victoire ouvre à Octave le chemin du souverain pouvoir. — L. Julia et Titia qui donne aux Présidents des Provinces le droit de nommer des tuteurs. — Alfenus Varus jurisconsulte.

EMPEREURS.

723	31	COMMENCEMENT DE L'EMPIRE, (Principatus, Imperium). Auguste : Octave reçoit le surnom d'Auguste.
724	30	L'Égypte est réduite en Province. — Le gouvernement en est confié à un Préfet (Præfectus Ægypti) qui plus tard reçut le surnom d'*Augustalis*. — A Alexandrie, la justice est rendue par un magistrat particulier (juridicus Alexandriæ).
725	29	Octave reçoit à perpétuité le surnom d'Empereur (*imperator*).
726	28	L'administration du trésor public est confiée aux Préteurs et à ceux qui ont exercé la Préture. Octave est proclamé Prince (*princeps*) du Sénat.
727	27	Octave obtient la prorogation de ses pouvoirs pour dix années; mais cette prorogation fut renouvelée à l'expiration de ce premier terme. — Il partage avec le Sénat le gouvernement des Provinces : Provinces du Peuple ou du Sénat; Provinces de César. — Il se réserve le droit absolu de désigner les Consuls; mais partage avec le peuple le droit de créer les autres magistrats ; toutefois le peuple ne peut nommer que les candidats présentés par l'Empereur. — Le nombre des Consuls est augmenté (*consules suffecti, honorarii, codicillares*) : cette magistrature, quoique investie par Auguste d'une certaine juridiction, perd beaucoup de son crédit. — Les Provinces du peuple sont gouvernées par des Proconsuls nommés par le Sénat; celles de César par des Legati Cæsaris et des Proprætores.
		L. Regia. — Commencement des Constitutions impériales.
		Décurie de Juges. Création d'une quatrième décurie (*Ducenarii*).
		Le fisc (*Fiscus*) est séparé du trésor public (*Ærarium*).
729	25	Préfet de la ville (*Præfectus urbi*). — ? L. Julia *judiciaria*.
731	23	Auguste reçoit à perpétuité la puissance tribunitienne et proconsulaire.
		Auguste est investi à perpétuité du pouvoir consulaire et de la préfecture des mœurs. — ? L. Mensia, sur les enfants nés de parents dont l'un serait pérégrin.
737	17	.... L. Julia sur l'adultère. — L. Julia sur le mariage des ordres : elle est proposée mais non décrétée.
741	13	Auguste est élevé à la dignité de Souverain Pontife. — Création de quelques magistratures inférieures et modifications apportées à quelques autres.
743	11	Drusus Néron établit des forteresses en Germanie. — C'est aussi vers cette époque que la Rhétie et la Norique sont réduites en Provinces — Six SCC. sur les aqueducs.

745	9	.... L. Quinctia sur les aqueducs.
746	8	.... L. Julia sur la brigue (*de ambitu*).—? L. Julia sur les crimes de haute trahison (*majestatis*).—L. Julia sur la violence publique (*de vi publica*).—? L. Julia sur la violence privée (*de vi privata*).—L. Julia sur le péculat (*de peculatu*).—? L. Julia sur les sacriléges.
747	7	La ville est partagée en quatorze quartiers. — ?-L'Italie en onze districts.
748	6	**Préfets du prétoire.** Auguste crée deux Préfets du prétoire, tirés de l'ordre des chevaliers : ils ne furent d'abord que de simples capitaines des gardes; mais ils acquirent, sous les règnes suivants, une telle importance que le Préfet du prétoire fut considéré comme le premier personnage de l'empire après l'Empereur.
753	1	**NAISSANCE DE JÉSUS-CHRIST.**
757	4	.... L. Ælia Sentia, sur l'affranchissement.—La L. Julia sur le mariage des ordres, proposée 21 ans auparavant, est enfin décrétée.
759	6	**Préfets de l'annone et des gardes de nuit**, (création des.....). —Trésor militaire (*Ærarium militare*). — L. Julia qui établit un impôt du vingtième sur les hérédités. —? L. Julia sur l'annone.
760	7	**Seize Préteurs** : le nombre en avait beaucoup varié auparavant.
761	8	.... L. Fusia caninia sur l'affranchissement.
762	9	La Pannonie est réduite en Province. — L. Papia Poppæa établit la législation caducaire ; la L. *Julia* sur les ordres y fut refondue, d'où le nom de L. Julia et Papia Poppæa. — ? SC. sur le quasi-usufruit des choses qui se consomment par le premier usage.
763	10	.... L. Junia Vellæa sur les testaments. — SC. Silanianum sur la question à appliquer aux esclaves avant l'ouverture du testament.—? L. Petronia sur les esclaves.
		Réponses des jurisconsultes. Auguste investit certains jurisconsultes de la mission de répondre officiellement sur le droit.
		Sectes ou Écoles de jurisconsultes. C'est aussi sous Auguste que prit naissance la division célèbre des jurisconsultes en **Sabiniens** (ou **Cassiens**) et **Procéliens** (ou **Pégasiens**). La première école eut pour fondateur C. Ateius Capito ; la seconde M. Antistius Labeo : au reste, comme on le voit, ni l'une ni l'autre école ne prit le nom de son fondateur, mais celui de quelques-uns de ses disciples. — Jurisc.: C. Ælius Gallus.
767	14	**Tibère** (790-37. — Les Comices pour la nomination des magistrats sont transportés du peuple au Sénat.— Origine des **Réponses scellées.**
769	16	Les procès de haute trahison (*majestatis*) se multiplient : délateurs ; tyrannie.— SC. Libonianum sur le faux.
		Massurius Sabinus auteur de trois livres sur le droit civil.
772	19	.... L. Junia Norbana établit la classe des affranchis latins.
775	22	.... Consulat de M. Cocceius Nerva le père, jurisc.
776	23	Réunion dans un camp des cohortes prétoriennes.
777	24	.... L. Visellia sur les droits des affranchis. — C'est aussi peut-être à cette époque qu'il faut placer la loi qui interdit l'usucapion des femmes.
		On cesse de faire des lois proprement dites (*leges*); le nombre et l'autorité des **Sénatusconsultes** va croissant.
780	27	.... ? SC. Licinianum sur le faux ; il est nommé dans le

»Digeste *L. Licinia*. — SEMPRONIUS PROCULUS jurisc. donne son nom à l'école fondée par Labéon.

783	30	Consulat de C. CASSIUS LONGINUS, jurisc. sabinien.
787	54	SC. PERSICIANUM sur la *L. Papia Poppæa*.
790	57	CALIGULA (791-41). — Addition d'une cinquième décurie de juges.
791	41	CLAUDE (803-54).
795	43	SC. LARGIANUM sur la succession des affranchis Latins-Juniens.
797	44	Suppression des Préteurs du trésor : l'administration du trésor est de nouveau attribuée aux Questeurs.
...	...	DEUX PRÉTEURS FIDÉICOMMISSAIRES (création de ....)
799	46	? SC. CLAUDIANUM (*L. Claudia*) sur la tutelle légitime des femmes. —? SC. VELLEIANUM défend aux femmes de s'engager pour autrui. — SC. sur l'assignation des affranchis.
800	47	SC. CLAUDIANUM sur la *L. Cincia*. — SC. MACEDONIANUM défend de prêter aux fils de famille.
802	49	SC. CLAUDIANUM sur le mariage entre la nièce et l'oncle paternel. SC. qui abroge le SC. *Persicianum*.
805	52	SC. CLAUDIANUM sur le commerce des femmes libres avec les esclaves. SC. CLAUDIANUM sur ceux qui se laissent vendre comme esclaves pour partager le prix de la fraude.
807	54	NÉRON (821.—68).
808	55	SC. NERONIANUM sur la *L. Cincia*.
809	56	L'administration du trésor est transportée des Questeurs aux Préfets. — Trois SCC. du nom de VOLUSIANUM : le premier prohibe dans les ventes d'édifices la condition de démolir ; le second est relatif à la *pignorum capio* ; le troisième à la *L. JULIA* sur la violence privée.
810	57	SC. PISONIANUM ou NERONIANUM sur le SC. SILANIANUM.
813	60	SC. NERONIANUM sur l'appel au Sénat.
814	61	SC. TURPILIANUM (dans le Code Justinien : *L. Petronia*.) — SC. CALVISIANUM sur la *L. Papia Poppæa*.
815	62	SC. TREBELLIANUM sur l'hérédité fidéicommissaire.
816	63	SC. MEMMIANUM sur les adoptions simulées.
817	64	Un incendie violent fait périr la plus grande partie de la ville. —? SC. NERONIANUM sur le faux. — ? SC. NERONIANUM sur la forme des legs.
821	68	GALBA (822-69).
822	69	OTHON.... VITELLIUS.—Consulat de M. CŒLIUS SABINUS, jurisc.
825	70	VESPASIEN (831-79). — SC. qui défère l'empire à Vespasien.
827	74	Dernier lustre. — Les professeurs d'éloquence sont honorés et salariés aux dépens de l'État.
		SC. PEGASIANUM sur les hérédités fidéicommissaires et sur la *L. Papia Poppæa*. — SC. PEGASIANUM sur la *L. Ælia Sentia*. —PEGASUS jurisc. proculéien.
829	76	? SC. PLAUTIANUM sur les fidéicommis tacites.
832	79	TITUS (834-81). — ? SC. PLANCIANUM (ou Plautianum) sur l'examen et la reconnaissance de part.
		Suppression de l'un des Préteurs fidéicommissaires.— ? SC. qui défend d'appliquer plusieurs lois au même crime.
834	81	DOMITIEN (849-96) ED. sur le testament militaire.
837	84	SC. JUNIANUM sur la collusion dans les procès sur la liberté.

causas probatio dans les testaments ; sur les legs
laissés aux Cités ; sur les fidéicommis laissés à un
pérégrin ou à une personne incertaine.

Adrien décide que les Réponses des Prudents auront force de loi ;
que le juge sera obligé de les suivre, si elles sont
rendues à l'unanimité ; que, dans le cas contraire,
le juge sera libre d'adopter l'opinion qu'il voudra.
— L'usage d'enseigner publiquement le droit s'é-
tablit à Rome. — C. sur les trésors.

Jurisconsultes : SALVUS JULIANUS, sabin. ; SEXTUS CÆCILIUS AFRI-
CANUS.

891	138	ANTONIN LE PIEUX (*divus pius*) (914-161). (9 *Const.*).
896	143	.... Les Professeurs de rhétorique et de philosophie re- çoivent un salaire, même dans les Provinces.
911	158	.... SG. TERTULLIANUM sur la succession de la mère.
		.... Constit. sur l'adrogation des impubères ; les dona- tions ; les legs laissés à titre de peine ; l'application de la loi Falcidie aux hérédités légitimes ; sur la fa- culté accordée à l'acheteur d'hérédité d'exercer les actions utiles, indépendamment de toute cession.

Jurisconsultes : TERENTIUS CLEMENS. — JUNIUS MAURICIANUS. — SEXTUS
POMPONIUS. — L. VOLUSIUS MÆCIANUS.

914	161	MARC-AURÈLE ANTONIN ET L. VERUS (*Divi fratres, Antoninus et Verus Augusti*) (922-169). (4 *Const.*).
		? SG. SABINIANUM sur l'adoption d'un enfant entre trois mâles.
		? SG. sur la satisdation des tuteurs donnés après enquête.
		Création d'un Préteur pour les tutelles. — Des *juri- dici* remplacent les *Consulaires* dans le gouverne- ment des départements d'Italie.
922	169	MARC-AURÈLE ANTONIN, seul (*Divus Marcus*) 929-176). — (7 *Const.*) PAPIRIUS JUSTUS fait un recueil des rescrits des *divi fratres*. SG. qui crée une hypothèque tacite au profit de celui qui a prêté de l'argent pour reconstruire un édi- fice. — SG. sur les aliments laissés par testament. — SG. sur les questions d'état. C. sur la curatelle des mineurs de xxv ans. — C. sur la crétion imparfaite. — C. sur l'adjudication des biens à l'effet de conserver les affranchissements.— C. sur l'exception de compensation. — C. sur la *de- nuntiatio litis*. — Décret de Marc-Aurèle.
929	176	MARC-AURÈLE ANTONIN et COMMODE (933-180).
931	178	.... SG. ORPHITIANUM sur la succession des enfants à la mère. — ? SG. sur le mariage des sénateurs à l'occasion de la L. *Papia Poppæa*. — ? SG. qui dé- fend le mariage entre la pupille et son tuteur ou le fils de celui-ci.
933	180	COMMODE, seul (945-192).
935	182	.... SG. JUNCIANUM sur la liberté laissée par fidéicom- mis à l'esclave d'autrui.

Jurisconsultes depuis Adrien : CLAUDIUS SATURNINUS. — TARUNTENUS
PATERNUS. — PAPIRIUS JUSTUS. — Q. CERVIDIUS SCÆVOLA.
— ULPIUS MARCELLUS. — GAIUS (sabinien), auteur
des célèbres *Institutes* découvertes à Vérone : il
mourut sous Commode.

946	193	PERTINAX... (2 *Const.*). SG. sur le testament imparfait et sur celui où le Prince est institué héritier afin de le donner pour adversaire à un ennemi avec lequel le testa- teur serait en procès.

Commencement de l'influence et de la domination de l'armée.

....	....	**DIDIUS JULIANUS.**
....	....	**SEPTIME SÉVÈRE** (*Severus*) (965-211); depuis l'an 951-198, il partage l'Empire avec son fils CARACALLA. Le Code contient 189 constitutions de ces empereurs, la plupart sous le nom de *Severus et Antoninus*, à l'exception de trois qui portent seulement le nom de Caracalla.
		Des CORRECTORES remplacent les *Juridici* en Italie. — Le pouvoir des magistrats municipaux diminue. — Le droit de curie est rendu aux Alexandrins. — Institution des PROCURATORES REI PRIVATE (procurenrs du domaine privé).
948	195	.... SC. qui défend l'aliénation, sans décret, des choses appartenant aux personnes soumises à la tutelle ou à la curatelle.
959	206	.... SC. sur la confirmation des donations entre mari et femme.
		ED. sur la *L. Julia et Papia Poppæa*. — Ed. relatif à la *L. Julia* sur l'adultère.
964	211	**ANTONIN CARACALLA** (*Antoninus*). (970-217)—Jusqu'à l'an 965-212, il règne avec son frère GÉTA; il est ensuite seul possesseur de l'Empire.—Le Code contient 245 constitutions de ce prince, dont quatre sous le nom de *Severus et Antoninus*.
965	212	Il accorde le *Droit de cité* à tous les hommes libres habitant l'Empire.—C. qui porte à un dixième le droit d'un vingtième sur les successions.
		Extinction des *quæstiones perpetuæ*: la juridiction criminelle est transportée en entier au *Préfet de la ville* qui déjà l'exerçait en partie.
		Jurisconsultes célèbres depuis Septime Sévère: — ÆMILIUS PAPINIANUS mort en 965-212 : ses questions, ses réponses, ses définitions,— TERTULLIANUS.— CL. TRYPHONINUS. — ARRIUS MENANDER. — FURIUS ANTIANUS. — RUTILIUS MAXIMUS. — VENULEIUS SATURNINUS.
970	217	**MACRIN** . . . **ELAGABALE** (*Antoninus*) (975-222). Il y a au Code trois constitutions d'Elagabale, sous le nom de *Antoninus*.—C. qui ramène à un vingtième l'impôt sur les hérédités. — Les décrets de Septime Sévère sont réunis par le jurisc. Paul.
975	222	**ALEXANDRE SÉVÈRE** (*Alexander*) (988-235). Le Code contient 447 constitutions de ce Prince.
		L'Empereur s'entoure d'un conseil composé de seize hommes expérimentés, parmi lesquels plusieurs jurisc. éminents. — Institution de quatorze Curateurs pour la ville, Conseil du Préfet de la ville.
		SC. de date incertaine sur les secondes noces.
		Les Sénatusconsultes cessent de régler le droit; les constitutions les remplacent.
		Jurisconsultes célèbres depuis Caracalla : DOMITIUS ULPIANUS, mort en 981-228. — JULIUS PAULUS. — CALLISTRATUS. — ÆLIUS MARCIANUS.— FLORENTINUS — LICINIUS RUFINUS. — ÆMILIUS MACER. — ? JULIUS AQUILA. — HERENNIUS MODESTINUS.— C'est aussi à cette époque qu'on peut rapporter le DOSITHEUS *de manumissionibus* et le fragment *de jure fisci*. — L'Ecole de droit de Beryte jette de l'éclat.

QUATRIÈME ÉPOQUE.

Depuis la mort d'Alexandre Sévère (988-235) jusqu'à celle de Justinien (1318-565).

988	235	**MAXIMIN** (991-238) : 4 constit. dont une sous le nom d'Alexandre. — Premiers vestiges des Édits des Préfets du Prétoire.
		L'art de la jurisprudence porté, depuis Marc-Aurèle, à son plus haut degré de perfection, commence à décliner.
		La puissance des armées, sans contrepoids et sans limites, va rendre rapide la succession des Empereurs.
990	237	**GORDIEN I et II.**
		MAXIMES et BALBINUS (991-238).
991	238	**GORDIEN III** (997-244) : le Code contient 272 de ses constitutions dont deux sous le nom d'*Alexander.*
		7 C. relative aux militaires qui par erreur ont fait adition d'hérédité.
996	243	**PHILIPPE ARABE** (1002-249), (88 constit. dont 51 portent en même temps le nom de Philippe, son fils).
1002	249	**DÉCIUS** (1004-251) (7 constit.).
		Le Cens interrompu est remis en usage pour un peu de temps.
1004	251	**HOSTILIANUS** (1005-252);
		GALLUS et VOLUSIANUS (1006-253). — (12 constit.).
1006	253	**ÆMILIANUS.**
		VALERIANUS et GALLIENUS (1013-260). — (85 constit.).
		Les incursions des barbares sur le territoire de l'empire deviennent plus fréquentes.
1010	257	Commencement de l'époque connue sous le nom d'Époque des XXX tyrans (1021-268).
1015	260	**GALLIENUS seul.** (1021-268). — (6 const. dont 2 attribuées à *Valerianus et Gallienus*).
1021	268	**M. CLAUDIUS** (1023-270). — (2 const.).
1023	270	**AURELIANUS** (1028-275). — (5 const.).
1028	275	**TACITUS** (1029-276).
1029	276	**FLORIANUS.**
.....	.....	**PROBUS** (1035-284) (4 const.).
1035	282	**CARUS, CARINUS et NUMERIANUS** (1036-283). — (20 const.).
1036	283	**CARINUS et NUMERIANUS seuls.** — *Numerianus* (1037-284); *Carinus* (1038-285) (6 const.).
1037	284	**DIOCLETIEN** (1039-286); dès l'année 1038-285, il s'associe Maximien avec la dignité de César.
1037	286	**DIOCLETIEN et MAXIMIEN** règnent ensemble avec le titre d'Augustus AA. — Dioclétien établit sa cour à Nicomédie d'où il gouverne l'Orient qu'il protège contre les invasions des Perses. Maximien, son collègue, fixe son séjour à Milan d'où il gouverne l'Italie, l'Afrique, l'Espagne et la Gaule. — Rome n'est plus que nominalement la capitale de l'Empire. (1222 constit.).
1043	290	.... 1 C. sur les testaments faits en temps de peste.
		TÉTRARCHIE.
1045	292	**CONSTANCE CHLORE et GALÈRE MAXIME** sont associés à l'Empire en qualité de Césars : Dioclétien adopte Galère. Maximien adopte Constance Chlore. — L'empire est alors divisé en quatre départements : Dioclétien se réserve les provinces d'Asie; Maximien garde l'Italie et l'Afrique; Galère obtient la Thrace, l'Illyrio et toutes les contrées jusqu'à la mer de Pont; la Gaule, l'Espagne, la Mauritanie Tingitane échoient à Con-

		stance ; — Chacun de ces quatre chefs a sa cour, son Préfet du prétoire ; son armée. — Cette division prépare la division nouvelle de l'Empire introduite plus tard par Constantin.
1047	394	NOUVELLE ORGANISATION JUDICIAIRE, TROISIÈME SYSTÈME DE PROCÉDURE. (*judicia extraordinaria*). Les Présidents des Provinces ne renvoient plus les procès à des jurés. (Voy. ci-dessus, page 364, not. 1).
1058	305	ABDICATION de Dioclétien et de Maximien. — Dioclétien, tant calomnié par les Chrétiens, est un des plus grands princes qui aient honoré la pourpre impériale. — Son règne est à jamais mémorable par la révolution profonde qu'il opéra dans toutes les parties de l'administration de l'Empire ; révolution qui fut continuée et complétée plus tard par Constantin. Dioclétien avait compris que l'empire romain, ce grand corps composé de tant d'élémens hétérogènes, ne pouvait plus tenir dans la main d'un seul homme : il s'associa trois collègues sur lesquels il sut, presque jusqu'à la fin, conserver un ascendant marqué : ce qui prouve en même temps et la modération et la supériorité de son esprit. (Voir pour les détails l'excellent mémoire de Naudet, couronné, en 1815, par l'Académie des inscriptions et belles-lettres). — Sous le rapport du droit, Dioclétien remania presque complètement l'ancienne organisation judiciaire ; le Code Justinien contient plus de 1200 constitutions de cet Empereur.
1058	305	CONSTANCE CHLORE et GALÈRE MAXIME, AA. (3 const.). SÉVÈRE et MAXIMIN sont adjoints comme CÉSARS aux nouveaux AA. ; savoir : le premier à Constance Chlore, et le second à Galère. — L'empire continue par conséquent à être gouverné par quatre chefs. Constance Chlore fait le bonheur de la Gaule, de l'Espagne et de la Bretagne. — École d'Autun restaurée par Constance. — C. sur l'insinuation des donations.
1059	306	Il meurt en Bretagne. CONSTANTIN (depuis surnommé *le Grand*) ; il est proclamé par l'armée à la place de son père. Il affecte d'abord une certaine déférence pour Galère. — Galère élève Sévère au rang d'Auguste ; et ne donne à Constantin que le titre de *César* et le quatrième rang dans la Tétrarchie. — Maxence, fils de Maximien, soulève le peuple et les prétoriens ; se fait proclamer Auguste par le Sénat, et associe à sa dignité son père Maximien Hercule. — Par l'ordre de Galère, Sévère marche contre Maxence, il est abandonné par son armée. Maximien donne sa fille en mariage à Constantin et lui confère le titre d'Auguste. — Galère s'avance en Italie ; comme Sévère, il est abandonné par son armée ; Constantin le laisse s'échapper. — L'Afrique se soulève et se choisit pour chef Alexandre vice-préfet du prétoire qui règne trois ans. — Galère refuse de reconnaître Maxence et confère à Licinius le titre d'Auguste. — Maximien chassé par son fils se réfugie d'abord chez Galère, puis chez Constantin, son gendre. — Maximin Daïa, César d'Asie ; se fait proclamer Auguste par son armée ; Galère, contraint de confirmer cette élection, accorde le même titre à Constantin. — Ainsi l'Empire est possédé par cinq Augustes (Galère, Maximien Daïa, Maximien, Licinius, Constantin)et deux usurpateurs Maxence en Italie, Alexandre en Afrique.

—310 Maximien est contraint de s'étrangler.—311, Galère meurt: Maximien Daia et Licinius se partagent son empire.—312 le Sénat et le peuple, révoltés des excès de Maxence, appellent Constantin: il marche contre Maxence, le défait, le tue, et ajoute ainsi à ses possessions l'Italie et l'Afrique. — Licinius épouse la sœur de Constantin.—Maximien attaque Licinius; il est vaincu et réduit à se tuer.—314 Guerre entre Constantin et Licinius; celui-ci est vaincu et obligé de céder la plus grande partie de ses états.—324, Nouvelle rupture: Licinius, vaincu, abdique; et bientôt il est étranglé. — Constantin règne seul.

.... CODE GRÉGORIEN (postérieurement à 1049-296).

1065	312	Introduction par Constantin des INDICTIONS: périodes quindécennales, servant de base pour l'assiette de l'impôt. — Suppression par Constantin des cohortes Prétoriennes.— Abolition de toutes les peines prononcées contre les chrétiens par les lois antérieures.
		.... Commencement des constitutions composant le CODE THÉODOSIEN.
1066	313	Constantin et Licinius demeurent seuls possesseurs de l'Empire: ils se montrent l'un et l'autre favorables aux chrétiens.— ÉDIT de Milan qui assure à la religion chrétienne la protection de l'autorité publique.
1069	316	.... C. sur l'affranchissement dans les églises.
1072	319	.... C. sur les biens maternels. — C. qui accorde aux frères et sœurs la plainte d'inofficiosité.— C. sur la *litis denuntiatio*.
1073	320	.... C. qui supprime les peines contre le célibat et les mariages stériles.
1074	321	.... C. qui infirme les notes de Paul et d'Ulpien sur Papinien.— C. qui permet d'instituer pour héritiers les églises.
		JURIDICTION ECCLÉSIASTIQUE. (Commencement de la...) (*audientia episcopalis*)
1078	325	Défaite de Licinius; Constantin règne seul (1090-337).— Premier conseil œcuménique tenu à Nicée.
1079	326	Premières lois contre les hérétiques. — C. sur le pécule quasicastrans. — C. sur le SC. qui défend l'aliénation des biens des pupilles.— C. sur la forme des codicilles.— C. sur la loi commissoire.
1080	327	.... C. sur l'autorité des ouvrages de Paul, et notamment des *Sententiæ Receptæ*.
1083	330	CONSTANTINOPLE, Rome nouvelle: Constantin y transfère le siège de l'Empire. Il y eut dès lors deux capitales.— Cet événement est important pour l'histoire du droit romain: il contribua puissamment à faire tomber toutes les anciennes théories fondées sur la supériorité du sol italique sur le sol provincial.
		L'empire est divisé en quatre grands gouvernements ou PRÉFECTURES: l'Orient, l'Illyrie, l'Italie et la Gaule. — La Préfecture d'Orient divisée en cinq DIOCÈSES, comprenant ensemble 48 provinces; embrassait l'Asie, l'Egypte, la Lybie et la Thrace.—La Préfecture de l'Illyrie comprenait les deux diocèses de la Macédoine et de la Dacie partagées en 11 provinces: elle embrassait la Mœsie, la Macédoine, la Grèce et la Crète. — La Préfecture d'Italie était partagée en trois diocèses, l'Italie, l'Afrique et l'Illyrie (sans doute un démembrement de la préfecture d'Illyrie); formant en tout 29 provinces, qui comprenaient les pays au sud du

Danube jusqu'aux frontières de la Mœsie, les îles de
Sicile, de Sardaigne et de Corse, et les provinces
d'Afrique à partir des Syrtes. — La Préfecture des
Gaules se partageait en trois diocèses, la Gaule, l'Espagne et la Bretagne, comprenant 29 provinces, qui
embrassaient l'Espagne et les îles Baléares, la Gaule,
l'Helvétie, la Bretagne. — Chaque préfecture était
sous l'autorité d'un PRÉFET DU PRÉTOIRE; les diocèses
étaient gouvernés par des administrateurs qui portaient différents titres (vice-préfets, comtes, proconsuls); enfin les Provinces étaient soumises à l'autorité
des rectores, prætores, consulares, vicarii, præsides.—
Les deux capitales Rome et Constantinople restaient
en dehors de cette division : elles n'étaient point
soumises à l'autorité des Préfets du prétoire ; elles
avaient chacune un PRÉFET DE LA VILLE.

Les Présidents des Provinces jugeaient en premier ressort; l'appel était porté devant les gouverneurs des diocèses;
enfin les Préfets du prétoire, exerçaient un droit de
révision dont la nature n'est pas bien connue.

Constantin s'applique à séparer le pouvoir civil du pouvoir militaire qui, dans les siècles précédents, avaient été
réunis dans les mêmes mains.

Création d'un grand nombre de fonctions nouvelles civiles et militaires; et de charges du Palais; remaniement
complet des charges anciennes.

CONSISTOIRE IMPÉRIAL.

Multiplication des titres de noblesse.— Hiérarchie.—Étiquette.
—*Patricii, Nobilissimi, Illustres, Spectabiles , Ca-
rissimi*, etc.

PREMIÈRE DIVISION DE L'EMPIRE,

En Empire d'Orient et d'Occident.

		ORIENT.	OCCIDENT.
1117	364	VALENS (378), avec Valentinien I, *Occid.* (CO. 83); — avec Valentinien I et Gratien, *Occid.* (CO. 65); — avec Gratien et Valentinien II, *Occid.* (CO. 29),	VALENTINIEN I. (367).
1118	365	.... ? CODE HERMOGENIEN......	..... C. qui défend le mariage avec les barbares.
1120	367	....	VALENTINIEN I et GRATIEN (375).
1128	375	....	GRATIEN et VALENTINIEN II (383.
		? FRAGMENS DU VATICAN. Commencement de l'émigration des peuples barbares. — Les Visigoths sont reçus dans les frontières de l'Empire.	
1132	379	THÉODOSE I (392), avec Gratien et Valentinien II, *Occid.* (CO. 85); avec Valentinien II. *Occid.* (CO. 155).	
1133	380	Const. diverses sur les secondes noces.	
1134	381	Concile œcuménique tenu à Constantinople.	
1135	382	....	C. qui met un délai de xxx jours entre la condamnation et le supplice.
1136	383	....	VALENTINIEN II (392).
1137	384	ARCADIUS est proclamé Auguste. — C. qui défend le mariage entre *consobrins.*	
1142	389	....	Théodose et Valentinien II entrent à Rome; suppriment les derniers restes du culte ancien; et prohibent tout culte autre que le culte chrétien.
1143	390	... ? C. sur la tutelle de la mère.	

RÉUNION DES DEUX EMPIRES.

1145	392	THÉODOSE I règne seul en Orient et en Occident. Il abat la puissance des Goths et fait jouir l'empire d'un profond repos. — Pour recruter l'armée, il prend à sa solde des barbares. — Les charges du Palais, les fonctions civiles et militaires sont augmentées.	
1146	393	HONORIUS est proclamé Auguste.	
1148	395	Théodose *le Grand* meurt à Milan, après avoir partagé l'empire entre ses deux fils, Arcadius et Honorius; partage qui continua sans interruption jusqu'à la chute de l'empire d'Occident.	

DEUXIÈME ET DERNIÈRE DIVISION DE L'EMPIRE.

		ORIENT.	OCCIDENT.
1148	395	ARCADIUS (408). — (CC. 182.)...	HONORIUS (425). — (C.C. 66).
1149	396	....C. sur les mariages inces-tueux.	A partir de cette époque, les provinces d'occident et surtout l'Italie sont fréquem-
1150	397	....C. sur la L. Julia de lèse-majesté.	ment ravagées par les bar-bares.
....	....	....C. sur l'usage de la langue grecque dans les sentences des juges.	
1158	405	....C. qui permet de nouveau le mariage entre *consobrini*.	
1159	406	....C. sur la *litis denuntiatio*.	
1160	407	....C. qui fait remise de la création aux fils de famille.	
1161	408	THÉODOSE II (450). — (CC. 183).	
1163	410	C. qui abroge les lois sur le dixième (*leges decimariæ*) et accorde à tous le *jus liberorum*	
1166	413	. . . .	. . . . C. sur le testament offert au Prince..
1167	414	. . . .	ROYAUME DES BOURGUIGNONS..
1171	418		C. qui décide que les testa-ments seront infirmés par un laps de 10 années.
1172	419	. . . .	ROYAUME DES VISIGOTHS.
1174	421	. . . .	....C. sur le divorce.
1175	422	. . . .	LOI SALIQUE.
1176	423	. . . .	JEAN LE TYRAN prend la pour-pre (425)..
1177	424	....C. sur la prescription de xxx ans contre les actions.	
1177	425	École de Constantinople fondée par Théodose II; outre les professeurs pour les autres sciences, on y trouve deux professeurs de droit.—	VALENTINIEN III (455). — (CC. 18).
1179	426	L'étude du droit est divisée en cinq années: on étudie les *institutes de Gaius*, *les livres d'Ulpien sur l'édit*, *les réponses de Papinien*;	....C. sur les réponses des pru-dents : elle ne reconnait d'autorité qu'aux ouvrages de Papinien, Paul, Gaius, Ulpien et Modestin. (*Loi des citations*).
1131	428	....C. qui, pour toutes les ac-tions, fait remise de l'*impe-tratio actionis*.	
1182	429	. . . .	ROYAUME DES VANDALES.
1184	431	Concile œcuménique à Éphèse.	. . . .
1191	433	....CODE THÉODOSIEN. — Com-mencement des NOVELLES DE THÉODOSE II (468).	. . . .
1192	439	....C. sur la nouvelle forme des testaments............	....Le testament du droit civil continue à être observé en Occident.

1196	443	...C. sur la légitimation par oblation à la curie.	
1199	446		...C. qui dispense de demander la possession de biens.
1202	449	...C. sur les causes de divorce.	
1203	450	MARCIAN (457). — (CC. 9). — C. sur la transmission Théodosienne.	Origine du ROYAUME DES ANGLO-SAXONS.
1204	451	Concile œcuménique de Chalcédoine.	
1208	455		PETRONIUS MAXIMUS.
....	....		AVITUS (456).
1209	456		L'Occident est sans Empereur.
1210	457	LÉON I (474). — (CC. 61 dont 38 avec Anthemius).	MAJORIANUS (465).
1214	461		SÉVÈRE (465).
1218	468		L'empire d'occident reste sans empereur cette année et la suivante.
1220	466		Loi DES VISIGOTHS.
1221	467	...Les NOVELLES POST-THÉODOSIENNES cessent.	ANTHEMIUS (472).
1223	469	C. sur la forme des stipulations Prétoriennes et judiciaires. — C. sur le privilège de l'hypothèque publique.	
1225	472		OLYBRIUS.
1226	473		GLYCERIUS (474).
1227	474	LÉON II	JULIUS NEPOS (475).
....	....	ZÉNON (491). — (CC. 72, dont 8 avec Léon II).	
1228	475		ROMULUS AUGUSTULE (476).
1229	476	...C. sur la légitimation par mariage subséquent.	ODOACRE RENVERSE L'EMPIRE D'OCCIDENT.
1230	477	..C. de Zénon sur le serment.	

DEPUIS LA CHUTE DE L'EMPIRE D'OCCIDENT JUSQU'A LA MORT DE JUSTINIEN.

1235	482	Naissance de Justinien en Illyrie.
1239	486	Commencement du ROYAUME DES FRANCS.
....	....	C. sur les témoins (L. 14, C., de testib.). — C. sur l'Emphythéose. — C. sur la procédure. — C. qui supprime les peines de la plus-pétition.
1244	491	ANASTASE (518) (CC. 54). — C. sur la prescription de 40 ans.
1246	493	Théodoric fonde en Italie le ROYAUME DES OSTROGOTHS.
1250	497	C. sur la dissolution du mariage par consentement mutuel (bona gratia).
1253	500	Édit de Théodoric, roi des Ostrogoths.
1256	503	C. sur l'émancipation anastasienne.
1259	506	Loi ROMAINE DES VISIGOTHS désignée communément sous le nom de BREVIARUM ALARICIANUM : compilation faite sous les auspices d'Alaric II, roi des Visigoths.
....	....	C. sur les ventes à vil prix (lex Anastasiana).
....	....	Entre 517-534, Loi ROMAINE DES BOURGUIGNONS, désignée communément sous le nom de RESPONSA PAPIANI.
....	....	? COLLATION DES LOIS MOSAÏQUES ET ROMAINES.
....	....	? CONSULTATION D'UN ANCIEN JURISCONSULTE.

1271	518	Justin I, seul (527)—(CC. 10).
1286	527	Justin et Justinien règnent ensemble du premier avril au premier août.
....	....	Justinien seul (565)—(CC. 403).
		Il associe à l'empire sa femme *Théodora*, ce qui ne s'était point encore vu.
1281	528	.... 13 Février. C. qui charge dix personnes de la confection d'un NOUVEAU CODE.—JEAN. TRIBONIEN, THÉOPHILE, DOROTHÉE. ÉTIENNE.
		.... L. unic. C., *de his quæ pæn. nom.*— L. 30, C., *de inoff. testam.*; L. 1, C., *non num. pec.*; L. 9, C., *de impub. et al. subst.* L. 8, C., *de præscipt.* So vel 40 ann.; L. 23, C., *de SS. eccles.*; L. 29, C., *de usur.*
		CODE DE JUSTINIEN (1) (Première édition)
1282	529	.... 7 avril, C. qui confirme et promulgue le CODE DE JUSTINIEN.
		.... L. 1. C., *comm. legat.*; L. 19, C., *de jure deliber.*
1283	530	.... Premier avril, commencement des CINQUANTE DÉCISIONS par lesquelles Justinien fixe plusieurs points restés indécis entre les Sabiniens et les Proculéiens (532).
		.... L. 27, C., *de testam.*; L. ult. C., *de jure domin. imp.* L. 35, C., *de donat.*; L. 10, C., *de adopt.*; L. 13, C., *de usufr.*; L. unic., C., *de rei ux. act.*
		.... 15 décembre : C., *deo auctore* par laquelle Justinien charge 17 commissaires de la célèbre compilation du DIGESTE ou PANDECTES.— Annonce des INSTITUTES.
1284	531	.... L. 2, C., *comm. legat.*; L. 35, C., *de inoff. test.*; L. 36, C., *de donat.*; L. unic. C., *de usuc. transf.* L. ult. C., *de emancip. lib.*; L. 22, C., *de jure delib.*
		.... L. unic. C., *de lege fus. can. toll.*; L. unic. C., *de dedit. liber. toll.*; L. unic. C., *de lat. libert. toll.*; const. qui opère la fusion des SCC Trébellien et Pégasien. L. 4, C., *de bon. libert.*
1285	532	Grave sédition à Constantinople.
		INSTITUTES (Publication des) (2).
1286	533	.... 21 Novembre : constit. par laquelle Justinien adresse les INSTITUTES à la jeunesse : elles avaient

1 Commencé en février 528 ; terminé le 7 avril 529 ; abrogé en 534 par la promulgation du nouveau Code.

2 En 533, pendant qu'on travaillait au Digeste, Justinien chargea Tribonien, Dorothée et Théophile de la rédaction d'un ouvrage élémentaire destiné à la jeunesse (*Institutiones. Instituta. Elementa*).— Les Institutes furent publiées le 21 novembre 533, un mois avant la promulgation du Digeste ; mais l'un et l'autre ouvrage ne reçut force de loi qu'à partir du 30 décembre de la même année. — Les Institutes de Justinien ont été presque entièrement calquées sur celles de Gaius ; on y a fait entrer aussi beaucoup de fragments d'autres jurisconsultes anciens. — Pour approprier ce travail aux besoins de la législation nouvelle, Tribonien mêla, aux dispositions du droit ancien, les dispositions nouvelles des constitutions impériales, et malheureusement ne se fit pas scrupule d'altérer les textes qu'il empruntait aux écrits des jurisconsultes de la bonne époque.

Les Institutes sont divisées en quatre livres : le premier livre contient 26 titres ; le second, 25 ; le troisième, 27 ; le quatrième, 18.

Manuscrits. — Il existe, dans les diverses bibliothèques de l'Europe, un grand nombre de manuscrits des Institutes ; on peut en voir le catalogue en tête du *Corpus juris* de Schrader.

Des principales éditions imprimées.—L'édition *Princeps* a été imprimée à Mayence, en 1468, chez le célèbre Schoyffer de Gernshein, in-f°.— Edition d'Hoffmann (Haloander), in-8°, Nuremberg, 1529 ; souvent réimprimée. — Edition de Cujas, in-f° et in-12, 1585. — Edition de Biener, in-8°, Berlin, 1812. — Edition de Schrader, Tafel, Clossius et Maier, in-4°, 1832 : cette dernière édition a été collationnée sur tous les manuscrits, et enrichie d'un grand nombre de notes : il ne paraît pas probable qu'on puisse jamais rien produire de mieux en ce genre.   26

		été rédigées, après les Pandectes, par Tribonien, Dorothée et Théophile.
1286	533	DIGESTE ou PANDECTES (1).
....		16 Décembre : Const. *tanta*, pour la confirmation et la promulgation des cinquante livres du Digeste; Const. Δέδωχεν, au sénat et au peuple ; Const. *omnem de Juris* aux professeurs de droit.—Justinien constitue sur de nouvelles bases L'ENSEIGNEMENT DU DROIT
....		30 Décembre : c'est de ce jour seulement que les INSTITUTES et le DIGESTE deviennent obligatoires.

Les Pandectes (*qui contient tout*) ou le Digeste (*mis en ordre*) forment la partie la plus importante des travaux de Justinien, non seulement par le volume, mais beaucoup plus par la qualité des matériaux. Les Pandectes sont exclusivement composées de fragments empruntés aux écrits des grands jurisconsultes qui vivaient sous les Antonins : cent quinze fragments seulement appartiennent à des jurisconsultes de la quatrième époque, savoir : 107 à Hermogénien ; 6 à Arcadius Charisius, et 2 à Gallus Aquila.—C'est le 15 décembre 530 que Justinien chargea Tribonien de la rédaction des Pandectes : Tribonien s'adjoignit seize collaborateurs, parmi lesquels figuraient Dorothée , Théophile , Cyrille , Thallelæus , Théodore d'Hermopolis, etc., etc. — Justinien avait accordé dix ans à Tribonien pour terminer cet immense travail ; mais les compilateurs travaillèrent avec tant d'activité qu'ils le terminèrent en trois ans : les Pandectes furent en effet publiées le 16 décembre 533, et rendues obligatoires à partir du 30 du même mois. — On suivit, pour le classement des matières, l'ordre adopté par S. Julianus dans l'édit perpétuel.

Les Pandectes sont divisées en cinquante livres, formant ensemble 432 titres, dans lesquels sont répartis, d'une manière fort inégale, 9100 ou 9200 fragments ou lois. — Les cinquante livres sont en outre distribués en sept parties. La première (liv. 1 à 4) est intitulée τὰ Πρῶτα, et contient les notions générales et préliminaires. La seconde (liv. 5 à 11) porte pour titre *de Judiciis* ; elle traite des actions *in rem* et de diverses autres matières. La troisième (liv. 12 à 19) comprend tous les contrats, à l'exception des stipulations ; elle est intitulée *de rebus creditis*. Les quatre dernières parties n'ont pas d'intitulés. La quatrième partie (liv. 20 à 27) traite des gages, hypothèques, intérêts, preuves, noces, dot, tutelles. La cinquième (liv. 28 à 36) est consacrée aux testaments, aux legs et fidéicommis. La sixième (liv. 37 à 44) traite des possessions de biens, des legs et des hérédités, des donations, des affranchissements, des interdits, des exceptions. Enfin la septième (livres 45 à 50) contient les stipulations, les modes d'extinction des obligations, le droit criminel, les appels, et se termine par deux titres fort longs, dont l'un est une sorte de glossaire des principaux termes de droit (*de Verborum significatione*), et l'autre un recueil de principes (*de Regulis juris*.).

De l'aveu de Justinien lui-même, cette division du Digeste en sept parties n'eut point d'autre motif que la croyance superstitieuse en la vertu des nombres : elle n'offre d'ailleurs aucune espèce d'utilité. — Une autre division non moins absurde fut adoptée par les Glossateurs du XIIe siècle. Ils partagèrent le Digeste en trois parties : la première comprenant les livres 1 à 23, fut appelée *Digestum vetus* ; la seconde, du livre 24 au livre 38, reçut le nom de *infortiatum* ; la troisième, renfermant la fin du Digeste, fut baptisée *Digestum novum*.

Manuscrits des Pandectes.—De tous les manuscrits qui nous restent sur le Droit romain, celui qui est devenu célèbre sous le nom de *Pandectes florentines* est incontestablement le plus précieux, tant par son antiquité que par son état de conservation. Ce manuscrit, sur parchemin, paraît remonter au 6e siècle. Quelques auteurs, poussant un peu trop loin leur adoration pour cette précieuse relique, ont voulu soutenir que c'était l'original même qui avait été présenté à Justinien : est-il besoin d'ajouter que cette assertion ne repose sur aucune espèce de preuve. On n'est pas non plus d'accord ni sur les circonstances qui accompagnèrent la découverte des Pandectes florentines, ni sur le degré d'influence qu'eut cette découverte sur la renaissance du Droit romain. Tout ce qui paraît positif, c'est que le manuscrit fut découvert vers le 12e siècle, et que cette découverte contribua puissamment à ranimer l'étude du droit romain. (Voir l'histoire, de M. Berriat-St-Prix, où se trouvent les détails les plus intéressants sur les Pandectes florentines.)

Éditions.—On distingue quatre espèces d'éditions des Pandectes: la *vulgate*, la *norique*, la *florentine* et l'*usuelle*. — 1o On donne le nom de *vulgate* aux éditions du 15e siècle et à celles du commencement du 16e auxquelles les premières avaient servi de type. Le texte de la vulgate avait été arrêté par les Glossateurs on ne sait d'après quels manuscrits. Le texte, quoique beaucoup moins pur que celui des florentines, peut être cependant utile-

| 1287 | 534 | Les Vandales sont battus en Afrique par Bélisaire : l'Afrique réduite en province, sous l'autorité d'un PRÆFECTUS PRÆTORIO AFRICÆ. .... L. unic. C., de caduc. toll. NOUVEAU CODE (repetitæ prælectionis (1). .... 16 Novembre : NOUVELLE ÉDITION DU CODE JUSTINIEN, (repetita prælectio): abrogation de la première édition, |
| 1288 | 535 | Un PRÆTOR PLEBIS remplace le PRÆFECTUS VIGILUM. A l'instigation de Jean de Cappadoce préfet du prétoire, l'usage de la langue latine est interdit au barreau. NOVELLES ou AUTHENTIQUES (2). |

ment consulté. — 2o La *norique* tire son nom de la ville de Nuremberg où elle fut imprimée, en 1529, par les soins d'Haloandre, qui se servit d'un exemplaire de la *vulgate* corrigé par Bolognini et Politien d'après le manuscrit des florentines. — 3o L'*édition florentine*. L'édition *princeps* des Pandectes florentines fu publiée à Florence en 1543, aux frais de Cosme 1er, par les Taurelli, qui passèrent dix ans à ce travail. — 4o L'*édition usuelle*. On désigne sous ce nom l'édition donnée par Denis Godefroy, en 1583, et qui ne fut qu'une combinaison des trois éditions précédentes. Elle a été réimprimée depuis un très-grand nombre de fois.

(1). *Le Digeste et les Institutes* à peine publiés, on reconnut que le Code promulgué en 529 n'était pas en harmonie avec les deux nouvelles publications. Justinien chargea en conséquence Tribonien et quelques autres jurisconsultes d'en rédiger une nouvelle édition. (*Codex repetita prælectionis*). Cette nouvelle édition, qui fut promulguée le 29 décembre 534, est la seule qui nous soit parvenue. — Le Code est entièrement composé de constitutions impériales, dont la plus ancienne appartient au règne d'Adrien. Les compilateurs puisèrent principalement dans les codes *Grégorien*, *Hermogénien* et *Théodosien*.

Le Code est divisé en XII livres, comprenant ensemble 765 titres. Chaque titre contient une ou plusieurs constitutions (en tout 4,608 environ). Les matières y sont distribuées à peu près de la même manière que dans le Digeste. Les deux premiers correspondent à la première partie du Digeste ; le IIIe, à la seconde partie ; le IVe à la troisième ; le Ve à la quatrième ; le VIe à la cinquième ; le VIIe à la sixième ; enfin les VIII, IX, X, XI et XII, à la septième partie.

Manuscrits.—Quoique les manuscrits du Code soient assez nombreux, il n'en est aucun que l'on puisse comparer aux Pandectes florentines.

Editions.—Celles du 15e siècle sont peu estimées. L'édition considérée comme *princeps* est la *Norique*, publiée par Haloandre en 1530, in-fol. Le texte en fut collationné sur quinze manuscrits. Les autres éditions capitales sont celles de Leconte, Paris, 1561, in-fol.; celle de Roussard, Anvers, 1565, et celle de Charondas, Anvers, 1575.

(2). Après le Digeste, les Institutes et le Code, Justinien publia encore un grand nombre de Constitutions, par lesquelles il renversa ou modifia beaucoup les principes auxquels il s'était arrêté dans la rédaction de ses trois premiers ouvrages. Ces Constitutions furent nommées *Novellæ Constitutiones*, pour indiquer qu'elles étaient plus nouvelles que le Code. Les Novelles avaient été pour la plupart publiées en grec : une traduction officielle en fut faite sous Justinien lui-même ou tout au moins sous Justin II son successeur. Cette traduction est désignée par les noms d'*Ancienne* (*vetus*), de *l'ulgate* ou d'*Anthentique*. —On compte aujourd'hui 168 novelles; mais ce nombre doit être réduit à 160 : en effet, dans les 168 novelles, on comprend deux Constitutions de Justin (140 et 144), trois de Tibère (161, 163, 164) et trois édits rendus par de simples préfets du prétoire. (166, 167, 168).

Les Novelles ont été distribuées par les glossateurs en neuf *Collations*, qui comprennent un certain nombre de titres ou novelles ; mais cette division est tout-à-fait inutile, car on ne cite jamais les Novelles que par le numéro qu'elles occupent dans la série.

Editions. — La traduction latine (*l'ulgate*) a été imprimée pour la première fois à Rome en 1476. Le texte grec ne fut imprimé qu'en 1531, à Nuremberg, par Haloandre, qui y joignit une nouvelle traduction latine. Cette traduction et quelques autres, quoique préférables à la Vulgate, n'ont pas prévalu dans la pratique.

Les Novelles sont aussi désignées sous le nom d'*Authentiques*, nom qui en réalité ne convient qu'à la traduction dont nous venons de parler.—On appelle encore *authentiques* des extraits des Novelles que les glossateurs ont intercalés dans le Code à la suite des Constitutions que les Novelles avaient pour but de modifier.

A tous les travaux de Justinien dont nous venons de parler, il faut encore joindre *treize édits* publiés après le Code et qui sont de véritables novelles. Ces édits n'ont pas d'importance ; ils ne se rapportent qu'à des questions d'un intérêt purement local.

.... Nov. 1, 4 et 9.

1289	536	Commencement de la guerre des Ostrogoths en Italie. — La Sicile est reconquise. — Nov. 22, 18, 23.
1291	538	.... Nov. 66, 74.
1292	539	.... Nov. 89, 78.
1293	540	.... Const. sur les *Adscriptitii* et les *Coloni*.
1294	541	Consulat de Basile, le dernier particulier qui ait été revêtu de cette dignité. — Nov. 107, 115, 151, 154, 111, 117.
1297	544	.... Nov. 118.
1301	548	Mort de Théodora.
1304	551	Grand tremblement de terre : l'école de Beryte est renversée.
1306	553	Narsès termine la guerre avec les Goths ; le royaume des Ostrogoths est renversé ; l'Italie est reconquise.
1307	554	Justinien donne des lois à l'Italie. — Il en confie le gouvernement à un exarque dont le siège est à Ravenne (756). PRAGMATIQUE SANCTION *pro petitione Vigilii*. — L'école de Rome est organisée sur le modèle de celle de Constantinople.
		.... ? COMMENTAIRE OU PARAPHRASE GRECQUE des Institutes par Théophile, l'un des rédacteurs.
		JUSTINIEN. TRIBONIEN. THÉOPHILE. DOROTHÉE. ÉTIENNE (*Stephanus*). THALLELÆUS. THÉODORE D'HERMOPOLIS. CYRILLE.
1318	565	MORT DE JUSTINIEN.

FIN DU DEUXIÈME APPENDICE.

TROISIEME APPENDICE.

TABLE ALPHABÉTIQUE

DES LOIS, PLÉBISCITES ET SENATUSCONSULTES, AVEC L'INDICATION DE

LEURS DATES.

LOIS ET PLÉBISCITES.

Depuis la loi des XII tables (303—451), jusqu'à la Loi Visellia (777—24) (1).

A.

An de Rom	Av. J.C.	
520	234	? L. Æbutia. —Elle abolit, au moins en partie, la procédure des *actions de la loi.*
757	4	L. Ælia Sentia, sur les affranchissements.
710	44	L. Antonia *judiciaria.*
652	102	L. Apuleia *de sponsu.* (Sur les répondants).
653	101	L. Apuleia *majestatis.* (sur le crime de lèze-nation).
468	286	L. Aquilia *de damno injuriæ.* (Sur le dommage causé aux propriétés d'autrui; elle avait trois chefs principaux).
557	197	L. Atinia. — Elle prohibe l'usucapion des choses volées.
		L. Atinia, sur les tribuns du peuple.
		L. Atilia, sur la tutelle dative.
684	70	L. Aurelia *judiciaria.*

C.

520	534	L. Calpurnia, sur l'action de la loi *Per condictionem.*
604	149	L. Calpurnia *repetundarum.* (Contre la concussion).
309	445	L. Canuleia, sur le mariage entre plébéiens et patriciens.
550	204	L. Cincia, sur les donations.
		L. Cornelia. — On compte jusqu'à trente lois de ce nom; les principales portées par C. Silla sont les suivantes :
673	81	L. Cornelia *de sicariis et veneficis* (sur les sicaires et les empoisonneurs).
673	81	L. Cornelia *de injuriis* (sur les injures).
673	81	L. Cornelia *de falsis* (sur les falsifications commises dans les testaments. Pour cette raison elle est souvent aussi appelée L. Cornelia *testamentaria.*
673	81	L. Cornelia *de captivis* (sur les testaments de ceux qui meurent prisonniers chez l'ennemi).
673	81	L. Cornelia *de sponsoribus* (sur la sponsion et le prêt d'argent).
673	81	L. Cornelia *judiciaria.* Elle enleva le pouvoir judiciaire aux chevaliers pour le rendre aux sénateurs.
687	67	L. Cornelia *de edicto Prætorum.* Elle ordonna que désormais les Préteurs ne pourraient plus s'écarter des dispositions du programme (*edictum*) qu'ils auraient publié en entrant en charge. Les édits furent dès lors appelés *annuels* ou *perpétuels.*

F.

666	88	L. Fabia *de plagio* (contre ceux qui enlèvent les hommes libres ou les esclaves d'autrui.
714	40	L. Falcidia *de legatis.* — Elle autorisa tout héritier institué à ne pas payer les legs au-delà des trois quarts de l'hérédité ou de la portion d'hérédité par lui recueillie.
571	183	? L. Furia *testamentaria* Elle établit que, sauf quelques exceptions, nul ne pourrait recevoir par testament plus de mille as.
659	95	? L. Furia *de sponsu* (sur les répondants).
761	8	L. Fusia Caninia, limita le nombre des esclaves à affranchir par testament.

---

(1) Le point d'interrogation placé devant une loi indique que la date est douteuse.

SÉNATUSCONSULTES.

FIN DU TROISIÈME APPENDICE.

QUATRIÈME APPENDICE.

JURISCONSULTES ROMAINS (1).

CHAPITRE I.

NOTICES BIOGRAPHIQUES.

PREMIÈRE CLASSE.
Jurisconsultes antérieurs à Cicéron (2).

1. **SEXTUS (ou PUBLIUS) PAPIRIUS**, le plus ancien des jurisconsultes dont l'histoire ait conservé le nom. Il vivait vers le commencement de la République. Il recueillit et mit en ordre les *lois royales* : c'est le recueil désigné sous le nom de JUS CIVILE PAPIRIANUM ou LEX PAPIRIA. — Pomponius (L. 2, § 2 et 35, D., *de origine juris*) et Denys d'Halycarnasse, ne sont d'accord ni sur le prénom de Papirius, ni sur l'objet de sa compilation : pour concilier leurs assertions contraires, Gluck a pensé que Papirius pourrait bien être l'auteur de deux compilations distinctes : la première ne comprenant que les lois sacrées de Numa serait celle dont parle Denys; la seconde contenant toutes les autres *lois royales*, serait celle dont s'est occupé Pomponius; au surplus il ne nous reste aujourd'hui aucun fragment ni de l'une ni de l'autre.

2. **APPIUS CLAUDIUS**, le célèbre décemvir, fut un des principaux rédacteurs de la loi des XII Tables.

3. **APPIUS CLAUDIUS** surnommé **CENTEMMANUS**, descendant du précédent, composa quelques ouvrages de droit, qui étaient déjà perdus au temps de Pomponius; mais il a éternisé sa mémoire par la construction de la *voie appienne* et de l'aqueduc *aqua claudia*.

4. **CNEIUS FLAVIUS**, vivait vers le milieu du cinquième siècle, et fut le secrétaire d'Appius Claudius Centemmanus. Il divulgua le premier le secret des formules d'actions et celui des jours où il était permis (*fasti*) ou défendu (*nefasti*) de faire des actes judiciaires; secret dont les patriciens avaient eu jusque là la possession exclusive et qui leur servait à tenir les plébéiens sous leur dépendance. Cette publication (JUS FLAVIANUM) irrita vivement les patriciens; mais elle fut si agréable au peuple qu'il éleva Flavius à l'édilité.—Suivant Pomponius, Flavius déroba ces renseignements

---

(1) On reconnaît généralement que la principale utilité que puisse offrir aujourd'hui le Droit romain consiste, non dans la connaissance des lois proprement dites, bonnes ou mauvaises, qui régirent successivement le peuple romain , mais bien dans l'étude approfondie et la méditation assidue des ouvrages des jurisconsultes. Il n'est donc pas permis à ceux qui se livrent à l'étude du droit d'ignorer complètement l'histoire de ces hommes célèbres, dont les travaux ont survécu à la législation qui en avait été l'occasion ; et dont les décisions, saluées par les modernes du nom de *raison écrite*, ont mérité d'être érigées en lois dans les codes de presque toutes les nations civilisées. — Les documents contenus dans cet appendice ont été principalement tirés de la notice que Pothier a donnée en tête de ses Pandectes, et des ouvrages de MM. Berriat St.-Prix , Giraud, Hugo, etc., etc.

(2) L'histoire du Droit ne nous fournit presque aucun renseignement sur les noms ni sur les travaux des jurisconsultes des premiers siècles de Rome. Mais la beauté de la rédaction , la force d'unité et la rigueur des déductions logiques que l'on remarque dans la loi des XII Tables, sont une preuve positive que, dès les premiers temps, la culture du droit ne fut pas négligée.

à son protecteur Appius (L. cit. § 7). Pline affirme au contraire que ce fut par les conseils d'Appius que cette publication fut faite (*Hist. Nat.* XXXIII, 1). Tite-Live (IX, 46) et Cicéron ne s'expliquent pas sur cette accusation d'abus de confiance (*ad Attic.* VI, 1). — (Voyez plus bas *S. Ælius Pœtus*).

5. P. SEMPRONIUS, surnommé LE SAGE (Pomponius, L. cit. § 37).

6. CAIUS SCIPION NASICA, que le sénat honora du surnom d'OPTIMUS: on lui fit construire une maison sur la voie sacrée, afin que chacun pût le consulter plus facilement (Pompon. L. cit. § 37).

7. QUINTUS MUCIUS, qui fut ambassadeur à Carthage.

8. TIBERIUS CORUNCANIUS, vivait du temps de la première guerre punique. Il est le premier qui ait enseigné publiquement le droit (L. cit. § 35) : ses nombreuses décisions jouissaient d'une grande autorité ; mais au temps de Pomponius il ne restait aucun écrit de lui (L. cit. § 38). Il fut consul, dictateur, et le premier plébéien qui fut élevé à la dignité de grand pontife.

9. SEXTUS ÆLIUS PŒTUS, surnommé CATUS à cause de son habileté dans la jurisprudence, fut édile en 553, consul en 555 et censeur quatre ans après. — Les patriciens, pour réparer le tort que leur avait causé Flavius en divulgant les formules, en avaient composé de nouvelles; et pour en empêcher la divulgation, ils les avaient écrites seulement par les initiales (*notæ per siglas expressæ*). Ælius rendit vaines ces précautions, en publiant en 552, son livre des TRIPARTITES, devenu célèbre sous le nom de JUS ÆLIANUM: cet ouvrage fut appelé *Tripartites*, parce que, après avoir reproduit le texte de la loi des XII Tables, l'auteur en donnait l'explication et rapportait ensuite les formules d'actions correspondantes.

10. PUBLIUS ÆLIUS PŒTUS, frère du précédent.

11. PUBLIUS ATILIUS, le premier à qui le peuple ait donné le surnom de SAPIENS.

12. CATON, le censeur, écrivit divers ouvrages de droit (*responsa, Commentarii juris civilis*). — Ses deux fils furent aussi jurisconsultes ; l'aîné paraît avoir été le plus habile; c'est lui qui est probablement l'auteur de la fameuse règle Catonienne.

13. PUBLIUS MUCIUS SCÉVOLA, souvent cité dans le Digeste, florissait dans le commencement du septième siècle ; il fut grand pontife. Il se trouvait consul avec Pison, quand en 620 éclata la sédition de Tibérius Gracchus — Quintus Mucius, son fils, fut aussi jurisconsulte, et compta Cicéron parmi ses élèves. — On ne sait lequel, du père ou du fils, fut l'inventeur de la *Caution Mucienne*.

14. MARCUS MANILIUS, le même sans doute qui, consul en 605, commença le siège de Carthage. — Cicéron en fait l'éloge en plusieurs endroits (*de oratore* 48). Manilius est cité L. 5. § 3, D., *de acq. vel. amitt. poss.* Il laissa plusieurs ouvrages. Cicéron parle des *Manilianae venalium vendendarum leges* (orator. 58).

15. M. BRUTUS, placé par Pomponius sur la même ligne que les deux précédents. Il laissa plusieurs ouvrages. (Pompon. L. cit. § 39); Cicéron fait son éloge et reproche à son fils de dégénérer de son père Cicér. *Brut.* 24 ; *de Orat.* 55). Il est souvent cité dans le Digeste (Voir notamment L. 58, *de usufructu*) — [Citat. 7].

16. DRUSUS. On pense qu'il est le même que C. Livius Drusus, qui fut consul en 606; et qui, selon Valère Maxime, devenu vieux et privé de la vue, se plaisait à expliquer le droit civil au peuple. (VIII, 4, 5, 6, 7.). Il est cité une fois au Digeste: L. 38, § 1, *de act. empti* .

DEUXIÈME CLASSE.

Jurisconsultes contemporains de Cicéron.

17. MARCUS TULLIUS CICÉRON. Plusieurs auteurs refusent de le compter parmi les jurisconsultes; et lui-même ne paraissait pas ambitionner ce titre, car, en plusieurs endroits, il tourne les jurisconsultes en

ridicule ! ce qui ne l'empêcha pas de composer un ouvrage sur le droit civil, qui a été cité par Aulu-Gelle (*N. A.* I, 20) : Cicéron est cité sept fois dans le Digeste.

18. MARCUS RUTILIUS RUFUS, que Velleius Paterculus appelle le plus vertueux, non pas de son siècle, mais de tout siècle ; fut consul en 648 et ensuite proconsul d'Asie. Condamné à l'exil par les intrigues des chevaliers dont il avait sévèrement réprimé la rapacité, il fut reçu comme un triomphateur par les villes d'Asie. Rappelé plus tard par Sylla, il refusa de rentrer dans sa patrie, jugeant un tel retour plus triste que son exil. Cicéron le vit à Smyrne, vieillard et exilé, mais supportant ses maux avec ce mâle courage qui distinguait la philosophie stoïcienne à laquelle il avait toujours appartenu (Vell. Paterc. II, 13 ; Tacit. *Ann.*, IV, 43 ; Senec., *de benefic.*, 37 ; Cicer., *Brut.*, 50, 31 ; *Pro Plancio*, 21 ; *de orat.* II, 69). — Il est cité cinq fois dans le Digeste, et notamment dans la L. 1, *de bon. libert.*

19. QUINTUS ÆLIUS TUBÉRON, de la famille d'Ælius Pœtus, fut disciple de P. Mucius, condisciple de Rufus et partisan, comme lui, de la philosophie stoïcienne.

20. QUINTUS MUCIUS SCÉVOLA, fils de Publius et son successeur dans la dignité de pontife. Il fut consul en 657, tribun du peuple ; puis proconsul en Asie, il gouverna cette province avec tant de sagesse, que le Sénat proposait sa conduite comme modèle à ses successeurs ; les habitants de la province établirent des jeux publics en son honneur. Partisan de Sylla, il fut arraché, par les partisans de Marius, de l'autel de Vesta et massacré ; son corps fut jeté dans le Tibre. — Cicéron vante sa grande science et son talent pour la parole ; Valère Maxime raconte que Scévola renvoyait ceux qui le consultaient sur le *jus prædiatorium*, à Furius et à Cascellius qui s'étaient spécialement adonnés à cette partie. (Val. Max. VIII, 12 et 16 n° 5 ; Lucan. II, v. 126 ; Applan. *de bello civili* ; Aul. Gell. N. A. XVII, 15) — [50 — 4].

21. CAIUS AQUILIUS GALLUS, disciple de Mucius, ami de Cicéron, et son collègue dans la Préture en 687. — Il ne voulait répondre que sur les questions de droit et renvoyait à Cicéron pour les questions de fait. Valère Maxime cite un exemple de sa sagacité et de sa justice. — Il est l'auteur de la *formule Aquilienne*, et de la réforme touchant l'institution des posthumes (Cicer. *pro Quintio* ; *Topic.* ; Val. Max. VIII, 2, n° 2). Il est cité seize fois dans le Digeste.

22. SERVIUS SULPICIUS, disciple d'Aquilius et ami de Cicéron, fut questeur avec Muréna et lui fut préféré pour la préture. Murena l'ayant à son tour emporté sur lui pour le consulat, Servius accusa de brigue son heureux adversaire ; c'est à ce procès que nous devons le plaidoyer de Cicéron *pro Murena*, dans lequel Cicéron se permit, contre les Jurisconsultes, des plaisanteries dont plus tard il s'excusa. Servius fut consul avec Marcellus peu de temps avant qu'éclatât la guerre civile entre Pompée et César. Servius, qui était du parti de Pompée, rentra plus tard dans les bonnes grâces de César qui le nomma proconsul d'Asie. Après l'assassinat de César, il fut chargé d'une mission auprès d'Antoine qui assiégeait Modène ; malgré les rigueurs de l'hiver et une maladie grave, il partit, mais il expira en arrivant. Un décret du Sénat décida que ses funérailles seraient faites au frais de l'état et qu'une statue en bronze lui serait élevée auprès de la tribune aux harangues. — Servius écrivit près de cent-quatre-vingts livres sur le droit civil ; il est cité quatre-vingt-treize fois dans le Digeste. Cicéron vante surtout sa méthode : « *Sic existimo juris civilis magnum usum et apud Scævolam et apud multos fuisse, artem in hoc uno ....* » Cicér. *Brut.* 41). Il eut pour disciples la plupart des jurisconsultes qui brillèrent sous le règne d'Auguste, Alfenus Varus, Titus Cæsius, Aufidius Tucca, Aufidius Namusa, Flavius Priscus, C. Atteius Pacuvius, Cinna, Publius Gellius.

23. QUINTUS CORNELIUS MAXIMUS, contemporain de Servius et maître de Trebatius. La L. 16, D., *de instrum. legat.* mentionne un dissentiment entre lui et Servius. Il est cité deux fois dans le Digeste.

24. LABEO ANTISTIUS le père, disciple de Servius. Il prit part à la conjuration de Brutus et de Cassius, et après leur défaite, il se fit tuer par un de ses esclaves. Il est très probable que les passages du Digeste où se trouve cité le nom de Labéon, se rapportent à son fils.

25. GRANIUS FLACCUS écrivit sur le droit Papirien. Il n'est cité qu'une fois dans le Digeste, L. 144 *de Verb. Signif.* Cf. Macrob. *Saturn.* III 6.

26. ÆLIUS GALLUS. Le plus érudit des jurisconsultes de son temps; écrivit un livre *de verborum quæ ad jus civile pertinent significatione*, dont nous avons un fragment L. 157, *de Verb. Signif.*; il est en outre cité deux fois dans le Digeste.

TROISIÈME CLASSE.

Jurisconsultes du temps de César et d'Auguste.

27. AULUS OFILIUS, disciple de Servius Sulpicius, fut supérieur, au dire de Pomponius, à ses contemporains Trebatius et Cascellius. Quoique ami de César, il ne rechercha pas les honneurs et voulut rester dans l'ordre équestre; il écrivit sur les lois du vingtième (*vigesimae*), l'*Édit du Préteur* et la *Juridiction*; on cite encore de lui les *libri actionum, juris partiti*, et *ad Atticum* (Pompon. L. 2, § 44, D., *de origine juris*; L. 3, *de penu legat.*; L. 55, *de legat.* 3°; L. 254, *de verb. signif.* Il est cité soixante-treize fois dans le Digeste.

28. AULUS CASCELLIUS, disciple de Mucius et de Volcatius, loué par Valère Maxime pour son courage civique; prié par ses amis de modérer la liberté de son langage, il répondit : « Deux choses me donnent de la hardiesse : je suis vieux et n'ai pas d'enfants ». Dans les honneurs, il n'alla pas au-delà de la questure et refusa le consulat qu'Auguste lui offrait, pour l'attacher à son parti. (Pompon., L. 2, § 45, D., *de origine juris*; Valer. Max. VI, 2 n° fin.). Il est cité seize fois dans le Digeste.

29. TREBATIUS TESTA, ami de Cicéron, fut nommé tribun par César dont il suivit le parti. Cicéron et Pomponius en font un très grand éloge. Il avait la confiance d'Auguste et contribua à l'introduction des codicilles. Aulu-Gelle et Macrobe parlent de son livre *de religionibus.* (Cicer. *Epist. ad famil.* VII, 5 et suiv.; Pompon. L. cit. § 45; Aul. Gell. *Noct. att.* VI, 12; Macrob. *Saturn.* III, 3). Il est cité quatre-vingt-seize fois dans le Digeste.

30. QUINTUS ÆLIUS TUBÉRON, disciple d'Ofilius, et qu'il ne faut pas confondre avec le jurisconsulte du même nom dont il a été question au n° 19. Il épousa la fille de Servius Sulpicius et fut l'aïeul de Cassius Longinus (n° 46). Il acquit une grande réputation; mais ses ouvrages, qu'il affecta d'écrire dans un style ancien, furent peu goûtés (Pompon. L. cit. § 46). On ne sait auquel des deux Tubéron doivent être rapportées les citations du Digeste.

31. ALFENUS VARUS, le plus célèbre des disciples de Servius Sulpicius, s'éleva de la condition de simple artisan aux premières dignités. Il fut consul en 755. On connaît deux de ses ouvrages, *Digestorum libri quadraginta* et *libri Collectancarum*. Il est cité dix-neuf fois dans le Digeste, qui contient en outre cinquante-quatre fragments de ses ouvrages.

32. TITUS CÆSIUS, disciple de Servius Sulpicius.

33. AUFIDIUS TUCCA, disciple de Servius Sulpicius.

34. AUFIDIUS NAMUSA, disciple de Servius Sulpicius. Il résuma, en cent-quarante livres, les notes qu'avaient recueillies les auditeurs de Servius; c'est peut-être à cette compilation qu'Ulpien fait allusion, L. 12, D., *de instruct. vel. instrum. legat.*

35. FLAVIUS PRISCUS, disciple de Servius Sulpicius.

36. GAIUS ATEIUS PACUVIUS, disciple de Servius Sulpicius; il parait qu'il commenta la partie de l'édit sur le commodat (L. 1, § 1, D., Commod.); il est cité une seule fois dans le Digeste.

37. CINNA, disciple de Servius Sulpicius, il est cité trois fois dans le Digeste.

38. FLAVIUS PRISCUS, disciple de Servius Sulpicius.

39. PUBLICIUS GELLIUS, disciple de Servius Sulpicius. On ne sait si c'est de lui ou d'un autre Publicius, qu'il est question L. 51, § 1, D., de condit. et dem. et L. 2, § 8, D., ad SC. Tertyl.

40. ANTISTIUS LABÉON, disciple de Trebatius et fils de cet autre Labéon dont nous avons parlé au n° 24, et qui fut l'un des meurtriers de César. Antistius Labéon, dont il est question ici, animé d'un enthousiasme ardent pour les idées et les formes républicaines, fit une constante opposition contre Auguste et refusa le consulat que ce prince lui offrait pour se l'attacher. Labéon divisait ainsi son temps : il passait six mois à la ville avec ses disciples, et le reste de l'année dans la retraite pour y écrire ses livres. Suivant Pomponius, Labéon laissa quatre cents ouvrages (quadringinta), nombre qu'il faut réduire à quarante, en lisant avec Cujas quadraginta au lieu de quadringinta. Les plus connus sont ses πιθανων (Probabilia) et ses posteriorum (œuvres posthumes). — Labéon avait de vastes connaissances dans les sciences nouvelles de la Grèce et dans les belles-lettres : il appela au secours de la jurisprudence, la grammaire, et surtout les étymologies et la philosophie stoïque. — Il mourut dans un âge très avancé, laissant des codicilles ; et telle était la réputation dont il jouissait, qu'on ne douta plus dès lors de la validité de ce genre de disposition. — Le Digeste contient soixante-trois fragments de Labéon dont le nom y est en outre cité cinq-cent-quarante-une fois. — Pomponius signale Labéon et Capiton comme les premiers auteurs de la division des jurisconsultes, en deux sectes ou écoles.

41. ATEIUS CAPITON, disciple d'Ofilius, suivit en jurisprudence et en politique une route toute opposée à celle qu'avait prise Labéon : l'égal de Labéon en jurisprudence ; il lui fut fort inférieur du côté de l'indépendance; Auguste eut peu de flatteurs aussi adroits. —Les principaux ouvrages de Capiton sont : 1° Conjectaneorum.... 2° de Officio senatorio ; 3° de Jure sacrificiorum. Il mourut en 775; il n'est cité que sept fois dans le Digeste.

Tacite et Pomponius nous ont laissé chacun un parallèle de Labéon et de Capiton. Voici les paroles de Tacite : « Obiere.... et Capito « Ateius, de quo memoravi, principem in civitate locum, studiis « civilibus, adsecutus; sed avo centurione sullano, patre pretorio. « Consulatum ei adceleraverat Augustus, ut Labeonem Antistium, « iisdem artibus praecellentem, dignatione ejus magistratus an- « teiret. Namque illa aetas duo pacis decora simul tulit : sed « Labeo incorrupta libertate et ob id fama celebratior; Capitonis « obsequium dominantibus magis probabatur. Illi, quod Praetu- « ram intra stetit, commendatio ex injuria; huic, quod consulatum « adeptus est, odium ex invidia oriebatur (Annal. III, 75). Pom- « ponius s'exprime ainsi : « Hi duo primum veluti diversas sectas « fecerunt : nam Ateius Capito in his quae ei tradita fuerant perse- « verabat; Labeo ingenii qualitate, et fiducia doctrinae qui et « caeteris operis sapientiae operam dederat, plurima innovare « instituit. » (Voyez ci-après le chapitre II).

42. BLÆSUS, contemporain de Labéon, et probablement comme lui disciple de Trebatius; il est cité une fois au Digeste, L. 31 de usu et usuf. legat.

43. VITELLIUS, il occupa des emplois sous Auguste; on suppose qu'il est l'aïeul de l'empereur Vitellius. Son nom n'est rapporté qu'une fois dans le Digeste.

QUATRIÈME CLASSE.

Jurisconsultes depuis la fin du règne d'Auguste jusqu'à Vespasien.

44. MASSURIUS SABINUS, succéda à Capiton et donna même son nom à
l'école fondée par celui-ci, (SABINIENS). Il reçut le premier de
Tibère le *Jus respondendi.* Il composa trois traités sur le droit civil,
un commentaire sur l'édit du préteur et plusieurs autres ouvrages.
On croit que les commentaires *ad Sabinum* d'Ulpien, de Pomponius et de Paul, se rapportent plutôt à Massurius Sabinus qu'à
Cœlius Sabinus dont nous parlerons bientôt — [*Citat.* 220].

45. COCCEIUS NERVA le père (P.), contemporain et émule de Massurius
Sabinus, continua l'école de Labéon. Ami de Tibère, sans
partager ses débauches, il l'avait suivi à Caprée ; mais dégoûté de
la vie, il se laissa mourir de faim. malgré les prières de ce prince,
qui voulut le détourner de ce fatal dessein (Tacit. *Ann.* VI, 26.)
Il est rarement cité dans le Digeste.

46. GAIUS CASSIUS LONGINUS (S.) descendant de Cassius, l'un des
meurtriers de César, et tenant par sa mère à Tubéron et à Servius
Sulpicius. Il fut consul sous Tibère et proconsul d'Asie sous Caligula, qui voulut le faire périr sur la foi d'un oracle qui avait
répondu *ut sibi a Cassio caveret.* Délivré par la mort de Caligula,
il fut préfet de Syrie sous l'empereur Claude. Sous le règne de
Néron, Cassius, privé de la vue, fut déporté en Sardaigne pour
avoir placé parmi les images de sa famille, celle de son aïeul
Cassius le meurtrier de César, avec cette inscription *Duci partium*;
mais rappelé par Vespasien, il termina à Rome le cours d'une
vie si agitée. — Cassius occupa un rang distingué parmi les jurisconsultes ; il se mit à la tête de l'école de Massurius Sabinus ; il
partagea avec son maître l'honneur de donner son nom à la secte
fondée par Capiton, qui fut appelée indistinctement SABINIENNE ou
CASSIENNE — [*Citat.* 160].

47. PROCULUS, succéda à Nerva et eut l'honneur de donner son nom à la
secte fondée par Labéon ; laquelle fut appelée depuis ECOLE PRO-
CULÉIENNE. On ne connait ni les autres noms ni l'histoire de Proculus — [*Citat.* 136.—*Fragm.* 57].

48. FULCINIUS (*Priscus*).—Les renseignements manquent sur sa vie ; il est
cité seize fois dans le Digeste et notamment L. 3, § fin., *de act.*
rer. amot. et L. 43, *de mort. caus. donat.* : la comparaison de ces
deux textes a permis de fixer l'époque où vivait Fulcinius

49. MÉLA, l'histoire de sa vie est restée inconnue ; il est cité trente-neuf fois
dans le Digeste.

50. CARTILIUS, cité deux fois dans le Digeste.

51. NERVA le fils (P.), contemporain de Proculus, dont il suivit la doctrine ;
on le croit père de l'empereur Nerva. Ulpien rapporte que, dès
l'âge de dix-sept ans, Nerva répondait publiquement sur le droit.
— [*Citat.* 15.]

52. ATILICINUS (P.), disciple de Proculus et condisciple de Nerva.
— [*Citat.* 17.]

CINQUIÈME CLASSE.

Jurisconsultes sous Vespasien, Titus, Domitien, Nerva et Trajan.

53. CŒLIUS SABINUS (S.) fut, après Cassius Longinus, le chef des Sabiniens ; il écrivit un commentaire sur l'édit des édiles curules.
— [*Citat.* 18.]

54. PEGASUS (P.) succéda à Proculus comme chef de l'école proculéienne ;
il fut successivement préfet de la ville et consul sous Vespasien.
C'est sur sa proposition que fut porté le SC. Pégasien, qui autorisa
l'héritier à ne payer les fidéicommis que jusqu'à concurrence des
trois quarts de l'hérédité. — [*Citat.* 28.]

55. JUVENTIUS CELSUS le père (P.) succéda à Pégasus.—(Citat. 5.)

56. PRISCUS JAVOLENUS ou JABOLENUS (S.) fut un des jurisconsultes les plus distingués de l'école sabinienne. Il eut pour disciples Abutius Valens et le célèbre Julianus. Il florissait sous Trajan, et gouverna successivement l'Afrique et la Syrie.—[Citat. 11. Fragm. 206.]

57. ARISTON, l'un des plus célèbres jurisconsultes du temps de Trajan. Dans sa jeunesse, il put profiter des leçons de Cassius Longinus, déjà parvenu à un âge avancé. Pline a tracé, dans une de ses lettres, un portrait très flatteur de notre jurisconsulte (Epist. I. 22); la L. 57, D., si quis a parent. man., nous apprend, en outre, que Trajan le consultait. On ne sait à quelle école appartenait Ariston.—[Citat. 81.]

58. NERATIUS PRISCUS (P.), contemporain d'Ariston; fut, avec Celsus le fils, le chef de l'école proculéienne, après la mort de Celsus le père. Trajan avait pour lui tant d'estime, qu'il songea à le désigner pour son successeur à l'empire. Il ne jouit pas d'un moindre crédit sous Adrien, qui le consultait fréquemment (Pompon., L. 2, § ult. D., de Origin. jur. Spart. in Hadrian.).—[Citat. 128. — Fragm. 64.]

59. ARRIANUS fut probablement contemporain d'Ariston. On n'a aucun détail sur sa vie.—[Citat. 6.]

60. PLAUTIUS fut sans doute un jurisconsulte très distingué, puisque Paul, Pomponius et Javolenus ont écrit sur ses ouvrages.—[Citat. 4.]

61. MINICIUS NATALIS vivait probablement sous le règne de Trajan. Julien a écrit six livres de notes sur les ouvrages de Minicius.—[Citat. 3.]

62. URSEIUS FEROX. Ses ouvrages furent commentés par Julien; il est cité quatre fois dans le Digeste.

63. VARIUS LUCULLUS. Il n'est cité qu'une seule fois dans le Digeste.

64. FUFIDIUS, probablement contemporain d'Atilicinius.—(Citat. 3.)

SIXIÈME CLASSE.

Jurisconsultes sous Adrien et Antonin-le-Pieux.

65. PUBLIUS JUVENTIUS CELSUS le fils (P.) fut, après son père, le chef des Proculéiens; il fut deux fois consul.—[Citat. 173, Fragm. 142.]

66. SALVUS JULIANUS (S.) remplit les plus hautes magistratures de l'Empire. Adrien lui confia la rédaction de l'édit perpétuel. On pense que c'est aussi à lui qu'il faut attribuer l'interdit Salvien. Il écrivit un Commentaire sur l'édit. [Citat. 778. — Fragm. 457.]

67. ABURNUS ou ABURNIUS VALENS (S.) fut avec Julien l'un des jurisconsultes éminents de l'école Sabinienne; il écrivit sept livres sur les fidéicommis. Capitolinus nous apprend que l'empereur Antonin-le-Pieux le consultait souvent.—[Citat. 4.—Fragm. 20.]

68. LÆLIUS FELIX vécut sous Adrien.—[Citat. 2.]

69. VINDIUS fut l'un des conseillers d'Antonin-le-Pieux.—[Citat. 4.]

70. AFRICANUS. On ignore s'il est le même que Sextus Cæcilius Africanus dont parle Aulu-Gelle; et l'on ne connaît pas l'histoire de sa vie. Il n'est pas moins célèbre que Julien, son contemporain, et peut-être son maître. Africain laissa neuf livres de Questions. On lui reproche avec raison la concision excessive de son style et la subtilité de son argumentation.—[Citat. 3.—Fragm. 131.]

71. VOLUSIUS MÆCIANUS (S.) compta Marc Aurèle au nombre de ses disciples et fut l'un des conseillers habituels d'Antonin-le-pieux. On le croit l'auteur du SC. qui porte son nom.—[Citat. 18. —Frag. 44.]

72. ULPIUS MARCELLUS (P.) fut aussi l'un des conseillers d'Antonin-le-Pieux. Il commenta la L. Papia Poppæa.—[Citat. 256.—Fragm 158.]

73. VALERIUS SEVERUS. On présume qu'il vivait sous Adrien. Il commenta la L. Papia Poppæa. — [Citat. 4].

74. TERENTIUS CLEMENS. On pense qu'il fut disciple de Julien dont il suit aveuglément les décisions. Il écrivit vingt livres de Commentaires sur la L. Papia Poppæa.— [Citat. 1. — Fragm. 35.]

75. PUBLICIUS. On n'a aucun renseignement positif sur ce jurisconsulte et les six suivants ; mais on sait qu'ils n'appartiennent pas à une époque postérieure à celle d'Adrien et des Antonins.—[Citat. 3.]

76. PACTUMEIUS CLEMENS. — [Citat. 1].

77. CAMPANUS. — [Citat. 2]

78. OCTAVENUS.— [Citat 23].

79. VIVIANUS.— [Citat. 25].

80. SEXTUS PEDIUS.— [Citat. 60].

81. TUSCIUS FUSCIANUS. —[Citat. 1].

SEPTIÈME CLASSE.

Jurisconsultes du temps de Marc-Aurèle et de Commode.

82. GAIUS ou CAIUS florissait sous Marc Aurèle ; il est, par conséquent, le plus ancien des cinq jurisconsultes compris dans la Loi de Valentinien sur les Citations. Sa vie est beaucoup moins connue que ses ouvrages. Gaius est surtout célèbre par ses INSTITUTES. Cet ouvrage, généralement suivi dans les Écoles avant Justinien, servit de base à celles que ce prince fit composer pour l'instruction de la jeunesse. Les Institutes de Gaius ne nous étaient guère connues que par l'Epitome qui se trouve dans le Breviarum Alaricianum, quand Niebbur découvrit, en 1816, le Palimpseste qui recélait cet ouvrage précieux. — [Citat. 4. — Fragm. 536].

83. SEXTUS POMPONIUS, auteur du fragment le plus important qui nous soit resté sur l'histoire externe du droit romain (L. 2, D. , de originejuris) — [Ci al. 409. — Fragm. 588].

84. QUINTUS CERVIDIUS SCEVOLA fut l'un des conseillers de Marc Aurèle. Il compta au nombre de ses élèves l'empereur Septime Sévère, le célèbre Papinien et probablement aussi Paul et Tryphoninus.— [Citat. 63. — Fragm. 507].

85. JUNIUS MAURICIANUS florissait sous Marc · Aurèle. —[Citat. 6. — Fragm 4].

86. PAPYRIUS JUSTUS fit une compilation des Constitutions impériales , divisée en vingt livres. — [Fragm. 16].

87. PAPYRIUS FRONTO fut probablement contemporain de Scévola. —[Citat. 4].

88. CLAUDIUS SATURNINUS. Plusieurs interprètes pensent qu'il est le même que Venuleius Saturninus et que son véritable nom était Claudius Venuleius Saturninus ; d'autres, au contraire, comptent deux et même trois jurisconsultes du nom de Saturninus — [Fragm. 1].

89. TARENTINUS PATERNUS. On croit qu'il est le même que le préfet du prétoire du même nom, que Commode fit périr. Il écrivit des commentaires dere militari qui sont cités par Végèce.— [Cital. 1. — Fragm. 2].

HUITIÈME CLASSE.

Jurisconsultes sous Septime Sévère, Antonin Caracalla, Héliogabale, Alexandre et les Gordiens.

90. CALLISTRATE vivait sous Septime Sévère et Antonin.— [Fragm. 101.]

91. ÆMILIUS PAPINIANUS, que les anciens et les modernes ont appelé le PRINCE DES JURISCONSULTES et à qui Cujas aurait voulu élever des autels. Théodose-le-Jeune accorda aux opinions de Papinien la prépondérance sur celles de tous les autres jurisconsultes. L'api-

nien fut le condisciple, l'ami et le ministre de Septime Sévère qui, en mourant, le chargea de maintenir la concorde entre ses deux enfants. Caracal'a, ayant fait périr son frère Géta, pria it Papinien de justifier ce crime auprès du Sénat ; le jurisconsulte répondit : *non tam facile est parricidium excusari quam fieri* ; et comme l'empereur insistait, Papinien ajouta : *Aliud parricidium est accusare innocentem occisum.* Cette réponse célèbre lui coûta la vie ; Caracalla le fit assassiner : Papinien était alors à la fleur de l'âge et Préfet du Prétoire. Les ouvrages les plus célèbres de Papinien sont ses QUÆSTIONES et ses RESPONSA. — [*Citat.* 153 : — *Fragm.* 596].

91. ARRIUS MENANDER, on croit qu'il fut l'un des conseillers de Septime Sévère. — [*Citat.* 5. — *Fragm.* 6].

93. TERTULLIANUS, que Cujas et Grotius croient être le même que le célèbre père de l'Eglise. — [*Citat.* 3. — *Fragm.* 5].

94. JULIUS PAULUS, fut avec Ulpien assesseur de Papinien dans la préfecture du Prétoire, dignité à laquelle il fut lui-même élevé dans la suite. Il écrivit un grand nombre d'ouvrages et notamment des notes sur Papinien et plusieurs livres de sentences (*Receptæ sententiæ*) qui nous sont parvenus. Il est un des cinq auteurs compris dans la loi des citations. — [*Citat.* 45. — *Fragm.* 2087].

95. DOMITIUS ULPIANUS, fut préfet du Prétoire sous Alexandre Sévère et l'ami de ce prince. Il mourut assassiné par les gardes prétoriennes qu'il avait irritées par ses réformes. — Lampride fait à plusieurs reprises l'éloge le plus complet des vertus d'Ulpien ; on lui reproche cependant la persécution qu'il dirigea contre les chrétiens et le meurtre des préfets du Prétoire Flavianus et Chrestus : mais ces deux accusations ont été combattues et bien atténuées. Quoi qu'il en soit, les ouvrages d'Ulpien lui ont fait assigner le second rang, après Papinien, parmi les jurisconsultes romains. Son ouvrage *Regularum liber* nous est parvenu. Il est un des cinq auteurs compris dans la loi des Citations et a fourni pour la composition du Digeste plus de fragments qu'aucun autre jurisconsulte. — [*Citat.* 20. — *Fragm.* 2561].

96. VENULEIUS SATURNINUS : voir ce que nous avons dit au nº 88. — [*Citat.* 4. — *Fragm.* 71].

97. MESSIUS — [*Citat.* 1].

98. ÆLIUS MARCIANUS, contemporain d'Ulpien — [*Citat.* 6. — *Fragm.* 282].

99. CLAUDIUS TRYPHONINUS fit partie, avec Pomponius et Paul, du conseil de Septime Sévère. Dans son ouvrage intitulé *Disputationes*, il a examiné les questions les plus ardues. — [*Citat.* 21. — *Fragm.* 79].

100. LICINIUS RUFINUS, contemporain de Paul, écrivit douze livres de règles (*Regularum libri*) — [*Citat.* 1. — *Fragm.* 17].

101. ÆMILIUS MACER, vivait sous Alexandre Sévère. Il cite souvent dans ses ouvrages les décisions de Paul et d'Ulpien. — [*Fragm.* 62].

102. HERENNIUS MODESTINUS, disciple d'Ulpien, vivait sous Alexandre Sévère et sous Gordien. Il est un des cinq auteurs compris dans la loi des Citations. Il écrivit plusieurs ouvrages dont quelques-uns en grec. — [*Citat.* 2. — *Fragm.* 345].

103 FLORENTINUS ; on ne connaît pas d'une manière précise le temps où vécut Florentin ; mais on est certain qu'il est postérieur à Antonin le Pieux ; et tout porte à croire qu'il vivait sous Alexandre Sévère — [*Fragm.* 42].

NEUVIÈME CLASSE.

Jurisconsultes, depuis Constantin jusqu'à Justinien (I).

104. HERMOGENIANUS, vivait, selon toute apparence, sous Constantin ;

----

(1) Depuis Gordien jusqu'à Constantin, on ne peut citer un seul jurisconsulte digne de ce nom.

il écrivit six livres d'Επιτοματῶν : on le regarde comme l'auteur de la compilation connue sous le nom de CODE HERMOGÉNIEN. — [Fragm. 107].

105. AURELIUS ARCADIUS CHARISIUS. On croit qu'il vivait sous Constantin et que même il remplit sous ce prince l'emploi de *Magister libellorum* — [Fragm. 6].

106. JULIUS ou GALLUS AQUILA. On croit qu'il vivait postérieurement à la translation du siège de l'empire de Rome à Constantinople —[Fragm. 2].

107. GREGORIANUS, auteur de la compilation connue sous le nom de CODE GRÉGORIEN.

DIXIÈME CLASSE.

Jurisconsultes sous Justinien.

108. TRIBONIEN, questeur du palais, conseiller intime de Justinien.
109. THEOPHILE, l'un des auteurs des Institutes dont il donna ensuite une paraphrase grecque.
110. DOROTHÉE, l'un des auteurs des Institutes.
111. STEPHANUS travailla au Code et au Digeste.
112. THALLELÆUS travailla au Code et au Digeste.
113. THEODORE D'HERMOPOLIS travailla au Code et au Digeste.
114. CYRILLE travailla au Code et au Digeste.

ONZIÈME CLASSE.

Jurisconsultes cités dans les Pandectes, sans qu'on puisse déterminer l'époque à laquelle ils ont vécu.

115. PUTEOLANUS, cité par Ulpien L. 12, *de pactis* — [Citat. 1].
116. PACONIUS, cité par Paul L. 3, *si a parente quis* —[Citat. 1].
117. FURIUS ANTIANUS —[Fragm. 3].
118. RUTILIUS MAXIMUS [Fragm. 1].
119. ANTÆUS — [Citat. 1].

CHAPITRE II.

DES DEUX ÉCOLES SABINIENNE ET PROCULÉIENNE (1).

Il avait existé de tout temps à Rome des dissidences d'opinions entre les jurisconsultes (Modestin. L. 4, D., *de captivis*; Paul. L. 30, D, *pro socio*); et véritablement on ne pourrait guère comprendre comment il aurait pu en être autrement. Mais c'est seulement sous le règne d'Auguste que ces dissidences devinrent assez systématiques pour constituer la division des jurisconsultes en deux sectes ou écoles distinctes. Les fondateurs des deux écoles furent Labéon et Capiton, quoique, par une fatalité singulière, ni l'un ni l'autre n'ait eu l'honneur de donner son nom à son école.

---

(1) Parmi les interprètes qui se sont le plus occupés de rechercher l'origine, les causes et la nature de cette division des jurisconsultes, on peut citer Boeckelen, Vico, Marcosius, Hommel, Eckhard, Brunquell, mais surtout Pothier qui, dans les prolégomènes qu'il a placés en tête de ses Pandectes, a exposé, avec son exactitude et sa clarté ordinaires, les caractères propres de chaque secte. — Quant aux interprètes contemporains, nous indiquerons principalement, parmi les étrangers, Hugo, soit dans son histoire du droit romain, soit dans son *Civil Magazine*, t. V, n° 4, page 118 ; Kammerer (Beitrage zur Geschichte und Theorie des Romischen Rechts B. I. n° 11, pag. 118, 125; et Ed. Dirksen, Beitrage, etc., pag. 1-159); et parmi nos concitoyens, Berriat-St-Prix et Giraud (ouvrages déjà cités).

Il est très important, pour l'étude du droit romain, de bien connaître les différences qui existaient entre les sectateurs de Labéon et ceux de Capiton. En laissant même de côté l'intérêt que ces dissidences présentent pour l'histoire générale de la science, leur connaissance est un des moyens les plus puissants, sinon de concilier, au moins d'expliquer les contradictions en assez grand nombre, que l'incurie de Tribonien a laissé subsister dans le Digeste, et dont la plupart ne sont que des conséquences de la diversité des doctrines qui régnait entre les deux écoles.

SABINIENS OU CASSIENS.	PROCULÉIENS (Pégasiens).
Capiton, disciple d'Ofilius. (n° 41).	Labéon, disciple de Trebatius, n° 40).
Masurius Sabinus. (n° 44).	Nerva, le père. (n° 45).
Gaius Cassius Longinus. (n° 46).	Proculus. (n° 47).
Cœlius Sabinus. (n° 53).	Nerva le fils. (n° 51).
Priscus Javolenus. (n° 56).	Pegasus. (n° 54).
Aburnus Valens. (n° 67).	Juventius Celsus le père. (n° 55).
Tuscianus ou Tuscius Fuscianus.(n° 81).	Celsus le fils. (n° 65).
Salvus Julianus. (n° 66).	Neratius Priscus. (n° 58).

Ici s'arrête le tableau que nous a transmis Pomponius : il ne faut pas en conclure, comme l'ont fait quelques auteurs, que, déjà à l'époque où vivait ce Jurisconsulte, toute division entre les deux écoles eût cessé. Les Instituts de Vérone nous fournissent, au contraire, la preuve qu'au temps de Gaius, les dissidences des deux sectes conservaient encore presque toute leur ancienne importance. A chaque instant Gaius oppose Capiton et Sabinus qu'il appelle ses maîtres (*nostri præceptores*), à Labéon et à Proculus (*diversæ scholæ auctores*). Ulpien lui-même, quoique bien postérieur à Gaius, rappelle encore la division des écoles.

Il faut pareillement rejeter l'opinion de ceux qui pensent qu'à l'époque d'Adrien, il s'était établi, sous le nom de Esciscundi (1), une école mixte qui, ne s'attachant à aucune des deux écoles en particulier, empruntait, tantôt à l'une tantôt à l'autre, ce qu'il y avait de bon dans ses doctrines. Cette opinion qui a été professée pour la première fois, je crois, par Cujas et qui a été adoptée par Pothier et la plupart des auteurs modernes, ne repose que sur une leçon erronée de *Servius*. Aucun document ne vient confirmer l'existence de cette troisième école.

Au reste, ces dissidences ne dégénérèrent jamais en un mesquin esprit de coterie et de vanité personnelle. Partisans avant tout de la vérité et de la justice, les jurisconsultes romains n'hésitaient pas à abandonner l'opinion de leur secte toutes les fois que la doctrine de l'école opposée leur paraissait préférable (2). Et quand ils croient devoir maintenir leurs propres doctrines, ils ne rappellent jamais celles de leurs adversaires qu'avec un ton parfait de modération et de convenance. Gaius, quoique professant presque exclusivement les doctrines Sabiniennes, parle toujours des Proculéiens avec le ton de la plus grande modestie (Voir notamment *Comm.* III, § 98).

_____

(1) Ou *Miscelliones.*

(2) Celsus, l'un des chefs des Proculéiens, adopte sur plusieurs points l'opinion de Sabinus (Ulpian. L. 5, D., *de condict. ob turp. caus.*; — L. 9, § 13, D., *de hered. instit.*) — Proculus lui-même, dans la L. 3, D., *de usufr. ear. rer.*, rejette l'opinion de Nerva, son maître, pour se ranger à celle de Cassius. — Réciproquement, nous voyons les plus illustres Sabiniens abandonner, dans plusieurs circonstances, la doctrine de leur école et donner la préférence à celle de l'école opposée. C'est ainsi que, dans la L. 11, D., *de hered. instit.*, Javolenus adopte l'opinion de Proculus; et que, dans la L. 1, § 7, D., *quando de pecul. act. ann.*, Africain, disciple de Julien, se déclare pour l'opinion des Proculéiens.

Art. II. Caractères généraux des deux écoles.

Il s'en faut beaucoup que les interprètes soient d'accord sur le véritable caractère des différences qui existaient entre les deux écoles. Et, de fait, ce n'est qu'après une longue méditation des décisions diverses des deux sectes que l'on peut parvenir à se faire une idée de la nature de chacune d'elles. — Je ne connais aucun auteur qui ait résumé d'une manière plus concise et plus élégante à la fois tout ce qu'on peut dire sur cette question difficile, que M. Giraud. J'en rapporterai le passage suivant, en l'accompagnant de quelques notes.

« La cause première de la scission des jurisconsultes en deux écoles est l'invasion de la philosophie grecque (de la stoïque principalement) dans la science du droit. Les uns embrassèrent avec ardeur cette nouvelle science et lui empruntèrent tout ce qui put convenir à la jurisprudence ; les autres résistèrent à ce mouvement et s'attachèrent aux doctrines et aux maximes reçues des anciens. Telle est la différence fondamentale que Pomponius établit entre Capiton et Labéon, et que l'on peut sans doute étendre à leurs écoles : *Ateius Capito in his quæci tradita fuerant perseverabat. Labeo ingenii qualitate et fiduciâ doctrinæ qui et cæteris operis sapientiæ operam dederat, plurima innovare instituit* (1).

Aux yeux de bien des esprits, la philosophie, c'est l'équité, la loi de la raison, et rien autre chose. De là on a conclu que Labéon modifia l'ancienne jurisprudence par l'équité, et l'on a fait de la dispute des deux sectes la dispute de l'équité et du droit rigoureux; mais, ce dernier fait étant posé en principe, on s'est trouvé fort embarrassé de décider laquelle des deux sectes tenait à l'interprétation de justice et de bienveillance ; car, si d'un côté la réputation de philosophe, si justement acquise à Labéon, le faisait présumer plus facile à s'écarter du sens rigoureux des lois, et si la déférence de Capiton pour les anciens le faisait considérer comme un esclave des textes et des traditions, ces conjectures n'étaient nullement confirmées par l'observation des faits, puisque, dans les dissidences de détail qui nous ont été transmises, on ne peut souvent décider de quel côté est l'équité. On en est quelquefois réduit à se demander ce qu'avait à faire l'équité dans la question; et enfin, si on s'applique profondément à scruter dans les textes de quel côté elle se trouve, on est forcé de prononcer plus souvent pour les disciples de Capiton que pour ceux de Labéon (2). Aussi, des auteurs célèbres ont accordé le caractère de défenseurs de l'équité aux Proculéiens, et d'autres aux Sabiniens.

Mais ce n'était point là la base de la dissension des sectes. Ni l'une ni l'autre n'eut pour système exclusif de substituer les règles de l'équité à celles du droit positif.

La philosophie stoïque était éminemment morale, mais elle se distinguait surtout par une inflexible logique; et l'on sait, par Diogène Laërce et les autres écrivains qui nous ont transmis les opinions et les actions des plus illustres philosophes de cette secte, qu'ils se distinguaient surtout par la rigueur de la dialectique, par leur application constante à creuser les principes des choses, et par leur sagacité inflexible à marcher d'un principe trouvé jusqu'à ses dernières conséquences. Tels étaient les stoïciens dans la philosophie, et tel fut Labéon dans la jurisprudence. Ce qu'il emprunta au stoïcisme, ce furent peutêtre moins des principes qu'une méthode de raisonnement, ce fut moins la morale que la dialectique. Il imita aussi les stoïciens en s'attachant à la philologie, en recherchant les étymologies et en s'efforçant de porter dans la langue une ri-

---

(1) Aulu-Gelle nous représente, au contraire, Labéon comme très attaché aux institutions anciennes : « *Agitabat hominem libertas nimia atque vecors, usque eo ut D. Au- gusto jam principe, ratum tamen pensumque nihil haberet, nisi quod jussum sanctumque esse in romanis antiquitatibus legisset* » (Noct. Att. XIII, 12). — Il est aisé de concilier Aulu-Gelle et Pomponius : la même indépendance d'esprit qui, en politique, faisait de Labéon un chaud partisan des institutions anciennes, devait le conduire, en matière de science, à secouer plus facilement le joug des opinions reçues.

(2) Telle est notamment l'opinion de Pothier (PANDECT., *Prolegom., pars secunda,* cap. 2, § 2, n° 4.)

gucur mathématique(1). Une telle alliance de la philosophie avec la jurisprudence conduisait non point à modifier le droit par l'équité, mais à le constituer au contraire en science exacte, à coordonner toutes ses parties et à conformer rigoureusement toutes les règles spéciales aux principes généraux. Labéon, au lieu de suivre les opinions des anciens, marchait avec confiance aux conclusions que son esprit subtil et pénétrant voyait dériver des principes(2). C'est là ce qu'indique Pomponius par ces mots : *ingenii qualitate et fiduciâ doctrinæ*. Cette confiance dans la doctrine tient du mathématicien : aussi Leibnitz a observé avec raison qu'il y a des ressemblances entre les mathématiciens et les jurisconsultes de Rome; c'est qu'il n'y a guère de différence entre la logique des mathématiques et la logique du stoïcisme.

Capiton, renfermé plus étroitement dans la jurisprudence pratique et coutumière, s'attachait non point à expliquer la lettre de la loi, mais à reproduire les opinions des anciens : *in his quæ ei tradita fuerant perseverabat*; il enseignait ce qu'on lui avait enseigné.

La différence de méthode de ces deux hommes était donc que l'un partait de la logique, l'autre de l'autorité; mais il ne s'ensuivait nullement que l'un aboutît à l'équité, l'autre au droit strict, car la logique et l'autorité des traditions sont deux voies qui peuvent indistinctement conduire tantôt à l'une, tantôt à l'autre. Labéon n'admettait ni l'équité ni le droit strict, que lorsque l'équité ou le droit strict étaient une conséquence naturelle des principes d'où il était parti. Capiton admettait l'un ou l'autre dans chaque question, selon que les anciens, en la traitant, s'étaient décidés pour le droit strict ou pour l'équité; mais on peut présumer cependant que l'équité dut être plus souvent du côté des théories de Labéon.

Tel est, en définitive, le parallèle général que l'on peut établir, d'après Pomponius, entre les deux chefs d'école. Labéon, esprit élevé et étendu, dialecticien subtil et novateur audacieux, soumettant tout au creuset de sa logique, tandis que Capiton, érudit timide et modeste, suivait avec respect les traces de ses devanciers.

La politique vint se mêler à ces divisions de théorie. Labéon était un ardent républicain, mais de cette bonne compagnie qui avait appelé à Rome la philosophie grecque et qui l'y avait soutenue avec enthousiasme. Auguste respecta, honora ses talents et son caractère. Capiton, au contraire, est loin d'avoir laissé des souvenirs aussi nobles et une réputation aussi bien établie; il flatta le pouvoir et se fit son esclave. — Ces dissidences d'opinions portent dans le système de Labéon un esprit généreux et grand, qui est, en thèse générale, l'apanage de toute opposition politique; dans le système de Capiton, on rencontre, au contraire, plus de froideur et une certaine inclination vers le matérialisme, vers le dogme de l'obéissance passive. Il est probable que la politique eut une grande influence sur la profonde démarcation des deux sectes » (Giraud, *introd. histor. aux élém. de droit rom. d'Heineccius*, pag. 512).

Art. III. De quelques points sur lesquels il y avait dissidence entre les deux écoles.

Nous n'entendons pas donner ici le tableau complet de ces dissidences : nous nous contenterons d'en signaler quelques-unes, sans discuter le mérite respectif des deux opinions.

I. Pour estimer la puberté, les Sabiniens, fidèles aux anciennes coutumes,

(1) Aulu-Gelle : « *Latinorum vocum, origines, rationesque percolluerat, eaque præcipua scientia ad enodandos plerosque juris laqueos utebatur* (*Noct. Att. loc. cit.*) Cf. Ulpian., L. 1, § 1, D., *commod.*; Ulpian., L. 1, D., *de prævaricat.*; Javolen., L. 2, 2, D., *de verb. signif.*; Paul, L. 3, § 5, D., *de acquir. vel amitt. poss.*; Paul, L. 1 et L. 25, D. *de furtis.*

(2) Labéon s'écartait souvent des doctrines de son maître Trébatius(Ulpian., L. 1, § 41, D., *depositi*; Ulpian., L. 1, § 2, D., *de pericul. et commod*; Javolen, L. 33. D., *de testam. int.*; Labeo, L. 31, D., *de usu et usuf. legat.*; Pompon., L. 19, D., *de acquir. rer. domin.*) — Pareillement, ses sectateurs condamnèrent quelquefois ses propres doctrines (Pompon., L. 28, D., *de acquir. ter dom.*; Celsus, L. 6, D., *de pecul.*; L. 25, § 1, *de furtis*; Cf. Celsus, L. 32, D., *depositi*; Pompon., L. 29, D., *de evictionib.*; L. 3, 7, D., *de condict. caus. dat.*).

pensaient qu'il fallait l'estimer *ex habitu corporis* ; les Proculéiens rejetaient ces visites comme contraires à la pudeur, et déclaraient que la puberté existait pour les hommes à l'âge de 14 ans. (Gaius, *Com.* IV, § 196; Ulpian. *fragm*, XI, 28.)

II. Suivant les Proculéiens les conditions impossibles ou contraires aux bonnes mœurs, rendaient nuls *tous* les actes auxquels elles étaient apposées. Les Sabiniens au contraire distinguaient : ils admettaient la nullité dans les actes entre-vifs; mais dans les testaments ils considéraient la condition comme non écrite. Gaius, au reste, tout Sabinien qu'il est, convient qu'il serait bien difficile de justifier la différence introduite par son école entre les actes entre-vifs et les testaments (*Comm.* III § 98). — Quoi qu'il en soit, et à l'inverse de l'exemple précédent, ce sont ici les Sabiniens qui paraissent avoir l'honneur des innovations.

III. Les chevaux, etc. sont-ils choses *mancipi* dès l'instant de leur naissance, ou seulement après qu'ils ont été domptés ? — Les Sabiniens tenaient pour la première opinion, les Proculéiens pour la seconde. Ici les Proculéiens paraissent plus attachés à la lettre que les Sabiniens (Gaius, *Comm.* II. § 5).

IV. Un héritier nécessaire peut-il faire *cessio in jure* de l'hérédité comme le pourrait un héritier externe après adition ? La négative était professée par les Sabiniens; les Proculéiens soutenaient au contraire (avec raison suivant moi), qu'une fois l'hérédité acceptée, il ne restait plus de différence entre l'héritier nécessaire et l'héritier externe; que dès-lors ce qui était permis ou défendu à l'un devait être permis ou défendu à l'autre (Gaius, *Comm.* II, § 37; III. § 85, 86 et 87).

V. Dans le legs *per vindicationem*, le légataire devient-il propriétaire du jour de l'ouverture du legs, ou seulement du jour où il a connu l'existence du legs fait à son profit? Les Sabiniens tenaient pour la première opinion, les Proculéiens pour la seconde (Gaius, *Comm* II, 195).

VI. Quel est sur un legs de ce genre l'effet d'une condition ? — A qui du légataire ou de l'héritier l'objet appartient-il pendant que la condition est en suspens? Les Sabiniens pensaient que l'objet appartenait à l'héritier; les Proculéiens décidaient que provisoirement l'objet n'appartenait à personne. (Gaius, *Comm.* II, § 200 ,

VII. Le legs *per præceptionem* peut-il être fait au profit d'une personne autre que l'un des héritiers ? — Les Sabiniens tenaient pour la négative, les Proculéiens pour l'affirmative (Gaius, *Comm.* II, § 418).

VIII. Quand un contrat contient la clause que, dans tel cas donné, il sera permis à l'une des parties de se désister du contrat, est-ce par l'action naissant du contrat que devra agir la partie au profit de laquelle la faculté de se désister a été convenue? — Les Proculéiens soutenaient que l'on ne pouvait en ce cas agir par l'action résultant du contrat, parce que les actions *ex contractu* avaient été établies pour faire exécuter les contrats et non pour les faire résilier : qu'en conséquence il fallait recourir à l'action *in factum* ; les Sabiniens, au contraire, pensaient que pour un pacte de ce genre, comme pour tout autre ajouté *in continenti* au contrat, on pouvait agir par l'action résultant du contrat.

IX. Si un héritier a été condamné par le testament à payer à son choix soit Stichus soit Pamphile, et qu'ignorant qu'il a le choix de payer l'un ou l'autre, il livre Pamphile (qui est le plus précieux des deux), pourra-t-il agir par *condictio indebiti* pour se faire rendre Pamphile et donner Stichus à la place ? — Les Proculéiens répondent négativement, parce que, disent-ils, on ne peut agir par *condictio indebiti* qu'autant que la chose payée n'était pas due : or ici elle était due (Celsus, L. 19, D , *de legat.* 2°). Julien au contraire admettait la prétention de l'héritier (L. 32, § 3, D., *de condict. indeb.*).

X. Pouvons-nous acquérir par notre esclave qui est en fuite?—Cassius et Julien le décident affirmativement, parce que l'esclave en fuite est encore en notre possession tant qu'il n'est pas possédé par un autre. Nerva tenait pour la négative, par la raison, disait-il, que nous ne pouvons commencer à détenir par celui que nous ne pouvons détenir lui-même (L. 1, § 14. D., *de acq. possess.*).

XI. Mævius a blessé mortellement votre esclave, et Sempronius a achevé de le tuer : quelles actions aurez-vous soit contre l'un, soit contre l'autre? — Celsus et Marcellus pensent que vous devriez agir contre Mævius à raison d'une simple blessure et contre Sempronius à raison du meurtre, parce qu'en définitive Mævius n'a point tué l'esclave. Julien disait au contraire que vous pouviez agir contre les deux à raison de meurtre, parce que chacun d'eux devait être considéré comme ayant tué votre esclave en différents temps (L. 11, § 3 et L. 51, D., *ad leg. Aquil.*).

XII. L'associé qui a été blessé, en s'opposant à la fuite des esclaves de la société, a-t-il l'action *pro socio*, pour se faire indemniser par ses co-associés?— Labéon soutenait la négative par cette raison trop subtile : « *Quia id non in societatem, quamvis propter societatem impensum sit* (Pompon., L. 60, § 1, D., *Pro socio*). — Julien, consultant davantage l'équité, accordait l'action; et son opinion est adoptée par Ulpien (Ulpian., L. 61, D., *eod.*).

XIII. Le paiement fait dans un lieu autre que celui fixé par le contrat libère-t-il le débiteur?—Julien décidait que l'obligation subsistait encore, mais seulement jusqu'à concurrence de l'intérêt qu'avait le créancier à être payé plutôt dans le lieu fixé par le contrat que dans un autre. — Marcellus (*Proculéien*) rejetait ce tempérament si conforme à l'équité : et d'abord, disait-il, pourquoi le paiement, fait dans un autre lieu, ne pourrait-il pas opérer libération si le créancier y consent? Mais, ajoutait-il, si on décide que la libération ne résulte pas de ce paiement, il faut admettre le créancier à réclamer la somme entière (Ulp., L. 2, § 7, D., *de eo quod certo loco*.).

XIV. L'esclave héréditaire peut-il stipuler pour l'héritier futur? — Non, suivant Proculus; parce que l'esclave ne peut stipuler que pour celui sous la puissance duquel il se trouve placé; or, l'esclave n'est pas encore en la puissance de l'héritier futur. — Cassius regardait, au contraire, la stipulation comme valable : il se fondait sur cette fiction que l'héritier doit être réputé avoir succédé au défunt dès le jour du décès (Gaius, L. 28, § 4, D., *de stipul. servor.*).

XV. La vente peut-elle avoir lieu moyennant un prix qui ne consisterait pas en argent monnayé? — Sabinus et Cassius soutenaient la validité des ventes de ce genre; l'opinion contraire de Nerva et de Proculus a prévalu (Paul., L. 1, § 1, D., *de contrah. empt.*).

XVI. On a vendu partie d'un fonds pour une somme au-dessous de sa valeur réelle, mais à la condition que l'acheteur prendrait à loyer pour dix années, et moyennant un fermage déterminé, la partie du fonds conservée par le vendeur. Trebatius et Labéon ne pensaient pas que le vendeur pût agir par l'action *ex vendito* pour contraindre l'acheteur à exécuter la condition dont s'agit : car, disaient-ils, on ne peut considérer cette condition comme un prix. — Ce scrupule n'arrête pas le Sabinien Javolénus : en effet, la vente étant valable dès qu'il y a un prix quelconque convenu en argent, pourquoi le vendeur ne pourrait-il pas agir *ex vendito* pour exiger l'accomplissement d'une clause qui, dans l'intention des parties, était considérée comme formant une partie du prix (Javolén., L. 79, D., *de contrah. empt.*).

XVII. Le locataire est-il responsable du dommage causé par un tiers à la chose louée? — Julien soutient la négative sans aucune distinction. — Marcellus (Proculéien) pense au contraire, et avec raison, qu'il faut distinguer si le locataire a pu ou non garantir la chose du dommage (Ulpian., L. 41, D., *Locati*).

XVIII. J'ai acheté un esclave; et, avant que la tradition m'en fût faite, j'ai institué héritiers, par portions égales, cet esclave et Titius. Après ma mort, cet esclave fait la tradition par ordre du vendeur. On demande ce que le vendeur est tenu de restituer à Titius mon autre héritier? — Julien pensait que Titius, n'étant institué que pour moitié, pouvait seulement réclamer du vendeur moitié de l'esclave et moitié de ce qui avait été acquis au vendeur par le moyen de ce même esclave, c'est-à-dire le quart de l'hérédité. — Marcellus, au contraire, se fondant sur ce que le vendeur ne doit retenir aucun des profits produits par la chose vendue, décidait, avec plus de justice, que le vendeur devait restituer tout l'esclave et toute la portion d'hérédité acquise par cet esclave (Julian., L. 58, § 5; Martian., L. 59, D., *de hæred. instit.*).

XIX. Si je stipule dix pour moi et pour Titius, la stipulation est-elle valable pour dix ou pour cinq seulement? — Les Proculéiens avaient adopté cette dernière opinion (Pompon., L. 110, D., *de verb. oblig.*). — Les Sabiniens, au contraire, décidaient que la stipulation était valable pour dix, parce qu'ils regardaient l'adjonction du tiers comme non avenue (Gaius, Comm. III, § 103).

FIN DU QUATRIÈME APPENDICE.

CINQUIÈME APPENDICE.

DE LA DÉCADENCE DU DROIT ROMAIN ET DE SES DESTINÉES TANT EN ORIENT QU'EN OCCIDENT (1).

Expression animée et presque toujours fidèle des rapports et des besoins sociaux, le Droit suit les progrès et les écarts de la civilisation. La religion, la forme du gouvernement, la composition homogène ou non de la nation, les mœurs, les préjugés, toutes les circonstances, en un mot, qui constituent la civilisation d'un peuple, réagissent nécessairement, avec plus ou moins d'énergie, sur les diverses parties du droit et leur impriment une physionomie différente, non seulement chez les différentes nations, mais encore chez le même peuple aux diverses époques de son histoire.

Aucune législation, sans contredit, n'a eu une aussi longue durée que le droit romain et n'a régné sur autant de contrées diverses ; aucune n'a traversé des civilisations aussi variées. Celui qui voudrait écrire l'histoire du droit romain aurait donc à considérer un grand nombre d'époques différentes. Cette histoire se divise en effet en trois parties principales : 1° l'histoire du droit romain proprement dit ou *droit romain classique*, depuis la fondation de Rome, jusqu'à Alexandre Sévère ; 2° l'histoire du droit romain en *Orient*, depuis la division de l'empire sous les fils de Constantin, jusqu'à la chute de l'empire grec, consommée lors de la prise de Constantinople par les Turcs ; 3° l'histoire du Droit romain en *Occident*, depuis la division de l'empire, et surtout depuis l'invasion des races germaniques jusqu'à nos jours. — Chacune de ces parties principales se subdivise à son tour en plusieurs époques.

Les documents relatifs à l'histoire du Droit classique sont compris dans les trois appendices précédents. Dans celui-ci, on trouvera l'indication des faits principaux concernant la destinée du Droit romain en Orient et en Occident.

Mais pour faciliter l'intelligence tant de ce cinquième appendice que des précédents, pour lier ensemble les diverses parties de cet immense tableau, il convient de tracer d'abord à grands traits l'esquisse générale du développement progressif et de la décadence du Droit romain.

---

(1) Dans nos facultés, l'enseignement du Droit romain est distribué de façon à concentrer toute l'attention des élèves, soit sur le droit romain classique (celui en vigueur sous les Antonins), soit sur les compilations de Justinien, c'est-à-dire sur le droit romain oriental.... On néglige complètement les monuments du droit romain, particuliers à l'occident, et notamment les diverses LEGES ROMANÆ rédigées au sixième siècle par les conquérants germains. Cependant ces documents forment une partie importante de notre histoire nationale et leur étude jette un grand jour sur l'origine des législations de l'Europe moderne.

Par un heureux privilége, la faculté de Paris a été dotée il y a quelques années d'une *chaire d'histoire du droit*, et, ce qui vaut mieux encore, d'un habile professeur qui a compris la grandeur et l'importance de la tâche qui lui était confiée. Mais pourquoi les autres facultés sont-elles déshéritées d'une chaire aussi nécessaire ? Pourquoi surtout, à Paris, le cours d'histoire du droit n'est-il obligatoire que pour les élèves peu nombreux qui se destinent au doctorat? Sans doute, pour les élèves laborieux, le talent si distingué du titulaire actuel, M. Poncelet, vaut mieux que tous les réglements pour populariser l'étude de l'histoire du droit ; mais cela est-il suffisant pour la plupart des jeunes gens? Ne serait-il pas convenable que tous fussent obligés de subir examen sur cette branche importante de l'enseignement?

CHAPITRE I.

COUP D'OEIL RÉTROSPECTIF SUR LES CARACTÈRES PRINCIPAUX DU DROIT ROMAIN ET SUR LES CAUSES DE SON PERFECTIONNEMENT.

I. DE LA FONDATION DE ROME, A LA LOI DES XII TABLES.

L'histoire des premiers siècles de Rome est fort incertaine. Les historiens, qui dans la suite cherchèrent à en tracer le tableau, n'eurent guère pour documents que des traditions populaires dans lesquelles les fables les plus invraisemblables se trouvent constamment mêlées aux faits réels. Voici cependant, en ce qui touche le Droit, quelques traits principaux dont la certitude ne paraît pas contestable.

La forme du gouvernement était essentiellement aristocratique; le Roi n'était qu'un président à vie élu par les Patriciens. La nation était divisée en deux classes distinctes : aux Patriciens appartenaient exclusivement les droits politiques, l'exercice du sacerdoce et des magistratures civiles; les Plébéiens jouissaient seulement des droits civils; ils composaient une nation inférieure, une nation à part : les races ne se mêlaient pas : la loi d'accord avec l'orgueil patricien défendait le mariage entre Patriciens et Plébéiens.

Nonobstant quelques témoignages contraires, il paraît certain que, jusqu'à la loi des XII Tables, il n'y eut que peu ou point de lois écrites; mais seulement un droit *coutumier* qui chaque jour se modifiait selon le besoin des circonstances : « *initio civitatis nostræ*, dit Pomponius, *populus sine lege certa, sine jure certo primum agere instituit, omniaque manu a regibus gubernabantur* (L. 2, § 1, D., *de origin. juris.*).

Pendant toute cette première époque et une partie de la suivante, la connaissance du Droit fut le monopole d'une caste: conservée et transmise comme un mystère dans les familles patriciennes, la jurisprudence n'était point une science accessible à tous, mais le patrimoine de quelques familles.

Le Droit se liait d'ailleurs étroitement à la liturgie du culte national : science sacrée plutôt que mondaine, il dépendait autant de l'aruspice et du pontife que du magistrat civil : *interpretandi scientia et actiones apud collegium pontificum erant*, dit encore Pomponius (*d. L. 2, § 6*). Le Patricien dispose donc souverainement de la justice : comme pontife, il dit quel jour on peut plaider; comme patron, il apprend à ses clients plébéiens la pantomime symbolique et les paroles sacramentelles dont ceux-ci doivent se servir pour réclamer leurs droits; enfin, comme magistrat, sur son tribunal, il décide de la fortune et de la liberté des Plébéiens avec un arbitraire presque sans limites; puisque, d'une part, le droit est incertain, et que, de l'autre, aucun recours n'est ouvert contre la sentence.

II. DEPUIS LA LOI DES XII TABLES, JUSQU'A CICÉRON.

La première moitié de cette période est l'époque des grandes vertus civiques et privées, des grands travaux par lesquels le peuple romain s'assure l'empire du monde. Dans la seconde moitié, la richesse et le luxe, fruit de la victoire, commencent à corrompre les mœurs; enfin les guerres civiles et les proscriptions préparent la chute de la république et le rétablissement du pouvoir monarchique.

Il faut distinguer maintenant l'histoire politique de l'histoire juridique.

I. HISTOIRE POLITIQUE. L'histoire politique de cette période nous signale deux faits principaux.

1° A l'extérieur, le peuple romain achève de soumettre l'Italie et marche à la conquête de l'univers. La Sicile, l'Espagne, l'Afrique, l'Asie, les Gaules tombent au pouvoir des Romains ; mais les résultats de la conquête sont bien différents en Italie que dans les pays conquis hors d'Italie.—L'Italie vaincue ne tarde pas à se confondre avec les vainqueurs ; elle est agrégée à la cité conquérante et partage avec elle la souveraineté. Cependant, malgré cette agrégation, les petites républiques italiennes conservent une administration locale indépendante, origine du système municipal.—Les Provinces, ou pays conquis hors d'Italie, ne sont pas à beaucoup près aussi bien traitées: elles perdent leur droit public et civil, et subissent la loi imposée par le vainqueur ; le sol est déclaré propriété du peuple romain ; les habitants sont sujets de Rome; les administrations locales disparaissent; les provinces sont gouvernées despotiquement par des proconsuls ou des propréteurs envoyés de Rome.

2° A l'intérieur, la constitution primitive de la cité subit une altération profonde. La longue lutte entre les Patriciens et les Plébéiens se termine au cinquième siècle par la victoire complète de la démocratie. Les Plébéiens conquièrent enfin le grand principe de l'égalité politique et civile ; tous les citoyens sans distinction deviennent admissibles à toutes les fonctions, à toutes les dignités religieuses et politiques.

II. Histoire juridique. L'histoire juridique de cette période nous présente deux traits principaux : les rigueurs du droit civil sont adoucies ; le droit arrive à l'état de science proprement dite.

1° La loi des XII tables, cette charte si péniblement arrachée au Patriciat, était en harmonie avec la rudesse de l'époque où elle fut portée. Le père de famille a sur ses enfants droit de vie et de mort ; les enfants ne peuvent rien avoir en propre, tout ce qu'ils acquièrent est acquis au père de famille; la loi ne leur assure aucune portion de l'hérédité paternelle.— Le débiteur insolvable peut être réduit en esclavage et même mis à mort par ses créanciers. — La succession ab intestat est exclusivement dévolue à la famille civile, le législateur ne tient aucun compte des affections du défunt.— Enfin la procédure est l'image d'un combat.

Ces lois, faites pour un peuple grossier et encore barbare, ne pouvaient convenir à Rome civilisée et polie ; elles durent être adoucies. Toutefois la réforme ne s'opéra point au moyen d'une refonte radicale du code décemviral : loin de là, les XII tables, entourées d'un respect presque superstitieux, continuèrent à être regardées, du moins en théorie, comme la base fondamentale du droit civil. Mais, dans la pratique, les dispositions de la loi étaient éludées par l'interprétation quelquefois trop subtile des jurisconsultes, et surtout par l'autorité du préteur. Le droit prétorien, plus ami de l'équité, vint se placer à côté du droit civil proprement dit, pour le modifier, soit à l'aide de fictions de diverses natures, soit en accordant, sous un nom nouveau, ce que le droit civil refusait sous un autre. C'est ainsi, par exemple, que le Préteur accorde, sous le nom de *bonorum possessio*, à certaines personnes, l'*hérédité* que leur refusait le Droit civil.

2° La loi des XII tables avait rendu un immense service en mettant à la portée de tous le texte de la loi. Mais il ne suffisait pas de connaître la loi, il fallait savoir s'en servir : la symbolique et les formules ne cessèrent point de long-temps encore d'être un secret dont la connaissance était soigneusement dérobée aux Plébéiens. Pour que le droit cessât d'être une science occulte, il fallut l'indiscrétion d'un Flavius et d'un Ælius. Enfin vers la fin du cinquième siècle, un plébéien, Tibérius Coruncanius, arrive au Pontificat; les voiles qui cachaient aux profanes les mystères de la jurisprudence sont alors déchirés complètement et pour toujours ; Coruncanius enseigne publiquement le droit. A partir de cette époque, Patriciens et Plébéiens se livrent avec ardeur à l'étude des lois; les uns pour conserver leur ancienne influence, les autres pour en acquérir. La connaissance du droit conduit à tous les honneurs aussi bien que les triomphes militaires. A ces causes d'émulation ajoutons encore la grandeur et l'importance des procès : des rois, des nations entières, viennent plaider devant le peuple roi!...

3° A la fin du sixième siècle, l'importation à Rome de la littérature et de la philosophie grecque vint se joindre à ces causes de perfectionnement et donner au droit romain une impulsion nouvelle, sans lui rien faire perdre de son originalité. De l'état de précepte despotique et formel, le droit, posé sur des bases plus larges, passa à l'état de science morale. La philosophie stoïque, embrassée avec ardeur par les jurisconsultes romains, imprima à leurs décisions ce haut caractère de noblesse et de raison qui distinguait la sublime morale de Zénon. En même temps, la dialectique, si soigneusement cultivée au portique, apprit aux jurisconsultes l'art de féconder le texte des lois en tirant des principes premiers des conséquences rigoureuses qui, à leur tour, devenaient la source de mille déductions nouvelles. Ainsi, la jurisprudence devint véritablement alors une science, bien qu'elle ne soit arrivée à son entière perfection que dans les siècles suivants.

III. Depuis cicéron, jusqu'a alexandre sévère.

I. Histoire politique. Un grand événement politique signale le commencement de cette période. Les formes républicaines, et avec elles la liberté politique, disparaissent; le gouvernement d'un seul remplace le gouvernement populaire. Toutefois cette révolution, préparée par la dictature de Sylla et de J. César, n'eut point pour effet d'établir du premier coup l'autocratie proprement dite. Sous les premiers empereurs, et jusqu'à Adrien, le gouvernement fut une sorte de monarchie républicaine; l'empereur n'était que le premier magistrat de la république. En pratique, sans doute, le pouvoir du prince connaissait peu de limites; mais en théorie, la souveraineté appartenait encore au peuple romain : sous Tibère, et même sous Claude, le peuple s'assemble encore quelquefois pour sanctionner les lois. Enfin, la puissance impériale n'était pas considérée comme le patrimoine d'une famille, mais comme une magistrature conférée à vie par le peuple; ce ne fut que plusieurs siècles après que l'on songea à rendre héréditaire la dignité impériale.

Le Sénat perdit tout pouvoir politique : dans le commencement, les empereurs le consultèrent encore pour la forme, mais bientôt, ils se dispensèrent de cette apparence de respect : au reste, par sa servilité et sa bassesse, ce corps, autrefois si illustre, allait au devant de sa propre dégradation. Toutefois les empereurs laissèrent au Sénat le soin d'améliorer la législation civile; aussi, trouvons-nous dans cette période un grand nombre de sénatusconsultes très importants pour le droit privé.

Les anciennes magistratures perdirent beaucoup de leur crédit; les magistratures nouvelles de création impériale acquirent promptement une prépondérance marquée.

L'Italie conserva son administration municipale. Le sort des Provinces fut adouci ; et le pouvoir des gouverneurs, autrefois illimité, fut renfermé dans de justes bornes.

II. Histoire juridique. Les événements politiques n'eurent pas , du moins immédiatement, sur les institutions civiles autant d'influence qu'on pourrait le supposer : la loi des XII tables pour la théorie, le droit préto rien pour la pratique demeurèrent les bases du droit privé. Nous devons toutefois signaler ici quelques innovations importantes dans la législation civile.

Quant aux personnes : les lois Ælia Sentia, Junia Norbana, Fusia Caninia réglèrent, d'une manière nouvelle, la matière de l'affranchissement. — La cité romaine fut accordée à tous les habitants de l'empire par la constitution de Caracalla. — La puissance paternelle fut beaucoup adoucie ; les fils de famille purent avoir la propriété de leur pécule castrans. — La tutelle des femmes devint une affaire de forme.

Le droit testamentaire éprouva des modifications en sens divers : d'une part, les lois Julia et Papia Poppæa établirent l'importante théorie de la caducité ; d'autre part, à côté des anciens principes, vint se placer la législation plus douce des codicilles et des fidéicommis.

L'administration de la justice éprouva plus directement l'influence du changement opéré dans la constitution politique. Tous les pouvoirs tendaient à se centraliser dans les mains de l'empereur : aussi est-ce sous le gouvernement impérial, et comme conséquence naturelle de la hiérarchie des pouvoirs, que s'établirent et se développèrent les voies à prendre contre les jugements.

III. Perfection de la jurisprudence. Mais si la législation civile demeura à peu-près stationnaire, il n'en fut pas ainsi de la science du droit, dont les immenses progrès méritèrent à cette époque le nom d'*âge d'or* de la jurisprudence. Bien des causes concoururent pour produire l'admirable perfection à laquelle arriva la jurisprudence romaine dans le courant et surtout vers la fin de cette période : nous nous contenterons de signaler ici les causes principales.

1° Génie romain. Le Romain avait plus de bon sens que d'imagination ; plus de solidité que de brillant ; plus de méthode que de goût. Grave, réfléchi, positif ; intéressé jusqu'à l'avarice ; formé à la discussion par la vie publique du forum, le Romain portait dans les affaires de la vie privée un esprit d'ordre et d'exactitude pointilleuse qui ne le disposait guère à abandonner ce qu'il croyait être son droit. Ces qualités et ces défauts du caractère romain, contribuaient également au perfectionnement de la science du droit.

2° Ces dispositions naturelles furent merveilleusement secondées par diverses circonstances accessoires. — Ainsi que nous l'avons déjà fait remarquer, le droit était à Rome la science par excellence : indispensable à tous, dans une société où chaque citoyen pouvait à chaque instant être appelé aux diverses fonctions publiques, le droit était l'étude de tous. — Les grands politiques, les grands généraux romains étaient versés dans l'étude du droit civil ; cette science était surtout cultivée par l'élite de la société romaine, et l'on connaît ce mot si dur de Mucius à Servius « *turpe esse viro patricio et nobili et causas oranti, jus civilatis in qua versaretur ignorare.* » Aussi, déjà sous la république, la science était-elle devenue un des moyens les plus sûrs d'arriver aux honneurs. — Auguste rehaussa encore l'éclat et l'importance de la jurisprudence, en accordant à certains jurisconsultes le privilége de répondre officiellement sur le droit, c'est-à-dire de donner des décisions obligatoires pour les juges, tout comme si elles fussent émanées de l'empereur lui-même.

3° La forme de la procédure ne fut pas non plus sans influence sur le perfectionnement de la jurisprudence. La plaidoirie sur le droit étant parfaitement séparée de la plaidoirie sur le fait, il n'y avait pas moyen, comme dans nos tribunaux, de dissimuler son ignorance en droit par des développements oratoires sur le point de fait.

4° Au nombre des causes les plus actives de perfectionnement, on doit encore ranger l'admirable simplicité des lois. Les lois se contentaient de po-

ser les principes premiers et laissaient à la doctrine le soin d'en développer
les conséquences. Les jurisconsultes romains n'étaient point enchaînés, ac-
cablés par la triste abondance des textes législatifs. Aussi, tandis que, chez
nous, les jurisconsultes, obligés de se consumer en pénibles efforts pour
apprendre, retenir, expliquer et concilier une multitude de textes confus
et le plus souvent contradictoires, sont réduits à négliger la culture des
lettres et de la philosophie, et n'osent avancer de peur de se heurter contre
quelque texte; les jurisconsultes romains, libres de telles entraves, ne trouvant dans les lois positives qu'un petit nombre de dispositions simples,
pouvaient remonter aux sources premières de tout droit, interroger la nature
intime de l'homme, scruter les principes nécessaires des choses, et poser
enfin, comme base philosophique de leur droit pratique, cette règle éter-
nelle de toute justice : *honeste vivere, neminem lædere, suum cuique tribuere.* — Et comme, d'un autre côté, les jurisconsultes occupaient les plus
hautes fonctions de l'ordre judiciaire; comme leurs écrits n'étaient le plus
souvent que le résumé des décisions qu'ils avaient rendues comme magistrats; leurs ouvrages nous offrent un admirable modèle de l'union de la
théorie avec la pratique : leurs théories ne vont jamais se perdre dans le
vague des contemplations purement métaphysiques; mais aussi leur pratique n'a rien de bas et de routinier, et se rattache toujours aux grands
principes de la morale.

4° Nous avons déjà signalé, dans l'époque précédente, l'heureuse influence
de la philosophie stoïcienne sur le droit; contentons-nous d'ajouter ici ces
paroles de Hume : « .... il est remarquable que, dans le déclin de la littérature romaine, lorsque les philosophes généralement dégénérèrent en sophistes, ou tombèrent dans les absurdités de la superstition, lorsque les
poètes et les historiens n'écrivaient plus que dans un langage corrompu, les
jurisconsultes, qui, dans les autres pays, sont rarement des modèles d'érudition et de goût, eurent cependant par l'étude constante et l'imitation fidèle de leurs prédécesseurs, l'avantage de pouvoir conserver la même jus-
tesse dans leurs décisions , la même précision dans leurs raisonnements, la
même pureté dans leur langage et leurs expressions. »

Sous les Antonins et les Sévères, la jurisprudence avait atteint le plus
haut degré de perfection auquel cette science paraisse pouvoir jamais arriver, parce que jamais probablement les causes, qui concoururent à son perfectionnement, ne se rencontreront nulle part à un aussi haut degré. Mais la
décadence approchait.... Au vif éclat dont la jurisprudence a brillé depuis
Trajan jusqu'à Alexandre Sévère , succède tout à coup, et pour ainsi dire
sans transition appréciable, une profonde obscurité. Papinien, Paul, Ulpien,
Modestin semblent avoir emporté dans leur tombe le secret de cette merveilleuse dialectique qui, au témoignage de Leibnitz, le cède à peine à la
précision des géomètres.

La première cause de cette brusque décadence fut sans doute l'effroyable
anarchie militaire qui, après la mort d'Alexandre Sévère, déchira pendant
cinquante ans l'empire romain : mais pourquoi le droit romain ne se re-
leva-t-il pas de ses ruines, lorsque Dioclétien, saisissant d'une main ferme
les rênes de l'empire, rendit enfin le repos au monde fatigué? On pourrait répondre que, pendant ce demi siècle d'anarchie, les bonnes traditions
avaient été interrompues et qu'il n'avait pu se former d'élèves capables de
continuer les grands maîtres : mais si ce fut là une des causes, ce ne fut ni
la seule, ni la principale. Des causes nombreuses et diverses amenèrent ce
résultat : nous signalerons comme les plus actives la dégradation générale
de la civilisation, la révolution opérée par Dioclétien et par Constantin
dans les institutions politiques et civiles; la translation du siége de l'empire

de Rome à Constantinople; les progrès du christianisme; le partage de l'empire et les invasions des barbares.

CHAPITRE II.

DÉCADENCE DU DROIT ROMAIN DEPUIS ALEXANDRE SÉVÈRE, JUSQU'A JUSTINIEN.

L'histoire de la décadence du droit est tellement liée à l'histoire générale, qu'il est indispensable de rappeler d'abord les traits principaux de la triste époque dans laquelle nous entrons maintenant.

ART. I. HISTOIRE POLITIQUE.

Elle nous présente deux parties bien distinctes : depuis Alexandre Sévère jusqu'à Dioclétien, l'empire tombe dans un état inouï de désorganisation ; Dioclétien, et après lui Constantin, essaient de rendre la vie à ce corps épuisé ; mais leurs efforts et leur génie parviennent seulement à retarder une chute désormais inévitable.

§ I. Depuis Alexandre Sévère, jusqu'à Constantin.

L'histoire universelle tout entière ne nous fournit aucun spectacle que l'on puisse comparer à l'état de dissolution où était tombée la société romaine au troisième siècle de l'ère chrétienne. Tout semblait conspirer la ruine de l'édifice colossal que le génie ambitieux de Rome avait mis tant de siècles à élever. Dangers de toutes parts : dangers, à l'intérieur, résultant de la constitution vicieuse du gouvernement.... dangers à l'extérieur : les nations refoulées par les violences des romains, s'ébranlent et pénètrent dans l'empire par toutes ses frontières.... fléaux naturels : la peste, la famine, la misère déciment la population et achèvent de la démoraliser.

I. *Constitution vicieuse du gouvernement impérial.* — Les vices de la constitution impériale peuvent se ramener à ce chef principal, que ni les institutions de détail, ni les mœurs, n'étaient en harmonie avec le principe du gouvernement.

Dans les états vraiment monarchiques, le pouvoir du souverain reposant sur un ensemble d'institutions qui lui servent à la fois de limites et d'appui, l'action et la marche du gouvernement ne sont pas absolument dépendantes des vices ou des vertus du Prince ; tous les rouages étant bien coordonnés, la machine fonctionne toujours avec à-peu-près la même régularité ; et il faut une bien longue suite de mauvais règnes pour altérer profondément le principe du gouvernement.

Mais, ainsi que nous l'avons déjà fait remarquer, l'empire romain n'était point véritablement monarchique. Comme il n'y avait pas de loi qui réglât d'une manière fixe l'ordre de succession au trône, chaque changement de règne pouvait devenir, et devenait en effet le plus souvent, la cause de guerres désastreuses entre les divers compétiteurs. Comme il n'y avait ni règles qui déterminassent l'étendue du pouvoir suprême, ni hiérarchie qui servît de transition entre l'Empereur et les sujets ; comme enfin la monarchie ne s'appuyait pas sur un ensemble d'institutions correspondantes, le pouvoir impérial était en quelque sorte isolé au milieu de la société et n'avait d'autre force que celle qu'il pouvait tirer du mérite personnel du Prince. Aussi voyons-nous, à toutes les pages de l'histoire impériale, à un règne florissant et glorieux, succéder brusquement le désordre le plus complet.

Un autre vice radical du gouvernement fondé par Auguste était la prépondérance hors de toute mesure accordée à l'armée et l'absence d'institutions civiles qui pussent lui servir de contre-poids. La force militaire, sur laquelle le pouvoir impérial s'était si exclusivement appuyé, devait tôt ou tard causer sa ruine.

Déjà, à une époque comparativement florissante, Sévère mourant léguait à ses fils cette maxime de gouvernement : « enrichissez les soldats et comptez pour rien le reste » : ce mot donne le secret de la force et de la faiblesse du pouvoir impérial. Les soldats étant tout, et le reste de la nation rien, les empereurs étaient obligés de ruiner l'état pour acheter la fidélité toujours douteuse de l'armée. Quelques règnes longs et vigoureux vers la fin du deuxième siècle, auraient permis aux empereurs de changer ce funeste état de chose; aussi peut-on reprocher avec justice aux princes de la famille des Antonins de n'avoir pas profité des circonstances favorables où ils étaient placés, pour abattre cette puissance redoutable.

Alexandre Sévère et Ulpien, son préfet du prétoire, avaient été massacrés dans une sédition militaire : sous les successeurs d'Alexandre, la tyrannie des soldats ne connut plus de bornes. Les prétoriens à Rome, les légions dans les provinces disposent souverainement du trône; les prétendants à l'empire se multiplient, chaque armée proclame le sien; les soldats vendent l'empire aux enchères et assassinent ensuite les empereurs pour recevoir un nouveau prix : en cinquante ans périssent seize empereurs assassinés. Dans ces sanglantes saturnales, la dignité impériale perdit toute considération : quel respect pouvait-on éprouver pour ces souverains éphémères qui, tout souillés du sang de leurs prédécesseurs, n'arrivaient au trône qu'à la condition de gorger d'or leurs farouches partisans. Dans cette multitude d'empereurs méchants ou incapables, l'histoire impartiale doit distinguer quatre hommes véritablement grands, Claude, Aurélien, Tacite et Probus dont les talents sauvèrent l'empire près de périr.

2° *Invasion des barbares.* — A mesure que l'empire s'affaiblissait, les barbares, autrefois si méprisés, devenaient redoutables. Dès le milieu du troisième siècle, toutes les frontières de l'empire, en Europe et en Asie, furent attaquées à la fois : en Bretagne, par les Calédoniens et les Saxons; dans les Gaules, par les Francs, les Allemands et les Bourguignons; en Italie, par les Allemands, les Suèves, les Marcomans et les Quades; en Mésie, en Macédoine, en Thrace, par les Carpes, les Goths, les Hérules, etc.; en Asie par les Perses, etc. Cette guerre, sur tant de points à la fois, n'avait en soi rien de nouveau ni même de bien alarmant pour un état qui ne s'était établi que par la guerre; mais les destins étaient changés; le prestige du nom romain n'existait plus. Loin de songer à attaquer, on s'estimait maintenant heureux de pouvoir repousser l'agression. Aussi, quoique poursuivie avec des succès divers, la guerre était en résultat funeste à l'empire qui s'épuisait à combattre des ennemis toujours plus nombreux et plus hardis.

La condition des provinces, déjà si malheureuse sous les bons empereurs, devint véritablement intolérable : écrasées d'impôts, ravagées par les incursions des barbares, livrées sans défense aux violences et aux rapines d'une soldatesque effrénée, leur misère fut portée à un point qui ne peut se décrire, par le concours de tous les fléaux, la peste, la famine, les tremblements de terre.

Quand un peuple est encore jeune et vigoureux, qu'il est sincèrement attaché à ses institutions et animé d'un vif sentiment de dignité et d'indépendance nationale, l'adversité exalte jusqu'à l'enthousiasme toutes les vertus civiques, et ce peuple peut se relever plus fort qu'auparavant : le malheur retrempe ceux que le vice n'a pas corrompus. Mais quand des fléaux, semblables à ceux que nous venons de signaler, viennent fondre sur une société vieillie et corrompue, amollie par l'habitude du luxe, énervée pa une longue servitude, gangrenée de tous les vices qui accompagnent presque nécessairement un haut degré de civilisation ; alors le mal est sans ressource ; et les remèdes héroïques qu'il faut employer ne font que hâter la fin du malade épuisé.

Telle était précisément la situation de l'empire romain à l'époque dont nous nous occupons. Toute énergie morale s'était éteinte ; les sentiments généreux, le dévouement à la patrie, l'amour de la gloire et de la liberté avaient fait place à un sensualisme grossier, à un égoïsme honteux qui abâtardissaient et rongeaient toutes les classes de la société. Les agrégations secondaires, qui font la force des empires, la famille, les corporations d'artisans, les communautés municipales se dissolvaient sous l'action anti-sociale de l'intérêt individuel. Les gens en place étant les seuls qui pussent jouir d'un peu de sécurité et de liberté, les seuls qui eussent encore les moyens de s'enrichir et de se procurer ces plaisirs sensuels dont cette époque était si avide, chacun, mécontent de son état présent, s'efforçait d'en sortir pour entrer dans la classe si enviée des fonctionnaires publics ; de là, la multiplicité croissante des fonctions publiques, fardeau toujours plus lourd pour l'état. L'amour des places avait donc remplacé l'amour de la patrie ; la vanité des titres, l'orgueil national. Et vraiment ! quel attachement pouvaient avoir les peuples pour des institutions qui ne protégeaient plus personne ; quelle fidélité pour des maîtres qui semblaient ne passer sur le trône que pour le déshonorer par toutes sortes de crimes et de vices ?

Le christianisme offrait, il est vrai, un asile aux âmes blessées du spectacle de tant de maux ; mais s'il pouvait beaucoup pour l'amélioration intime des individus, bien des causes s'opposaient à ce qu'il pût devenir un instrument de salut pour la société romaine.

D'un côté, le génie plus contemplatif que pratique du christianisme, son dédain des choses de la terre, éloignait les fidèles des études mondaines et du maniement des affaires publiques. D'un autre côté, les vastes associations des chrétiens, leur prosélytisme ardent, avaient inspiré aux empereurs des craintes sérieuses. Rome, ordinairement si tolérante pour toutes les religions, se montrait impitoyable pour la religion de Jésus. Ainsi, les chrétiens ne voulaient ni ne pouvaient prendre place dans la société ancienne : sa corruption révoltait leur pureté, ses persécutions la leur rendaient odieuse. D'ailleurs, le monde romain était trop profondément empreint de polythéisme pour qu'aucune transaction fût possible entre lui et la religion chrétienne. A cette religion nouvelle, il fallait des hommes nouveaux ; et, par une destinée providentielle, le Nord s'ébranlant dans la profondeur de ses forêts, allait envoyer au nouveau culte des nations innombrables à convertir et à civiliser. Avec ces catéchumènes rudes et grossiers, mais exempts des vices de l'ancien monde, le christianisme allait bientôt jeter en Occident les bases d'une société nouvelle.

Ainsi, la religion chrétienne, qui devait opérer plus tard une révolution si favorable aux intérêts généraux de l'humanité, n'était encore, à cette époque, qu'un dissolvant de plus ajouté à tous ceux qui minaient déjà la société romaine proprement dite.

§. 2 *Changements opérés dans toutes les parties de l'administration de l'empire, par Dioclétien et Constantin.*

Mais cette grande régénération que la religion chrétienne devait opérer un jour, il fallait l'acheter par bien des siècles de malheurs et de souf-

28

frances! En attendant, une révolution prompte, immédiate, profonde, était nécessaire pour sauver l'empire romain, et peut-être avec lui la cause générale de la civilisation. Qui oserait dire quelles eussent été les destinées du monde, si l'empire s'affaissant tout-à coup, les provinces romaines eussent été brusquement occupées par les barbares? N'est-il pas plus que probable que tous les trésors des lettres grecques et latines; que les lois romaines et les écrits des jurisconsultes, qui devaient plus tard servir de guide aux législateurs modernes; que tant de monuments de tous genres de l'antique civilisation, eussent disparu pour toujours dans ce grand naufrage, comme cela est arrivé en Afrique et en Asie, devant les conquérants arabes? L'élément germain eût alors dominé sans rival dans l'Europe moderne; qui peut dire ce qui en fût advenu? Mais il n'entrait pas dans les desseins de la Providence que l'empire pérît tout-à-coup : pour retarder sa chute, une révolution était nécessaire, Dioclétien la commença, Constantin eut l'honneur d'y mettre la dernière main.

Cette révolution ne pouvait être un retour vers un passé glorieux, mais désormais impossible. Tacite et Probus ... es années avant Dioclétien, avaient cru rendre à l'empire son ancien ... leur en rétablissant les institutions républicaines. Un peu plus tard, et dans le même but, Julien s'efforça de rendre au polythéisme son antique suprématie ; mais, quel que fût le mérite personnel de ces princes, leurs efforts furent sans succès. Le génie de Dioclétien comprit que les anciennes institutions avaient fait leur temps; il résolut donc de dénaturer complètement l'ancienne société, et d'en reconstituer une autre sur des bases nouvelles. Quelques auteurs l'en ont sévèrement blâmé... mais ils n'ont pas remarqué que de toutes les révolutions, la plus funeste est celle qui se propose de ressusciter un passé vieilli et usé : les tentatives de ce genre n'ont jamais eu qu'un succès éphémère ; elles usent en pure perte les forces de la société à remonter le cours irrésistible des temps.

I. *Innovations de Dioclétien.*

I. *Partage de l'Empire.*—Au moment où Dioclétien monta sur le trône, toutes les parties du gouvernement réclamaient également les soins d'une main ferme et habile : il fallait en même temps protéger les frontières contre les ennemis extérieurs, étouffer à l'intérieur les séditions et les révoltes ; tirer les provinces de la misère profonde où elles étaient plongées... Pour tant de soins, et pour un si vaste empire, un seul homme ne pouvait suffire; Dioclétien le sentit, et s'associa à l'empire son ami et son compagnon d'armes, le brave mais farouche Maximien. Dioclétien se réserva l'orient, et abandonna à son collègue les provinces d'occident. Au reste, par ce partage, Dioclétien n'entendit pas constituer deux empires différents, mais seulement deux départements d'un même empire; il conserva toujours d'ailleurs la haute direction des affaires.

Plusieurs années de prospérité couronnèrent les premiers efforts des deux Augustes. Des guerres heureuses délivrèrent le territoire de l'empire des barbares qui, depuis si long-temps, le désolaient. La plupart des forteresses avaient été démantelées ou tombaient en ruines ; Dioclétien les fit rétablir et en fit construire de nouvelles sur toutes les frontières, sur les bords du Danube et du Rhin, comme sur ceux de l'Euphrate. Beaucoup de villes avaient été détruites par les barbares ou dans le cours des guerres civiles, elles sortirent de leurs ruines. La population était épuisée, et dans beau-

coup de provinces, les terres restaient incultes faute de bras; l'empereur re-
peupla les campagnes en y transportant ses prisonniers barbares.

Après huit années d'un règne prospère (de 284 à 292), le repos dont
jouissait l'empire fut tout-à-coup troublé. Les Maures se soulevèrent en
Afrique, et le roi de Perse recommença les hostilités; Achillée en Égypte,
Julien en Italie, levèrent l'étendard de la révolte. Pour faire face à ces nouveaux dangers, Dioclétien crut devoir s'adjoindre deux nouveaux auxi-
liaires, qui, sous le titre de *Césars*, devaient seconder les deux Augustes
dans le gouvernement. L'empire se trouva dès-lors divisé en quatre départements; et chacun des quatre souverains eut sa cour, son préfet du prétoire et son armée.

La création des Césars fut une faute politique : héritiers présomptifs
de la dignité impériale, les Césars devaient attendre avec impatience le
moment de monter au premier rang; et, d'un autre côté, l'immense pouvoir
dont ils étaient revêtus ne les excitait que trop à s'affranchir d'une dépendance humiliante. On ne peut douter que Dioclétien n'eût pressenti ce
danger, puisqu'il chercha à rattacher par des alliances de famille les Césars
aux Augustes. Mais ce frein était insuffisant à contenir les passions de pareils
hommes; et la conduite que tint dans la suite le César Galère fit bien
amèrement sentir à Dioclétien les vices de sa tétrarchie.

II. *Rehaussement de la dignité impériale.* — L'un des grands obstacles
au rétablissement de l'ordre était l'avilissement dans lequel était tombée la
dignité impériale; Dioclétien tendit de tous ses efforts à en relever l'éclat.
Les premiers empereurs n'avaient pas eu de cour proprement dite; ils
avaient la réalité plutôt que les insignes extérieurs du pouvoir suprême.
Adrien le premier s'était entouré de formes monarchiques, il avait eu une
cour, et les charges du palais avaient commencé, sous son règne à revêtir le
caractère de fonctions publiques.

Dioclétien alla beaucoup plus loin : il emprunta aux cours asiatiques leur
faste et leur étiquette; il ne se montra plus en public que le front ceint du
diadème, et revêtu d'habits de pourpre, étincelants de pierreries. Tout ce
qui se rapportait à la personne du prince acquit un caractère sacré; et on
n'aborda l'empereur qu'avec le cérémonial d'adoration pratiqué envers
les despotes d'Asie.

Cette innovation, qui n'était pas dans Dioclétien le résultat d'une vanité
puérile, imprima au gouvernement un caractère tout nouveau. Le despo-
tisme de cour remplaça la tyrannie de l'armée; les intrigues des courtisans
prirent la place des séditions militaires; au lieu de conspirer la mort des
empereurs, on cabala pour renverser un ministre. La sûreté personnelle
du prince étant moins menacée, le pouvoir perdit le caractère violent qu'il
avait auparavant; la corruption fut peut-être plus grande, mais la férocité
des mœurs diminua.

III. *Affaiblissement des autorités subordonnées, séparation des pouvoirs
civil et militaire.*—Les préfets du prétoire, et même les simples gouverneurs
des provinces, avaient jusqu'alors cumulé toutes les branches de la puissance publique, commandement militaire, juridiction, administration civile et financière. De nombreux exemples avaient montré quel danger pouvait offrir un pareil pouvoir dans les mains d'un sujet ambitieux : Dioclétien
s'appliqua à resserrer ces diverses autorités dans de justes limites. Il diminua
considérablement le pouvoir des préfets du prétoire, en les dépouillant de
presque toutes leurs attributions militaires, qu'il conféra à des officiers spé-
ciaux, les *magistri militum*. Il suivit le même système à l'égard des gouverneurs des provinces; et, de plus, il subdivisa en plusieurs gouvernements les

provinces d'une trop grande étendue : c'est ainsi que la Gaule, qui auparavant obéissait à un seul gouverneur, forma seize gouvernements différents. Enfin, il porta le dernier coup à la puissance des préfets du prétoire, en établissant, entre eux et les gouverneurs des provinces, des autorités intermédiaires, sous le nom de vice-préfets (*vicarii*).

IV. *Abaissement du pouvoir militaire.* — Le nouveau système d'administration, la division des divers pouvoirs entre plusieurs fonctionnaires, eut encore l'avantage de détruire le pouvoir exorbitant des armées. Les généraux n'ayant que des attributions purement militaires, ne pouvaient rien entreprendre sans la coopération des autorités civiles ; et, de leur côté, les fonctionnaires civils, tout en disposant des approvisionnements et de l'argent, étaient sans action directe sur les soldats ; ces diverses autorités se contenaient ainsi les unes les autres. Sans doute cet arrangement, en multipliant les ressorts de l'administration, pouvait en quelque cas nuire à la rapidité de l'exécution ; mais cet inconvénient était plus que compensé par l'impossibilité où se trouvaient les chefs militaires de se révolter contre l'autorité du prince, ainsi que cela s'était vu trop souvent sous les règnes antérieurs.

V. *Nivellement de toutes les parties de l'empire.* — L'empire, formé de l'agrégation successive de tant de pays conquis, manquait essentiellement d'unité. Il y avait notamment, ainsi que nous l'avons fait remarquer dans le chapitre précédent, une différence très grande entre l'Italie et les provinces. Ces priviléges, accordés au sol italique, n'avaient eu rien d'injuste dans les premiers temps ; il était assez naturel que le pays conquérant ne fût pas soumis au même régime que les pays conquis ; mais, à mesure que l'on s'éloignait de l'époque de la conquête, l'inégalité entre les diverses parties du territoire devenait plus choquante. Adrien avait divisé l'Italie en quatre gouvernements, sous l'autorité d'autant de *consulaires*, et par là, l'organisation de l'Italie avait commencé à se rapprocher de celle des provinces. Dioclétien alla beaucoup plus loin : il assujétit pour la première fois l'Italie à payer les tributs dont jusque-là elle avait été exempte.

II. *Institutions de Constantin.*

Constantin n'eut qu'à continuer et à perfectionner le système dont Dioclétien avait posé les bases. La plupart des institutions, dont on attribue l'honneur à Constantin, ne furent en effet en réalité que le développement des projets de son prédécesseur.

Ainsi, la division de l'empire en quatre préfectures qu'est-elle, sinon une modification de la tétrarchie de Dioclétien ?

La centralisation du pouvoir dans les mains de l'empereur ; l'abaissement de la puissance militaire ; le rehaussement de la dignité impériale ; la séparation des pouvoirs civil et militaire ; le nivellement des diverses parties du territoire de l'empire... tant d'autres innovations, dans la nature du gouvernement et les formes de l'administration, n'avaient-elles pas été conçues et en grande partie exécutées par Dioclétien ?

Quant au transfert du siége de l'empire de Rome à Constantinople, événement qui eut de si notables conséquences tant sur le droit public que sur le droit privé, Dioclétien n'avait-il pas préparé ce déplacement en fixant sa résidence à Nicomédie. Sans doute le choix de Constantinople fut un trait de génie ; de cette admirable position, entre l'Europe et l'Asie, l'empereur dominait toutes les parties de son vaste empire ; il couvrait de là les frontières les plus menacées, car il touchait au Danube et à la Scythie.

Il est un point cependant, mais un point capital, sur lequel Constantin montra une grande supériorité de vues sur son prédécesseur. Dioclétien avait persécuté les chrétiens, Constantin suivit une marche diamétralement opposée.

Par la pureté de leurs mœurs, l'exemption des superstitions grossières de l'ancien monde, et ce sentiment du devoir que la religion nouvelle exaltait jusqu'à l'héroïsme, les chrétiens formaient la partie la plus saine de la population de l'empire; là seulement se trouvaient des éléments de force et de durée.

Ce n'est pas tout. Parmi les vices essentiels de la constitution de l'empire, nous avons déjà eu occasion de signaler le défaut d'unité entre les diverses fractions soit du territoire, soit de la population, et l'absence d'une organisation hiérarchique de la société, si nécessaire dans une monarchie.

Sous ce double rapport, le christianisme offrait aux réformateurs d'immenses avantages : l'unité de la foi prédisposait les peuples à l'unité politique et civile; la hiérarchie ecclésiastique était un acheminement à la hiérarchie administrative.

Enfin, une fois reconnue la nécessité de rompre avec le passé, et de constituer la société sur des bases nouvelles, il fallait au gouvernement nouveau une religion nouvelle; l'ancien culte rappelait trop l'ancienne société.

Ces raisons politiques furent sans doute pour beaucoup dans la conduite qu'adopta Constantin, à l'égard de la religion chrétienne.

Déjà, dans la longue lutte qu'il avait eue à soutenir pour se rendre seul maître de tout l'empire, la faveur qu'il accordait aux chrétiens lui avait valu de zélés partisans jusque dans le palais de ses compétiteurs. Après sa victoire sur Licinius, Constantin se déclara plus ouvertement encore partisan du christianisme, et en favorisa la propagation de tout son pouvoir. On peut même lui reprocher d'être allé beaucoup trop loin.

Non content de favoriser les chrétiens, il persécuta les sectateurs de l'ancien culte.—Il jeta la perturbation dans la propriété, en faisant rendre aux chrétiens les biens dont ils avaient été dépouillés au temps des persécutions; cependant ces biens, confisqués conformément au droit public de cette époque, avaient subi de nombreuses mutations, et avaient fait l'objet d'une multitude d'établissements et de contrats divers.—Enfin il accorda au clergé une foule d'immunités et de priviléges, que ses successeurs furent obligés de retirer.

Dans l'ardeur de son zèle, Constantin commit encore une faute bien autrement grave. Il s'immisça dans le gouvernement de l'église, convoqua et présida des conciles; mais, d'un autre côté, les évêques prirent une place importante dans l'état: ministres et conseillers des princes, ils acquirent de jour en jour une plus grande autorité; bientôt le clergé en vint à prétendre que les ecclésiastiques ne devaient pas être justiciables des magistrats ordinaires. Cette malheureuse confusion du spirituel et du temporel devint, pour les successeurs de Constantin, un écueil presque aussi redoutable que l'avait été pour les empereurs des second et troisième siècles, le cumul des pouvoirs civil et militaire.

III. *Suite des événements depuis Constantin.*

1. *Partages de l'empire.*

Après la mort de Constantin, l'empire fut partagé, pendant douze ans, entre ses trois fils; puis réuni sur la tête de Constance.

A Constance succéda Julien (*l'apostat*), le dernier prince de la famille de Constantin, et celui qui eut le plus de vertus et de talents privés; mais

' auquel l'histoire reproche, avec raison, d'avoir complètement manqué de politique, en abjurant la religion dominante, pour rétablir le culte des faux dieux.

A la mort de Julien, Jovien fut proclamé empereur; il mourut après un règne de huit mois; et l'armée qui se trouvait alors à Nicée, conféra le titre d'Auguste à Valentinien, qui s'associa à l'empire son frère Valens, à qui il abandonna le gouvernement de l'Orient.

L'empire demeura ainsi divisé pendant trente ans (de 364 à 394); il fut alors réuni, pour la dernière fois, dans les mains de Théodose-le-Grand.

Théodose laissa deux fils, Arcadius et Honorius, entre lesquels il partagea l'empire. Arcadius, âgé de dix-huit ans, obtint l'Orient, c'est-à-dire les préfectures d'Orient et d'Illyric; Honorius, âgé de onze ans, eut pour sa part l'empire d'Occident, c'est-à-dire la préfecture des Gaules et celle de l'Italie.

Cette division eut un caractère bien différent de celle qu'avait imaginée Dioclétien et même de celle qui avait existé sous la famille des Valentiniens. Dioclétien n'avait pas voulu former deux empires distincts, mais bien deux départements d'un même empire. La division actuelle fut bien plus profonde: elle brisa complètement l'unité de l'empire; et, depuis lors, l'Orient et l'Occident ne furent plus jamais réunis dans les mêmes mains.

II. *Empire d'Occident.*

L'empire d'Occident ne tarda pas à succomber.

Dès le troisième siècle, l'Occident avait été souvent ravagé par les incursions des barbares. Les victoires de Dioclétien, de Constantin et de Théodose avaient, il est vrai, protégé les frontières de l'empire; mais, sous Honorius et ses faibles successeurs, les barbares formèrent dans les provinces occidentales des établissements permanents.

Les Goths, sous la conduite du célèbre Alaric, occupèrent Rome, l'Italie, l'Espagne et le midi de la France; les Alains, les Suèves et les Vandales traversèrent les Gaules et s'établirent dans le nord de l'Afrique; les Francs dans le nord des Gaules; les Bourguignons dans l'Est et dans l'Helvétie; les Saxons s'étaient emparés des îles britanniques; Attila, à la tête de ses Huns, ravageait diverses parties de l'empire. Enfin, après une existence de quatre-vingts ans, l'empire d'Occident cessa d'exister par la déposition de Romulus Augustule (476).

Les empereurs d'Orient assistèrent froidement à la ruine de l'empire d'Occident. Non seulement ils ne lui portèrent aucun secours, mais ils firent souvent alliance avec les barbares qui l'attaquaient.

III. *Empire d'Orient ou Empire grec.*

L'empire d'Orient résista plus long-temps et se traîna encore bien des siècles. Gouverné par des princes incapables, de mauvaises femmes ou des eunuques, il nous offre une suite non interrompue de crimes, de trahisons et de cruautés de tout genre. Les querelles théologiques jouent le principal rôle dans cette triste histoire: les Grecs dégénérés, grands disputeurs et naturellement sophistes, ne cessèrent d'embrouiller la religion par leurs controverses: de là une multitude de schismes et d'hérésies qui ne cessèrent presque plus de troubler la tranquillité intérieure de l'empire;

pendant que d'un autre côté les envahissements des barbares en rétrécissaient chaque jour les limites.

Tableau sans grandeur dont l'historien détourne les yeux avec dégoût! « Je n'ai pas le courage (dit Montesquieu) de parler des misères qui suivi-
» rent; je dirai seulement que sous les derniers empereurs, l'empire réduit
» aux faubourgs de Constantinople, finit comme le Rhin qui n'est plus
» qu'un ruisseau lorsqu'il se perd dans l'Océan. »

Cependant, parmi les empereurs qui occupèrent si mal le trône de Constantin et de Théodose, il en est un qui mérite de fixer l'attention de l'historien et du jurisconsulte : c'est Justinien, fils adoptif de Justin, époux de la comédienne Théodora.

Prince médiocre, inconstant, dur, avare, possédé de la manie de faire parler de lui et de tout réformer; il jeta plusieurs fois le trouble dans son empire par le zèle indiscret avec lequel il persécuta les sectes dissidentes.

Cependant il eut le mérite de bien choisir ses généraux et ses ministres. On sait les exploits guerriers de Narsès et de Bélisaire; l'Italie et l'Afrique glorieusement reconquises, mais bientôt perdues.

Toutefois Justinien est plus célèbre encore par les travaux législatifs de Tribonien que par les victoires de ses généraux.

ART. II. HISTOIRE JURIDIQUE.

Ainsi, à partir de Constantin, une société nouvelle vint s'établir sur les ruines de la société ancienne : la législation romaine, obligée de s'accommoder au nouvel état de choses, dût nécessairement perdre son type originel. Cette conclusion, nous serions suffisamment autorisés à la poser en vertu des données générales qui précèdent, et lors même que, d'ailleurs, nous n'en pourrions rapporter aucune preuve directe; mais les preuves directes abondent; et, sans aller plus loin, il suffit de comparer les institutes de Gaius avec celles de Justinien, pour se convaincre de l'étendue et de l'importance des altérations que subit le droit romain sous l'empire des événements que nous venons de rappeler.

Passons rapidement en revue le résultat de ces diverses causes, tant sur les institutions juridiques que sur la science elle-même du droit.

§ 1er *Altérations du droit proprement dit.*

I. *Droit des personnes.*

1° Les anciennes distinctions tirées de l'ordre civil ont disparu presque complètement; elles sont remplacées par des distinctions tirées les unes de la hiérarchie de la noblesse nouvelle, les autres de l'ordre religieux.

Ainsi tous les sujets de l'empire portent le titre de citoyens romains, titre devenu, d'ailleurs, fort insignifiant; mais, d'un autre côté, la loi consacre maintenant d'importantes inégalités civiles entre les orthodoxes (catholiques) et les hérétiques, juifs ou idolâtres.

L'ancien Patriciat, l'aristocratie sénatoriale n'existent plus; mais, à leur place, nous trouvons une noblesse nouvelle, créée par Constantin; noblesse de cour, noblesse factice sans racines dans le sol, dont la hiérarchie compliquée et l'étiquette rigoureuse se fixèrent sous les successeurs de ce prince.

Les titres nobiliaires sont nombreux; à chacun correspondent certains

priviléges, certaines immunités. —En tête se placent les *nobilissimes*, ordinairement princes du sang; puis viennent en ordre décroissant les *patrices*,
les *illustres*, les *spectabiles*, les *clarissimes*, les *perfectissimes*; enfin dans
les rangs inférieurs, les *ducenarii*, les *centenarii*, les *egregii*. —Il y avait en
outre trois ordres de *comites* (*compagnons de l'empereur*); les comtes de
la première classe avaient rang de *clarissimes*, ceux de la seconde et de la
troisième étaient seulement assimilés aux *perfectissimes* et aux *egregii*.

Il est cependant une institution ancienne qui avait résisté au temps:
la différence entre les hommes *libres* et les *esclaves* est à peu près la même
sous Justinien qu'au temps d'Antonin. Toutefois, on a supprimé quelques
causes de servitude (par exemple le cas du sénatusconsulte Claudien); et
les modes d'affranchissement sont devenus plus nombreux et plus faciles
(*manumissio in sacrosanctis ecclesiis, epistola, inter amicos*). Les restric-
tions, apportées aux affranchissements par la loi *Ælia Sentia*, sont ou supprimées ou tempérées; la loi *Fusia Caninia* est abrogée.

Entre les hommes libres et les esclaves, nous trouvons aussi maintenant
une classe intermédiaire désignée sous le nom de *coloni, inquilini,
adscriptitii*. Le colon est attaché à la glèbe; mais c'est pour lui une garantie;
car il ne peut être enlevé à sa femme et à ses enfants pour être transporté
au loin; il ne peut être vendu qu'avec le fonds auquel il est attaché.

La division des affranchis en trois classes, (Citoyens romains, Latins-
juniens et Déditices), n'existait guère plus qu'en théorie, quand Justinien
vint l'abroger expressément en décidant que les affranchis seraient tous
désormais Citoyens romains. Ce prince alla même plus loin; dans les
Novelles il effaça, autant qu'il était en lui, la différence qui existait entre
les ingénus et les affranchis, en accordant à ces derniers les priviléges de
l'ingénuité, et notamment le *Jus aureorum annulorum*.

II. Il n'y a plus à présent que deux classes de personnes *alieni juris*,
les esclaves et les fils de famille : la *manus* et la *mancipium* ont cessé d'être
en usage.

Le mariage est encore un simple contrat civil; et toutefois l'influence
chrétienne se fait déjà sentir: le mariage est soumis à des règles plus sévères;
le lien est plus fort, le divorce plus difficile. Les seconds mariages, auparavant encouragés, sont devenus l'objet des défiances du législateur.

Les peines établies par les lois papiennes contre le célibat et la stérilité
des mariages, ont dû nécessairement disparaître devant les idées chrétiennes:
le célibat est honoré comme une vertu.

La puissance paternelle est considérablement adoucie : le fils de famille
profite de tout ce qu'il acquiert, à l'exception des biens qui composent le
pécule *profectice*.

La puissance paternelle s'établit encore, comme autrefois, par le mariage
et par l'adrogation; mais l'adoption ne produit plus ses anciens effets
qu'autant que l'adoptant est l'ascendant de l'adopté. Dans tous les autres cas,
l'adopté reste sous la puissance du père naturel; et l'effet de l'adoption se
borne à peu près à établir des droits de succession *ab intestat* entre l'adoptant et l'adopté.

Les *causæ probationes* de l'ancien droit sont remplacées par la *légitimation*, laquelle est rendue de plus en plus facile : on en distingue trois espèces : l'oblation à la curie, le mariage subséquent et le rescrit du prince.

L'émancipation est devenue plus simple, elle s'opère par une simple
déclaration devant le magistrat. Les hautes dignités civiles et ecclésiastiques
libèrent maintenant de la puissance paternelle.

III. La tutelle des femmes a complètement disparu.

La tutelle des impubères finit à XII ans pour les femmes, à XIV ans pour les hommes : tout examen de l'état physique des individus est rejeté comme contraire à la pudeur.

II. *Droit de propriété.*

Les théories anciennes sur le droit de propriété ont reçu des altérations profondes.

Il n'y a plus qu'une seule espèce de propriété : les derniers vestiges de la distinction entre le domaine quiritaire (*ex jure Quiritium*), et l'*in bonis* sont supprimés par Justinien.

En même temps, sont tombées les différences qui existaient dans le droit ancien entre les choses *mancipi* et les choses *nec mancipi*; entre les modes d'acquérir du *droit civil* et ceux du *droit des gens* : cependant cette dernière doctrine figure encore dans les Institutes, mais sans plus offrir aucune utilité pratique.

La tradition est devenue le mode général pour transférer la propriété entre vifs.

L'usucapion et la possession de long-temps, autrefois si distinctes, sont refondues en une seule institution par Justinien.

III. *Droit de succession.*

I. Les formes du testament sont très simplifiées : le testament se réduit à la signature des témoins et du testateur.—On peut maintenant instituer les posthumes externes aussi bien que les posthumes siens. — La plainte d'inofficiosité n'est plus admise qu'autant que le testament ne donne absolument rien au légitimaire; la légitime est portée du quart au tiers. Les causes légitimes d'exhérédation, sont déterminées : au reste, les formes et les effets de l'exhérédation, les effets de l'omission sont à présent les mêmes pour tous les enfants, sans distinction de sexe ou de degré.

On continue à distinguer trois espèces d'héritiers, (*nécessaires, siens* et *nécessaires, externes*). Mais, pour l'héritier externe, la doctrine de la *cretio* est tombée en désuétude. Justinien étend à tous les héritiers externes le *bénéfice d'inventaire* qui, auparavant, était un privilège réservé aux militaires.

Les quatre espèces de legs, si soigneusement distinguées par les anciens jurisconsultes, sont confondues en une seule: Justinien veut de plus qu'il n'y ait plus aucune différence entre les legs et les fidéicommis.

Les fidéicommis sont si bien dispensés de toute solennité que Justinien veut qu'on puisse en établir l'existence en déférant le serment à l'héritier.

Quant aux fidéicommis universels, les sénatusconsultes Trébellien et Pégasien sont confondus : l'héritier peut retenir le quart, sans que cette rétention empêche le transport des actions sur la tête du fidéicommissaire.

II. L'ancien système des successions *ab intestat*, fondé sur l'agnation et successivement modifié par diverses constitutions, est enfin remplacé dans les Novelles par un système entièrement nouveau, uniquement fondé sur la cognation. (Voyez ci-dessus, page 389).

La succession des affranchis, autrefois si compliquée, se rapproche beaucoup maintenant de celle des ingénus.

IV. *Obligations.*

I. Pour les contrats verbaux on n'exige plus de paroles sacramentelles. L'*adstipulatio*, la *sponsio*, la *fidepromissio* ne sont plus en usage.

L'ancienne obligation littérale (*nomina transcriptitia*), n'existe plus. Pour remplir le vide que la disparition de cette espèce d'obligation laissait dans la classification des contrats, Justinien considère comme obligation littérale, la déchéance de l'exception *non numeratæ pecuniæ.*

Quant aux contrats consensuels, il faut maintenant aux quatre contrats anciens ajouter deux contrats nouveaux, l'emphytéose et la donation.

La vente se contracte maintenant de deux manières : sans écrit (*sine scriptis*) ou avec écrit (*cum scriptis*); les arrhes ont pris un caractère entièrement nouveau.

Les modes d'extinction des obligations sont les mêmes qu'autrefois: cependant Justinien veut que l'intention d'opérer novation soit expresse.

II. Les obligations qui naissent des délits n'ont pas éprouvé de changements bien notables : nous signalerons seulement la disparition des actions *furti concepti, furti prohibiti, furti oblati*; ainsi que celle de l'action naissant du second chef de la loi Aquilia.

V. *Actions, procédure.*

Mais nulle partie du droit n'a subi un bouleversement aussi complet que la matière des actions.

Les anciennes théories sur cette matière reposaient principalement sur la division de la procédure entre le magistrat *qui jus dicit* et le juré *qui judicat*; dès le temps de Dioclétien, le jugement par jurés fut supprimé; et, dès lors, de l'ancienne procédure il ne resta plus que les mots qui présentent maintenant un tout autre sens.

L'action n'est plus une formule délivrée par le magistrat pour régler la manière dont le juré jugera l'affaire; c'est tout simplement le droit qu'a chacun de porter devant les tribunaux, à ses risques et périls, ses prétentions bien ou mal fondées.

Les nombreuses distinctions, établies par les anciens jurisconsultes entre les diverses espèces d'actions, ont complètement disparu ou ont changé de caractère. Ainsi, nous ne retrouvons plus rien des actions *in jus* et *in factum*; des *judicia legitima* et *in imperio continentia*, des actions *quæ sua vi et potestate constant* et *fictitiæ.*

Les *exceptions* ont complètement changé de nature; elles ne se distinguent presque plus des défenses proprement dites.

Quant aux *interdits*, ils n'existent plus que de nom.

§ 2. *Décadence de la science du droit.*

Parmi les causes qui contribuèrent le plus à accélérer la décadence de la science du droit, il faut principalement en noter deux, en apparence contradictoires, mais qui, en réalité, furent également désastreuses pour le droit romain, savoir, la dégradation générale des intelligences et l'action (sous d'autres rapports si vivifiante) du christianisme.

La civilisation antique était en pleine dissolution; une longue suite de malheurs inouïs avait ramené le règne de la barbarie. De toutes parts, s'offrent à nous les preuves de l'impuissance dont cette époque était frappée. Les ruines du palais de Dioclétien à Spalatro attestent à quel degré de décadence les arts étaient tombés. Voici encore un autre fait : les Romains, voulant élever un arc de triomphe en l'honneur de Constantin, ne trouvèrent pas d'artistes capables d'exécuter ce monument et furent obligés de le construire avec les débris d'un arc de Trajan !

La jurisprudence, cette science si éminemment romaine, pouvait-elle survivre au dépérissement général de toutes les connaissances humaines ?

La multitude, toujours croissante des rescrits impériaux, prit la place de la doctrine, et, à l'autorité du raisonnement, substitua l'autorité du prince. L'esprit manquant de ressort moral et d'énergie intellectuelle, au lieu d'imiter les anciens jurisconsultes, on se contenta d'appliquer servilement leurs décisions; au lieu de peser les raisons, on s'habitua à compter les autorités; ce qui est la négation de toute science. La loi des citations de Valentinien vint constater et à la fois consacrer le mal, en réduisant la jurisprudence à un procédé pour ainsi dire purement mécanique. L'art du jurisconsulte, si noble et si philosophique sous la plume des Papinien et des Ulpien, fut bientôt réduit à la connaissance des textes.

Par une voie toute différente, le christianisme arrivait au même résultat. Il n'abâtardissait pas les intelligences, tant s'en faut; mais il détournait les esprits nobles et élevés de l'étude des lois humaines, pour les porter vers la méditation des choses religieuses et les disputes théologiques.

Le sceptre de l'intelligence, la considération des peuples, et, par contre-coup, l'émulation et le savoir, passèrent des jurisconsultes aux théologiens; et bientôt un historien put écrire que la profession de jurisconsulte était devenue un métier d'affranchi. — D'ailleurs, une antipathie profonde existait entre les jurisconsultes et les chrétiens. Toujours attachés à l'ancien culte, sinon comme religion, au moins comme institution politique, Papinien, Ulpien et Paul avaient persécuté les chrétiens dans lesquels ils ne voyaient que de dangereux novateurs; triomphant à leur tour, les sectateurs de la religion nouvelle devinrent persécuteurs : ils attaquèrent violemment toutes les institutions qui pouvaient se rattacher au polythéisme; ils tendirent surtout de tous leurs efforts à rabaisser la science et le caractère des jurisconsultes leurs anciens persécuteurs.

CHAPITRE III.

DOCUMENTS RELATIFS A L'HISTOIRE DU DROIT ROMAIN EN ORIENT (1),

Depuis la mort de Justinien, jusqu'à la prise de Constantinople par les Turcs (565-1453).

EMPIRE D'ORIENT ou EMPIRE GREC.

565	**Justin I** (—578), neveu de Justinien. Il devient fou ; l'impératrice fait proclamer *Tibère* César.
570	...........? Epitome novellarum latina (Liber Novellarum). — Cet ouvrage, attribué à Julien, professeur à Constantinople, est une traduction abrégée des Novelles. Cette traduction fut faite, suivant quelques auteurs, vers la fin du règne de Justinien, ou, suivant d'autres, sous le règne de Justin II. Elle est bien préférable à la *Vulgate* sous le rapport de la clarté et de la pureté du style ; mais elle n'a pu obtenir la même autorité dans la pratique : d'une part, elle ne comprend que 125 Novelles; et, d'autre part, l'auteur a omis les Préfaces et les Epilogues.—L'épitomé a été imprimé pour la première fois par Boyer, en 1512. Les frères Pithou, sur le conseil de Cujas, en donnèrent, en 1576, une nouvelle édition qui a été réimprimée avec des améliorations par Desmares, en 1689.
	...........? Novellarum Versio Vulgata (Authentica) (Vetus.) — Liber Authenticarum. Collection et version latine des Novelles, faite par un ou plusieurs inconnus, vers la fin du règne de Justinien, ou sous celui de Justin II, et que quelques auteurs ont attribué mal à propos à Irnérius. Il paraît qu'elle fut approuvée par l'autorité publique, et qu'elle fut considérée comme authentique (officielle). Le style en est obscur et barbare ; mais elle a sur toutes les autres traductions l'avantage d'être rigoureusement littérale; aussi a-t-elle prévalu dans l'usage (V. page 405 note 4).
570	**Royaume des Lombards en Italie** — Les empereurs d'Orient ne conservent que l'Exarchat de Ravenne.
578	**Tibère II** (—582).
582	**Maurice** (—602).
602	**Phocas** (—610).
610	**Héraclius** (—641).—Constantinople est deux fois assiégée par les *Avares.*—Hérésie du Monothélisme.
	...........? Glossæ Nomicæ, diversorum auctorum. *Gloses Nomiques* de divers auteurs. — Elles ont été publiées pour la première fois par Labbé, et insérées dans le *Thesaurus* Ottonis (tom. III), avec un commentaire de Schultinge.
	...........? Τῶν ἐκκλησιαστικῶν διατάξεων συλλογή; en trois livres. Cet ouvrage est mal à propos attribué à Théodore Balsamon. ? Collections grecques de lois militaires, rurales et nautiques.
641	**Constantin III.**
641	**Héracléonas.**
642	**Constant II** (—668).—Siège de Constantinople en 658.
668	**Constantin IV,** *Pogonat* (—685).

(1) Ce tableau des successeurs de Justinien fait suite à celui du second appendice.

685	**Justinien II**, *Rhinotmète* (nez coupé) (— 695). Il est détrôné par Léonce et envoyé à Cherson.
695	**Léonce** (— 698).
698	**Tibère III**, *Apsimar* (— 705).
705	**Justinien II** est rétabli sur le trône (— 711).
711	**Philippique**, *Bardanès* (— 713).
713	**Anastase II**, *Artemius* (716).
716	**Théodose III**.

RACE ISAURIENNE.

717	**Léon III**, l'Isaurien, *Iconomaque :* 726. il interdit le culte des images.
741	**Constantin V**, *Copronyme*, persécute le culte des images.
752	.... FIN DE L'EXARCHAT DE RAVENNE : il est enlevé aux grecs par Astolphe, qui bientôt est lui-même forcé par Pépin de restituer sa conquête au pape.
775	**Léon IV** (— 780). — Sa femme est la fameuse *Irène* (d'Athènes).
780	**Constantin VI**, *Porphyrogénète* (— 797).
797	**Irène** (— 802). — Veuve de Léon IV, mère de Constantin VI, elle fait crever les yeux à son fils et règne à sa place. — Elle est détrônée par Nicéphore.
802	**Nicéphore I** (—811).
811	**Stauracc**, fils du précédent, abdique après quelques mois de règne.
811	**Michel I**, *Curopalate*, Rhangabe (— 813) Beau-frère de Staurace.
813	**Léon V**, *l'Arménien* (— 820). Ennemi des images.
820	**Michel II**, *le Bègue* (—829). Ennemi des images.
819	**Théophile** (— 842), fils du précédent.
842	**Michel III** (—867). — Sa mère, régente, rétablit le culte des images et persécute les manichéens. — Querelle entre le pape Nicolas I et le patriarche Photius ; première origine de la séparation ultérieure des Églises grecque et latine.

MAISON MACEDONIENNE.

867	**Basile I**, *le Macédonien* (—886). Prince vicieux, mais éclairé, le premier auteur des Basiliques. — Les compilations de Justinien n'avaient pas obtenu, même en Orient, l'autorité perpétuelle qu'avait espérée l'auteur : d'un côté, les successeurs de Justinien s'empressèrent à l'envi de modifier la législation justinienne par une foule de constitutions ; d'un autre côté, les commentaires et les version grecques acquirent bientôt plus d'autorité que le texte lui-même. — Pour obvier aux inconvénients qui résultaient d'un tel état de choses, Basile chargea une commission de la rédaction d'un code général, dans lequel serait refondue toute la législation précédente. Ce code, qui ne fut achevé que sous le règne suivant et qui fut révisé trente-cinq ans plus tard par Constantin VIII, est devenu célèbre sous le nom de *Basiliques*.
876	.... Πρόχειρον τῶν νόμων (*inédit*). Manuel des lois en 40 livres publié par Basile, en attendant que le code fût terminé.
883	.... Nomocanon de Photius (Publié dans la *Bibliotheca juris Canonici*, *Voellis* et *Justelli*, Paris, 1661 in-f°).
886	**Léon VI**, dit le *Philosophe*, et son frère **Alexandre**, (—912).
887	.... BASILIQUES (première édition). Ce Code, commencé par Basile, fut terminé par Léon et promulgué en 887. Les Basiliques furent rédigées en langue grecque, et à peu près sur le même plan que le Code de Justinien, auquel elles sont bien supérieures du côté de la rédaction, de l'ordre et de la méthode. Le nouveau Code fut divisé en 60 livres, formant 6 parties ou volumes : aussi les Grecs l'appellent-ils le plus souvent Ἑξάκοντάβιβλος, Ἑξάβιβλος. — Le nom de *Basiliques* vient soit de τὰ βασιλικὰ (βασιλικαὶ διατάξεις) constitutions impériales, soit du nom même de Basile leur premier auteur. — La promulgation des Basi-

liques acheva de ruiner, en Orient, l'autorité des compilations de Justinien, déjà modifiées par les empereurs suivants. Les Basiliques demeurèrent le droit fondamental de l'empire Grec, jusqu'à la chute de cet empire au XV⁴ siècle. — En Occident, les Basiliques ne furent connues que vers le XV⁴ siècle et seulement en partie. Vers le milieu du XVII⁴ siècle, dix livres seulement (sur soixante) avaient été imprimés, quand Fabrot publia, sous les auspices et aux frais du chancelier Séguier, sa belle édition en 7 volumes in-f⁰ (Paris 1647). Reitz a donné ensuite un supplément, au moyen duquel nous possédons maintenant 43 livres. M. Heimbach publie aujourd'hui à Leipsick, une nouvelle édition des Basiliques dont il a paru déjà plusieurs livraisons.

	............Novellæ Leonis : Novelles de Léon.
910	............Ecloga Leonis : abrégé de Léon (inédit).
	............Eustathii Liber de diversis temporum præscriptionibus.
911	Les Russes devant Constantinople.
912	Alexandre, frère du précédent.
913	Constantin VII, Porphyrogénète (— 959). Dès l'année 920, l'amiral Romain (I) épouse l'impératrice régente et se fait couronner comme co-régent, avec ses fils, Christophe, Etienne, etc., etc. C'est seulement en 944 que Constantin commence à régner seul.
944	............Nouvelle édition des Basiliques.
	............Basilicorum synopsis (major). Abrégé des Basiliques.
	............? Scholies diverses sur les Basiliques.
959	Romain II (— 963).
963	Basile II et Constantin VIII.
961	Nicephore II, Phocas.
969	Jean I, Zimiscès (— 976).
976	Basile II, Constantin VIII (— 1028).
1028	Romain III, Argyre (1034).
1034	Michel IV, Paphlagonien (— 1041).
1041	Michel V, Calaphate neveu du précédent.
1042	Constantin IX, Monomaque (— 1054).
1053	L'ambitieux patriarche Cérularius reproche diverses hérésies aux églises d'Occident, et encourage par là la séparation des deux églises.
1054	Theodora (— 1056) règne avec gloire.
1056	Michel VI, Stratiotique.

MAISON DES COMNÈNES ET DES DUCAS.

1057	Isaac I, Comnène (— 1059); abdique et désigne pour successeur Ducas.
1059	Constantin X, Ducas (— 1067).
1067	Michel VII, Andronic, Constantin XI, fils du précédent; leur mère, régente, épouse le général Romain IV.
1068	Romain IV, Di gène.
1070	............? Michaelis Pselli Σύνοψις τῶν νόμων (publié à Bâle 1575, f⁰ et. Labbæi observat. et emendat. in synops., Paris, 1606, 8⁰).
1071	Michel VII, Parapinace.
1073	............Michaelis Attaliotæ Ποίημα νομικόν (publié dans le jus græco-romanum, tom. II, p. 1).
1078	Nicephore III, Botoniate (— 1081).
1081	Alexis I, Comnène (1118).
1118	Jean II, Comnène le beau (— 1143).
1143	Manuel I, Comnène — (— 1180).
1177	............? Theodori Balsamonis Commentarius in Photii Νομοκανόνον

DÉCADENCE DE L'EMPIRE.

1180	Alexis II, Comnène (—1183).

1183 | **Andronic I**, *Comnène* (—1185).

FAMILLE DES ANGELI.

1685 | **Isaac II**, *l'Ange* (— 1095).
1095 | **Alexis III**, *l'Ange* (— 1203).
1203 | **Alexis IV**, fils d'Isaac. — 17 juillet 1203, les Croisés prennent d'assaut Constantinople.
1204 | **Alexis V**, Ducas, *Murtzuphle.*
1204 | **Théodore Lascaris I.** — Les Français et les Vénitiens s'emparent de nouveau de Constantinople, 12 avril. Lascaris va établir sa résidence à Nicée.

	EMPIRE LATIN DE CONSTANTINOPLE.	EMPIRE GREC (à NICÉE).
1204	**Baudouin I**, comte de Flandre (—1206).	**Théodore Lascaris I.**
1206	**Henri**, frère du précédent (—1216).	
1217	**Pierre de Courtenai.**	
1221	**Robert de Courtenai.**	
1222	....	**Jean II**, Ducas dit *Vatace* (—1255).
1228	**Jean de Brienne**, déjà roi titulaire de Jérusalem (— 1237).	
1237	**Baudouin II** (—1261).	
1255	....	**Théodore Lascaris II** (—1258).
1258	....	**Jean III**, fils du précédent.
1260	....	**Michel (VIII)**, *Paléologue I* (Michel Andronic I) est couronné empereur.

1261 | **Michel VIII** reprend Constantinople (25 juillet). — 1262, il fait crever les yeux au jeune empereur Jean. — Il traite avec le Pape pour la réunion des deux églises.
1282 | **Andronic II**, *Paléologue* (—1328).
1295 | **Andronic II et Michel II (IX)**, *Paléologue*, son fils, règnent ensemble (—1310).
1328 | **Andronic III**, *Paléologue* le jeune (1341).
1335 | .... **Matthæi Blastaris**, Syntagma Alphabeticum.
1341 | **Jean V**, *Paléologue* (—1391).
1345 | .... **Const. Harmenopuli** Πρόχειρον τῶν νόμων (Manuel de Droit). Cet ouvrage célèbre obtint une autorité égale à celle de la loi : il a formé le droit civil de la Grèce, jusqu'à ces derniers temps.
| **Jean VI**, *Cantacuzène*, d'abord tuteur du précédent, et bientôt son associé à l'empire (—1355).
1391 | **Manuel II** (—1425).
1425 | **Jean VII**, *Paléologue* (— 1448). Réunion des deux églises : elle est de courte durée.
1449 | **Constantin XII**, *Paléologue* (—1453).
1453 | **PRISE DE CONSTANTINOPLE PAR LES TURCS**, le 29 mai 1453. — **FIN DE L'EMPIRE GREC.** Mahomet II permet aux Chrétiens de demeurer à Constantinople, en leur assurant la liberté religieuse et la sûreté. Néanmoins, un grand nombre de Grecs émigrent en Occident où ils portent le flambeau des lumières grecques et contribuent puissamment à la renaissance des sciences et des arts.

CHAPITRE IV.

DOCUMENTS RELATIFS A L'HISTOIRE DU DROIT ROMAIN EN OCCIDENT.

Dans le chapitre II, on a signalé les causes générales de la décadence du droit romain aux IIIᵉ, IVᵉ et Vᵉ siècles; mais les altérations que subit alors la législation romaine ne durent pas avoir les mêmes caractères en Occident qu'en Orient. En Orient, le droit romain dut se mettre en harmonie avec la civilisation grecque et la nature asiatique du gouvernement de Constantinople; en Occident, il dut se plier aux exigences de la conquête, aux rapports et aux besoins que fit naître, dans les nouveaux états germaniques, la combinaison de ces trois grands éléments des sociétés européennes modernes, l'élément romain, l'élément germain, l'élément chrétien.

A partir du quatrième siècle, l'unité est donc rompue aussi bien dans l'histoire juridique que dans l'histoire politique. Le droit romain de l'Orient et celui de l'Occident s'avancent à travers le moyen-âge, en se séparant tous les jours, de plus en plus, l'un de l'autre. A Byzance, les Basiliques sont en quelque sorte le dernier mot de la transformation du droit romain sous l'action de la civilisation grecque et des mœurs orientales; en Italie et dans les Gaules, les capitulaires des rois, les décrétales des papes, reconnaissent, il est vrai, l'autorité du droit romain; mais ce droit ne règne plus seul, à côté de lui est venu se placer le droit de la nation conquérante; le droit romain est le droit du vaincu, le droit germain le droit du vainqueur.

Du sixième au onzième siècle, le droit romain partage la destinée commune de toutes les connaissances humaines : il n'est point abandonné ; il n'est plus compris. La législation savante des beaux siècles de la jurisprudence romaine n'est plus à la portée des esprits grossiers, et encore en petit nombre, qui hors des cloîtres étaient en état d'entendre les lettres latines.

Au onzième siècle, l'Europe sort comme d'un long sommeil; une grande activité intellectuelle se développe tout d'un coup; les arts et les sciences renaissent; et le droit romain mieux étudié, mieux compris, ne tarde pas à reprendre une prépondérance marquée sur les législations locales du moyen-âge; il redevient le droit commun de l'Europe civilisée.

Au seizième siècle, les travaux de Cujas et de Donneau donnèrent à l'étude du droit romain une physionomie nouvelle.

Au dix-huitième siècle, l'étude du droit romain descendit beaucoup de la hauteur où l'avaient portée les grands travaux du seizième siècle : le droit romain fut principalement étudié sous le rapport de l'application pratique.

Reprenons brièvement ces diverses propositions.

ART. I. DROIT ROMAIN DEPUIS LA CONQUÊTE GERMANIQUE, JUSQU'AU XIᵉ SIÈCLE.

§. 1. *Conduite des Conquérants germains à l'égard du Droit romain. — Système des Lois personnelles.*

I. L'établissement des nations conquérantes du Nord, dans les provinces occidentales de l'Empire Romain, présente des caractères remarquables, qui ne se retrouvent, peut-être, dans l'histoire d'aucun des autres peuples conquérants.

Les Francs, les Bourguignons, les Goths, les Lombards, n'eurent pour système ni d'exterminer les populations vaincues, ni de se les incorporer en leur imposant les lois, les mœurs et le langage de la Germanie.

Les terres furent partagées entre les vainqueurs et les vaincus (1); mais chaque peuple conserva ses lois et son organisation. Pour les Germains cela est naturel, et on ne comprendrait pas qu'il en eût été autrement. Mais il est également positif que les Romains conservèrent leur organisation judiciaire, leur administration municipale et la jouissance de leur droit civil : c'est un point d'histoire qui, grâce aux travaux de l'illustre Savigny, est aujourd'hui hors de toute contestation.

Les deux peuples vécurent ainsi, sur le même territoire, sans se confondre, gardant chacun ses institutions antérieures ; et quand, par la suite, la fusion des deux races se fut opérée, il se trouva que le caractère dominant de cette société nouvelle fut bien plus romain que germain. En France, en Italie, en Espagne, la religion, la langue et la législation des vaincus avaient évidemment prévalu sur la religion, la langue et les lois des vainqueurs.

Ce fait singulier, qui contrarie si directement les lois ordinaires sur la formation des sociétés après la conquête, nous semble admirablement expliqué dans ce passage si souvent cité de M. Guizot :

« Tout-à-l'heure, dit M. Guizot, nous assistions au dernier âge de la civilisation romaine, et nous la trouvions en pleine décadence, sans force, sans fécondité, sans éclat, incapable pour ainsi dire de subsister. La voilà vaincue, ruinée par les barbares ; et, tout-à-coup, elle reparaît puissante, féconde ; elle exerce sur les institutions et les mœurs, qui s'y viennent associer, un prodigieux empire ; elle leur imprime de plus en plus son caractère ; elle domine, elle métamorphose ses vainqueurs.

« Deux causes, entre beaucoup d'autres, ont produit ce résultat : la puissance d'une législation civile, forte et bien liée ; l'ascendant de la civilisation sur la barbarie.

« En se fixant, en devenant propriétaires, les barbares contractèrent, soit entr'eux, soit avec les Romains, des relations beaucoup plus variées et plus durables que celles qu'ils avaient connues jusqu'alors ; leur existence civile prit plus d'étendue et de permanence. La loi romaine pouvait seule la régler ; elle seule était en mesure de suffire à tant de rapports. Les barbares, tout en conservant leurs coutumes, tout en demeurant les maîtres du pays, se trouvèrent pris, pour ainsi dire, dans les filets de cette législation savante, et obligés de lui soumettre, en grande partie, non sans doute sous le point de vue politique, mais en matière civile, le nouvel ordre social.

« Le spectacle seul de la civilisation romaine exerçait d'ailleurs, sur leur imagination un grand empire. Ce qui émeut aujourd'hui notre imagination, ce qu'elle cherche avec avidité dans l'histoire, les poëmes, les

---

(1) Voici quelles furent, dans les Gaules, les conditions de ce partage. Dans les pays conquis par les Bourguignons, les Romains furent obligés d'abandonner aux Bourguignons la moitié des cours et jardins, les deux tiers des terres labourées et le tiers des esclaves ; les forêts restèrent en commun. Ce partage ne comprenait pas la totalité du territoire : on avait assigné à chacun des Bourguignons présents un héritage que le Romain propriétaire était tenu de partager avec lui ; mais, comme le nombre des propriétés romaines surpassait le nombre des Bourguignons, il se trouva des terres disponibles pour des partages ultérieurs. Toutefois, les Bourguignons qui se présentèrent dans la suite furent moins bien traités : ils ne reçurent que la moitié des terres sans esclaves. Dans les provinces conquises par les Visigoths, les Romains durent aussi céder les deux tiers des terres. Il paraît que, dans le royaume des Francs, les Romains conservèrent leurs propriétés (Voyez Savigny, *Histoire du Droit romain au moyen-âge*, chap. V).

voyages, les romans, c'est le spectacle d'une société étrangère à la régularité de la nôtre; c'est la vie sauvage, son indépendance, sa nouveauté, ses aventures. Autres étaient les impressions des barbares; c'est la civilisation qui les frappait, qui leur semblait grande et merveilleuse. Les monuments de l'activité romaine, ces cités, ces routes, ces aqueducs, ces arènes; toute cette société si régulière, si prévoyante, si variée dans sa fixité : c'était là le sujet de leur étonnement, de leur admiration. Vainqueurs, ils se sentaient inférieurs aux vaincus. Le barbare pouvait mépriser individuellement le Romain; mais le monde romain, dans son ensemble, lui apparaissait comme quelque chose de supérieur; et tous les grands hommes de l'âge de la conquête, les Alaric, les Ataulphe, les Théodoric et tant d'autres, en détruisant et foulant aux pieds la société romaine, faisaient tous leurs efforts pour l'imiter. »

La supériorité incontestable du droit romain sur les législations nationales de la Germanie expliquerait sans doute suffisamment le fait de sa conservation... Toutefois cette manière d'envisager la question ne serait ni complète ni exacte.

La conservation du droit romain, après la conquête, se présente, en effet, accompagnée de circonstances dont il ne faut pas l'isoler. — D'abord il est certain que tout en rendant hommage à la supériorité du droit romain, les vainqueurs ne renoncèrent pas à leur droit national; ils n'adoptèrent pas la législation romaine comme loi générale; seulement ils en permirent l'usage à leurs sujets romains. — Il faut, en outre, remarquer que cette tolérance ne fut point un privilège particulier au droit romain. Chez les Germains, la loi n'était point attachée au sol, mais à la personne; chacun était régi, non par la loi du territoire qu'il habitait, mais par celle de la tribu à laquelle il appartenait. Ainsi, dans le même pays, le Lombard vivait selon la loi lombarde, le Romain d'après la loi romaine; et Agobardus pouvait écrire à Louis-le-Débonnaire : « On voit souvent converser ensemble cinq personnes dont aucune n'obéit aux mêmes lois. »

Les Ostrogoths furent les seuls, entre toutes les tribus germaniques, qui n'admirent pas le principe de la *personnalité* du droit. L'*Edictum Theodorici*, quoiqu'exclusivement composé de matériaux romains, était destiné à régir les Goths aussi bien que les Romains. Cette exception rentrait dans le plan général du Grand Théodoric qui voulait fondre les deux peuples en une seule nation.

Cet ordre de choses si singulier qu'on n'en pourrait, je crois, citer aucun autre exemple, et qui contrarie si fort nos idées modernes sur la souveraineté de la loi (1), a fait l'objet des méditations des publicistes, et chacun en a expliqué, à sa manière, l'origine, la nature et la durée.

« Je trouve l'origine de cela, dit Montesquieu, dans les mœurs des peuples germains. Ces nations étaient partagées par des marais, des lacs et des forêts; on voit même dans César qu'elles aimaient à se séparer. La frayeur qu'elles eurent des Romains, fit qu'elles se réunirent; chaque homme, dans ces nations mêlées, dut être jugé par les usages et les coutumes de sa propre nation. Tous ces peuples, dans leur particulier, étaient libres et indépendants, et quand ils furent mêlés, l'indépendance resta encore : la patrie était commune et la république particulière; le territoire était le même et les nations diverses. L'esprit des lois personnelles était donc chez ces peuples avant qu'ils partissent de chez eux; et ils le portèrent dans leurs conquêtes. »

M. de Savigny a critiqué le système de Montesquieu.

« On croit communément, dit-il, que le système des droits personnels régna de tout temps au sein des tribus germaniques, et on l'explique par l'amour des Germains pour la liberté. Néanmoins il est difficile d'attribuer

(1) Voyez l'article 3 du Code civil.

à l'amour de la liberté de pareils effets. Chaque tribu pouvait bien désirer de conserver son droit national chez les tribus étrangères; mais la question est de savoir comment les tribus étrangères auraient été déterminées à y consentir. Des sentiments humains, hospitaliers, expliqueraient cette tolérance plutôt que l'amour de la liberté; mais cette humanité hospitalière, peut-on la supposer chez les anciens Germains, qui peut-être regardaient un étranger comme la proie du premier occupant? Au reste, on ne devait guère sentir le besoin d'un pareil ordre de choses dans un pays dépourvu de commerce, et où l'on trouvait à peine quelques étrangers de loin en loin; d'ailleurs il aurait été impossible de le mettre à exécution. Supposons, en effet, un Goth isolé au milieu des Bourguignons, comment le droit goth lui aurait-il été appliqué? Les Bourguignons l'ignoraient, et sans doute on eût vainement cherché le nombre de Goths nécessaire pour rendre un jugement.

Ainsi donc, le besoin et la possibilité d'une semblable institution ne commencèrent que quand les nations se furent mêlées davantage; car alors chaque état y trouva son intérêt, tandis qu'il est de toute invraisemblance que l'humanité due à des étrangers isolés l'ait fait établir auparavant. Cette supposition une fois admise, le système des droits personnels dans les états germaniques fondés sur le sol romain, ne dut comprendre d'abord que deux espèces de droits, le droit romain et celui de la tribu conquérante, à l'exclusion du droit des autres tribus allemandes. Mais si ce même état étendait sa domination sur une nouvelle tribu, aussitôt il en admettait le droit national, comme il avait admis le droit romain; et la nation conquise reconnaissait à son tour les différents droits en vigueur dans la nation conquérante. Voici les résultats que donnerait cette hypothèse. Pour la France septentrionale, d'abord le droit romain aurait été seul admis à côté du droit franc. Plus tard, lorsque les Carlovingiens eurent soumis les Visigoths, les Bourguignons, les Allemands, les Bavarois et les Saxons, le droit de ces diverses tribus aurait été reconnu dans l'empire franc dont elles faisaient partie. Mais, comme l'Italie ne fut jamais province de l'empire franc, le droit lombard en aurait toujours été exclu. Pour l'Italie, sous les rois lombards, le droit romain eut été seul en vigueur à côté du droit lombard, et les Francs, par leur conquête, y auraient introduit les différents droits qu'ils avaient déjà reconnus. Or, l'histoire s'accorde merveilleusement avec ces résultats, et les inductions que j'avais tirées de la nature des choses sont confirmées par les faits. »

Le droit romain ne périt donc pas; mais, du rang de loi générale et territoriale, il descendit, après la conquête, à celui de simple droit personnel.

§ 2. Des lois romaines arrangées par les Rois barbares (1).

Au moment de la chute de l'empire d'Occident (en 476), les sources du droit romain étaient :

1° Le Code Grégorien;
2° Le Code Hermogénien;
3° Le Code Théodosien;
4° Les Novelles Post-Théodosiennes;
5° Les écrits des jurisconsultes romains, dont l'autorité était réglée par la célèbre loi des citations de Valentinien III.

_____

(1) M. de Savigny a traité toute cette partie de l'histoire du droit romain avec une telle supériorité d'érudition et de critique, dans les deux premiers volumes de son *histoire du Droit romain au moyen-âge*, que nous en sommes réduits à analyser son excellent ouvrage.

Soit que ces sources fussent trop savantes pour le temps, ainsi que le prétend M. de Savigny; soit que les rapports nouveaux, créés par l'établissement des états germaniques, fissent sentir le besoin d'une refonte générale de la législation, ce qui me paraît plus vraisemblable (1); il est certain que dans l'espace d'un demi-siècle, nous trouvons trois essais de codification téntés par les Rois barbares sur le droit romain (2): 1° l'édit de Théodoric; 2° la loi romaine des Visigoths; 3° la loi romaine des Bourguignons.

I. ÉDIT DE THÉODORIC.

Le plus ancien de ces trois recueils est l'*Edictum Theodorici regis Ostrogothorum*, promulgué l'an 500 de l'ère chrétienne, dans un voyage que ce prince fit à Rome.

L'édit de Théodoric, composé de cent cinquante chapitres puisés dans les sentences de Paul, les Codes Grégorien, Hermogénien, Théodosien et les Novelles Post-Théodosiennes, est exclusivement composé de matériaux romains; il n'y est rien entré du droit germanique.

Il est du reste fort incomplet. La plus grande partie traite du droit criminel : les matières les plus importantes du droit civil y sont ou complètement omises, ou traitées d'une manière tout-à-fait insuffisante. Quant à la disposition des matières, on ne saurait y découvrir aucun ordre; le hasard seul semble y avoir présidé.

L'édit de Théodoric se distingue des deux autres recueils par les deux circonstances suivantes:

1° Ainsi qu'on l'a vu plus haut, le royaume des Ostrogoths était le seul où le système des lois personnelles n'eût point été adopté. En conséquence, l'édit de Théodoric a cela de particulier qu'il fut destiné à régir aussi bien les Goths que les Romains. Cependant, pour tous les points nombreux qui n'étaient pas réglés par l'édit, Théodoric maintint les dispositions des lois existantes; de telle sorte que les Romains continuèrent à être régis par la loi romaine, les Goths, par le droit goth;

2° Une autre différence entre ce recueil et les deux autres, c'est que dans ces derniers, on a, en général, conservé à peu près dans leur intégrité les textes romains; dans l'édit de Théodoric, au contraire, les sources sont tellement défigurées, que c'est à peine si on peut y reconnaître le droit romain. Ce ne sont plus les empereurs ni les jurisconsultes romains qui parlent, mais les auteurs de l'édit. Sous ce rapport, cet édit est le plus barbare et le plus mauvais des trois.

L'édit de Thé   n'eut, du reste, qu'une existence bien éphémère. Narsès ayant ache   le reconquérir l'Italie vers l'an 550, Justinien ordonna que le Code et les Pandectes fussent obligatoires en Italie comme dans le reste de l'empire: l'édit de Théodoric fut, par là, abrogé de fait.

II. LOI ROMAINE DES VISIGOTHS (3),

vulgairement appelée:

BREVIARUM ALARICIANUM.

La loi romaine des Visigoths est de l'an 506; elle fut rédigée par ordre

---

(1) Ce qui paraît confirmer mon opinion, c'est que, précisément à la même époque, les Rois barbares firent aussi rédiger les coutumes de leurs tribus (LEGES BARBARORUM).

(2) C'est à la même époque que Justinien faisait rédiger en Orient les compilations dont nous avons parlé plus haut page 405 et 406; compilations qui, malgré leurs défauts, sont encore bien supérieures aux lois romaines des barbares.

(3) Il ne faut pas la confondre avec la loi des Visigoths, rédigée vers le milieu du sep-

du roi Alaric II, à Aire en Gascogne, par une commission de jurisconsultes romains, sous la direction de *Gojaric*, comte du palais. Avant sa promulgation, ce Code fut soumis à une assemblée de notables, composée d'évêques et de personnages de haut rang. Le *Commonitorium* qui sert de préambule à ce recueil retrace l'histoire de sa composition (1). Cet acte nous apprend aussi qu'aucune copie ne devait avoir force de loi sans la signature d'*Anianus* : de là est venu sans doute le nom de *Breviarium Aniani*, qu'on donne aussi quelquefois à ce recueil, quoiqu'il soit bien certain que cet Anianus n'en est pas l'auteur.

La loi romaine des Visigoths comprend deux sortes de sources : les constitutions (*leges*) et les écrits des jurisconsultes (*jus*) : les Codes Grégorien et Hermogénien étant l'œuvre, non de l'autorité impériale, mais de simples jurisconsultes, y sont considérés comme *jus* et non comme *leges*.

Le *Breviarium* se distingue de toutes les autres compilations, en ce que ses rédacteurs n'ont point cherché à coordonner, d'après un plan général, les divers matériaux qu'ils mettaient en œuvre. Chacune des sources, auxquelles ils ont puisé, y est donnée séparément, mais mutilée, abrégée, suivant le système ou le caprice des compilateurs.

Voici l'énumération des sources qui ont été mises à contribution pour la composition du *Breviarium*, et l'ordre dans lequel elles ont été placées.

1° Le Code Théodosien (XVI livres);
2° Les Novelles des empereurs Théodose, Valentinien, Marcien, Majorien, Sévère;
3° Les Institutes de Gaius.
4° Les Sentences de Paul (V livres);
5° Le Code Grégorien (XIII titres);
6° Le Code Hermogénien (II titres);
7° Papinien (Lib. *I Responsorum*, ou plutôt un seul fragment très-court de ce livre).

Toutes les parties du recueil, excepté les Institutes de Gaius, sont accompagnées d'un commentaire officiel (*Interpretatio Visigothica*), dû aux auteurs mêmes du Recueil; et qui, par conséquent, fait partie intégrante de la loi visigothe.

Les textes, soit des constitutions, soit des jurisconsultes, y sont, en général, reproduits en leur entier. Il y a exception pour les Institutes de Gaius, qui ont été complètement refondues et considérablement abrégées.

Le Code d'Alaric fut en vigueur en Espagne, jusques vers le milieu du septième siècle, époque à laquelle les Rois Visigoths Chindeswinde et Reciswinde firent rédiger le Code des lois visigothes. Quant à la France, le *Breviarium* y fut suivi sous les Rois de la première race, dans les provinces conquises sur les Visigoths.

Le *Breviarium* est pour nous d'une grande importance. C'est à ce recueil que nous devons la conservation des Sentences de Paul et des cinq premiers livres du Code Théodosien. Avant la découverte du Gaius de Vérone, il présentait, par rapport à cet auteur, un intérêt qui est aujourd'hui bien diminué.

---

tième siècle et qui se compose, pour la plus grande partie, de lois émanées des rois Visigoths avec quelques emprunts faits, soit au droit romain, soit aux coutumes des autres tribus.

(1) Ce *Commonitorium* est rapporté dans le tome II de ce recueil, p. 22.

III. LOI ROMAINE DES BOURGUIGNONS,

vulgairement appelée :

RESPONSA PAPIANI.

Dès l'an 517, dans le préambule de la loi nationale des Bourguignons, Gondebaud (ou Sigismond, son fils), avait annoncé la rédaction prochaine d'un Code particulier à l'usage de ses sujets romains. Ce projet fut mis à exécution peu de temps après, car la date du Papien ne peut se placer qu'entre 517, époque où il fut annoncé et 536, époque de la chute du Royaume des Bourguignons. (Voyez tome II de ce recueil, p. 23).

Ce nom de *Papien*, aujourd'hui consacré par l'usage, vient d'une erreur de Cujas, le premier éditeur de la loi Bourguignonne (en 1566). Dans le manuscrit que possédait Cujas, la loi Bourguignonne se trouvait immédiatement précédée d'un fragment de Papinien (*Papiniani*) ; mais par une contraction commune dans les manuscrits, au lieu de *Papiniani*, le manuscrit portait *Papiani responsa* ; et comme, d'un autre côté, il était impossible d'attribuer un livre aussi singulier à Papinien, Cujas pensa que ce recueil était l'ouvrage de quelque jurisconsulte inconnu, nommé Papianus. Au reste, notre grand jurisconsulte ne tarda pas à reconnaître lui-même son erreur ; et, depuis, l'impropriété de ce nom de *Papien* a été complètement démontrée.

La loi *romaine* des Bourguignons se compose de quarante sept titres, rangés dans un ordre qui correspond parfaitement à celui qui est observé dans la loi *germanique* des Bourguignons.

Quant aux sources auxquelles on a puisé pour la composition du Papien, Godefroi avait pensé que les rédacteurs bourguignons n'avaient fait usage que du *breviarium visigoth* ; mais M. de Savigny prouve qu'ils puisèrent en outre aux sources pures, puisque nous trouvons dans ce recueil plusieurs passages dont il n'existe aucune autre trace.

Au reste, le Papien est un recueil fort pauvre et qui atteste une extrême décadence dans la science du droit.

§.3. *Ouvrages de droit romain composés pendant le moyen-âge.*

Le soin que prirent les Rois barbares de faire rédiger des Codes romains démontre suffisamment que la conquête n'eut pas pour effet de détruire en Occident la législation romaine. La conservation du droit romain à une époque beaucoup plus récente du moyen-âge, est attestée par les nombreux et irrécusables témoignages qu'a réunis M. de Savigny. Nous rappellerons ici brièvement quelques-uns de ces documents, dont deux surtout méritent une mention spéciale : ce sont deux traités sur le droit romain.

I. PETRI EXCEPTIONES LEGUM ROMANARUM.

L'ouvrage connu sous ce titre est une exposition systématique du droit, et en grande partie du droit romain, composée dans le territoire de Valence (en Dauphiné) par un auteur sur lequel on ne possède d'ailleurs d'autres renseignements que la connaissance de son nom. Il se divise en quatre livres dont le premier est consacré aux *Personnes* ; le second, aux *Contrats* ; le troisième, aux *Délits* ; le quatrième, à la *Procédure*.

Petrus se recommande par une grande connaissance des sources et par le talent avec lequel il les met en œuvre. Il a puisé, ainsi qu'il nous l'apprend lui-même, dans les Institutes, les Pandectes, le Code et les Novelles.

M. de Savigny s'est efforcé de démontrer que ce livre avait été composé vers le milieu du onzième siècle : ce qui paraît positif, c'est qu'il ne peut être ni antérieur à 878, ni postérieur au onzième siècle.

II. BRACHYLOGUS.

C'est un ouvrage qui, comme le Petrus, contient une exposition systématique du droit romain, d'après les compilations de Justinien. L'auteur a pris les Institutes de Justinien pour base de son travail; mais tantôt il en change l'ordre, tantôt il abrège le texte; ou, au contraire, y ajoute des fragments tirés des Pandectes, du Code ou des Novelles.

Le *Brachylogus* fut, selon toutes les vraisemblances, composé dans la Lombardie vers le commencement du douzième siècle, par un auteur inconnu qui, suivant Savigny, pourrait bien être le célèbre Irnérius.

Il existe de cet ouvrage plusieurs manuscrits dont aucun ne porte le titre de *Brachylogus* : ce nom, que l'on rencontre pour la première fois dans l'édition de 1553 (Lugd. ap. Maur. Roy et Lud. Pesnot), est donc de la composition de l'éditeur.

Au reste, le Brachylogus offre très peu d'intérêt, puisque les sources auxquelles l'auteur a puisé sont toutes connues.

III. LEX ROMANA UTINENSIS.

Ce recueil n'est qu'une sorte de traduction en langage barbare du *Breviarum* d'Alaric. Il fut composé vers l'an 900, en Lombardie, et n'offre qu'un bien faible intérêt, au moins sous le rapport du droit privé.

IV. QUÆSTIONES AC MONITA.

Cet ouvrage, composé aussi en Lombardie vers l'an 1000, est une suite d'observations sur le droit des différents peuples germaniques et sur le droit romain.

ART. II. RÉNOVATION DU DROIT ROMAIN AU ONZIÈME SIÈCLE.

§ 1er. *Des causes générales de la rénovation du Droit romain.*

Depuis la chute de l'empire d'Occident, six siècles s'étaient écoulés : époque de barbarie et de ténèbres ; mais époque féconde durant laquelle s'était élaboré le grand et douloureux travail de la décomposition des sociétés anciennes et de la formation des sociétés modernes, de leur langue, de leur nationalité.

Avec le XIe siècle commençait le mouvement merveilleux qui allait coordonner et polir les matériaux grossiers que les siècles précédents avaient réunis.

Par une glorieuse solidarité, le droit romain, qui s'était si fort obscurci lorsque était tombée la civilisation antique, reparut avec une splendeur nouvelle au moment où commençait l'œuvre de la civilisation moderne.

C'est d'Italie que partit le signal.

Le commerce avait repeuplé et enrichi les villes lombardes : pour régler les rapports nombreux et variés que faisait naître cette prospérité croissante, les législations de la Germanie et les notions imparfaites que l'on avait alors du droit romain ne pouvaient évidemment suffire. Tel était donc l'état des choses, qu'il fallait, de toute nécessité, ou qu'il s'établît chez chaque peuple une législation locale et originale, ou que l'on en revînt à étudier les sources romaines, mieux qu'on ne l'avait fait dans les siècles précédents. Quoique la force créatrice ne manquât certainement pas à ce temps là, c'est cette dernière voie qui fut suivie, et nous devons nous en applaudir.

Sans doute, les diverses nations d'Europe manquent par là de législations civiles nationales ; leurs Codes ne sont tous que des copies plus ou
moins altérées du droit romain.... Mais n'est-ce pas un grand bien qu'aux
différences de langage, de mœurs, etc., qui ne les divisent déjà que trop, ne
vienne pas au moins se joindre une différence trop profonde dans les lois
qui, chez chacune d'elles, régissent les rapports privés ? Si le pittoresque y
a perdu, combien y ont gagné, en facilité, les relations commerciales et autres qui se sont établies entre ces peuples !

D'autres causes vinrent encore favoriser ce retour au droit romain.

La tendance scientifique, qui se manifesta si vivement dans ce temps là,
ne pouvait exercer son activité sur un champ plus riche que le Digeste ;
nulle autre étude ne pouvait satisfaire aussi bien le besoin de culture littéraire et d'applications pratiques qu'éprouvait cette époque.

L'usage général de la langue latine, dans les affaires publiques et religieuses, contribuait aussi à populariser la connaissance du droit romain; et
les monuments de cette législation n'avaient point, à cette époque, le caractère étranger que l'abandon de la langue latine leur a donné depuis.

Enfin, il faut bien le remarquer, le droit romain n'avait jamais été complètement abandonné ; et, pour en tirer l'utilité qu'on était en droit d'en
attendre, il ne s'agissait que de le mieux étudier, que de le comprendre.

En pesant toutes ces circonstances, on demeure bientôt convaincu que
la renaissance du droit romain ne fut ni l'effet du hasard, ni le produit
calculé de la volonté d'un gouvernement, mais le résultat nécessaire de
besoins et des tendances de l'époque.

§ 2. École des Glossateurs.

Les travaux des premiers interprètes ne purent pas avoir un caractère
très élevé. Il fallait rechercher et reconnaître les sources; en arrêter le
texte par la comparaison des manuscrits que l'on possédait alors ; il fallait
rapprocher les décisions parallèles; noter les antinomies; découvrir les espèces auxquelles s'appliquaient les décisions des lois, etc., etc., etc. Cette
sorte de travail préparatoire donna naissance à l'école des *Glossateurs*,
ainsi appelés des *gloses* (1) dans lesquelles ils expliquaient les termes
obscurs qui se rencontrent dans les passages du corps de droit.

Le chef des Glossateurs fut IRNERIUS : dans les premières années du douzième siècle, il fonda à Bologne une école célèbre qui ne tarda pas
à éclipser l'antique université qui, dès le temps de Justinien, existait à
Ravenne.

Irnerius professa avec tant d'éclat qu'il fit oublier ceux qui l'avaient pré-
cédé, et mérita l'honneur d'être considéré comme le restaurateur du droit
romain. C'est lui qui fut l'auteur *des gloses interlinéaires* et qui intercalla,
dans les titres du Code, les extraits des Novelles qui s'y lisent encore dans
les éditions modernes.

Après la mort d'Irnerius (vers l'an 1140), son école se divisa en deux
sectes : l'une reconnut pour chef Bulgare, l'autre Martin Gosia. Au
reste, comme on ne voit pas qu'il y eût entre les doctrines de ces deux
hommes aucune différence de quelque importance, il est à présumer que
cette division n'eut d'autre motif qu'une imitation puérile de celle qui avait
existé à Rome entre les Sabiniens et les Proculéiens.

_____

(1) Les gloses ne furent d'abord que de simples notes très concises que les jurisconr-
sultes écrivaient en marge, ou entre les lignes, de l'exemplaire dont ils se servaient et
qu'ils perfectionnaient dans tout le cours de leurs travaux. Plus tard elles reçurent de
l'extension et devinrent de véritables commentaires.

Bulgare mourut en 1166; ses opinions furent professées après lui par Joannes Bassianus, Azo, Jacobus Balduinus et Odofredus.

Parmi les interprètes des douzième et treizième siècles, il faut rappeler Hugo de porta Ravennate, Jacobus, Rogerius Bereventanus, Placentinus, Pillius, Lotharius Cremonensis, Hugolinus Presbyteri, Accursius, Odofredus, Vivianus Tuscus, Dinus Mugellanus.

Parmi tous ces docteurs, Accurse mérite une mention particulière. Il fut disciple d'Azo et professa lui-même pendant quarante ans à l'académie de Bologne. Accurse est surtout célèbre comme auteur de la *Grande glose,* dans laquelle il recueillit les gloses de ses prédécesseurs, qu'il compléta au moyen de ses propres travaux.

La grande glose fut pendant long-temps l'objet d'une sorte d'idolâtrie, et obtint une autorité de beaucoup supérieure à celle du texte lui-même. Cet état misérable, où la science était tombée après Accurse, est peint naïvement dans ce passage de Raphaël Fulgose, auteur du xve siècle : « *Heri dixit Cynus, glossam timendam propter prescriptam idolatriam per advocatos, significans quod sicut antiqui adorabant idola pro Diis, ita advocati adorant glossatores pro evangelistis. Volo enim pro me potius glossatorem quàm textum. Nam si allego textum, dicunt advocati diversæ partis et etiam judices : credis tu quod glossa non ita viderit sicut tu; et non ita bene intellexerit sicut tu?*

On est bien revenu depuis de cette admiration pour les glossateurs : leur nom n'est plus rappelé qu'avec des épithètes de dédain et de mépris. On leur reproche leur ignorance grossière en histoire, l'absurdité et le mauvais goût de leurs explications et de leurs exemples, la barbarie de leur style, etc. etc. (1).

Je n'entends certainement pas nier la vérité de ces reproches; mais, pour être juste, ne faut-il pas aussi reconnaître que les glossateurs, arrivant à une époque où, depuis plusieurs siècles, l'Europe était plongée dans la barbarie; privés des sources que nous possédons aujourd'hui; ne trouvant aucun secours dans les autres branches de la littérature; réduits à déchiffrer la lettre du *Corpus juris,*.... firent preuve d'une étonnante sagacité dans l'explication des espèces les plus obscures; et que le rapprochement qu'ils établirent entre tant de milliers de textes, répandus dans le corps de droit, atteste une admirable force de travail et d'attention?

La position des glossateurs ne manqua même pas d'une certaine élévation : ils ne se traînèrent pas à la suite de la pratique de leur temps, mais se posèrent en réformateurs lettrés, dont les théories devaient guider et améliorer le droit pratique. Et cependant la science du droit ne fut pas pour eux une pure théorie, un vain exercice de l'esprit; mais presque tous occupèrent, dans leur pays, des positions élevées qui leur permirent de faire passer leurs doctrines à l'épreuve de l'application.

Quant à leur style, il fut celui d'une époque où les études littéraires étaient singulièrement négligées; et cependant, sous ce rapport comme sous les autres, il y a une différence à faire entre Accurse et les premiers glossateurs : Irnerius ne manque ni de pureté ni même d'une certaine élégance.

Ne soyons donc pas ingrats envers ces hommes laborieux qui ne reculèrent pas devant la pénible mission de déblayer les abords de la science; et qui, en ranimant dans toute l'Europe le goût des études juridiques, contribuèrent si puissamment aux progrès de la civilisation. C'est aux glossateurs, en effet, que l'école de Bologne dut sa grande renommée : là se rendaient de toutes les contrées de l'Europe de nombreux élèves qui re-

---

(1) Voyez l'histoire du Droit romain de M. Berriat-St-Prix, page 287 et suivantes.

tournaient ensuite répandre dans leur patrie ces connaissances nouvelles sous mille formes, par leurs jugements, par leurs écrits, et par l'enseignement dans des écoles formées à l'imitation de celle de Bologne (1).

L'école des glossateurs fut principalement exégétique; elle produisit cependant aussi quelques ouvrages dogmatiques, les SUMMÆ soit des Institutes soit du Code, dans lesquelles Azo et quelques autres déposèrent dans un ordre systématique les résultats qu'ils avaient obtenus par l'exégèse.

ART. III. DU DROIT ROMAIN AUX XIVᵉ ET XVᵉ SIÈCLES.

Déjà, dès le milieu du XIIIᵉ siècle, l'étude du Droit romain était en pleine décadence : à l'investigation active des sources, à l'exégèse vive et pénétrante des premiers glossateurs, avait succédé la déférence la plus servile pour les autorités (2). Au XIVᵉ siècle *Bartolus de saxoferrato* fonda une école nouvelle qui renversa celle des Glossateurs.

Bartole écrivit des traités suivis. Il introduisit dans la jurisprudence la dialectique scholastique que les Arabes avaient remise en vogue, et, avec elle, l'usage des divisions et des subdivisions, qui, chez Bartole et ses disciples, devint une manie poussée au dernier degré de l'absurdité, et qui a valu à Bartole le reproche d'être le père de la chicane du barreau (3).

Un autre reproche, peut-être plus fondé encore, qu'on peut adresser à l'école de Bartole, c'est de n'avoir pas su faire tourner au profit de la jurisprudence, les admirables travaux de cette époque dans la littérature et les antiquités romaines.

A l'école de Bartole appartiennent Balde, son élève et son rival, Paul de Castro et Jason Maynus.

ART. IV. DU DROIT ROMAIN AU XVIᵉ SIÈCLE.

Dans la dernière moitié du XVᵉ siècle, Ange Politien eut l'honneur de faire sortir la jurisprudence du chaos où l'avait plongée l'école barbare de Bartole. Favori de Laurent de Médicis, orateur, poète, grammairien, philosophe, Ange Politien montra le premier quels puissants secours l'étude du droit romain pouvait tirer de son alliance avec l'histoire et les belles lettres.

Après Ange Politien, Alciat, que revendiquent à la fois la France et l'Italie, acheva de ruiner la scholastique, et mérita d'être considéré comme le fondateur de l'école française du XVIᵉ siècle.

Dans les siècles antérieurs c'est principalement en Italie que s'était manifesté le mouvement scientifique vers le droit romain; au XVIᵉ siècle la France eut son tour ; la jurisprudence y brilla tout à coup d'un éclat qu'elle n'a encore obtenu dans aucun autre temps et dans aucun autre pays.

Notre pays produisit alors un grand nombre de jurisconsultes presque tous d'un mérite supérieur, Budée, Muret, Ferretti, Amaury Bouchard, Coras, Duaren, Dutillet, Baron, Connan, Baudouin, Vintimille, Aymar

(1) En Italie, les universités de Padoue, de Pise, de Verceil, d'Arezzo, de Ferrare, de Rome, de Naples, de Plaisance, de Modène, de Reggio, de Pavie, de Turin.— En France celles d'Orléans et de Montpellier. Une décrétale d'Honorius de 1220 avait défendu l'enseignement du Droit romain dans l'université de Paris : cette défense singulière ne fut pleinement levée qu'en 1679. — C'est aussi vers le milieu du XIIᵉ siècle que Vacaire (*Magister Vacarius*) importa l'étude du Droit romain d'Italie en Angleterre.

(2) Voyez ci-dessus le passage cité de Raphaël Fulgose.

(3) Voyez M. Berriat-St-Prix, *Hist. du Droit rom.*, p. 300 à 313.

de Ranconet, le Mire, Hotman, Charondas, du Ferrier, Cujas, Doneau, le Conte, Brisson, Labitte, Duprat, Roussard, les deux Pithou, Ranchin, Dufaur de Saint-Jory, etc., etc.

Mais parmi tous ces érudits, honneur de notre pays, se dessinent, bien avant des autres, les deux grandes figures de Cujas et de Doneau; tous deux professeurs à Bourges; mais divisés par la nature de leur génie et de leur méthode, non moins que par leur caractère privé.

En Cujas se personnifie l'exégèse; mais une exégèse grande et élevée, sans cesse éclairée et vivifiée par la connaissance la plus approfondie et le sentiment le plus vif qu'aucun moderne ait jamais eus du génie, de la littérature et de l'histoire des Romains.

Doneau nous présente le type opposé. Moins versé que Cujas dans la littérature et les antiquités romaines, il lui est bien supérieur pour la philosophie et la logique. Cujas n'a guère fait que des commentaires, Doneau ne fit que des traités dogmatiques.

Art. V. Du droit romain depuis le XVIᵉ siècle.

L'éclat dont avait brillé au XVIᵉ siècle la culture du droit romain ne tarda pas à s'obscurcir : les hautes études historico-philologiques furent presque entièrement abandonnées; déjà les esprits se tournaient vers la pratique, dont l'empire toujours plus exclusif devait plus tard détruire presque entièrement le goût des fortes études.

L'histoire littéraire du droit romain, dans les temps modernes, présente un singulier spectacle : il semble que chaque pays doive, à son tour, payer son tribut de travail et d'admiration à ce grand monument de la sagesse des temps antiques, à ce noble débris de la civilisation romaine.

Ainsi, aux XIIᵉ, XIIIᵉ et XIVᵉ siècles, c'est en Italie que cette étude naît et se développe. Dès le commencement du XVIᵉ siècle, le droit romain passe les Alpes dans la personne d'Alciat; et, pendant un siècle entier, les jurisconsultes français se montrent dignes de rivaliser avec les prudents de l'âge d'or de la jurisprudence romaine. Aux XVIIᵉ et XVIIIᵉ siècles, le droit romain abandonne la France, et continue sa migration vers le nord. La Belgique, puis l'Allemagne semblent avoir recueilli l'héritage de Cujas, délaissé dans sa patrie.

France.

Au XVIIᵉ siècle, la France put cependant citer encore avec honneur Mérille, ce critique de Cujas, Fabrot, Jean de Lacoste (*Janus à Costa*), et Jacques Godefroi qui éclipsa la réputation de son père Denys Godefroi.

A la même époque parut Domat, devenu si populaire par son livre des *Lois civiles*. Sans avoir reçu de la nature un génie élevé et original, Domat, élève de Port-Royal et ami de Pascal, sut s'ouvrir une route nouvelle : chrétien sincère et fervent, il abandonna complètement la voie historique de Cujas, et s'efforça de tirer du droit romain un code tout à la fois moderne et chrétien.

Dans le siècle suivant, la France ne peut citer que Pothier, qu'un homme d'esprit (M. Berville) a appelé le Rollin de la jurisprudence; mais à qui ses traités de Droit français mériteraient bien aussi le titre de père du Code civil. — Esprit peu élevé, mais méthodique et clair, Pothier devait être choqué du désordre qui règne dans les compilations de Justinien : il conçut et exécuta, avec une infatigable persévérance, le grand projet de la réédification du Digeste. Il distribua les textes dans un ordre méthodique, et les expliqua au moyen des travaux de Cujas et des autres jurisconsultes des XVI⁰ et XVII⁰ siècles, dont son ouvrage présente un résumé pratique. On doit regretter que Pothier n'ait pas osé porter sa réforme plus avant, et qu'il ait cru devoir conserver l'ordre des livres et des titres. Malgré ce défaut et d'autres imperfections que je n'entends pas nier, les Pandectes du jurisconsulte d'Orléans resteront, quoi qu'on en dise, le plus grand monument scientifique que le XVIII⁰ siècle ait élevé au droit romain, et l'ouvrage le plus propre à populariser l'étude du Digeste.

ITALIE, ESPAGNE, BELGIQUE, ALLEMAGNE.

L'Italie ne put jamais reconquérir l'éclat dont ses écoles de droit avaient brillé au XII⁰ siècle. Pendant les deux siècles que nous considérons, elle ne peut citer qu'un petit nombre d'hommes distingués : Gravina, Vico, Averanius, Mazochi, Amaduzzi.

En Espagne et en Portugal, Sarmiento de Mendoza, Ramos del Manzano, Fernandez de Retes, Govea Caldera, Altamiranus Vélasquez, Mayans et Finestres de Monsalvo, sont à peu près les seuls qui méritent d'être rappelés.

La Belgique fut, après la France, le pays le plus fertile en romanistes : aux XVI⁰ et XVII⁰ siècles, Viglius de Zuichem, Rævardus, Paul Merula, Giphanius, Sibrand Siccama, Vinnius, Grotius, Wissembach, Huber, Voët, Noodt ; au XVIII⁰ siècle, Schulting, Bynkershoeck, Brenckmann, Dukerus, Woorda ; Wieling, Meermann, les deux Cannegieter ; etc. etc.

L'Allemagne était restée presque complètement étrangère aux grands travaux du XVI⁰ siècle ; elle avait reçu de France ses premiers et ses plus habiles professeurs. Dès cette époque cependant, elle produisit quelques hommes dont les utiles travaux ne sont pas encore oubliés aujourd'hui, Sichard, Haloandre (Hoffmann), le laborieux éditeur des Pandectes, Vultejus, Rittershusius. Aux XVII⁰ et XVIII⁰ siècles, Bachovius, Brunnemann, Lauterbach, Brunnerus, Struvius, Cocceius, Thomasius, Schubart, Bœhmer, Everard Otton, Heineccius, Gebauer, Hoffmann, Brunquell, les deux Conradi, Mascow, Ritter, Trekell, Ernesti, Bach, OElrichs, Puttmann, Walch, Spangenberg, Kock, etc. etc.

De nos jours un mouvement extraordinaire s'est manifesté en Allemagne.

L'étude du droit romain y a été reprise avec une ferveur qui rappelle l'enthousiasme du XVI⁰ siècle ; et, comme au XVI⁰ siècle aussi, de précieuses découvertes sont venues en aide aux hommes de bonne volonté qui ont relevé, avec tant de dévouement, l'étendard des hautes études juridiques. La République de Cicéron, des fragments de Symmaque, de Denys d'Halycarnasse, de Lydus, les fragments du Vatican, et, par dessus tout, l'inestimable manuscrit des Institutes de Caius ont fourni aux investigations des contemporains une mine dont la richesse ne sera pas épuisée de long-temps.

Revenons à l'Allemagne.

Hugo, Haubold, Cramer, Savigny, Bethmann Hollweg, Niebhur, Zimmern... ont jeté des clartés nouvelles sur toutes les branches de l'histoire du Droit. Gans est venu ensuite... seul, il n'a pas craint d'attaquer de front l'école historique soutenue par de si grandes renommées ; il a reproché à cette école de manquer complètement de philosophie, et il s'est hardiment posé le fondateur d'une école nouvelle, l'école philosophique.

La France ne s'est associée que faiblement à l'activité intellectuelle qui a remué si profondément les écoles d'Allemagne. Ce n'est pas ici le lieu d'en rechercher les causes.

FIN DU TOME PREMIER.

www.ingramcontent.com/pod-product-compliance
Lightning Source LLC
Chambersburg PA
CBHW031625210326
41599CB00021B/3310